Der Landessportbund Hessen in seiner Gründungsphase

Wir danken den Förderern unseres Jubiläums für ihre freundliche Unterstützung.

Landessportbund Hessen e.V.

Deutsche Städte-Reklame
Kaiser Friedrich Quelle und Rosbacher Brunnen
Lotterie- und Treuhandgesellschaft Hessen
Licher Privatbrauerei Ihring Melchior
Adam Opel AG
Samsung Electronics GmbH
ARAG – Die Sportversicherung Nr. 1

Franz Nitsch/Rolf Lutz

Der Landessportbund Hessen in seiner Gründungsphase

Eine Dokumentation der Jahre 1945-1948

SCHÜREN

Die deutsche Bibliothek - CIP-Einheitsaufnahme

Der Landessportbund Hessen in seiner Gründungsphase :
Eine Dokumentation der Jahre 1945-1948 / Franz Nitsch/Rolf Lutz (Hrsg.). -
Marburg : Schüren, 1996
ISBN 3-89472-903-1
NE: Nitsch, Franz [Hrsg.]

Schüren Presseverlag
Deutschhausstraße 31

Druck: FVA, Fulda
Printed in Germany
Titelbild: Heinz Lindner bei der Eröffnungsansprache des ersten LSV-Verbandstages am 12. Juli 1947 im Volkshaus Mörfelden.
ISBN 3-89472-903-1

Inhalt

Geleitwort

Mit dem vorliegenden Buch will der Landessportbund Hessen zu seinem 50jährigen Bestehen die Stationen beleuchten, die zu seiner Gründung geführt haben: Beginnend mit der Ausrufung des Landessportverbandes (LSV) am 1. Juni 1946 in Frankfurt und vollendet schließlich mit der Verabschiedung der Satzung durch die Delegierten der Vereine beim zweiten Verbandstag am 5. Juni 1948 im Volkshaus zu Enkheim. Es ist eine Dokumentation und ein Auszug aus Daten und Fakten der ersten Jahre nach dem Zweiten Weltkrieg, in denen sich der Sport in Hessen zu einer einheitlichen und demokratisch geführten Organisation gestaltete.

Die 50jährige Geschichte des Landessportbundes Hessen zeigt, daß seine erfolgreiche Entwicklung das Ergebnis historischer Grundentscheidungen der ersten Nachkriegsjahre ist, die man mit dem Slogan: „Einheit in Freiheit" auf einen kurzen Nenner bringen kann.

Diese Entwicklung ist auch zahlreichen Persönlichkeiten zu verdanken, die den Sport maßgeblich beeinflußt und geprägt haben. Dazu gehören Männer wie Heinz Lindner, Willy Linnenberg, William Reinert, Heinrich Sorg, Martin Schmidt, Otto Großmann, Max Danz, Bobby Griebel, Ludwig Schulmeyer, Fritz Bechmann und viele andere mehr. Aber auch hauptberuflich im Sport engagierte Männer und Frauen haben an der Aufbauleistung des LSB unter der Verantwortung von Geschäftsführer Willy Linnenberg mitgewirkt: Ella Wöhr, Anneliese Pfeiffer, Kurt Koch, Michael Meeßen, Heinrich Bopp, Heinrich Wagner. Sie alle haben den Anspruch eines demokratischen Neuanfangs verkörpert und einen freien, unabhängigen und einheitlichen Sport gegen viele Widerstände durchgesetzt. In oft mühevoller und kräftezehrender Kleinarbeit wurden die Fundamente des hessischen Sportes in diesen drei Jahren gelegt.

Wenn wir heute in einer ersten Annäherung den komplizierten Gründungsprozeß des Landessportbundes Hessen nachzeichnen, wollen wir dies im Andenken und mit Respekt an diese Persönlichkeiten tun, deren Werk für uns immer noch eine große Verpflichtung bei den heutigen Tagesaufgaben darstellt.

Wir wollen aber auch auf die unvergleichliche Entwicklung der Sportorganisationen hinweisen, die aus den Trümmern der Nachkriegszeit entstanden sind und heute bedeutende gesellschaftspolitische, pädagogische, soziale, kulturelle und gesundheitliche Aufgaben erfüllt und dafür Verantwortung übernommen haben. Damit leistet der Landessportbund Hessen einen wesentlichen Beitrag zur Stabilität unserer demokratischen Grundordnung und des sozialen Friedens in unserem Land.

Der Weg in die Sportvereine steht allen Menschen in Hessen offen, um ihnen Freude, Spaß, neue Erfahrungen und soziales Miteinander zu vermitteln aber auch, um ihnen Gelegenheit zur Erprobung der körperlichen Leistungsfähigkeit zu geben.

Der Landessportbund Hessen will das 50jährige Bestehen, das er im gleichen Jahr feiert wie das Land Hessen, würdig begehen. Dazu bereiten wir ein umfassendes Programm vor, in dessen Mittelpunkt die Festveranstaltung am 1. Juni 1996 in der Paulskirche in Frankfurt stehen wird. Mit diesem Programm werden wir die gesellschaftspolitische Bedeutung des Sports in unserem Land herausstreichen und aufzeigen, welche Aufgaben der Sport gegenwärtig erfüllt und welche ihn perspektivisch erwarten.

Neben den zentralen Veranstaltungen werden der Landessportbund Hessen, seine Sportkreise und Sportverbände mit einer Vielzahl weiterer Aktivitäten das 50jährige Jubiläum des organisierten Sports begehen.

Ich darf alle Bürgerinnen und Bürger dieses Landes einladen, uns dabei aktiv zu begleiten.

Frankfurt, im Dezember 1995

Heinz Fallak

Vorwort der Herausgeber

Das vorliegende Buch bildet den Auftakt zu Veranstaltungen und Festen, Aktionen und Seminaren, auch zum Nachdenken über die eigene Geschichte im Rahmen des Jubiläums des lsb h in diesem Jahr.

Dieses ,,sich vergewissern" über die Wegstrecke, die zurückgelegt wurde, der Standortbestimmung in einer Zeit des knapper werdenden Geldes nicht nur bei der öffentlichen Hand, – und schließlich, der Blick nach vorn mit Visionen über die Rolle des Sports in einer sich rasant verändernden Welt, dazu sollen die Publikationen beitragen, die für das Jubiläum erarbeitet wurden.

Der vorliegende Band ist als Dokumentation der Gründungsepoche des Landessportverbandes konzipiert. Es umfaßt die Jahre 1945 bis 1948 und zeichnet die Anstrengungen nach, die zur organisatorischen Einheit im Sport und der Errichtung einer satzungsmäßig abgesicherten Interessenvertetung des Sports für ganz Hessen unternommen wurden. Verwaltungsjuristen mögen unterscheiden zwischen der Ausrufung des Landessportverbandes am 1. Juni 1946, seiner Lizenzierung am 4. Oktober 1946, der Verabschiedung der Verbandssatzung am 5. Juni 1948 auf dem 2. Verbandstag in Enkheim und schließlich der Eintragung ins Vereinsregister, die am 4. Februar 1950 unter der Nummer 2066 beim Amtsgericht Frankfurt erfolgte. Das sind sicher alles wichtige Stationen in der Verbandsgeschichte, die die Frage nach dem eigentlichen Gründungstermin aufwerfen. Bedeutsam im Bewußtsein der Akteure und damit für die Sportentwicklung in Hessen war jedoch vor allem der 1. Juni 1946. Von diesem Tag an war klar, daß es in Hessen eine einheitliche Sportorganisation, zusammengefaßt in einem einheitlichen Dachverband, geben würde und daher wird dieser Termin zu Recht als die Geburtsstunde des lsb h bezeichnet.

Um auf diese Geburtstagsfeier einzustimmen, dazu ist dieses Buch gedacht. Rolf Lutz stellt vor, wie der lsb h im Jahre 1996 feiern wird und erinnert daran, daß beim Landessportbund auch früher angemessen gefeiert wurde.

Cornelia Rühlig stellt den Ort und seine Menschen vor, an dem der 1. Verbandstag des Landessportverbandes, so hieß der lsb h damals, im Juli 1947 durchgeführt wurde. Neben der Grundsteinlegung für den Verband am 1. Juni 1946 ist dieser Verbandstag sicher als der zu bezeichnen, der das Fundament legte, auf dem schließlich mit der Verabschiedung der Satzung beim 2. Verbandstag in Enkheim der Rohbau errichtet werden konnte. Die wohnliche Ausgestaltung dieses Hauses ,,Landessportbund" erfolgte in den hinter uns liegenden 50 Jahren.

Franz Nitsch unternimmt schließlich den Versuch, die Bedingungen für diesen Gründungsprozeß, seine Planer und Architekten, seine Befürworter und Widersacher in einem Überblicksbeitrag zur Sportentwicklung dieser Jahre darzustellen. Dies geschieht in der Erwartung, daß das Eintauchen in die Dokumente aus dieser Zeit, die den Schwerpunkt dieses Buches ausmachen, mit einer gewissen Sensibilisierung geschieht.

Ist diese ,,Dokumentation" zeitlich auf drei Jahre begrenzt und vom Ansatz her eine Organisationsgeschichte, so soll die zum Festakt erscheinende ,,Festschrift" die vielfältigen Sportentwicklungen in Hessen in den letzten 50 Jahren aufzeigen. Dafür konnten über 30 Autoren gewonnen werden. Sie ist der Versuch, die Entwicklung des Sports in Hessen in ihren kultur- und sozialgeschichtlichen sowie politischen Zusammenhängen aufzuzeigen.

Beide Bücher stehen damit in einem konzeptionellen Zusammenhang. In dem jetzt vorliegenden Band konnte daher auf ein Literaturverzeichnis verzichtet werden; es wird in der Festschrift erscheinen.

Frankfurt, im Januar 1996

Franz Nitsch, Rolf Lutz

Rolf Lutz

Wir feiern fünfzig

Darum feiern wir

Am 1. Juni 1946 wurde der Landessportverband Hessen, der jetzige Landessportbund Hessen (lsb h), gegründet. Heute, fast ein halbes Jahrhundert später, ist der lsb h mit über zwei Millionen Mitgliedern in mehr als 7.700 Sportvereinen die größte Personenvereinigung im Land. 1996 jährt sich der Gründungstag zum fünzigsten Mal. Anlaß genug, dieses stolze Jubiläum mit einer Fülle von Veranstaltungen zu feiern.

Für das ganze Jahr 1996 sind in fast allen hessischen Städten entsprechende Aktivitäten rund um den Sport geplant. Das Programm des Jubiläumsjahres wird, so Heinz Fallak, der Präsident des Landessportbundes, zeigen „wie wichtig und notwendig der organisierte Sport im Gefüge der Gesellschaft unseres Landes ist. Wir werden darstellen, daß unser Slogan ‚Sport für alle' noch nie soviel Gültigkeit besessen hat wie heute."

In der Tat kann der Landessportbund Hessen im fünfzigsten Jahr seines Bestehens eine so positive Bilanz vorzeigen, daß es gerechtfertigt ist, das fünfzigjährige Bestehen gebührend zu feiern. Schauen wir auf die Mitgliederzahlen: Im Jahre der Gründung bekannten sich nur knapp 80.000 meistens männliche Mitglieder zum Landessportbund. Inzwischen ist die Zahl auf über zwei Millionen angewachsen. Aus den etwas mehr als einhundert Vereinen sind inzwischen über 7.700 Vereine geworden, die Zahl der Verbände hat sich von 16 auf nunmehr 53 erhöht.

Hinzu kommt die politische Dimension, die den Sport seit seinem Bestehen zu einem verläßlichen Partner des Staates werden ließ. Ministerpräsident Georg-August Zinn hofierte die Verantwortlichen des Landessportbundes bereits im Jahre 1952 mit den eindringlichen Worten: „Lassen Sie uns in der Zukunft an der Zusammenarbeit festhalten. Lassen Sie uns nicht nur Partner bleiben, sondern Freunde werden, gemeinsame Freunde in einem um seine Zukunft immer noch schwer ringenden deutschen Volk. Wenn man heute noch manchmal versucht, den demokratischen Staat und die demokratischen Lebensformen zu unterwühlen, dann weiß ich in der deutschen Sportbewegung einen zuverlässigen Kampfgenossen für die Freiheit."

Als zu Beginn der sechziger Jahre die hessische Landesregierung das Rot-Weiße-Sportförderprogramm initiierte und gemäß des Goldenen Planes der Deutschen Olympischen Gesellschaft systematisch und flächendeckend den Sportstättenbau in Hessen voranbrachte, profitierten in erster Linie die Sportler und Sportlerinnen in den hessischen Vereinen von diesem beispielhaften Aufbauprogramm. Vieles konnte endlich realisiert werden, wovon die junge Generation in den ersten Jahren nach dem Kriege nur träumen konnte. Ein Mitgliederboom setzte ein und es war ein kleines Wunder, daß das einmillionste Mitglied schon im Jahre 1973 beim Landessportbund willkommen geheißen werden konnte.

Unter der Ägide des Sozial- und Sportministers Dr. Horst Schmidt wurde das Sportförderprogramm in Hessen in enger Kooperation mit dem Landessportbund weiter ausgebaut. Schmidt schrieb damals: „Wir werden auch in Zukunft gemeinsam mit den Sportvereinen und Sportverbänden und allen am Sport interessierten gesellschaftlichen Gruppen die bisherige Sportpolitik fortführen, neue Initiativen ergreifen und neue Wege beschreiten."

Nunmehr galt es, nicht nur neue Sportstätten zu bauen und zu finanzieren, jetzt galt es primär, die Inhalte neu zu bestimmen, die gesamte Infrastruktur zu verbessern. Im Rahmen dieser qualifizierten Sportförderung wurden neue Leistungszentren gebaut, wurden neue Landestrainer finanziert. Es entstanden an den Schulen Neigungs- und Leistungsgruppen. Die sportmedizinische Betreuung wurde ausgebaut. Neue Erholungs- und Freizeitzentren entstanden, große Hallenbäder in nahezu allen Regionen des Landes. Der Sport im Strafvollzug wurde verbessert, die Vereine konsequent finanziell bei Baumaßnahmen unterstützt, die Kommunen zum Bau weiterer Sportstätten animiert.

Trotz dieser großzügigen Sportförderung blieb die Eigenständigkeit des Sportes stets unangestastet. Die Landesregierung selbst bekräftigte vielmehr: „Der Landessportbund ist mit seinen Mitgliedern, den Vereinen und Verbänden der dominierende Träger des Sportgeschehens in Hessen. Die aufgeschlossene, sachliche, ja sogar freundschaftliche Atmosphäre in der Zusammenarbeit von Sport und Staat im Lande Hessen basiert wesentlich auf der Respektierung der Eigenständigkeit dieser großen Sportorganisation und ihrer Fachverbände und Vereine."

Die partnerschaftliche Zusammenarbeit zwischen Staat und Sport ist seit dem Bestehen des Landessportbundes kontinuierlich gewachsen und selbst in den Jahren der Konjunkturschwäche bewährte sie sich durch gemeinsam verabschiedete Sparprogramme und Sparmaßnahmen.

Heute zählt der Landessportbund Hessen mit seinen Vereinen und Verbänden zu den wesentlichen Stützen der im Jahre 1945 auch in Hessen etablierten Demokratie. Da die Gründer des Landessport- bundes beseelt waren vom Aufbau eines demokratischen Sportverbandes so wurde auch sichergestellt, daß demokratische Verhaltensweisen in allen hessischen Sportvereinen oberste Priorität hatten. So wuchsen die Sportlerinnen und Sportler als wirkliche Demokraten auf und sie bekennen sich heute uneingeschränkt zu den Prinzipien eines demokratischen Rechtsstaates. Die hessischen Sportvereine haben in den letzten fünfzig Jahren ganz wesentlich dazu beigetragen, das Demokratieverständnis in allen Landesteilen zu stärken und zu formen.

Der hessische Sport hat also viele Gründe, gebührend das fünfzigjährige Bestehen zu feiern. Gefeiert wird zünftig, aber nicht im grellen Scheinwerferlicht spektakulärer Events. Eher bescheiden, dafür umso schwungvoller, ehrlicher und herzlicher. Gefeiert wird in vielen Facetten mit einem durch und durch ehrlichen und realistischen Programm, das die gesamte Breite des sportlichen Angebotes präsentieren wird, für jeden etwas, vor allem zum Mitmachen, aber auch zum Nachdenklichwerden und zum Mitdenken zu bieten hat. Denn was in fünfzig Jahren mühsam aufgebaut worden ist, kann und darf mit einem Jubiläumsprogramm nicht zu Ende gehen. Nach einer so erfolgreichen Bilanz, will sich der Landessportbund seiner Geschichte bewußt werden, sie Revue passieren lassen. Gleichzeitig soll aber auch für die Zukunft geplant werden, denn auch in den nächsten Jahren wird der Sport als wichtiger Partner in der modernen Gesellschaft gefordert sein. Die Weichen für die Zukunft müssen richtig gestellt werden. Das Jubiläum kann helfen, zu motivieren, Ideen zu entwickeln, neue Programme und Strukturen auf Bewährtem aufzubauen, kurzum gekonnt überzuleiten zu einer neuen Zeit, die viele Korrekturen erfordert und die nicht verschlafen werden darf.

So wird gefeiert

Nahezu ein Drittel der Bevölkerung Hessens ist Mitglied in einem Sportverein. Aus gutem Grund: Sport im Verein macht Spaß, hält fit und jung. Es ist aber nicht nur das sportliche Angebot, das das Sporttreiben im Verein so attraktiv erscheinen läßt. 1996 feiert der Landessportbund, und damit der organisierte Sport in Hessen, seinen 50. Geburtstag. Klar, daß dazu ein sportlich-buntes, aber auch feierlich-nachdenkliches Jubiläumsprogramm zusammengestellt wurde. Hier die Höhepunkte daraus.

1. Juni 1996:
Festakt in der Paulskirche

In einem feierlichen Festakt vor 500 prominenten Gästen aus Sport, Politik, Wirtschaft und Kultur zieht der lsb h Bilanz. Was bedeuten 50 Jahre Sport in Hessen? Wie hat der Sport die Gesellschaft in dieser Zeit beeinflußt und wie hat die Gesellschaft ihrerseits den Sport geprägt? Welche Rolle spielt der organisierte Sport derzeit in unserem Land und wo liegt seine Zukunft? Fragen, mit denen sich der Festredner, Professor Dr. Christian Graf von Krockow, ein anerkannter Sportsoziologe, in der Paulskirche auseinandersetzen wird.
Die soziologischen Gedanken rund um den Sport werden natürlich nicht nur musikalisch, sondern auch „sportpraktisch" begleitet. Im Umfeld der Festrede wird das aufgezeigt, was den Sport auszeichnet: die Bewegung! Begleitend zu dieser Auftaktveranstaltung wird im Frankfurter Römer eine Ausstellung unter dem Titel „Sport aus den Trümmern" vorgestellt, die derzeit in Zusammenarbeit mit dem Sportmuseum der Stadt Frankfurt entsteht. Viele Bilder des Sports und der Sportler aus der Nachkriegszeit erinnern an die lange Tradition des Sports und des Landessportbundes in Hessen.

1. und 2. Juni 1996:
Sportfestival auf dem Frankfurter Römerberg

Was der Sport in seiner Praxis bedeutet, können alle Interessierten am 1. und 2. Juni auf dem Römerberg erfahren. Der geschichtsträchtige Frankfurter Platz wird an diesen Tagen zu einer Spielwiese und Sportarena – die Besucher werden zum Mitfeiern, Mitmachen oder einfach nur Zuschauen eingeladen. Ob in der Kletterwand, auf einem Fitness-Parcours, im Aero-Trimm oder sonstigen Sportgeräten: überall steht die Freude an der Bewegung im Vordergrund. Natürlich werden zu diesem Festival auch einige prominente Sportler erwartet. Auf dem Programm der beiden Tage stehen weiterhin eine große „Sportschau", zahlreiche Musikdarbietungen sowie Vorführungen von Aktiven der Frankfurter Sportvereine.

10. März 1996:
Aktionstag für den Seniorensport in Gießen

Dieser Tag ist den mehr als 400.000 älteren Sportlern gewidmet, die im lsb h organisiert sind. Da im Jahre 2010 bereits jeder vierte Hesse älter als 60 Jahre ist, wird sich

50 JAHRE SPORT in Hessen

LANDESSPORTBUND HESSEN E.V.
1946 - 1996

der Sport noch stärker als bisher auf die Zielgruppe der Senioren einstellen müssen.

So werden zu einem zukünftigen attraktiven Sportangebot neben den bereits sehr beliebten Gymnastik- und Tanzangeboten auch eine Spielepalette mit Tennis, Prellball, Volleyball oder Golf gehören.
Der Aktionstag für den Seniorensport wird vom Sportkreis Gießen gemeinsam mit dem Bildungswerk des lsb h organisiert. Er steht unter dem Motto „Aktiv in die Zukunft – ein Leben lang sportlich aktiv!“ Neben sportlichen Präsentationen haben die Gäste auch Gelegenheit zu eigener sportlicher Betätigung – von Radfahren, Walking, Fußball, Tennis über Schwimmen bis zu Aerobic, Qi-Gong und Tai Chi.

7. bis 9. Juni:
Ein Wochenende im Zeichen
des Mädchen- und Frauensports

Frauen und Mädchen haben im Sport spezifische Bedürfnisse. Innerhalb des Landessportbundes Hessen trägt der Landesausschuß Frauen im Sport diesen Bedürfnissen Rechnung. Natürlich soll das, was den Frauensport ausmacht, auch im Rahmen des Jubiläumsprogrammes offenkundig werden. Der Landessportbund stellt deshalb ein ganzes Wochenende unter das Thema „Mädchen und Frauen im Sport“.

Neue Sportarten wie Afrikanischer Tanz, Contact-Dance, Rope-Skipping werden im Nordwest-Zentrum Frankfurt demonstriert, Erfahrungs- und Gedankenaustausch für die Vereinsarbeit gehören dazu.

Auch sind Diskussionsrunden und Referate zu spezifischen Fragen des Mädchen- und Frauensports vorgesehen. In Kooperation mit dem Olympiastützpunkt Frankfurt werden dabei auch prominente Sportlerinnen mitwirken. Das Mädchen- und Frauensportwochenende wird am mit einer Sport- und Kulturgala eröffnet.

15. und 16. Juni:
Großes Trimmfestival in Alsfeld

Alsfeld wurde unter zahlreichen Bewerbern vom Deutschen Sportbund als eine der vier „Sporthauptstädte“ für 1996 ausgewählt. Am Wochenende vom 15. und 16. Juni wird aber nicht der Leistungssport, sondern vielmehr der Breitensport in einem Non-Stop-Programm präsentiert. Insgesamt werden mehr als 40 verschiedene Sportarten vorgeführt. Klar, daß die Zuschauer bei Schnupperkursen auch die Gelegenheit zum Ausprobieren bekommen. Zum Nulltarif werden bekannte, aber auch neue Sportarten zu Lande, zu Wasser und in der Luft angeboten – vom Abenteuer im Klettergarten bis zum Rollski oder Rhönrad: ein Trimmerlebnis für alle Sportinteressierten. Fürs Mitmachen gibt es die Auszeichnung des Trimmfestivals, den Trimm-Taler.

22. und 23. Juni 1996:
Einweihung der Sportbildungsstätte
auf dem Sensenstein

Mit der neuen Sportbildungsstätte auf dem Sensenstein gibt es ab Mitte nächsten Jahres insgesamt drei Sportbildungszentren in Hessen. Neben Frankfurt und Wetzlar deckt das Zentrum auf dem Sensenstein die Bedürfnisse der hessischen Sportvereine künftig optimal ab.

Die Einweihungsfeier beinhaltet ein prallvolles Programm, das den Bogen zwischen Kultur, Bildung und Musik spannen wird. Im Mittelpunkt der Eröffnungsfeierlichkeiten soll am Samstagmittag und Sonntagvormittag das traditionelle 27. Sensenstein-Bergturnfest stehen.

Zuvor wird die Sportbildungsstätte in festlichem Rahmen eingeweiht. Hessens Innenminister Gerhard Bökel, Landrat Udo Schlitzberger und „Hausherr“ Heinz Fallak, Präsident des Landessportbundes, werden die Eröffnungsreden halten. Anschließend stellen sich Nordhessens Sportkreise und einige Sportverbände mit

Vorführungen auf einer Aktionsbühne vor. Für alle Gäste gibt es sportliche Mitmachangebote.

Abends sind eine Nachtwanderung und Lagerfeuerromantik mit einem „Festival der leisen Töne" geplant. Die sportlichen Angebote werden sonntags weitergeführt.

> **28. Juni bis 7. Juli 1996:**
> Das Land Hessen und der Landessportbund Hessen feiern auf dem Hessentag in Gelnhausen

Zusammen sind sie 100 Jahre jung – das Land Hessen und der Landessportbund Hessen feiern 1996 gemeinsam auf dem Hessentag in Gelnhausen. Eine seit mehr als zehn Jahren bewährte Partnerschaft verbindet hier das Land Hessen und den lsb h. Beim größten Fest der Hessen 1996 – es werden mehr als eine Million Besucher erwartet – ist der lsb h mit einem Informationsstand im Zelt der Landesregierung, aber außerdem auch mit einem über 1 000 qm großen Sportzelt vertreten.

> **20. Juli 1996:**
> Der Mega-Rave für die sportliche Jugend Hessens

Das heißeste Sommerereignis Hessens steigt am 20. Juli 1996 in Fulda: Zum Beginn der Sommerferien findet die große Geburtstagsfete für die sportliche Jugend des Landes statt. Der Mega-Rave wird von bekannten Diskjockeys von HR 3 moderiert. Zahlreiche weitere Attraktionen für Auge und Ohr machen die Geburtstagsfete zum Bewegungserlebnis der besonderen Art.

Zu diesem Großereignis werden mehr als 5.000 junge Leute aus ganz Hessen erwartet. Der lsb h wird dazu Fahrgelegenheiten mit Sonderbussen aus zahlreichen hessischen Städten anbieten.

Neben Sportvorführungen, Musik und prominenten Moderatoren ist auch ein Gewinnspiel mit einem hessischen Radiosender geplant. Zudem gibt es Tips zum Thema Gesundheit und Ernährung sowie Computeranalysen zur Fitneß. Darüber hinaus erwartet die Gäste auf der Großsportanlage Gelnhausen ein sportliches Programm, das viele Höhepunkte bietet. Den Tag des Sportabzeichens am 1. Juli 1996 beispielsweise, die Polizeisportschau am 30. Juni, oder eine Schülerolympiade am 2. Juli 1996. Die Dachorganisation des hessischen Sports nutzt den Hessentag, um die vielfältigen Leistungen des organisierten Sports, seiner Sportkreise und Verbände in einem attraktiven Schaufenster in dem traditionellen Sportzelt an der Hessentagsstraße und auf Aktionsbühnen erneut zu präsentieren.

Den Einwohnerinnen und Einwohnern Hessens steht also ein sportlich-buntes, abwechslungsreiches 1996 bevor. Dazu lsb h-Präsident Heinz Fallak: „Wir werden unser Jubiläum feierlich, nachdenklich, unterhaltend und natürlich sportlich begehen. Wir werden dabei den Facettenreichtum des Sports und seinen Gegenwert sowohl für den Einzelnen als auch für unser gesamtes Land aufzeigen". Die Bürger, so Fallak abschließend, „sind sehr herzlich zur Teilnahme eingeladen". In den vergangenen fünfzig Jahren sind Hessens Sportlerinnen und Sportler zu einer großen Familie zusammengewachsen. Deshalb soll auch wie in einer Familie gefeiert werden: gemeinsam, fröhlich, schwungvoll und vor allem sportlich.

Auch früher wurde gefeiert

Gefeiert wurde beim Landessportbund im engsten Kreis der Mitarbeiter schon in der Gründungsphase. Wenn es die Zeit erlaubte, saß man nach den strapaziösen Sitzungen noch gern zusammen. Die Getränke und Speisen wurden abwechselnd organisiert. Es gab immer Mitarbeiter, die gute Beziehungen hatten. In der Anfangsphase blieb allerdings wenig Zeit zum Feiern. Die meisten mußten mit der Bahn nach Hause fahren, die Fahrtzeiten waren ungewöhnlich lang, nur wenige Züge verkehrten.

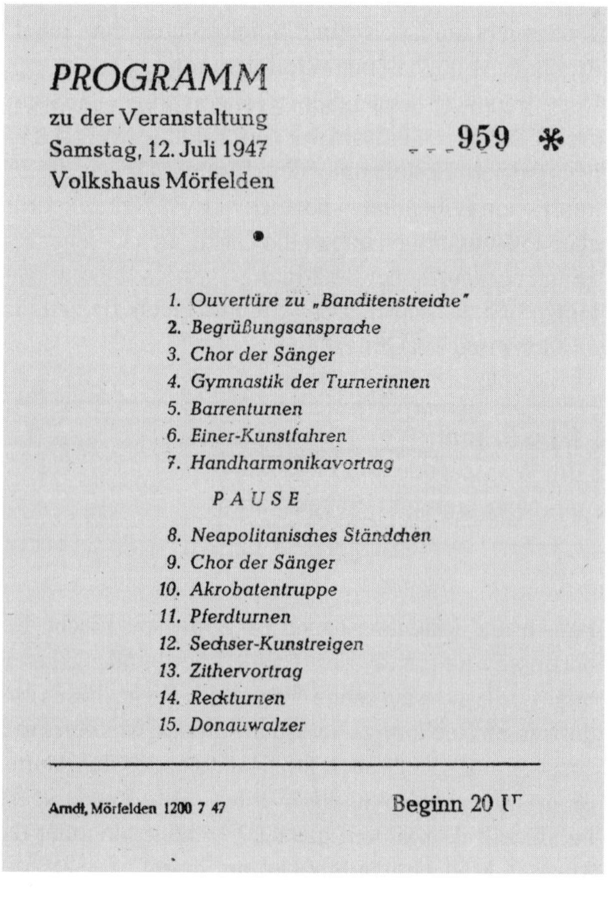

PROGRAMM
zu der Veranstaltung
Samstag, 12. Juli 1947 959 *
Volkshaus Mörfelden

1. Ouvertüre zu „Banditenstreiche"
2. Begrüßungsansprache
3. Chor der Sänger
4. Gymnastik der Turnerinnen
5. Barrenturnen
6. Einer-Kunstfahren
7. Handharmonikavortrag

PAUSE

8. Neapolitanisches Ständchen
9. Chor der Sänger
10. Akrobatentruppe
11. Pferdturnen
12. Sechser-Kunstreigen
13. Zithervortrag
14. Reckturnen
15. Donauwalzer

Arndt, Mörfelden 1200 7 47 Beginn 20 Ur

Abwechselnd mußten die Tagungsteilnehmer neben Getränken und Speisen auch Heizmaterial mitbringen, damit der Tagungsraum zumindest für kurze Zeit durchgeheizt werden konnte.

Erstmals ganz groß gefeiert wurde beim ersten Verbandstag am 12. Juli 1947 in Mörfelden. Die mehr als 200 Vereinsvertreter aus allen Teilen Hessens hatten bis zum frühen Abend im Volkshaus intensiv gearbeitet und waren dann gegen 18.35 Uhr vom Vorsitzenden Heinz Lindner mit den Worten verabschiedet wurden: „Wir sehen uns wieder im Volkshaus um 20 Uhr!"

An diesem Abend präsentierte der gastgebende Verein, die SKV Mörfelden, ein tolles Programm, das so richtig nach dem Geschmack der Repräsentanten des hessischen Sportes war: beschwingt heiter, voller Höhepunkte und abwechslungsreich. Natürlich kamen die Gespräche untereinander nicht zu kurz. Es war das erste größere Familienfest des hessischen Sportes. Nach den Jahren des Krieges, den Jahren der Diktatur und der Zeit der Entbehrungen avancierte dieser Abend zu einem Fest der Freude. Wenn noch Jahre später die meisten Vereinsvertreter voller Respekt von dem Verbandstag in Mörfelden sprachen, dann war es primär die großartige Organisation, das Gefühl wieder zusammenzugehören, das großartige Engagement der Bevölkerung von Mörfelden, mit Bestimmtheit aber auch die großartige Atmosphäre beim Abendprogramm. Bei den Vorführungen brach sich leider ein Junge das Bein. Das bekamen allerdings die meisten nicht mit. In einem Vorstandsprotokoll wird allerdings einige Wochen später davon gesprochen, daß man einen angemessenen Geldbetrag zur Genesung des Verunglückten bereitgestellt hat.

Am 1. August 1949 feierte der Bezirk Darmstadt in Babenhausen ein großes Fest. In der Zeitung „Hessen-Sport" (nicht zu vergleichen mit „Sport in Hessen") wurde dieses Sportfest euphorisch als „Historischer Tag für Hessens Sport" gewürdigt. Initiator war der Bezirksvorsitzende Ludwig Schulmeyer. In seinem Grußwort erklärte er damals: „Wenn einmal die Geschichte des deutschen Sportes geschrieben wird, dann wird der Sportbezirk Darmstadt an erster Stelle stehen." Ludwig Schul- meyer konnte damals so euphorisch urteilen, weil es ihm erstmals gelungen war, **alle** Sportverbände, also auch die Turner, für ein gemeinsames Sportfest zu gewinnen. Heinz Lindner wurde in Babenhausen von den Zuschauern stürmisch gefeiert, nachdem ihn Ludwig Schulmeyer mit den Worten gewürdigt hatte: „An dieser glücklichen historischen Wende können wir nicht vorübergehen, ohne dem Mann aufrichtig zu danken, der seit dem Beginn des Neuaufbaus im Sport unermüdlich und zielbewußt für dieses volkserzieherische Werk seine ganze Kraft eingesetzt hat, unserem 1. Bundesvorsitzenden und Kameraden Heinz Lindner. Nichts wünsche ich mehr, als die Fortdauer der engen Verbundenheit zwischen Bundes- und Bezirksvorstand."

„Ich stehe noch ganz unter dem Eindruck meiner Erlebnisse in Helsinki und bin im Gegensatz zu vielen, die sich heute über unser Abschneiden bei den Olympischen Spielen unbefriedigt äußern, der Meinung, daß wir auf die Ergebnisse unserer Sportler sehr stolz sein können und uns darüber freuen sollten, daß wir endlich wieder den Anschluß an den internationalen Sport und seine Höchstleistungen gefunden haben. Mit dem 1. Bundessportfest will der Landessportbund Hessen neue Wege im Massensport beschreiten, indem er eine Synthese von moderner Breitenarbeit, sportlicher Spitzenleistung und internationaler Zusammenarbeit vorbereitet, die zu einem Fest für das ganze Volk werden soll. Zu diesem Gedanken beglückwünsche ich den Vorstand und wünsche allen Teilnehmern frohe und erfolgreiche Tage in Frankfurt am Main."

Ministerpräsident Georg August Zinn an die Teilnehmer.

Im Jahre 1951 wurde in Kassel aus Anlaß des 25jährigen Bestehens der Hessenkampfbahn ein großes Sportfest durchgeführt. In den „Hessischen Nachrichten" vom 13. August 1951 wird uns überliefert: „Was wäre die Kasseler Sportjugend ohne ihre Hessenkampfbahn. Man merkte es so recht wieder, als sie Hunderte von Aktiven aller Kasseler Vereine zu Gast hatte. Die bunte Sportkleidung der Wettkämpfer, das satte Grün der Einfriedigung und des Rasens, die im starken Westwind weit auswehenden Flaggen an den Masten und Tausende von Zuschauern an den Längsseiten der Aschenbahn vereinten sich zu einem wunderbaren Gesamtrahmen und versinnbildlichten eindrucksvoll den Sport, die Leibesübungen als eine der starken, unversiegbaren Quellen, aus denen unser Volk seine Lebenskraft nährt." Und weiter heißt es: „Ein unwahrscheinlich vielseitiges Programm gab einen imponierenden Einblick in die Vielgestaltigkeit des Kasseler Sportlebens. Es waren buchstäblich bald Opa, Vater, Mutter und Kind von allen Vereinen aufgeboten, um dieses Gemeinschaftsfest des Kasseler Sportes zu einem Erfolg zu verhelfen."

Beim ersten Bundessportfest, das vom 22. bis zum 24. August 1952 in Frankfurt gefeiert wurde, konnten die Verantwortlichen des Landessportbundes ganz andere Register ziehen. Systematisch hatte man sich auf dieses Großereignis vorbereitet. Zum ersten Mal präsentierte man sich mit einer Großveranstaltung dem Frankfurter Publikum und erntete größtes Lob.

Robert Riedel, der langjährige Sportwart des Landessportbundes hatte die Idee zum ersten Bundessportfest und zeichnete auch für die gesamte Organisation verantwortlich. So gab es am Freitagnachmittag einen „Kindertag im Stadion" mit den Stadtmeisterschaften der

„Das erste große Bundesfest des Landessportbundes Hessen ist zugleich auch der erste große Versuch, die Tradition der deutschen Sportfeste fortzusetzen, aber auch neu zu gestalten. Seit den letzten großen Veranstaltungen, die durch den freien Willen freier Organisationen durchgeführt wurden, sind nahezu 20 Jahre vergangen. Was dazwischen liegt, war die Zeit der Hemmungen in vielerlei Hinsicht. Selbst nach dem Zweiten Weltkrieg bedurfte es erst einer längeren Zeit, bis das Organisationsverhältnis im deutschen Sport wieder nach innen und außen frei wurde, um an die Fortsetzung der alten deutschen Sportfesttradition zu denken. (...) Der deutsche Sport kann und darf trotz aller Anziehungskraft, die der Sensationssport ausübt, nicht unterlassen, auch das deutsche Turn- und Sportfest aufrechtzuerhalten. So mögen unsere Festbesucher unser erstes Bundesfest sehen."

Heinrich Sorg in der Festschrift zum *Bundesfest.*

Frankfurter Schulen und am Abend ein großes Wassersport-Spektakel auf dem Main, das mit einem brillianten Feuerwerk und einer eindrucksvollen Mainbeleuchtung endete. Für die damaligen Verhältnisse waren diese Programmangebote ausgesprochene Highlights.

Am Samstag präsentierten sich zahlreiche Verbände rund um das Frankfurter Waldstadion. Die Leichtathleten führten die Hessischen Meisterschaften auf der Hauptkampfbahn durch. Die hessischen Handballer spielten im traditionellen Weiß-Rot gegen eine Auswahl aus Ober-Österreich. Spieler wie Spengler aus Lützellinden und Sutter aus Herleshausen, damals sehr populäre Handballspieler, verstärkten das hessische Team. Auf der Radrennbahn, die damals noch intensiv genutzt werden konnte, gab es mehrere Radrennen zu bewundern, unter anderem ein 100-Runden Mannschaftsfahren nach „Sechstageart". Im Schwimmstadion trafen sich die Schwimmer zu den Mehrkampf-Meisterschaften. Wasserball und Turmspringen komplettierten das Programm. In der Wintersporthalle kamen Basketball und Tischtennis zum Zuge, „Auf der Moslerbahn" zeigten die Rollschuhläufer ihr Können, während auf der Stadionwiese die Schwerathleten ihren Dreikampf im Hammer- und Gewichtswerfen sowie Steinstoßen absolvierten und die Boxer auf der „Waldbühne" insgesamt zehn Boxkämpfe präsentierten.

Krönender Abschluß dieses zweiten Festtages war das „Olympische Fest", eine Stadion-Trilogie des Landessportbundes von Hermann Grauerholz unter der Leitung von Martha Müller. Es wirkten mit: 380 hessische Turnerinnen, der Hofheimer Schülerchor und eine Musikgruppe der Frankfurter Schutzpolizei.

Ein solches Spektakel hatten die Frankfurter in ihrem Stadion noch nie erlebt. Hermann Grauerholz selbst beschrieb nach der „Olympischen Verkündigung" und dem „Olympischen Reigen" den dritten Teil, die „Olympische Lobpreisung" mit den Worten: „Nach den erbarmungslosen Bomben, das Olympische Wunder des Jahres 1952. Über die noch im Rauch schwelenden, vernichteten Städte steigt die neue Hinwendung zum Leben. Die Tore zum Stadion öffnen sich wieder. Der erste Läufer beginnt schüchtern seinen Lauf, den Lauf, dem so viele folgen. Der erste Läufer war der erste Glücksbote der wiedererwachenden Lebenfreude. Coubertins Olympische Lobpreisung erfaßt erneut die Welt. Und so preisen sie wieder den Lauf. Sie eilen dahin wie Hermes. Sie singen und wiegen sich aphroditisch im Reigen, sie werfen wie Artemis den Speer im jagdlichen Spiel, sie führen wie Demeter die Hand zur Saat, sie entfesseln die gesteigerte Lebensfreude wie Dionysos und nehmen mit der Muse Terpsichore den Tanz als göttliches Geschenk."

„Seit der Gründung des Landessportbundes als einer allumfassenden Gemeinschaft für Turnen und Sport war für uns alle, denen Einigkeit in größerer Gemeinschaft ein wesentlicher Teilwert in der Ethik und geistigen Verfassung unseres Bundes ist, gerade das Bundesfest Ausdruck und Sinnbild für den Bund. Der Gedanke an das Fest war all die Jahre hindurch immer wach. Nun ist er verwirklicht, und erstmals in der Geschichte unseres jungen Bundes sind wir jetzt zu unserem Fest zusammengekommen. Diese Tatsache erfüllt uns alle mit tiefer Freude und Genugtuung. Wir alle wollen es gläubig tragen und gestalten und miterleben als sinnfälligen Ausdruck der großen Gemeinschaft aller hessischen Turn- und Sportvereine, und in einmütiger Zusammenarbeit wollen wir vor aller Öffentlichkeit ein Bild unserer Aufgaben, Ziele und Werte entwerfen".

Heinz Lindner im Grußwort zum ersten Bundessportfest.

Am Sonntag werden die sportlichen Veranstaltungen der Verbände fortgesetzt, die Fechter, Ringer, Rubgy-Spieler, Tennispieler, Fußballer und Turner gesellen sich hinzu. Auf dem Sportplatz an der Waldstraße spielt die hessische Hockeyauswahl gegen Barcelona, auf dem Main starten die traditionellen Achter bei den 56. Stadtachterrennen. Im Stadion spielt um 17.15 Uhr eine Fußballauswahl aus Frankfurt und Offenbach gegen eine Auswahl aus Zürich in der Schweiz.

Obwohl sich das Programm wirklich sehen lassen konnte, mehrere tausend Aktive an den Start gingen und insgesamt vierhundert einzelne Disziplinen auf dem Programm standen, fand das ersten Bundessportfest bei der Bevölkerung nicht die erwartete gute Resonanz. Nur knapp 10.000 Besucher wurden bei allen drei Festtagen gezählt. Entsprechend fiel das Echo in der Presse aus. Der „Neue Sport" lästerte gar: „Der Landessportbund

Auf der dichtbesetzten Falttribüne erkennen wir in der ersten Reihe, während der Rede des Innenministers Schneider, von rechts nach links die Ehrengäste: Ministerialdirektor Dr. Erich Schuster, Intendant des Hessischen Rundfunks, Eberhard Beckmann, Oberbürgermeister der Stadt Frankfurt/M., Werner Bockelmann, 1. Verbandsvorsitzender des Hess. Fußballverbandes Willy Linnenberg, Direktor der Hess. Sportwetten GmbH., Trojan, 1. Verbandsvorsitzender des Hess. Schwimmverbandes, Karl Wilhelm Leyerzapf, Verbandssportwart des Hess. Schwimmverbandes, Erich Piesel, 1. Verbandsvorsitzender des Hess. Turnverbandes, Franz Wilhelm Beck, Kassenwart des Deutschen Turnerbundes, Albert Zellekens.

Aus: Sport-Mitteilungen, 23. August 1958

hat bewiesen, daß er aus lauter hoffnungslosen Idealisten besteht.“

Die geringe Resonanz, die dieses ersten Bundesfest gefunden hatte, wirkte sich geradezu verheerend auf die weitere Entwicklung aus. Die Sportfeste, die Heinz Lindner und Heinrich Sorg beschworen hatten, wurden nie wieder organisiert, nie wieder wagte der Landessportbund einen so großen sportlichen Rahmen wie im August 1952. Im Laufe der nächsten Jahre kümmerte man sich primär um den weiteren Aufbau des Verbandes und speziell um den Bau der neuen Sportschule. Die Grundsteinlegung im Herbst 1957 und die Einweihung im Jahre 1958 hätten es schon verdient, intensiv gefeiert zu werden, doch eingedenk der wirklichen Pleite aus dem Jahre 1952 hielt man sich stark zurück.

Beim 25jährigen Bestehen im Jahre 1971 wurde ebenfalls nur am Rande gefeiert. In den Sportmitteilungen vom 11. September 1971 schrieb der damalige Bundespressewart Heiner Schickedanz: „In diesen Sommertagen wurde der Landessportbund 25 Jahre alt. Genau am 1. Juni. Lautlos sind wir über diesen Termin in den Herbst des Jahres gerutscht. Dabei steht die Zielsetzung noch mitten im Frühling. Deshalb wollen wir uns nicht mit Jubelfest und – feier aufhalten. Die Zeit stellt immer größere Forderungen. Die daraus erwachsenden Aufgaben verlangen noch intensives Bemühen. Wir müssen uns dafür nicht umkrempeln. Vorausschauend schaffen, war immer unsere Devise. Neue Wege zu immer neuen Zielen zu finden, wird sowieso erwartet. Stets neue Möglichkeiten zu mobilisieren, ist eine unserer Aufgaben.“ Und in die Zukunft schauend, kündigte Heiner Schickedanz zielbewußt an: „Wir werden noch mehr in die Öffentlichkeit dringen, nicht nur, um über unsere Arbeit zu sprechen, sondern zu zeigen, was wir wollen und was wir können, um recht viele Menschen für Sport und Spiel zu gewinnen. Unterschiedslos. Bei uns stehen alle Türen offen. Für alle Altersklasen. Für Männer und Frauen, Jungen und Mädel, für alle unsere Kinder. Alle sind herzlich eingeladen, mitzumachen!“

Schon 1971 an den Umweltschutz gedacht

Der im Jahre 1970 als Nachfolger von Heinz Lindner zum 1. Vorsitzenden des Landessportbundes gewählte Hans-Helmut Kämmerer forderte damals eine klare Ab-

„Die Arbeit für den Sport in unserem Lande kann nur von der Basis ihres Schaffens ausgehen. Sie muß sich von da aus erweitern auf eine gesunde Verankerung des Spitzensportes im Vereins- und Verbandsleben, auf eine stetige Verbesserung und Erweiterung des Breitensports für jung und alt. Sie muß auch dafür sorgen, daß Sport und Spiel in alle Lebensbereiche des Menschen eindringen und ein wesentlicher Inhalt positiven Umweltschutzes werden.(...). Die Zukunft wird vom Landessportbund Hessen mit der gleichen Hingabe, Nüchternheit und Solidarität in Angriff genommen werden wie das Aufbauwerk der Vergangenheit. Die Mittel und Wege zum gleichen Ziel einer möglichst weiten Verbreitung des Sportes in der Bevölkerung aber werden sich den neuen Erfordernissen anzupassen haben.“

Aus: Sport in Hessen, 11. September 1971

Aus: Sport in Hessen, 25. September 1971

grenzung zum Professionellen und zum Showgeschäft sowie eine sinnvolle Leistungsförderung. Vorausschauend wies er auf den „positiven Umweltschutz" bereits im Jahre 1971 hin.

Nach dem Generationswechsel beim Landessportbund im Jahre 1970 hatte das Umdenken in der Entwicklung dieses großen Verbandes begonnen. Erste wichtigste Voraussetzung war die Erweiterung der Sportschule, die längst aus allen Nähten platzte und nunmehr ausgebaut wurde. Es entstanden mit dem Baubeginn im Jahre 1970 ein großer neuer Wohntrakt, neben der großen Sporthalle (der später umbenannten Heinz-Lindner-Halle) eine neue moderne Küche mit einem größeren Speisesaal, eine neue Gymnastikhalle und zwischen Sporthalle und Schwimmhalle ein neuer Versammlungsraum.

Über den Festakt selbst anläßlich des 25jährigen Bestehens im September 1971 berichtete Heiner Schickedanz in „Sport in Hessen": „Alles war anders als erwartet. Keine feierlich weißen Tischreihen, kein akademisches Festkonzert, keine Festansprache. Das Parkett war grün, der Himmel blau, die Musikanten schwarz. Die Rednerliste erfreulich kurz, die Reden noch kürzer. Hartmut Radke vom damaligen Sportversicherer lobte damals: „Herzlichen Glückwunsch für den guten Gedanken, das Jubiläum so kurz und aufgelockert zu feiern". Und Heinrich Schneider, der langjährige Sportminister des Landes, der als Ehrengast geladen war, äußerte euphorisch: „Herrlich diese Szenerie unter freiem Himmel, wie progressiv der Landessportbund in Haltung und Charakter ist!" Heinz Lindner, 1971 ein Jahr nicht mehr im Amt, konnte als Ehrenvorsitzender des Landessportbundes dankbar verkünden: „Wenn Form und Inhalt glücklich zueinanderpassen, kann man immer zufrieden sein. Das gilt auch für diese Veranstaltung. Besonders erfreulich, nicht nur den amtierenden Ministerpräsidenten Albert Osswald, sondern auch den früheren Ministerpräsidenten Georg-August Zinn als Gast zu sehen, der in den 25 Jahren LSB Hessen sehr wesentlich zu der Entwicklung des Landesssportbundes beigetragen hat."

Umzug in die Otto-Fleck-Schneise

Grund zum Feiern hatte der Landessportbund wieder im

Repräsentanten aus Sport und Politik trafen sich beim Neujahrsempfang zum lockeren Gedankenaustausch. Das Bild ist vom 23. Januar 1982.

Frühlingsfest beim LSB 1993

Jahre 1977, als die Sportschule mit dem Bau des großen Verwaltungsgebäudes weiter ausgebaut worden war. Das frühere Domizil in der Goethestraße 10 war längst zu klein geworden, um den Anforderungen gerecht zu werden. Im übrigen wollten auch zahlreiche Verbände dichter mit dem Landessportbund zusammenrücken. Im Rahmen eines Neujahrsempfangs, der so erstmals durchgeführt wurde, konnte das neue Verwaltungsgebäude im Januar 1977 offiziell seiner Bestimmung übergeben werden. Hessens Sozialminister Armin Clauss überbrachte lsb h-Präsidenten Hans-Helmut Kämmerer demonstrativ ein „rotes" Telefon mit „schwarzen" Muscheln, um die guten Kontakte des hessischen Sportes mit der Landesregierung und der hessischen Politik zu symbolisieren.

Für die mehr als 200 geladenen Gäste gab es nach der offiziellen Feier am „Kalten Büffet" die traditionelle „heiße" Schlacht. Alles war so vorzüglich vorbereitet und organisiert, daß die vielen Gäste recht zügig zu ihrem wohlverdienten Essen kamen. Für den Landessportbund war dieses Büffet eine Selbstverständlichkeit, denn damit wurde die intensive Arbeit der Mitarbeiter in den Kreisen und Verbänden etwas belohnt. Auch die Biertheke und der Weinstand, alles originell und attraktiv gestaltet, waren stets dicht belagert. So wurde die Einweihung des neuen Verwaltungsgebäudes in der Otto-Fleck-Schneise zu einem großen Fest. So jedenfalls wurde wenige Tage später in „Sport in Hessen" berichtet.

In den nachfolgenden Jahren stand jeweils der Neujahrsempfang des Landessportbundes in der Beliebtheitsskala ganz oben. Hier trafen sich nicht nur die Repräsentanten des Sportes, sondern auch der Politik und der Medien. Die Neujahrsempfänge avancierten zu einem gesellschaftlichen Höhepunkt. Wegen akuter Terminnot (Überschneidungen mit anderen kompetenten Partnern) beschloß das Präsidium 1992, den Neujahrsempfang aufzugeben und dafür zu einem „Frühlingstreffen" einzuladen. Gleichzeitig wurde beschlossen, jeweils Ende August bzw. Anfang September die Mitglieder des Hauptausschusses zu einem gemütlichen „Herbsttreffen" auf einem Schiff zusammenzurufen. In den achtziger Jahren gelang es, die Idee der „Spielfeste" landesweit durchzusetzen und neue Dimensionen im Bereich des Breiten- und Freizeitsportes aufzuzeigen. Glanzvolle Höhepunkte waren dabei die zusammen mit dem Deutschen Sportbund organisierten Trimm-Festivals.

Wenn im Jahre 1996 der Landessportbund sich erneut anschickt, wieder einmal zünftig zu feiern, dann kann er durchaus auf eine gute Tradition zurückgreifen. Gerade diese Tradition verpflichtet ihn aber auch, weder pompös noch überschwenglich und klotzend zu feiern, vielmehr mit Bedacht und angemessener Bescheidenheit. In den 50 Jahren seines Bestehens ist der Landessportbund mit seinen Vereinen, seinen Sportkreisen und mit seinen Verbänden längst zu einer großen Familie zusammengewachsen. So ist es selbstverständlich, daß alle eifrig mitfeiern wollen beim großen Jubiläum des hessischen Sportes aus Anlaß des 50jährigen Bestehens.

Cornelia Rühlig

Der Geburtsort des Landessportbundes: Mörfelden in Hessen!

Diese Überschrift wird manch einen, der heute im Rahmen des Landessportbundes aktiv ist, verwundern. Wenn sie sich aber einprägt und vielleicht sogar noch Fragen aufwerfen sollte, so hat sie ihr Ziel erreicht. Jubiläen sind schließlich – außer der vielen Arbeit, die sie den Verantwortlichen machen – Anlässe, sie sind Katalysatoren eines geschichtlichen Rückbesinnungsprozesses: Unter welchen Umständen kam es zur Gründung des Landessportbundes? Wer war an führender Stelle beteiligt? Welche Gedanken beherrschten die Menschen damals? Wo fand all dies statt?

Auch Mörfelden und die Mörfelder spielen dabei eine Rolle. Man munkelt, der Landessportbund Hessen habe seiner Festschrift ursprünglich sogar den Buchtitel „Auf dem Weg nach Mörfelden" geben wollen. Was also charakterisiert diesen Ort? Und vor allem: Was verbindet den Landessportbund mit dieser im Prinzip kleinen südhessischen Arbeiterwohngemeinde?

Der Kenner der Verbandsgeschichte hat dafür rasch zwei Antworten parat:

* Im Mörfeldener Volkshaus fand am 12. und 13. Juli 1947 der erste Verbandstag des Landessportverbandes Hessen – so nannte er sich damals noch – statt.
* Beim Wiederaufbau des Sports vor allem in Süd-Hessen leistete der Mörfelder Ludwig Schulmeyer in der Nachkriegszeit die entscheidende Pionierarbeit.Im Dezember 1945 wurde Schulmeyer zum Vorsitzenden eines vorläufigen Kreissportausschusses gewählt; ein Jahr später zum Bezirksvorsitzenden. In diesen Funktionen übernahm er die Verantwortung für die organisatorische Vorbereitung und praktische Durchführung des ersten Verbandstages. Für Schulmeyer war die Entscheidung, diese Veranstaltung in Mörfelden durchzuführen, eine Genugtuung. Er verstand die Ortsentscheidung immer auch als ein Ausdruck der Anerkennung für die von ihm geleistete Arbeit.

So richtig diese beiden Antworten zweifellos sind, so muß doch auch darauf hingewiesen werden, daß Ludwig Schulmeyer nur einer von vielen, vielen Idealisten war, die in der Nachkriegszeit die hessische Sportbewegung

Mörfelden in den 30er Jahren

Mörfelder Bauhandwerker Mitte der 1920er Jahre auf einer Baustelle in Frankfurt

aufbauen halfen. Ebenso gab es natürlich auch in anderen Gemeinden geeignete Räumlichkeiten für eine solche Versammlung. Mit Bad Nauheim und Enkheim hatte Mörfelden durchaus ernsthafte Mitbewerber. Warum also gerade Mörfelden? Hatte dieser Ort unter den Gründern des Landessportverbandes einen bestimmten Ruf? Und wenn ja, wofür stand der Ort in den Jahren 1946 und 1947?

Mörfelden liegt etwa 15 Kilometer südlich von Frankfurt, ist Anliegerwohngemeinde des Flughafens und als solche auch in jüngerer Zeit berühmt geworden. Nach dem Zweiten Weltkrieg lebten hier ungefähr 6.300 Menschen; reichlich 5.000 davon stammten aus traditionellen Mörfelder Familien. Weitere 500 waren Evakuierte aus Bombenangriffsgebieten der näheren und weiteren Umgebung und wiederum knapp 500 waren Flüchtliche aus Ostgebieten, die der Gemeinde zugewiesen worden waren.

Mörfelden selbst wurde durch den Krieg nicht zerstört. Das Ortbild blieb unverändert. Äußerlich betrachtet gab der Ort nicht viel her. Seit dem Anschluß an das Eisenbahnnetz im Jahre 1879 hatte sich Mörfelden immer mehr zu einer Pendler- bzw. Arbeiterwohngemeinde entwickelt.

Auffällig demgegenüber war allerdings die politische Landschaft des Ortes. Bei den ersten Gemeindewahlen, die in der US-Zone am 20. Januar 1946 durchgeführt wurden, erhielt die SPD 75 Prozent und die KPD 25 Prozent der Stimmen. Bei diesem überaus ungewöhnlichen Ergebnis blieb es allerdings nicht, als die neugegründete CDU eigene Kandidaten aufstellte. Bei den folgenden Kreis- und Landtagswahlen des Jahres 1946 sank der Stimmenanteil der SPD auf reichlich 40 Prozent, die CDU erhielt 26 bzw. 20 Prozent und die KPD 29 bzw. 34 Prozent. Dennoch: Der Wähleranteil der beiden Arbeiterparteien blieb insgesamt bei 70 %. SPD und KPD bemühten sich gerade in der unmittelbaren Nachkriegszeit um eine sachbezogene Kooperation und eine Zusammenarbeit z.B.in Personalfragen. So erklärte die KPD-Gemeinderatsfraktion von Mörfelden am 2. Juni 1948: „Die Linksmehrheit gilt es zu realisieren ... (daher) gibt die kommunistische Gemeinderatsfraktion bei der Bürgermeisterwahl dem Kandidaten der Sozialdemokratischen Partei ihre Stimme ..."

Eine Mehrheit der Arbeiterparteien in den Parlamenten südhessischer Gemeinden war in der Nachkriegszeit an sich nichts Besonderes. Auffällig in Mörfelden blieb allerdings die Eindeutigkeit dieser Mehrheit, die trotz des Zuzugs auch konservativer Wählerschichten noch über Jahrzehnte hinaus Bestand haben sollte. Damit setzte sich eine Tradition fort, die in der Zeit der Weimarer Republik sprichwörtlich war: Allgemein bezeichnete damals der Volksmund Mörfelden als „Mauerdorf". Wer auf die politischen Verhältnisse anspielen wollte, der sprach vom „roten Mörfelden"

Mörfelden – „das Mauerdorf"

Diese Bezeichnung beschreibt zutreffend, womit die Mörfelder ihr Brot verdienten: Mehr als ein Viertel aller Erwerbstätigen waren damals Maurer. Zählt man noch einige berufsverwandte Handwerke hinzu, so war klar, wo die Mörfelder Männer tagsüber zu finden waren: auf vorwiegend auswärtigen Baustellen. Der weitaus größte Teil der erwerbstätigen Mörfelder fuhr frühmorgens mit dem Zug in das nahegelegene Frankfurt und kehrte erst abends gegen 19 Uhr wieder zurück.

Damit war Mörfelden tagsüber eine Domäne der Frauen, der älteren Menschen und der Kinder. Der Lohn, den die Männer am Wochenende nach Hause brachten, reichte meist nicht für den Lebensunterhalt der Familie. Daher konnten die Frauen sich nicht allein auf Haushalt und Kindererziehung beschränken. Die Versorgung von Schweinen, Ziegen und Hühnern wurde von ihnen ebenso erwartet, wie die Bewirtschaftung der Felder und Wiesen. Fast das gesamte Essen, das zu Hause auf den Tisch kam, war selbst erwirtschaftet. Frauen, ältere Menschen und Kinder leisteten damit einen entscheidenden Beitrag zum Familienunterhalt.

Im Alltag war die Koordination dieser vielen, auch körperlich sehr anstrengenden Arbeiten nur möglich durch gegenseitige Hilfe, besonders in der Erntezeit, bei Krankheit und anderen Engpässen. Die Nachbarschaft spielte dabei oft eine wichtigere Rolle als die Verwandtschaft. Hier kam es auf schnelles Zupacken an: „Oins is uff's annere oagewiese" heißt dieses durchaus nicht selbstlose Miteinander auf mörfeldisch. Die Vereinzelung des Privathaushaltes, die ansonsten mit der Aufnahme auswärtiger lohnabhängiger Arbeitsverhältnisse einhergeht, fand hier aufgrund der Weiterexistenz der Nebenerwerbswirtschaft nicht statt.

Dadurch blieb die traditionelle Sozialstruktur aufrechterhalten, was sich für die Ortskultur als überaus wichtig erweisen sollte.

Auch die auswärts beschäftigten Männer, die im Laufe des 19. Jahrhunderts aus der Not heraus die eigene landwirtschaftliche Arbeit aufgegeben hatten, pflegten untereinander weiterhin feste soziale Bindungen. Die Mörfelder halfen sich gegenseitig bei der Lehrstellen- und Arbeitssuche. In der Freizeit wurden auch unter sozialen und gesellschaftlichen Aspekten Vereine gegründet. Durch ihre auswärtigen Arbeitsstellen besonders in der Großstadt kamen sie schon frühzeitig mit der Arbeiterbewegung innerhalb des Rhein-Main-Gebietes in Berührung. Ab 1897 gab es in Mörfelden bereits eine Ortsstelle des „Zentralverbandes der Maurer Deutschlands" und Mörfelder Maurer nahmen schon vor dem Ersten Weltkrieg an nationalen Gewerkschaftskongressen teil. Im Jahre 1899 wird die Ortsgruppe der Sozialdemokratischen Partei Deutschlands gegründet, so daß bereits zu einem sehr frühen Zeitpunkt die Arbeiterbewegung im Ort fest verankert war.

Zur klassischen Partei- und Gewerkschaftsarbeit kam aber schon bald ein drittes, sozial besonders wichtiges Element hinzu: die Arbeitervereinskultur. Ins Leben gerufen wurde diese Bewegung vor allem durch diejenigen, die im Ersten Weltkrieg gewesen waren: 1916 gründeten sie durchaus auch mit geselligem Interesse die „Arbeiterjugend". Aus ihren Reihen entwickelte sich kurze Zeit später die USPD-nahe „Freie Jugend".

Mörfelden war die erste Landgemeinde in Hessen, in der 1920 eine Ortsgruppe der „Naturfreunde" gegründet wurde. Wenig später schlossen sich unter dem Aspekt des gemeinsamen gesellschaftspolitischen Zieles verschiedene Arbeiterturn-, Sport- und Gesangvereine zur sogenannten „Freien Turn- und Sängervereinigung Mörfelden" zusammen.

Das Vereinsleben spielte nun in der ortsinternen Kommunikation eine entscheidende Rolle. Hier fand die alltägliche politische Bewußtseinsbildung statt. Im Vereinslokal wurde debattiert. Delegierte aus Mörfelden nahmen an zahlreichen auswärtigen Veranstaltungen des Dachverbandes der Arbeitersportler teil. Im Laufe der zwanziger Jahre entwickelte sich Mörfelden zu einer ausgesprochenen Hochburg der Arbeitersportbewegung auch auf sportlichen Gebiet.

Die Entscheidung der Mörfelder, ein eigenes Volkshaus zu bauen, war vor diesem Hintergrund nur konsequent. Im Grunde war es jedoch ein Abenteuer, hier 1924 einen Verein „Zur Errichtung eines Arbeiter-Vereinshauses" ins Leben zu rufen. Eines fehlte nämlich allen Vereinsmitgliedern: das Geld. Dennoch brachte man es dank kommunaler Unterstützung, Verkauf von „Bausteinen" und vollständiger Eigenarbeit tatsächlich so-

Frauen und Kinder bei landwirtschaftlicher Arbeit

Mörfelder Fußballmannschaft der Freien Turner um 1918. Das Sporthemd trägt das Emblem des Dachverbandes der Arbeiter-Turner: FFST für Frisch, Frei, Stark, Treu.

weit, daß das Gebäude im April 1930 offiziell eingeweiht werden konnte. Es war damals das bei weitem größte Gebäude Mörfeldens. Selbst der Pfarrer konnte nicht umhin, das Volkshaus im Rahmen seiner Eintragung in die Pfarrchronik zu erwähnen.

Die Mörfelder Arbeitervereine führten dort bis 1933 viele Veranstaltungen durch u.a. mit Willi Münzenberg, Erich Weinert und Erich Mühsam. „Das Volkshaus war unsere Heimat" so heißt es heute noch stolz unter den alten Mörfeldern!

„Das rote Mörfelden"

Entsprechend der zuvor beschriebenen Sozialstruktur überrascht es nicht, daß in Mörfelden rot gewählt wurde. Und trotzdem muß überraschen, daß aus einem überaus hohen SPD-Wähleranteil von etwa 90 Prozent im Jahre 1919 im Laufe von nur zehn Jahren sich eine starke Sympathie für die kommunistische Idee entwickelte. Bei den Reichstagswahlen im Jahre 1930 wählten die Mörfelder erstmals mit absoluter Mehrheit KPD und bei dieser Mehrheit blieb es bis 1933 teilweise sogar mit Wahlergebnissen für die KPD von bis zu 62 Prozent.

In der sechsten Legislaturperiode des Hessischen Landtages (Juli 1932 bis März 1933) stellte Mörfelden sogar einen eigenen Abgeordneten, der natürlich von der KPD kam. Die Wahl von G. Zwilling zum Landtagsabgeordneten war auch eine Antwort darauf, daß die Landesregierung ihn vom Amt des Mörfelder Bürgermeisters suspendiert hatte.

Mörfelden war im damaligen Volksstaat Hessen die einzige Gemeinde mit einem kommunistischen Bürger-

Festumzug beim Bezirks-Turn- und Sportfest im Juni 1931 in Mörfelden

Das „Rote Mörfelden"

bei Frankfurt am Main

Ein schönes Denkmal proletarischer Solidarität: Das Volkshaus von Mörfelden, das lediglich aus Arbeitergroschen und freiwillig geleisteten Arbeitsstunden errichtet wurde. Unten: Arbeiter beim Bau ihres „Hauses der Arbeiterschaft"

Mörfelden ist der erste Ort im Volksstaat Hessen, wo die KPD bei der letzten Wahl (14. Sept.) die absolute Mehrheit erreicht hat. Den 1146 Stimmen aller übrigen Parteien standen 1260 kommunistischen Stimmen gegenüber.

Mörfelden ist ein Arbeiterdorf von ca. 5000 Einwohnern. Schon oft haben die Mörfelder Arbeiter ihre proletarische Solidarität bekundet. Noch heute bestehen viele freundschaftliche Beziehungen zu den Familien jener Düsseldorfer Arbeiterkinder, die gelegentlich des Nordwest-Metallarbeiterstreiks für längere Zeit hier im Dorfe untergebracht waren.

Das rote Arbeiterdorf erfreut sich nicht der Sympathie der Koalitionsregierung des Sozialdemokraten Adelung in Darmstadt. Es sind – da ca. 1/3 der Bewohnerschaft aus der Kirche ausgetreten ist – schon mehrfach Maßregelungen von Freidenkerlehrern vorgekommen.

Das schönste Denkmal ihrer Solidarität aber setzten sich die Mörfelder Arbeiter selbst durch den gemeinschaftlichen Bau ihres Volkshauses. Dem stolzen Gebäude sieht man es nicht an, daß es lediglich aus Arbeitergroschen und aus freiwillig geleisteten Tagewerken errichtet worden ist – weder Gewerkschaft, noch Volksfürsorge, weder Staat, noch Gemeinde waren für dieses „Haus der Arbeiterschaft" zu interessieren. Aber dafür wurde der sabotierenden Bürokratie hier auch gezeigt, daß die Arbeiterschaft dann am stärksten ist, wenn sie sich lediglich allein auf die eigene Kraft verläßt und strenge Solidarität übt.

Zeitungsbericht zum Mörfelder Volkshaus, vermutlich aus: Arbeiter-Illustrierte-Zeitung im Herbst 1930

meister. Auch bei der Wahl seines Stellvertreters hatten sich die Mörfelder für einen KPD-Mann entschieden. So außergewöhnlich diese Episode war, so kurz war sie allerdings auch nur. Konflikte zwischen Landes- bzw. Kreisbehörden auf der einen und der Bürgermeisterei auf der anderen Seite führten nach nur dreimonatiger Amtszeit zur zwangsweisen Amtsenthebung.

Auch die überregionale Presse berichtete im März 1932 ausführlich von den Ereignissen. Aus Protest gegen die Amtsenthebung besetzte die Mörfelder Bevölkerung „ihr" Rathaus; auswärtige Polizeieinheiten wurden eingesetzt; ein Staatskommissar übernahm die Amtsgeschäfte. Er benötigte allerdings täglich Polizeischutz, um ungestört zu seiner Arbeitsstelle im Rathaus zu gelangen. Spätestens seit diesen aufsehenerregenden Ereignissen hatte Mörfelden seinen Ruf weg: „Das rote Mörfelden".

Auch den Nationalsozialisten war diese „lokale Besonderheit" nicht verborgen geblieben. Hier wagte sich vor 1933 keiner in brauner Uniform auf die Straße. Es gab hier bis 1933 keine Ortsgruppe der NSDAP und keine SA. Es wurde bis 1933 keine einzige NS-Veranstaltung durchgeführt und als im Rahmen eines Kreispropagandamarsches einmal der Antrag auf Durchmarsch der SA durch Mörfelden gestellt wurde, lehnte die Behörde dies ab mit der Begründung, dies stelle hier im Ort eine „Gefährdung der öffentlichen Ruhe und Ordnung" dar.

Nach 1933 war das Gros der Mörfelder Familien von Hausdurchsuchungen, kurzfristigen Festnahmen oder Verhaftungen betroffen. Gerade in den ersten Monaten der NS-Herrschaft kam es im Rathaus oftmals zu Prügelstrafen; eine ganze Reihe von Mörfeldern wurde nach Darmstadt ins Gefängnis oder auch ins KZ Osthofen in der Nähe von Worms deportiert.

Ebenso wurde von Mörfelden aus die illegale Parteiarbeit vor allem der KPD unterstützt u.a. auch von Ludwig Schulmeyer. Zusammen mit anderen KP-Leuten wurde er dafür 1935 „wegen Vorbereitung zum Hochverrat" zu sechs Jahren Zuchthaus und zehn Jahren Ehrverlust verurteilt.

Gerade weil die NS-Zeit in Mörfelden mit brachialer Gewalt einbrach, verbreitete sich auch die Einsicht, daß Widerstand nicht die Machthaber, wohl aber sehr schnell die eigene Existenz und die Familie bedrohte. Natürlich kam es daher auch zu Anpassungen, und im Laufe von 12 Jahren veränderte sich Vieles im Ort. Unterschwellig blieb aber stets etwas von der alten Mörfelder Ortskultur erhalten, so daß der Ruf vom „roten Mörfelden" auch nach zwölfjähriger NS-Herrschaft lebendig war.

Mörfelden in der Nachkriegszeit

Die praktische „Entnazifizierung" des öffentlichen Lebens wurde in Mörfelden sehr rasch in die Tat umgesetzt. Hier kannte jeder jeden. Auch ohne lange juristische Verfahren wußte man sehr wohl, wer eine aktive „braune" Vergangenheit hinter sich hatte und wer nicht. Dabei zählte nicht allein, ob jemand Parteimitglied gewesen war. Entscheidender war oftmals das konkrete Verhalten des Einzelnen innerhalb der Nachbarschaft, im Verein, an der Arbeitsstelle in den vergangenen zwölf Jahren.

Darüber hinaus gab es in Mörfelden bereits im Sommer 1945 eine ganze Reihe geeigneter Personen, die Willens und in der Lage waren, rasch neue ortsinterne Strukturen aufzubauen und entsprechende Posten fachkompetent zu besetzen.

Wenige Tage nach dem Einmarsch der US-Truppen wurde der Sozialdemokrat Peter Klingler im März 1945 als neuer Bürgermeister eingesetzt. Dieses Amt hatte er bereits von 1925 bis 1931 bekleidet. Damals war Klingler von der Mörfelder Bevölkerung gewählt worden, weil die Landesbehörde ihm als Grundschullehrer ein Berufsverbot erteilt hatte. Bei Kriegsende war Peter Klingler bereits 56 Jahre alt und hatte vielfältige politische Erfahrungen bis zu diesem Zeitpunkt gemacht. Er, der 1925 mit den Stimmen der KPD ins Bürgermeisteramt gewählt und 1931 mit den gleichen Stimmen aus ihm vertrieben worden war, fand in der Nachkriegszeit erneut die breite Unterstützung der Bevölkerung und beider Arbeiterparteien.

Zweifellos war er der richtige Mann, um die Geschicke des Ortes erneut in die Hand zu nehmen. Er kannte die Interna der Verwaltung genau und war zu Hause in der ortseigenen Kultur. Er war es, der Ludwig Schulmeyer bereits im April 1945, nur wenige Tage nach dem Einmarsch der US-Truppen aufforderte, die örtliche Polizeidienststelle zu übernehmen. Von ihm ging zusammen mit Schulmeyer auch die Initiative aus zur Belebung des örtlichen Vereinswesens.

Dazu fand im Mai 1945 im Mörfelder Rathaus eine Unterredung statt, an der Klingler, Schulmeyer und Geiss beteiligt waren und zum Ergebnis hatte, daß wenige Tage später ein vorläufiges Vereinskomitee gegründet wurde. Die weiteren Schritte folgten Zug um Zug bis

Zeitzeugen berichten

Herr Ohly, Sie waren im Juli 1947 33 Jahre alt, ab 1941 verheiratet und hatten einen dreijährigen Sohn. Ihre Umschulung zum Berufsschullehrer hatten Sie gerade abgeschlossen und am 1. Juli eine Stelle in Frankfurt angetreten. Eigentlich keine Situation, wo man einen Verbandstagsdelegierten unterbringen kann.

Ohly: Ich wohnte damals mit meiner Frau und dem Sohn bei den Eltern im Haus. Die Eltern waren vor dem Ersten Weltkrieg nach Mörfelden gekommen und hatten hier in Eigenleitung das Haus gebaut. Da die Mörfelder entweder als Maurer oder als Eisenbahner tätig waren, konnte man in Nachbarschaftshilfe auch als Arbeiter zu einem Haus kommen. Hier sagt man, wer es bis zum 40. Lebensjahr nicht zu einem eigenen Haus gebracht hat, der ist ein „Nixer". So haben wir, als wir gefragt wurden, einer Einquartierung zugestimmt.

Wer hat Sie gefragt?

Ohly: Ich war damals Jugendsportwart in der SKV, war Leichtathlet gewesen, Mittelstreckler, und da war es selbstverständlich, daß wir ein Quartier zur Verfügung stellten, den Hotels gab es in Mörfelden nicht.

Als die SKV mit der Ausrichtung des ersten Verbandstages beauftragt wurde, hat sich der Verein in verschiedenen Ausschüssen auf diese Aufgabe vorbereitet. So gab es auch einen Quartierausschuß, der für die Unterbringung der Delegierten gesorgt hat.

Wieviele Delegierte mußten denn untergebracht werden?

Ohly: Da die Vertreter aus dem südhessischen Raum nach dem ersten Tag meist zu Hause übernachteten, blieben etwa 50 Personen übrig, die bei SKV-Mitgliedern einquartiert wurden. Insgesamt waren es wohl gegen 200 Vereinsvertreter, die an diesem ersten Verbandstag teilnahmen.

Wen haben Sie beherbergt?

Ohly: Mein Gast war Dr. Danz aus Kassel. Vielleicht wurde er mir zugeteilt, weil er auch Leichtathlet war. Wir sind dann innerhalb der Familie etwas zusammengerückt; der Sohn mußte eine Nacht bei den Eltern schlafen und so hatten wir ein Zimmer frei, das wir Dr. Danz zur Verfügung stellen konnten.

Wie war das denn mit der Verpflegung?

Ohly: Das war bei uns ein nicht so großes Problem. Hier auf dem Lande hatte man auch zu dieser Zeit eigentlich genug zu essen, so daß es auch für einen Gast reichte.

Hatten Sie danach je wieder Kontakt zu Dr. Danz?

Ohly: Ach wissen Sie, als die Veranstaltung vorbei war, wandte man sich auch in Mörfelden wieder den täglichen Sorgen zu. Einen bleibenden Eindruck hat das Ereignis eigentlich nicht hinterlassen.

Dr. Danz, Sie waren Delegierter auf dem ersten Verbandstag des LSV, wie aus dem stenographischen Bericht über diese Veranstaltung zu ersehen ist. Können Sie sich noch erinnern, wo und wie Sie in Mörfelden untergebracht waren?

Dr. Danz: Nein, das kann ich leider nicht, denn danach habe ich an sehr vielen Sportsitzungen teilgenommen und Mörfelden ist mir von dieser Seite nicht in Erinnerung geblieben.

Vielleicht dann von einer anderen Seite?

Dr. Danz: Ja, ich erinnere mich noch sehr genau an die Fahrt nach Mörfelden. Unser Kreisgeschäftsführer hier in Kassel, Heinrich Wagner, hatte für alle Kasseler Vereinsvertreter, die am Verbandstag teilnehmen wollten, einen Autobus organisiert mit Holzvergaser versteht sich. Wir sind dann über die Autobahn Richtung Frankfurt gefahren und als wir über den Rimberg wollten, mußte erst einmal eine Zwangspause eingelegt werden, um Holz nachzulegen. Aber sonst verlief wohl alles normal.

Herr Roesler, Sie wohnten 1947 in Frankfurt und gehörten damals als Jugendwart zum Vorstand des Landessportverbandes. In Mörfelden galt es vor den Delegierten der Vereine Rechenschaft über die geleistete Arbeit zu geben. Auf welchem Wege sind Sie nach Mörfelden gekommen?

Roesler: Ich war durch meine Verbindungen zur amerikanischen Militärverwaltung interessant für die Firma Fiat, die im Nachkriegsdeutschland ins Autogeschäft kommen wollte. Mir wurde 1947 die Generalvertretung übertragen und natürlich auch gleich das neueste Modell zur Verfügung gestellt. So bin ich mit meinem neuen Fiat über die Autobahn nach Mörfelden gefahren, und da Otto Griebel bei mir um die Ecke wohnte, habe ich Ihn zum Verbandstag mitgenommen.

Haben Sie denn in Mörfelden auch übernachtet?

Roesler: Das bot sich nicht an, da wir mit dem PKW ja schnell zu Hause waren. Wir hatten am Freitag im Rathaus eine Vorbesprechung, am Samstag und Sonntag war der Verbandstag, geschlafen habe ich aber immer in Frankfurt, und Otto Griebel hat es genau so gemacht.

am 16. November 1945 die „Sport- und Kulturvereinigung Mörfelden" kurz SKV gegründet wurde.

Die SKV war in ihrer Konzeption angelegt als ein Großverein für alle Sportarten. Zugleich war sie gedacht als ein ideeller Zusammenschluß aller vor 1933 selbständigen Vereine aus dem bürgerlichen oder arbeitersportlichen Lager. Diese Konzeption wurde auch von den US-Militärbehörden unterstützt, denn Einheitlichkeit hieß für sie vereinfachte Kontrolle. Im Juni 1946 wurde im Rahmen einer außerordentlichen Mitgliederversammlung die Satzung der SKV verabschiedet, die im § 6 ausdrücklich jegliche parteipolitische Bindung ablehnte. Deutlich wurde auch die Trennlinie zur NS-Zeit gezogen. Im § 3 hieß es: „Mitglied ... kann ohne Rücksicht auf Rasse, Religion oder politische Zugehörigkeit jeder Einwohner werden, soweit er nicht Aktivist der NSDAP oder einer ihrer Gliederungen gewesen ist.." Zurückgegriffen wurde auf die Arbeitersport-Tradition: Die Gründung der SKV wurde im ehemaligen Vereinslokal der Freien Turner vollzogen. Mit der Einbeziehung des Kulturbegriffs knüpfte man bewußt an eine Sporttradition an, wie sie sich im Arbeitersport der Weimarer Republik ausgeprägt hatte.

Auch personell wurde auf „altbekannte Namen" der Mörfelder Vereinsgeschichte zurückgegriffen, die allerdings aus unterschiedlichen Lagern stammten. Ehemals stramme Komunisten fanden sich mit sogenannten Bürgerlichen zu gemeinsamer Aufbauarbeit zusammen. Dazu gesellten sich Sozialdemokraten, die sportlich ihre Heimat bei den Freien Turnen hatten. Dabei war es zu Beginn der 30er Jahre alles andere als freundschaftlich zwischen ihnen zugegangen. Nun fanden sie sich zusammen in der SKV zu gemeinsamer Aufbauarbeit. Erster Vorsitzender des Vereins wurde im Jahre 1945 Georg Reviol, der 1931/32 „der führende Kopf" der Mörfelder Rot-Sport-Gruppe gewesen war. Schriftführer wurde Arthur Wolf, sein ehemaliger Gegenspieler. Er hatte bei der Spaltung des Arbeitersport-Vereins im Jahre 1932 den SPD-nahen Flügel an leitender Stelle übernommen. Bittere Kontroversen zwischen beiden waren die Folge gewesen. Insgesamt zeigte die SKV-Vorstandsliste etwa folgende Drittelung: ehemalige Rot-Sportler mit KPD-Nähe, ehemalige Freie Turner mit SPD-Nähe und ehemalige Mitglieder verschiedener bürgerlicher Vereine, die politisch in Mörfelden zur SPD tendierten.

Sie verband nun die gemeinsame Erfahrung der NS-Diktatur mit ihren Eingriffen in das Vereinsleben. In den dreißiger Jahren hatte keiner der Vereine in alter Weise weiterexistieren können. Sie verband auch die Erfahrung langjähriger Organisationsarbeit in der praktischen Durchführung von Turnieren, Wettkämpfen, Großveranstaltung. Sie gehörten der gleichen Generation an und waren bei Kriegsende alle ungefähr 50 Jahre alt. Bei Beginn der NS-Zeit waren sie also bereits erwachsen; ihre Sozialisation war 1933 bereits weitgehend abgerundet; Nazifizierungen, die in der Folgezeit stattfanden, hatten biographisch gesehen eher sekundären Charakter. Als bemerkenswert für alle ist die Tatsache herauszustellen, daß „die alten Bekannten" nun im gereiften Alter nochmals begannen, neu anzufangen. Mit dem Aufbau der SKV gelang ihnen die Schaffung einer wichtigen Institution für das innerörtliche sportliche und kulturelle Leben der Nachkriegsjahre.

I. ordentlicher Verbandstag des Landessportverbandes Hessen e. V. am 12. und 13. Juli 1947

Mörfelden hat die Ehre

Der 1. Verbandstag wird innerhalb des Sportbezirks Darmstadt in den Mauern einer Landgemeinde des Sportkreises Groß-Gerau in Mörfelden duchgeführt. Im Organisationsleben der Körperschaften bedeuten Verbandstage Höhepunkte, sie sind höchste, ausschlaggebende und bestimmende Generaltagungen der Gesamtmitgliedschaft. Wenn schon diesen Verbandstagen in normalen Zeitabläufen eine ungeheure Bedeutung beigemessen wird, so bedarf es keiner besonderen Unterstreichung zu erklären, daß am 12. und 13. Juli wirklich entscheidende Entwicklungsfragen für den Massenfaktor Sport ihrer Lösung harren. Nach einer nahezu zweijährigen, unterschiedlich verlaufenen Aufbauarbeit, die sich wiederum nur auf vorläufige Richtlinien stützen konnte. obliegt es dem Verbandstag, ein gutes, dauerhaftes und festes Fundament zu schaffen. Eine solche richtungweisende Tagung bedarf natürlich der sorgfältigen, gewissenhaften Vorbereitung, und wir sind dessen gewiß, daß der Landesvorstand dies tun wird, zumal man der größten Organisation, die auf freiwilliger Grundlage sich aufbaut, die die Mehrheit unsrer Jugend in ihren Reihen vereinigt, von seiten der maßgebenden Persönlichkeiten des öffentlichen Lebens, sowie gleichermaßen der Kommunal- und Staatsverwaltungen und nicht minder von seiten der Militärregierung eine beachtliche Aufmerksamkeit schenkt.

Hinweis auf den Verbandstag im „Sportspiegel", Zeitschrift für den Sportbezirk Darmstadt vom 23. Juni 1947

Ludwig Schulmeyer (2. v. l.) mit Bezirksvorstandsmitgliedern bei der Ankunft zum 1. Bezirks-Turn- und Sportfest 1949 in Babenhausen

Ein Fazit

War es nun ein Zufall, daß der Hessische Landessportverband im Juli 1947 seinen 1. Verbandstag in Mörfelden abhielt oder war der Ort vom Verbandsvorstand gezielt ausgewählt worden? Niemand sollte bei einer solchen Fragestellung nach einer eindeutigen Antwort suchen. Das bisher Gesagte sollte im Grunde nicht mehr und auch nicht weniger leisten, als das Umfeld zu schildern, für das man sich damals entschied. Wie stets so waren auch hier bewußte Entscheidungsmomente mit unbewußten vermengt.

Und dennoch:

Mit der Entscheidung für Mörfelden entschied man sich für eine Arbeiterwohngemeinde des Rhein-Main-Gebietes, die für Auswärtige gut zu erreichen war. Hier waren geeignete Versammlungsmöglichkeiten vorhanden. In Mörfelden konnte man sich auf die Unterstützung sowohl der Verwaltung wie durch die Politiker (Bürgermeister und Landrat) verlassen. Und was das Wichtigste in diesen Jahren war: Die Mörfelder Bevölkerung hatte eine traditionell enge Beziehung zum Vereinsleben, so daß Unterbringung und Versorgung der Versammlungsteilnehmer aus ganz Hessen hier kein großes Problem darstellte. Häufig hatte man hier zuvor Entsprechendes organisiert.

Damit steht die Wiege des hessischen Landessportbundes in einer Gemeinde mit einer starken Arbeitersporttradition.

Sie steht dort, wo man sich bereits im Mai 1945 also zu einem sehr frühen Zeitpunkt eindeutig für den Zusammenschluß aller Vereine zu einem Großverein, also für die Gemeinschaftsidee, entschieden hatte.

Zum Zeitpunkt des LSV-Verbandstages war dieser Verein bereits organisatorisch und sportlich so gefestigt, daß er den Verbandstagsteilnehmern ein in der Arbeitersporttradition der Weimarer Republik stehendes sportliches wie kulturelles Rahmenprogramm auf hohem Niveau bieten konnte.

Damit waren für den Neuaufbau des Sports in Hessen nach außen hin sehr klare Akzente gesetzt. Und vielleicht läßt sich für diesen Zeitgeist auch ein persönlicher Bezugspunkt in Ludwig Schulmeyer finden:

Ein alter KPD-Mann, der sechs Jahre seines Lebens als „Politischer“ im Zuchthaus verbrachte; ein Mann, der nach 1945 mit einem bemerkenswerten Idealismus für den Aufbau einer einheitlichen, unabhängigen und demokratischen Sportbewegung stritt.

Franz Nitsch

In Freiheit zur Einheit: Das Werden des Landessportbundes in Hessen (1945-1948)

Das Ende des Zweiten Weltkrieges wurde von den Menschen unterschiedlich erlebt: Für die meisten war der Krieg mit dem Einrücken fremder Truppen zu Ende. Das war in Hessen im März und April 1945 der Fall. Für andere endete er mit der Vertreibung und Eingliederung in ein neues geographisches und soziales Umfeld. Hessen gehörte zu den Ländern, die die meisten Heimatvertriebenen und Flüchtlinge aufnahmen. Wieder andere kehrten erst nach Jahren der Kriegsgefangenschaft nach Hause zurück, die letzten im Jahre 1955 aus der Sowjetunion.

Für die Zeit nach dem 8. Mai 1945, dem offiziellen Kriegsende, war zunächst ausschlaggebend, wer überhaupt für das Leben nach dem Krieg zur Verfügung stand. Am-Ort-Sein war ein wichtiges Kriterium für die Teilnahme am Neuaufbau des gesellschaftlichen Lebens. Ein anderes Kriterium lautete unter den Bedingungen der Besetzung durch amerikanischer Truppen und dem beginnenden Funktionieren einer Militärverwaltung: Wer gilt als unbelastet und wird zur Mitarbeit am Aufbau neuer gesellschaftlicher Verhältnisse herangezogen? Wer meldet sich aus eigenem Antrieb, um sich für diese Aufgabe zur Verfügung zu stellen? Auch im Sport war für die Funktionsträger in der Anfangsphase die Überprüfung in der Form des sogenannten „großen Fragebogens" Pflicht; eine Betätigung in gesellschaftlichen Organisationen bedurfte ebenso wie die Durchführung von Versammlungen der Genehmigung der örtlichen Militäradministration.

Allgemeine Lage

Aber wer wollte unmittelbar nach dem Kriegsende an Sport denken? Die großen Städte in Hessen waren zu Schutthaufen zusammengebombt worden, der Verkehr kam erst langsam wieder in Gang, die Ernährungslage war vor allem in den großen Städten miserabel. Die Sorgen ums tägliche Überleben, die Suche nach den Angehörigen, das Sich-Anpassen an die neue Lage waren die Fragen, um die sich alles drehte. Und dennoch: Schon wenige Wochen nach der Kapitulation am 8. Mai 1945 regte sich unter denen, die vor Ort waren, auch das Interesse am Sport. Man traf sich unter Gleichgesinnten, ergänzte den Kreis durch Männer des ehemals feindlichen Lagers. Es war schnell klar, daß angesichts der katastrophalen Verhältnisse die Zukunft des Sportes nur in einer einheitlichen Organisation liegen könne. Dabei stand die Grundzelle dieser Organisationsform, der Sportverein, in Hessen nirgendwo zur Disposition.

Der Sport im Sommer 1945

Die Abwicklung des organisierten NS-Sports in Südhessen, wie er mit dem Gau Hessen-Nassau des Nationalsozialistischen Reichbundes für Leibesübungen bis zum Frühjahr 1945 existierte, verlief beinahe preußisch. Der letzte Amtsinhaber übergab ordnungsgemäß Schlüssel und Kasse einem amerikanischen Besatzungsoffizier, später wurde ein Inventarverzeichnis angelegt. Die Zentrale in der Fürstenbergerstraße in Frankfurt war zerstört, so wie der gesamte NS-Sport. Mit der Gleichschaltung von Staat und Gesellschaft, wie sie von der nationalsozialistischen Bewegung seit Mitte der 30er Jahre vorgenommen worden war, gehörten auch die Sportorganisationen zu den von der NSDAP betreuten Organisationen, die in ihrer Struktur dem Führerprinzip verpflichtet waren. Vor allem die Amerikaner kannten ganz offensichtlich die gesellschaftliche Struktur des faschistischen Deutschlands sehr genau; ihre Vorbereitungen auf die Zeit nach der militärischen Niederlage der Deutschen und die dann auf sie zukommenden Aufgaben waren seit 1943 systematisch vorangetrieben worden. Die Besatzungstruppen verfügten für die Gebiete, die sie unter ihre Herrschaft brachten, über einen ganzen Maßnahmenkatalog, der in der SHAEF-Gesetzgebung (Supreme Headquarters, Allied Expeditionay Forces) zusammengefaßt war. Dabei waren vor allem die Gesetze Nr. 5, das die Auflösung aller NS-Organisationen und darunter ausdrücklich auch den NSRL verfügte, sowie das Gesetz Nr. 52, das die „Sperre und Kontrolle von Vermögen" dieser Organisationen betraf, gerade für den Sport von Bedeutung.

Von der Rechtslage her war der 8. Mai 1945 die Stunde Null des organisierten deutschen Sportes. Weder Sportvereine noch darauf aufbauende Organisationen durften weiter bestehen. Juristisch war die Zeit danach ein Neuanfang, ob sie nicht auch ein Wiederbeginn war, lag an den Menschen, ihren Erfahrungen und ihrem Wollen, ihren Absichten und Konzepten, wohl aber auch an den Möglichkeiten und Spielräumen, die diesen Menschen von den einzelnen Besatzungsoffizieren für einen organisierten Sport gelassen wurden.

Betrachtet man die Gebietskörperschaften, die im September 1945 in der Proklamation Nr. 2 als Land

MILITÄRREGIERUNG - DEUTSCHLAND
AMERIKANISCHE ZONE

Proklamation Nr. 2

An das Deutsche Volk in der Amerikanischen Zone!

Ich, General Dwigt D. Eisenhower, Oberster Befehlshaber der Amerikanischen Streitkräfte in Europa erlasse hiermit folgende Proklamation.

Artikel I

Innerhalb der Amerikanischen Besatzungszone werden hiermit Verwaltungsgebiete gebildet, die von jetzt ab als Staaten bezeichnet werden; jeder Staat wird eine Staatsregierung haben. Die folgenden Staaten werden gebildet:

Groß-Hessen

umfaßt Kurhessen und Nassau (ausschließlich der zugehörigen Exklaven und der Kreise Oberwesterwald, Unterwesterwald, Unterlahn und Sankt Goarshausen) und Hessen-Starkenburg, Oberhessen, und den östlich des Rheines belegenen Teil von Rheinhessen;

Württemberg-Baden

umfaßt die Kreise Aalen, Backnang, Böblingen, Crailsheim, Eßlingen, Gmünd, Göppingen, Hall, Heidenheim, Heilbronn, Künzelsau, Leonberg, Ludwigsburg, Mergentheim, Nürtingen, nördlich der Autobahn, Öhringen, Stuttgart, Ulm, Vaihingen, Waiblingen, den Landeskommissärbezirk Mannheim, und die Kreise Bruchsal, Karlsruhe Stadt und Land, und Pforzheim Stadt und Land;

Bayern

umfaßt ganz Bayern, wie es 1933 bestand, ausschließlich des Kreises Lindau.

Artikel II

Soweit das deutsche Recht, das zur Zeit der Besetzung in Kraft war, nicht durch die Militärregierung oder den Kontrollrat für Deutschland aufgehoben, zeitweilig außer Kraft gesetzt oder abgeändert worden ist, bleibt es in jedem Staatsgebiete der Amerikanischen Besatzungszone anwendbar, bis es durch neue Gesetzgebung des Kontroll-Rates für Deutschland oder der Militärregierung oder der hierdurch gebildeten Staaten oder eines anderen zuständigen Organs aufgehoben oder außer Kraft gesetzt worden ist.

Artikel III

1. Jeder der hierdurch gebildeten Staaten hat unter Vorbehalt der übergeordneten Machtbefugnisse der Militärregierung volle gesetzgebende, richterliche und vollziehende Gewalt, soweit deren Ausübung nicht mit früher und zukünftig getroffenen Maßnahmen des Kontroll-Rates für Deutschland oder einer von diesem errichteten zentralen deutschen Behörden im Widerspruch steht.

2. Bis zu dem Zeitpunkt, an dem die Schaffung Demokratischer Einrichtungen möglich sein wird, genügt es für die Gültigkeit staatlicher Gesetzgebung, daß sie von dem Ministerpräsidenten genehmigt und verkündet wird.

Die Befugnis zur Gesetzgebung und zur Ausübung anderer Regierungsgewalten durch Regierungspräsidenten, Landräte, Bürgermeister und andere Beamte örtlicher Verwaltungen wird in dem folgenden Umfange anerkannt: Diese Befugnisse stehen den vorgenannten Beamten nach Maßgabe des deutschen Rechts zu, wie es zur Zeit der Besetzung in Kraft war und wie es zu gegebener Zeit durch den Kontroll-Rat für Deutschland oder durch die Militärregierung oder mit deren Genehmigung abgeändert worden ist oder abgeändert wird. Außerdem haben sie die Befugnisse, die notwendig oder angemessen sind, um die Aufgaben, deren Erledigung ihnen von der Militärregierung übertragen wird, zu erfüllen.

DWIGHT D. EISENHOWER
General of the Army, USA.
Oberster Befehlshaber der Amerikanischen Streitkräfte in Europa.

Datum: 19. September 1945.

Groß-Hessen bezeichnet wurden, so gab es für dieses Territorium keine einheitliche Sporttradition, auf die man hätte zurückgreifen können. Im bürgerlichen Sport gehörten die Nordhessen bis 1933 zum Westdeutschen Spielverband und war hin zu Rhein und Ruhr orientiert; die Südhessen dagegen waren im Süddeutschen Fußballverband organisiert, aber nicht etwa einheitlich, sondern verstreut auf drei Bezirke. Die Turner in der Deutschen Turnerschaft (DT) organisierten die Hessen ebenfalls in zwei Kreisen: Der 9. Turnkreis der DT, der sogenannte Mittelrheinkreis, ging weit über das hessische Gebiet nach Westen und Süden hinaus. Die Turner in Nordhessen gehörten zum 7. Turnkreis Oberweser, der weit ins Hannoversche hineinragte. Auch im Arbeitersport gab es keine einheitliche Organisationstradition: Hessen und Mittelrhein bildeten den 9. ATSB-Kreis mit dem Zentrum in Frankfurt, Nordhessen gehörte zusammen mit der Provinz Südhannover zum 13. ATSB Kreis, der sein Zentrum in Kassel hatte. Bleibt schließlich noch auf die Deutsche Jugendkraft (DJK) zu verweisen, die ihren Sport in Gauen und Kreisen organisierte, was in Hessen ebenfalls auf eine Trennung in Nord und Süd hinauslief: Der Norden gehörte zum Gau 12 „Nordhessen“; der Süden zum Gau 13 „Südhessen mit Pfalz“.

Dieses Fehlen einer auf den gerade gebildeten politischen Raum von Hessen bezogene Organisationsabsicht im Sport wurde zunächst jedoch nicht als Mangel empfunden: Sowohl die gesamten gesellschaftlichen Verhältnisse wie die von der Militärregierung erlaubten Aktivitäten beschränkten sich zunächst auf überschaubare und verkehrstechnisch erreichbare Räume. Das waren in größeren Städten zumeist die Stadtgebiete, in den mehr ländlich strukturierten Regionen in Mittel- und Nordhessens vor allem das Gebiet des Kreises.

Die Initiative zu sportlichen Veranstaltungen, die zunächst ausschließlich in der wenig aufwendigen Sportart Fußball anzutreffen waren, gingen in aller Regel von Einzelpersonen aus oder kamen über lokale sportliche Beziehungsgeflechte in Gang. Für Frankfurt ist eine solche Initiative durch den Brief vom 14. Juli 1945 an die Militärregierung nachgewiesen; in Gießen fand das erste Fußballspiel wohl am 22. Juli 1945 statt, zu dem mit einem maschinengeschriebenen Handzettel eingeladen wurde. Aber auch an anderen Orten gab es solche Begehren. Sie führten zu ersten Fußballbegegnungen im Sommer 1945 und zumeist in deren Folge zu Vorstößen bei den örtlichen deutschen Auftragsverwaltungen oder direkt bei der Militärregierung, sogenannte Beauftragte für den Sport zu ernennen, die für den weiteren organisatorischen Aufbau eines lokal begrenzten Sportbetriebes verantwortlich sein sollten.

In dieser Phase entwickelten sich unterschiedliche Organisationstypen. Einmal der Typus der Sportgemeinschaft, der zumeist an Stadtteilen orientiert, alle Sportinteressierten in einem Verein zusammengefaßt sehen wollte (Frankfurt); dann der Typus des Vereins, der auch ein Traditionsverein sein konnte, aber durch Namensveränderung allen die Aufnahme garantierte, die ihm beitreten wollten (Gießen), ferner der Typus des Sport- und Kulturvereins, der in sich nicht nur die ehemaligen Sportvereine der unterschiedlichen ideologischen Richtungen am Ort vereinigte, sondern sich auch für Gesang-, Musik- und Theaterinteressierte öffnete (SKVs vor allem in Südhessen). Daneben gab es auch die Wiedergründung ausgesprochener Traditionsvereine, bei denen Auflösung und Neugründung oft in ein und der selben Versammlung vorgenommen wurden. Welcher dieser Organisationstypen zum Zuge kam, hing häufig auch vom örtlichen Kontrolloffizier ab, wobei es für die deutschen Sportorganisatoren nicht selten verwirrend war, sich bei der ständigen personellen Fluktuation in den Militäradministrationen innerhalb von nur wenigen Monaten mit unterschiedlichen Anweisungen konfrontiert zu sehen. Typisch für dieses uneinheitliche Verhalten ist das Agieren der Kontrolloffiziere für den Sport in Frankfurt und Fulda.

Bericht über die Neugründung des V.f.B. Gießen im Jahre 1945

Es waren ihrer nicht viele, die das Glück hatten, nach diesem furchtbaren Kriege gleich wieder in der Heimat zu sein. Und diese Wenigen hatten auch aus ihren zahlreichen Erlebnissen nicht mehr allzu viel in das Nachkriegsleben hinübergerettet. Aber die Liebe zu ihrem Sport und die Treue zu ihrem Verein konnten ihnen auch Krieg und Gefangenschaft nicht nehmen.

So fanden hier schon wenige Wochen nach der Kapitulation aktive und passive Vereinskameraden zusammen, die eine baldige Wiederaufnahme des Spielbetriebes anstrebten. Noch standen aber viele Hindernisse im Weg. Das Zusammensein von mehr als fünf Menschen war verboten. Vereine durften nicht bestehen, ganz davon abgesehen, daß Spielgeräte und Sportplatz durch die Kriegseinwirkungen schwer gelitten hatten. Trotz aller Schwierigkeiten aber kamen dann auf mündliche Rundsprache hin am 14. Juli 1945 etwa 20 ehemalige V.F.B.ler auf der Laufbahn unseres Waldsportplatzes zusammen, um das Nähere zu besprechen. Dank der Initiative des Herrn W. Reinert, heute Sportschriftleiter der Gießener Freien Presse, der bei dieser ersten Zusammenkunft ebenfalls anwesend war, konnte der Spiel- und Sportbetrieb im Kreise Gießen bereits einige Wochen früher als in anderen Kreisen in Gang gebracht werden.

Zu Beginn der Versammlung, nach gegenseitiger herzlicher Begrüßung, ergriff Herr Overbeck, der dem Verein bereits in den 20er Jahren lange Zeit mit Erfolg vorstand, das Wort. „Es sei", so führte er u. a. aus, „schon immer sein Wunsch gewesen, seinen alten Verein nochmals in dieser Form aufleben zu lassen". Dann wurde der Verein lt. Anordnung der Militärregierung aufgelöst und sogleich neu gegründet unter dem Namen: V.f.B. Reichsbahn Gießen. Die Jahreszahl 08 mußte damals in Wegfall kommen.

Sogleich ging es an die Arbeit. Ein Platzwart wurde eingesetzt, der dafür sorgen sollte, daß unsere schöne Platzanlage wieder spielfähig wurde. In gemeinsamer Arbeit, zu der alle Anwesenden sich sofort gern bereiterklärten, gelang es auch wirklich, den Waldsportplatz von Gras und Unrat innerhalb einer Woche soweit zu räumen, daß am 22. Juli 1945 das erste offizielle Spiel des Kreises gegen Heuchelheim ausgetragen werden konnte. In der Mannschaft, die damals 4:1 gewann, standen mit Fr. Leutheuser, Feuster, Otto und Knauß vier aktive Spieler, die noch heute in den Mannschaften des Vereins mitwirken. Zuvor hatte auch unsere Jugend bereits ihr erstes Spiel gegen den gleichen Gegner 1:0 gewonnen.

Mehr und mehr alte Anhänger stießen nun wieder zu ihrem Verein, aber noch fehlten die Älteren, inaktiven Mitglieder, die dem Verein das Rückgrat hätten geben müssen. Sie ließen sich damals nicht zur Mitarbeit bewegen, weil sie in der Schwere und Unsicherheit der damaligen Wochen allerhand Mißhelligkeiten befürchteten. So wurde der Verein in den ersten sechs Monaten eigentlich nur durch die Tatkraft und den Idealismus der Aktiven getragen. Lediglich der erste Vorsitzende, Herr Müller, der nach dem Weggang des Herren Overbeck das Steuer des Vereins übernommen hatte, leistete in diesen Wochen schwere und mühevolle Aufbauarbeit.

Inzwischen hatte sich auch wieder eine starke Handballabteilung im Verein gegründet, während sich im Fußball bereits drei Mannschaften betätigten. Am 15. September 1945 kamen dann die V.f.B.ler zum zweiten Male, diesmal offiziell, im Vereinsheim auf dem Waldsportplatz zusammen. Es galt nun, den Verein auf eine normale, friedensmäßige Grundlage zu stellen. Alle maßgebenden Posten wurden nun neu besetzt und die anschließenden Besprechungen galten in erster Linie den vielen technischen Schwierigkeiten, die einem geregelten Spielbetrieb noch immer entgegenstanden.

Am 16. September 1945 begann dann die erste Fußballmannschaft ihre Verbandsserie mit einem 7:0-Erfolg in Daubringen gegen Lollar in der Aufstellung: Schweitzer Thron H. Leutheuser Franz Knauß Feuster Ehmann Funk Schmuck Rentmeister Wunderlich. Zu den ersten Auswärtsspielen bestand keinerlei Fahrtmöglichkeit und die Spieler haben aus eigener Initiative den Weg dorthin gefunden. Aber trotz allen Schwierigkeiten erreichten wir damals Sieg auf Sieg und damit die Meisterschaft.

Nun waren auch weitere Kreise auf unsere Erfolge aufmerksam geworden, und es bahnte sich mit vielen Vereinen ein lebhafter Spielverkehr an. Die nächsten Versammlungen zeigten eine ständig regere Beteiligung, und die Zusammenkünfte werden den Beteiligten in bleibender Erinnerung sein. Der Neujahrstag 1946 sah Aktive und Jugendliche in friedlichem Wettstreit und anschließendem fröhlichen Beisammensein mit den Sportkameraden der Viktoria in Nidda.

Mit einem hoffnungsvollen Ausblick beendeten wir so dieses erste halbe Jahr nach dem Kriege, das einen Grundstein legte für die heute fruchtbringende Arbeit in unserem großen V.f.B.

Erwin Knauß

A C H T U N G F U S S B A L L F R E U N D E !!!

Am S o n n t a g, 22. Juli 1945, 17 Uhr,
trägt der V.F.B. Reichsbahn 08 Gießen auf seinem
Waldsportplatz das e r s t e Fussballspiel aus !!

F.V.B. Reichsbahn I. - Heuchelheim I.

Vorher um 16 Uhr: Vorspiel zweier Jugendmannschaften

Erste Verbandsgründungen

Bereits im Spätsommer 1945 strebten diese Vereinsgründungen zu regionalen und überregionalen Zusammenschlüssen. Dieser Prozeß verlief jedoch zeitlich unterschiedlich und er läßt sich nach drei Kategorien ordnen:

Gebiete, in denen durchstrukturierte Einheitsverbände mit Satzung, Mitgliedschaft, Versicherung, gegliedertem Spielbetrieb usw. entstanden;

Gebiete, in denen die Initiativen für den Sportaufbau bei den Ämtern für Leibesübungen lag;

Gebiete, in denen ein Sportbeauftragter eingesetzt wurde, der sich um einen auf den Kreis bezogenen Sportaufbau bemühte.

Das Einladungsschreiben des „Verband der Sportgemeinschaften Groß-Frankfurt" vom 26. Oktober 1945

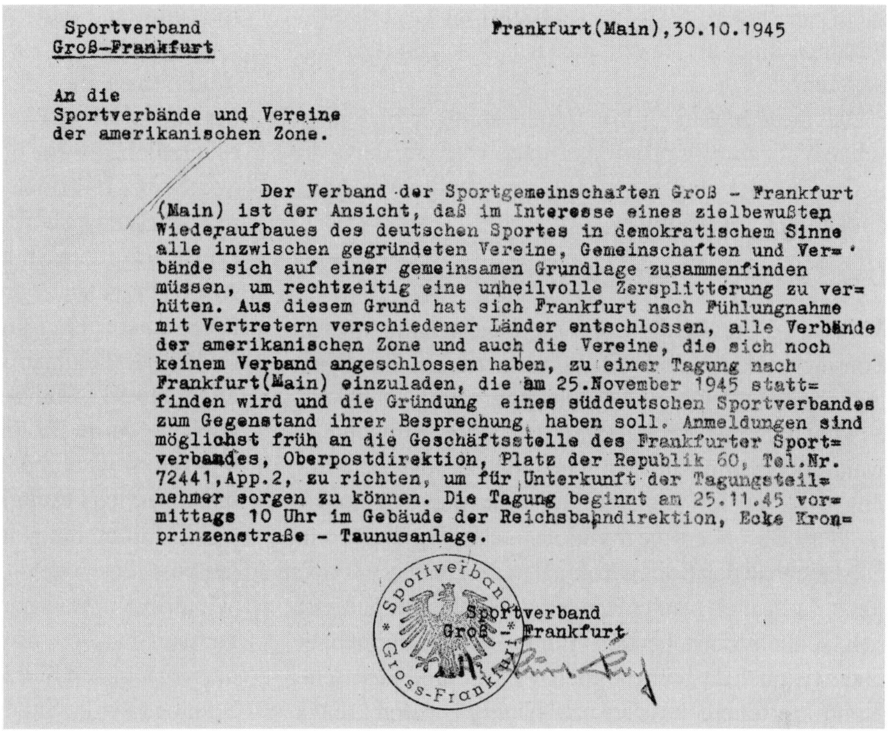

Sportverband
Groß-Frankfurt

Frankfurt(Main),30.10.1945

An die
Sportverbände und Vereine
der amerikanischen Zone.

Der Verband der Sportgemeinschaften Groß - Frankfurt (Main) ist der Ansicht, daß im Interesse eines zielbewußten Wiederaufbaues des deutschen Sportes in demokratischem Sinne alle inzwischen gegründeten Vereine, Gemeinschaften und Verbände sich auf einer gemeinsamen Grundlage zusammenfinden müssen, um rechtzeitig eine unheilvolle Zersplitterung zu verhüten. Aus diesem Grund hat sich Frankfurt nach Fühlungnahme mit Vertretern verschiedener Länder entschlossen, alle Verbände der amerikanischen Zone und auch die Vereine, die sich noch keinem Verband angeschlossen haben, zu einer Tagung nach Frankfurt(Main) einzuladen, die am 25.November 1945 stattfinden wird und die Gründung eines süddeutschen Sportverbandes zum Gegenstand ihrer Besprechung haben soll. Anmeldungen sind möglichst früh an die Geschäftsstelle des Frankfurter Sportverbandes, Oberpostdirektion, Platz der Republik 60, Tel.Nr. 72441,App.2, zu richten, um für Unterkunft der Tagungsteilnehmer sorgen zu können. Die Tagung beginnt am 25.11.45 vormittags 10 Uhr im Gebäude der Reichsbahndirektion, Ecke Kronprinzenstraße - Taunusanlage.

Sportverband
Groß - Frankfurt

spiegelt deutlich diesen Organisationsstand wieder. Es zeigt, daß in Frankfurt, aber mit dem „Freien Volkssportverband Kurhessen" in Kassel und dem „Sportverband" in Gießen auch an anderen Orten bereits Verbände entstanden waren. Die Gießener verfügten zu diesem Zeitpunkt sogar über ein eigenes, lizenziertes Mitteilungsblatt. In Wiesbaden und Marburg lag die Initiative bezüglich des Sportaufbaus bei den Stadtämtern für Leibesübungen, in anderen Gebieten und vor allem in den großen Städten Offenbach, Darmstadt, Fulda und Bad Hersfeld war im Herbst 1945 der Sportaufbau noch nicht abgeschlossen. Dies erfolgte in der Regel im Frühjahr 1946, so daß zahlreiche Sportkreise des Landessportbundes Hessen in den ersten Monaten des Jahres 1996 ebenfalls ihr 50jähriges Jubiläum feiern.

Überregionale Initiativen

Am 16. Oktober 1945 bekam das Land Groß-Hessen seine erste noch von den Amerikanern ernannte Landesregierung, und es konstituierte sich damit als Land. Nur zehn Tage später ging vom Verband der Sportgemeinschaften Groß-Frankfurt die Initiative aus, den Sport in dem gerade geschaffenen Land Groß-Hessen in einem Verband zusammenzuschließen, zumindest aber eine erste Sondierung in diese Richtung vorzunehmen. Die Einladung erging an die zu diesem Zeitpunkt bekannten Sportinitiatoren, die Versammlung fand am 11. November 1945 in Frankfurt statt und führte zur Einsetzung eines sogenannten Achter-Ausschusses, der die Gründung eines Sportverbandes Groß-Hessen vorbereiten sollte. In diesem Ausschuß waren mit Bechmann (Kassel), Jost (Fulda), Reinert (Gießen), Drott (Offenbach), Krämer (Wiesbaden) sowie den Frankfurtern Karger, Großmann und Schmidt die zu diesem Zeitpunkt führenden Sportrepräsentanten aus allen hessischen Regionen vertreten. Der Ausschuß zeigte zugleich, daß das Zentrum dieser auf das Land Hessen bezogenen Initiative in Frankfurt verbleiben sollte und mit Großmann und Schmidt für die nächsten Monate ihre Sprecher haben würde. Konzeptionell stand dieser Kreis auf dem Boden des Amateursports, der organisatorisch in einem Gemeinschaftsverein betrieben werden sollte. Damit war einem Aufleben ehemaliger Sportlager in bürgerlich, Arbeitersport und konfessionell ebenso eine Absage erteil wie einem Vereinstypus, der sich auf nur eine Sportart beschränkte.

Neben dieser auf Hessen bezogenen Initiative ging von Frankfurt zeitgleich ein Vorstoß zur Errichtung eines einheitlichen Sportverbandes für die gesamte amerikanische Zone aus. Im Namen des Sportverbandes Groß-Frankfurt lud Kurt Koch für den 25. November 1945 zu einer Konferenz ein, die das Ziel haben sollte, den zielbewußten Wiederaufbau des deutschen Sports im demokratischen Sinne voranzutreiben und eine gemeinsame Grundlage zu finden, „um rechtzeitig eine unheilvolle Zersplitterung zu verhüten". An dieser Versammlung nahmen nicht nur zahlreiche Delegierte der Vereine sowie Kreis-Sportbeauftragte teil, sondern aus München und Stuttgart auch die Repräsentanten der dort bereits gebildeten Landessportverbände. Die Versammlung verabschiedete eine Resolution zum Sport, die vor allem auf eine Unterstützung durch die jeweiligen Landesregierungen abzielte und beschloß einstimmig, die Gründung eines „Süddeutschen Sportverbandes" (SSV). Ein gewählter Ausschuß, der sich aus Vertretern der Länder Bayern, Württemberg und Hessen zusammensetzte, sollte die weitere organisatorische Konsolidierung des Verbandes vorantreiben.

Damit waren im November 1945 durch Frankfurter Initiativen mit dem Achter-Ausschuß für Hessen und dem Ausschuß des Süddeutschen Landessportverbandes für die gesamte US-Zone gleich zwei Gremien geschaffen, die an einem durchstrukturierten Sportaufbau für alle Länder der amerikanischen Besatzungszone arbeiteten.

Daß diese Initiativen von Frankfurt aus erfolgten, geschah nicht zufällig. Dafür gab es sowohl von der sportlichen Entwicklung wie von den personellen Voraussetzungen her gute Gründe.

Der Süddeutsche Fußballverband

Vor allem die großen Traditionsvereine bemühten sich im Sommer 1945 in allen Teilen der amerikanischen Besatzungszone um eine rasche Wiedergründung. Dabei ging es nicht nur um die Fortsetzung einer über Jahrzehnte gewahrten Traditionslinie sondern auch um die Sicherung des in diesen Jahrzehnten angesammelten Vereinsvermögens. Besonders die traditionsreichen Fußballvereine entstanden in den Sommermonaten des Jahres 1945 auch unter ihren alten Namen wieder und schlossen sich nicht den schnell entstehenden Einheitsorganisationen an. Dies war auch deshalb möglich, weil die amerikanischen Kontrolloffiziere und dies unabhängig von den Ländergrenzen nichts unternahmen, um das zu verhindern. So beklagte sich etwa Otto Großmann in einem Schreiben vom 15. November 1945: ,,Von der Militärregierung wurde nichts unternommen, daß die Vereine ihre alten Namen abzulegen hätten".

Neben der zuvor beschriebenen Entwicklung gab es unmittelbar nach dem Zweiten Weltkrieg in der amerikanischen Besatzungszone also einen weiteren Sportentwicklungsstrang, der sich vor allem auf die traditionsreichen Fußballvereine erstreckte und die Wiederaufrichtung des am 6. August 1933 durch Selbstauflösung liquidierten Süddeutschen Fußballverbandes (SSV) bezweckte.

Auch diese Initiative verlief personenbezogen und wurde vor allem von Dr. Fritz Walter, Vorsitzender des VFB Stuttgart und zugleich bei der Stuttgarter Regierung für den Sport zuständig, und Hans Sackmann getragen. Dabei war es Sackmann, der im August 1945 die Traditionsvereine der amerikanischen Besatzungszone trotz der widrigen Verkehrsbedingungen aufsuchte und es letztlich zuwege brachte, daß 16 Vereine sich am 22. September 1945 in Stuttgart-Fellbach im Gasthof ,,Krone" zu einer ersten Konferenz versammelten, mit der Zielsetzung, den Süddeutschen Fußballverband wieder zu errichten und bereits im November 1945 mit der Spiel-Saison 1945/46 einer Süddeutschen-Oberliga im Fußball zu beginnen. Da diese Vorstellungen trotz der allgemeinen Mangellage auf breite Zustimmung stießen, wurde für den 13. Oktober 1945 eine weitere Konferenz verabredet, auf der die entsprechenden organisatorischen Festlegungen beschlossen werden sollten.

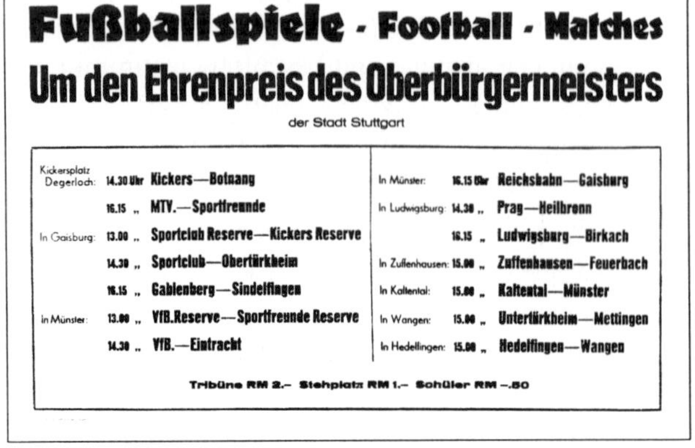

Den Initiatoren gelang es tatsächlich, alle Schwierigkeiten zu überwinden und gestützt auf einen Vorstoß von Walter beim Stadtkommandanten von Stuttgart, Oberleutnant Jackson, erreichte man es sogar, für den wiedergegründeten Süddeutschen Fußballverband und den Spielbetrieb der Süddeutschen Oberliga eine Lizenz der Militärregierung zu erhalten. Am 4. November 1945 startete die 16er-Liga, wie die Süddeutsche Oberliga auch genannt wurde, mit dem ersten Spieltag. Sie führte die Spitzenmannschaften aus Bayern, Wüttemberg-Baden und Hessen zusammen und übte eine große Anziehungskraft auf die Zuschauer aus. In der Saison 1946/47 wurden die insgesamt 380 Spiele von 3,6 Millionen Zuschauer besucht und ein Umsatz von 3,8 Millionen Mark erzielt.

Die Folge dieses enormen Zuschauerinteresses, das sich gerade auch im Herbst 1945 belegen läßt, war, daß alle Tageszeitungen eine ausführliche Fußballberichterstattung hatten und damit der hier repräsentierte Sport ein weit größeres Interesse fand, als die Bemühungen, die von den Einheitsorganisationen ausgingen.

Konzeptionell handelte es sich bei dieser Liga um die Wiederaufnahme und Weiterentwicklung einer Sporttradition, wie sie 1933 unterbrochen worden war. Sie knüpfte an am organisatorischen Bestand des ehemaligen bürgerlichen Süddeutschen Fußballverbandes und führte nun ganz offen das ein, was bis 1933 im Fußball bereits unter der Oberfläche praktiziert wurde: Die finanzielle Entlohnung der Spieler.

In Hessen waren die Vereine Eintracht Frankfurt, der Fußball-Sport-Verein Frankfurt und Kickers Offenbach Mitglied in der Süddeutschen Oberliga. Darüber hinaus gab es in Hessen ab September 1945 Initiativen, die Fußballvereine, die nicht in die Süddeutsche Oberliga aufgenommen wurden, in einer eigenen Landesliga zu organisieren, ebenfalls auf der Basis finanzieller Entlohnung und als Unterorganisation des Süddeutschen Fußballverbandes. In dieser sogenannten Grigutsch-Liga, genannt nach dem Initiator Richard Grigutsch aus Wiesbaden, waren folgende hessischen Vereine zusammengefaßt: Kurhessen Kassel, Borussia Fulda, Darmstadt 98, Sportverein Wiesbaden, VfR Offenbach, Neu-Isenburg, Sportfreunde Frankfurt und der VfB Friedberg.

Damit gab es Ende Oktober/Anfang November 1945 in Hessen und darüber hinaus in der gesamten amerikanischen Besatzungszone zwei konkurrierende Sportsysteme: Ein traditionelles im Fußball und ein konzeptionell neues als Gemeinschaftsverband, wobei das Traditionelle über die größere Öffentlichkeitswirksamkeit verfügte.

Die von Frankfurt ausgehende Initiative zu den beiden Sitzungen im November muß als Reaktion auf die Gründung des Süddeutschen Fußball-Verbandes gewertet werden. Die Sportentwicklung in Frankfurt war durch die Mitgliedschaft der beiden größten Fußballvereine in der 16er Liga und eines Vereines in der Grigutsch-Liga ganz erheblich betroffen. Zudem hatten die Sportredakteure der Frankfurter Rundschau, Otto Großmann und Erich Wick, alle Informationen aus der Süddeutschen Oberliga und wußten um die Anziehungskraft, die von ihr gerade auf die Fußballvereine ausging. Großmann und Schmidt, die beide aus dem Arbeitersport kamen, reagierten auf diese Entwicklung, indem sie Kontakt zu den anderen Landesverbänden in Stuttgart und München aufnahmen, an deren Spitze mit Paul Keller sowie Oswald Hirschfeld in Stuttgart und Georg Maier in München ebenfalls ehemalige Arbeitersportler standen.

Zugespitzt ging es im Spätherbst 1945 darum, ob die zukünftige Sportentwicklung mehr in Richtung Profisport oder Amateursport gehen sollte. Bei dieser kontroversen Ausgangslage würde es für

ВЕДОМОСТИ
КОНТРОЛЬНОГО СОВЕТА
В
ГЕРМАНИИ

НОМЕР
3

31 января 1946 года

Берлин
Союзный Секретариат
Эльсхольцштрассе 32

AMTSBLATT
DES KONTROLLRATS
IN
DEUTSCHLAND

NUMMER
3

31. Januar 1946

Herausgegeben vom Alliierten Sekretariat
Berlin, Elssholzstraße 32

Alleinauslieferung für ganz Deutschland: BERLINER KULTURBUCH-VERTRIEB GMBH, BERLIN N 65, Seestraße 64
Einzelpreis RM 2,—

— 21 —

DIRECTIVE N° 23

Limitation and Demilitarization of Sport in Germany

The Control Council directs:

1. To prohibit all activities of and to dissolve by 1 January 1946 all sport and military or para-military athletic organizations (clubs, associations, institutions and other organizations) which existed in Germany prior to its capitulation.

2. To prohibit the conduct and development among the German population of all military athletic organizations. This prohibition shall apply particularly to organizations engaged in Aviation, Parachuting, Gliding, Fencing, Military or Para-military drill or display, shooting with firearms.

3. To prohibit instruction in or the conduct of athletic activities of military or assimilated military nature in German educational institutions, in public or political organizations, in companies and factories an in all other organizations.

4. a) To permit the functioning in German territory of non-military sport organizations of a local character.

b) These organizations shall not be established above the Kreis level and shall not receive any supervision, instructions or funds from any public or private body organized above Kreis level except with the permission of Zone Commanders, which will be strictly limited to those sports that could not possibly have any military significance.

c) Every newly established sport organization of a local character must have permission from the local Allied occupation authority, and its activities will be subject to supervision of this authority. Physical education of the youth will concentrate on elements of health, hygiene and recreation which will exclude from this type of sport elements of assimilated military character.

5. The execution of the provisions of the present directive will be enforced by the Zone Commanders in Germany.

Done at Berlin, 17 December 1945.

LUCIUS D. CLAY
Lieutenant General

B. H. ROBERTSON
Lieutenant General

L. KOELTZ
Général de Corps d'Armée

V. SOKOLOVSKY
Army General

DIREKTIVE Nr. 23

Beschränkung und Entmilitarisierung des Sportwesens in Deutschland

Der Kontrollrat verfügt wie folgt:

1. Allen vor der Kapitulation in Deutschland bestehenden sportlichen, militärischen oder paramilitärischen athletischen Organisationen (Klubs, Vereinigungen, Anstalten und anderen Organisationen) wird jede Betätigung untersagt, und sie sind bis zum 1. Januar 1946 spätestens aufzulösen.

2. Die Leitung und Weiterentwicklung aller militärischen athletischen Organisationen unter der deutschen Bevölkerung ist verboten. Dieses Verbot bezieht sich namentlich auf Flugübungen, Fallschirmabsprung, Segelflug, Fechten, militärische oder paramilitärische Ausbildung oder Vorführung, Schießen mit Feuerwaffen.

3. Die Ausbildung in athletischen Übungen militärischen oder militärähnlichen Charakters in Erziehungsanstalten, in öffentlichen oder politischen Organisationen, bei Handelsgesellschaften, in Fabriken und in allen anderen Organisationen sowie die Leitung derartiger Übungen ist verboten.

4. a) Das Bestehen nichtmilitärischer Sportorganisationen örtlichen Charakters auf deutschem Gebiet ist gestattet.

b) Diese Organisationen dürfen das Niveau eines Kreises nicht übersteigen und von keiner über dem Kreisniveau stehenden öffentlichen oder privaten Körperschaft überwacht, angeleitet oder finanziell unterstützt werden, außer mit der Erlaubnis des Zonenbefehlshabers. Diese Erlaubnis beschränkt sich streng auf solche Sportarten, denen in keiner Weise eine militärische Bedeutung zukommen kann.

c) Jede neugegründete sportliche Organisation örtlichen Charakters bedarf der Genehmigung der örtlichen Alliierten Besatzungsbehörde, und ihre Tätigkeit untersteht der Aufsicht dieser Behörde. Das Schwergewicht bei der körperlichen Jugenderziehung muß auf das Gebiet der Gesundheit, der Hygiene und der Erholung, unter Ausschluß aller Bestandteile militärischen Charakters, gelegt werden.

5. Die Zonenbefehlshaber in Deutschland sind mit der Durchführung der Bestimmungen dieser Direktive beauftragt.

den weiteren Gang der Ereignisse von entscheidender Bedeutung sein, für welches Konzept sich die Lizenzgeber in der deutschen Auftragsverwaltung bzw. der jeweiligen Militärregierung entscheiden würden. Es war folgerichtig, daß die Vertreter beider Richtungen sich dort verstärkt um die eigene Anerkennung und möglichst um das Verbot des anderen bemühten. Der Süddeutsche Sportverband stützte sich dabei vorzugsweise auf das Gesetz Nr. 52; der Süddeutsche Fußballverband operierte mit dem Vorwurf, daß der SSV den Sport politisch instrumentalisiere, wie es zur NS-Zeit geschehen sei, nur, daß jetzt die Kommunisten das Sagen hätten, was vor allem auf die politische Vergangenheit von Otto Großmann abzielte.

Initiativen in Richtung Wiesbaden

Noch im November 1945 bemühten sich Großmann und Schmidt im Namen des Achter-Ausschusses bei der Regierung in Wiesbaden darum, die Sportfrage auf die Tagesordnung zu bringen. Dies war zunächst schwierig, weil der Aufbau einer funktionsfähigen Verwaltung noch nicht abgeschlossen war und die Zuordnung einzelner Bereiche nicht vorlag. Selbst die Vorsprache beim Hessischen Innenminister führte zunächst nicht weiter, erst im Dezember war klar, daß der Sport dem Kultusministerium zugeordnet war. Aber auch die Unterredung mit dem Kultusminister am 13. Dezember 1945 brachte neben wohlmeinender Unterstützung kein konkretes Ergebnis.

Was man allerdings mitnehmen konnte, war die bemerkenswerte Absichtserklärung, daß von Regierungsseite beabsichtigt würde, einen Sportbeauftragten zu ernennen. Dies entsprach einer Forderung des Sports, der das Beispiel aus Bayern zugrunde lag, wo mit August Ulrich, einem ehemaligen Funktionär aus dem Arbeitersport, ein Sportbeauftragter der Regierung für die gesamten Sportverhältnisse verantwortlich war und damit eine Schlüsselposition inne hatte. Erst Ende Dezember 1945 war der Sondierungsprozeß in der hessischen Landesregierung insoweit zu einem vorläufigen Ergebnis gelangt, als mit Prof. Dr. Herzfeld eine kontinuierliche Anlaufstelle für die Sportfragen im Kultusministerium geschaffen wurde. In der Folgezeit war neben dem Votum der Militärregierung vor allem von Bedeutung, wie Herzfeld, dessen Zuständigkeitsbereich sich auf den gesamten Jugendbereich erstreckte, sich zur weiteren Entwicklung im Sport ganz allgemein stellen und insbesondere wie er sich im Konflikt zwischen dem Süddeutschen Fußballverband und dem Süddeutschen Sportverband verhalten würde. Der Rahmen dafür wurde aber zu Beginn des Jahres 1946 von der Militärregierung in Wiesbaden neu gesteckt.

Dort hatte es in dem zur Education & Cultur Relations Division gehörenden Youth Activities Branch im Herbst 1945 mehrere personelle Wechsel gegeben. Im Januar 1946 war für den Sport Ltn. Lahti zuständig, der im Organisationsbereich des Sports eine Zulassungspraxis verfolgte, wie sie sich insgesamt bei der US-Militärregierung im Winter 1945/46 herauskristallisiert hatte. Ausschlaggebend für dieses einigermaßen koordinierte Vorgehen war der Beschluß des Alliierten Kontrollrats in Berlin am 17. Dezember 1945, der in der Direktive Nr. 23 einen Rahmen vorgegeben hatte, in dem sich der Sportaufbau im besetzten Deutschland vollziehen sollte. Dabei war zunächst wichtig, daß die amerikanische Militärregierung bei der Ausfüllung dieses Rahmens jetzt jede sportliche Betätigung für zustimmungspflichtig erklärte. Bei den Sportvereinen mußte es sich um Neugründungen handeln; das Genehmigungsverfahren hatte die entsprechenden Jugendausschüsse zu durchlaufen; Organisationen über den Kreismaßstab hinaus wurden als unzulässig erklärt.

Diese Politik hatte zur Folge, daß die Lizenz für die Existenz des Süddeutschen Fußballverbandes zurückgezogen wurde, die Grigutsch-Liga immer größere Probleme hatte, zu einem geordneten Spielbetrieb zu gelangen und die beiden im November 1945 sich noch schroff ablehnend gegenüberstehenden Sportkonzepte zu einvernehmlichen Lösungen gezwungen waren. Dieses Einvernehmen wurde auf einer gemeinsamen Sitzung, die am 26. Januar 1946 in Stuttgart durchgeführt wurde, erreicht, in deren Folge zwar der Süddeutsche Fußballverband liquidiert wurde, die Süddeutsche Oberliga aber als Spielgemeinschaft mit eigenem organisatorischen Apparat bestehen blieb.

Aber auch der Süddeutsche Sportverband, obgleich er mehr auf dem Papier existiert hatte, als eine reale Größe war, mußte seine Existenz beenden. Der Gedanke einer sich auf die gesamte amerikanische Besatzungszone erstreckenden Zusammenarbeit im Sport blieb jedoch bestehen und lebte im Sommer 1946 in der Arbeitsgemeinschaft Süddeutscher Landessportverbände wieder auf, die in der Folgezeit ein wichtiges Koordinierungsgremium wurde. Bei dieser neuen Lage sollte sich für Hessen das Agieren von Dr. Herzfeld als förderlich erweisen, dem es am 9. Februar 1946 gelang, die Repräsentanten der widerstreitenden Gruppen auf die Linie einer einheitlichen Sportbewegung zu verpflichten.

Auf dem Weg zum Landessportverband Groß-Hessen

Der 9. Februar 1946 sollte aber noch aus einem zweiten Grund ein wichtiges Datum für den hessischen Sport werden. Auf einer Versammlung von Vereinsvertretern

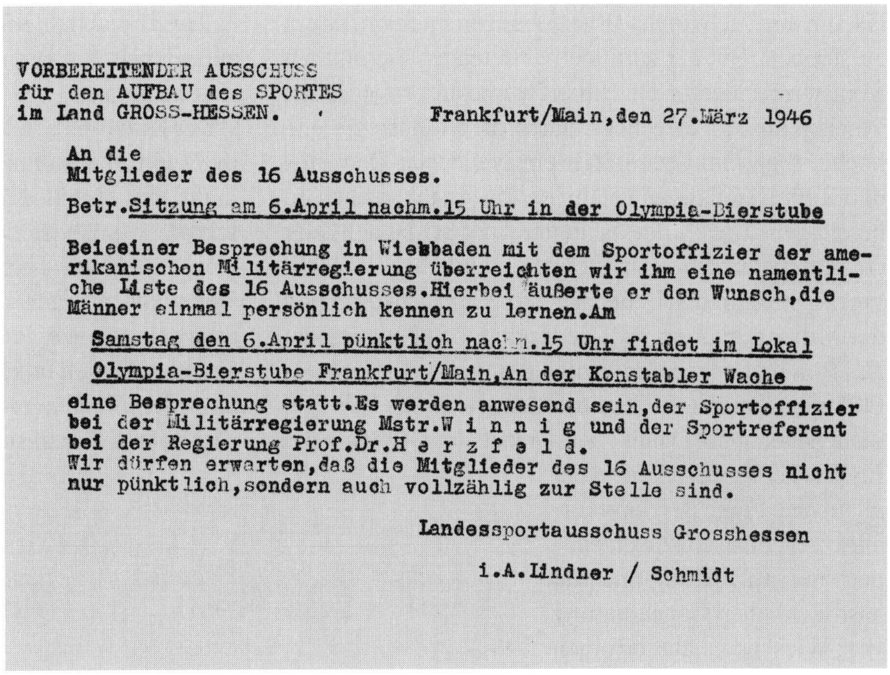

VORBEREITENDER AUSSCHUSS
für den AUFBAU des SPORTES
im Land GROSS-HESSEN.

Frankfurt/Main, den 27. März 1946

An die
Mitglieder des 16 Ausschusses.

Betr. Sitzung am 6. April nachm. 15 Uhr in der Olympia-Bierstube

Beieeiner Besprechung in Wiesbaden mit dem Sportoffizier der amerikanischen Militärregierung überreichten wir ihm eine namentliche Liste des 16 Ausschusses. Hierbei äußerte er den Wunsch, die Männer einmal persönlich kennen zu lernen. Am

Samstag den 6. April pünktlich nachm. 15 Uhr findet im Lokal Olympia-Bierstube Frankfurt/Main, An der Konstabler Wache

eine Besprechung statt. Es werden anwesend sein, der Sportoffizier bei der Militärregierung Mstr. W i n n i g und der Sportreferent bei der Regierung Prof. Dr. H e r z f e l d.
Wir dürfen erwarten, daß die Mitglieder des 16 Ausschusses nicht nur pünktlich, sondern auch vollzählig zur Stelle sind.

Landessportausschuss Grosshessen

i.A. Lindner / Schmidt

wurde in Wiesbaden mit Nachdruck die Linie eines Einheitssportverbandes für Hessen untermauert und in einem Brief an den Hessischen Ministerpräsidenten eine Verordnung der Landesregierung zur Regelung des Sports vorformuliert, die in der Schaffung eines „Groß-Hessischen Verband für Leibesübungen e. V." mündete. Initiator sowohl des Schreibens wie der in sechs Paragraphen vorformulierten Verordnung zur Regelung der Leibesübungen in Groß-Hessen war Heinz Lindner. Lindner, der bis zu diesem Zeitpunkt im Sport nicht in Erscheinung getreten war, erweiterte die bis dahin formulierten Positionen in drei Punkten:

– Dem Grundsatz der Freiwilligkeit im Sport wurde seine parteipolitische, rassische und konfessionelle Neutralität sowie das Verbot militaristischer Zielsetzungen hinzugefügt.

– Ablehnung von Sportvereinen, die auf der Basis konfessioneller oder beruflicher Zugehörigkeit gebildet werden.

– Forderung nach einem rechtsfähigen Verband in der Form eines eingetragenen Vereins (e.V.) als Zusammenschluß der Sportvereine auf Landesebene.

Mit Lindner bekamen die Vertreter des Achter-Ausschusses nun einen konzeptionellen Kopf, der im Gegensatz zu Schmidt und Großmann nicht aus der ehemaligen Arbeitersportbewegung stammte, und der deswegen auch nicht mit der Politisierungsunterstellung anzugehen war. Für den nun beginnenden Prozeß des Zusammenwachsens sollte sich das als vorteilhaft erweisen.

Die bereits in Wiesbaden formulierte Linie eines gemeinsamen Verbandes kam offiziell auf einer sowohl vom SSV wie auch vom SFV mit ihren führenden Repräsentanten beschickten Sitzung am 13. Februar 1946 zustande, die unter der Führung von Wilhelm Burmester vom Frankfurter Stadtsportamt durchgeführt wurde. Sie endete mit der Einsetzung eines Landessportausschusses, der aus 16 Personen bestand, wobei der alte Achter-Ausschuß, in dem vor allem die hessischen Regionen vertreten waren, die eine Hälfte bildete, während die verbleibenden acht Personen eher einzelne Sportdisziplinen repräsentierten. Zugleich wurde für die Sportarten Fußball, Handball und Leichtathletik Fachausschüsse eingesetzt, die die weiteren fachlichen Fragen regeln sollten und aus denen dann die Fachverbände in Hessen hervorgingen. Heinz Lindner war zusammen mit Kurt Koch für die Leichtathletik zuständig.

Bereits auf der nächsten Sitzung, die am 23. Februar 1946 durchgeführt wurde und zu der von dem federführenden Vertreter des ehemaligen Achter-Ausschusses Martin Schmidt eingeladen wurde, wählte man Heinz Lindner zum Vorsitzenden des Landessportausschusses und bestimmte Frankfurt zum Organisationssitz. Wenig später wurde Martin Schmidt zum Stellvertreter gewählt, so daß die Handlungskompetenz für das weitere Vorgehen nun bei Lindner und Schmidt lag.

Die Arbeit im 16er-Ausschuß verlief zunächst störungsfrei, und vor allem Lindner fixierte die notwendigen organisatorischen Festlegungen (Organisationsgliederung, Festlegung des Stimmrechts, Finanzierung usw.) in schriftlicher Form, so daß die Vorbereitungen zur Gründung eines Landessportverbandes nach der Sitzung am 9. März 1946 eigentlich abgeschlossen waren und der Gründungsakt hätte vorgenommen werden können. Durch die sogenannte „Fuldaer Affäre" wurde diese Entwicklung jedoch zunächst jäh unterbrochen.

Bei der Militärregierung in Wiesbaden hatte es im Februar 1946 bei der für den Sport zuständigen Youth Activities Branch erneut einen personellen Wechsel gegeben. Der nun zuständige Besatzungsoffizier Vinnig monierte bereits am 23. März 1946 die politische Ausrichtung des 16er-Ausschusses und nahm dann eine Veröffentlichung in der Fuldaer Volkszeitung zum Anlaß, um die Dachverbandsbestrebungen im Sport abrupt zu stoppen. Bis hin zum stellvertretenden Hessischen Ministerpräsidenten Dr. Hilpert wurde in den folgenden Wochen die Angelegenheit durch die Militärregierung hochgezogen und erst durch entsprechende Dementis und Richtigstellungen gelang es, die Angelegenheit zu bereinigen. Die Affäre beleutete aber schlaglichtartig die Kompetenzfrage und zeigte den möglichen Handlungsspielraum der Deutschen auf. Ohne Zustimmung der Militärregierung war die Dachverbandsfrage nicht zu lösen und gegen den Willen des zuständigen Sport-Offiziers war mit der Unterstützung von Dr. Herzfeld nicht zu rechnen. Damit war klar, daß der Dachverband für den hessischen Sport nicht allein eine Frage der Sportverantwortlichen selbst war, sondern nur im Auftrag und mit ausdrücklicher Genehmigung von Wiesbaden aus erfolgen konnte.

Es war das Verdienst Lindners, daß es ihm im Mai 1946 gelang, dieses Vertrauen für den 16er Ausschuß zurückzugewinnen, so daß zur Gründungsversammlung am 1. Juni 1946 ins Volksbildungsheim in Frankfurt eingeladen werden konnte.

In enger Abstimmung mit Herzfeld wurde der einzuladende Kreis genau festgelegt, wobei bemerkenswert war, daß neben dem 16er-Ausschuß elf weitere Frankfurter eingeladen werden mußten. Das ergab sich aus einer Oppositionsbewegung, die vor allem von Frankfurter Fußballvereinen getragen wurde und an deren Spitze Karl Brinkmann, Sportjournalist bei der Frankfurter Neuen Presse, sich in Wiesbaden bemühte, Einfluß auf die gesamte Sportentwicklung zu bekommen. Zudem war bei Herzfeld deutlich das Bemühen erkennbar, möglichst alle führenden Repräsentanten der sich wieder formierenden Sportdisziplinen außerhalb von Fußball, Handball und Leichtathletik mit in den Gründungsprozeß einzubeziehen, um ja nicht mit dem Sportoffizier in Konflikt zu geraten.

Der Kreis, der am 1. Juni 1946 im Volksbildungsheim in Frankfurt zusammen kam und einstimmig die Gründung des Landessportverbandes Groß-Hessen beschloß, war keine Delegiertenversammlung, sondern eine von Herzfeld bestimmte Männerrunde – eine Frau war nicht zugegen –, die die bis dahin erkennbaren Sportstörmungen in Hessen repräsentierten. Bei den Entscheidungen im Hinblick auf die weitere Arbeit, die diese der Einladung gefolgten 21 Männer trafen, war bedeutsam, daß man sich gegen die Wahl eines Sportbe-

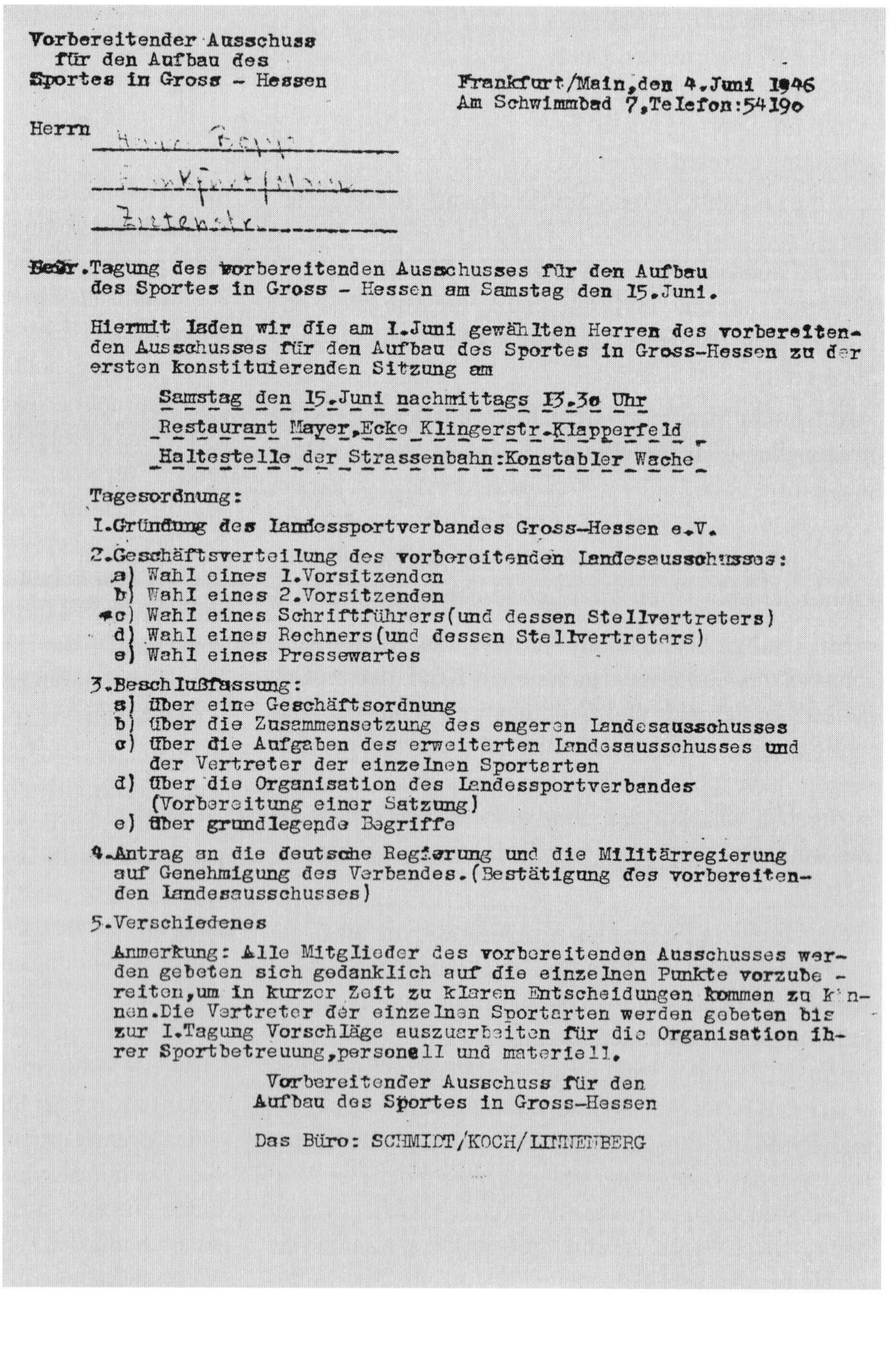
Vorbereitender Ausschuss
für den Aufbau des
Sportes in Gross - Hessen

Frankfurt/Main, den 4. Juni 1946
Am Schwimmbad 7, Telefon: 54190

Herrn [illegible]

Betr. Tagung des vorbereitenden Ausschusses für den Aufbau des Sportes in Gross - Hessen am Samstag den 15. Juni.

Hiermit laden wir die am 1. Juni gewählten Herren des vorbereitenden Ausschusses für den Aufbau des Sportes in Gross-Hessen zu der ersten konstituierenden Sitzung am

Samstag den 15. Juni nachmittags 15.30 Uhr
Restaurant Mayer, Ecke Klingerstr.-Klapperfeld
Haltestelle der Strassenbahn: Konstabler Wache

Tagesordnung:

1. Gründung des Landessportverbandes Gross-Hessen e.V.

2. Geschäftsverteilung des vorbereitenden Landesausschusses:
a) Wahl eines 1. Vorsitzenden
b) Wahl eines 2. Vorsitzenden
c) Wahl eines Schriftführers (und dessen Stellvertreters)
d) Wahl eines Rechners (und dessen Stellvertreters)
e) Wahl eines Pressewartes

3. Beschlußfassung:
a) über eine Geschäftsordnung
b) über die Zusammensetzung des engeren Landesausschusses
c) über die Aufgaben des erweiterten Landesausschusses und der Vertreter der einzelnen Sportarten
d) über die Organisation des Landessportverbandes (Vorbereitung einer Satzung)
e) über grundlegende Begriffe

4. Antrag an die deutsche Regierung und die Militärregierung auf Genehmigung des Verbandes. (Bestätigung des vorbereitenden Landesausschusses)

5. Verschiedenes

Anmerkung: Alle Mitglieder des vorbereitenden Ausschusses werden gebeten sich gedanklich auf die einzelnen Punkte vorzubereiten, um in kurzer Zeit zu klaren Entscheidungen kommen zu können. Die Vertreter der einzelnen Sportarten werden gebeten bis zur 1. Tagung Vorschläge auszuarbeiten für die Organisation ihrer Sportbetreuung, personell und materiell.

Vorbereitender Ausschuss für den
Aufbau des Sportes in Gross-Hessen

Das Büro: SCHMIDT/KOCH/LINNENBERG

auftragten aussprach und für die Einsetzung eines Ausschusses, der aus seiner Mitte einen Vorsitzenden wählen sollte. Das war eine Vorgehensweise, wie sie vor allem von Lindner verfolgt wurde. Bei der Zusammensetzung dieses Ausschusses entschied man sich nicht für ein rückwärts gewandtes Modell, wie es eine paritätische Zusammensetzung zwischen ehemals bürgerlichen Sportlern und ehemals Arbeitersportlern bedeutet hätte, sondern für ein in die Zukunft gerichtetes Konzept, das einerseits die Sportbezirke einband also das Regionalprinzip verfolgte und andererseits mit den Fachvertretern die sportliche Fachkompetenz in den Mittelpunkt rückte. Nicht entschieden wurde die Führungsfrage, bei der sich deutlich ein konkurrierendes Verhalten zwischen Brinkmann und Lindner abzeichnete. Eingesetzt wurde ein geschäftsführender Ausschuß, in dem mit Schmidt und Koch einerseits die personelle Kontinuität gewahrt wurde, andererseits aber mit Willy Linnenberg vom FSV Frankfurt nun erstmals ein Repräsentant eines Vereins der Süddeutschen Oberliga Verantwortung für den Landessportverband übernahm.

Abgeschlossen wurde der Gründungsakt des Landessportverbandes im organisatorisch relevanten Sinne allerdings erst mit der Wahl des Vorstandes, wie sie am 15. Juni 1946 vorgenommen wurde. Auch bei dieser Sitzung waren durch zuvor vorgenommene Ergänzungen des Ausschusses 21 Personen stimmberechtigt, wobei sowohl die Wahl des ersten Vorsitzenden sowie die Wahl seines Stellvertreters jeweils in einer Kampfabstimmung entschieden wurde, und der Unterlegene in beiden Fällen Karl Brinkmann hieß. Mit Heinz Lindner als Vorsitzendem und Martin Schmidt als seinem Stellvertreter hatte sich die personelle Konstellation durchgesetzt, die schon im 16er Auschuß die Federführung hatte. Wichtig aber war, daß Brinkmann bei zwei, wenn auch knappen, Wahlniederlagen als Sportwart und als Verbindungsmann zur hessischen Landesregierung ebenso in die weitere Arbeit des LSV eingebun- den blieb, wie Willy Linnenberg vom FSV in der wichtigen Funktion des Landeskassenwartes. Das sollte sich stabilisierend für den immer noch umstrittenen jungen Landessportverband auswirken, denn auf einer Tagung der Landesliga-Fußballvereine am 11. August 1946 vollzogen diese nun den geschlossenen Übertritt zum Landessportverband. Auch die hessischen Vereine der Süddeutschen Oberliga begaben sich jetzt unter das organisatorische Dach des LSV und

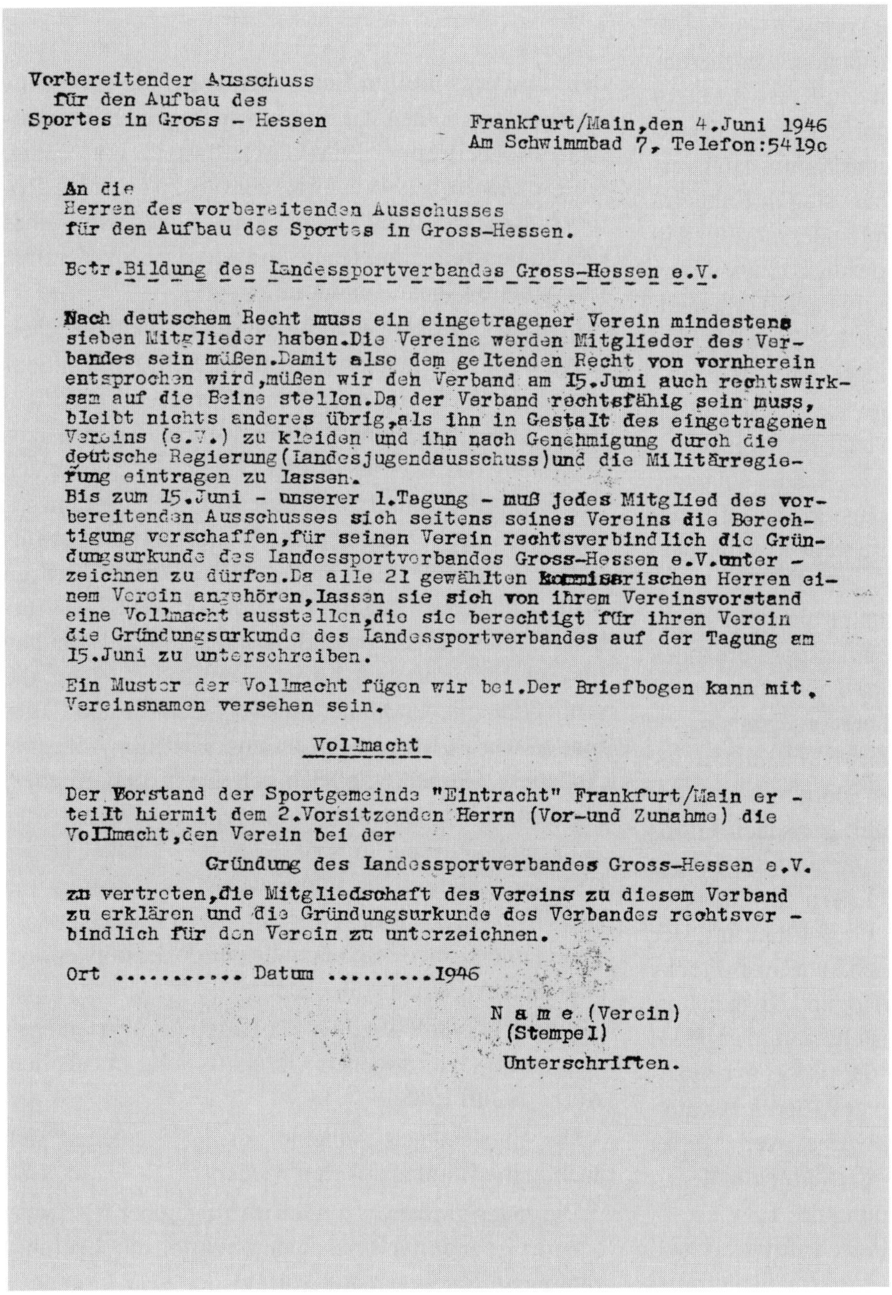

Vorbereitender Ausschuss
für den Aufbau des
Sportes in Gross - Hessen

Frankfurt/Main,den 4.Juni 1946
Am Schwimmbad 7, Telefon:5419o

An die
Herren des vorbereitenden Ausschusses
für den Aufbau des Sportes in Gross-Hessen.

Betr.Bildung des Landessportverbandes Gross-Hessen e.V.

Nach deutschem Recht muss ein eingetragener Verein mindestens sieben Mitglieder haben.Die Vereine werden Mitglieder des Verbandes sein müßen.Damit also dem geltenden Recht von vornherein entsprochen wird,müßen wir den Verband am 15.Juni auch rechtswirksam auf die Beine stellen.Da der Verband rechtsfähig sein muss, bleibt nichts anderes übrig,als ihn in Gestalt des eingetragenen Vereins (e.V.) zu kleiden und ihn nach Genehmigung durch die deutsche Regierung(Landesjugendausschuss)und die Militärregierung eintragen zu lassen.
Bis zum 15.Juni - unserer 1.Tagung - muß jedes Mitglied des vorbereitenden Ausschusses sich seitens seines Vereins die Berechtigung verschaffen,für seinen Verein rechtsverbindlich die Gründungsurkunde des Landessportverbandes Gross-Hessen e.V.unter - zeichnen zu dürfen.Da alle 21 gewählten kommissarischen Herren einem Verein angehören,lassen sie sich von ihrem Vereinsvorstand eine Vollmacht ausstellen,die sie berechtigt für ihren Verein die Gründungsurkunde des Landessportverbandes auf der Tagung am 15.Juni zu unterschreiben.

Ein Muster der Vollmacht fügen wir bei.Der Briefbogen kann mit Vereinsnamen versehen sein.

Vollmacht

Der Vorstand der Sportgemeinde "Eintracht" Frankfurt/Main er - teilt hiermit dem 2.Vorsitzenden Herrn (Vor-und Zunahme) die Vollmacht,den Verein bei der

Gründung des Landessportverbandes Gross-Hessen e.V.

zu vertreten,die Mitgliedschaft des Vereins zu diesem Verband zu erklären und die Gründungsurkunde des Verbandes rechtsver - bindlich für den Verein zu unterzeichnen.

Ort .... Datum 1946

N a m e (Verein)
(Stempel)
Unterschriften.

An alle Vereine, Sportkreise und Sportbezirke des Landes Hessen!

Wir geben hiermit die Anschriftenänderung der Geschäftsstelle bekannt. Die Geschäftsstelle befindet sich ab sofort in

Frankfurt/M., Neue Rothofstraße 23 I. Telefon Nr. 58 333

Sprechstunden täglich von 9—12 und 14—17 Uhr, Samstag von 9—13 Uhr.

Hinweis auf die neue Geschäftsstelle des LSV in den Sport-Mitteilungen, 4. Dezember 1946

unterstützten ihn mit einer 2%igen Abgabe aus den Spielerlösen.

Organisatorische Aspekte des LSV

Für die Arbeit des Landessportverbandes hatte die Wahl Lindners entscheidende Vorteile: Dort war einer, der mit großem auch zeitlichem Engagement, als geschulter Jurist und mit den Möglichkeiten seiner beruflichen Stellung als leitender Beamter zielstrebig an den organisatorischen und juristischen Ausbau des Verbandes ging.

Da war zunächst die Lizenzierung zu erwirken und eine vom Votum der Mitglieder getragene Satzung zu erarbeiten. Lindner hat nicht nur dafür die entsprechenden Vorlagen erarbeitet und auch immer wieder überarbeitet, sondern diesen Diskussionsprozeß auf eine breite demokratische Basis gestellt. Seine Vorlagen wurden im erweiterten LSV-Vorstand beraten, dann in vier Sitzungen vom Februar bis Juni 1947 mit den Kreisvertretern erörtert, auf dem Verbandstag in Mörfelden zur Diskussion gestellt, erneut in einer Satzungskommission verhandelt und letztlich beim 2. Verbandstag in Enkheim 1948 verabschiedet. Es gibt keinen Landessportbund in den westlichen Besatzungszonen, der die Satzungsfrage auch nur annähernd vergleichbar aufwendig verhandelt hätte wie der hessische. Der positive Effekt dieser Prozedur war allerdings, daß sich in diesem Verfahren ein Zusammengehörigkeitsgefühl entwickelte, das nach den Wirren bis zum Sommer 1946 jetzt die Basis für einen fortdauernden Konsens und die daraus folgende enorme Aufbauleistung abgab. Voraussetzung dafür war auch eine funktionierende Geschäftsstelle und die Herausgabe eines Mitteilungsblattes.

Frankfurt war nicht nur der Initator einer Sportentwicklung, die zur Gründung des Landessportverbandes führte, auch die Geschäftstelle des LSV ist aus dem Frankfurter Organisationsbestand hervorgegangen.

Im Herbst 1945 befand sich im stark beschädigten Gebäude „Am Schwimmbad 7“ das Sportamt der Stadt Frankfurt. Durch eine Übereinkunft zwischen Großmann/Schmidt und Stadtrat Dr. Lingnau vom Januar 1946 wurde hier auch Platz geschaffen für eine Geschäftsstelle des Sportverbandes Groß-Frankfurt, der aus dem Verband der Sportgemeinschaften Groß-Frankfurt hervorgegangen war. Da Schmidt und Koch hauptberuflich in diesem Verband angestellt waren, ergab es sich zwangsläufig, daß die organisatorische Arbeit sowohl des Achter-Ausschusses wie des 16er-Ausschusses von hier aus vorgenommen wurde, weil Martin Schmidt in beiden Gremien die Federführung hatte.

Das blieb auch nach der Gründung des LSV so, da Kurt Koch in das Amt des Landesschriftführers und Martin Schmidt als Lindners Stellvertreter gewählt wurden. Die personellen Erweiterungen, die im Herbst 1946 vorgenommen wurden, machten jedoch den Aufbau einer eigenen LSV-Geschäftsstelle notwendig. Im Dezember 1946 erfolgte der Umzug in die Rothofstraße, wo Bobby Griebel einen Lagerraum seines Geschäftes freigeräumt hatte und dort die LSV-Zentrale für mehrere Monate unterkam.

In diese Zeit fielen auch wichtige Personal-Entscheidungen für den hauptamtlichen Bereich. Der im September 1946 als Geschäftsführer vorgesehene Willem Eifert übte diese Funktion nur wenige Wochen aus. Dann ging das Amt auf Kurt Koch über, der auch den Wechsel in die Rothofstraße durchführte, zu Beginn des Jahres 1947 den Dienst beim LSV aber quittierte, um als Lehrer in Friedberg eine Stelle zu übernehmen. Erst mit Willy Linnenberg begann ein funktionsgerechter Aufbau der Geschäftsstelle und das zielstrebige Bemühen für eine auch räumlich zufriedenstellende Lösung, die schließlich mit der Anmietung der Goethestraße 10 gefunden wurde. Mit der Anstellung von Ella Wöhr und Anneliese Gerber, von Heinrich Bopp und Michael Meeßen, der Übernahme von Heinrich Wagner, Bezirksgeschäftsführer in Kassel, auf die Gehaltsliste des LSV, der teilweisen Bezahlung von Martin Schmidt und Hans Kobald, sowie der Anstellung von Karl Hagedorn als Leiter der Bundessportschule wurde der notwendige personellen Aufbau vollzogen.

Bis der LSV allerdings in der Lage war, Vorstandssitzungen in seiner eigenen Geschäftsstelle abzuhalten, wurde es Juli 1948.

Die Entstehungsgeschichte des LSV spiegelt sich auch in den Tagungslokalen wieder.

Die ersten großen Sitzungen im November 1945 wurden im Gebäude der Reichsbahndirektion durchgeführt, zahlreiche Sitzungen im Vorfeld der LSV-Gründung

Zerstörtes Hallenschwimmbad „Am Schwimmbad 7". Die Aufnahme stammt aus dem Jahre 1950 und zeigt den Eingang in der Klingerstraße.

fanden in der Olympia-Klause statt, die Gründung selbst im Volksbildungsheim. Auch die LSV-Vorstandssitzungen konnten im zerstörten Frankfurt nur in Gastwirtschaften abgehalten werden, wobei man vorzugsweise „bei Wahl" zusammen kam. Größere Tagungen wurden im Gewerkschaftshaus oder bei der „Frankfurter Rundschau", später in der Redaktion vom „Der neue Sport" ausgerichtet. Mit Kurt Koch, Otto Großmann, später Heinrich Sorg gab es zu diesen Plätzen meist immer auch persönliche Verbindungen. Vergegenwärtigt man sich, über welche Tagungsinfrastruktur die heutigen Sportorganisationen verfügen, dann erst wird das ganze Ausmaß der Aufbauarbeit gerade in diesem Bereich in den letzten 50 Jahren deutlich.

Erhebliche Aufbauarbeit war auch in der Frage des Verbandsmitteilungsblattes zu leisten. Dabei bezog sich die kritische Auseinandersetzung mit dieser Frage nicht auf die inhaltliche Gestaltung, sondern auf die organisatorischen und finanziellen Aspekte. Der von Willi Heise besorgte Vertrieb und die dabei erwirtschafteten Gelder flossen zunächst am LSV vorbei, wurden dann nicht zur Zufriedenheit des LSV-Vorstandes abgerechnet, so daß dieser das Blatt ganz in seine eigene Regie nahm.

Inhaltlich waren die Sportmitteilungen ein wichtiges Sprachrohr des Vorstandes, aber auch bedeutsam vor allem für die kleineren Fachausschüsse in der Funktion einer Informationsbörse. Sie haben damit ganz erheblich zur Konsolidierung der zunächst so unterschiedlich verlaufenden Entwicklungen des Sports in Hessen beigetragen. Vor allem der LSV-Vorsitzende Lindner hat die Sportmitteilungen sowohl zur Berichterstattung vor allem aber zur Verbreitung seiner konzeptionellen Überlegungen genutzt.

Inhaltliche Fragen

Mit dem Eintritt von Heinz Lindner in den Diskussionsprozeß der organisatorischen Zusammenfassung des Sports in Hessen erhielten auch die inhaltlichen Fragen scharfe Konturen. Seit dem von Lindner verfaßten Schreiben an den Hessischen Ministerpräsidenten, dann in der Folgezeit zusätzlich geschärft in den Auseinandersetzungen um den Dachverband, und schließlich umgesetzt in der Praxis einer beinahe 25jährigen Arbeit an der Spitze des Hessischen Landessportbundes hat Lindner an seinen Vorstellungen für den organisatorischen Aufbau unbeirrt festgehalten. Grundlage seiner Überlegungen war die Freiwilligkeit im Sport, die Ablehnung von berufsbezogenen und konfessionellen Sportvereinen, die fachliche Selbständigkeit der Sportverbände und eine Organisationsform des Dachverbandes als Bund der Vereine. In diesem System wurden den Sportkreisen und Sportbezirken eine die Arbeit des Bundes ergänzende Rolle zugewiesen. Begrifflich hat Lindner sein Konzept zwar modifiziert: Sprach er zunächst von Leibesübungen, so wurde später nur noch der Begriff Sport verwendet; aus dem Landessportverband wurde der Landessportbund, aus dem Fachausschuß der Fachverband eine Veränderung im Begriff, nicht in der Funktion. Souverän des Bundes waren ausschließlich die Vereine. In finanzieller Hinsicht ordnete Lindner dem Bund eine Verteilungs- und Unterstützungskompetenz zu, eine Sichtweise, von der in den ersten Jahren vor allem die kleineren Fachverbände profitierten.

Unter Lindners Führung hat es der LSV stets vermieden, sich in fachliche Angelegenheiten einzumischen. Engagiert hat sich der LSV unter seiner Führung allerdings in den Bereichen, die insgesamt für den Sport von Bedeutung waren.

Das war zunächst die Versicherungsfrage, die zahlreiche Gremien beschäftigte und die nur schrittweise auf einen einheitlichen Standard gebracht werden konnte, wobei auch immer wieder an den Aufbaus eines eigenen Versicherungswesens gedacht wurde.

Da war die Steuerfrage, von der im Rahmen der Vergnügungssteuer vor allem die großen Fußballvereine mit ihren Einnahmen betroffen waren; das Problem der Stagma, der heutigen Gema, an die die Sportvereine bei Musikbenutzung Gebühren zu entrichten hatten; die Bemühungen um Sonntagsfahrgenehmigung für Kraftfahrzeuge bei Sportveranstaltungen und zahlreiche andere Fragen, die sich aus der Nachkriegssituation ergaben, darunter auch die Regelung des gesperrten Vereinsvermögens ehemaliger NSRL-Vereine gemäß Gesetz Nr. 52. Natürlich tauchte in dieser Zeit auf der Tagesordnung auch immer wieder das Problem der Mitgliedsbeiträge auf, das sich verschärft vor allem nach der Währungsreform stellte. Darüber hinaus war der LSV aber auch offen für übergeordnete Fragen. So beteiligte er sich an der Ausstellung „Schaffende Jugend" 1947, organisierte einen Sternlauf zur Paulskirchen-Feier im Jahre 1948 und engagierte sich bei der Sammlung „Hessenhilfe" im November 1948. Mit der Aufnahme des Ausbildungsbetriebes der Bundessportschule und ihren Lehrgängen wurde jetzt für viele Vereine auch der ganz praktische Nutzen einer Mitgliedschaft im Landessportbund spürbar.

Über die Landesgrenzen hinaus

Die Entwicklung des Landessportverbandes in Hessen war seit der Tagung vom 25. November 1945 gezielt mit der übrigen Sportentwicklung in der US-Zone verknüpft worden. An dieser Verbindung hat auch Lindner festgehalten und aktiv an der Arbeitsgemeinschaft Süddeutscher Landessportverbände mitgearbeitet. Insofern findet diese Zusammenarbeit gerade in den Vorstandsprotokollen ihren Niederschlag, als über die zunächst in Abständen von nur wenigen Wochen durchgeführten Tagungen auch immer Bericht erstattet wurde. Dabei ist es interessant zu verfolgen, wie der Schwerpunkt dieser Aktivitäten zunächst in Stuttgart lag, was sich auch aus der Konfrontation zum Süddeutschen Fußballverband sowie der Rolle Stuttgarts als Sitz des Länderrates der US-Zone ergab. Aber bereits Ende des Jahres 1947 kam es zu einer Akzentverschiebung nach München, wo mit Fritz Kutschke innerhalb des Bayerischen Landessportverbandes eine hauptamtliche Anlaufstelle für diese Koordinierungsarbeit geschaffen wurde. Unter diesen Bedingungen wurde im April 1948 auch nach München zu einer Interzonenkonferenz eingelagen, mit der Zielsetzung, einen zonenübergreifenden Ausschuß für den Sport einzusetzen. In der dann entfachten Kontroverse zwischen den Landessportverbänden und dem in Nordrhein-Westfalen vertretenen reinen Fachverbandsprinzip (Kölner Tagung) verlagerte sich der Schwerpunkt im Sinne einer Kompromißlinie immer mehr nach Hessen. Insofern war es nur zu natürlich, daß sowohl die vorbereitende Sitzung in Schönberg, als auch die zur Arbeitsgemeinschaft Deutscher Sport (ADS) führende Zusammenkunft aller Sportrepräsentanten der westlichen Besatzungszonen in Bad Homburg durchgeführt wurden, also in Hessen stattfanden. Die Wahl Lindners zum ADS-Vorsitzenden verdeutlichte, daß der Vorsitzende des hessischen Landessportverbandes sich schrittweise in eine Schlüsselrolle in der Frage der organisatorischen Ausgestaltung einer Dachorganisation für den westdeutschen Sport hineingearbeitet hatte. Da auch Heinrich Sorg in seiner Eigenschaft als Sportreferent der Sozialdemokartischen Partei Deutschlands zu den exponierten Vertretern in diesen Auseinandersetzungen zählte, war es nur zu natürlich, daß die kontrovers diskutierten Fragen eines Dachverbandes für den Sport der westlichen Besatzungszonen sich ebenso in den Vorstandsprotokollen des LSV niederschlugen, wie die zu Beginn des Jahres 1947 geführte Diskussion um die Einsetzung eines Olympischen Ausschusses und die Beteiligung einer deutschen Mannschaft an den bevorstehenden Olympischen Spielen des Jahres 1948. Vor allem nach 1948 griffen mit Max Danz und dem Frankfurter Oberbürgermeister Walter Kolb noch zwei weitere hessische Vertreter in diesen Diskussionsprozeß an führender Stelle ein, so daß sich der Schwerpunkt der weiteren organisatorischen Entwicklung des Sports an den Main verlagerte und sich damit Frankfurt schrittweise als Hauptstadt des bundesdeutschen Sports herauskristallisierte.

Personelle Aspekte

Die Personen, die unmittelbar nach dem Krieg Verantwortung im Sport übernahmen, hatten in aller Regel nicht zu den Funktionsträgern des NSRL gehört. Es waren zunächst ehemalige Arbeitersportler, von denen die Initiativen ausgingen. Namen wie Großmann, Schmidt, Kobald, Heise, Bopp, Bechmann, Wettig und Schulmeyer verdeutlichen das. Darüber hinaus kamen jetzt aber auch wieder Sportorganisatoren zum Zug, die im bürgerlichen Sport der Weimarer Republik groß geworden waren, dann aber in der NS-Zeit aufgrund ihrer fa-

Grigutsch ausgeschlossen

Der Verbandsvorstand des Landessportverbandes Groß-Hessen e. V. hat auf Grund besonderer Vorkommnisse beschlossen, den bisher als Mitarbeiter, insbesondere für die Landesliga, tätigen Herrn Richard Grigutsch, Wiesbaden, seines Amtes zu entheben und ihm jegliche Tätigkeit organisatorischer Art für den Landessportverband bzw. in dessen Namen zu untersagen.

Der Gesamtvorstand hat in seiner Sitzung am 7. 12. einstimmig den Ausschluß des bisherigen Landessportwartes Karl Brinkmann aus dem Landessportverband beschlossen. Den Vereinen wird dieser Beschluß hiermit bekannt gegeben. Mit der Maßnahme ist der Verein, in welchem Brinkmann Mitglied ist, an den Beschluß des Gesamtvorstandes gebunden und zur Löschung der Mitgliedschaft verpflichtet.

Aus: Sport-Mitteilungen Hinweise über den Ausschluß von Grigutsch (27. Juli 1946) und Brinkmann (18. Dezember 1946)

miliären Verbindung zum Judentum sich gar nicht mehr oder nur eingeschränkt hatten betätigen dürften. Dafür stehen Namen wie Roesler, Wick, Reinert, Herzfeld und andere. Schließlich eine weitere Gruppe, die nur rudimentär mit dem organisierten Nationalsozialismus in Verbindung gekommen war und jetzt als unbelastet galt. Das traf für Bobby Griebel zu, auch für Heinz Lindner, Max Danz und andere, die sportlich zum ehemaligen bürgerlichen Lager gehört hatten. Aber bereits gegen Ende der 40er Jahre deutete sich auch in Hessen eine Veränderung der Situation an, als nunmehr auch ehemalige NSDAP-Mitglieder wieder Funktionen im Sport übernehmen konnten. Das führte in Hessen zum Wechsel an der Verbandsspitze in der Leichtathletik (Schröder) und bei den Schwerathleten (Heckmann); Karl Hagedorn konnte Leiter der Bundessportschule werden, obwohl er seit 1937 der NSDAP angehört hatte.

Von der Berufszugehörigkeit engagierten sich in diesen Jahren bemerkswert zahlreich die Sportjournalisten im LSV. Mit Großmann, Brinkmann, Wick, Dietrich, Reinert, Merz und Maibohm verfügte der Landessportverband vor allem zur Frankfurter Rundschau und zu Radio Frankfurt über enge personelle Verbindungen. Auffällig hoch ist der Anteil der Funktionsträger, die den Sport in diesen Jahren zu ihrem Beruf gemacht hatten. Das war bei Schmidt und Koch, Linnenberg, Kobald, Bopp und später Beck der Fall. Stark auch der Anteil der Beamten, von denen mit Lindner, Lingnau, Binner, Schröder, Karger, Bergmann nur einige genannt seien. Dagegen war der Anteil der Selbständigen mit Danz, Breitbach, Dietz und Griebel eher schwächer.

Von der regionalen Zugehörigkeit wurde der hessische Sport von Frankfurt aus dominiert. Lindner und Danz waren da nur die Ausnahmen, wo sonst in der Regel galt, daß der, der im hessischen Sport gewählt werden wollte, aus Frankfurt kommen mußte. Dabei wurde später vor allem in den Fachverbänden darauf geachtet, daß dem gewöhnlich aus Frankfurt stammenden Vorsitzenden ein Stellvertreter aus Nordhessen – meist aus Kassel – beigegeben wurde. So etwa im Handball, wo Heinrich Bopp aus Frankfurt Vorsitzender und Hans Bechmann aus Kassel sein Stellvertreter war und auch in der Leichtathletik 1948 mit der Wahl von Jupp Schröder (Frankfurt) und Karl Beuermann (Kassel) wieder geordnete hessische Verhältnisse geschaffen wurden. Unterrepräsentiert war in dieser Zeit der gesamte mittelhesssische Raum, ein Mangel, der auch durch die personelle Vertretung der Kreise und Bezirke nicht ausgeglichen werden konnte.

Bleibt noch auf den Faktor Zeit einzugehen. Manche Personen, die so gerne dem Sportaufbau der ersten Stunde zugeordnet werden, gehören bei genauerem Hinsehen nicht dazu. Das gilt für Heinz Lindner ebenso wie für Heinrich Sorg. Andere werden frühzeitig genannt, ziehen sich dann aber schon bald wieder aus dem LSV zurück. Hier sind vor allem Brinkmann, Grigutsch, Koch, Wick, Reinert, Heise, Karger, Großmann, Maibohm und Merz zu nennen; manche davon sind später ganz in Vergessenheit geraten; vor allem die Journalisten unter ihnen blieben danach ganz bei ihrem Metier; nur Heinz Karger kehrte 1948 in den LSB-Vorstand zurück. Bei dieser sprunghaften personellen Entwicklung spielte auch kriminelles und halblegales zumindest aber unter den damaligen Verhältnissen als unehrenhaft bezeichnetes Verhalten eine Rolle, das zur Aussonderung aus Führungspositionen führte (Brinkmann, Grigutsch, Heise, Kulpe, Wettig). Mit Sorg, Schmidt und später Robert Riedel blieb trotz der enormen Fluktuation in der Führungsschicht der Anteil ehemaliger Arbeitersportler in der Spitze des hessischen Landessportbundes im ersten Nachkriegsjahrzehnt kontinuierlich auf einem hohen Niveau.

Von der Altersstruktur übernahmen Personen die Verantwortung im Sport, die durchweg in der Zeitspanne zwischen der Jahrhundertswende und dem Beginn des Ersten Weltkrieges geboren wurden und als Sportler oder Funktionäre in der Zeit der Weimarer Republik ihre Erfahrungen gesammelt haben. Auffallend niedrig ist der Anteil der Personen, die nach dem Ersten Weltkrieg geboren sind.

Die Organisation des Sports war in diesen Jahren ausschließlich Männersache. In Hessen gelang es dem Landessportverband in den ersten Jahren nicht, eine Frau für das Amt der Landesfrauenwartin zu finden, wobei zunächst Martha Thiem für das Amt vorgeschlagen war, aber darin nicht aktiv wurde. Dieser Mangel an engagierten Frauen im Sport ist insofern bemerkenswert, als vor allem im Bereich des Arbeitersports ja immer die Gleichberechtigung von Mann und Frau propagiert worden war, aber offensichtlich in der Praxis nicht recht entwickelt gewesen sein konnte. Mit den Räumen Kassel und Frankfurt gab es in Hessen gleich zwei Regionen, in denen der Arbeitersport in der Weimarer Republik eine führende Rolle gespielt hatte. Wäre es in dieser Zeit innerhalb des ATSB tatsächlich zu einer qualitativen Veränderung der Rolle der Frauen im Arbeitersport gekommen, dann hätte es nach dem Zweiten Weltkrieg nicht so schwer sein können, für die Weiterentwicklung dieser Arbeit eine qualifizierte Vertreterin zu finden. Erst im Frühjahr 1949 gelang es dem Bundesvorstand, das Amt der Bundesfrauenwartin zu besetzen. Mit Toni Ott war es eine Vertreterin, die aus dem Hessischen Turnverband kam.

Protokoll
des
1. ordentlichen Verbandstages
des L.S.V. Hessen
am 12. u. 13. Juli
in Mörfelden 1947

Zusammenfassende Würdigung

In der Diskussion der Nachkriegssportentwicklung hat sich die Diskussion eine zeitlang auf die Frage konzentriert, ob es sich dabei um einen Wiederbeginn oder einen Neubeginn gehandelt habe. Personell konnte es sich nicht um einen Neubeginn handeln, sondern wie aus den zahlreichen Biographien deutlich wird, haben die Sportorganisatoren in Hessen alle eine bis in die Weimarer Republik zurückreichende Sporterfahrung, teilweise sogar darüber hinaus.

Organisatorisch handelt es sich zweifellos um einen Neubeginn, der in einem breiten demokratischen und sehr kontrovers geführten Diskussionsprozeß geformt wurde. Die Satzung des LSV konzipierte ein Sportsystem, das es so weder geographisch noch strukturell in der Zeit zuvor je gegeben hatte. Es wies dem Sportverein die zentrale Rolle zu, organisierte den Sportaufbau so, wie die Hessen auch vom Staatsaufbau her strukturiert waren und führte mit dem Fachverbandsprinzip und den Sportkreisen eine doppelte Repräsentation ein: Eine regionale und eine fachliche.

Damit wurde dem föderativen Aufbau Rechnung getragen und zugleich die Basis gelegt, daß der Sport sich am politischen Gestaltungsprozeß auf den staatlichen Ebenen beteiligen konnte. Das sollte sich vor allem dann als hilfreich erweisen, als die politischen Gebietskörperschaften über die für diesen Gestaltungsprozeß notwendigen finanziellen Mittel verfügten. Das Verhältnis von Sport und Landesregierung ist ein fürsorgliches geblieben, wenngleich der Sproß, der 1946 als Auftragsgründung geboren wurde, sich schnell emanzipierte und auf seine Autonomie pochte. Die Leistungen, die der Sport für das Zusammenwachsen der Hessen in der Zeit nach dem Zweiten Weltkrieg erbrachte, kann gar nicht deutlich genug herausgestrichen werden. Weit vor den Hessentagen ist hier Wochenende für Wochenende ganz praktisch am Zusammenwachsen der unterschiedlichen Landesteile gearbeitet worden.

Insgesamt hat das im wesentlichen von Heinz Lindner konzipierte Sportsystem nicht nur enorme Wachstumsschübe verkraftet, sondern sich auch in fachlicher Hinsicht als äußerst flexibel erwiesen. Der Sport hat auf die aus den gesellschaftlichen Veränderungen resultierenden veränderten Bedürfnisse der Menschen meist rechtzeitig reagiert. Das war deswegen möglich, weil er durch hauptamtlich gestütztes sonst aber vor allem ehrenamtlich geleistetes Engagement dazu in der Lage war. Dies zu konservieren ist eine der Herausforderungen der vor uns liegenden Jahre.

Einführung in die Dokumentation

Der Landessportbund hat zu früheren Anlässen immer auch Bezug auf seine Geschichte genommen und zum zehnjährigen wie zum vierzigjährigen Jubiläum eine Broschüre herausgegeben. Eine Veröffentlichung wichtiger Dokumente aus dem Bereich des LSB ist aber bisher unterblieben.

In den wissenschaftlichen Publikationen, die sich mit dem Landessportbund Hessen befassen, sind zwar in Abschriften einige zentrale Dokumente zugänglich gemacht worden, ein zusammenhängendes Bild über die Gründungsphase läßt sich daraus aber nicht gewinnen.

Einer der Gründe für diesen Mangel ist sicher darin zu suchen, daß große Teile des Aktenbestandes im LSB beim Umzug von der Goethestraße 10 in die Otto-Fleck-Schneise 4 im Jahre 1977 vernichtet worden sind. Das, was den Umzug überdauerte, wurde wenig sachgemäß in den Kellern der neuen Geschäftsstelle gelagert. Im LSB-Präsidium bestand zwar immer wieder der gute Wille, dieses Material zu ordnen und es damit einer Erschließung zugänglich zu machen. Manche ABM-Kraft hat über diese Tätigkeit auch den Weg zu einem Anstellungsverhältnis beim Landessportbund gefunden. Der Nutzen im Sinne einer Aufbereitung für die historische Forschung blieb allerdings gering.

So reifte im Vorfeld der Überlegungen zur publizistischen Tätigkeit im Rahmen des LSB-Jubiläums auch der Entschluß, in einer Dokumentation die Entstehungsgeschichte des Bundes aus und mit den Quellen darzustellen.

Für diese Arbeit gab es einen Terminplan, der sich letzlich als zu eng erwies, weil durch intensive Recherchen, durch glückliche Zufälle, natürlich auch durch die Hilfe zahlreicher Personen, die Materiallage sich als viel ertragreicher erwies, als ursprünglich von uns angenommen wurde.

Alles konnte jedoch nicht rekonstruiert werden. Vor allem bei den Vorstandsprotokollen gibt es Lücken, wobei nicht mit Sicherheit davon ausgegangen werden kann, daß auch Protokolle von allen Sitzungen angefertigt oder abgeliefert wurden. Vor allem in der Zeit, als die Geschäftsstelle noch nicht vorhanden war oder sich im Aufbau befand, war der personelle Wechel sehr ausgeprägt. Die ersten Protokolle stammen wohl aus der Feder von Kurt Koch, später hat Heinz Lindner auch selber wichtige Protokolle verfaßt bis schließlich die Vorstandssitzungen von Ella Wöhr oder Anneliese Gerber dokumentiert wurden.

Als noch schwieriger erwies es sich, die Entstehungsphase des LSB vom November 1945 bis zum 1. Juni 1946 in den entsprechenden Dokumenten zu erfassen. Die Initiativen dazu vermischen und überlagern sich, da von unterschiedlichen Interessengruppen aus dem Bereich des Sports wie auch von Kultusministerium und Militärregierung Impulse dazu ausgingen. Hier war es nicht möglich, nach Vollständigkeit zu trachten sondern unser Bemühen galt mehr dem Ziel, den roten Faden nicht aus dem Auge zu verlieren.

War ursprünglich daran gedacht, die Entwicklung bis zum ersten Verbandstag in Mörfelden im Juli 1947 nachzuzeichnen, so erwies es sich im Laufe der Recherche, daß der Abschluß der Aufbauarbeit eigentlich erst mit der Verabschiedung der Satzung sowie der Namensänderung auf dem zweiten Verbandstag in Enkheim vollzogen war. Über diese beiden wichtigen Versammlungen liegen die Protokolle vor, von Mörfelden sogar der stenographische Bericht, der uns durch einen glücklichen Umstand in die Hände fiel und nun erstmals einer breiten Öffentlichkeit zugänglich gemacht werden kann.

Bei Wiedergabe der Dokumente haben wir uns bemüht, möglichst wortgetreu zu bleiben. Im Sinne der besseren Lesbarkeit wurden in Einzelfällen sprachliche Glättungen vorgenommen, die Orthographie korrigiert und zuweilen auch thematische Zwischenüberschriften eingefügt. Insgesamt sind aber keine sachlichen Veränderungen vorgenommen worden, so daß der Leser ein authentisches Bild der ersten Nachkriegsjahre gewinnen kann.

Darüber hinaus haben wir uns bemüht, den biographischen Hintergrund der handelnden Personen sowie den thematischen Zusammenhang durch den Abdruck zusätzlicher Dokumente näher auszuleuchten. Als schwierig erwies sich dabei vor allem der selbst gesteckte Anspruch, möglichst viele der handelnden Personen der ersten Stunde zu erfassen. Während sich bislang das Interesse vor allem auf den ersten Vorsitzenden, Heinz Lindner, und seinen Stellvertreter, Heinrich Sorg, konzentrierte, wollten wir ein möglichst breites Spektrum präsentieren. Zwar ist es wohl gelungen, ein außerordentlich dichtes Netz der Funktionsträger des Nachkriegssports in Hessen zu knüpfen, gleichwohl sind schmerzhafte Lücken geblieben, die wir in der uns zur Verfügung stehenden Zeit nicht schließen konnten.

Die Gliederung der Dokumente erfolgt nach Sachzusammenhängen. Dort, wo zeitliche Überschneidungen nicht zu umgehen waren, sind Querverweise eingefügt worden, so daß es dem Leser möglich ist, die Chronologie zu wahren. Als Themenblöcke haben wir behandelt:

- Ende, Orientierung, Neubeginn (1945-1946)
- Vorstandsprotokolle (1946-1948)
- Sitzungen des Vorstandes mit den Kreis- und Bezirksvorsitzenden (1947)
- Verbandstag Mörfelden (1947)
- Verbandstag Enkheim (1948)

Das Satzungs- und Regelwerk des LSB ist in der Entwurf-Form vor dem Verbandstag in Mörfelden und in der verabschiedeten Fassung nach dem Verbandstag in Enkheim jeweils als Fakzimile plaziert worden.

Wir hoffen, daß mit dieser Dokumentation die Sensibilität für sporthistorische Fragen geweckt und vertieft wird. Wir wünschen uns, daß dort, wo noch Dokumente aus der Nachkriegszeit aufgehoben worden sind, an uns eine Rückmeldung ergeht. Das dient der notwendigen Transparenz und versetzt zukünftige Autoren zur Sportgeschichte in Hessen in den Stand, von einer soliden Materiallage aus neue Bewertungen vorzunehmen.

Ferner ermuntern wir die Verantwortlichen im Landessportbund, in den Verbänden und Sportkreisen dafür Sorge zu tragen, daß die mit großer Sorgfalt zusammengetragenen Exponate und Dokumente in einer ständigen Ausstellung interessierten Bürgern und Bürgerinnen zugänglich gemacht werden. Überall gilt es, für den Gedanken zu werben, daß der Sport ein wichtiger Bestandteil der menschlichen Kultur ist und in guten wie in weniger guten Zeiten zu seinem Alltag gehörte und auch zukünftig gehören wird.

Franz Nitsch / Rolf Lutz

Ende, Orientierung, Neubeginn (1945-1946)

Aktennotiz über die Auflösung der Geschäftsstelle des Sportgaues Hessen-Nassau im Nationalsozialistischen Reichsbund für Leibesübungen (NSRL) im April 1945

Bei der heutigen Aussprache zwischen dem derzeitigen Sportkreis-Vorsitzenden, Herrn *Burmester* und dem früheren Rechtswart, zuletzt stellv. Amtmann des Sportgaues Hessen-Nassau, Herrn *Karl Schenk*, hat Letzterer folgendes erklärt:

Ich bin wirklich sehr erstaunt, daß der Landessportverband nach fast zwei Jahren endlich den Weg zu mir findet, um Aufklärung zu erhalten, in welchem Umfang die Büroeinrichtungen bzw. das Material des Sportgaues noch vorhanden ist bzw. Freigabe bei der Militärregierung beantragt werden kann.

Die Beschlagnahme selbst war für mich eine Überraschung, da ich die feste Überzeugung hatte, daß der Sport durch die sportliebende amerikanische Nation keine Einschränkung erfahren würde. Am Tag nach der Besetzung Frankfurts erschienen nach Aussage der damaligen Hausmeisterin zwei Offiziere und ein Sergeant und besichtigten in Abwesenheit des Personals die Räumlichkeiten des Reichsbundes. Noch am gleichen Abend wurden die zwei Schreibmaschinen im Hause Fürstenbergerstraße 23, woselbst sich die Geschäftsstelle in den letzten Monaten befand, (das Haus Fürstenbergerstraße 21 war durch Bombenschaden unbewohnbar geworden) abgeholt, ebenso der elektrische Vervielfältigungsapparat „Geha" sowie einige Möbelstücke. Am nächsten Morgen war mir das Betreten des Hauses verboten und ich habe die Schlüssel für die Räume des Hauses Fürstenbergerstraße 23 einem Offizier übergeben. Es wurde mir lediglich erlaubt, die erbetenen Personalunterlagen, die vorher einer genauen Prüfung unterzogen wurden, mitzunehmen.

Die Schlüssel für sämtliche Räumlichkeiten und Schränke für das Haus Fürstenbergerstraße 21 habe ich in einem verschlossenen Musterbeutel am 7. April 1945 in der Wolfsgangstraße 9, woselbst sich damals eine amerikanische Dienststelle befand, für den Sergeant *Krämer* abgeliefert. Es wurde vereinbart, daß am Sonntag, den 8. April 1945 eine Besichtigung des Sporthauses Fürstenbergerstraße 21 stattfindet. Hierbei war auch der Kassenwart *Dierks* und dessen Bekannter, amerikanischer Nationalität mit Namen *Schwarz*, anwesend. Es wurden sämtliche Schränke geöffnet und von Herrn Sergeant *Krämer* alle Vorräte, Sportgeräte und Gegenstände, auch die Schreibmaschinen, wobei sich auch eine Buchungsmaschine befand, eingesehen. Sergeant *Krämer* hat die Schlüssel an allen Schränken abgezogen und erklärt, daß alles beschlagnahmt sei. In diesen unbewohnbaren Räumen befanden sich damals noch im Parterrestock:

3 Schreibmaschinen,
8 Reihen-Rollschränke mit sämtlichen Vereinsakten,
1 Karteischränkchen (fahrbar).

Im Keller befand sich noch die vollständig eingerichtete Geschäftsstelle des Sportkreises Frankfurt mit einer Schreibmaschine. Außerdem waren in einem Schrank:

3 Schreibmaschinen, darunter eine Reiseschreibmaschine und die bereits erwähnte Buchungsmaschine.

Ferner standen außerhalb des Schrankes zwei beschädigte Schreibmaschinen.

Die Innenstadt von Frankfurt war bei Kriegsende ein Trümmerhaufen. Nach zwanzig Bombenangriffen waren etwa 50 % der Häuser zerstört. Die Aufnahme stammt aus dem Jahr 1945.

In einem Kellerraum befanden sich ca. 20 Stühle; in einem weiteren Raum sämtliche Fahnen, auch internationale, sämtliche Sportdreß für die Frankfurter Mannschaften (Trikots, Hosen und Strümpfe), mindestens 200 Decken für Radrennmaschinen, außerdem 2 Rahmen für Rennmaschinen und 2 Rennsattel sowie Beleuchtungskörper für Großveranstaltungen.

In einem Schrank waren Sportgeräte untergebracht und zwar enthielt derselbe einige Kartons Hockeybälle und Hockeyschläger (ca. je 10 Stück) und einen Medizinball. Ferner waren noch 2 Karton Diskus vorrätig.

Weiter befand sich in einem Raum die gesamte Bibliothek aller Sportarten. Im hintersten großen Raum waren sämtliche Akten in Regalen untergebracht, sowie Drucksachen, in der Hauptsache Abzugs- und Durchschlagpapier. In einem Schrank war ein großer Vorrat an Schreibutensilien. Dieser Schrank war von den Amerikanern schon am ersten Abend gewaltsam geöffnet worden, um in den Besitz der Farbe für den Vervielfältigungsapparat zu kommen. Ferner standen in diesem Raum noch zwei Schreibmaschinentische. Auch die Turngemeinde „Eintracht" hatte dort ihren Vereinsschrank mit Akten und Büchern untergestellt. In einer Nebenkammer befanden sich einige Ski, sowie einige Paar Boxhandschuhe und eine große Menge Olympia-Sammelglocken für den Sportgroschen. Im Kassenschrank waren noch einige Stoppuhren aufgehoben.

Diese vorerwähnten Gegenstände und Materialien waren bei der Besichtigung durch den amerikanischen Sergeanten noch vorhanden.

In der Hausmeisterwohnung war dem damaligen stellv. Sportgauführer ein Zimmer eingerichtet. Es befand sich darin:

1 Schreibtisch
1 sechseckiger Tisch
1 Bürosessel.

Die Garage war mit Drucksachen, in der Hauptsache Registraturmappen und Versandkartons angefüllt. Ebenso waren dort Matten und einige Turngeräte aufbewahrt sowie 2 Fahrräder.

In der Geschäftsstelle selbst, die sich, wie bereits gesagt, im Haus Fürstenbergerstraße 23 befand, waren noch vorhanden:

2 schwarze Schreibtische
2 gelbe Schreibtische
1 schwarzer Rollschrank
2 große gelbe Rollschränke
2 Glasvitrinen
1 schwarer Tisch
2 Schreibmaschinentische
2 Schreibmaschinen „Torpedo"
1 elektrischer Vervielfältigungsapparat „Geha"
1 Frankotypmaschine
2 Teppiche
2 Schreibtischsessel
4 Stühle.

Nachdem mir das Betreten der Räume nicht mehr gestattet war und die Schlüssel bei der Militärregierung abgegeben waren, ferner die beiden Gebäude in die Sperrzone fielen, kann ich heute nicht sagen, was von den angeführten Gegenständen noch vorhanden ist. Ich kann lediglich Auskunft über die Vorgänge in den letzten neun Monaten vom 1. Juli 1944 bis zum 31. März 1945 geben, während ich über Veränderungen vor dieser Zeit nichts Bestimmtes aussagen kann.

Ich besitze einige Belege über ausgelagerte Gegenstände, die ich bei einer durch die Militärregierung genehmigten Freigabe des Vermögens vorlegen werde.

Im übrigen stelle ich fest, daß der größte und wertvollste Teil des Besitzes vom Reichsbund sich im Ausweichlager Loreleyheim, St. Goarshausen (französische Zone) befindet. Eine Aufstellung liegt vor.

Außer den angeführten Gegenständen dürfte sich noch ein großer Teil Material bei den früheren ehrenamtlichen Mitarbeitern befinden (auch in der französischen Zone).

Die Buchhaltung wurde auf Veranlassung des Sergeanten *Krämer* dem hierfür zuständigen Gaukassenwart *Dierks* ausgehändigt und dieser beauftragt, einen genauen Bericht der Militärregierung zukommen zu lassen. Herr *Dierks* wird in der Lage sein, über den finanziellen Stand des Sportgaues am 31. März 1945 Aufschluß zu geben.

Mit vorstehenden Ausführungen und Angaben habe ich versucht, dem Landessportverband ein genaues Bild über die letzten Vorgänge und über den Stand des Inventars zu geben. Ich hoffe und wünsche, daß es möglich sein wird, zum Aufbau des Sportes die Gegenstände durch die Militärregierung freizubekommen.

Frankfurt, den 4. Februar 1947
Karl Schenk

Erstes Schreiben von Frankfurter Bürgern an die örtliche Militärregierung in Sachen Sport

Frankfurt/Main, den 14. Juli 1945

An die
Militärregierung
Abteilung Sachbearbeiter für den Sport
Frankfurt/Main

Mit jedem Tag werden es mehr junge Menschen, die mit der Bitte kommen, ihren Sport wieder ausüben zu dürfen. Weiter gibt den Unterzeichneten das Fußball-

Gemeint ist die Fußballbegegnung, die am 8. Juli 1945 zwischen den Mannschaften von Union Niederrad und dem FSV Frankfurt ausgetragen wurde. Das Spiel, dem ca. 5.000 Zuschauer beiwohnten, wurde auf dem Sportplatz der Adlerwerke in Frankfurt-Niederrad ausgetragen.

spiel des letzten Sonntags Anlaß, möglichst auf Klärung hinzuwirken, ob der Sport allgemein wieder aufgenommen werden kann. Zur Vermeidung einer irrtümlichen Auffassung und um einen gesunden Aufbau in Deutschland mit zu gewährleisten, erlauben wir uns, folgendes vorzutragen:

Sport und Leibesübungen haben in Deutschland bekanntlich schon immer eine bedeutende Rolle gespielt. Die Erziehung zum wehrhaften Mann war in den rechtsgerichteten Sportorganisationen immer vorherrschend. Die Urzelle der Nazis bildeten sich in den Vereinen dieser Organisationen. Deshalb dürfen alle diese Vereine auch 1933 bestehen bleiben.

Die linksgerichtete Sportorganisation (die sogenannte freie Sportvereinigung) bildete sich in den Jahren 1895/98 zur Bekämpfung der militärischen Erziehung der Jugend in den rechtsgerichteten Sportorganisationen. Diese freie Vereinigung wurde 1933 restlos aufgelöst und verboten. Deren gesamtes Eigentum an Häusern, Plätzen, Geräten und sonstigem Vermögen beschlagnahmte man zu Gunsten der Nazi. Die Unterzeichneten sind die Vertreter dieser Organisation hier am Orte. 1933, vor der Auflösung, zählten wir in Deutschland bereits über 1 Million aktive Mitglieder. Nur ganz vereinzelt trat hier und da einer von diesen unter besonderer Bedrängnis zu den Nazis über. Viele mußten harte Strafen verbüßen oder sie kamen in ein KZ, andere wieder flüchteten in das Ausland. Alle Führer wurden lange Zeit scharf überwacht.

Wir haben uns nun zusammengefunden, um

1. mitzuhelfen, daß der Aufbau des Sportes sich in antimilitärischen Bahnen vollzieht,
2. die jungen Menschen unter allen Umständen von dem Geist der letzten Herrscher Deutschlands ganz gründlich zu befreien,
3. darüber mitzuwachen, daß sich die Vorgänge von 1933 bis 1945 nicht wiederholen.

Mit Schrifttum aus früheren Jahren kann dies belegt werden.

Es erscheint uns zweckmäßig, jetzt nur eine Sportorganisation zuzulassen, in der alle gesinnungsmäßig entsprechend ausgerichteten Deutschen Aufnahme finden können. Wir erlauben uns, die Bitte vorzutragen, die Bildung und Führung dieser Organisation hier am Orte den Unterzeichneten anvertrauen zu wollen. Unser Bestreben wird es sein, streng und gewissenhaft nach Ihren Weisungen zu handeln.

Gleichzeitig wird gebeten, etwa nötig erscheinende Ergänzungen mündlich vortragen zu dürfen.

Bauer (ehemaliger Kreisvertreter Arbeiter-Turn- und Sportbund),

Burmester (Sportamt für Leibesübungen),

Großmann,

Portune (Technischer Leiter).

Unterschriften: *Bauer*, *Portune*, *Großmann*.

Satzung des Sportverband Groß-Frankfurt

Sportverband Groß-Frankfurt — Frankfurt/Main, 19. Oktober 1945

Satzungen des Sportverbandes

Der Verband der Sportgemeinschaften Groß-Frankfurt bezweckt die organisatorische Zusammenfassung aller in seinem Gebiet befindlichen Sportgemeinschaften.

Er setzt sich zum Ziel, alle von der Militärregierung zugelassenen Sportarten in besonderen Fachverbänden zu erfassen und darüber zu wachen, daß die Gemeinschaften im Sinne der § 2 und § 3 der Satzung der Sportgemeinschaften ihren Übungsbetrieb aufbauen. Die angeführten § 2 und § 3 haben folgenden Wortlaut:

§ 2

Die Sportgemeinschaft steht bewußt auf demokratischem Boden, bekämpft jeden faschistischen oder militaristischen Einfluß, setzt sich ein für die Jugenderziehung und für die völkerverbindende Idee des Sportes, wie sie im olympischen Gedanken zum Ausdruck kommt, lehnt aber jede parteipolitische Bindung ab.

§ 3

Mitglied der Sportgemeinschaft kann ohne Rücksicht auf Rasse, Religion oder politische Zugehörigkeit jeder unbescholtene Einwohner werden. Aktivisten der NSDAP oder ihrer Gliederungen ist die Mitgliedschaft versagt.

In jährlich wiederkehrenden Delegierten-Versammlungen der dem Verband angeschlossenen Gemeinschaften wird folgender Verbandsvorstand gewählt:

1. Der Verbandsvorsitzende und sein Stellvertreter
2. Der Verbandsschriftführer und Leiter der Geschäftsstelle
3. Der Dreierausschuß als politisches Überwachungsorgan
4. Der Verbandskassierer
5. Der Verbandsjugendleiter
6. Der technische Leiter des Verbandes
7. Der juristische Sachbearbeiter
8. Der Pressewart.

Zu diesem engeren Verbandsvorstand kommen hinzu die Leiter der einzelnen Fachverbände, die zu Sitzungen des Gesamtvorstandes hinzugezogen werden müssen, wenn es sich um Entscheidungen handelt, die für den Verband von besonderer Bedeutung sind.

Der Verband gesteht den Fachverbänden eine weitgehende Selbständigkeit zu, die jedoch die Einheit des Gesamtverbandes nicht gefährden darf. Die Fachverbände wählen ihre Leitung in gleichem Wahlverfahren in De-

Otto Großmann

Otto Großmann wurde am 21. August 1899 in Leipzig geboren. In den zwanziger Jahren war er sportlich im Arbeitersport aktiv und gehörte am Ende der Weimarer Repubilk wahrscheinlich zur Rot-Sport-Bewegung. Zeitzeugen aus der Zeit nach dem Zweiten Weltkrieg ordnen ihn der Kommunistischen Partei zu. Emil Carlebach verortet ihn in seinem Buch über die Anfangsjahre der „Frankfurter Rundschau" bei der linkssozialistischen Organisation „Die Naturfreunde".

Bei Kriegsende war Großmann in Frankfurt, und er gehört zu den sieben Lizenzträgern, die von den Amerikanern persönlich mit der Lizenz für die „Frankfurter Rundschau" ausgestattet wurden. In der Redaktion war er für den Sport zuständig. Vor allem in den Jahren 1945/46 war Großmann intensiv am Neuaufbau des Sports beteiligt. Nach der Gründung des Landessportverbandes am 1. Juni 1946 wurde er Vorstandsmitglied in der Funktion eines Pressewartes. Sein Wirkungsfeld verlagerte sich in dieser Zeit aber immer mehr weg vom LSV und hin zur journalistischen Tätigkeit. Großmann zeichnete als Pressewart bemerkenswerter Weise nicht verantwortlich für die „Sportmitteilungen", und es sind in der Verbandszeitung des LSV auch keine Beiträge von ihm erschienen. Dafür galt seine ganze Energie dem Sportblatt „Der neue Sport", das er bis zu seiner Pensionierung am 31. Mai 1960 verantwortlich betreute. Großmann ist am 9. September 1961 in Frankfurt gestorben.

Abschied von Otto Grossmann

Trauerfeier auf dem Hauptfriedhof / Ein Freund des Sports

Am Mittwochnachmittag war auf dem Hauptfriedhof die Trauerfeier für Otto Grossmann, früherer Verleger der Sportzeitschrift „Der Neue Sport" und ehemaliges Redaktionsmitglied der „Frankfurter Rundschau". Groß war der Kreis derer, die letzten Abschied von ihm nahmen: Angehörige und Pensionäre des Druck- und Verlagshauses Frankfurt, seine Freunde aus bewegten jungen Tagen und Männer aus dem Sport und der Sportjournalistik.

Karl Gerold, Chefredakteur und Herausgeber der „Frankfurter Rundschau", ließ in seiner Ansprache am Sarg Begegnungen aufklingen, die er mit dem Verstorbenen hatte, rühmte seine Aufgeschlossenheit auch für Dinge, die nicht in sein Ressort fielen, und nannte ihn einen geraden, echten Menschen, den nichts, auch seine schwere, lange Erkrankung nicht, zerbrechen konnte. Er werde weiterleben in seinem Werk und in dem Andenken, das ihm seine Freunde stets bewahren würden.

Als Freund und als Vertreter des Vereins Frankfurter Sportpresse zeichnete Richard Kirn das Bild eines schlichten Mannes, der das Gute wollte und Freunde fand. Man sollte ihm hier, wenn es auch zu spät sei, nachrufen, daß er ein feiner, anständiger Mensch gewesen sei. Ein Vertreter der Sportgemeinde Riederwald widmete dem Verstorbenen ebenfalls einen letzten ehrenden Gruß. Die eindrucksvolle, schlichte Feier wurde von klassischer Musik würdig umrahmt.

wk

Aus: FRANKFURTER RUNDSCHAU, 13. September 1961

legierten-Versammlungen durch die Abteilungsleiter der angeschlossenen Gemeinschaften. Ihre Zusammensetzung entspricht der des Gesamtverbandes.

Bericht über den Sportaufbau in Fulda als Anlage zu einem Schreiben von *Bernhard Jost*, Sportamt Fulda, an *Otto Großmann*, Frankfurt, vom 31. Oktober 1945

Aufgaben des Sportamtes und der Sportgemeinschaften

1. Sportamt Fulda:

Zentrale örtliche Sportbehörde für die Kreise Fulda-Stadt, Fulda-Land, Hünfeld und Lauterbach.

Aufgaben:

Lösung der Sportfrage in Verbindung mit Militärregierung, Behörden und zu gründendem Sportverband.

Neuaufbau des Amateurvolkssportes auf parteipolitisch, weltanschaulich, konfessionell, rassisch unabhängiger Grundlage.

Beitrag zur Hebung der kulturellen Lage und Wiederanerkennung des deutschen Volkes.

Lösung der Nachwuchsfrage in Verbindung mit Schule und Elternhaus. Erfassung der Jugend, Beitrag zur Erziehungsarbeit (besonders wichtig, da keine neuen politischen Jugendorganisationen).

Erfassung der Sportanlagen und deren Wiederherstellung.

Erfassung und Beschaffung sportlichen Materials.

Verbindung zwischen Sportgemeinschaften und Behörden.

Aufbau und Unterstützung der Sportgemeinschaften.

Erfassung aller aktiven und passiven Sportler, damit Überlagerung der Werbung der Sportgemeinschaften.

Ausrichtung von Sportveranstaltungen.

Schaffung eines sportlichen Unfallfonds, Versicherung aller aktiven Sportler.

Aufbau des Schiedsrichter- und Wettkampfwesens.

Entscheidung sportlicher Rechtsfragen.

Bearbeitung der Gesuche der Sportgemeinschaften zur Weiterleitung an Behörden (direkter Verkehr ist den Sportgemeinschaften verboten).

Bearbeitung der Bestimmungen über Durchführung von Sportveranstaltungen, Spielverkehr, Abgaben, Steuern, Eintrittspreise.

Bearbeitung, Vorbereitung und Durchführung von Rundenspielen.

Bearbeitung des Sportpressewesens, der sportlichen Werbung, Sportformular- und Ausweiswesen, Fußballwette.

2. Sportgemeinschaften:

Aufbau auf überparteilich-demokratischer Grundlage.

Aufnahme der Sportler ohne Rücksicht auf Partei, Konfession, Rasse, Geschlecht und Nationalität.

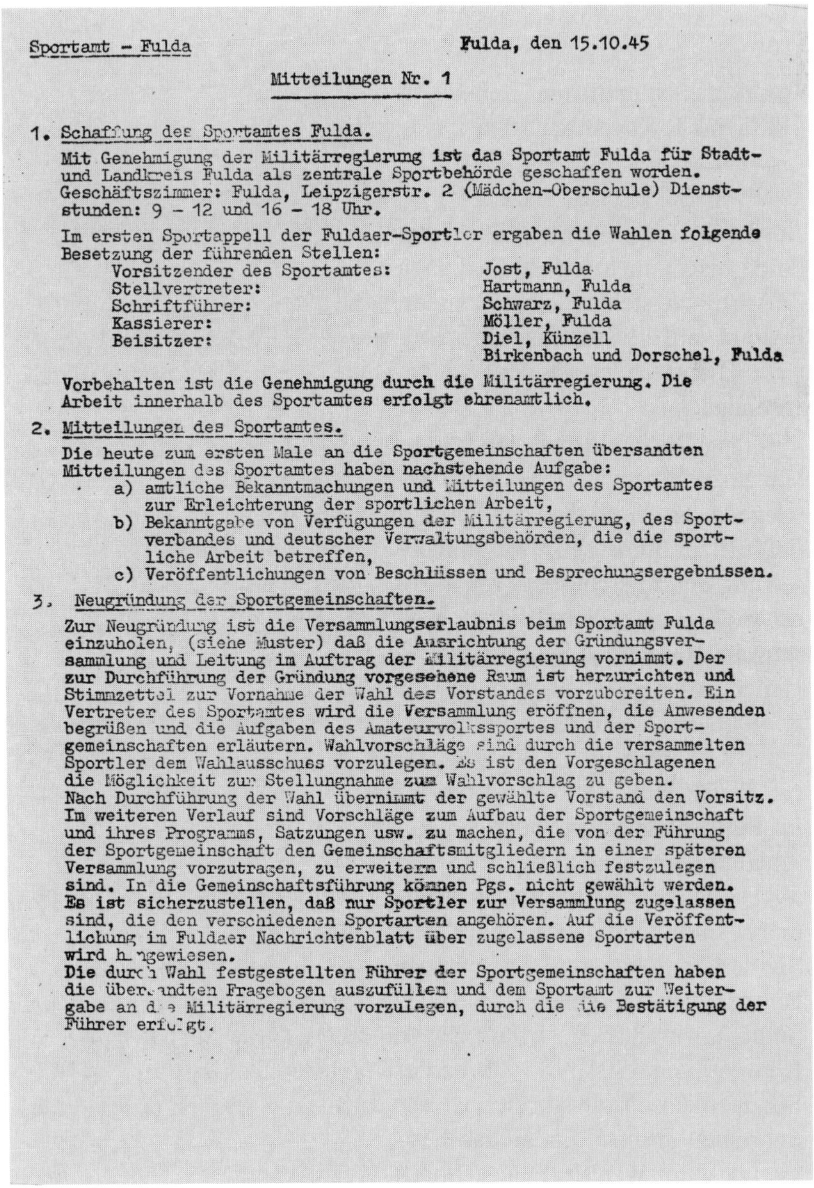
Sportamt - Fulda   Fulda, den 15.10.45

Mitteilungen Nr. 1

1. Schaffung des Sportamtes Fulda.

Mit Genehmigung der Militärregierung ist das Sportamt Fulda für Stadt- und Landkreis Fulda als zentrale Sportbehörde geschaffen worden. Geschäftszimmer: Fulda, Leipzigerstr. 2 (Mädchen-Oberschule) Dienststunden: 9 - 12 und 16 - 18 Uhr.

Im ersten Sportappell der Fuldaer-Sportler ergaben die Wahlen folgende Besetzung der führenden Stellen:

Vorsitzender des Sportamtes:	Jost, Fulda
Stellvertreter:	Hartmann, Fulda
Schriftführer:	Schwarz, Fulda
Kassierer:	Möller, Fulda
Beisitzer:	Diel, Künzell
	Birkenbach und Dorschel, Fulda

Vorbehalten ist die Genehmigung durch die Militärregierung. Die Arbeit innerhalb des Sportamtes erfolgt ehrenamtlich.

2. Mitteilungen des Sportamtes.

Die heute zum ersten Male an die Sportgemeinschaften übersandten Mitteilungen des Sportamtes haben nachstehende Aufgabe:
a) amtliche Bekanntmachungen und Mitteilungen des Sportamtes zur Erleichterung der sportlichen Arbeit,
b) Bekanntgabe von Verfügungen der Militärregierung, des Sportverbandes und deutscher Verwaltungsbehörden, die die sportliche Arbeit betreffen,
c) Veröffentlichungen von Beschlüssen und Besprechungsergebnissen.

3. Neugründung der Sportgemeinschaften.

Zur Neugründung ist die Versammlungserlaubnis beim Sportamt Fulda einzuholen, (siehe Muster) daß die Ausrichtung der Gründungsversammlung und Leitung im Auftrag der Militärregierung vornimmt. Der zur Durchführung der Gründung vorgesehene Raum ist herzurichten und Stimmzettel zur Vornahme der Wahl des Vorstandes vorzubereiten. Ein Vertreter des Sportamtes wird die Versammlung eröffnen, die Anwesenden begrüßen und die Aufgaben des Amateurvolkssportes und der Sportgemeinschaften erläutern. Wahlvorschläge sind durch die versammelten Sportler dem Wahlausschuss vorzulegen. Es ist den Vorgeschlagenen die Möglichkeit zur Stellungnahme zum Wahlvorschlag zu geben.
Nach Durchführung der Wahl übernimmt der gewählte Vorstand den Vorsitz. Im weiteren Verlauf sind Vorschläge zum Aufbau der Sportgemeinschaft und ihres Programms, Satzungen usw. zu machen, die von der Führung der Sportgemeinschaft den Gemeinschaftsmitgliedern in einer späteren Versammlung vorzutragen, zu erweitern und schließlich festzulegen sind. In die Gemeinschaftsführung können Pgs. nicht gewählt werden. Es ist sicherzustellen, daß nur Sportler zur Versammlung zugelassen sind, die den verschiedenen Sportarten angehören. Auf die Veröffentlichung im Fuldaer Nachrichtenblatt über zugelassene Sportarten wird hingewiesen.
Die durch Wahl festgestellten Führer der Sportgemeinschaften haben die übersandten Fragebogen auszufüllen und dem Sportamt zur Weitergabe an die Militärregierung vorzulegen, durch die die Bestätigung der Führer erfolgt.

Ausübung aller gewünschten Sportarten ohne Bindung an Saisonsport oder finanzielle Lage.

Breitenarbeit durch frühzeitige Erfassung der Jugend (Schüler).

Lösung der Nachwuchsfrage in steter Fühlung mit Schule und Elternhaus.

Gesunde sportliche Rivalität, Forderung nach dem ideellen Sportsmann (Kampf der Vereinsmeierei und dem Fanatiker).

Aufbau der Sportanlagen, Erhaltung von Sportmaterial.

Sportgemeinschaftsleistung: Dreierausschuß und Ältestenrat, in dem der Vorsitzende und Stellvertreter jeder Abteilung vertreten ist. Erstrebt: Alte Aktive, ohne den Nachwuchs zu vergessen.

Wichtige Beschlüsse sind der Gemeinschaft zur Stellungnahme und Entscheidung vorzulegen. Freie demokratische Wahl.

Stand des sportlichen Lebens in Fulda am 1. November 1945

1. Sportamt:

Anschluß des Sportamtes an die Stadt Fulda bisher nicht erfolgt, lediglich Zurverfügungstellung eines Raumes. Erstrebt wird die Schaffung eines Kultur- und Sportamtes, das der Stadt anzuschließen ist.

Ehrenamtliche Arbeit des Sportamtausschusses, der sich bisher überwiegend aus Vertretern der Sportart Fußball zusammensetzt. Zusammensetzung des Ausschusses: Vorsitzender, Stellvertreter, Schriftführer, Kassenwart, Beisitzer je Sportart ein Begleiter. Wöchentliche Sitzungen des Sportamtes.

2. Sportgemeinschaften:

In Fulda-Stadt zwei Sportgemeinschaften, deren Hauptträger die früheren Fußballvereine Borussia und Germania sind, um die sich die anderen Sportarten gruppieren. Die Namen Borussia und Germania sind den Sportgemeinschaften belassen, da Borussia von 1904 bis 1930 bereits Sportgemeinschaft war, die fast alle Sportarten ausübte. Endgültige Festsetzung durch Wahl der Fuldaer Sportler. In den kleinen Städten und Gemeinden nur eine Sportgemeinschaft, weitere Zulassung erfolgt nicht. In Fulda sind noch Schwierigkeiten hinsichtlich des Anschlusses des ehemaligen Ski- und Tennisclubs zu überwinden, deren Mitglieder ihre alten Clubs erhalten möchten.

Bisher neugegründete Sportgemeinschaften: 20

In Vorbereitung: 10

3. Verbindung mit Militärregierung:

a) weitgehendste Selbständigkeit des Sportamtes herausgestellt (Tendenz: Baut euch euren Sport auf, wie ihr ihn wollt, wir haben nur einige Einschränkungen). P.G.s dürfen der Sportgemeinschaft angehören, jedoch keine Funktion ausüben. Die gewählten Vorstandsmitglieder müssen den Fragebo-

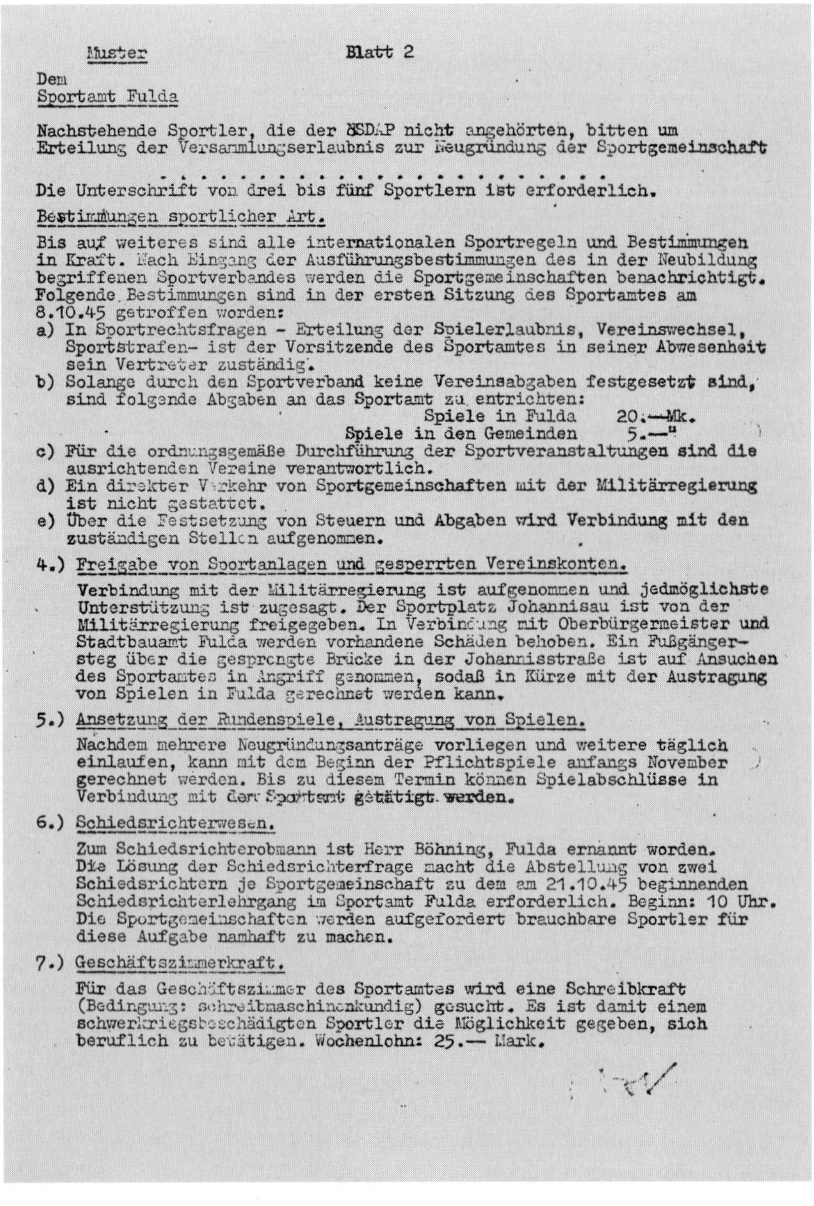

Muster Blatt 2

Dem
Sportamt Fulda

Nachstehende Sportler, die der NSDAP nicht angehörten, bitten um Erteilung der Versammlungserlaubnis zur Neugründung der Sportgemeinschaft

. . . .

Die Unterschrift von drei bis fünf Sportlern ist erforderlich.

Bestimmungen sportlicher Art.

Bis auf weiteres sind alle internationalen Sportregeln und Bestimmungen in Kraft. Nach Eingang der Ausführungsbestimmungen des in der Neubildung begriffenen Sportverbandes werden die Sportgemeinschaften benachrichtigt. Folgende Bestimmungen sind in der ersten Sitzung des Sportamtes am 8.10.45 getroffen worden:

a) In Sportrechtsfragen – Erteilung der Spielerlaubnis, Vereinswechsel, Sportstrafen – ist der Vorsitzende des Sportamtes in seiner Abwesenheit sein Vertreter zuständig.
b) Solange durch den Sportverband keine Vereinsabgaben festgesetzt sind, sind folgende Abgaben an das Sportamt zu entrichten:
   Spiele in Fulda 20.— Mk.
   Spiele in den Gemeinden 5.— "
c) Für die ordnungsgemäße Durchführung der Sportveranstaltungen sind die ausrichtenden Vereine verantwortlich.
d) Ein direkter Verkehr von Sportgemeinschaften mit der Militärregierung ist nicht gestattet.
e) Über die Festsetzung von Steuern und Abgaben wird Verbindung mit den zuständigen Stellen aufgenommen.

4.) Freigabe von Sportanlagen und gesperrten Vereinskonten.

Verbindung mit der Militärregierung ist aufgenommen und jedmöglichste Unterstützung ist zugesagt. Der Sportplatz Johannisau ist von der Militärregierung freigegeben. In Verbindung mit Oberbürgermeister und Stadtbauamt Fulda werden vorhandene Schäden behoben. Ein Fußgängersteg über die gesprengte Brücke in der Johannisstraße ist auf Ansuchen des Sportamtes in Angriff genommen, sodaß in Kürze mit der Austragung von Spielen in Fulda gerechnet werden kann.

5.) Ansetzung der Rundenspiele, Austragung von Spielen.

Nachdem mehrere Neugründungsanträge vorliegen und weitere täglich einlaufen, kann mit dem Beginn der Pflichtspiele anfangs November gerechnet werden. Bis zu diesem Termin können Spielabschlüsse in Verbindung mit der Sportamt getätigt werden.

6.) Schiedsrichterwesen.

Zum Schiedsrichterobmann ist Herr Böhning, Fulda ernannt worden. Die Lösung der Schiedsrichterfrage macht die Abstellung von zwei Schiedsrichtern je Sportgemeinschaft zu dem am 21.10.45 beginnenden Schiedsrichterlehrgang im Sportamt Fulda erforderlich. Beginn: 10 Uhr. Die Sportgemeinschaften werden aufgefordert brauchbare Sportler für diese Aufgabe namhaft zu machen.

7.) Geschäftszimmerkraft.

Für das Geschäftszimmer des Sportamtes wird eine Schreibkraft (Bedingung: schreibmaschinenkundig) gesucht. Es ist damit einem schwerkriegsbeschädigten Sportler die Möglichkeit gegeben, sich beruflich zu betätigen. Wochenlohn: 25.— Mark.

gen ausfüllen und zur Bestätigung der Wahl vorlegen.

b) Das Sportamt erteilt die Genehmigung zur Neugründung der Sportgemeinschaften, Abhaltung von Sitzungen, Versammlungen und Durchführung der Sportveranstaltungen bzw. Geselligkeiten (ohne vorher an die Militärregierung wie in Kassel herantreten zu müssen).
c) Nur besondere Fragen sind der Militärregierung vorzulegen.
d) Wöchentlicher Tätigkeitsbericht an die Militärregierung.
e) Weitgehendste Unterstützung ist zugesagt.

Wichtig zu klären: Freigabe von Vermögenswerten der aufgelösten Sportvereine für Neuaufbauzwecke und Freigabe des in Kasernen, Lazaretten usw. befindlichen Sportmaterials zur Überbrückung der Beschaffungsschwierigkeiten und Auffüllung des ungenügenden Bestandes.

4. Verbindung mit Behörden:

Unterstützung zugesagt, jedoch nicht immer mit dem nötigen Nachdruck betrieben.

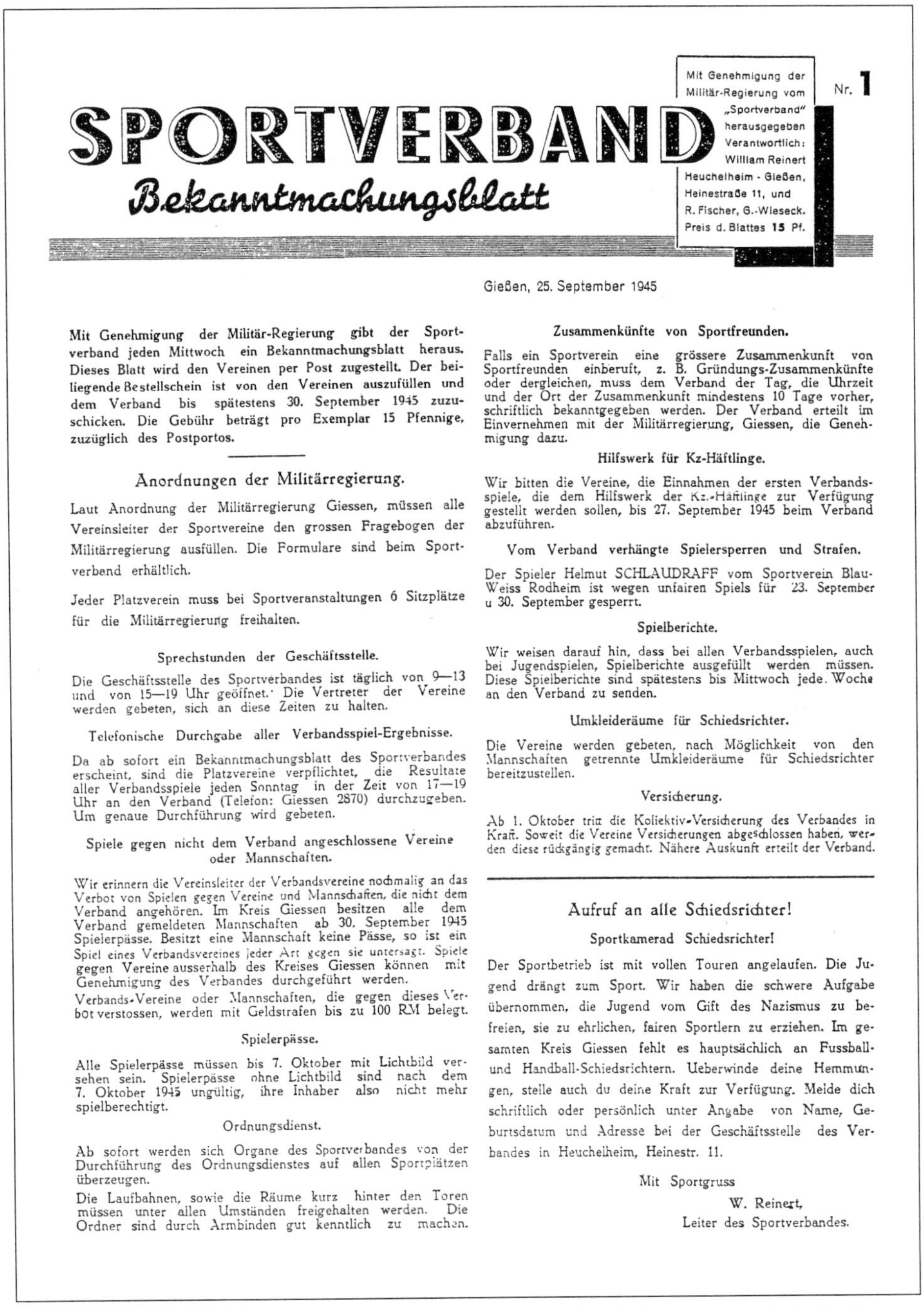

Mit Genehmigung der Militär-Regierung vom „Sportverband" herausgegeben
Verantwortlich: William Reinert Heuchelheim - Gießen, Heinestraße 11, und R. Fischer, G.-Wieseck.
Preis d. Blattes 15 Pf.

Nr. 1

SPORTVERBAND

Bekanntmachungsblatt

Gießen, 25. September 1945

Mit Genehmigung der Militär-Regierung gibt der Sportverband jeden Mittwoch ein Bekanntmachungsblatt heraus. Dieses Blatt wird den Vereinen per Post zugestellt. Der beiliegende Bestellschein ist von den Vereinen auszufüllen und dem Verband bis spätestens 30. September 1945 zuzuschicken. Die Gebühr beträgt pro Exemplar 15 Pfennige, zuzüglich des Postportos.

Anordnungen der Militärregierung.

Laut Anordnung der Militärregierung Giessen, müssen alle Vereinsleiter der Sportvereine den grossen Fragebogen der Militärregierung ausfüllen. Die Formulare sind beim Sportverband erhältlich.

Jeder Platzverein muss bei Sportveranstaltungen 6 Sitzplätze für die Militärregierung freihalten.

Sprechstunden der Geschäftsstelle.

Die Geschäftsstelle des Sportverbandes ist täglich von 9—13 und von 15—19 Uhr geöffnet. Die Vertreter der Vereine werden gebeten, sich an diese Zeiten zu halten.

Telefonische Durchgabe aller Verbandsspiel-Ergebnisse.

Da ab sofort ein Bekanntmachungsblatt des Sportverbandes erscheint, sind die Platzvereine verpflichtet, die Resultate aller Verbandsspiele jeden Sonntag in der Zeit von 17—19 Uhr an den Verband (Telefon: Giessen 2870) durchzugeben. Um genaue Durchführung wird gebeten.

Spiele gegen nicht dem Verband angeschlossene Vereine oder Mannschaften.

Wir erinnern die Vereinsleiter der Verbandsvereine nochmalig an das Verbot von Spielen gegen Vereine und Mannschaften, die nicht dem Verband angehören. Im Kreis Giessen besitzen alle dem Verband gemeldeten Mannschaften ab 30. September 1945 Spielerpässe. Besitzt eine Mannschaft keine Pässe, so ist ein Spiel eines Verbandsvereines jeder Art gegen sie untersagt. Spiele gegen Vereine ausserhalb des Kreises Giessen können mit Genehmigung des Verbandes durchgeführt werden.

Verbands-Vereine oder Mannschaften, die gegen dieses Verbot verstossen, werden mit Geldstrafen bis zu 100 RM belegt.

Spielerpässe.

Alle Spielerpässe müssen bis 7. Oktober mit Lichtbild versehen sein. Spielerpässe ohne Lichtbild sind nach dem 7. Oktober 1945 ungültig, ihre Inhaber also nicht mehr spielberechtigt.

Ordnungsdienst.

Ab sofort werden sich Organe des Sportverbandes von der Durchführung des Ordnungsdienstes auf allen Sportplätzen überzeugen.

Die Laufbahnen, sowie die Räume kurz hinter den Toren müssen unter allen Umständen freigehalten werden. Die Ordner sind durch Armbinden gut kenntlich zu machen.

Zusammenkünfte von Sportfreunden.

Falls ein Sportverein eine grössere Zusammenkunft von Sportfreunden einberuft, z. B. Gründungs-Zusammenkünfte oder dergleichen, muss dem Verband der Tag, die Uhrzeit und der Ort der Zusammenkunft mindestens 10 Tage vorher, schriftlich bekanntgegeben werden. Der Verband erteilt im Einvernehmen mit der Militärregierung, Giessen, die Genehmigung dazu.

Hilfswerk für Kz-Häftlinge.

Wir bitten die Vereine, die Einnahmen der ersten Verbandsspiele, die dem Hilfswerk der Kz.-Häftlinge zur Verfügung gestellt werden sollen, bis 27. September 1945 beim Verband abzuführen.

Vom Verband verhängte Spielersperren und Strafen.

Der Spieler Helmut SCHLAUDRAFF vom Sportverein Blau-Weiss Rodheim ist wegen unfairen Spiels für 23. September u 30. September gesperrt.

Spielberichte.

Wir weisen darauf hin, dass bei allen Verbandsspielen, auch bei Jugendspielen, Spielberichte ausgefüllt werden müssen. Diese Spielberichte sind spätestens bis Mittwoch jede. Woche an den Verband zu senden.

Umkleideräume für Schiedsrichter.

Die Vereine werden gebeten, nach Möglichkeit von den Mannschaften getrennte Umkleideräume für Schiedsrichter bereitzustellen.

Versicherung.

Ab 1. Oktober tritt die Kollektiv-Versicherung des Verbandes in Kraft. Soweit die Vereine Versicherungen abgeschlossen haben, werden diese rückgängig gemacht. Nähere Auskunft erteilt der Verband.

Aufruf an alle Schiedsrichter!

Sportkamerad Schiedsrichter!

Der Sportbetrieb ist mit vollen Touren angelaufen. Die Jugend drängt zum Sport. Wir haben die schwere Aufgabe übernommen, die Jugend vom Gift des Nazismus zu befreien, sie zu ehrlichen, fairen Sportlern zu erziehen. Im gesamten Kreis Giessen fehlt es hauptsächlich an Fussball- und Handball-Schiedsrichtern. Ueberwinde deine Hemmungen, stelle auch du deine Kraft zur Verfügung. Melde dich schriftlich oder persönlich unter Angabe von Name, Geburtsdatum und Adresse bei der Geschäftsstelle des Verbandes in Heuchelheim, Heinestr. 11.

Mit Sportgruss

W. Reinert,
Leiter des Sportverbandes.

Der Sportaufbau war im Herbst 1945 in Hessen unterschiedlich weit entwickelt. Im Bereich Gießen war er bereits weit fortgeschritten, und der dort gebildete Sportverband gab seit September 1945 sogar ein eigenes Mitteilungsblatt heraus.

5. Sportanlagen:

In Fulda: Zerstört und schwerbeschädigt: vier; beschlagnahmt: eine. Davon wiederhergerichtet: eine.

Da alle Hallen zerstört sind, ist mit Stadt und Schulbehörde Verbindung zwecks Zurverfügungstellung von Schulturnhallen für Wintertraining aufgenommen.

In den Landgemeinden sind Schwierigkeiten in Verbindung mit Landrat und Bürgermeistereien teilweise bereits behoben, teils bauen sich die Sportler neue Plätze. Für die Übergangszeit werden Anlagen benachbarter Sportgemeinschaften in Anspruch genommen.

6. Sportmaterial:

Lage sehr schwierig, da Sportmaterial mit Bescheinigung der Militärregierung von Zwangsverschleppten abgeholt wurde, Plünderungen nicht ausgeblieben sind und anderes Material durch Kriegseinwirkung vernichtet wurde.

In Verbindung mit Militärregierung und Sporthäusern wird die Beschaffung neuen Materials versucht, was bei den Sporthäusern gelagert bleibt und den Sportgemeinschaften nach Dringlichkeit durch Sportamt zugewiesen wird.

Besondere Pflege des noch vorhandenen Materials, Ankauf von Sportmaterial aus Privathänden, Sicherstellung sportlichen Materials in Kasernen usw. soweit noch vorhanden.

7. Nachwuchsfrage:

Hauptaufgabengebiet der Sportgemeinschaften ist die Aufstellung von Schülerabteilungen (bis 14 Jahre) und Jugendabteilungen (bis 18 Jahre), in denen jeder Junge und jedes Mädchen die nach Veranlagung und Leistung gewünschten Sportarten betreiben kann. Ständige Aufsicht über die Jugendlichen durch grundsätzliche Jugendkämpfe vor Seniorenveranstaltungen (z.B. im Fußball vor jedem Hauptspiel die Jugendmannschaften angesetzt). Angestrebt: Bildung eines Referates Jugend bei der Stadt Fulda, Vertreter des Sportamtes Fulda.

8. Sportliche Werbung:

Zeitung: Verbindungsaufnahme mit den Zeitungen der engeren Heimat. Rundfunk: Kurzbericht zweimal wöchentlich Sender Frankfurt. Größere Veranstaltungen: Am 28. Oktober 1945 Sportfest „Alles für Fulda“, 1.500 RM Reineinnahmen für Wiederaufbau Fuldas. Geplant für den zweiten Weihnachtsfeiertag: Städtespiel Fulda gegen Frankfurt (Fußball).

Werbung durch Rundschreiben und Sportappelle.

9. Beitrag zur Aufbauarbeit:

Einführung der Fußballwette. 50% des *Reinert*rages wird der Stadt Fulda zugeführt. Beispiel: 2.000 Tickets zu einer Mark verkauft = 2.000 Mark. 20 Wetten haben das richtige Resultat getippt. Toto: 50:1 und 1.000 RM werden der Stadt Fulda überwiesen.

10. Unfallfond, Versicherung der aktiven Sportler

10% der Reineinnahmen bei Sportveranstaltungen werden dem Sportamt zur Speisung des Unfallfonds und Deckung von Auslagen zugeführt. Weiterhin werden alle aktiven Sportler durch das Sportamt gegen Tod und Invalidität während Sportveranstaltungen einschließlich An- und Abfahrt versichert.

11. Aufnahme von Rundenspielen

Am 11. November 1945 beginnen die Rundenspiele Fußball in drei Gruppen zu je 8 Mannschaften: Fuld-West, Fulda-Mitte, Fulda-Süd (der augenblicklichen Verkehrslage Rechnung tragend). Beginn der Handballrunde voraussichtlich 18. November 1945.

12. Ausweiswesen

Durch das Sportamt sind entworfen und den Sportgemeinschaften zugeführt: Mitgliederausweise, Plakate für Sportveranstaltungen und Formulare für Rundenspiele.

13. Gestellung von Kraftfahrzeugen

Regelung mit Fahrbereitschaften der Kreise.

14. Anschluß von Sportgemeinschaften anderer Kreise

In Verbindung mit Militärregierung Fulda und der des betreffenden Kreises.

Gründungsvorgang des Sportverbandes Groß-Hessen und Einsetzung eines Achter-Ausschusses

Verband der Sportgemeinschaften Groß-Frankfurt — Frankfurt/Main, 26. Oktober 1946

An den
Freien Volkssportverband Kurhessen in Kassel
Sportbeauftragten für Hersfeld
Sportbeauftragten für Marburg (Stadtamt für Leibesübungen)
Sportverband Gießen
Sportbeauftragten der Militärregierung in Fulda
Sportbeauftragten im Kreise Hanau-Gelnhausen-Schlüchtern
Stadtverband für Leibesübungen Wiesbaden
Sportbeauftragten für den Main-Taunus und Obertaunus Kreis
Sportbeauftragten für Offenbach
Sportbeauftragten für Darmstadt

Der Verband der Sportgemeinschaften Groß-Frankfurt lädt die Vertreter obiger Verbände sowie die angefragten Sportbeauftragten zu einer Tagung nach Frankfurt/Main ein, die

1. Gründung des Sportverbandes Groß-Hessen
2. Vorbereitung einer Tagung süddeutscher Vertreter zwecks Gründung des Süddeutschen Sportverbandes zur Aufgabe hat.

Der Frankfurter Verband vertritt die Ansicht, daß im Interesse zielbewußten Wiederaufbaues des deutschen Sportes auf demokratischer Grundlage alle inzwischen gegründeten Vereine, Gemeinschaften und Verbände sich auf einer gemeinsamen Grundlage zusammenfinden müssen, um eine unheilvolle Zersplitterung rechtzeitig zu verhüten.

In diesem Sinne bittet der Frankfurter Verband, seiner Einladung Folge zu leisten.

Die Tagung findet am 11. November, nachmittags 14 Uhr, in der Oberpostdirektion, Moltkeallee, statt.

Verband für Sportgemeinschaften
Groß-Frankfurt

J.H. K.

Bericht der FRANKFURTER RUNDSCHAU vom 13. November 1945

Auf dem Wege zum Sportverband

Die Einigung des deutschen Sportes auf einer demokratischen Grundlage ist ein brennendes Ziel. Innerhalb der amerikanischen Zone haben sich in fast allen Kreisen Sportausschüsse gebildet, die eine einheitliche Linie erstreben. Überall fanden sich Männer der ehemaligen Arbeiter-, bürgerlichen und konfessionellen Verbände, die einen gemeinsamen Weg suchen. In der ersten Frankfurter Tagung für Groß-Hessen, die von den Beauftragten von Kassel, Gießen, Fulda, Hanau, Gelnhausen, Büdingen, Limburg, Wiesbaden, Main-Obertaunus, Friedberg, Offenbach und Groß-Gerau besucht war, wurde erkennbar, was in den einzelnen Städten und Kreisen bisher geschaffen wurde. Die Idee der Sportgemeinschaften ist von Frankfurt aus weit ins Land gegangen. In Gießen, Fulda und Offenbach hat man andere Lösungen gefunden, aus denen aber das gleiche Ziel klar hervortrat. Verschieden von allen diesen Sportverbänden ist lediglich die Süddeutsche Oberliga mit dem Sitz in Stuttgart, in deren Runde Eintracht, FSV und Kickers Offenbach spielen. Hier wurde in einem Radius, der selbst die Vorkriegsverhältnisse in den Schatten stellt, eine Liga von sechzehn süddeutschen Großvereinen ins Leben gerufen. Es war der einmütige Wunsch der in Frankfurt Versammelten, auch hier eine befriedigende Lösung für eine Zusammenarbeit zu finden. Die Hauptsache aber war die Wahl eines Achterausschusses, der einen Sportverband Groß-Hessen vorbereiten soll und dazu die notwendigen Schritte unternehmen will. Ihm gehören an: *Bechmann* (Kassel), *Jost* (Fulda), *Karger* (Frankfurt), *Krämer* (Wiesbaden), *Reinert* (Gießen), *Schmidt* (Frankfurt). Der nächste Schritt wird die Tagung sein, die die in der amerikanischen Zone vorhandenen Sportverbände am 25. November in Frankfurt zusammenruft.

Sportverband-Großhessen Entwurf von Richtlinien für die von dem Achter-Ausschuß zu leistenden Vorarbeiten

1. Der Ausschuß teilt das Gebiet des Landes Groß-Hessen in Bezirke und Kreise auf, die, solange noch keine Genehmigung der Militärregierung für den Gesamtverband vorliegt, in einheitlicher Weise die Sportorganisation im Kreis aufbauen.

2. Der Ausschuß wird sofort Verhandlungen mit der Zivilverwaltung und der Militärregierung Groß-Hessen aufnehmen, um die Genehmigung zur Gründung des Landesverbandes Groß-Hessen zu erhalten.

3. Kein Mitglied des Ausschusses hat das Recht, mit irgendwelchen Stellen (Parteien, Regierungsstellen, Militärregierung) zu verhandeln ohne Wissen und Auftrag des Gesamt-Ausschusses.

4. Bei allen Verhandlungen müssen bürgerliche und Arbeitersportler gleichmäßig vertreten sein.

5. Solange die Vorstände in Vereinen, Fachverbänden und Verbänden sich noch nicht auf der Grundlage demokratischer Wahlen gebildet haben, müssen, um den Gedanken der Gemeinschaft zu verwirklichen, in den vorläufigen Vorständen, die nur bis zu den Terminen der Wahlen Existenzberechtigung haben, Arbeitersportler, bürgerliche und konfessionelle Sportler ihrer früheren Stärke entsprechend vertreten sein.

6. Der Ausschuß wird in den Kreisen Groß-Hessen daraufhin wirken, daß so schnell wie möglich in den Vereinen, Gemeinschaften, Fachverbänden und Verbänden auf der Grundlage demokratischer Wahlen die Vorstände zusammengestellt werden.

7. Der Ausschuß schaltet sich sofort in die Tätigkeit der neu entstehenden Jugendorganisationen ein, um die Sportjugend dabei zu vertreten. In den Jugend-Ausschüssen müssen die Sport-Jugendleiter Sitz und Stimme haben.

8. Um ein fachlich einwandfreies Arbeiten zu gewährleisten, errichten alle inzwischen gegründeten Verbände Fachverbände für die einzelnen Sportarten.

9. Der Ausschuß wird, solange die einzelnen Fachverbände keine gewählten Vertreter vorschlagen können, von sich aus geeignete Persönlichkeiten bestimmen, die sich wiederum geeignete Mitarbeiter heranziehen können.

Westdeutscher Pressedienst

DÜSSELDORF · MARTIN-LUTHER-PLATZ · PRESSEHAUS

Telefon 23312, 12956, 12957 · Postfach 719

O H N E G E W Ä H R

Düsseldorf, den 2. November 1945 **Sport**

Sport in Kürze

Mit der Einführung des Berufsfußballs in Süddeutschland dürfte in der Entwicklung des deutschen Sports ein neuer, entscheidender Abschnitt eingeleitet worden sein. 16 der traditionsreichsten Vereine haben sich nach Abschaffung des Amateurstandpunktes zur Teilnahme an der neuen süddeutschen Berufsfußball-Meisterschaft bereit erklärt.

Westdeutscher Pressedienst Freitag, den 2. November 1945
Sport Blatt 4

Berufsfußball in Süddeutschland

Mit der Einführung des Berufsfußballs in Süddeutschland dürfte in der Entwicklung des deutschen Sports ein neuer, entscheidender Abschnitt eingeleitet worden sein. Sechzehn der traditionsreichsten Vereine haben sich nach Abschaffung des Amateurparagraphen zur Teilnahme an der neuen süddeutschen Berufsfußball-Meisterschaft bereit erklärt. Unter ihnen befinden sich so klangvolle Mannschaften wie 1.FC Nürnberg, Sp.Vg. Fürth, Eintracht Frankfurt, SV Waldhof-Mannheim, VfB Stuttgart, Karlsruher FV, FC Schweinfurt, München 1860 und Bayern München. Die ersten Spiele finden bereits am kommenden Sonntag, 4. November, statt. Schlager des Eröffnungstages ist die Nürnberger Begegnung zwischen den beiden deutschen Altmeistern 1.FC Nürnberg und Bayern München.

Meldung des Westdeutschen Pressedienstes, dem Vorläufer des Sport-Informations-Dienst Düsseldorf, vom 2. November 1945 mit Auszügen der Seiten 1 und 4

Einladung an der Oberbürgermeister von Frankfurt zur ersten Konferenz der süddeutschen Sportvertreter am 25. November 1945

Sportverband Groß-Frankfurt — Frankfurt/Main, den 23. November 1945

Sehr geehrter Herr Oberbürgermeister,

auf Einladung des Sportverbandes Groß-Frankfurt findet am 25. November vormittags 10 Uhr in den Räumen der Reichsbahndirektion in der Gallus-Anlage 2 eine Tagung der Süddeutschen Sportvertreter statt. Zweck der Tagung ist die Einigung aller Sportverbände der amerikanischen Zone in einem Verband.

Wir beehren uns, Sie Herr Oberbürgermeister ebenfalls als Gast der Tagung einzuladen und würden uns freuen, wenn Sie oder ein Vertreter unserer Einladung Folge leisteten.

Sportverband
Groß-Frankfurt
i.A. *Koch*

Dana-Meldung vom 27. November, 9.45 Uhr, über die Konferenz vom 25. November 1945

Süddeutscher Sportverband entsteht

300 Vertreter beschließen Gründung in Frankfurt.

Frankfurt/M., 27. November (DANA).

Rund dreihundert Vertreter der Sportverbände, Sportbeauftragten, Sportgemeinschaften und Vereine aus den Ländern Groß-Hessen, Württemberg-Baden und Bayern hatten sich am Sonntag in Frankfurt/Main versammelt, um die Gründung eines einheitlichen Sportverbandes für ganz Süddeutschland vorzubereiten.

Die Gründung des Süddeutschen Sportverbandes wurde einstimmig beschlossen. Ein vorbereitender verwaltungstechnischer Ausschuß soll aus den Landessportverbänden gebildet werden, der die Organisation des Süddeutschen Sportverbandes durchzuführen hat. Außerdem wurde beschlossen, mit dem Süddeutschen Fußballverband, der sich unabhängig von den Sportgemeinschaften aus den 16 süddeutschen Spitzenvereinen gebildet hatte, Verhandlungen zwecks Eingliederung in den Gesamtverband aufzunehmen. In einer einstimmigen Entschließung forderten die Versammelten die Regierung von Groß-Hessen, Württemberg-Baden, und Bayern auf, die Bildung eines einheitlichen Süddeutschen Sportverbandes zu unterstützen und zu fördern.

Ministerialrat *Heckert* überbrachte die Grüße der groß-hessischen Regierung und gab den Versammelten die Versicherung, daß seine Regierung sich mit allen Mitteln dafür einsetzen werde, die Bildung des Süddeutschen Sportverbandes zu beschleunigen.

Die jetzt bestehenden Landessportverbände in Groß-Hessen, Württemberg-Baden und Bayern mit zusammen 1 309 Sportgemeinschaften, denen 200.000 sporttreibende Männer, Frauen und Jugendliche angehören.

Herr *Großmann* begrüßte die Versammlungsteilnehmer im Namen des Sportverbandes Groß-Hessen. Anschließend sprachen die Herren *Ulrich*, Regierungsbeauftragter und Sportreferent bei der Bayerischen Landesregierung, als Vertreter des Landessportverbandes Bayern, *Hirschfeld* vom Bund für Sport- und Körperpflege in Stuttgart als Vertreter Württemberg-Badens. Beide Referenten betonten die unbedingte Notwendigkeit einer einheitlichen Organisation des deutschen Sports. Ehemalige Arbeitersportler, konfessionelle Sportverbände und bürgerliche Sportvereine müßten sich in einem großen Verband zusammenfinden, der sämtliche Sportarten umfaßt. Das Ziel sei der Neuaufbau des deutschen Sports im Sinne einer antinazistischen und anti-militaristischen demokratischen Erneuerung des deutschen Volkes. Die politische Säuberung des deutschen Sportwesens, selbst auf Kosten einer vorübergehenden Minderung der sportlichen Leistung, sei eine der notwendigen Voraussetzungen für die Bildung einer freiheitlichen deutschen Sportorganisation. Alle militaristischen und nationalistischen Tendenzen müßten aus dem deutschen Sportsleben ausgemerzt werden. Die Jugend müsse man im Geist der Achtung vor dem Gegner zu einem neuen staatsbürgerlichen Denken erziehen. Die Führung des deutschen Sports dürfe nur Männer mit einwandfreier demokratischer Gesinnung anvertraut werden. Der Berufssport sei zu verurteilen. Er würdige den Sport zu einer Art Schaustellung herab. Das Ziel der neuen Sportorganisation sei der Massensport auf breitester Grundlage unter weitgehender Heranziehung der Jugend und der Frauen.

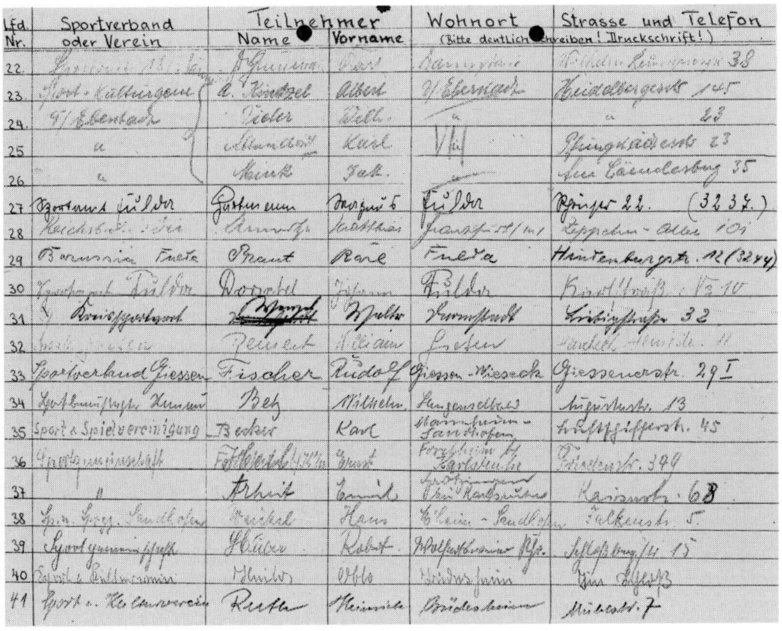

Auszug aus der Anwesenheitsliste der Konferenz am 25. November 1945

Sportliche Bilanz

Spielzeit 1945/46
Erster Süddeutscher Meister der Nachkriegszeit wurde der VfB Stuttgart mit 46:14 Punkten vor dem traditionsreichen 1. FC Nürnberg, der auf 45:15 Punkte kam. Zwei Repräsentativspiele gegen Westdeutschland endeten für den Süden erfolgreich. Das erste Spiel fand am 24. 3. 1946 in Stuttgart vor 45 000 Zuchauern statt und endete mit einem klaren 3:0-Sieg der süddeutschen Auswahl. Das Rückspiel wurde am 30. 6. 1946 in Köln vor 75 000 Zuchauern ausgetragen und brachte der süddeutschen Mannschaft einen 3:4-Erfolg.

Schlußtabelle Südd. Oberliga Spieljahr 1945/46

Platz	Verein	Spiele	Gew.	Unentsch.	Verl.	Tore	Punkte
1.	VfB Stuttgart	30	21	4	5	91:34	46:14
2.	1. FC Nürnberg	30	20	5	5	86:44	45:15
3.	Stuttgarter Kickers	30	17	8	5	88:51	42:18
4.	SV Waldhof Mannheim	30	16	7	7	55:35	39:21
5.	Schwaben Augsburg	30	16	7	7	68:45	39:21
6.	FC Bayern München	30	12	10	8	67:48	34:26
7.	FC 05 Schweinfurt	30	14	5	11	55:40	33:27
8.	Ballspiel-Club Augsburg	30	9	10	11	49:64	28:32
9.	TSV 1860 München	30	10	7	13	52:44	27:33
10.	Fußballsportver. Frankfurt	30	8	10	12	44:61	26:34
11.	Eintracht Frankfurt	30	9	7	14	71:75	25:35
12.	Kickers Offenbach	30	10	4	16	59:72	24:36
13.	SpVgg Fürth	30	8	6	16	45:69	22:38
14.	VfR Mannheim	30	6	7	17	41:74	19:41
15.	Phönix Karlsruhe	30	6	6	18	54:90	18:42
16.	Karlsruher Fußballverein	30	3	7	20	33:112	13:47

Nicht nur die Repräsentativspiele Nord gegen Süd fanden vor einer großen Zuschauerkulisse mit entsprechenden finanziellen Einnahmen für die Veranstalter statt, auch die wöchentlichen Spiele der Süddeutschen Oberliga wurden jeweils von mehreren Tausend Zuschauern besucht. Neben der finanziellen Ausstattung erhielt der Fußball auch dadurch eine große Zugkraft, daß in allen Zeitungen bevorzugt über die Oberliga-Spiele berichtet wurde.

Nach der Frankfurter Konferenz unternahmen *Großmann* und *Schmidt* erhebliche Anstrengugen, um mit der Regierung in Wiesbanden zu einer einheitlichen Regelung für den Sport in Groß-Hessen zu kommen. Sie schickten folgenden Bericht nach Frankfurt:

Bericht über den derzeitigen Stand der Sport-Organisationen in Groß-Hessen.

Das Wort des Ministerpräsidenten Geiler, daß die Bevölkerung Groß-Hessens sich nunmehr mit allen ihren Wünschen und Beschwerden an die deutschen Behörden wenden soll, greifen die Sportler freudigen Herzens auf. Soviel Verständnis und Entgegenkommen die amerikanische Militär-Regierung für den Sport- und Spielbetrieb hat, soviel Verwirrung und Mißverständnisse gibt es aber auch, wenn

Martin Schmidt

Martin Schmidt wurde im Jahre 1898 in Frankfurt geboren und schloß sich schon frühzeitig dem Arbeitersport an, der sich in Frankfurt vor allem nach dem Ersten Weltkrieg stark entwickelte. Schmidt war in der Zeit der Weimarer Republik Spartenleiter für Fußball im 9. ATSB-Kreis (Hessen, Mittelrhein) und leitete hauptberuflich die Geschäftsstelle der Fußballsparte „Freie Spielvereinigung Hessen-Nassau" in Frankfurt, Neue Kräme 8. Auch er blieb in der NS-Zeit von Verfolgungen nicht verschont und schlug sich in diesen Jahren mit Gelegenheitsarbeiten durch. „Gefängnis, Arbeitslosigkeit und viele andere Demütigungen mußte er über sich ergehen lassen".

Nach dem Zweiten Weltkrieg beteiligte sich Schmidt sofort wieder an der Wiederbelebung des Sports in Frankfurt und gehörte neben Otto Großmann zu den federführenden Initiatoren einer über Hessen hinausgehenden Koordinierung im Herbst 1945. Schmidt war dann in allen vorbereitenden Gremien, die auf die Gründung des Landessportverbandes hinarbeiteten, federführend vertreten.

Im LSV wurde er zunächst zweiter Vorsitzender, machte dann aber Heinrich Sorg für dieses Amt

Platz, als dieser aus der Emigration in England nach Frankfurt zurückkehrte. So wurde Schmidt auf dem ersten Verbandstag des LSV in Mörfelden im Juli 1947 zum Bundessportwart gewählt, er stellte aber auch dieses Amt zur Verfügung, als Robert Riedel im Jahre 1949 aus der DDR nach Frankfurt flüchtete. Jetzt löste Schmidt Ludwig Maibohm im Amt des Bundespressewartes ab, eine Funktion, die er bis zum 5. Verbandstag des LSB am 9. Mai 1954 behielt.

Martin Schmidt war nach dem Zweiten Weltkrieg auch immer hauptberuflich im Sport beschäftigt. Zunächst leitete er die Geschäftsstelle des Sportbezirks Frankfurt, war dann ab 1947 darüber hinaus auch zum Teil beim Landessportverband angestellt und wechselte mit Willy Linnenberg im April 1949 in die Toto-Hauptgeschäftsstelle Frankfurt als Sachbearbeiter über.

Schmidt muß man als den getreue Ekkehard im hessischen Sport bezeichnen; er ist am 15. August 1955 in Frankfurt gestorben.

es sich um die Organisationsformen des Sportes handelt.

Der Spielbetrieb für einzelne Sportarten, z.B. Fußball, macht es notwendig, daß über die Militär-Bezirke hinaus eine Regelung der Vereinsbezeichnungen untereinander geschaffen wird. Für diese Regelungen waren vor 1933 und bis 1945 mehrere Verbände zuständig. Die früheren waren: Der Arbeiter-Turn- und Sportbund, der Reichsausschuß für Leibesübungen und die Deutsche Jugendkraft.

Die übergroße Mehrheit aller sportlich interessierten Kreise ist heute der Ansicht, daß es eine Zersplitterung in mehrere Verbände nicht mehr geben darf. Die Vertreter des 1933 verbotenen Arbeiter-Turn- und Sportbundes sind es besonders, die hier auf ihre wohlbegründeten Rechte verzichten im Interesse eines einheitlichen Verbandes.

Die Zusammenfassung aller Sportler hat auch eine politische Bedeutung. Zweifellos hat es die NSDAP verstanden, den Sport für ihre Zwecke auszunutzen. Die 1933 erfolgte sogenannte Gleichschaltung, die Entfernung aller aufrechten Männer, die mit den Methoden der Nazis nicht einverstanden waren, von ihren Vereinspositionen, fand ihren Abschluß mit der Bildung des Nationalsozialistischen Reichsbundes für Leibesübungen; desselben NSRL, der heute noch durch das Gesetz Nr. 52 mit gutem Grund verboten und dessen Vermögen beschlagnahmt ist.

In der Handhabung dieses Gesetzes gehen nun die amerikanischen Behörden in den einzelnen M.G.-Bezirken verschiedenartig vor. Vielerorts war man der Auffassung, daß der geschlossene Beitritt eines ehemaligen NSRL-Vereins zu einem neuen Verband nicht gestattet sei. In anderen Fällen wurden Vereine von der M.R. legalisiert, nachdem sie ihre Führung gesäubert und neu besetzt hatten.

Konnte man anfangs der Meinung sein, daß mit dem Gesetz Nr. 52 die Vereine des NSRL verboten und aufgelöst seien, so wird heute von verschiedenen M.G.-Bezirken die Auffassung vertreten, daß nur der Kopf des NSRL davon betroffen sei.

Damit wäre natürlich der Möglichkeit einer demokratischen Tarnung Tür und Tor geöffnet, damit behielte mancher NSRL-Verein Sportgeräte oder Sportplatzanlagen, die dem Arbeiter-Turn- und Sportbund 1933 geraubt wurden.

Eine Klärung dieser Sachlage ist dringend notwendig und nur möglich durch ausführliche Bestimmungen, die durch Verhandlungen der höchsten deutschen Behörden mit denselben der amerikanischen Militär-Regierung herausgegeben werden.

Der Wunsch aller Sportler, eine gemeinsame Basis zu finden, erbrachte verschiedene Organisationsformen. Von Frankfurt am Main aus ging schon sehr früh die Idee der Sportgemeinschaften, die in der ganzen amerikanischen Zone und darüber hinaus den stärksten Widerhall fand. Hier wurden in den einzelnen Stadtteilen alle ehemaligen Vereine zu einer Gemeinschaft zusammengefaßt und damit erreicht, daß viele kleine Vereine und Gruppen verschwanden. Nicht überall ging man gleichermaßen vor. Im Bezirk Gießen blieben einzelne Vereine selbständig und zu einem Zusammenschluß kam es nur in kleineren Orten und Gemeinden, während in Kassel wieder stark nach Frankfurter Muster gearbeitet wird, dort nennt sich die Organisation „Freier Volkssportverband".

Alle Verbände haben das gemeinsame Ziel einer einheitlichen Zusammenfassung aller sporttreibenden Menschen, um damit eindeutig für eine antinazistische und antimilitaristische Erziehung besonders der Jugendlichen Sorge zu tragen.

Um auch in einem größeren Rahmen eine Angleichnung aller Bestrebungen zu erreichen, kamen die Vertreter der verschiedenen neugebildeten Verbände und Sportbeauftragte aus verschiedenen Städten Groß-Hessens zusammen, um einen Sportverband zu gründen. Gleiches taten die Sportler in Württemberg, indem sie den „Bund für Sport- und Körperpflege" bildeten; in Bayern schuf man den „Sportverband Bayern".

Auch außerhalb der amerikanischen Zone sind Bildungen dieser Art entstanden. In der englischen Zone ist es der „Volkssportverband Westfalen" und im französischen Gebiet der „Sportverband Mittelrhein".

Diesem gemeinsamen Vorgehen mit überall gleichen Zielen und mit der Mehrheit aller Sportarten, steht leider auch ein Außenseiter gegenüber. Es ist dies eine Verbindung mehrerer großer süddeutscher Fußballvereine zu einer „Süddeutschen Oberliga". Die Satzungen dieses Verbandes lassen eindeutig erkennen, daß hier der Amateurstandpunkt verlassen wurde und ein verkapptes Profitum gefördert wird.

Ganz abgesehen davon, daß die Weiterführung dieser Vereine in ihrer alten unveränderten Struktur eine Gefahr bedeutet, Sammelbecken für Nazisten zu werden, so wird mit diesem verschleierten Profitum unserer Jugend das allerschlechteste Beispiel gegeben, wenn sie dadurch glauben, Geld auf diese Weise verdienen zu können.

Am Sonntag, den 25. November 1945 fand in Frankfurt am Main eine Tagung statt, an der die Vertreter der drei Landesverbände, Groß-Hessen, Württemberg und Bayern, sowie zahlreiche Vereine und Sportbeauftragte teilnahmen.

Dem Beschluß, einen einheitlichen Verband aller Sportarten für ganz Südwestdeutschland zu bilden, wurde einmütig zugestimmt. Eine Resolution, die ebenfalls alle Stimmen bekam, wird nunmehr mit diesem Bericht der Regierung von Groß-Hessen vorgelegt. Dasselbe tun die Beauftragten von Württemberg und Bayern bei ihren Regierungen.

Alle Beteiligten haben den Wunsch, daß ihre Vorschläge zunächst in den einzelnen Ländern zur Beratung, darüber hinaus aber auch in einem Länderrat zur Sprache kommen.

Es wäre zu begrüßen, wenn auch in der Regierung Groß-Hessen ein Sportreferent für diese Aufgaben mit herangezogen würde, wie es bereits in Württemberg und Bayern der Fall ist.

I.A.: *Otto Großmann*
Martin Schmidt

Frankfurt/Main, den 6. Dezember 1945

Bericht von *Martin Schmidt* über die Verhandlungen mit der Regierung von Groß-Hessen

Sportverband Groß-Frankfurt, Am Schwimmbad 7
Verhandlungen mit der Regierung in Wiesbaden

Großmann-Schmidt: 16. November 1945. Erste Vorsprache im Innenministerium bei Ministerialdirektor *Rost*. Ihm wurden unsere Wünsche in Bezug auf einen einheitlichen Sportverband unterbreitet. Er versprach, die Angelegenheit dem Innenminister *Venedey* zu unterbreiten und eine persönliche Vorstellung einzuleiten. Da es uns zunächst nur um die Organisationsform ging, war er mit uns der Meinung, daß hierfür das Innenministerium zuständig sein.

Großmann-Schmidt-Krämer: 20. November 1945. Vorstellung bei dem Innenminister *Venedey*. Nach kurzem Referat über den einheitlichen Sportverband, dem allerdings bereits der Süddeutsche Fußballverband mit seinen Sonderinteressen gegenüber stehe, zeigte er lebhaftes Interesse und Prüfung unserer Wünsche nach Einreichung der notwendigen Unterlagen. Hierbei machte er uns die Mitteilung, daß die Errichtung eines Sportdezernates beim Innenministerium bei der Militärregierung auf Ablehnung gestoßen sei. Gründe hierüber sind ihm nicht mitgeteilt worden.

Großmann-Schmidt: 3. Dezember 1945. Herr *Rost* vom Innenministerium wurde ein Exposée über die Sportbewegung in Groß-Hessen überreicht. Hierbei war die Tagung des Süddeutschen Sportverbandes mit erwähnt, sowie die einstimmig gefaßte Resolution, welche an alle Regierungen in der Amerikanischen Zone ging. Einige Zeitungsausschnitte aus anderen Gebieten Deutschlands ergänzten die Unterlagen. Herr *Rost* versprach, die Angelegenheit mit dem Innenminister durchzusprechen.

Großmann-Schmidt: 7. Dezember 1945. Vorsprache bei Herrn *Rost* vom Innenministerium und Antwort auf unsere eingereichten Unterlagen. Innenminister *Vene-*

dey, der gerade hinzu kam, machte uns darauf aufmerksam, daß er nach Rücksprache mit dem Kultusministerium die Angelegenheit an den Kultusminister *Böhm* zur Erledigung überwiesen habe. Herr *Rost* sagte uns zu, die Unterlagen mit einem Begleitschreiben durch Boten noch am selben Tage an das Kultusministerium zu schicken und gleichzeitig eine persönliche Vorstellung auf Dienstag, den 11. Dezember 1945 zu veranlassen.

Großmann-Schmidt-Wick: 11. Dezember 1945. Kultusminister *Böhm* erklärt uns nach kurzer Rücksprache, daß er die Unterlagen noch nicht habe, mithin auf eine Besprechung nicht vorbereitet sei. Er bestellt uns auf Donnerstag, den 13. Dezember 1945 nachmittags drei Uhr.

Großmann-Schmidt-Wick: 13. Dezember 1945. Einstündige Unterredung mit dem Kultusminister *Böhm* und seinem Sekretär. Unsere Unterlagen vom Innenministerium lagen noch nicht vor. Wir referierten über den einheitlichen Sportverband und nahmen hierbei Bezug auf den Süddeutschen Fußballverband, der durch seinen Proficharakter ein sehr schlechtes Beispiel für unsere Jugend bildet. Er billigte unser Bestreben, nur einen Sportverband zu bilden und verlangte von uns zu wissen, was er in der Angelegenheit tun könne. Wir erklärten ihm, daß wir eine Einigung anstrebten und er solle vorerst uns und den anderen die Anerkennung versagen. Nach Einsicht unserer Unterlagen wollten wir dann erneut bei ihm vorsprechen. Mit der Errichtung eines Sportdezernates beim Kultusministerium war er grundsätzlich einverstanden und wollte gleich wissen, wen wir hierfür vorgesehen hätten. Wir sagten zu, die Frage des Sportreferenten schnellstens zu erledigen und Vorschläge einzureichen.

M. Schmidt

William Reinert

William Reinert wurde am 17. Oktober 1919 in Wien als Sohn eines Handelsvertreters geboren. Obwohl er aus einer unsportlichen Familie stammte, war Fußball seit seiner Jugend seine große Leidenschaft. Er durfte seinen Sport jedoch nicht aktiv im Verein nachgehen; zum einen, weil die Eltern dagegen waren und weiter, weil viele Vereine in Österreich auch schon vor dem sog. „Anschluß" im Jahre 1938 unter dem Druck von Nationalsozialisten dazu übergegangen waren, jüdische Mitglieder auszuschließen. So blieb William Reinert, dessen Großvater jüdischer Abstammung war, „Straßenfußballer" und schrieb schon als Jugendlicher die Fußballberichte in einer Wiener Tageszeitung.

Nach Hessen kam William Reinert als Soldat in den letzten Kriegstagen. Da er nach den Kategorien der Nationalsozialisten als „politisch unzuverlässig" galt, sollte er noch im April 1945 zu einer Sondereinheit nach Detmold versetzt werden. Der Zug wurde jedoch in Heuchelheim bei Gießen von den vorrückenden amerikanischen Truppen gestoppt. Reinert wurde von einer Heuchelheimer Familie aufgenommen und fand bald in einem amerikanischen Lazarett Arbeit als Koch. Trotz der existentiellen Not in den ersten Nachkriegswochen ließ ihn seine Fußballeidenschaft nicht los, und er begann, mit den Kindern und Jugendlichen des Ortes auf den Wiesen Spiele auszutragen. Da die Heuchelheimer darauf drängten, wieder einmal ein „richtiges" Spiel gegen den Nachbarort Kinzenbach auszutragen, stellte sich Reinert beim Kommandeur der Gießener Militärregierung vor und bat um eine Erlaubnis für das geplante Spiel. Dieser lehnte das Ansinnen jedoch ab, mit der Begründung, erst müsse eine Konzeption für den Neuaufbau des Sports erarbeitet werden. William Reinert erarbeitete umgehend einen Plan für die Gründung eines Gießener Sportverbandes und stand drei Tage später erneut vor dem amerikanischen Offizier. Dieser war von Reinerts Ideen zum Wiederaufbau des Sports so angetan, daß er nicht nur die Erlaubnis für das geplante Spiel, sondern gleich auch eine Lizenz für die Gründung eines Sportverbandes ausstellte. Dieser Aufbau wurde von Reinert schnell und systematisch vorangetrieben. In dem Sportlehrer Rudi Fischer fand er einen erfahrenen und unbelasteten Mitarbeiter, der insbesondere die Gießener Verhältnisse gut kannte. Schon im September 1945 fanden erste Rundenspiele im Fußball und im Handball statt; alle Sportler waren mit Spielerpässen ausgestattet und gegen Unfälle versichert. Aufgrund dieses Organisationsvorsprunges wurde der Gießener Verband richtungsweisend in Hessen.

Reinert begnügte sich jedoch nicht mit seiner Rolle als Sportfunktionär, sondern wurde auch wieder publizistisch tätig. Schon im September 1945 erschien erstmals sein „Bekanntmachungsblatt", in dem er über die Entwicklung des Sports berichtete. Zunächst als Mitteilungsblatt des Sportverbandes konzipiert, entwickelte sich diese Zeitschrift, die seit Frühjahr 1946 „Sportpresse" hieß, zu einem ansehnlichen Magazin. Gleichzeitig schrieb er für die „Gießener Freie Presse", die ihn bald als Redakteur fest anstellte.

Seit dem Herbst 1945 nahm William Reinert in der Funktion eines Bezirksvorsitzenden an den Konferenzen teil, die zur Konsolidierung des Sports in Hessen durchgeführt wurden. Aufgrund seiner beruflichen Belastung zog er sich aber im Verlauf des Jahres 1946/47 aus dieser Tätigkeit ganz zurück, so daß die Bezirksvertretung von Gießen nach Marburg verlegt wurde.

Bis 1961 blieb Reinert in Gießen und berichtete als Journalist über das sportliche Geschehen. Dann wechselte er zum Automobilclub von Deutschland und wurde dort Pressesprecher. Zwei Jahre später wurde er von Mercedes Benz zum Leiter des Pressedienstes nach Stuttgart berufen. Dort starb er 1983 im Alter von 63 Jahren.

Verhandlungen mit der Regierung in Wiesbaden

Großmann-*Schmidt* (Frankfurt), *Reinert-Hahn* (Giessen): 28. Dezember 1945. Verhandlungen mit Ministerialdirektor *Dr. Herzfeld* vom Kultusministerium. Herr *Dr. Herzfeld* gewährt uns Einblick in die bei ihm vorliegenden Unterlagen unsererseits und seitens der Herren *Sack* und *Grigutsch* vom Süddeutschen Fußballverband. In dem Schreiben der Letzteren wird betont, daß der Süddeutsche Fußballverband ein Amateurverband sei, sich im besonderen der Jugend annähme und zu diesem Zwecke an Neujahr ein Länderspiel in Wiesbaden durchführen wolle. Selbst die Arbeitersportler seien für den Süddeutschen Fußballverband. *Dr. Herzfeld* wurde an Hand unserer Unterlagen nochmals Bericht über den einheitlichen Sportverband erstattet. Unter Hinweis auf das Gesetz Nr. 52 wurde verlangt, eine klare Stellungnahme der Militärregierung herbeizuführen.

Der Verband Groß-Hessen solle nebst den hierzu bestellten Männern anerkannt werden. Besonderen Schutz wurde noch für die Sportplatzanlagen gefordert.

Wegen der Genehmigung der Vereine solle mit der Militärregierung Rücksprache genommen werden.

Die Bestellung eines Sportbeauftragten, die uns seitens des Herrn Kultusminister *Böhm* zugesichert wurde, soll baldigst vorgenommen werden. Bis zur Bestellung will *Dr. Herzfeld* die Angelegenheit mit uns gemeinsam bearbeiten. Zum Schluß faßte er unsere Wünsche wie folgt zusammen:

1. Gemeinsame Besprechung mit den Beauftragten von Württemberg/Baden, Bayern und Groß-Hessen unter Hinzuziehung der Vertreter des einheitlichen Sportverbandes.
2. Ausarbeitung von Richtlinien für den Sport über die ideellen Grundsätze vom Standpunkt der Amateure.
3. Anerkennung der staatspolitischen Aufgabe es Sportes durch die Länderregierungen und Unterstützung und Förderung des einheitlichen Sportverbandes durch dieselben.
4. Vorschriften über die Vereinsgenehmigung durch den Verband.
5. Bestellung eines Sportbeauftragten durch die Regierung in Groß-Hessen.

4. SHAEF - Gesetz Nr. 52: "Sperre und Kontrolle von Vermögen", 18. Sept. 1944, geändert 3. April 1945.

Quelle: AMTSBLATT der MILITÄRREGIERUNG DEUTSCHLAND, Kontrollgebiet der 21. Armee-Gruppe, Nr. 1, S.24-27 sowie Nr. 3, S.18-21; AMTSBLATT der US-MilReg., Ausgabe A, S.24- 26; RECUEIL / SAMMLUNG (1945), S.11-13; AMTSBLATT des Franz. OBERKOMMANDOS, Nr. 59, S.586-588.

ARTIKEL I

Arten von Vermögen

1. Vermögen innerhalb des besetzten Gebietes, das unmittelbar oder mittelbar, ganz oder teilweise im Eigentum oder unter der Kontrolle der folgenden Personen steht, wird hiermit hinsichtlich Besitz oder Eigentumsrecht der Beschlagnahme, Weisung, Verwaltung, Aufsicht oder sonstigen Kontrolle durch die Militärregierung unterworfen:

(a) das Deutsche Reich oder ...

(c) die NSDAP, deren Ämter und Stellen; Formationen und Organisationen, die zur NSDAP gehören, der NSDAP angeschlossen sind oder von ihr betreut werden; deren Beamte und diejenigen ihrer leitenden Mitglieder oder Anhänger, die von der Militärregierung bezeichnet werden;

(d) ...

(e) alle Organisationen, Klubs oder andere Vereinigungen, die von der Militärregierung verboten oder aufgelöst werden;

...

5. Allgemeine Verfügung Nr. 1 der Militärregierung: "Zur Ausführung des Gesetzes Nr. 52 der Militärregierung (SHAEF): Sperre und Kontrolle von Vermögen", 18. Sept. 1944.

Quelle: AMTSBLATT der Brit. MilReg., Nr. 5, S.58-62; AMTSBLATT der US-MilReg., Ausgabe A, S.27-30; AMTSBLATT des Franz. OBERKOMMANDOS; Nr. 59, S.589-593.

I. Es wird hiermit verordnet, daß Artikel IV des Gesetzes Nr. 52 der Militärregierung auf Organisationen und geschäftliche Unternehmen, die von der Militärregierung aufgelöst, abgeschafft oder aufgehoben sind, sowie auf das Vermögen derselben, von dem Zeitpunkt an keine Anwendung mehr findet, an dem die Auflösung, Abschaffung oder Aufhebung bekanntgemacht ist.

II. Das gesamte Vermögen aller im Folgenden aufgeführten Personen ist hiermit von der Militärregierung gemäß Artikel I, Paragraph 1, Absatz (c) und (g) des Gesetzes Nr. 52 der Militärregierung allen Vorschriften des Gesetzes Nr. 52 der Militärregierung unterworfen, es darf darüber nicht verfügt werden, es sei denn, daß eine Erlaubnis, Genehmigung oder Anweisung durch die Militärregierung oder die Vorschriften des Gesetzes Nr. 52 gegeben ist. 1. ...

29. Beamte und Leiter der NSDAP, vom Ortsgruppenleiter aufwärts, Direktoren, Beamte und Leiter irgendeiner Organisation, eines Unternehmens, einer Abteilung, Amtsstelle, Geschäftsstelle oder einer anderen Stelle, welche einen Teil einer Organisation bildet, die im Militärregierungsgesetz Nr. 5 erwähnt ist, dieser angegliedert oder angeschlossen ist oder in irgendeiner von einer solchen überwacht oder betreut wird, sowie der folgenden Stellen der NSDAP:- ...

(b) Reichssportamt;

...

33. (a) Beamte der Deutschen Arbeitsfront (DAF) (einschließlich Kraft durch Freude) in Reichs- und Gau-Stellen mit einem Arbeitsführer entsprechenden oder höheren Dienstgrade;

...

42. Redakteure, Hilfsredakteure, Direktoren, Geschäftsführer, und Mitglieder des Aufsichtsrats aller Zeitungen, Zeitschriften und sonstiger der Verbreitung von Nachrichten gewidmeter Unternehmen, die der NSDAP gehören oder von ihr kontrolliert werden, oder irgendeines Unternehmens, einer Abteilung, Behörde, Amtsstelle, Geschäftsstelle oder sonstiger Organisation, welche der NSDAP angegliedert oder angeschlossen ist, oder von ihr überwacht oder betreut wird;

...

III. 1. Im vorstehenden Personenverzeichnis gelten alle diejenigen Personen als mitaufgeführt, die Posten der obenbezeichneten Art gegenwärtig innehaben oder sie seit dem 31. Dezember 1937 jemals innegehabt haben, sowie die Beauftragten dieser Personen.

...

Der Text wurde entnommen aus: Peiffer, L. (Hrsg.): Die erstrittene Einheit – Von der ADS zum DSB (1945-1950). Duderstadt 1989, 89-90

Gottfried Herzfeld

Johannes, Reinhold, Gottfried Herzfeld wurde am 3. Juni 1885 in Haigerloch (bei Sigmaringen) geboren. Er entstammte einer großbürgerlichen jüdischen Juristenfamilie, die aber zur evangelischen Konfession übergetreten war. Als Jugendlicher war er begeisterter Anhänger der Wanderbewegung und wechselte mehrmals die Schul- und Studienorte, um möglichst viele Seiten der deutschen Kultur kennenzulernen. Greifswald war 1904 sein erster Studienort, dem bis 1909 Halle und Leipzig folgten. Dabei belegte er nicht weniger als sechs Studienfächer (Philosophie, Deutsch, Geschichte, Mathematik, Physik, Religion).

Nach dem Lehrerreferendariat und mehreren Anstellungen als Hilfslehrer wurde er 1913 zum Oberlehrer ernannt. Ein Jahr später folgte die Promotion in mittelalterlicher Geschichte mit einer Dissertation über Papst Gregor VII.

Der Erste Weltkrieg unterbrach seine pädagogische und wissenschaftliche Laufbahn. Nachdem er wegen einer schweren Verletzung aus dem Kriegsdienst ausgeschieden war, siedelte er mit seiner Familie nach Frankfurt über. Die Stadt am Main symbolisierte für ihn „alte süddeutsche Bürgerfreiheit". Hier kam er mit der sich entfaltenden Arbeiterbewegung in Berührung und trat 1918 der SPD bei. Sie lehrte ihn, wie er später schrieb, die Ideen der Völkerversöhnung, der demokratischen Freiheit und des Wettkämpfens im olympischen Geist.

Neben der Lehrertätigkeit entwickelte er in der Zeit der Weimarer Republik vielfältige Aktivitäten in Kunst, Kultur und politischer Bildung. Er schrieb für eine Frankfurter Volksbühne, hielt etliche Vorträge, insbesondere bei Gewerkschaften und Arbeitervereinen, und stand in einem engen Gedankenaustausch mit Max Horkheimer und Leo Löwental vom Frankfurter Institut für Sozialforschung.

Im Jahre 1930 wurde er zum Direktor des Gymnasiums in Hersfeld ernannt. Dort sah er sich wegen seiner Abstammung und seiner Parteimitgliedschaft jedoch von Anfang an erheblichen Anfeindungen ausgesetzt. Als er sich 1933 weigerte, an seiner Schule die Hakenkreuzfahne zu hissen, wurde er abgesetzt und zeitweilig verhaftet. Er floh nach Wiesbaden und konnte dort als Hilfslehrer „niederen Ranges" die Nazizeit einigermaßen unbeschadet überstehen.

Aufgrund seiner Reputation sowie seiner pädagogischen und wissenschaftlichen Erfahrung wurde er von der amerikanischen Militärregierung zum ersten Leiter des Referates V im Kultusministerium ernannt, das für die Bereiche Jugend und Sport zuständig war. Die Jugendarbeit in Hessen wurde in den für die geistige Neuorientierung der Deutschen so wichtigen Jahren 1945 bis 1948 entscheidend durch seine konzeptionellen Entwürfe geprägt.

Auch für den Wiederaufbau des Sports in Hessen spielte Gottfried Herzfeld eine bedeutende Rolle. In seiner Funktion als Referatsleiter im Kultusministerium wurde er zum Vermittler zwischen der sich wieder entwickelnden Sportbewegung und der Militärregierung, die viel Wert auf sein Urteil legte. Die Gründung des Landessportverbandes wurde erst möglich, nachdem sich Prof. Herzfeld persönlich beim Leiter der „Cultural and Religious Affairs Division" für den Sport eingesetzt hatte.

Herzfeld blieb auch nach seinem Ausscheiden aus dem Kultusministerium im Jahre 1948 in ehrenamtlicher Tätigkeit vor allem der Jugendpolitik in Hessen verbunden. Er war seit 1914 verheiratet, Vater von fünf Kindern und ist im Jahre 1959 in Wiesbaden gestorben.

Schmidt und *Reinert* sollen am 7. und 8. Januar 1946 mit Herrn *Dr. Herzfeld* gemeinsam vorstehende 5 Punkte schriftlich fixieren.

M. Schmidt

Bericht von *Martin Schmidt* über Besprechungen am 7. und 8. Januar 1946 in Wiesbaden

Sportverband Groß-Hessen

Besprechung am 7. und 8. Januar 1946 zwischen Herrn *Dr. Herzfeld* und den Vertretern des Landessportverbandes *Reinert* (Gießen) und *Schmidt* (Frankfurt) über die eingereichten zehn Punkte.

Zu Punkt 1-3 wurde eine Einigung erzielt. Die Regierung steht ebenfalls auf dem Standpunkt einer einheitlichen Sportbewegung und begrüßt unsere Bestrebungen. Unsere Aufgabe soll es sein, eine Einigung mit dem Süddeutschen Fußballverband anzustreben. Vorbehaltlich der Zustimmung der Militärregierung erklärt sich die Regierung mit Punkt 1-3 einverstanden.

Punkt 4. Herr *Dr. Herzfeld* teilt uns mit, daß er von dem Herrn Kultusminister mit der Wahrung der Interessen eines Sportreferenten beauftragt sei. Gegen die Person des Herrn *Herzfeld* bestehen unsererseits keinerlei Bedenken, halten aber den Zustand als nur vorrübergehend. Bis zur Bestellung eines Sportbeauftragten oder Referenten werden *Schmidt* und *Reinert* mit Herrn *Dr. Herzfeld* die Sache gemeinsam bearbeiten. Monatliche Zusammenkünfte sollen stattfinden. Ein besonderes Schreiben wurde an den Herrn Kultusminister gerichtet.

Punkt 5. Wurde gemeinsam mit Punkt 4 erledigt.

Punkt 6. Die Regierung soll durch einen Erlaß an die Landratsämter und Bürgermeistereien veranlassen, daß Sportplatzanlagen nicht sportfremder Benutzung zugeführt werden. Wo dies geschehen ist, sollen die Anlagen wieder hergerichtet und ihrem ursprünglichen Zwecke zugeführt werden. Auf diesem Gebiete soll alles geschehen, wie uns zugesichert wurde.

Punkt 7. Zentraler An- bzw. Verkauf von Sportgeräten und -bekleidung stößt bei allem Verständnis der Regierung auf Schwierigkeiten, da hierzu ein Gesetz der Landesregierung notwendig sei. Nach Zusicherungen ist man bemüht, den Bezug von Spinnstoffen und Schuhen nicht durch weitere Maßnahmen zu erschweren, sondern zu erleichtern.

Punkt 8. Die Regierung erklärt sich bereit, mit den zuständigen Stellen der Reichsbahn wegen der Reiseerleichterung für Sportvereine ins Benehmen zu setzen. Der Sportverband will durch Bescheinigung die Notwendigkeit zu machender Fahrten beglaubigen.

Punkt 9. Die Notwendigkeit eines amtlichen Organs für den Sportverband wird eingesehen. Die Regierung kann aber zunächst in dieser Sache nichts tun, sondern es bleibt dem Verband vorbehalten, die Voraussetzungen hierfür mit der Militärregierung zu schaffen.

Punkt 10. Bei Anerkennung durch die Regierung wird die Unterstützung als ganz selbstverständlich erachtet und zugesichert.

Besprechung mit dem Sportoffizier bei der Militärregierung und den Herrn *Dr. Herzfeld*, *Reinert* und *Schmidt*.

Die geführten Besprechungen wegen der Bildung des Verbandes verlaufen negativ, weil er von einer Verbandsbildung zunächst nichts wissen will. Nur kreisweise will er den Sport zulassen.

Unsere Anfrage wegen Auslegung des Gesetzes 52 (Verbot des NSRL) bescheidet er dahin, daß nicht nur der Kopf, sondern auch die Vereine verboten seien. Eine Besprechung zwischen Herren der Militärregierung und der Regierung unter Hinzuziehung der Vertreter des Verbandes soll angebahnt werden, um besseres Verständnis für unsere sportlichen Belange zu finden.

Martin Schmidt

Bericht von *Dr. Herzfeld* vom Kultusministerium über die gleichen Besprechungen

MR 52a/46/Hd

Betr.: Besprechung am 7. Januar und 8. Januar 1946 mit Vertretern des Sports *Schmidt* (Frankfurt), *Reinert* (Gießen). Am 7. Januar nachmittags bei Ltn. *Lahti*, am 8. Januar bei Ministerialdirektor *Friedrich*. Stets anwesend *Dr. Herzfeld*.

1. Antrag auf Genehmigung eines Sportverbands für Groß-Hessen. Von Ltn. *Lahti* abgelehnt. Einstweilen ist nur Aufbau des Sports in den Kreisen gestattet. Lose Verbindung in Form von Spielen etc. zwischen Kreisen ist wohl möglich. Der Aufbau in den Kreisen kann gleichartig sein, etwa unter Heranziehung des Druckmaterials (Prüfungsformular für Sportvereine, Mitgliederkarten etc.).

2. Alle Vereinsgenehmigungen im Sport gehen somit weiterhin über den Kreisjugendausschuß zum Bezirksjugendausschuß, von da zum Minister und zur Militärregierung.

3. Ein amtliches Verbandsorgan des Sportes für Groß-Hessen entfällt somit vorläufig, dagegen kann von einem Einzelnen die Lizenz für ein Sportblatt nachgesucht werden, das natürlich auch Nachrichten aus den Kreisen bringen kann.

4. Die Vertreter des Sports erbitten genaue Auslegung von Gesetz 52 betr. politische Nachprüfung der Vereine. Die ehemals zum NSRL zählenden Vereine vertreten die Ansicht, nur die Spitze sei aufgelöst, nicht aber der örtliche Verein, somit sei auch sein Vermögen nicht beschlagnahmt. Dieses Vermögen ist aber zum Teil den durch die Nazis verbotenen Vereinen rechtswidrig genommen worden. Die Mitglieder der stillschweigend weiterbestehenden Vereine hätten zum großen Teil zu den Nazis gehört. Daher müßten alle Vereine aufgelöst und jetzt neu gebildet und überprüft werden. Ltn. *Lahti* bejaht das. Die Genehmigung erfolgt so, wie in Punkt 2. dargestellt.

5. Von *Dr. Herzfeld* und bei Ministerialdirektor *Dr. Friedrich* wünschen die Sportvertreter, daß ihnen ein (ministerieller) schriftlicher Auftrag erteilt werde, den Sport in allen Kreisen von Groß-Hessen in unmittelbarer Fühlung mit den Landräten wie im Kreis Gießen aufzubauen, u.a. durch Bestellung eines Sportbeauftragten für jeden Kreis. Ministerialdirektor *Dr. Friedrich* und *Dr. Herzfeld* erklären, daß amtlich der Weg vom Ministerium über Bezirks- und Kreisausschüsse geht, die auch bei etwaiger Ernennung eines Sportbeauftragten und beim Aufbau nicht übergangen werden dürfen. Dagegen erscheine es möglich, gelegentlich eines Rundschreibens an die Kreisjugendausschüsse auf das Beispiel des Kreises Gießen, die dort erstellten Formsachen und die Bereitschaft Herrn *Reinerts* zu Rat und Auskunft hinzuweisen.

6. Die Sportvertreter erbitten einen Erlaß zum Schutz und der Wiederfreigabe von Sportplätzen gegenüber sportfremder Benutzung. Sie werden entsprechende Zusammenstellung von Einzelfällen einsenden.

7. Sie wünschen Aufhebung der Bahnbeschränkungen für geschlossene Sportgruppen (Mannschaften). *Dr. Herzfeld* will dieserhalb mit den Eisenbahndirektionen in Verbindung treten (Bescheinigung des Kreisjugendausschusses).

8. Die Sportvertreter wünschen Planbewirtschaftung von Sportausrüstung und Sportbekleidung (Bezugschein und Stempel der Sportbeauftragten), Ministerialdirektor *Friedrich* und *Dr. Herzfeld* weisen auf die

Schwierigkeiten hin, da das Wirtschaftsministerium zuständig sei und eine besondere Heraushebung der schon bewirtschafteten Gegenstände zu kompliziert sei.

9. Der Sportreferent wird mit den Vertretern des Sports und dem später etwa gewählten Sportbeauftragten gerne die von jenen gewünschte Fühlung halten. Die Vertreter des Sports meinen, daß bei späterem Anwachsen des Arbeitsgebietes u.U. Bestellung eines staatlichen Referenten oder Sportbeauftragten allein für den Sport nötig sei. *Dr. Herzfeld* weist darauf hin, daß der Herr Minister für eine besondere Stelle noch die Etatmittel für diesen Fall verfügbar hat.

Anmerkung *Dr. Herzfeld*:

Sport, einseitig betont, erfaßt nur einen Teil der Menschen und nicht alle Menschen. Die Jugend besonders sollte ihr sportliches Tun in die Teilnahme an geistiger und kultureller Jugendbildung einfügen. (Keine bloße Rekordsucht, kein einseitiger Sportfanatismus.) Sportaufbau muß, zumal für den Arbeiter, Teilstück einer gesamten gedanklichen und kulturellen Befreiung aus körperlicher, geistiger und gesellschaftlicher Gebundenheit, aus Arbeitsenge und Maschinisierung sein. Wandern z.B. leistet das für viele am besten. Daher muß der Sportreferent die Verbindung mit Erwachsenen- und Jugendbildung überhaupt halten, darf nicht einseitig technisch-sportlicher Organisator sein. Daher kein isoliertes Sportreferat, das nur technischen Sportaufbau, statt ein Stück des gesamten Kulturaufbaus treibt im Ministerium für Kultur und Erziehung.

Unterschrift: *Herzfeld*

Bericht *Martin Schmidt* über die Verhandlung mit *Dr. Lingnau*, Stadtrat in Frankfurt, am 29. Januar 1946

Besprechung mit Herrn Stadtrat *Lingnau* am 29. Januar 1946

Großmann-Schmidt, Sportverband Groß-Frankfurt. Die Vertreter des Sportverbandes bedanken sich für die Überlassung des Raumes Am Schwimmbad 7. Herr Stadtrat *Lingnau* machte aufmerksam, daß es sich natürlich nur um eine vorrübergehende Maßnahme handeln könne. Bei der Beschaffung von anderen Räumlichkeiten wolle er uns gerne behilflich sein. Man kam auf den Jugendpflege-Ausschuß zu sprechen, wie er in früheren Zeiten bestanden hat. Neben Herrn Stadtrat *Lingnau* besteht derselbe aus Herrn *Burmester* als beratendes Mitglied, je einem Vertreter der vier Bürgerratsparteien und einigen Bürgervertreter, die durch den Sportverband vorgeschlagen werden. Eine umgehende Benennung ist notwendig, damit der Ausschuß seine Tätigkeit aufnehmen kann. Einen Zuschuß für den Aufbau des Sportes als Beihilfe für die Geschäftsstelle will Herr Stadtrat *Lingnau* befürworten. Bezüglich der Wiederherstellung der Sportplätze und Umkleideräume sagte er weitgehendste Unterstützung im Rahmen des Möglichen zu. Wegen der verwaisten Direktorenstelle beim Sportamt befragt, gibt er zu, daß bereits eine Menge Bewerbungen eingegangen, vorerst aber an eine Besetzung nicht zu denken sei.

Zum Schluß bittet er noch die Vereine darauf hinzuweisen, daß sehr viel Arbeit auf dem Wege der Selbsthilfe gemacht werden muß.

Martin Schmidt

Im zerstörten Hallenschwimmbad „Am Schwimmbad 7" bekam Martin Schmidt ab Januar 1946 einen Raum, der zunächst die Geschäftsstelle des Sportverbandes Groß-Frankfurt, dann des Sportbezirks Groß-Frankfurt und schließlich des Landessportverband Groß-Hessen wurde, bis im Dezember des Jahres 1946 der Umzug in die Neue Rothofstraße erfolgte.

Niederschrift der Besprechung mit Sportverband am 2. Februar 1946 in Wiesbaden

Zur Besprechung am 2. Februar 1946 waren anwesen:
1. *Dr. Herzfeld*
2. Herr *Hirschfeld*, Bad Cannstadt
3. Herr *Schmidt*, Frankfurt
4. Herr *Warmers*

1. In Stuttgart habe unter Vorsitz von Herrn Ministerial-Rat *Hassinger* Besprechungen stattgefunden, die zum Einheitssportverband führen werden. Auch der Süddeutsche Fußballverband wird sich anschließen, sowohl in Bayern, wie in Württemberg-Baden.
2. In Groß-Hessen sind ähnliche Besprechungen ratsam. Der geplante Verband wird alle Länder der amerikanischen Zone umfassen. Es bestehen Aussichten auf seine Genehmigung.
3. Die Herrn betonen erneut, daß das große Gebiet des Sportaufbaus einen besonderen Sportbeauftragten oder Referenten erfordere, wie er in gewisser Weise in Bayern arbeite und in Wüttemberg-Baden in Vorbereitung sei.
   Vorschlag *Dr. Herzfeld* für Kreise: Dreier-Ausschuß, dabei Sport, Kultur, Jugend.
4. Herr *Dr. Herzfeld* will an die Presse (Sportredakteure) Richtlinien zum Einheitsgedanken im Sport geben.
5. Innerhalb des Einheitsverbandes wird sich die nötige Wiedergutmachung für durch die Nazis geschädigte Vereine am leichtesten vollziehen.
6. Die Form der Vereinsgenehmigungen wird besprochen. Vorschlag *Herzfeld*: Drei-Männer-Ausschuß als Prüfstelle, wirtschaftliche Prüfung und Planung (siehe Anlage). Herr *Schmidt* hat Formblatt drucken lassen, Pressehinweis.
7. Zusammenkunft am 6. Februar 1946 Herr *Hirschfeld* wird Brief von Reg. Rat Hassinger betr. Einigungssitzung veranlassen.

Anlage:

An die Presse

Leitsätze zur Einigung im Sport

1. Wirtschaftliche Gründe fordern eine Zusammenfassung kleiner Vereine. In Städten bis 20.000 Einwohner sollte nur ein Sportverein bestehen.
2. Für die Einigung im Sport spricht weiter, daß eine einheitliche Regelung aller organisatorischen und sachlichen Fragen erfolgt.
3. Dringend nötige Erziehung der vielfach verbildeten Sportjugend läßt sich dadurch bewirken.
4. Aufbau des Sports im Rahmen des gesamten Kulturaufbaus so gesichert.
5. Zusammenfassung der Kräfte bei einheitlicher Organisation. Größere sportliche Leistung.

Herzfeld

Bericht über eine Besprechung im Kultusministerium am 9. Februar 1946

Besprechung im Kultusministerium in Wiesbaden am 9. Februar 1946

Anwesend:
Dr. Herzfeld, Herr *Wamers*
Herr *Feser*
Herr *Verspohl*, Sportverband Wiesbaden
Herr *Allbecker*
Herr *Gebauer*, Süddeutscher Fußball-Verband
Herr *Krämer*
Herr *Raimond*, Stadtverband Wiesbaden
Herr *Großmann*
Herr *Schmidt*, Sportverband Groß-Frankfurt

Herr *Dr. Herzfeld* leitet die Besprechung ein und hofft, daß man ein befriedigendes Ergebnis durch die Einigung auf einer gemeinsamen Basis feststellen möge.

Großmann, Frankfurt, führt aus, daß man sich am 26. Januar 1946 in Stuttgart grundsätzlich geeinigt habe. Eine DANA-Meldung vom Samstag besagt, daß Herr *Sackmann* alle von ihm eingeleiteten Tagungen die Abhaltung untersagt sei. Alle Vereine wenden sich an ihre Landesverbände; paritätische Zusammensetzung soll gewahrt werden.

Herr *Feser* will auch im Süddeutschen Fußball-Verband (SFV) Leichtathletik, Handball und Hockey aufgenommen wissen. Im übrigen verweist er auf die Haltung der 16 Oberligavereine, nach denen sie sich zu richten wünschen.

Herr *Krämer* macht Ausführungen über die Verhältnisse in Wiesbaden und weist darauf hin, daß die Haltung des Herrn *Feser* nicht einwandfrei gewesen sei und er die Einheit hintertrieben habe.

Herr *Verspohl* verwahrt sich gegen diese Vorwürfe.

Herr *Prof. Riesser* gibt gute Vorschläge und Anregungen im Sinne einer einheitlichen Sportbewegung.

Herr *Gebauer* rekonstruiert rückläufig die Wiesbadener Verhältnisse.

Nach einer mehr als dreistündigen Aussprache, bei der

allerseits eine Einigung gewünscht wurde, faßte man das Ergebnis in folgender Entschließung zusammen:

Wiesbaden, den 9. Februar 1946

An das Groß-Hessische Staatsministerium,
z.H. des Herrn Ministerpräsidenten
Prof. Dr. Karl Geiler
Wiesbaden

Sehr geehrter Herr Ministerpräsident!

In Wiesbaden haben sich heute die bedeutendsten Vereine des Landes Groß-Hessen, die sich die Pflege der Leibesübungen zur Aufgabe gemacht haben, versammelt, um dazu beizutragen, daß endlich für die Leibesübungen in Groß-Hessen Richtlinien und damit auch eine einheitliche Organisation festgelegt werden. Die gehörig bevollmächtigten Vertreter dieser Vereine, deren Namen in der Anlage verzeichnet sind, haben heute folgenden

Entschluß

gefaßt:

Wir bitten hiermit den Groß-Hessischen Ministerpräsidenten, für die Leibesübungen in Groß-Hessen eine klare Grundlage zu schaffen und zu diesem Zweck in der nächsten Kabinettssitzung zunächst die Grundfrage zur Entscheidung zu bringen:

„Ist die Pflege der Leibesübungen
Aufgabe des Staates?"

Wir sind der Auffassung, daß diese Grundfrage verneint werden wird. Leibesübungen müssen unpolitisch sein und werden von dem Grundsatz der Freiwilligkeit beherrscht. Die Pflege der Leibesübungen wird demgemäß von den Leibesübungen im Lehrplan der Schulen abgesehen Aufgabe von Vereinen sein, die sich zu diesem Zweck auf der Basis der Freiwilligkeit gebildet haben bzw. bilden. Das schließt nicht aus, daß der Staat diesen Vereinen und damit den Leibesübungen in geeigneter Weise Förderung zuteil werden läßt.

Wir bitten weiterhin, auch die nachstehende Frage zur Entscheidung zu bringen:

„Soll die Verwaltung und Organisation der Leibesübungen in Groß-Hessen von einem staatlichen Sportamt geführt und ausgerichtet werden?"

Wir sind der Auffassung, daß auch diese Frage verneint werden wird. Für die Leibesübungen wird vielmehr der Grundsatz der Selbstverwaltung zu gelten haben. Der heutige Staat wird aber zweifellos besonderes Interesse daran haben, daß die Leibesübungen nicht wie in früherer Zeit organisatorisch durch eine Reihe von Verbänden aus parteipolitischen, konfessionellen, beruflichen oder sonstigen egoistischen Interessen zersplittert werden.

Nach der Entscheidung der Grundfragen halten wir es für unbedingt erforderlich, im Interesse des Staates sowohl als auch im Interesse einer eindeutigen, klaren Entwicklung der Leibesübungen eine Verordnung zur Regelung der Leibesübungen in Groß-Hessen zu erlassen. Wir reichen hierzu den folgenden Entwurf einer Verordnung zur Regelung der Leibesübungen in Groß-Hessen ein:

„Das Groß-Hessische Staatsministerium hat zur Regelung der Leibesübungen im Land Groß-Hessen die folgende Verordnung beschlossen, die hiermit verkündet wird:

§ 1

Die Leibesübungen unterliegen dem Grundsatz der Freiwilligkeit. Ihre Ausübung darf nicht von parteipolitischen, konfessionellen, beruflichen, rassischen und militärischen Gesichtspunkten abhängig gemacht werden.

§ 2

Die Pflege der Leibesübungen ist Aufgabe von Vereinen, die sich zu diesem Zweck bilden. Zulässig ist nur die Bildung solcher Vereine zur Pflege der Leibesübungen, die in ihrer Satzung die im § 1 aufgeführten Grundsätze verankert haben. Verboten sind Vereine, die sich zwar die Pflege der Leibesübungen zur Aufgabe stellen, deren Mitglieder sich aber nur aus Angehörigen eines Betriebes, eines Berufes oder einer Konfession zusammensetzen.

§ 3

Die Organisation der Leibesübungen unterliegt dem Grundsatz der Selbstverwaltung. Zu diesem Zweck werden alle in Groß-Hessen zugelassenen Vereine und damit alle Zweige der Leibesübungen zu dem

„Groß-Hessischen Verband
für Leibesübungen e.V."

zusammengeschlossen. Andere Organisationen und Verbände sind verboten. Die Betreuung des Berufssports ist ebenfalls Aufgabe des GH-Verbandes für Leibesübungen.

§ 4

Der „Groß-Hessische Verband für Leibesübungen e.V." ist ein rechtsfähiger Verein. Seine Satzung wird durch die Vereine aufgestellt und bedarf zur Rechtswirksamkeit der Genehmigung durch das Groß-Hessische Staatsministerium – Minister des Inneren – und der Eintragung in das Vereinsregister. Das Gleiche gilt für Satzungsänderungen.

§ 5

Die Groß-Hessische Staatsregierung ist grundsätzlich bereit, die Leibesübungen über den „Groß-Hessischen

Verband für Leibesübungen e.V." nach Möglichkeit in jeweils geeigneter Weise zu fördern.

§ 6

Diese Verordnung tritt mit Wirkung vom Tag ihrer Verkündigung durch Aushang im Staatsministerium in Kraft

Wiesbaden, den ... 1946
Großhessisches Staatsministerium
Dr. Geiler
Ministerpräsident."

Wir werden inzwischen eine Satzung des Groß-Hessischen Verbandes für Leibesübungen ausarbeiten, durch einen Verbandstag der Vereine feststellen lassen und alsdann unverzüglich Ihnen zur Genehmigung vor der Eintragung in das Vereinsregister vorlegen.

Wir sind der Auffassung, daß nur auf diesem Wege endlich eine klare Ausrichtung der Leibesübungen erfolgen kann, durch die vermieden wird, daß die Leibesübungen u.a. der Spielball bestimmter Sonderinteressen werden.

Der Unterzeichner dieser Eingabe ist Beauftragter aller Vereine durch einstimmigen Beschluß. Er ist bereit, jederzeit zu besonderen, sich etwa noch ergebenden Fragen Stellung zu nehmen.

Anschrift: RR. H.L. D M.21.

Für insgesamt ... großhessische Sportvereine
i.A.

Begründung der Verordnung

I. Allgemeines

Die Leibesübungen sind ihrem ganzen Wesen nach unpolitisch. Ihre Ausübung steht grundsätzlich jedem Menschen zu, der sie zur seelischen und körperlichen Entspannung und Erholung und zur Erhaltung und Kräftigung seiner Gesundheit pflegen will. Grundprinzip der Leibesübungen ist die Leistung im allgemeinen Sinne, die im Verlauf der zeitlichen Entwickung der Leibesübungen in ihren verschiedenen Zweigen zu Spitzenleistungen geführt hat und weiterhin führen wird. Durch ihr Grundprinzip wohnt den Leibesübungen ganz besonderer Wert inne: sie sind Erziehungs- und Charakterschule und wirken nicht nur auf den Menschen zum Besten auf ihren eigenen Gebieten, sondern sie wirken auch über ihre Selbsterziehung des Menschen zum Besten auf anderen Gebieten des Lebens.

Diese Grunderkenntnisse bedingen keinerlei Vorrechte eines Volkes, einer Rasse, einer Konfession, einer politischen Partei, eines Berufes. Die Leibesübung unterliegt dem freien Willen eines Menschen. Auch der Zusammenschluß solcher Menschen, die Leibesübungen pflegen, sich erholen und entspannen, ihre Gesundheit erhalten und kräftigen und darüber hinaus auch ihre Leistungen untereinander messen wollen, darf grundsätzlich nicht von völkischen, rassischen, konfessionellen, politischen, beruflichen oder militaristischen Gesichtspunkten abhängig gemacht werden. Für den Zusammenschluß aber und für die Ausübung der Leibesübungen sind Rechtsformen und Regeln zur Ordnung und Gestaltung erforderlich.

Leibesübungen sind schlechthin mit dem Menschen verbunden. Sie kennen daher auch grundsätzlich keine staatlichen Grenzen und sind ihrem Wesen nach geeignet, Menschen und damit auch Völker über ihre gegenseitige körperliche Leistung und Erziehung auch zur gegenseitigen Achtung und zum gegenseitigen besseren Verstehen zu führen.

II. Besonderes

Seit dem Ende der Kampfhandlungen des Krieges drängen in Deutschland die Leibesübungen mit der ihnen innewohnenden natürlichen Kraft zum Durchbruch. Dabei sind im wesentlichen zwei Richtungen zu Tage getreten: eine politische und eine unpolitische. Beide haben an Vergangenes angeknüpft. Die politische Richtung wollte – ausgehend von der sozialistisch- kommunistischen Idee – anknüpfen an die frühere Arbeiter-Turn- und Sportbewegung und gleichzeitig auch hinsichtlich des Zusammenschlusses der Sportausübenden in Gemeinschaften, die von früher her bestehenden, grundsätzlich unpolitisch tätigen und organisiert gewesenen Vereine bekämpfen. Die unpolitische Richtung lehnt alle politischen Momente scharf ab und will die Grundsätze der Freiwilligkeit und der anderen Grunderkenntnisse angewandt wissen. Sie versuchte daher auch, für Süddeutschland die vor 1933 bestehende Organisation wieder aufleben zu lassen (Süddeutscher Fußball- und Leichtathletikverband).

Objektiv betrachtet sind beide Richtungen der jüngsten Entwickung Beweis dafür, daß die Leibesübungen zersplittert werden, wenn dies nicht durch freiwillige Einigung und durch staatliche Sanktionierung verhindert werden kann. Diese Erkenntnis hatten die Vertreter beider Richtungen. Sie fanden sich zusammen und bildeten im Verhältnis 8:8 unter Bestellung von bevollmächtigten Vertretern einen

vorbereitenden Ausschuß für
den Aufbau des Sports in Groß-Hessen.

Die Einigung ist also erzielt. Außerdem ist der Ausschuß sich in der Grundfrage einig geworden, ob in Groß-Hessen nach dem Fortfall des NS-Zwanges die Leibesübungen wieder durch eine Reihe von Verbänden oder nur durch einen Landesverband organisiert werden soll. Der Ausschuß hat einstimmig beschlossen, daß künftig in Groß-Hessen nur ein Landesverband bestehen und die verschiedenen Zweige der Leibesübungen unter Wahrung einer weitgehenden sachlichen Selbständigkeit der einzelnen Sportarten neuorganisiert werden soll.

Bei dieser Neuorganisation sollen die sich aus den obigen Grunderkenntnissen ergebenden Grundsätze Anwendung finden und zwar einmal auf die Neugestaltung bzw. -bildung von Vereinen, auf die – insbesondere auch hinsichtlich der Namensführung – kein Zwang ausgeübt werden soll, für die allerdings der Grundsatz gelten soll, daß in Orten mit verhältnismäßig kleiner Einwohnerzahl grundsätzlich nur ein Verein zugelassen werden darf, und zum anderen auf die übervereinliche Organisation, deren Satzung und deren haupt- und ehrenamtliche Stellenbesetzung nach demokratischen Grundsätzen seitens der Vereine bzw. der auf diesem Wege zu schaffenden Organe in begründeter Selbständigkeit beschlossen bzw. berufen werden sollen.

Die entscheidende Voraussetzung für die Verwirklichung aller dieser Erkenntnisse ist aber die Schaffung eines Rahmengesetzes durch das Staatsministerium. Es vermeidet die unerwünschte Zersplitterung der Leibesübungen, stellt diese nicht unter Staatsverwaltung, sondern unter Selbstverwaltung, gewährleistet einen organisch-zweckvollen Aufbau unter Staatsaufsicht und sichert damit zugleich die Staatskontrolle. Deutsche Regierung und Militärregierung haben es nur mit der Überwachung einer Organisation zu tun. Mit ihrer Billigung wird zugleich allen anderen Bestrebungen, sich unter parteipolitischen oder militaristischen oder konfessionellen, beruflichen oder rassischen Gesichtspunkten zu organisieren, ein für allemal die Möglichkeit entzogen.

Der vorbereitende Ausschuß für den Aufbau des Sports in Groß-Hessen hat daher einen Entwurf einer Verordnung zur Regelung der Leibesübungen in Groß-Hessen dem Staatsministerium zum Beschluß vorgelegt. Im einzelnen ist vielleicht noch zu bemerken zu den §§ 1. und 2.: Ihre Auswirkung ergibt sich aus der Anwendung ihrer Grundsätze. Sie verbieten z.B. Vereine, die parteipolitisch orientiert sind, ferner Polizeisportvereine, dann Betriebssportgemeinschaften, ferner Vereine wie die frühere DJK und etwa Bar-Kochba, die ausschließlich nach konfessionellen bzw. rassischen Gesichtspunkten gebildet worden waren.

Zu § 3.: Der einheitliche Rahmen kann nur durch Gesetz von Staatswegen geschaffen werden. Er bedeutet nicht die Verwaltung der Leibesübungen durch den Staat. Er begründet die Selbstverwaltung. Er gibt zugleich dem Landessportverband die Möglichkeit, durch Betreuung des Berufssports diesen zu überwachen, Auswüchse zu verhindern bzw. zu beseitigen. Er vermeidet die unerwünschte Zersplitterung.

Zu § 4.: Die besondere staatliche Aufsicht ist begründet, auch im Hinblick auf die Verantwortung gegenüber der Militärregierung.

Zu § 5.: Federführend ist grundsätzlich der Minister des Innern. Da im freiwilligen Sport die Leibesübungen der Jugend einen breiten Raum einnimmt, müssen etwa noch erforderliche Ausführungsbestimmungen im Einvernehmen mit dem Minister für Kultus und Unterricht beschlossen werden, der für die Leibesübungen im Rahmen der Schulerziehung zuständig ist.

Zu § 6.: Die Regierung wird es stets nur mit einem Verband zu tun haben. Die Möglichkeit einer Förderung werden konzentrierter ausgewertet werden können. Bevorzugung oder Benachteiligung unter den Verbänden entfällt.

Zu § 7.: Die Verordnung soll mit Wirkung vom 1. April 1946 in Kraft treten, so daß der Landessportverband Groß-Hessen e.V. von diesem Tag an seine Arbeit im ersten Geschäftsjahr aufnehmen kann.

Protokollauszug

Gemeinsame Tagung der Vertreter des Süddeutschen Sportverbandes (SSV) und des Süddeutschen Fußball-Verbandes (SFV) am Mittwoch, den 13. Februar 1946 in Frankfurt

Als unparteiischer Leiter wurde Herr *Burmester* (Sportamt Frankfurt) bestellt und anerkannt. Nach kurzen Worten der Begrüßung wird in die Aussprache eingetreten.

Großmann:

Erwähnt die Wahl eines Ausschusses.

Grigutsch:

Erwidert, daß es noch verfrüht sei.

Lindner:

Verlangt unbedingte Einigung. Kreisweiser Aufbau. Freiwilligkeit im Sport. Ausschaltung parteipolitischer Tendenzen. Ablehnung von Betriebssportvereinen aller Art. Bildung eines Ausschusses für Groß-Hessen.

Schmidt:

Betrachtet die Anregungen Herrn *Lindner*s als selbstverständlich. Bezüglich der Frage des Verbandes stellt er fest, daß keiner der vor 1933 bestandenen Verbände ein Führungsrecht für sich in Anspruch nehmen dürfe. Hierdurch sei zwangsläufig mit einer Zersplitterung zu rechnen. Etwas Neues soll entstehen, deshalb wünscht er die Bildung des Landessportverbandes für Groß-Hessen in loser Form. Bildung eines Ausschusses zwecks Eingliederung in die Landesliga, Bezirks- und Kreisklassen.

***Großmann*:**

Unterstreicht die Worte seines Vorredners und verabschiedet sich mit dem Wunsch, der Bildung eines einheitlichen Sportverbandes.

***Geissler*:**

Führt aus, Bezirks- und Kreisklasse stehe schon fest und sei bereits gebildet und stellt die Frage, ob Kreisausschüsse eingesetzt werden sollen.

***Grigutsch*:**

Betont eine bindende Zusage zur Bildung eines einheitlichen Verbandes nicht geben zu können, da er erst seine Vereine befragen müsse.

***Burmester*:**

Man wünscht nur eine Freiwilligkeit von jeder Seite.

***Feser*:**

Verweist auf die Aussprache im Ministerium wobei grundsätzliche Fragen erörtert wurden. Aufbau in Verbindung mit den 16 Oberligavereinen. Er erwähnt nochmals die Freiwilligkeit im Sport und bringt ein Beispiel von Kassel, wie es nicht gemacht werden soll.

***Koch*:**

Die Auf- und Abstiegsmöglichkeiten mit den 16 Oberligavereinen bleibt nach wie vor bestehen. Durch die Einheitlichkeit im Sport soll allen Vereinen die Möglichkeit gegeben werden, daran teilzunehmen. Es kommt nicht nur auf den Fußball an, wir sind es auch den anderen Sportarten schuldig sowie in erster Beziehung unserer Jugend, um zu einer Einigung im Sport zu kommen, um dadurch als anständige und faire Sportler unsere moralische und charakterliche Pflicht zu erfüllen.

Rauschelbach

Im Sektor Hockey sind wir uns einig und wünschen einen Verband mit den entsprechenden Fachverbänden, praktische Arbeit im Sport, Erziehung der Jugend sind Aufgaben, die im Vordergrund stehen müssen.

***Dr. Grünewald*:**

Verweist auf einige Übergriffe in kleineren Ortschaften. Unsere gemeinsame Arbeit muß schnellstens beginnen.

***Lindner*:**

In Wiesbaden war man sich darüber klar, daß nur ein Verband das einzig richtige ist. Der Begriff der Demokratie darf nicht vergewaltigt werden. Es kann keiner machen, was er will, auch im Sport gibt es gewisse Grenzen.

***Burmester*:**

Schildert die Begebenheiten nach dem Krieg 1918 und die damit verbundenen Schwierigkeiten durch die verschiedenen Verbände.

***Schmidt*:**

Bei der Wiederaufnahme des Sportbetriebes hat es verschiedentlich Schwierigkeiten gegeben. In allen Fragen haben wir eine loyale Haltung eingenommen, um

In der Bildmitte ist Fritz Rauschelbach mit einem Blumenstrauß in der Hand zu sehen. Das Bild entstand im Mai 1948. Rauschelbach gehörte nach dem Zweiten Weltkrieg zu den Initiatoren des Wiederaufbaus im Hockey-Sport. Er wurde zunächst ernannter, dann gewählter Vorsitzender des Fachausschuß Hockey im Hessischen Landessportverband, stellte sein Amt aber aus gesundheitlichen Gründen im Jahre 1948 zur Verfügung.

die Gegensätze nicht zu verschärfen. Vorurteile müssen für die Zukunft verschwinden. Die wirtschaftlichen Verhältnisse zwingen uns, den Sport in einer einheitlichen Organisation aufzubauen. Im Prinzip ist man sich in Bayern und Württemberg einig. Auch wir müssen durch die Tat beweisen, daß es uns ernstlich um die Einheit im Sport geht. Das Eigenleben der einzelnen Fachverbände soll in jeder Hinsicht gewahrt werden.

***Burmester*:**

Wirft einige verwaltungstechnische Fragen auf, die eine einheitliche Bewegung wünschenswert erscheinen lassen.

***Grigutsch*:**

Ist gegen die Bildung eines Sportverbandes, weil er glaubt, erst die Stellungnahme der Vereine einholen zu müssen.

***Dr. Grünewald*:**

Gibt die Erklärung ab, daß die in Wiesbaden anwesenden Vertreter der Vereine (30-35) sich grundsätzlich mit der Einigung einverstanden erklärt haben, und sie die gewählten Vertreter dieser Tagung seien.

Eine Pause von 10 Minuten wird eingelegt

Burmester:

Verweist nochmals auf die Sachlichkeit im Sport und erinnert daran, daß unsere Jugend auf die Entscheidung wartet.

***Guntrum*:**

Setzt sich ebenfalls für eine unbedingte Einigung im Sport ein und unterstreicht, daß wir die Garanten seien für die Sauberkeit im Sport.

***Burmester*:**

Führt die Abstimmung durch. Auf die Frage, wer für die Bildung eines Verbandes für Groß-Hessen sei, wurden folgende Stimmen abgegeben:

Für:	13 Stimmen
Dagegen:	niemand
Stimmenthaltungen:	2

Feser (Wiesbaden), Herr *Willi Schmitt* als Obmann der Schiedsrichtervereinigung hat sich der Stimme enthalten, weil er nur als Gast den Verhandlungen beigewohnt hat.

Als Abschluß wird festgestellt, daß in nächster Zeit in freier Wahl zunächst in den einzelnen Sportkreisen die zuständigen Männer gewählt werden. Gemeinsame Richtlinien sollen ausgearbeitet werden durch Einsetzung einzelner Ausschüsse. Ein Landessportausschuß wurde gebildet bestehend aus 16 Personen:

1. *William Reinert*	Gießen, Wilhelmstr. 21
2. *Fritz Bechmann*	Kassel, Holländischestr. 21
3. *Hartmann*	Fulda, Leipzigerstr. 2
4. *Karl Drott*	Offenbach, Hernstr. 11
5. *August Krämer*	Wiesbaden, Wallramstr. 7
6. *Heinz Karger*	Ffm. Höchst, Gerlachstr. 47
7. *Otto Großmann*	Ffm., Schillerstr. 19
8. *Martin Schmidt*	Ffm., Am Schwimmbad 7

Wilhelm Burmester

WilhelmBurmester wurde am 15. November 1888 in Kollendorf, Provinz Hannover, geboren, besuchte dort die Volksschule und erlernte den Beruf eines Schuhmachers. In diesen Jahren kam er auch mit dem Arbeitersport in Kontakt. Burmester siedelte im Jahre 1906 nach Frankfurt über und schloß sich dort der Freine Turnerschaft an, wo er zunächst Vorturner, dann Vereinsturnwart war. Am 25. Mai 1908 bestand er die vom IV. ATB-Kreis durchgeführte Vorturnerprüfung. Nach der Rückkehr aus dem Ersten Weltkrieg arbeitete er zunächst in der Frankfurter Schuhfabrik Herz, bewarb sich dann bei der Stadt Frankfurt erfolgreich auf die Stelle eines Turn- und Sportwart im Amt für Leibesübungen. Am Ende der Weimarer Republik war im 9. Kreis des ATSB (Hessen,Mittelrhein) in der Kreisturnsparte Sportwart.

Burmester hatte am 2. August 1914 geheiratet, war Vater einer Tochter, wurde aber in den 2oer Jahren geschieden. Am 1. April 1928 wurde er zum städtischen Beamten auf Lebzeit ernannt.

Politisch engagierte sich Burmester in der SPD, der er Ende 1918 beigetreten war. Am Ende der Weimarer Republik trat er jedoch aus der Partei aus (28. Oktober 1932), was ihn 1934 vor der Entlassung aus den Diensten der Stadt gemäß "Gesetz zur Wiederherstellung des Berufsbeamtentums" bewahrte. So verblieb Burmester auch in der NS-Zeit im Sportamt und trat am 1. April 1941 sogar der NSDAP bei.

Während des Zweiten Weltkrieges wurde er wegen seines fortgeschrittenen Alters nicht zu Wehrmacht eingezogen, erlebte das Kriegsende in Frankfurt und verblieb über den Zusammenbruch hinaus in städtischen Diensten als Leiter des Sportamtes.

Am 23. Januar 1948 wurde Burmester jedoch fristlos aus dem Dienst entlassen, weil er im Entnazifizierungsfragebogen seine Mitgliedschaft in der NSADP verschwiegen hatte. Burmester hat dann die Stadt Frankfurt verlassen und ist am 7. Mai 1972 in Verden gestorben.

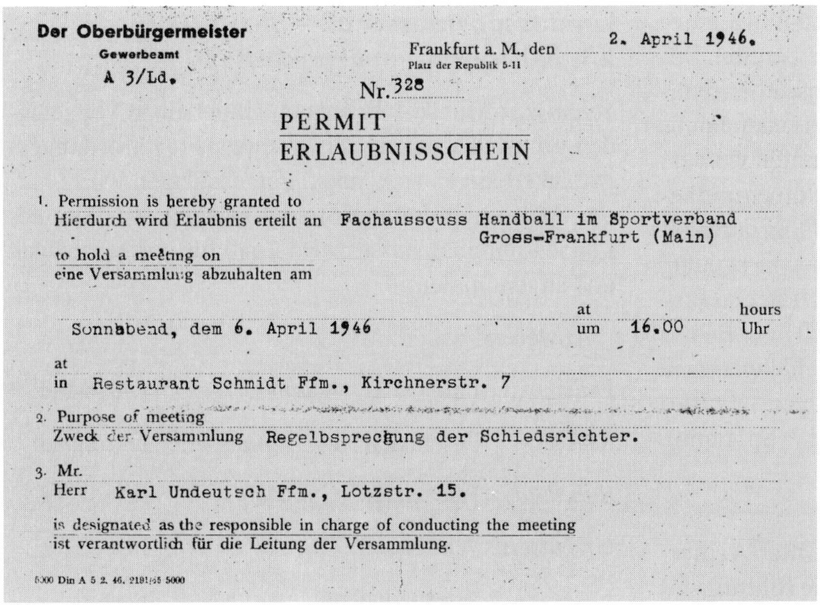

Der Oberbürgermeister
Gewerbeamt
A 3/Ld.

Frankfurt a. M., den 2. April 1946.
Platz der Republik 5-11

Nr. 328

PERMIT
ERLAUBNISSCHEIN

1. Permission is hereby granted to
Hierdurch wird Erlaubnis erteilt an Fachausscuss Handball im Sportverband Gross-Frankfurt (Main)

to hold a meeting on
eine Versammlung abzuhalten am

Sonnabend, dem 6. April 1946 at / um 16.00 hours / Uhr

at
in Restaurant Schmidt Ffm., Kirchnerstr. 7

2. Purpose of meeting
Zweck der Versammlung Regelbsprechung der Schiedsrichter.

3. Mr.
Herr Karl Undeutsch Ffm., Lotzstr. 15.

is designated as the responsible in charge of conducting the meeting
ist verantwortlich für die Leitung der Versammlung.

5000 Din A 5 2. 46. 2191/45 5000

Für alle Zusammenkünfte im Sport mußte vorher die Genehmigung beim Gewerbeamt der Stadt Frankfurt eingeholt werden. Zweck der Tagung, Termin, Ort und Teilnehmerkreis waren anzugeben. Dann erfolgte die Genehmigung, die bei Kontrollen vorzuzeigen war.

9. Walter *Guntrum*	Friedberg, Engelsgasse 4
10. *Otto Rausch*	Friedberg, Useberg 38
11. *Kurt Feser*	Wiesbaden, Postamt 1
12. *Richard Grigutsch*	Wiesbaden, Eckernfördestr. 7
13. *Dr. Karl Grünewald*	Darmstadt, Wilhelm-Leuschnerstr. 38
14. *Heinz Lindner*	Darmstadt, Möllerstr. 21
15. *Nikolaus Henden*	Ffm. Höchst, Gotenstr. 21
16. *Georg Geissler*	Ffm., Eschersheimer Landstr. 463

In den Fachausschuß Fußball wurden gewählt:

Grigutsch, Geissler, Dr. Grünewald, Schmidt, Reinert, Drott.

In den Fachausschuß Handball wurden gewählt:

Feser, Rausch, Bopp, Pabst.

In den Fachausschuß Leichtathletik wurden gewählt:

Lindner, Koch.

Die ersten Tagungen der Ausschüsse finden an folgenden Tagen statt:

Landessportausschuß Groß-Hessen:

Am Samstag, den 23. Februar 1946, 15 Uhr Gasthaus Soeffner, Ecke Gutleut- und Hafenstraße. Treffpunkt 14.45 Uhr, Bahnhofsbunker.

Fachausschuß Fußball:

Am Montag, den 18. Februar 1946, 15 Uhr bei Herrn *Geissler*, Frankfurt, Eschersheimerlandstr. 463.

Fachausschuß Handball:

Am Samstag, den 23.Februar 1946, 13 Uhr Gasthaus Kemmerer, Ecke Hafenstraße – Mainzerlandstraße.

Fachausschuß Leichtathletik:

Am Samstag, den 23. Februar 1946 im Anschluß an die Tagung des Landessportausschusses in der Gastwirtschaft Soeffner, Ecke Gutleut– und Hafenstraße.

***Burmester*:**

Schlußworte. Es wurde eine wesentliche Arbeit geleistet. Er dankt für diese Einsicht auch im Namen des Sportes. Er schließt die Versammlung mit den Worten: Nun kann man wieder Freude am Sport haben.

Entschließung

Es wurde folgende Entschließung der Versammlung abgefaßt:

In Frankfurt/Main wurde am 13. Februar 1946 zwischen den bevollmächtigten Vertretern der beiden bisherigen Verbände, des Sportverbandes und des Süddeutschen Fußballverbandes, eine grundlegende Einigung erzielt. Dabei wurde ein Landessportausschuß für Groß-Hessen gebildet, der die organisatorischen und technischen Vorarbeiten auf dem Gebiete des gesamten Sportes in Groß-Hessen durchführen wird. Von Bedeutsamkeit ist dabei der Grundgedanke, diese Neuorganisation für alle Zweige des Sportes einheitlich zu gestalten. Einige Fachausschüsse haben die Arbeit bereits aufgenommen.

Der Fachausschuß Leichtathletik gab folgende Notiz an die Presse:

Einheitliche Betreuung der Leichtathletik in Groß-Hessen.

Für die Betreuung der Leichtathletik in Groß-Hessen wurden von Seiten des Landessportausschusses zwei anerkannte Fachleute, die Herren *Kurt Koch*, Frankfurt und *Heinz Lindner*, Darmstadt, bis zur endgültigen Besetzung der neuzubildenden Organisation berufen. Damit ist für die Leichtathletik in Groß-Hessen erfreulicherweise vor Beginn der Wettkämpfe des neuen Jahres eine einheitliche Arbeitsgrundlage geschaffen worden. Alle Vereine, die sich der Leichtathletik widmen und beabsichtigen, in diesem Jahr eine Veranstaltung durchzuführen, sind zur Wahrung und einheitlichen Gestaltung der Termine verpflichtet, umgehend Ort, Tag und Programm dieser Veranstaltung einschließlich ihrer Bedingung schriftlich anzumelden. Die Anmeldungen sind zum Zwecke der Genehmigung zu richten an: *Kurt Koch*, Frankfurt/Main, Am Schwimmbad 7 (Sportamt).

Einladung zu einer Sitzung des sogenannten Achter-Ausschusses, dessen Funktion durch die Bildung des 16er Ausschusses eigentlich hinfällig geworden war

SPORTVERBAND GROSS-HESSEN
Frankfurt/Am Schwimmbad 7
Frankfurt/Main, den 14. Februar 1946

An die
Mitglieder des Achterausschusses
des Landessportverbandes GROSS-HESSEN

Betr.: Sitzung am 23. Februar in Frankfurt/Main

Nachdem eine Einigung mit dem Süddeutschen Fußballverband in unserem Landesgebiet stattgefunden hat, haben sich bereits verschiedene Ausschüsse gebildet, um die technischen Belange der einzelnen Sportarten wahrzunehmen. Es wurde auch ein Landessportausschuß gebildet bestehend aus 16 Personen, dem unser Achterausschuß angehört. Dieser 16er Ausschuß tritt am Samstag, den 23. Februar zu seiner ersten Sitzung zusammen. Ich bitte die Mitglieder pünktlich um 12 Uhr auf der Frankfurter Rundschau zu sein, um die Sachlage vor der eigentlichen Sitzung kurz zu besprechen.

LANDESSPORTVERBAND GROSS-HESSEN
Martin Schmidt

Einladung ergeht an:

Großmann, *Schmidt*, *Karger*, (Frankfurt) *Bechmann* (Kassel), *Reinert* (Gießen), *Drott* (Offenbach), *Hartmann* (Fulda) und *Krämer* (Wiesbaden).

Landessportausschuß – Sitzung am 23. Februar 46 in Frankfurt

Schmidt eröffnet die Tagung und bittet einen Vorsitzenden zu bestellen, um die schwebenden Fragen ordnungsgemäß erledigen zu können. Vorgeschlagen wird *Lindner*, Darmstadt und einstimmig gewählt. Als Sitz des Landessportausschusses wird Frankfurt vorgeschlagen und angenommen.

Anwesend waren:

Dalitz,	Fulda	*Lindner*,	Darmstadt
Krebs,	Offenbach	*Dr. Grünewald*,	Darmstadt
Raimund,	Wiesbaden	*Guntrum*,	Friedberg
Grigutsch,	Wiesbaden	*Rausch*,	Friedberg
Feser,	Wiesbaden	*Bechmann*,	Kassel
Koch,	Frankfurt	*Kulpe*,	Kassel
Schmidt,	Frankfurt	*Heßler*,	Vertreter von
Handen,	Frankfurt		Kurhessen-
Geissler,	Frankfurt		Kassel

Es fehlten:

Reinert, Gießen; *Krämer*, Wiesbaden

***Bechmann*:**

Warf verschiedene Fragen auf, die im Zusammenhang mit der vollzogenen Einigung zusammenhängen.

***Lindner*:**

Rekapituliert nochmals die Einigung und unter welchen Gesichtspunkten die weitere Arbeit gedacht ist. Bestehende Unklarheiten wurden richtiggestellt. Wir wollen nur die Wegbereiter sein, um den Sport in die richtigen Bahnen zu leiten. Es wurde als unbedingt notwendig erachtet, daß alle sich vorbehaltlos zu dem Gedanken der Einigung bekennen und dafür eintreten.

***Grigutsch*:**

Sprach sich für eine eventuelle Einigung aus, er müsse zunächst die Stellungnahme seiner Vereine einholen.

***Geissler*:**

Wies darauf hin, daß in Wiesbaden nur eine Sitzung der Landesligavereine stattgefunden habe, und die Mehrheit der Vereine, die in der Bezirks- und Kreisklasse spielen, hierbei nicht gefragt wurden.

In der nun folgenden Aussprache, hervorgerufen durch die Stellungnahme *Grigutsch*, beteiligten sich:

Richard Grigutsch

Grigutsch wurde am 16. Dezember 1911 in Recklinghausen geboren, wo er auch die Schule besuchte, eine kaufmännische Lehre absolvierte und danach als kaufmännischer Angestellter arbeitete.

Fußball spielte er von Kindesbeinen an und war in den 30er Jahren als eleganter Mittelfeldspieler bei den Ruhrgebietsclubs ein gefragter Akteur. VfL Bochum, Schwarz-Weiz Essen und Alemannia Aachen waren die sportlichen Stationen. Mit der Heirat im Jahre 1939 verlegte Grigutsch seinen Wohnsitz nach Wiesbaden und spielte bei SV Wiesbaden, später bei Eintracht Frankfurt.

Das Kriegsende erlebte er in Wiesbaden, wo er sich bereits im Spätsommer 1945 darum bemühte, im Fußball eine Landesliga als Unterbau zur Süddeutschen Oberliga aufzubauen. Diese sogenannte „Grigutsch-Liga" bekam aber im Winter 1945/46 immer größere Schwierigkeiten bei der Genehmigung des Spielbetriebes, übte dann im Frühjahr 1946 jedoch vor allem auf die mittleren Fußball-Vereine in Hessen, die nicht in der Süddeutschen Oberliga spielten, eine große Anziehungskraft aus, so daß es zu erheblichen Auseinandersetzungen mit dem Landessportverband kam. Im Juli 1946 wurde Grigutsch durch Beschluß des Vorstandes aus dem Hessischen Landessportverband ausgeschlossen. Er hat sich später als Trainer und Journalist auch weiter mit dem Sport beschäftigt. Am Tage seines 70. Geburtstages, am 16. Dezember 1981, ist Richard Grigutsch in Wiesbaden gestorben.

Der Zeitungsausschnitt ist dem WIESBADENER KURIER, vom 16. Dezember 1981 entnommen.

„Vater der Landesliga"

Richard Grigutsch 70

Richard Grigutsch (unser Bild) wird heute 70. Viele erinnern sich nicht mehr an die Zeit unmittelbar nach dem Zweiten Weltkrieg, als Organisationstalente wie er dafür sorgten, daß es schnell wieder losging mit dem Fußball. Zur außergewöhnlichen fußballerischen Begabung (Stationen: VfL Bochum, Schwarz-Weiß Essen, Alemannia Aachen, SVW, Eintracht Frankfurt) gesellte sich der Drang, etwas auf die Beine zu stellen: Auf Güterzügen „reiste" Richard Grigutsch durch die Lande, die Landesliga als oberste hessische Spielklasse unter der gemeinsam von ihm und dem späteren Bundesliga-Trainer Lindemann ins Leben gerufenen Süddeutschen Oberliga war im Oktober 1945 sein Werk. So wurde Richard Grigutsch fortan „Vater der Landesliga" genannt.

Daß er in Rüdesheim das erste Fußball-Spiel (gegen den SVW) arrangierte, daß am Kleinfeldchen – trotz eines mitten auf dem Platz aufgeworfenen Hügels, der auf Anordnung der Amerikaner da auch liegenbleiben mußte – dank seiner Initiative mit Hessen – Württemberg das erste Repräsentativspiel in Deutschland nach dem Krieg stattfand, unterstreicht seine Pionierleistung.

Richard Grigutsch, auch langjähriger KURIER-Mitarbeiter, erinnert sich immer gern an jene Zeit zurück, der Trainerjahre in Idar-Oberstein, Offenburg, Weisenau und Biebrich folgten: Das waren noch Fußball-Zeiten. Das Klima mußte in einem Verein stimmen für Richard Grigutsch, Geselligkeit war wichtig. In vielen Vereinen hat sich seitdem manches verändert.

Zum 70. wünscht auch der KURIER Richard Grigutsch alles Gute.

Schmidt, *Lindner*, *Dalitz*, *Koch* und *Dr. Grünewald*. Eine Tagung der Landesligavereine, die bereits einberufen, soll nochmals gefragt werden, ob sie mit den getroffenen Maßnahmen der in Wiesbaden gewählten Vertreter einverstanden ist. Alle waren einmütig der Auffassung, daß die Haltung *Grigutsch* nicht den Erfordernissen der Zeit Rechnung trage. Den 30-40 Vereinen stehen im großhessischen Raum mehrere hundert Vereine gegenüber.

Der Fall Kurhessen-Kassel wird aufgerollt und es kommt zum Teil zu erregten Auseinandersetzungen zwischen den Vertretern *Heßler/Grigutsch* einerseits und *Kulpe/Bechmann*, Kassel andererseits.

Da die Angelegenheit aber rein örtlicher Natur ist und den Landessportausschuß als solchen nur bedingt interessiert, wird empfohlen, in Kassel selbst eine Klärung herbeizuführen. An der Diskussion waren noch beteiligt: *Raimund*, Wiesbaden; *Dr. Grünewald*, Darmstadt; *Rausch/Guntrum*, Friedberg; *Schmidt*, Frankfurt.

Wie der Vorsitzende feststellt, ist man zu einer erfolgreichen Arbeit nicht gekommen, und er macht die Vertreter nochmals darauf aufmerksam, daß sie sich in der stattfindenden Tagung der Landesligavereine 100%ig für eine einheitliche Sportbewegung einzusetzen hätten.

Schreiben *Heinz Lindner* an *Martin Schmidt* vom 28. Februar 1946.

Regierungsrat
Heinz Lindner
Darmstadt
Mollerstraße 21

Darmstadt, am 28. Februar 1946

Herrn
Martin Schmidt
Frankfurt/Main
Am Schwimmbad 7

Lieber Kamerad *Schmidt* !

Heute hat mir *Dr. Grünewald* berichtet, daß gestern in Frankfurt im wesentlichen die positive Linie erhalten geblieben ist und daß auch der Fußballausschuß gut abgeschlossen hat und sich auf den kommenden Mittwoch vertagt hat. Ich wünsche der Arbeit dieses Ausschusses weiterhin Erfolg.

Nachdem ich durch das Vertrauen aller Kameraden zum Vorsitzer für die Tagung des Landessportausschusses gewählt worden bin, habe ich die Pflicht, der Sache zu Liebe dafür zu sorgen, daß wir auf unserer großen Li-

nie weiterkommen. Ich bitte Sie daher, von Frankfurt aus alle Kameraden des Landessportausschusses zur nächsten Tagung am **Samstag, den 9. März 1946**, pünktlich um 15 Uhr in Frankfurt schriftlich einzuladen.
Dr. Grünewald hält als Lokal der gestrigen Tagung für zweckdienlich („Olympia-Klause"). Bestimmen Sie das Lokal; setzen Sie um der Form zu genügen unter die Einladung gez. *Lindner* und unterschreiben Sie bitte selbst, vielleicht mit dem Zusatz: Für die Richtigkeit: *Schmidt.*

Dr. Grünewald und mir brauchen Sie keine Einladung mehr zuzustellen. Eine könnten Sie mir als Belegexemplar für meine Akten aufheben und evtl. am 9. März übergeben.

In der Einladung bitte ich zu vermerken, daß mir etwaige Vorschläge für die Tagesordnung durch die Post (Anschrift: Darmstadt, Mollerstraße 21) vorher oder aber spätestens vor Beginn der Tagung schriftlich zugestellt werden können.

Ich hoffe, daß Sie der Sache willen gerne meiner Bitte nachkommen. Für Ihre Unterstützung bin ich Ihnen sehr dankbar!

Mit sportlichem Gruß!
Ihr

Heinz Lindner

Heinz Lindner

Lindner wurde am 15. Januar 1904 in Damstadt geboren. Der Vater war Reichbahnsekretär, die Mutter starb bereits im Jahre 1911. Lindner besuchte die Vorschule in Darmstadt, dann auch das Gymnasium und bestand im Jahre 1922 das Abitur. Zunächst absolvierte er von 1922 bis 1924 eine Banklehre. Als Student und Werkstudent mußte er danach sein Studium an der Universität Frankfurt, wo in Volkswirtschaft und Rechtswissenschaften eingeschrieben war, selbst finanzieren. Im Jahre 1930 schloß er die Universitätszeit als Diplomvolkswirt ab, zunächst mit der Absicht, eine Promotion anzuschließen. Im Jahre 1933 trat er als Angestellter in der Devisenstelle des Volksstaates Hessen in Darmstadt in den Staatsdienst ein.

Bei Kriegsbeginn wurde Lindner zunächst u.k. gestellt, im Oktober 1942 an das Reichswirtschaftministerium abgeordnet, wo er für den Kapitalverkehr mit der Schweiz zuständig war, dann aber im September 1943 zur Wehrmacht eingezogen. Als Infantriesoldat zog er sich im November 1944 eine schwere Kopfverletzung zu, verlor ein Auge und erlitt schwere Hörschäden. Nach der Entlassung aus dem Lazarett kehrte er im Juni 1945 nach Darmstadt zurück.

Am 1. August 1945 wurde Lindner beim Regierungspräsidium in Darmstadt angestellt und war dort im Bereich der Bankenaufsicht tätig. Auf Anordnung der Militärregierung wurde er aber bald wegen einer internen Auseinandersetzung entlassen, konnte jedoch seine volle Rehabilitierung erwirken und wurde zum 1. März 1946 im Range eines Regierungsrats als stellvertretender Landrat des Kreises Bergstraße wieder in den Staatsdienst eingestellt. Lindner beendete seine berufliche Laufbahn als leitender Regierungsdirektor (Ernennung 1966) und war zu diesem Zeitpunkt Leiter der inneren Verwaltung im Regierungspräsidium Darmstadt. Vor allem seine Ämter, die er ab dem Frühjahr 1946 bekleidete, ermöglichten ihm bevorzugte Reise und Kommunikationsmöglichkeiten (PKW und Dienstboten), was ihm vor allem in den ersten Nachkriegsjahren im Bereich des Sports sehr nützlich war.

Sportlich engagierte sich Lindner in der Leichtathletik als Mittel- und Langstreckenläufer im Verein Darmstadt 98 und stellte sich dem Verein zunächst als Jugendtrainer zu Verfügung, später leitete er das Erwachsenentraining, aus dem zum Teil erstklassige Leichtathleten hervorgingen. Von 1925 bis 1937 war er Leichtathletik-Kreisfachwart und bei den Olympischen Spielen 1936 in Berlin wurde er in das Zielgericht berufen.

Als Wettkämpfer und Trainer war der Name Lindner im südhessischen Raum im Bereich der Leichtathletik durchaus bekannt, und so fügte es sich, daß er nach Kriegsende zusammen mit Kurt Koch zunächst als Leichtathletik-Vertreter in Erscheinung trat. Das geschah im Februar 1946, weil er zuvor mit seinen beruflichen Auseinandersetzungen belastet war.

Lindner bot sich als „Mann der zweiten Stunde" für die rivalisierenden Gruppen, wie sie sich in den Organisationen Süddeutscher Fußballverband und Süddeutscher Sportverband herauskristallisiert hatten, als idealer Kompromißkandidat an. Zudem wurde dem geschliffenen Redner und zu einvernehmlichen Regelungen neigenden Lindner auch das Vertrauen von Militärregierung und dem Referenten im Kultusministerium entgegengebracht, so daß Lindners Name in der Folgezeit immer an der Spitze sich herausbildender Sportorganisationen genannt wird, wobei er zweimal nur knapp die Stimmenmehrheit auf seiner Seite hatte.

Das war bei der Wahl zum Vorsitzenden des Landessportverbandes Groß-Hessen am 15. Juni 1946 so und bei der Wahl zum Vorsitzenden der Arbeitsgemeinschaft Deutscher Sport im Oktober 1948. In diesen Jahren gehörte Lindner zu den einflußreichsten Persönlichkeiten im Sport der westlichen Besatzungszonen. An allen wesentlichen Fragen der Sportentwicklung dieser Jahre hatte Lindner einen wesentlichen Anteil und so ist es verständlich, daß zahlreiche Konferenzen, die zur Herausbildung einer einheitlichen Sportorganisation führten, in Frankfurt abgehalten wurden.

Lindner war im Deutschen Sportbund von 1950 bis 1970 Präsidialmitglied, von 1954 an als Vizepräsident. Nach seinem Ausscheiden aus den Sportämtern im Jahre 1970 wurde er Ehrenpräsident des LSB Hessen und Ehrenmitglied des DSB. Für seine Verdienst um den Sport erhielt er das Große Verdienstkreuz 1. Klasse der Bundesrepubilk Deutschland; der LSB-Hessen ehrte seinen Namen mit der Stiftung eines Preises.

Heinz Lindner ist am 18. März 1982 in Malchen bei Darmstadt gestorben.

Dr. Karl Grünewald, der „Doktor"

Karl Grünewald wurde am 5. Juni 1889 als Sohn einer Kaufmannsfamilie in Darmstadt geboren. Von 1895 bis 1898 besuchte er eine Mittelschule und wechselte im gleichen Jahr an das Alte Realgymnasium, die heutige Georg-Büchner-Schule, wo er 1907 das Abitur ablegte. Von 1907 bis 1911 studierte er in München und Gießen die Fächer Deutsch, Englisch und Französisch und bestand im Jahre 1911 das Erste Staatsexamen.

Die Referendarausbildung absolvierte er an der Liebig-Oberrealschule in Darmstadt und an einem Gymnasium in Duisburg, wurde 1913 Studienassessor und trat vom 1. Oktober 1913 bis zum Kriegsausbruch im Jahre 1914 in den Dienst einer Privatschule in Seeheim. Jetzt schloß er auch seine Dissertation an der Universität Gießen mit einem Thema aus der Anglistik zum Gebrauch der Mundart in der klassischen englischen Dichtung ab und promovierte zum Dr. phil.

Im Ersten Weltkrieg diente Grünewald im Feld-Artillerie-Regiment 205 und wurde am 7. Dezember 1918 als Leutnat der Reserve aus dem Militärdienst entlassen.

Am 6. Januar 1919 trat Grünewald in den öffentlichen Schuldienst ein, war bis zum 1. April 1921 an der Ludwigs-Oberrealschule und wechselte dann als Studienrat ans Alte Realgymnasium. Dort wurde er 1947 zum Oberstudienrat ernannt und ging am 1. Oktober 1954 als stellvertretender Direktor dieser Schule in Pension.

Seine Lehrertätigkeit wurde durch die Teilnahme am Zweiten Weltkrieg unterbrochen, die vom 6. November 1939 bis zum 7. November 1941 dauerte; dann wurde er zu Fortsetzung der Lehrertätigkeit als „unabkömmlich" gestellt und als Hauptmann der Reserve aus der Wehrmacht entlassen. Das Kriegsende erlebte er in Darmstadt.

Karl Grünewald war mit Elisabeth Ensgraber verheiratet; aus der Ehe gingen fünf Kinder hervor.

Sportlich war Grünewald bereits als Kind engagiert, zunächst im Fußball als Verteidiger und Tormann, dann als Leichtathlet beim FC Olympia 1898. Er gehörte seit 1911 dem Vorstand des Vereins an und war beim 1919 in Darmstadt 1898 umbenannten Verein insgesamt 28 Jahre Vorsitzender, seit 1962 Ehrenvorsitzender. Auch überregional bekleidete Grünewald im Fußball zahlreiche Ämter: 1911 wurde er in der Provinz Starkenburg des Süddeutschen Fußball-Verbandes Jugendwart, war von 1926 bis 1933 Beisitzer des Verbandsgerichtes und seit 1949 Mitglied des Spruchausschusses der süddeutschen Regionalliga und wurde 1959 zum Ehrenmitglied ernannt. Im Hessischen Fußball-Verband war Grünewald von 1946 bis

1966 Verbandsrechtswart und gehört damit zu den Pionieren im hessischen Fußball nach dem Zweiten Weltkrieg.

Für sein Engagement im Sport wurde Grünewald vielfach ausgezeichnet: Die Stadt Darmstadt verlieh ihm die silberne Verdienstplakette, der Hessische Fußball-Verband die Ehrenmitgliedschaft, die Bundesrepublik das Bundesverdienstkreuz I. Klasse. Er ist kurz nach seinem 90. Geburtstag am 1. August 1979 in Darmstadt verstorben. Das Jugendheim des SV Darmstadt 98 erhielt seinen Namen.

Landessportausschuß–Sitzung am 9. März 1946 in Frankfurt/M.

Lindner eröffnet die Sitzung und bittet, einen 2. Vorsitzenden zu bestellen. *Schmidt* wird vorgeschlagen und angenommen.

Anwesend waren:

Lindner,	Darmstadt	*Karger,*	Frankfurt
Dr. Grünewald,	Darmstadt	*Handen,*	Frankfurt
Krebs,	Offenbach	*Geissler,*	Frankfurt
Großmann,	Frankfurt	*Reinert,*	Gießen
Schmidt,	Frankfurt		

Es fehlten:

Bechmann,	Kassel	*Krämer,*	Wiesbaden
Hartmann,	Fulda	*Feser,*	Wiesbaden
Rausch,	Friedberg	*Grigutsch,*	Wiesbaden
Guntrum,	Friedberg		

***Dr. Grünewald*:**

Gibt einen Überblick über den Stand im Fußball. Er erwähnt, daß in den verschiedenen Kreisen Tagungen stattgefunden haben, und an den bestehenden Spielrunden nichts geändert wurde. Die Landesliga bleibt bestehen, und als gleichberechtigt die Kurhessenliga. Im Laufe der Zeit soll sich ihre Spitze herausschälen.

***Koch*:**

Bestätigt dasselbe für Handball.

***Lindner*.**

Gibt über die Leichtathletik einen kurzen Überblick und verliest die neue Leichtathletik-Jugendordnung.

Die Amnestie für Groß-Hessen wurde im Fußball durchgeführt und wird von den anwesenden Mitgliedern auch für Handball und Hockey empfohlen.

***Karger*:**

Betont, daß Leichtathletik in allen Vereinen betrieben werden soll.

***Lindner*:**

Gibt die Erwiderung, daß es zur Zeit noch verfrüht sei, diesen Punkt anzuschneiden. Antrag wird zurückgestellt. Es wird den Leitern der anderen Sportarten empfohlen, Zeitpunkte und Termine für größere Leichtathletik-Veranstaltungen freizuhalten. Die Anwesenden bekennen sich nochmals einmütig zu einem Verband in Groß-Hessen. Es werden die Grundsätze genau formuliert.

***Koch*:**

Erwidert, man müsse für alle Entscheidungen eine gewisse Ordnung haben. Es geht nicht an, daß man planlose Schritte unternimmt, die doch zu nichts führen.

***Großmann*:**

Erklärt, daß die Minister in Wiesbaden der Sache positiv gegenüber stehen. Die Formulierung müsse nur sehr vorsichtig gehalten sein.

***Lindner*:**

Verneint die Ernennung eines Sportreferenten bei der Regierung. Der Sport muß sich selbständig verwalten. Er verliest eine Formulierung einer Entschließung an die Regierung. Sie wird allgemein für gut befunden. Es sollen Abschriften angefertigt werden und bei der nächsten Zusammenkunft nochmals vorgelegt und dazu Stellung genommen werden. Für die Namensgebung der einzelnen Leiter der Abteilungen werden vorgeschlagen:

Lindner: Fachwarte; *Schmidt*: Spartenleiter. Beides wurde abgelehnt und man einigte sich auf die Bezeichnung „Warte".

Zusammenstellung der Funktionärbezeichnungen.

Wahlrecht: Auf 50 Mitglieder eine Stimme. Einstimmige Annahme.

Organisation: Kreis – Bezirk – und Land.

Geschäftsstelle: Beiträge: Konten: Die Themen wurden zur Diskussion freigegeben. Bestätigung der Kreise. Führung der Kasse in den Kreisen. *Großmann* fährt nach Wiesbaden zur Klärung dieser Fragen.

Diskussion: Kopfbeitrag oder Spieleinnahmen. Es wurde beschlossen, eine 5 %ige Verbandsabgabe ab 1. April zu erheben. Das Geld bleibt bei den Kreisen bis auf weiteres. Versand der Duplikate an die Geschäftsstelle des LSA. Auch die Landesliga rechnet mit ihren zuständigen Kreisen ab.

Die nächste Sitzung wurde auf den 23. März 1946 15 Uhr festgelegt. Bis dahin sollen Sportbeauftragte für die einzelnen Kreise namhaft gemacht werden.

Tagungsschluß: 18.30 Uhr.

Bericht über den Stand der Sportorganisation, der von *Martin Schmidt* an das Ministerium in Wiesbaden und die Militärregierung übermittelt wurde

Am 23. März 1946 wurde folgendes Schreiben an *Dr. Herzfeld* (Wiesbaden) und die Militärregierung in Wiesbaden (Mr. *Vinnig*) eingereicht:

Vorbereitender Ausschuß für alle erlaubten Sportarten:

Er regelt Spiel- und Strafbestimmungen und ist mit der Durchführung der Wettkämpfe bis zur Ermittlung der Landesmeister betraut:

Dem Ausschuß gehören an:

William Reinert, Gießen, Wilhelmstraße 21
Fritz Bechmann, Kassel, Holländischestraße 21
Hartmann, Fulda, Hch. v. Bibraplatz 1
Karl Drott, Offenbach, Herrnstraße 11
August Krämer, Wiesbaden, Wallramstraße 7
Heinz Karger, Frankfurt-Höchst, Gerlachstaße 47
Otto Großmann, Frankfurt, Schillerstraße 19
Martin Schmidt, Frankfurt, Am Schwimmbad 7
Walter Gundrum, Friedberg, Engelgasse 4
Otto Rausch, Friedberg, Usaberg 38
Kurt Feser, Wiesbaden, Postamt 1
Richard Grigutsch, Wiesbaden, Eckenförderstraße 7
Dr. Karl Grünewald, Darmstadt, W.-Leuschner-Straße 38
Heinz Lindner, Darmstadt, Mollerstraße 21
Nicolaus Handen, Frankfurt-Höchst, Gotenstr. 21
Georg Geißler, Frankfurt, Eschersheimerlandstraße 463

Spielbezirk Frankfurt:

Groß-Frankfurt, Main-Taunus, Obertaunus, Usingen, Friedberg, Büdingen, Offenbach, Hanau, Gelnhausen

Spielbezirk Darmstadt:

Darmstadt, Bergstraße, Dieburg, Odenwald, Erbach, Groß-Gerau.

Spielbezirk Wiesbaden:

Wiesbaden, Rheingau, Untertaunus.

Spielbezirk Fulda:

Fulda, Lauterbach, Hünfeld, Hersfeld, Rothenburg, Schlüchtern.

Spielbezirk Gießen:

Gießen, Alsfeld, Wetzlar, Biedenkopf, Dillenburg, Limburg, Weilburg, Marburg.

Spielbezirk Kassel:

Kassel, Wolfhagen, Waldeck, Witzenhausen, Eschwege, Melsungen, Frankenberg, Fritzlar-Homberg, Ziegenhain.

Kreistage:

In den Sportkreisen werden ordentliche Kreisvorstände gebildet. Die Tagungen sollen baldmöglichst abgehalten werden. Das Stimmrecht der Vereine wurde wie folgt festgelegt:

Für je 50 Mitglieder ein Delegierter. Bruchteile gelten als voll. Es genügt, wenn ein Vertreter anwesend ist. Er vertritt alle Stimmen seines Vereins.

Kreistage finden jährlich statt und zwar in den Monaten Januar und Februar (ausgenommen sind außerordentliche Kreistage).

Funktionärbezeichnung:

Die Bezeichnung für die geschäftlichen Leiter ist: Kreisvorsitzender, Kreiskassierer, Kreisjugendwart, Kreispressewart usw.

Die technischen Leiter der einzelnen Sportarten führen die Bezeichnung Warte. Zum Beispiel: Kreissportwart, Kreisfußballwart, Kreisturnwart, Kreisjugendwart.

Finanzen:

Hierzu wurde festgelegt:

Ab 1. April haben alle Vereine 5 % Abgaben von ihren Spielen zu leisten. Dasselbe gilt sinngemäß auch für die Wettkämpfe und sportlichen Veranstaltungen aller anderen Sportarten.

Die Abrechnung geschieht mit den Kreiskassierern jeden Monat zwischen dem 1. und 5. eines jeden Monats.

Amnestie:

Eine allgemeine Amnestie für Straftaten vor dem 1. März wurde erlassen für Fußball, Handball und Hockey.

Strafbestimmungen:

Um nach einheitlichen Richtlinien urteilen zu können, wurden den Kreisspruchkammern Auszüge aus den Strafbestimmungen an die Hand gegeben.

Bericht von *Martin Schmidt* über ein Gespräch in Wiesbaden am 23. März 1946 und sein Agieren in der sogenannten „Fuldaer Affäre"

Aktennotiz

Besprechung am 23. März 1946 in Wiesbaden

Großmann-Schmidt erscheinen bei Mr. *Vinnig*; später war auch *Dr. Herzfeld* zugegen. Mr. *Vinnig* wurde die Liste des 16er Ausschusses überreicht, mit der Bitte, die Genannten für den Aufbau des Sportes in Groß-Hessen anzuerkennen. Er macht verschiedene Einwendungen und fragt nach der politischen Einstellung der einzelnen Männer, die ihm allerdings nicht gegeben werden kann, weil bisher niemand nach seiner politischen Einstellung gefragt worden ist. Er sagt unter anderem, daß hohe Würdenträger bei ihm vorgesprochen hätten und er solche in dem vorliegenden Verzeichnis vermissen würde. Auf einer am 6. April stattfindenden Sitzung will sich Mr. *Vinnig* die Männer einmal vorstellen lassen. Im Verlauf der Unterredung macht er auf eine Veröffentlichung in der Fuldaer Presse aufmerksam. Da nicht gesagt wurde, um was es sich hierbei handelte, erklärte *Schmidt*, daß er mit dieser Veröffentlichung nichts zu tun habe.

Telefonischer Anruf am Donnerstag, den 4. April 1946 in Wiesbaden, ob Mr. *Vinnig* und *Dr. Herzfeld* auf der Sitzung am Samstag, den 6. April erscheinen. Herr *Dr. Herzfeld* erklärt, daß auf Grund der Veröffentlichung in der Fuldaer Presse er als auch Mr. *Vinnig* nicht kommen würden. Er käme wahrscheinlich am Freitag nach Frankfurt und würde die Angelegenheit mit *Dr. Askanasie* und *Großmann* besprechen. Nachdem diese Unterredung nicht stattgefunden hat, fuhr *Schmidt* am Samstagfrüh nach Wiesbaden, um endlich in Erfahrung zu bringen, was eigentlich die Ursache der Verstimmung sei. Leider wurde *Schmidt* nicht empfangen. Es wurde ihm bedeutet, daß die entsprechenden Akten nach Frankfurt zur Untersuchung der Angelegenheit gegangen seien.

Martin Schmidt

Entschließung

Die Herren:

Lindner	*Handen*
Großmann	*Grigutsch*
Dr. Grünewald	*Reinert*
Koch	*Bechmann*
Rausch	*Krebs*
Guntrum	*Schmidt*
Geisler	

faßten folgende *Entschließung*:

1. Die Versammlung des vorbereitenden Ausschusses für den Aufbau des Sports in Groß-Hessen in Frankfurt am Main am 6. April 1946, zu der Mr. *Vinnig*, Referent der Militärregierung Groß-Hes-

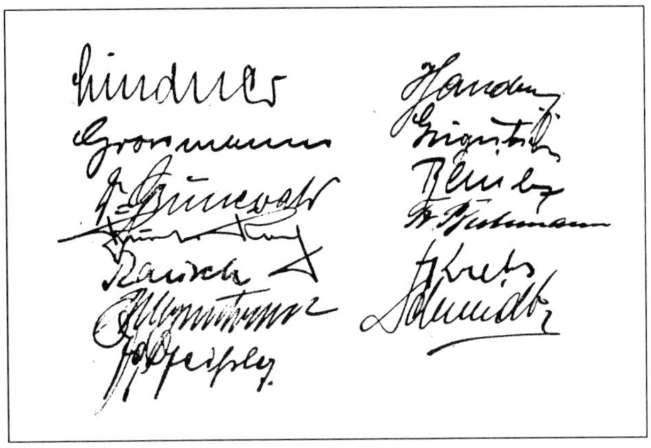

sen und *Prof. Dr. Herzfeld* im Kultusministerium in Wiesbaden eingeladen waren, und die zunächst auch ihr Erscheinen zugesagt hatten, hat mit großem Bedauern feststellen müssen, daß die beiden Herren nicht erschienen sind. Die Versammlung hat außerdem erfahren, daß durch ein bedauerliches Mißverständnis in der Presse in Fulda behauptet worden ist, ein Landessportverband Groß-Hessen sei gebildet und habe die Genehmigung der Groß-Hessischen Regierung gefunden.

2. Die Versammlung bedauert, daß offenbar durch die Pressemeldung – für die sie nicht verantwortlich ist – die Fühlungnahme mit den beiden Herren unmöglich wurde. Sie mißbilligt die Fuldaer Meldung, die sie nicht veranlaßt hat und verurteilt das Verhalten eines Fuldaer Ausschußmitgliedes, das vermutlich Grundlage für diese Meldung war.
3. Die Versammlung beauftragt einstimmig die Kameraden: *Großmann*, *Lindner*, *Schmidt*, zur Bereinigung dieser Angelegenheit durch umgehende Vorsprache bei Staatsminister *Dr. Hilpert*, dem stellvertretenden Ministerpräsidenten für Groß-Hessen. Die genannten Kameraden werden außerdem beauftragt, bei dieser Vorsprache Antrag auf Genehmigung zur Bildung eines Landessportverbandes Groß-Hessen e.V. unter Überreichung eines Entwurfes zur Regelung der Leibesübungen in Groß-Hessen zu stellen.
4. Der vorbereitende Ausschuß hat außerdem einstimmig beschlossen, bis zur Genehmigung alles zu vermeiden, was als Anlaß zu der Auffassung beitragen könnte, dieser Landessportverband respektive Landesausschuß sei bereits gebildet.
5. Der Ausschuß erklärt auch eindeutig, daß die beiden Kameraden *Lindner* und *Schmidt* im Auftrage des vorbereitenden Ausschusses Einladungen für Zusammenkünfte zu veranlassen haben.

Frankfurt/Main – 6. April 1946

Nur noch ein Landessportverband

Das großhessische Staatsministerium hat zur Regelung der Leibesübungen im Land Groß-Hessen eine Verordnung beschlossen, in der es u.a. heißt: Die Ausübung der Leibesübungen darf nicht von parteipolitischen, konfessionellen, rassischen, beruflichen und militärischen Gesichtspunkten abhängig gemacht werden. Alle in Groß-Hessen zugelassenen Vereine werden zu dem Landessportverband Groß-Hessen e.V. zusammengeschlossen. Damit ist nun endgültig die sportliche Einheit erzielt und der Weg zu einer ersprießlichen Weitergestaltung im Sportleben geebnet.

Fuldaer Volkszeitung, 30. März 1946

Schreiben vom 8. April von *Martin Schmidt*, Frankfurt an Magnus *Hartmann*, Fulda

Sportverband Groß-Hessen
Frankfurt/M., Am Schwimmbad 7
Telefon: 54190
Frankfurt/Main, den 8. April 1946

An den
Sportkreis Fulda
Herrn *Magnus Hartmann*
Fulda
Hch.v. Bibraplatz 1

Betr.: Sitzung des 16er Ausschuß mit dem Sportoffizier bei der Militärregierung und dem Sportreferenten bei der groß-hessischen Regierung in Wiesbaden.

Zu der am 6. April 1946 nach Frankfurt einberufenen Sitzung des 16er Ausschusses hatten sowohl der Sport-

Berichtigung

Nach einer Mitteilung des Ministers für Kultur und Unterricht im großhessischen Staatsministerium entspricht die in unserer Nummer 23 vom 16. März gebrachte Meldung „Nur noch ein Sportverband" nicht den tatsächlichen Verhältnissen. Das großhessische Staatsministerium hat keine Verordnung erlassen, wonach ein Landessportverband existieren würde. Die Organisation des Sportes ist nach wie vor nur im Rahmen von Kreissportverbänden erlaubt

Fuldaer Volkszeitung, 30. März 1946

In der Olympia-Klause bzw. den Olympia-Bierstuben fanden im Jahre 1946 zahlreiche Besprechungen im Sport statt. Das Bild stammt aus dem Jahre 1950, wobei der Pfeil das Haus markiert, in dem sich das Lokal befindet.

offizier bei der Militärregierung Mr. *Vinnig*, als auch der Sportreferent bei der Regierung in Wiesbaden, Herr *Herzfeld*, ihr Erscheinen zugesagt. In letzter Minute jedoch wurde diese Zusage zurückgezogen.

Was war geschehen?

Durch eine Indiskretion wurde ein Schreiben von uns vom 11. März in Fulda zum Anlaß genommen, in der Zeitung zu veröffentlichen, daß der Landessportverband Groß-Hessen gebildet sei und in jeder Beziehung die Förderung und Unterstützung der Regierung in Groß-Hessen erhalte.

Das von uns herausgegebene Schreiben sollte lediglich einen Entwurf darstellen, der unsererseits bei der Regierung eingereicht werden sollte. Am Kopf des Schreibens wurde ausdrücklich vermerkt: „Zur Stellungnahme bis zur nächsten Sitzung".

Aufgrund der gegebenen Sachlage hat der 16er Ausschuß das Verhalten der Fuldaer Sportfreunde mißbilligt und den Unterzeichneten beauftragt, nicht nur die Mißbilligung des 16er Ausschusses zum Ausdruck zu bringen, sondern auch zu verlangen, daß eine entsprechende Notiz in der Fuldaer Zeitung gebracht wird, daß ein Verband weder zugelassen noch genehmigt und die Regierung in Wiesbaden mit der Sache in keinerlei Zusammenhang zu bringen ist.

Dies ist absolut notwendig, wenn wir wieder das notwendige Vertrauen bei den hierfür zuständigen Stellen gewinnen wollen. Welche Nachteile den Beauftragten des 16er Ausschusses *Lindner/Schmidt* aus der ganzen Angelegenheit nach erwachsen, läßt sich im Augenblick nicht übersehen, da ein Verfahren eingeleitet wurde. Notwendig ist jedenfalls, daß schnellstens eine Berichtigung in der Zeitung erscheint, damit man in Wiesbaden sieht, daß unsererseits alles getan wird, um die durch die Veröffentlichung hervorgerufene Irreführung zu beseitigen.

Wir sind es nicht nur uns selbst, sondern auch den Regierungsstellen in Wiesbaden einschließlich der Militärregierung schuldig, daß unsere Tätigkeit keinen Verstoß gegen irgendwelche Bestimmungen darstellen soll und darf.

gez. *Martin Schmidt*

Anlage: Schreiben vom 11. März 1946

Zur Stellungsnahme für die nächste Sitzung den Mitgliedern des Landessportausschusses übermittelt.

Das Groß-Hessische Staatsministerium hat zur Regelung der Leibesübungen im Land Groß-Hessen die folgende Verordnung beschlossen, die hiermit verkündet wird:

Olympia-Bierstuben vor dem Zweiten Weltkrieg mit der Anschrift: Zeil 64, an der Konstabler Wache

§ 1

Die Leibesübungen unterliegen dem Grundsatz der Freiwilligkeit. Ihre Ausübung darf nicht von parteipolitischen, konfessionellen, beruflichen, rassischen und militaristischen Gesichtspunkten abhängig gemacht werden.

§ 2

Die Pflege der Leibesübungen ist Aufgabe von Vereinen, die sich zu diesem Zwecke gebildet haben. Zulässig ist nur die Bildung solcher Vereine zur Pflege der Leibesübungen, die in ihrer Satzung die im § 1 aufgeführten Grundsätze verankert haben. Verboten sind Vereine, die sich zwar die Pflege der Leibesübungen zur Aufgabe stellen, deren Mitglieder sich aber nur aus Angehörigen eines Betriebes, eines Berufes oder einer Konfession zusammensetzen.

§ 3

Die Organisation unterliegt dem Grundsatz der Selbstverwaltung. Zu diesem Zwecke werden alle in Groß-Hessen zugelassenen Vereine und damit alle Zweige der Leibesübungen zu dem „Landessportverband Groß-Hessen e.V." zusammengeschlossen. Die Betreuung des Berufssportes ist ebenfalls Aufgabe des Landessportverbandes für Groß-Hessen e.V.

§ 4

Der Landessportverband Groß-Hessen ist ein rechtsfähiger Verein. Seine Satzung wird durch die Vereine aufgestellt und bedarf zur Rechtswirk- samkeit der Genehmigung durch das Groß-Hessische Staatsministerium Minister des Inneren und der Eintragung in das Vereinsregister. Das gleiche gilt für Satzungsänderungen.

§ 5

Die Groß-Hessische Staatsregierung ist grundsätzlich bereit, die Leibesübungen über den Landessportverband Groß-Hessen e.V. nach Möglichkeit in jeweils geeigneter Weise zu fördern.

§ 6

Diese Verordnung tritt mit Wirkung vom Tage ihrer Verkündung durch Aushang im Staatsministerium in Kraft.

LANDESSPORTVERBAND GROSSHESSEN

Frankfurt/Main, den 11. März 1946

Herrn ....

Die nächste Sitzung des Landessportausschusses findet am Samstag, den 23. März nachmittags 15 Uhr in der Lohrer-Bierstube, Frankfurt, Blücherstraße 21, Ecke Gutleutstraße statt. Wir bitten um pünktliches und vollzähliges erscheinen.

LANDESSPORTAUSSCHUSS GROSSHESSEN

i.A. *Lindner/Schmidt*

Schreiben *Lindner* vom 23. Mai 1946 in Sachen Vorbereitung zur Gründung des Landessportverbandes Groß-Hessen

Regierungsrat
Heinz Lindner
Darmstadt

Darmstadt, 23. Mai 1946

Herrn
Martin Schmidt
Sportamt Frankfurt
Frankfurt/Main
Am Schwimmbad 7

Lieber Kamerad *Schmidt*,

Zunächst besten Dank für Ihren letzten Brief. Ich habe inzwischen vom Staatsministerium und zwar vom Kultusministerium ein Schreiben erhalten wegen der Neuorganisation des Sports und war dieserhalb heute auch in Wiesbaden bei *Dr. Herzfeld*.

Von *Koch* war ich darüber unterrichtet worden, daß Frankfurter Vereine wegen erneuten Mißtrauens, daß Politik sich doch noch durchsetzen könne, sich über *Koch* und den Schriftleiter *Brinkmann* an den Kultusminister gewandt und dort *Brinkmann* als Sportbeauftragten vorgeschlagen haben. In Frankfurt scheint also wieder einmal im Verhältnis zu dem 16er Ausschuß etwas nicht zu stimmen. *Dr. Grünewald* hat mir schon von der Sitzung unter *Grigutsch* berichtet. Jetzt hat mir *Großmann* Andeutungen gemacht. Aus Gießen kommen seltsame Meldungen, ebenso aus Fulda und Kassel. Also: Es ist höchste Zeit, daß was getan wird. Davon habe ich nun heute *Dr. Herzfeld* auch überzeugt. Ich habe ihm den VO-Entwurf und die Begründung, die *Dr. Hil-*

pert bereits hat, übergeben und ihm alles grundsätzlich auseinandergesetzt.

Nun habe ich den Auftrag bekommen, für Samstag, den 1. Juni 1946 nachmittags 15 Uhr in Frankfurt die aus der anliegenden Liste ersichtlichen Männer zu einer Tagung zusammen mit *Dr. Herzfeld* einzuladen. Die Einladung soll ich allein zeichnen. Ich soll auch den Vorsitz zunächst an diesem Samstag übernehmen.

Aus der Liste ersehen Sie, daß einzuladen sind alle Mitglieder unseres 16er Ausschusses und dazu die Männer der „neuen Frankfurter Aktion".

Um endlich im Sport zu einer unbedingt nötigen Organisation zu kommen, wollen wir uns am 1. Juni 1946 auf jeden Fall wieder zusammenfinden. Ich bitte Sie daher, nach dem anliegenden Muster sofort die Einladungen zu versenden und die Richtigkeit der Einladung durch Ihre Unterschrift zu bescheinigen. Den Text der Einladung füge ich bei; die Anschrift ist also jeweils nur zu ändern, der Text ist in jedem Fall der gleiche. Festzulegen bitte ich Ihrerseits das Tagungslokal. Vielleicht ist die Olympia-Klause am geeignetsten, jedenfalls ein Lokal mit Nebenraum.

Den Auftrag habe ich nicht bekommen in meiner Eigenschaft als Vorsitzender unseres Ausschusses, sondern einmal, weil ich diese Eigenschaft besitze, zum anderen, weil mich offenbar die Männer der Frankfurter neuen Aktion ebenfalls benannt haben. Deshalb muß auch die Einladung so neutral wie im Entwurf beigefügt ergehen. Um aber gleich zum Ausdruck zu bringen, daß auch Sie mit von der Partie sind, bitte ich jede Einladung durch Namensunterschrift als richtig zu bescheinigen. Am Sonntag bin ich in Höchst bei einem LA-Klubkampf. Bitte senden Sie mir auch ein Einladungsmuster wegen des Lokals. Ich bitte jedenfalls um sofortige Angabe des Lokals, damit ich Herrn *Dr. Herzfeld* verständigen kann, oder wollen Sie ihn der Zeitersparnis wegen unmittelbar davon in Kenntnis setzen, daß die Tagung am 1. Juni 1946 in Frankfurt pünktlich um 15 Uhr beginnt und zwar in dem und dem Lokal? Auch dafür wäre ich sehr dankbar.

Ich hoffe, daß ich diesen Brief morgen, Freitag, durch Boten Ihnen zustellen lassen kann. Ich hoffe auch, daß wir nun endlich im Juni in ein klares Fahrwasser kommen. Dies wäre der Sache zuliebe unbedingt nötig.

Für Ihre tatkräftige Mitarbeit in unserer gemeinsamen Sache darf ich Ihnen herzlich danken, vielleicht schon am 30. Mai bei dem „Eintracht-Klubkampf"?

Mit sportlichen Gruß

Ihr

Lindner

Anlage:

Liste der Personen, die für den 1. Juni 1946 zur Tagung in Frankfurt einzuladen sind:

1. Sportschriftleiter *Karl Brinkmann*, „Frankfurter Neue Presse"
2. Herr *Kiefer*, Sportgemeinde Eintracht Frankfurt
3. Herr *Flicker*, Sportgemeinde Eintracht Frankfurt
4. Herr *Linnenberg*, Fußballsportverein Frankfurt
5. Herr *Karger*, Frankfurt-Höchst, Gerlachstraße 47
6. Herr *Falk Reisdorf*, Frankfurt, Marbachweg 319 II.
7. Herr *Kurt Koch*, Frankfurt, Am Schwimmbad 7
8. Herr *Heise*, Frankfurt,(Schwerathletik)
9. Herr *Rauschelbach*, Frankfurt, Hamelstraße 2 (Hockey)
10. Herr *Belz*, Frankfurt, (Schwimmen)
11. Herr *Hermann Lutz*, Darmstadt, Am Herrenacker (Tischtennis)
12. Herrn *Dr. Max Danz*, Kassel, Teichstraße 35
13. Herr *Dr. Breitbach*, Frankfurt (Rudern)
14. ff. alle restlichen 15 Mitglieder (*Karger* ist oben bereits angeführt) des vorbereitenden bisherigen Ausschusses: *Schmidt*, *Großmann*, *Bechmann*, *Reiner*, *Drott*, *Krämer*, Harmann, *Dr. Grünewald*, *Lindner*, *Grigutsch*, *Feser*, *Handen*, *Guntrum*, *Rausch*, *Geissler*.

Sollte noch ein Fachmann (Boxen usw.) erreichbar sein, so bitte ich diesen auch einzuladen.

(Handschriftlich sind folgende Namen nachgetragen: *Wick*, *Schöneberger*, *Bopp*, *Kobald*, *Burmester*.)

Einladungsschreiben zur Sitzung am 1. Juni 1946, auf der der Landessportverband Groß-Hessen gegründet werden soll

Regierungsrat
Heinz Lindner
Darmstadt

Darmstadt, den 28. Mai 1946
Mollerstraße 21

Herrn
....

Betr.: Neuorganisation des Sports in Groß-Hessen

Der Groß-Hessische Minister für Kultus und Unterricht in Wiesbaden hat mich über seinen Referenten, Herrn *Dr. Herzfeld*, beauftragt, auch Sie hiermit zu einer

Tagung am Samstag, den 1. Juni 1946
in Frankfurt/Main

einzuladen. Die Tagung beginnt um 15 Uhr pünktlich und zwar

im Lokal: Volksbildungsheim am Eschenheimer Tor.

Der Referent des Ministers, Herr *Dr. Herzfeld*, wird an dieser Tagung teilnehmen.

Behandelt wird die endgültige Bildung eines vorbereitenden Ausschusses zur Organisation der Leibesübungen in Groß-Hessen und die Frage der Wahl eines Sportbeauftragten. Auch Sie haben sich bisher für die Neuorganisation der Leibesübungen in Groß-Hessen interessiert und zur Verfügung gestellt. Deshalb werden Sie hiermit gebeten, unbedingt an dieser wichtigen und für die künftige Gestaltung der Neuorganisation wesentlichen Tagung teilzunehmen.

Sollten Sie aus zwingenden Gründen verhindert sein, so erbitte ich Ihren umgehenden Bescheid.

Mit sportlichen Gruß
gez. *Heinz Lindner*

Für die Richtigkeit
Martin Schmidt

Gemeinsame Tagung der Vertreter von Sportverbänden am Samstag, den 1. Juni 1946 in Frankfurt am Main

Als Vertreter der Regierung war *Prof. Dr. Herzfeld*, Sportreferent beim Kultusministerium, anwesend.

Eröffnung: 15.35 Uhr.

***Lindner*:**

Begrüßt die Anwesenden und erklärt, daß man heute zusammen gekommen sei, um dem Sport in Groß-Hessen einen Rahmen zu geben. Es hätten zwei Richtungen bestanden, die gegeneinander gingen. Ein Erfolg ist nur zu verzeichnen, wenn eine Anerkennung des Staatsministerium vorliegt. Er besprach nun verschiedene Organisationsfragen u.a. ob Dachorganisationen wie beim Deutschen Reichsbund für Leibesübungen oder selbständige Fachverbände oder Fachämter. Zusammenfassung durch Staat oder Freiwilligkeit. Soll ein Sportbeauftragter bestellt werden? Oder ein vorbereitender Ausschuß, Personen, die gewählt werden, sind nur vorbehaltlich eingesetzt. Der Sport soll eine unpolitische Angelegenheit sein. Gesamtverantwortung dem Volke gegenüber. Wir wünschen keine versteckte politische Haltung. Es hat schon wieder eine Zersplitterung im Sport Platz ergriffen, aber es werden sich die Kräfte durchsetzen, die den Sport ohne Parteipolitik, Rasse oder Religion sehen wollen. Selbstverantwortung des Sportes oder durch die Regierung. Der Sport soll in erster Beziehung der Jugend zugute kommen. Aus der Selbstverwaltung heraus wollen wir uns zu unseren Grundsätzen bekennen. Der Zweck kann aber nur erreicht werden, wenn wir von der Regierung unterstützt werden. Die Vereinsvertreter wählen ihren Kreistag durch Anwendung demokratischer Grundsätze. Wenn die Leute, die aus dem Arbeitersportlager kommen einen neuen Verband gründen wollen, dann werden wir dasselbe tun. Um nicht unsere Ideale zu vernichten, müssen wir uns auf einer gesunden Basis die Hände reichen, um gemeinschaftlich etwas Neues zu bilden. Er bittet Herrn *Dr. Herzfeld* das Wort zu ergreifen.

***Prof. Dr. Herzfeld*:**

Es ist ein erfreulicher Wille, den Sie zum Aufbau zeigen. Wir erreichen somit eine körperliche und geistige Bildung der Geister. Der Antrag des Landessportverbandes liegt vor. Wir brauchen eine Organisation, die der ganzen Sache dient. Ein Sportverband im Umfang des Landes kann sofort beginnen. Der Antrag kann in 14 Ta-

Die Aufnahme zeigt das Volksbildungsheim im Jahre 1946.

gen dem Landesjugendausschuß vorgelegt werden. Der Landessportverband wird eine offene Tür finden. Eine Verordnung kann nur Kraft haben, wenn sie durch das Sportvolk bestätigt wird. Die Verordnung muß dem Willen des Volkes entsprechen. Bei der Modifizierung der Verordnung muß man sehr vorsichtig sein, man muß genau feststellen, wie diese Ordnung im Sport sein soll. Es darf bei den Sportlern aus den beiden Lagern keine Unstimmigkeiten geben. Auf dem grünen Rasen sind alle gleich. Die Gruppe, die sich nicht zusammenschließt, bleibt hinten an. Ich bin auch für eine Selbstständigkeit des Verbandes. Die Vertretungen der Kreise sollen zu einem Landestag zusammen kommen. Es muß etwas da sein, was das Dach trägt. Es muß ein gleichmäßiges Bild in allen Kreisen sein. Das heutige Ergebnis muß mindestens ein vorbereitender Ausschuß sein.

***Lindner*:**

Verlesung der Anwesenden. Die Vertreter sollen zur Frage Stellung nehmen. Er bittet um Vorschläge.

***Reinert*:**

Wer gibt uns die Gewißheit, daß niemand mehr ausbricht? Welche Mittel haben wir, um das zu verhindern?

***Lindner*:**

Wir brauchen eine Stütze von oben nach unten. Ein Vorschlag wurde eingereicht zur Wahl eines Sportbeauftragten. Man treibt z. Zt. Schindluder mit verschiedenen Vereinen. Im Fußball wurde der Aufbau dauernd gestört. Die Vertreter der Eintracht und des Süddeutschen Fußball-Verbandes können auch darüber sprechen.

***Dimpfel*, Eintracht Frankfurt:**

Der Sport soll gesunden. Einigung im Sport. Der Versuch wurde schon öfters gemacht. Die Referate von *Hirschfeld* (Stuttgart) und *Ulrich* (Augsburg) bei der Tagung süddeutscher Vertreter waren rein politische Angelegenheiten. Der Sport soll politisch sein, aber nicht parteipolitisch. Es soll eine freie Willensbestimmung derer sein, die den Sport lieben. Es gibt verschiedene Mächte, die den Sport untergraben. Man hat den Sport erkannt und die Politik in den Hintergrund gestellt. Wir versuchen den Landessportverband zu gründen, mit Leuten, die nicht politisch gebunden sind, um dadurch die Gewähr zu geben, daß die Führung des LSV unpolitisch ist. Unsere Fußballabteilung nährt die Anderen. Sportliche Kultursache. Wir müssen z.Zt. 33% Vergnügungssteuer zahlen und die Kinos nur 20%. Ich bitte die Regelung bei der Regierung, daß diese Zustände abgeschafft werden. Wir sind zur Gründung eines Landessportverbandes bereit.

***Linnenberg*, FSV:**

Meine Meinung ist dieselbe wie die der Eintracht.

***Krämer*:**

Die Zusammenfassung der Sparten innerhalb eines Kreises für einen Zusammenschluß zum LSV, sonst eine Zersplitterung auf der ganzen Linie.

***Dietrich*:**

Einfachheit und Schlichtheit kennzeichnen den Sport in allen Ländern. Es geht nicht um Köpfe, sondern um den Sport. Gehen Sie nicht auseinander, ohne den LSV gegründet zu haben. Wir müssen von unten herauf gewählt werden, um dadurch eine gesunde Führung zu erhalten.

***Bechmann*, Kassel:**

Der Bezirk Kassel tritt sofort ein für einen LSV.

***Dalitz*, Fulda:**

Schließt sich den Ausführungen seines Vorgängers an.

***Rauschelbach*:**

Der Fachverband Hockey unterstellt sich dem Landessportverband.

***Kobald*:**

Der Fachverband Turnen auch.

***Schmidt*:**

Hält eine scharfe Rede gegen *Grigutsch*. *Grigutsch* hat alles auf das politische Gleis gezogen. Bis jetzt hätte er eine zarte und auch anständige Klinge gesprochen. Ein Landessportverband kann sich nur auf Vereine aufbauen. Man soll den ehrlichen Willen der Arbeitersportler anerkennen.

***Belz*:**

Die Demokratie ist z.Zt. ein Tummelplatz. Wir schließen uns mit dem Fachverband Schwimmen dem LSV an.

***Griebel*:**

Beim Sport gibt es keine persönlichen Ansichten. Geltungsbetrieb, propagandistische Tendenzen in irgend einem Lager, Konkurrenzkampf – es wird viel gemeckert oder Gegenstöße unternommen. Im Sport gibt es keine Kluft. Ein guter Sportsmann. Man muß seine persönlichen, egoistischen Triebe zurückstellen. Vorschlag: Eine Zusammenkunft aller Vereinsvertreter (Vorsitzende in Frankfurt).

***Brinkmann*:**

Es muß eine wirkliche praktische Arbeit geleistet werden. Es setzt sich nur durch, wer den Sport gesund haben will. Die Sportvereine sind die Grundsäulen.

***Heise*:**

Der Fachverband Schwerathletik begrüßt den Zusammenschluß zu einem LSV.

***Großmann*:**

Neuer Antrag, paritätische Zusammensetzung des Ausschusses, Arbeitersportler – bürgerliche Sportler.

***Grünewald*:**

Wir haben im 16er Ausschuß gearbeitet. Gegen eine paritätische Zusammensetzung. Wir benötigen Fachleute.

***Linnenberg*:**

Wahl eines Landessportbeauftragten. Vorschlag Herr *Brinkmann*.

***Reisdorf*:**

Ich habe mich lange genug in Frankfurt mit der Materie des Sportes befaßt. Ich schlage einen Sportbeauftragten vor, der nur solange die Sache leitet, bis der LSV besteht.

***Fischer*:**

Herr *Grigutsch* und Herr *Geissler* reisen in den Kreisen herum, um die Vereine für ihre Idee zu gewinnen. Ich frage hiermit an, ob die Leute berechtigt sind, im Auftrage des Ministeriums die Sachen durchzuführen. Das wird von Herrn *Herzfeld* verneint.

Dr. med. Max Danz   Kassel , d. 2. Juni 1946
K a s s e l
Teichstr. 35

An
Herrn Regierungsrat Heinz Lindner

D a r m s t a d t -
=================
Mollerstr. 21

Lieber Herr Lindner!

Zu meinem grossen Bedauern musste ich gestern die Tagung in Frank=
furt vorzeitig verlassen, da ich sonst meinen Zug nach Kassel nicht
mehr bekommen hätte. Ein Verbleiben über die Zeit hinaus hätte bei
den derzeitigen Sonntagsfahrverhältnissen für uns Kasseler Herrn be=
deutet, dass wir erst heute am Sonntag gegen 21 Uhr in Kassel gewe=
sen wären. Abgesehen davon, dass auch die Unterkunftsfrage in Frank=
furt für uns nicht gelöst war. Ich bitte deshalb schon gleich hier
darum, bei künftigen ähnlichen Zusammenkünften entweder die Tagung
so rechtzeitig am Sonnabend (etwa um 14 Uhr) beginnen zu lassen, dass
wir den Nachtzug 19,25 Uhr nach Kassel erreichen oder die Tagung von
vornherein zweitägig auszuschreiben und dann für uns eine Unterkunfts=
möglichkeit bereitzustellen.
Bei der grossen Hetze, die gestern zum Schluss der Tagung notwendig
war, ist leider Manches unausgesprochen geblieben, was ich selbst gern
gesagt hätte. Manches war auch unklar, als wir gingen, hat aber dann
hoffentlich doch noch seine Klärung gefunden.
Zu den grundsätzlichen Fragen der notwendigen Einigung, bzw. Einheit
des grosshessischen Sportes, habe ich nichts hinzuzufügen. Für die
Leichtathleten waren Sie sowieso kompetent, eine Wortmeldung von mir
hätte nur noch die Debatte weiter unnötig verlängert. Für jeden ver=
nünftigen Sportsmann ist es klar, und die Massen der Sporttreibenden
wollen es auch so, dass auf keinen Fall wieder die alten Verbände und
Verbändchen aufleben, sondern dass ein einiger grosser Sportverband,
so wie er von Ihnen, Herrn Dr. Herzfeld und Herrn Brinkmann zur Debatte
gestellt wurde, alles umfassen muss. Die Versammlung hatte das ja auch
einmütig erkannt und stimmte entsprechend zu. Richtig erkannt war
aber auch meines Erachtens - in Kassel haben wir das auch festgestellt -
der einzige Opponent dieser grossen Einigungsidee Herr Griegutsch aus
Wiesbaden mit seiner mehr oder weniger "privaten" Landesliga.
Nun aber zur Organisation: Ich haltes es für den geeigneten Weg, 2 mit
einander arbeitende Stellen zu schaffen, Ein Mal den Landessportver=
band Grosshessen selbst und zum anderen Mal einen besonderen Landes=
sportbeauftragten als Verbindungsmann des Sports bei den zuständigen
Regierungsstellen. Der Landessportverband Grosshessen wird geführt
von einem Verbandsvorsitzenden dem zwei grosse Unterausschüsse zur
Seite stehen, ein Verwaltungsausschuss und ein Fachausschuss. So wie es
gestern im wesentlichen festgelegt wurde. Den Vorsitz des Landessport-
verbandes Grosshessen zu übernehmen, sind Sie meines Erachtens der
bestgeeignete Mann. Als Beauftragten und Verbindungsmann zu den Re=
gierungsstellen in Wiesbaden, also als die Verbindungsstelle zwischen
Landessportverband und Regierung, würde ich Herrn Brinkmann vorschla=
gen, den ich für einen äusserst objektiven, mit grosser Sachkenntnis
auf vielen Sportgebieten ausgestatteten Sportler halte, der mir seit
langen Jahren bekannt ist und der durchaus auch für den Neuaufbau
des Sportes das Gleiche und Richtige will wie wir alle!
Beim vorbereitenden Fachausschuss wurde gestern beantragt, dass er
im Gegensatz zum Verwaltungsausschuss aus Reisegründen nur aus Frank-

***Lindner*:**

Weder Herr *Grigutsch* noch Herr *Geissler* sollen einen Verband gründen. Ich bedaure, daß sie in der Praxis Leute angreifen.

***Geissler*:**

Er verzichtet auf das Wort.

***Dimpfel*:**

Wirft ein, daß hier verschiedene Leute Propagandareden halten würden.

***Lindner*:**

Wer ist gegen die Bildung eines Landessportverbandes?

Abstimmung: einstimmige Annahme.

An den früheren Ausschuß wird die Frage gestellt, ob die Leute ihr Amt zur Verfügung stellen. Einstimmige Annahme. Antrag, einen Ausschuß zu wählen. Der Ausschuß wählt seinen Vorsitzenden. Wird von verschiedenen abgelehnt. Es wird eine Abstimmung durchgeführt über die Wahl eines Ausschusses oder Wahl eines Sportbeauftragten.

Abstimmung:

18 Stimmen für die Wahl eines Ausschusses
2 Stimmen gegen die Wahl eines Ausschusses
1 Stimme Enthaltung

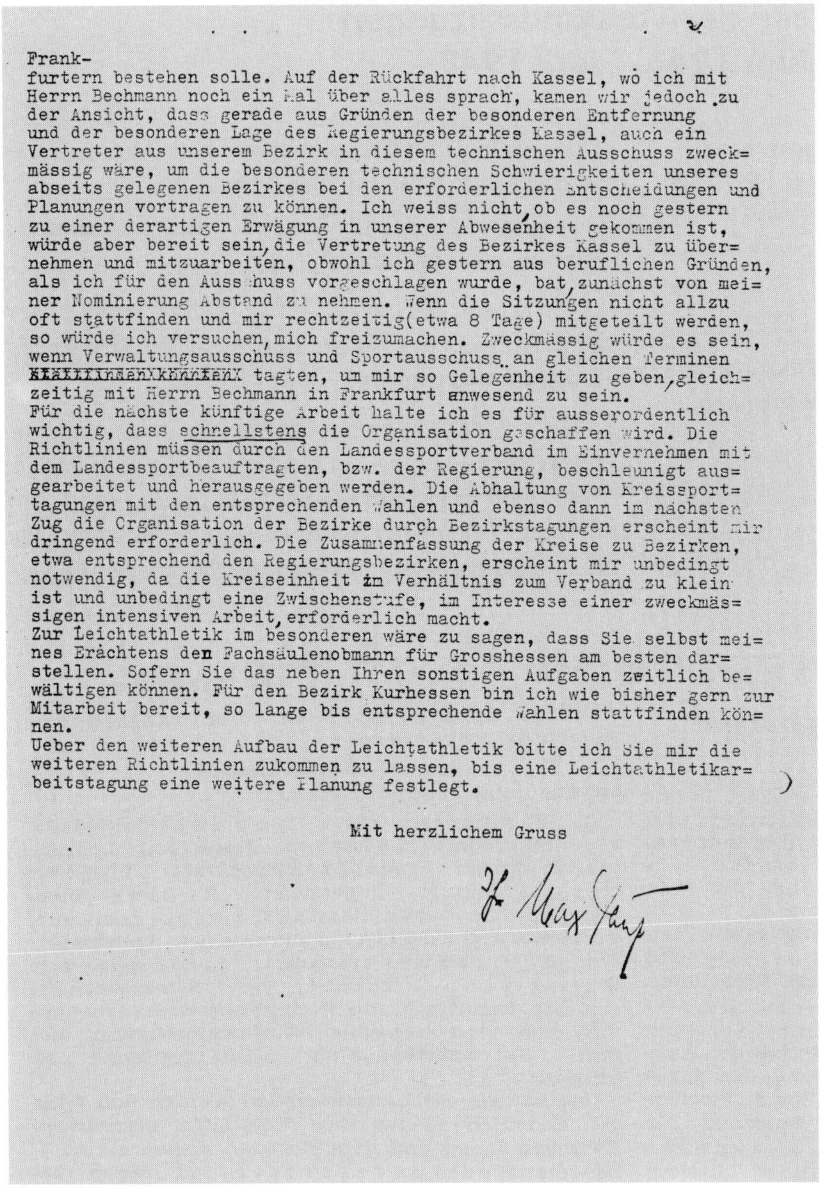

Frank-
furtern bestehen solle. Auf der Rückfahrt nach Kassel, wo ich mit Herrn Bechmann noch ein Mal über alles sprach, kamen wir jedoch zu der Ansicht, dass gerade aus Gründen der besonderen Entfernung und der besonderen Lage des Regierungsbezirkes Kassel, auch ein Vertreter aus unserem Bezirk in diesem technischen Ausschuss zweck=mässig wäre, um die besonderen technischen Schwierigkeiten unseres abseits gelegenen Bezirkes bei den erforderlichen Entscheidungen und Planungen vortragen zu können. Ich weiss nicht, ob es noch gestern zu einer derartigen Erwägung in unserer Abwesenheit gekommen ist, würde aber bereit sein, die Vertretung des Bezirkes Kassel zu über=nehmen und mitzuarbeiten, obwohl ich gestern aus beruflichen Gründen, als ich für den Ausschuss vorgeschlagen wurde, bat, zunächst von mei=ner Nominierung Abstand zu nehmen. Wenn die Sitzungen nicht allzu oft stattfinden und mir rechtzeitig (etwa 8 Tage) mitgeteilt werden, so würde ich versuchen, mich freizumachen. Zweckmässig würde es sein, wenn Verwaltungsausschuss und Sportausschuss an gleichen Terminen ~~[illegible]~~ tagten, um mir so Gelegenheit zu geben, gleich=zeitig mit Herrn Bechmann in Frankfurt anwesend zu sein.
Für die nächste künftige Arbeit halte ich es für ausserordentlich wichtig, dass schnellstens die Organisation geschaffen wird. Die Richtlinien müssen durch den Landessportverband im Einvernehmen mit dem Landessportbeauftragten, bzw. der Regierung, beschleunigt aus=gearbeitet und herausgegeben werden. Die Abhaltung von Kreissport=tagungen mit den entsprechenden Wahlen und ebenso dann im nächsten Zug die Organisation der Bezirke durch Bezirkstagungen erscheint mir dringend erforderlich. Die Zusammenfassung der Kreise zu Bezirken, etwa entsprechend den Regierungsbezirken, erscheint mir unbedingt notwendig, da die Kreiseinheit im Verhältnis zum Verband zu klein ist und unbedingt eine Zwischenstufe, im Interesse einer zweckmäs=sigen intensiven Arbeit, erforderlich macht.
Zur Leichtathletik im besonderen wäre zu sagen, dass Sie selbst mei=nes Erachtens den Fachsäulenobmann für Grosshessen am besten dar=stellen. Sofern Sie das neben Ihren sonstigen Aufgaben zeitlich be=wältigen können. Für den Bezirk Kurhessen bin ich wie bisher gern zur Mitarbeit bereit, so lange bis entsprechende Wahlen stattfinden kön=nen.
Ueber den weiteren Aufbau der Leichtathletik bitte ich Sie mir die weiteren Richtlinien zukommen zu lassen, bis eine Leichtathletikar=beitstagung eine weitere Planung festlegt.

Mit herzlichem Gruss

Zusammensetzung des Ausschusses:

Für den Sportbezirk Frankfurt: *Karl Brinkmann*, Frankfurt, Rahmhofstr. 4 Frankfurter Neue Presse.

Für den Sportbezirk Darmstadt: *Dr. Grünewald*, Darmstadt, Wilhelm-Leuschnerstr. 38

Für den Sportbezirk Wiesbaden: *August Krämer*, Wiesbaden, Wallrahmstr. 7

Für den Sportbezirk Gießen: *William Reinert*, Gießen, Wilhelmstr. 21

Für den Sportbezirk Fulda: *Fritz Dalitz*, Fulda, Heinrich-von-Bibra-Platz 1

Für den Sportbezirk Kassel: *Fritz Bechmann*, Kassel, Holländische Str. 21

Fachverband Fußball: Herr *Dimpfel*, Sportgemeinde Eintracht

Fachverband Handball: *Heinrich Bopp*, Frankfurt, Am Schwimmbad 7

Fachverband Leichtathletik: *Heinz Lindner*, Darmstadt, Mollerstr. 21

Fachverband Hockey: *Fritz Rauschelbach*, Frankfurt, Halmstr. 2

Fachverband Turnen: *Hans Kobald*, Frankfurt-Niederrad, Bolongarostr. 6

Fachverband Schwimmen: *Hubert Belz*, Frankfurt, Uhlandstr. 11

Fachverband Boxen: *Georg Dietrich*, Frankfurt, Eschersheimer Landstraße, Rundfunk

Fachverband Schwerathletik: *Willi Heise*, Frankfurt, Messelweg 3

Fachverband Rudern: *Dr. Breitbach*, Frankfurt, Hochstr. 42

Fachverband Tischtennis: *Hermann Lutz*, Darmstadt, Am Herrenacker 13

Fachverband Radfahren: *Erich Wick*, Frankfurt, Schillerstr. 19

Fachverband Wintersport: *Otto Griebel*, Frankfurt, Corneliusstr. 4

Geschäftsführender Ausschuß:

Kurt Koch, Frankfurt, Thorwaldsenstr. 25 oder Am Schwimmbad 7

Martin Schmidt, Frankfurt-Fechenheim, Am Rütschlehen oder Am Schwimmbad 7

Willy Linnenberg, Frankfurt, Lenaustr. 77

Festsetzung der neuen Tagung am 1. Juli 1946, 13.30 Uhr, Restaurant Mayer, Klingerstr. – Ecke Klapperfeld.

Frankfurt am Main, den 2. Juni 1946

gez. *Lindner*

Protokolle der Vorstandssitzungen Juni 1946 – Juni 1948

Erste Arbeitstagung des Landessportverbandes Groß-Hessen am 15. Juni 1946 in Frankfurt/Main

Beginn der Tagung: 15.15 Uhr

***Koch*:**

Begrüßt die anwesenden Vertreter und die eingeladenen Gäste. Er übergibt das Wort Herrn *Brinkmann*.

***Brinkmann*:**

Verlesung der 30 Punkte. Vorschlag für die Einreihung in den bestehenden Ausschuß. Frauenwartin *Martha Thiem*; Jugendwart *Kurd-Roland Roesler*; Pressewart *Otto Großmann*; Schulsport Sportlehrer *Bergmann*. Der Antrag wurde einstimmig angenommen.

Folgende 6 Bezirksvertreter wurden beauftragt, Kreistage durchzuführen:

Für Kassel *Bechmann*; Fulda *Dalitz*; Gießen *Reinert*; Wiesbaden *Kramer*; Darmstadt *Dr. Grünewald*; Frankfurt *Brinkmann*.

Die Kreistage sollen am 17. Juli stattfinden. Wahlvorschlag auf 50 Mitglieder über 18 Jahre ein Vertreter. Die Wahl wird in geheimer Zettelwahl durchgeführt. Einführung einheitlicher Sportpässe für das gesamte Land Groß-Hessen. Terminfestlegung durch den Landes-

„Landessportverband Groß-Hessen"

Vor neuen aber dankbaren Aufgaben

Allwöchentlich einmal, seit längerer Zeit regelmäßig, brachte uns die Post Sportnotizen und Kurzmeldungen, Ausschreibungen, Anordnungen, kleine Berichte eines Landessportverbandes — — sie kamen aus Bayern; die Spiele um die süddeutsche Meisterschaft der Fußballer z. B. wickeln sich auch nach einem ganz genau festgelegten Plan ab — — der kam aus Württemberg — — — und nun werden von dieser Woche an auch Richtlinien und Anweisungen zu uns kommen — — aus Groß-Hessen. Denn nach einer eingehenden Beratung von Vertretern verschiedener Sportverbände, Ausschüsse und Vereine, die auf Anregung des groß-hessischen Kultusministeriums vor zwei Wochen in Frankfurt einen vorbereitenden Ausschuß für den am 1. Juni gegründeten Landessportverband Groß-Hessen gebildet hatten, wurde am vergangenen Samstag der Verbandsvorstand gewählt. Er wird mit einem eigenen Mitteilungsblatt an die Vereine herantreten und ihnen darin alles Notwendige sagen.

Wir aber wollen hier ganz kurz unsern Sportlesern dartun, was sich der Verband zur Aufgabe gemacht hat:

Zunächst: der Verband wird völlig neu aufgebaut, d. h., er erblickt seine erste Aufgabe in der Erfassung aller Sportler; es wird, so dies Ziel erreicht ist, keine „bürgerlichen" oder „freien" Sportvereine im alten Sinne mehr geben — es gibt dann nur noch Sportgemeinschaften, die alle umfassen. So allein darf man sich die besten Erfolge in der Arbeit zur Förderung unseres deutschen Sportlebens und -betriebs versprechen. So auch packen die Männer ihr neues Werk an, die vor vier Tagen in Frankfurt durch Wahl beauftragt wurden, kommissarisch die Geschicke des Landessportverbandes zu leiten. Der so bestellte Vorstand ist auf allen Plätzen mit Männern vom Fach besetzt, und damit ist die Gewähr geboten, daß nur sachliche und sachdienliche Gesichtspunkte bei ihrer Tätigkeit den Ausschlag geben werden.

Der Verbandsvorstand

ist wie folgt zusammengesetzt:

1. Vorsitzender: Dr. Lindner-Darmstadt. 2. Vorsitzender: Schmitt-Frankfurt, Schriftführer: Koch-Frankfurt, Kassenwart: Lindenberg-Frankfurt. Jugendwart: Rößler-Wiesbaden, Frauenwartin: Martha Thiem-Frankfurt, Pressewart: Großmann-Frankfurt. Rechtswart: Dr. Breitbach-Frankfurt, Landessportwart: Brinkmann-Frankfurt. Herr Brinkmann ist zugleich beauftragt, die Verbindung des Verbandes mit dem groß-hessischen Kultusministerium und und der amerikanischen Militärregierung zu pflegen.

Und so, wie der Landesverband werden nun auch die einzelnen Kreise ihre Vorstände bestimmen. Zwischen ihnen und dem Verband stehen als Mittler die Bezirksvertreter, zu denen bestimmt wurden: für Frankfurt Herr Brinkmann, für Darmstadt Herr Dr. Grünewald, für Wiesbaden Herr Krämer, für Fulda Herr Dalitz, für Kassel Herr Bechmann und für Gießen Herr Reinart.

Dem Verbandsvorstand gehört außerdem ein Vertreter des

technischen Ausschusses

an, der sich zusammensetzt aus den Beauftragten der einzelnen Fachgruppen, also Fußball, Handball, Radfahren, Schwerathletik, Leichtathletik usw. Damit ist die Gewähr gegeben, daß jeder Sportzweig die ihm gebührende Beachtung findet.

Der Verlauf der Tagung jedenfalls hat gezeigt, daß wir von unserem nun ins Leben gerufenen Landessportverband Groß-Hessen das erwarten dürfen, was uns schon lange als erstrebenswert vorschwebte: eine völlig unbeeinflußte, nur nach den Interessen des Sportes gerichtete Sportbehörde, die vor allem in der Lage ist, nach außen hin entsprechend in Erscheinung zu treten. Ihr müssen wir unsere freudige Mitarbeit zusagen und ihr gilt unser Glück auf! — els —

Aus: Darmstädter Echo, 19. Juni 1946

Nummer 1
10 Pfennig

Frankfurt a. M., den 24. Juni 1946

SPORT MITTEILUNGEN

des Landessportverbandes Groß-Hessen, Frankfurt am Main

Publikation Authorized. Publikation-S dy Section Frankfurt Det. Information Control Branch, OMG for greater Hesse – Auflage 2 500

Vereinsvorstände sorgt dafür, daß die Sport-Mitteilungen allen Mitgliedern des Vereins zur Kenntnis gebracht werden!

Die erste Arbeitstagung des Verbandes

Heinz Lindner zum Vorsitzenden, Karl Brinkmann zum Landesbeauftragten des Verbandes gewählt.

In der ersten Arbeitstagung des vorbereitenden Landessportverbandes am 15. Juni in Frankfurt (Main) wurden nicht nur die wichtigsten Fragen über den Aufbau des Sportes in Groß-Hessen behandelt, sondern es wurden auch die Männer gewählt, die zunächst die Geschicke des Verbandes leiten sollen. Als erster Vorsitzender wurde Reg.-Rat Heinz Lindner (Darmstadt), der seit einiger Zeit die Vorarbeiten bereits durchgeführt hat, gewählt. Stellvertreter ist Martin Schmidt (Frankfurt). Als Beauftragter des Landessportverbandes bei der Regierung wurde der bekannte Sportjournalist Karl Brinkmann (Frankfurt) gewählt, der auch gleichzeitig den Posten des Landessportwartes versieht.

Nicht allein die Verwaltung, sondern ganz besonders die Fachgruppen wurden mit bewährten Fachkräften besetzt.

Der Vorstand des Landesverbandes:

Vorsitzender: Heinz Lindner,
Vertreter: Martin Schmidt,
Sportwart: Karl Brinkmann,
Kassenwart: Willy Linnenberg,
Schriftführer: Kurt Koch,
Frauensport: Martha Thiem,
Jugendsport: Kurt Rösler,
Presse: Otto Großmann,
Rechtswart: Dr. Breitbach.

Bezirksvertreter:

Karl Brinkmann (Frankfurt),
Dr. Grünewald (Darmstadt),
August Krämer (Wiesbaden),
William Reinert (Gießen),
Fritz Dalitz (Fulda),
Fritz Bechmann (Kassel).

Fachgruppen:

Fußball: i. V. Karl Brinkmann,
Handball: Heinrich Bopp,
Hockey: Fritz Rauschelbach,
Leichtathletik: Dr. Max Danz,
Turnen: Hans Kowald,
Schwimmen: Hubert Belz,
Boxen: Georg Dietrich,
Schwerathletik: Willi Heise,
Rudern: Dr. Breitbach,
Tischtennis: Hermann Lutz,
Radsport: Erich Wick,
Wintersport: Otto Griebel,
Schulsport: Paul Bergmann.

Es wurde auf der ersten Arbeitstagung des Verbandes beschlossen, um den Sport von unten nach oben aufzubauen, in allen Kreisen in den nächsten vier Wochen freie Kreiswahlen vorzunehmen, zu den die zugelassenen Sportvereine Groß-Hessens eingeladen werden.

Auch die Termine für die Kreis-, Bezirks- und Landesmeisterschaften wurden eingereicht.

Der engere Vorstand und die Vertreter der Fachgruppen werden nunmehr mit der Durchführung der auf der Arbeitstagung vorgeschlagenen Anregungen und aller gefaßten Beschlüsse beginnen.

Anschriften:

Landessportverband Groß-Hessen:

Geschäftsstelle Frankfurt am Main, Am Schwimmbad 7.

Vorsitzender: Reg.-Rat Heinz Lindner, Darmstadt, Mollerstraße 21.

Stellv. Vorsitzender: Martin Schmidt, Frankfurt am Main, Am Schwimmbad 7.

Landessportwart: Karl Brinkmann, Frankfurt am Main, Rahmhofstraße 4.

Landesschriftführer: Kurt Koch, Frankfurt am Main, Am Schwimmbad 7.

Landeskassenwart: Willi Linnenberg, Frankfurt am Main, Lenaustraße 77.

Landespressewart: Otto Großmann, Frankfurt am Main, Schillerstraße (Rundschau).

Landesrechtswart: Dr. Breitbach, Frankfurt am Main, Hochstraße 42.

Landesfrauenwartin: Martha Thiem, Frankfurt am Main.

Landesjugendwart: Kurt Rößler, Frankfurt am Main.

Bezirksvertreter:

Bezirk Frankfurt:
(Sportkreise Groß-Frankfurt, Main-Taunus, Obertaunus, Usingen, Friedberg, Büdingen, Offenbach, Hanau, Gelnhausen).

Bezirks-Sportbeauftragter: Karl Brinkmann, Frankfurt a. M., Rahmhofstraße 4, Neue Presse.

Bezirk Darmstadt:
(Sportkreise Darmstadt, Bergstraße, Dieburg, Odenwald, Erbach, Groß-Gerau).

Bezirks-Sportbeauftragter: Dr. Grünewald, Darmstadt, Wilhelm Leuschnerstraße 38.

Bezirk Wiesbaden:
(Sportkreise Wiesbaden, Untertaunus, Rheingau).

Bezirks-Sportbeauftragter: August Krämer, Wiesbaden, Wallrahmstraße 7.

Bezirk Fulda:
(Sportkreise Fulda, Lauterbach, Hünfeld, Hersfeld, Rotheburg, Schlüchtern).

Bezirks-Sportbeauftragter: Fritz Dalitz, Fulda, Heinrich von Bibra-Platz 1.

Bezirk Gießen:
(Sportkreise Gießen, Alsfeld, Wetzlar, Biedenkopf, Dillenburg, Limburg, Weilburg, Marburg).

Bezirks-Sportbeauftragter: William Reinert, Gießen, Wilhelmstraße 21.

Bezirk Kassel:
Sportkreise Kassel, Wolfhagen, Waldeck, Witzenhausen, Eschwege, Hofgeismar, Melsungen, Frankenberg, Fritzlar-Homberg, Ziegenhain).

Bezirks-Sportbeauftragter: Fritz Bechmann, Kassel, Holländische-Straße 21.

Fachgruppen:

Fußball: i. V. Karl Brinkmann, Frankfurt a. M., Rahmhofstr. 4.
Handball: Heinrich Bopp, Frankfurt a. M., Am Schwimmbad 7.
Hockey: Fritz Rauschelbach, Frankfurt a. M., Halmstr. 2.
Leichtathletik: Dr. Max Danz, Kassel, Teichstraße 35.
Turnen: Hans Kowald, Frankfurt a. M.-Nied, Bolongavostr. 6.
Schwimmen: Hubert Belz, Frankfurt a. M., Uhlandstr. 11.
Boxen: Georg Dietrich, Frankfurt a. M., Eschersheimer-Landstraße 10 (Rundfunk).
Schwerathletik: Willi Heise, Frankfurt-Westhausen, Messelweg 3.
Rudern: Dr. Breitbach, Frankfurt a. M., Hochstraße 42.
Tischtennis: Hermann Lutz, Darmstadt, Am Herrenacker 13.
Radsport: Erich Wick, Frankfurt a. M., Schillerstr. (Rundschau).
Wintersport: Otto Griebel, Frankfurt a. M., Corneliusstr. 4.
Schulsport: Paul Bergmann, Eschwege, Bahnhofstraße 5.

Karl Brinkmann

Der Sportjournalist Karl Brinkmann wird nach Kriegsende in den Unterlagen als Sportreporter bei der „Frankfurter Neuen Presse" bezeichnet. Im Frühjahr des Jahres 1946 findet man ihn im Zusammenhang mit der Konsolidierung des Fußballs und er gehört zu dem Personenkreis, der an der Vorbereitung des Landessportverbandes Hessen mitwirkt.

Nachdem er erst in der Stichwahl für das Amt des Vorsitzenden Heinz Lindner unterlegen war, wurde er Landessportwart und erhielt das wichtige Amt des Beauftragten des Landessportverbandes bei der Regierung in Wiesbaden. Als schließlich Karl Dimpfel aus der Repräsentation für den Fußball ausscheiden mußte, wurde Brinkmann auch kommissarischer Landesfachwart der Fachgruppe Fußball.

Als Sportwart des LSV war er verantwortlich für die erste überzonale Leichtathletik-Veranstaltung im August 1946. Durch ihn wurde auch das erste überzonale Zusammentreffen von Sportfunktionären nach dem Zweiten Weltkrieg im November 1946 in Frankfurt organisiert, das mit der Bildung einer „Sport-Arbeitsgemeinschaft" (SPAG) endete. Bei beiden Veranstaltungen gab es in finanzieller Hinsicht Unregelmäßigkeiten, die im Dezember 1946 dazu führten, daß Brinkmann aus dem LSV ausgeschlossen wurde.

Bald darauf verlor er auch seine Stelle bei der „Frankfurter Neuen Presse" und trat dann 1948 als Chef vom Dienst bei einer Zeitung in Offenbach in Erscheinung. Danach verliert sich seine Spur.

Karl Brinkmann - 20 Jahre Sportjournalist

Ein Mann, der sich von Jugend auf dem Sport verschrieben hat, auf der Aschenbahn und auf den Fußballplätzen groß geworden ist, kann in diesen Tagen auf eine 20-jährige Tätigkeit als Sportjournalist zurückblicken. Es ist Karl Brinkmann, der Sportbeauftragte in Hessen, Redakteur der „Frankfurter Neuen Presse". Er war es, der den Gedanken hatte, die ersten deutschen Leichtathletik-Meisterschaften nach dem Kriege durchzuführen und er hat dann auch die größte und bestens organisierte Sportveranstaltung dieses Jahres in Frankurt eingerichtet.

Als Student verdiente sich Karl Brinkmann als Mitarbeiter der bekannten Fachzeitung „Fußball" in München seine ersten journalistischen Sporen. Später wurde er Redakteur dieser Zeitung, brachte die aufsehenerregenden und von vielen Tageszeitungen (auch im Auslande) nachgedruckten Reportagen „Giganten der Landstraße" (Erlebnisberichte von der „Tour de France"), sowie „Augenblicke, die man nie vergißt" heraus. Bekannt sind auch sein Sportlexikon und der Sportroman „Reporter X erhält einen Auftrag". Später gründete Karl Brinkmann den Pressedienst „Deutsche Sport-Korrespondenz", der in Sportkreisen großes Ansehen genoß. Man sagt, daß Karl Brinkmann in seiner 20jährigen Tätigkeit fast alle Sportgrößen dieser Zeit interviewt habe und auf unzähligen Großkämpfen (Olympischen Spielen, Weltmeisterschaften, Länderkämpfen usw.) zu sehen. war.

Wir wünschen diesem echten Sportsmann weiterhin viel Erfolg in seiner journalistischen Tätigkeit zum Wohle unseres Sports.

Aus: Marburger Sportbericht. Amtliches Mitteilungsblatt des Sportbezirks Marburg/Lahn, 20. November 1946

sportwart. Abgabe der Verbandsgelder: Kopfgeld RM 3,— pro Mitglied im Jahr, davon RM 1,— Versicherung RM 2,— Verband; 2 %ige Spielabgabe, davon 1 % Verband, 1 % Kreis. Es wird vorgeschlagen, um den großhessischen Fußballpokal in vier Gruppen zu spielen. Die Gruppeneinteilung ist folgende: Kassel, Gießen, Frankfurt, Darmstadt.

Durchführung der Wahl:

Erster Durchgang der Wahl des ersten Vorsitzenden. Nach Prüfung des Stimmrechtes wurde die Wahl in geheimer Zettelwahl durchgeführt. Es waren 21 Mitglieder berechtigt zu wählen.

Vorschläge: Herr *Lindner,* Darmstadt; Herr *Brinkmann,* Frankfurt. Die Wahl ging 10 : 10 aus. Man stellte fest, daß an Herrn *Bergmann* kein Stimmzettel ausgegeben wurde. Wahl wird ungültig erklärt und wiederholt. Neuer Durchgang: Herr *Lindner* 13 Stimmen; Herr *Brinkmann* 8 Stimmen.

Wahl des Stellvertreters: Vorschlag: Herr *Brinkmann*; Herr *Schmidt*. Herr *Brinkmann* erhielt 10 Stimmen; Herr *Schmidt* 11 Stimmen. Somit wurde Herr *Lindner,* Darmstadt zum 1. Vorsitzenden und Herr *Schmidt*, Frankfurt zum Stellvertreter gewählt. Durch den Ausfall Herrn *Lindners* in der Fachgruppe Leichtathletik wird Herr *Dr. Danz,* Kassel als Landesfachwart Leichtathletik eingesetzt.

***Bechmann*:**

Schlägt einen Bezirksverband vor, der den selben Aufbau wie der Landessportverband hat. Es kommt zur Abstimmung: Für den Vorschlag 7 Stimmen; gegen den Vorschlag 10 Stimmen; Stimmenthaltungen 4. Damit wurde der Vorschlag *Bechmann* abgelehnt.

***Schmidt*:**

Macht einen Ausgleichsvorschlag. Einsetzung eines Bezirksvertreters. Für den Vorschlag 17 Stimmen; Gegen den Vorschlag 0; Stimmenthaltungen 4. Vorschlag wurde angenommen.

Wahl des engeren Vorstandes:

Es wurden folgende Sportkameraden gewählt:

1. Vorsitzender: Regierungsrat *Heinz Lindner*, Darmstadt, Mollerstr. 21
Stellvertreter: *Martin Schmidt*, Frankfurt, Am Schwimmbad 7
Landessportwart: *Karl Brinkmann*, Frankfurt, Rahmhofstraße 4, Frankfurter Neue Presse
Landesschriftführer: *Kurt Koch*, Frankfurt, Am Schwimmbad 7
Landeskassenwart: *Willy Linnenberg*, Frankfurt, Lenaustraße 77
Landesjugendwart: *Kurd-Roland Roesler*, Frankfurt, Arndtstraße 51; Tel.: 74954

Landesfrauenwartin: *Martha Thiem*, Frankfurt, Orthstraße 4 II.
Landespressewart: *Otto Großmann*, Frankfurt, Schillerstraße 19, Frankfurter Rundschau
Landesrechtswart: *Dr. Breitbach*, Frankfurt, Hochstraße 42

Die nach dem Vorsitzenden und Stellvertreter gewählten Vorstandsmitglieder wurden per Akklamation einstimmig von den Versammelten gewählt.

Berufssport:

Zur Betreuung wurden folgende Herrn vorgeschlagen und gewählt:
Boxen: Herr *Georg Dietrich*, Frankfurt, Eschersheimer Landstraße 10, Rundfunk
Schwerathletik: *Willi Heise*, Frankfurt, Messelweg 3
Radfahren: *Erich Wick*, Frankfurt, Schillerstraße 19, Frankfurter Rundschau:

Beauftragter des Landessportverbandes bei der Regierung:

Herr *Karl Brinkmann*, Frankfurt, Rahmhofstraße 4, Frankfurter Neue Presse
Einstimmige Wahl.

Verbandszeitung:

Es wird gebeten, die Auflagenzahl pro Bezirk für die neu zu erscheinende Verbandszeitung sofort bekanntzugeben. Bei dem Bezirk Kassel kommt der Kreis Hofgeißmar hinzu. Die Verbandszeitung soll erstmalig an die Bezirke im Laufe der kommenden Woche ausgegeben werden.

Oberliga:

Herr *Dimpfel* (Eintracht) gibt den Versammelten bekannt, daß von den drei Oberliga-Vereinen plus dem hinzukommenden Landesligaverein 1% der Spieleinahmen an den Landessportverband abgeführt werden und nur noch 1% nach Stuttgart.

Kreisvorstand:

Die Kreisvorstände setzen sich folgendermaßen zusammen:
1. Kreisvorsitzender:
Stellvertreter:
Kreissportwart:
Kreisschriftführer:
Kreiskassenwart:
Kreisjugendwart:
Kreisfrauenwartin:
Kreispressewart:

Beim Kreistag sind alle Vereine des Kreises vertreten. Beim Verbandstag alle Vereine des Verbandes.

Verbandstag:

Ist der Tag, an dem alle Vereine des Verbandes das Recht haben, daran teilzunehmen und ihre Stimme zur Wahl des Verbandsvorstandes abgeben können.

Geschäftsjahr:

Das Geschäftsjahr des Verbandes läuft vom 1. April bis 31. März.

Fachwarte:

Die Bezeichnungen der technischen Leiter des Landes und Kreises sind folgende:

Landesfachwart Fußball; Kreisfachwart Handball; usw. Die Bezeichnung Sparten, Fachämter oder Fachverbände wurde einstimmig abgelehnt. Es kommt dafür die Bezeichnung: Fachgruppe Fußball; Fachgruppe Handball usw. unter der Bezeichnung des jeweiligen Landes und Kreises; z. B. Landessportverband Groß-Hessen, Fachgruppe Fußball; Sportkreis Groß-Frankfurt, Fachgruppe Handball.

Kreistage:

Die Kreistage sollen so schnell wie möglich von den Bezirksvertretern durchgeführt werden. Der Termin wird folgendermaßen festgesetzt: Bis zum 1. August müssen alle Kreistage mit Wahlen durchgeführt sein.

Stimmrecht:

Das Stimmrecht der Vereine ist folgendes: Jeder Verein besitzt eine Stimme, ganz gleich, wieviele Mitglieder er zählt. Auf 50 Mitglieder eines Vereins entfällt eine Stimme, Bruchteile über 50 zählen voll.

Dr. Danz:

Unterbreitet einen Vorschlag, der sofort bei der Regie-

Dr. Hans Breitbach

Breitbach wurde am 4. November 1901 in Frankfurt geboren, wo er auch zur Schule ging, das Abitur bestand und nach dem Ersten Weltkrieg studierte.

Der promovierte Jurist Breitbach kam im Jahre 1919 als Schülerruderer zur Frankfurter Germania, war dann Aktiver beim Mannheimer RC 75, schließlich beim Frankfurter Ruder-Club 1884, wo er ab 1926 auch Vorstandsmitglied wurde.

Nach dem Zweiten Weltkrieg war Breitbach Vorsitzender des sogenannten Fünfer-Ausschusses, der in den Jahren 1945 und 1946 die Wiederbelebung des Ruderns betrieb. In dieser Eigenschaft wurde er Fachwart Rudern in dem am 1. Juni 1946 gebildeten Landessportverband Groß-Hessen und wurde auf der darauf folgenden Sitzung am 15. Juni 1946 Landesrechtswart und damit Mitglied des engeren LSV-Vorstandes.

Danach ging sein Einfluß jedoch aus beruflichen Gründen im Sport zurück, Vorsitzender des Hessischen Ruder-Verbandes wurde Dr. Lingnau und zum Landesrechtswart wurde auf dem ersten Verbandstag des LSV in Mörfelden Paul Wettig gewählt. Breitbach übernahm im Hessischen Ruder-Verband das Amt des 2. Vorsitzenden und war lange Jahre Mitglied der Sportdeputation der Stadt Frankfurt.

rung in Wiesbaden vorgetragen werden soll. Der Sport fällt zur Zeit unter die Gruppe Vergnügen und soll deshalb sofort eingereiht werden in die Gruppe Jugend, Kultur und Gesundheitspflege, in die der Sport sowieso auf Grund seiner Struktur hineingehört. Dadurch ist es uns möglich, unsere Spieltermine wieder pünktlich durchzuführen und die in verschiedenen Städten von der Steuerverwaltung aufgezwungenen 33 % Vergnügungssteuer abzuschaffen.

Die nächste Sitzung des engeren Vorstandes wurde auf Montag, den 26. Juni 1946 in Frankfurt/Main, Gaststätte Schmidt, Kirchnerstrstraße 7 festgesetzt.

Auf der Tagesordnung stehen folgende Punkte.

1. Geschäftsordnung;
2. Satzungen;
3. Verschiedenes.

Die Benachrichtigung der Vertreter erfolgt noch schriftlich.

Für die Richtigkeit:
gez. *Lindner*
1. Vorsitzender

Protokoll der 2. Sitzung des engeren Vorstandes des Landessportverbandes Groß-Hessen am Dienstag, den 2. Juli 1946 in Frankfurt/Main

Eröffnung: 18.15 Uhr durch Herrn Lindner, Verlesung der Anwesenheit. Anwesend waren: Lindner, Schmidt, Brinkmann, Koch, Thiem, Großmann. Entschuldigt fehlten: Roesler, Linnenberg und Dr. Breitbach.

Herr *Lindner* bedauert, daß die Pünktlichkeit nicht eingehalten wird. Bei einer Besprechung im Ministerium wurde ihm zugesichert, daß der Jugendwart des Verbandes gleichzeitig Sitz und Stimme im Landesjugendausschuß hat sowie die Kreisjugendwarte im Kreisjugendausschuß. Auf der Tagesordnung standen folgende Punkte:

1. Geschäftsordnung
2. Hauptsatzung
3. Verschiedenes

Herr *Lindner* bespricht mit den Anwesenden die Genehmigung des LSV durch.

1. Geschäftsordnung:

Punkt I: Die Geschäftsordnung soll in der bisherigen Fassung in der nächsten Nummer der Verbandsmitteilungen gesondert herausgegeben werden.

Erich Wick

Wick wurde am 9. März 1906 in Frankfurt geboren. Nach dem Besuch der Grundschule absolvierte er ab 1916 das Lessing-Gymnasium, bestand dort 1924 das Abitur. Von 1924 bis 1927 besuchte er die Universität Frankfurt, wo er Philosophie und romanische Sprachen studierte. Der aktive Radsportler kam aber schon bald mit dem Journalismus in Kontakt, er verfaßte Beiträge über den Radsport für die „Frankfurter Zeitung", die „Frankfurter Nachrichten" und den „General-Anzeiger". Über diese Tätigkeit wechselte er dann von der Universität ganz in die Redaktionsstube über und war von 1927 bis 1930 Volontär beim einem Frankfurter Verlag. 1928 trat er dem Verein Frankfurter Sportpresse bei, dem er mehrere Jahre auch als Präsident vorstand.

Wick arbeitete von 1930 bis zur Einberufung in die Wehrmacht als freier Journalist in Frankfurt, war im Juni 1940 als Funker bei der Nachrichtenersatzabteilung in Wetzlar eingesetzt und wurde dann aufgrund seiner Abstammung (er hatte eine jüdische Mutter) nach dreiwöchiger Verweildauer aus der Wehrmacht entlassen. Danach verdiente er seinen Lebensunterhalt mit Gelegenheitsarbeiten, insbesondere mit Schreibarbeiten. Er erlebte das Kriegsende in Frankfurt, wo er im Sommer 1945 bei der Frankfurter Rundschau als ständiger Mitarbeiter für Sport und Lokales eingestellt wurde und damit zu den ersten Redakteuren dieser Zeitung gehörte.

Bald wurde Wick Leiter der Sportredaktion der FR und war 1946 Mitbegründer und Chefredakteur der Sportzeitung „Der Neue Sport", die in Frankfurt erschien.

Im Landessportverband übernahm Wick 1946 die Leitung des Fachgruppe Radsport und war so eng mit der organisatorischen Konsolidierung des Sports in Hessen verbunden.

Einen bleibenden Namen machte sich Wick, der seine Berichte mit dem Kürzel „wk" zeichnete, als Vater des „Schlappekicker", einer Hilfsaktion für alte und kranke Sportler, die bis heute ein Markenzeichen des Sports in der FR geblieben ist und als frühes Sozialwerk des Sports bezeichnet werden kann. Für seine Tätigkeit wurde Wick im März 1966 mit der Ehrenplakette der Stadt Frankfurt ausgezeichnet.

Erich Wick. Die Aufnahme stammt aus dem Jahre 1952.

Erich Wick war seit 1949 verheiratet; seine Frau Leonore arbeitete von 1968 bis 1992 im Archiv der FR. Wick starb am 5. März 1968 in Frankfurt.

2. Hauptsatzung:

Punkt I: Zu § 7 Mitgliedschaft wird Ziffer 5 gestrichen. Zu § 14 Verbandsvorstand Absatz 1: Sollen die Bezirksvorsitzenden in den erweiterten Verbandsvorstand hineingenommen werden? Zu §14 Verbandsvorstand 5 c Frauenausschuß, Zusatz: Vier Beisitzerinnen aus den Fachgruppen; 5 d wird besonders behandelt.

3. Verschiedenes:

a.) Finanzausgleich
b.) Sportmitteilungen, Inhalt, Kosten, Schriftleitung, Verantwortlich
c.) Antrag bei der Regierung
d.) Reisekosten, Tagegelder
e.) Bankkonto
f.) Geschäftsstelle (personell, materiell)
g.) Briefbogen.

Da die Zeit zu sehr fortgeschritten ist, werden diese Programmpunkte nochmals auf die nächste Tagesordnung gesetzt unter Verschiedenes. Herr *Großmann* wird beauftragt, eine Gründungsurkunde in künstlerischer Form entwerfen zu lassen.

In den nächsten Verbandsmitteilungen sollen folgende Notizen aufgenommen werden:

1. Sportfahrten mit Kraftfahrzeugen
2. Kollektive Versicherung (kurzfristig)
3. Ermäßigung bei der Reichsbahn

Die nächste Sitzung des engeren Vorstandes wird auf Dienstag, den 16. Juli 1946 um 18.00 Uhr in Frankfurt am Main, Restaurant Schmidt, Kirchnerstr. 7, einberufen. Hierzu erfolgt schriftliche Einladung.

Ende der Sitzung um 20.15 Uhr.

Landesschriftführer: gez. *Kurt Koch*

Sitzung des engeren Vorstandes am 7. August 1946

Sitzungslokal: Schmidt, Frankfurt, Kirchnerstr. 7
Anwesend: Lindner, Schmidt, Linnenberg, Großmann, Brinkmann, Roesler, Koch.
Entschuldigt: Breitbach, Thiem.
Beginn: 18.30 Uhr

***Lindner*:**

Schlägt eine erweiterte Vorstandssitzung vor. Sollen Bezirksvertreter hinzugezogen werden? Gibt einen kurzen Rückblick auf die Organisation. Bezirksvertreter stimmberechtigt oder nicht?

***Schmidt*:**

Bezirksvertreter sollen unbedingt in den Verbands-Vorstand.

***Linnenberg*:**

Verbands-Vorstand nicht zu groß machen.

***Lindner*:**

Trennung zwischen der oberen und mittleren Instanz. Anschließend entspannt sich eine Debatte über eine Besprechung zwecks Genehmigung des ASV beim Ministerium in Wiesbaden.

***Schmidt*:**

Weist die Angriffe zurück.

***Lindner*:**

Stellt eine Frage, ob vor unserer Lizenz die Lizenz des ATSpB. erteilt werden soll.

***Schmidt*:**

Verneint.

***Brinkmann*:**

Stellt die Frage, ob ein Antrag vorliegt.

***Lindner*:**

Die persönliche Seite wird zu sehr in den Vordergrund gestellt. Er erwähnt hierbei die Wahlen im Kreis Darmstadt.

***Brinkmann*:**

Verlangt, daß erst der Landessportverband aufgebaut werden soll. Wenn der Arbeiter-Sport aufkommt, kommt auch die katholische Jugend.

Wer soll den Arbeiter-Sport aufziehen?

Was will *Hirschfeld*? Wie steht er zu uns?

***Schmidt*:**

Erinnert an die Tagung im November vorigen Jahres. Der Erfolg, Aufbau einer einheitlichen Sportbewegung.

***Großmann*:**

Erklärt, daß er nichts von dieser ganzen Angelegenheit wüßte. Er sei schon immer für eine gute Zusammenarbeit eingetreten.

Die Debatte wird abgebrochen und es wird in die Debatte über die Leichtathletik-Meisterschaften eingetreten. Diese werden einstimmig für gut geheißen, die vollste Unterstützung des Verbandes vor allem der Fachgruppe Fußball in finanzieller Hinsicht gewährleistet.

***Brinkmann*:**

Wirft die Frage auf, welche Funktionen der Süddeutsche Sportverband hatte.

***Lindner*:**

Erwidert, daß kein Süddeutscher Sportverband besteht, sondern nur eine Arbeitsgemeinschaft der Landessportverbände.

***Großmann*:**

Erwidert, daß bei der Tagung am 25. Novenber 1945 der Beschluß gefaßt wurde, einen Süddeutschen Sportverband zu gründen.

***Lindner*:**

Bestätigt, daß die Verbände nur korporativ beitreten könnten und verweist dabei auf die Tagung der bestehenden Landessportverbände in München.

***Großmann*:**

Erklärt, daß Stuttgart uns eine ganze Nasenlänge voraus sei. Die Entwicklung bei uns war anders als in Württemberg und Bayern. Ich bin in der letzten Versammlung für eine paritätische Zusammensetzung eingetreten. Unsere Freunde haben alles gut beobachtet. Bei den Wahlen wollte sich keiner zur Verfügung stellen. Die Radfahrvereinigung hat verschiedentlich an den Arbeiter Radfahrerbund „Solidarität" ein Schreiben zur Mitarbeit gerichtet innerhalb der jetzigen Fachgruppe Radfahren, was von diesen abgelehnt wurde.

***Brinkmann*:**

Wir müssen möglichst schnell eine Klärung erreichen. *Großmann* und *Schmidt* sollen ihre Leute aufklären und mit uns Hand in Hand arbeiten.

***Lindner*:**

Hirschfeld nennt sich Geschäftsführer des Süddeutschen Sportverbandes und stellt die Frage, wie weit das seine Richtigkeit habe.

***Großmann*:**

Erwidert, daß *Hirschfeld* bei einer Sitzung in Stuttgart dazu berufen worden sei.

Bei der ersten Überzonalen Leichtathletik-Veranstaltung, am 24./25. August 1946 im Frankfurter Waldstadion, die als 1. Deutsche Nachkriegsmeisterschaft ausgeschrieben war, dann aber „Tag der Meister" genannt wurde, siegte der Frankfurter Heinz Ulzheimer über 800 m. Es gratuliert hier Walther von Adelson, der spätere Vorsitzende des Deutschen Leichtathletik-Ausschusses.

Landessportverband Groß-Hessen E. V.

Teilnehmerkarte

zu den

Deutschen Meisterschaften der Leichtathleten

1946

in Frankfurt a. M.

Buchdruckerei Otto E. Schröder, Frankfurt a. M.

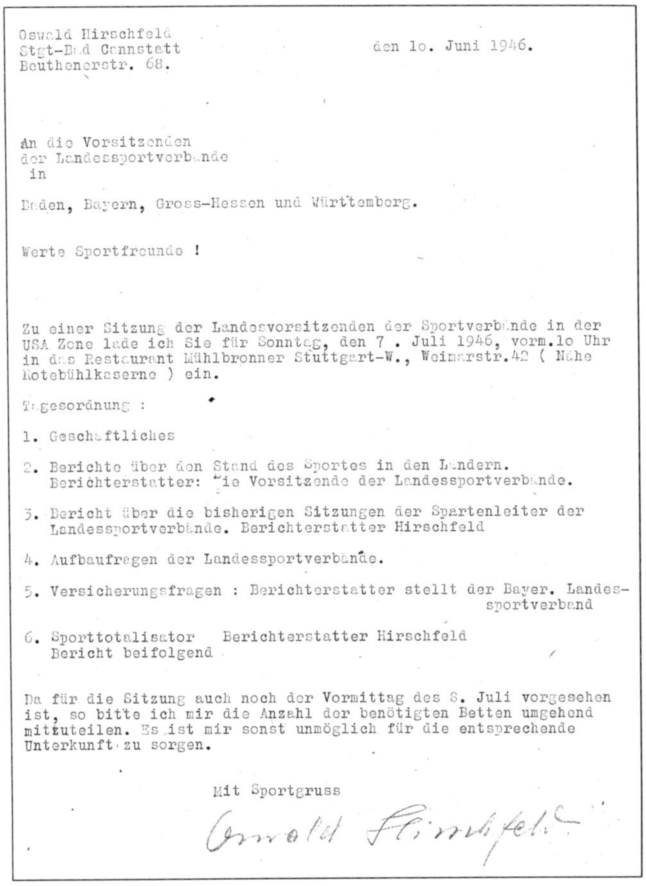

Oswald Hirschfeld
Stgt-Bad Cannstatt
Beuthenerstr. 68.

den 10. Juni 1946.

An die Vorsitzenden
der Landessportverbände
in

Baden, Bayern, Gross-Hessen und Württemberg.

Werte Sportfreunde !

Zu einer Sitzung der Landesvorsitzenden der Sportverbände in der USA Zone lade ich Sie für Sonntag, den 7 . Juli 1946, vorm.10 Uhr in das Restaurant Mühlbronner Stuttgart-W., Weimarstr.42 (Nähe Rotebühlkaserne) ein.

Tagesordnung :

1. Geschäftliches

2. Berichte über den Stand des Sportes in den Ländern. Berichterstatter: Die Vorsitzende der Landessportverbände.

3. Bericht über die bisherigen Sitzungen der Spartenleiter der Landessportverbände. Berichterstatter Hirschfeld

4. Aufbaufragen der Landessportverbände.

5. Versicherungsfragen : Berichterstatter stellt der Bayer. Landessportverband

6. Sporttotalisator Berichterstatter Hirschfeld Bericht beifolgend

Da für die Sitzung auch noch der Vormittag des 8. Juli vorgesehen ist, so bitte ich mir die Anzahl der benötigten Betten umgehend mitzuteilen. Es ist mir sonst unmöglich für die entsprechende Unterkunft zu sorgen.

Mit Sportgruss

Oswald Hirschfeld

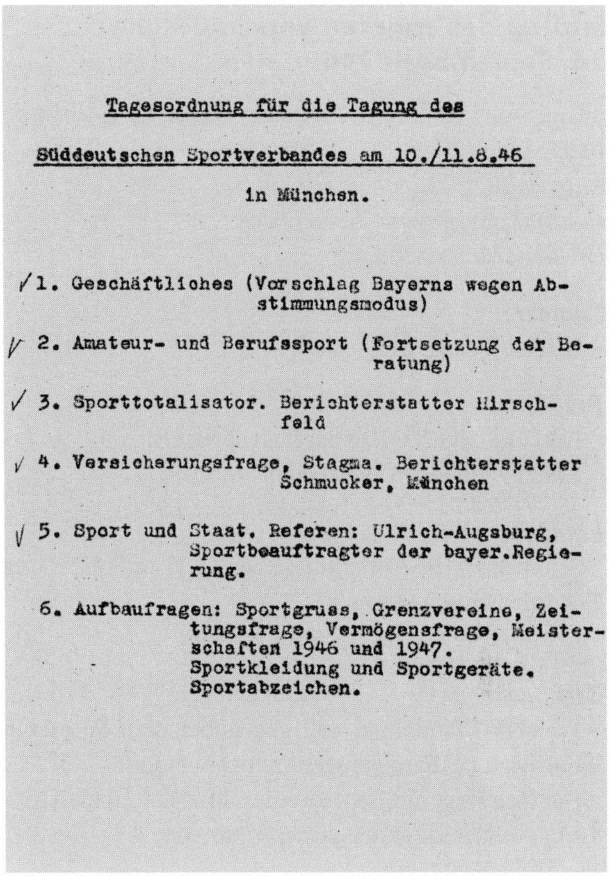

Tagesordnung für die Tagung des

Süddeutschen Sportverbandes am 10./11.8.46

in München.

1. Geschäftliches (Vorschlag Bayerns wegen Abstimmungsmodus)
2. Amateur- und Berufssport (Fortsetzung der Beratung)
3. Sporttotalisator. Berichterstatter Hirschfeld
4. Versicherungsfrage, Stagma. Berichterstatter Schmucker, München
5. Sport und Staat. Referent: Ulrich-Augsburg, Sportbeauftragter der bayer.Regierung.
6. Aufbaufragen: Sportgruss, Grenzvereine, Zeitungsfrage, Vermögensfrage, Meisterschaften 1946 und 1947. Sportkleidung und Sportgeräte. Sportabzeichen.

***Brinkmann*:**

Kommt nochmals auf die Meisterschaften zu sprechen und erklärt, daß *Hirschfeld* ein Schreiben an die anderen Landesverbände gerichtet habe, nachdem sie sich nicht bei den Meisterschaften beteiligen sollen.

***Koch*:**

Gibt in diesem Bezug ein Gespräch wieder, welches er bei den Landesjugendmeisterschaften in Stuttgart mit *Kast* und *Keller* vom Württembergischen Sportverband geführt habe.

***Linnenberg*:**

Erklärt, daß Stuttgart alles versuchen würde, um die Führung innerhalb Süddeutschlands an sich zu ziehen.

***Lindner*:**

Kommt nun auf die Lizenzierung des Verbandes zu sprechen und verlangt von allen Vorstandsmitgliedern die Einreichung des großen Fragebogens.

Anschließend wurden noch verschiedene Aufbaufragen besprochen u.a.

1. Finanzfragen
2. Verbandsgericht
3. Jugendsatzungen.

Zu Punkt 1 Eintrittsgelder und Verbandsbeitrag ergab sich eine größere Debatte. Es wurde einstimmig beschlossen, sofort in einem Rundschreiben an die Vereine heranzutreten. Als Mitgliedsbeitrag für den Verband sollen erhoben werden:

RM 3,—	für ordentliche Mitglieder
RM 2,—	für Jugendliche
RM 1,—	für Kinder

In diesen Kopfbeiträgen sind die Versicherungen eingeschlossen.

Es wurde noch kurz besprochen, wie weit Fahrtkosten, Spesen und Ersatz von nachgewiesenem Lohnausfall erstattet werden kann.

Auf Grund der vorgeschrittenen Stunde mußte die Sitzung um 22.15 Uhr abgebrochen werden.

Für die Richtigkeit:

1. Vorsitzender	Landesschriftführer
1. Beurkunder	2. Beurkunder

Sitzung des engeren Vorstandes am 24. September 1946

Anwesend: Lindner, Schmidt, Roesler, Breitbach, Brinkmann, Koch.
Entschuldigt: Thiem
Fehlend; Großmann, Linnenberg
Gäste: Grünewald, Eifert.

***Lindner*:**
Lizenz (Frage an *Roesler*)

Roesler:
Erklärt, daß LSV lizenziert ist bei der Sitzung des Jugendausschusses in Wiesbaden.

***Lindner*:**
Streift kurz die Verhältnisse des LSV zu Polizei und Behördensportvereinen.
Einstimmig wurden diese abgelehnt.

***Breitbach*:**
Welcher Standpunkt soll gegenüber dem Sportclub Weiß-Blau (Allianz) eingenommen werden?
Zur Zeit liegt die Beschwerdeschrift der Niederräder Turngesellschaft gegen diesen Club vor.

***Lindner*:**
Was ist mit den amtlichen Sportmitteilungen? Wann erscheinen sie wieder?

***Koch*:**
Erwidert, daß die Mitteilungen am Mittwoch erscheinen werden und ab sofort alle 14 Tage in Druck gehen.
Er bittet darum, daß die Manuskripte von den Vorstandsmitgliedern und Fachgruppen zwecks Veröffentlichung möglichst frühzeitig eingereicht werden.

***Breitbach*:**
Ist der LSV ein Spitzenzusammenschluß der Fachgruppen oder der Vereine?

***Lindner*:**
Erwidert, daß die Vereine die Hauptträger des LSV sind. Die Fachgruppen haben eine weitgehende Selbständigkeit. Die Jugendarbeit besonderer Art wird von den Fachgruppen getragen, die finanziell besonders gut gestellt sind.

***Brinkmann*:**
Gibt an Hand eines Beispiels (Kreis Kassel), warum die Verbandsarbeit nicht ganz zur Ausführung kommen konnte.

***Lindner*:**
Kommt nun auf verschiedene Finanzfragen zu sprechen, u.a. die Kreise sollen vorerst Mittel zur Verfügung stellen, um den Verband auf feste Füße zu stellen.

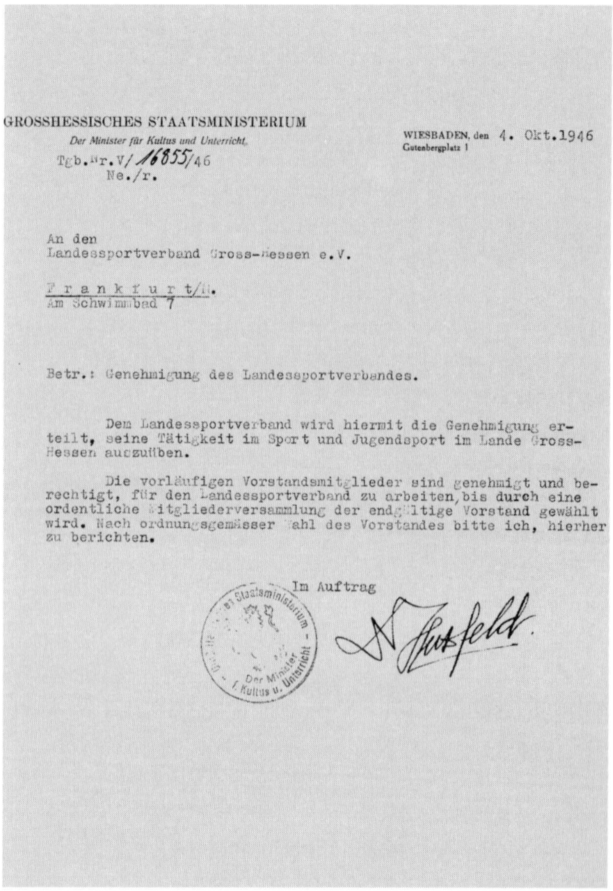
GROSSHESSISCHES STAATSMINISTERIUM
Der Minister für Kultus und Unterricht
Tgb.Nr.V/16855/46
Ne./r.

WIESBADEN, den 4. Okt.1946
Gutenbergplatz 1

An den
Landessportverband Gross-Hessen e.V.

Frankfurt/M.
Am Schwimmbad 7

Betr.: Genehmigung des Landessportverbandes.

Dem Landessportverband wird hiermit die Genehmigung erteilt, seine Tätigkeit im Sport und Jugendsport im Lande Gross-Hessen auszuüben.

Die vorläufigen Vorstandsmitglieder sind genehmigt und berechtigt, für den Landessportverband zu arbeiten, bis durch eine ordentliche Mitgliederversammlung der endgültige Vorstand gewählt wird. Nach ordnungsgemässer Wahl des Vorstandes bitte ich, hierher zu berichten.

Im Auftrag

Die Beiträge der Vereine können in Raten bezahlt werden. Bei finanziell schlecht gestellten Vereinen können auch Stundungen vorgenommen werden.

Das Besteuerungsrecht der Kreise fällt ab sofort weg. Der Landessportwart soll sofort sämtliche Fachwarte zu einer Tagung einladen.

Die Fachgruppen arbeiten so schnell wie möglich ihren Haushaltsplan aus und reichen diesen sofort beim Verband ein.

Bis zum 1. November 1946 sind von den Fachgruppen sämtliche gewählten Vorstandsmitglieder in doppelter Aufstellung bei der Geschäftsstelle einzureichen.

Die Geschäftsstelle soll schnellstens ein Rundschreiben herausgehen lassen, in dem ein Termin für eine abzuhaltende Landestagung festgesetzt ist.

Ferner sollen darin die Fachgruppen aufmerksam gemacht werden,

1. Ihre Wahlen durchzuführen,
2. Arbeitspläne aufzustellen.
3. Müssen bezahlte Kräfte bei den Fachgruppen eingestellt werden? Genaue Erläuterung, warum und wieviel. Sind geeignete Geschäftsräume vorhanden?

Am besten wäre es, wenn geeignete größere Räumlichkeiten zur Verfügung stehen würden, in denen alles zusammen gelegt werden kann.

***Schmidt*:**

Erklärt, daß der LSV über den Fachgruppen stehen müsse. Es hätte schon längst eine Tagung der Fachgruppen abgehalten werden müssen. Es geht nicht an, daß die einzelnen Fachgruppen für die Kreise Sonderbeiträge erheben.

Es kann nur ein Verbandsbeitrag erhoben werden, aus dem den Fachgruppen sowie den Kreisen die nötigen Mittel zur Verfügung gestellt werden können, um ihren Geschäftsbetrieb aufrecht zu erhalten.

***Breitbach*:**

Kommt auf die frühere Selbständigkeit der Fachämter zu sprechen.

***Schmidt*:**

Es sind verschiedene Auslagen, die nur vom Verband aus bestritten werden können. In Bayern und auch in Hessen möchte die Stagma eine Gebühr erheben für musikalische Darbietungen. Er erinnert nochmals an die Dringlichkeit der Fachgruppen-Tagung.

***Brinkmann*:**

Gibt bekannt, daß man erst dann eine Tagung der Fachgruppen anberaumen kann, wenn die Fachgruppenleitungen ordnungsgemäß gewählt sind.

***Breitbach*:**

Erklärt, daß auf keinen Fall eine Doppelzahlung vorgenommen werden soll. Dies sei eine starke finanzielle Belastung der Vereine.

***Lindner*:**

Erwidert, daß ein bezahlter Geschäftsführer all diese Dinge aufbauen solle, sonst seien alle anderen Ämter Ehrenämter.

***Breitbach*:**

Bittet darum, daß sich möglichst der gesamte Aufbau mit den anderen Ländern decken soll, da man ja in späterer Zeit daran denken müsse, auch über den jetzigen Rahmen hinaus eine größere Organisation zu schaffen.

***Lindner*:**

Erklärt, daß dies schon bei Tagungen mit anderen Ländern besprochen wurde.

***Roesler*:**

Erklärt, daß die Kreisjugendausschüsse sich mit der Einstellung von Kreisjugendpflegern befassen.

***Lindner*:**

Erwidert, daß er vom Ministerium aufmerksam gemacht worden wäre, einen Jugendfond aufzustellen, der aus größeren Veranstaltungen der einzelnen Fachgruppen gedeckt werden solle.

Dieser Fond sollte ausschließlich der Jugend zugute kommen. Er sieht nicht ein, daß man von diesem Geld einen Kreisjugendpfleger bezahlen soll, wo viele andere wichtige Dinge auf ihre Vollendung warten.

***Roesler*:**

Kommt nochmals auf die Kreisjugendausschüsse zu sprechen und erklärt u.a., daß in diesen Ausschüssen die Sportjugend in ihrer prozentualen Stärke nicht vertreten sei.

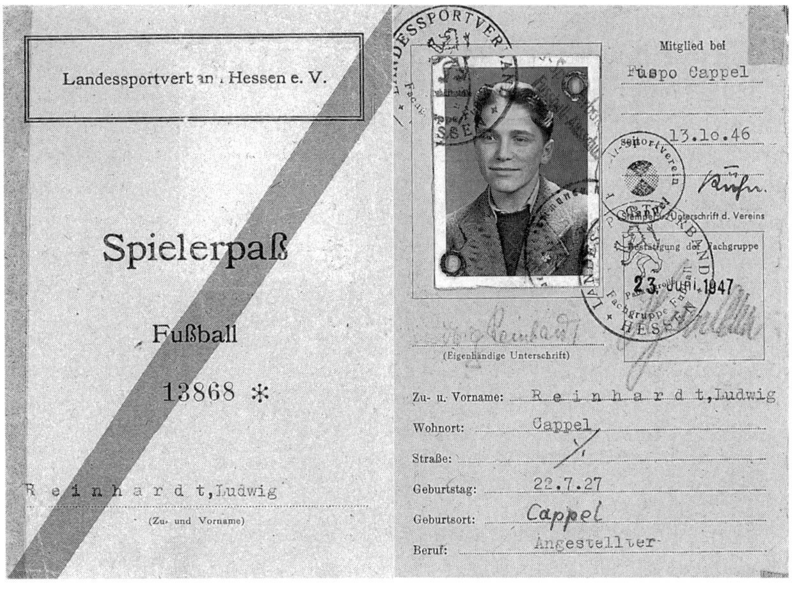

Der Landessportverband gab im Sommer 1946 für alle Fachgruppen einheitliche Spielerpässe heraus.

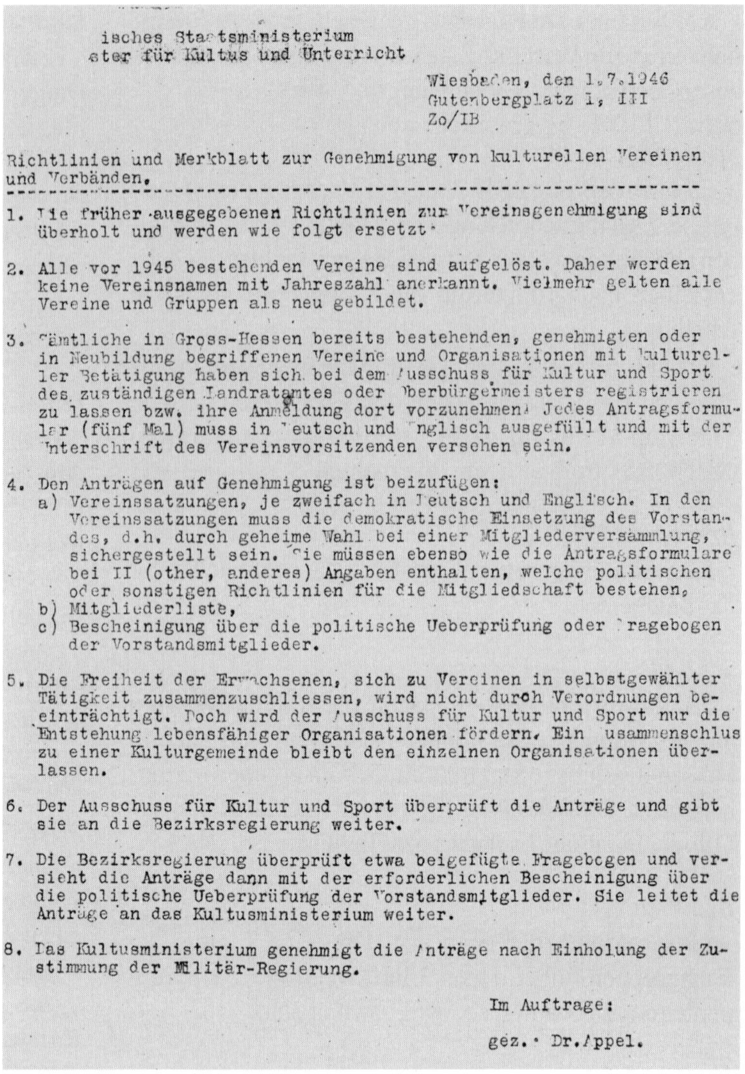

isches Staatsministerium
ster für Kultus und Unterricht

Wiesbaden, den 1.7.1946
Gutenbergplatz 1, III
Zo/IB

Richtlinien und Merkblatt zur Genehmigung von kulturellen Vereinen und Verbänden.

1. Die früher ausgegebenen Richtlinien zur Vereinsgenehmigung sind überholt und werden wie folgt ersetzt:
2. Alle vor 1945 bestehenden Vereine sind aufgelöst. Daher werden keine Vereinsnamen mit Jahreszahl anerkannt. Vielmehr gelten alle Vereine und Gruppen als neu gebildet.
3. Sämtliche in Gross-Hessen bereits bestehenden, genehmigten oder in Neubildung begriffenen Vereine und Organisationen mit kultureller Betätigung haben sich bei dem Ausschuss für Kultur und Sport des zuständigen Landratamtes oder Oberbürgermeisters registrieren zu lassen bzw. ihre Anmeldung dort vorzunehmen. Jedes Antragsformular (fünf Mal) muss in Deutsch und Englisch ausgefüllt und mit der Unterschrift des Vereinsvorsitzenden versehen sein.
4. Den Anträgen auf Genehmigung ist beizufügen:
   a) Vereinssatzungen, je zweifach in Deutsch und Englisch. In den Vereinssatzungen muss die demokratische Einsetzung des Vorstandes, d.h. durch geheime Wahl bei einer Mitgliederversammlung, sichergestellt sein. Sie müssen ebenso wie die Antragsformulare bei II (other, anderes) Angaben enthalten, welche politischen oder sonstigen Richtlinien für die Mitgliedschaft bestehen,
   b) Mitgliederliste,
   c) Bescheinigung über die politische Ueberprüfung oder Fragebogen der Vorstandsmitglieder.
5. Die Freiheit der Erwachsenen, sich zu Vereinen in selbstgewählter Tätigkeit zusammenzuschliessen, wird nicht durch Verordnungen beeinträchtigt. Doch wird der Ausschuss für Kultur und Sport nur die Entstehung lebensfähiger Organisationen fördern. Ein Zusammenschlus zu einer Kulturgemeinde bleibt den einzelnen Organisationen überlassen.
6. Der Ausschuss für Kultur und Sport überprüft die Anträge und gibt sie an die Bezirksregierung weiter.
7. Die Bezirksregierung überprüft etwa beigefügte Fragebogen und versieht die Anträge dann mit der erforderlichen Bescheinigung über die politische Ueberprüfung der Vorstandsmitglieder. Sie leitet die Anträge an das Kultusministerium weiter.
8. Das Kultusministerium genehmigt die Anträge nach Einholung der Zustimmung der Militär-Regierung.

Im Auftrage:

gez. Dr. Appel.

***Lindner*:**

Erklärt, daß er als Landesjugendwart schon als Mitglied im Landesjugendausschuß wäre und somit die Betreuung der Sportjugend unter sich habe.

Es genüge voll und ganz, wenn man einen guten Jugendwart in den Jugendausschüssen der Kreise habe.

Prof. Dr. Herzfeld solle zu einer der nächsten Sitzungen eingeladen werden, um mit ihm diesen Punkt zu besprechen.

Er bittet die Fachgruppe Fußball, auf das Konto des LSV einen namhaften Betrag zu zeichnen und erinnert dabei an ein Versprechen, was ihm vor längerer Zeit gegeben wurde.

***Brinkmann*:**

Erklärt sich damit einverstanden und will in den nächsten Tagen das Geld auf das Konto des LSV überweisen. Er gibt eine kurze Übersicht über die letzten Veranstaltungen und den Überschuß derselben.

Er fragt an, was mit der Steuer sei.

***Lindner*:**

Erwidert, daß er ein Schreiben diesbezüglicher Art an den Oberbürgermeister der Stadt Frankfurt/M., *Dr. Kolb*, abgesandt hätte. Bis zum heutigen Tage läge noch keine Entscheidung vor. Sämtliche Fachgruppen sollen angewiesen werden (sowie Vereine), bis zur Klärung der rechtlichen Frage keine Vergnügungssteuer an die Steuerverwaltung der Stadt Frankfurt abzuführen. Ausgenommen hiervon sind selbstverständlich Veranstaltungen, die früher auch schon vergnügungssteuerpflichtig waren u.a. Tanz usw.

Auf eine Anfrage von Herrn *Grünewald*, ob der Geschäftsführer einer Fachgruppe von sich aus Entscheidungen treffen kann, erwidert *Lindner*, daß das in keinem Fall gehen würde. Entscheidungen können nur im Rahmen der bestehenden Ausschüsse getroffen werden.

***Lindner*:**

Schlägt Herrn *Eifert* zum Geschäftsführer vor und fragt ihn, ob er bereit sei, dieses Amt zu übernehmen.

***Eifert*:**

Bejaht diese Frage.

***Lindner*:**

Bittet ihn, bis zur nächsten Sitzung Vorschläge auszuarbeiten und zu unterbreiten.

***Brinkmann*:**

Erklärt, daß er für die Fachgruppe Fußball Spielerpässe für das gesamte Land Groß-Hessen herstellen lasse und somit keine Spielerziehung mehr möglich sei.

***Koch*:**

Erwidert, daß auch für alle anderen Fachgruppen zur Zeit Pässe in Bearbeitung seien mit deren Erscheinen in der nächsten Zeit zu rechnen sei.

***Lindner*:**

Bis zum Frühjahr ist einheitlicher Paß fertig.

Anschließend wurde noch kurz in eine Debatte über Vereinswechsel, Strafbestimmungen und Jugendordnung eingegangen.

Die Sitzung endete um 21.00 Uhr.

Für die Richtigkeit:

1. Vorsitzender Landesschriftführer

Protokoll der Sitzung des engeren Verbandsvorstandes am 17. Oktober 1946 in der Gaststätte Schmidt, Kirchnerstraße 7

Anwesend waren: Die Herren Lindner, Schmidt, Brinkmann, Koch, Eifert, Dr. Breitbach, Roesler.
Es fehlten: Frl. Thiem, Herr Großmann, Linnenberg.
Beginn der Sitzung: 18.15 Uhr.

Herr *Lindner* gab einen Bericht über den Württembergischen Verbandstag in Kornwestheim, der von ihm und Herrn *Schmidt* besucht war. Anschließend verliest er ein Schreiben des Kreises Darmstadt an die Vereine des Sportkreises, in welchem die Vereine aufgefordert werden, keinerlei Beiträge an den Landessportverband abzuführen. Die Haltung der verantwortlichen Männer des Sportkreises Darmstadt wurde von allen Anwesenden mißbilligt. Anschließend wurde eine längere Debatte über die Finanzfrage eingegangen, an der sich sämtliche Anwesenden beteiligten. Von verschiedenen Herren wurde die Höhe der festgesetzten Verbandsbeiträge nicht für glücklich befunden, da sich der Verband zunächst im Aufbau befindet und die Vereine, die meist ihre Grundstücke und Sportgeräte durch die Kriegseinwirkungen verloren haben, ihre Beiträge für Wiederanschaffungen und Aufbau benötigen. Es wurde nachher der Beschluß gefaßt, nur zwei Raten im laufenden Geschäftsjahr zu erheben, so daß sich die einzuzahlenden Beträge wie folgt staffeln:

Für Aktive RM 1,50 = ordentliche Mitglieder über 18 Jahre
Für Jugendliche RM 1,—
Für Schüler RM -,50
bis zum 31. März 1947

Die Vereine sollen als Träger des Verbandes auf dem Verbandstag selbst die Höhe der Beiträge festsetzen, hingegen die Aufnahmegebühr in voller Höhe beibehalten wird und die Vereine im nächsten Mitteilungsblatt ersucht werden, schnellstens die Aufnahmegebühr zu entrichten.

Über das Stimmrecht beim Verbandstag wurde nochmals festgelegt, daß der Verbandstag von den Vereinen beschickt wird und auf 50 Mitglieder eine Stimme erhalten. Ein Delegierter kann für seinen Verein sämtliche Stimmen abgeben. Es ist auch den Vereinen gestattet, einen anderen Verein schriftlich zu beauftragen, seine Stimme zu dem Verbandstag abzugeben.

Anschließend wurde der Aufbau des Landessportverbandes (Geschäftsführung) besprochen. Die Anwesenden waren sich über die derzeitige Zusammensetzung

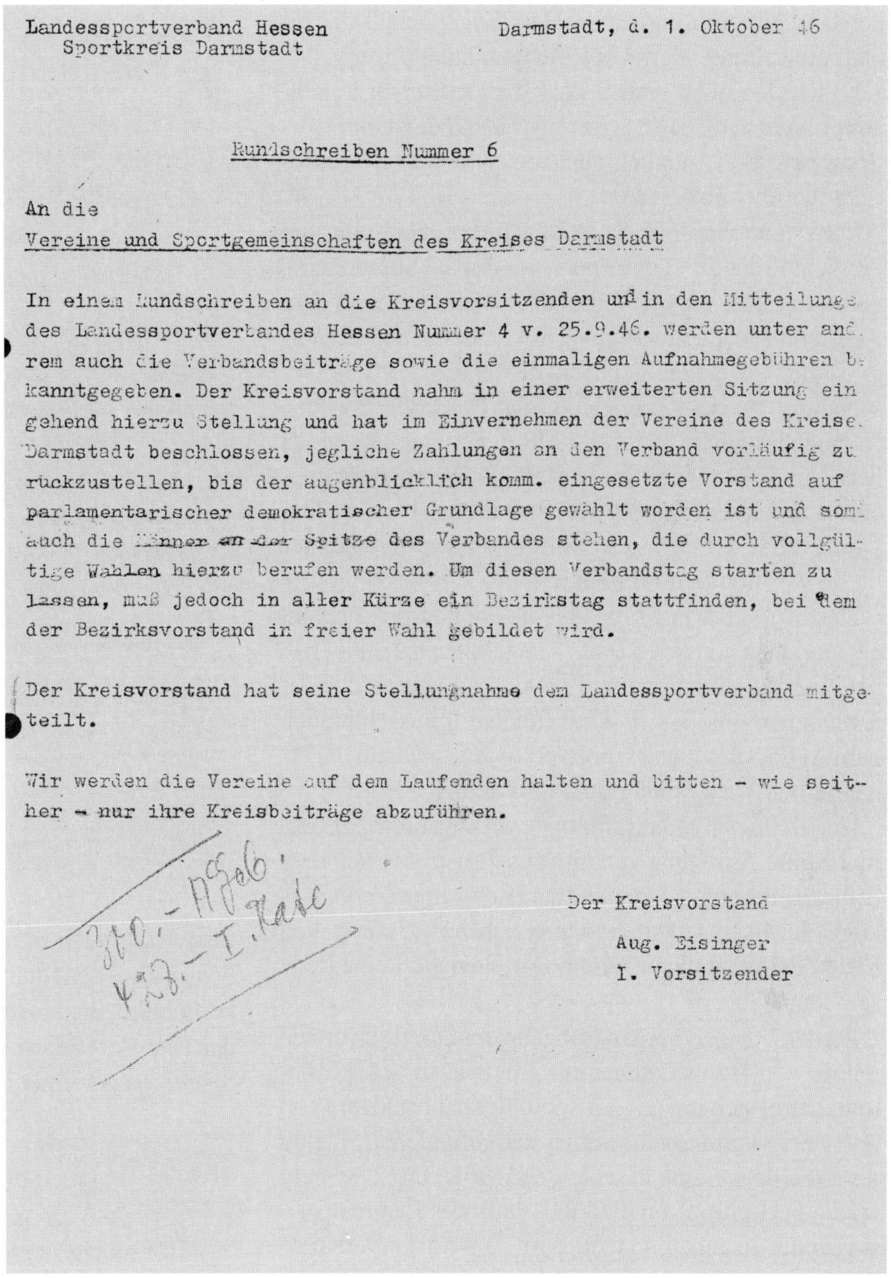

Landessportverband Hessen
Sportkreis Darmstadt

Darmstadt, d. 1. Oktober 46

Rundschreiben Nummer 6

An die
Vereine und Sportgemeinschaften des Kreises Darmstadt

In einem Rundschreiben an die Kreisvorsitzenden und in den Mitteilungen des Landessportverbandes Hessen Nummer 4 v. 25.9.46. werden unter anderem auch die Verbandsbeiträge sowie die einmaligen Aufnahmegebühren bekanntgegeben. Der Kreisvorstand nahm in einer erweiterten Sitzung eingehend hierzu Stellung und hat im Einvernehmen der Vereine des Kreises Darmstadt beschlossen, jegliche Zahlungen an den Verband vorläufig zurückzustellen, bis der augenblicklich komm. eingesetzte Vorstand auf parlamentarischer demokratischer Grundlage gewählt worden ist und somit auch die Männer an der Spitze des Verbandes stehen, die durch vollgültige Wahlen hierzu berufen werden. Um diesen Verbandstag starten zu lassen, muß jedoch in aller Kürze ein Bezirkstag stattfinden, bei dem der Bezirksvorstand in freier Wahl gebildet wird.

Der Kreisvorstand hat seine Stellungnahme dem Landessportverband mitgeteilt.

Wir werden die Vereine auf dem Laufenden halten und bitten – wie seither – nur ihre Kreisbeiträge abzuführen.

Der Kreisvorstand
Aug. Eisinger
I. Vorsitzender

der Geschäftsführung einig. Herr *Eifert* behält die Finanzverwaltung. Herr *Koch* die Geschäftsführung.

Es wurden noch einmal kurz die Deutschen Leichtathletikmeisterschaften gestreift. Herr *Brinkmann* wurde aufgefordert, möglichst bald einen Rechenschaftsbericht hierüber abzugeben.

Von der Fachgruppe Handball wurde ein Gesuch zum Ausschluß des Spielers *Rüppel*, von der SG Sossenheim, vorgelegt. Der engere Verbandsvorstand stimmte dem Ausschluß zu, da sich *Rüppel*, Sossenheim, eine schwere Tätlichkeit gegen den Schiedsrichter *Best* aus Gustavsburg bei dem Landesligaspiel Sossenheim gegen Dörnigheim am 6. Oktober 1946 zu Schulden kommen ließ. Der Spieler wurde mit sofortiger Wirkung für dauernd aus dem Landessportverband ausgeschlossen. Das Urteil soll in der nächsten Sportmitteilung an sichtbarer Stelle veröffentlicht werden.

Herr *Eifert* beklagt sich, daß die Fachgruppe Fußball ein Darlehen von RM 3.000,— angeboten hat, hingegen bei einer früheren Sitzung beschlossen wurde, daß die Einnahmen aus dem Pokalwettbewerb ausschließlich zum Aufbau des Landessportverbandes sowie für die Jugendarbeit Verwendung finden sollten.

Herr *Brinkmann* entschuldigte dies insofern, als damals diese Anregung von ihm aus gekommen sei, aber der jetzt amtierende Vorstand der Fachgruppe Fußball es abgelehnt habe. Jedenfalls waren sich die Versammelten darüber einig, daß von einem Darlehen gar keine Rede sein kann.

Zu der 2 %igen Verbandsabgabe der Oberligavereine wurde von Herrn *Lindner* nochmals ausdrücklich betont, daß er sich in Stuttgart erkundigt habe und ihm von dort gesagt wurde, daß bei einer stattgefundenen Sitzung der Oberligavereine beschlossen wurde, die 2 % nicht an die Fachgruppe Fußball innerhalb des Landessportverbandes zu geben, sondern zum Aufbau der Verbände direkt an die betr. Verbandsführungen. Die im Lande Hessen beteiligten Vereine sollen nochmals darauf aufmerksam gemacht werden. Es wurde dabei bemerkt, daß als einziger Verein die Offenbacher Kickers selbständig den Betrag aus ihrem ersten Spiel an den Verband überwiesen haben.

Von Herrn *Koch* wurde festgestellt, daß verschiedene Kreise nicht in unserem Sinne arbeiten. Es werden systematisch Verbandsmitteilungen nicht an die Kreise weitergeleitet und somit ist es erschwerend, die Geschäftsführung auf einen ordentlichen Nenner zu bringen. Es wurde der Beweis erbracht, daß vom gesamten Bezirk Gießen keine einzige Meldung der Vereine sowie Aufnahmegebühren bzw. Aufnahmen in den Verband vorliegen. Es wurde deshalb beschlossen, an Marburg ein Schreiben zu richten, daß der Bezirk ab sofort kommissarisch nach Marburg gelegt wird. Selbstverständlich soll bei dem demnächst durchgeführten Bezirkstag beschlußmäßig von den Vereinen festgelegt werden, wo der Sitz des Bezirkes sein soll. Nach Fulda soll ein Schreiben gerichtet werden, ob es nicht möglich wäre,

TAGUNG

der Süddeutschen Sportverbände

in der US-Zone

am 26. und 27. Oktober 1946 in Wiesental

Zeitplan:

Samstag, 26. Oktober 1946

8.30 Uhr: Einnahme des Frühstücks für die bereits eingetroffenen Teilnehmer
10.00 Uhr: Beginn der Tagung
11.00 Uhr: Zwischenfrühstück
13.00 Uhr: Einnahme des Mittagessen
14.30 – 18.30 Uhr: Fortsetzung der Tagung, dazwischen kurze Kaffeepause
18.30 Uhr: Abendessen
19.30 Uhr: Kameradschaftsabend in der Rosenhalle

Sonntag, 27. Oktober 1946

8.00 Uhr: Gemeinsame Einnahme des Kaffee
8.30 – 13.00 Uhr: Fortsetzung und Abschluß der Tagung
10.00 Uhr: Zwischenfrühstück
13.00 Uhr: Mittagessen
15.00 Uhr: Landesliga-Verbandsspiel
F. V. 1912 Wiesental – F. Vgg. Mühlacker

Die Tagung findet im **Gasthaus zum Reichsadler** statt, woselbst auch die gemeinsamen Mahlzeiten eingenommen werden.

Herrn ....

vom ....

hat bei

Herrn/Frau Janser Hans

in Wiesental

Karlsruher- Straße Nr.

Quartier-Anweisung

erhalten.

Sie erhalten dort Quartier für .... Tage

~~mit Kaffee~~ — ~~ohne Kaffee~~

~~Verpflegung~~ - ohne Verpflegung

für die Zeit vom 26. bis 27.10. 1946

Fussball-Verein 1912 e. V. Wiesental (Baden)

Fernsprecher 150 Amt Waghäusel

auf Grund der derzeitigen schwierigen Verkehrsverhältnisse den Kreis Schlüchtern an den Bezirk Frankfurt anzuschließen. Nach diesen Punkten verlassen die Herren *Brinkmann* und *Dr. Breitbach* die Sitzung, da sie noch andere geschäftliche Besorgungen zu erledigen haben.

Nach Wiesenthal bei Bruchsal zur Tagung der Süddeutschen Arbeitsgemeinschaft der Landessportverbände fahren als Vertreter des Landessportverbandes Hessen folgende Herren:

1. Vorsitzender *Reg. Rat Lindner*
2. Vorsitzender *Schmidt*
Jugendwart *Roesler*

Da am gleichen Tage eine große Leichtathletiktagung in Bad Nauheim stattfindet, werden als Vertreter für diese Tagung die Herren *Brinkmann* und *Koch* namhaft gemacht. Da Herr *Brinkmann* nicht mehr anwesend ist, soll er durch Herrn *Koch* benachrichtigt werden, unbedingt bei dieser Tagung zu erscheinen. Er könnte dabei auch u.a. einen Rechenschaftsbericht über die Deutschen Leichtathletikmeisterschaften den anwesenden Vertretern in Bad Nauheim unterbreiten.

Die Sitzung wurde um 21.15 Uhr beendet.

Frankfurt/Main, den 30. Oktober 1946
1. Vorsitzender Landesschriftführer

Landessportverband Hessen e. V.

Verbandsvorstand

Bankkonto: Deutsche Effekten- und Wechsel-Bank, Frankfurt am Main, Konto-Nummer L 438 - Postscheckkonto: Frankfurt am Main Nr. 3164 - Telefon 58333

(16) Frankfurt a. M., den 2.1.47
Neue Rothofstraße 23 I.

Se.

Herrn Reg. Rat Lindner

E i n l a d u n g

zu der am Samstag, den 4. Januar 1947, 16 Uhr, in der Gaststätte "Bei Wahl", Bockenhei er Landstr. 35, stattfindenden Sitzung des engeren und erweiterten Verbandsvorstandes. Es wird gebeten pünktlich zu erscheinen und bis zum Ende der Sitzung - etwa 19 Uhr - dazubleiben.

Auf der Tagesordnung stehen folgende Punkte:

1. Bericht über die Tagung mit der Militärregierung in Stuttgart-Fellbach.
2. Gründung des süddeutschen Sportverbandes.
3. Tagung der süddeutschen Arbeitsgemeinschaft der Landessportverbände am 11. und 12. Januar 1947 in Bad Nauheim.
4. Verschiedenes.

LANDESSPORTVERBAND HESSEN
Verbandsvorstand
(Stempel: Landessportverband Hessen e.V.)
i.A. Griebel
(Griebel)
Landeswintersportwart

Landessportverband Hessen e.V. Verbandsvorstand Frankfurt, am 19. Januar 1947 – Protokoll

Durch Abstimmung nach erfolgter eingehender Besprechung hat der Verbandsvorstand die nachstehenden Beschlüsse gefaßt:

1. Festgestellt wurde, daß das *Amt des Schriftführers* im Vorstand grundsätzlich von dem jeweiligen Geschäftsführer mit Sitz, aber ohne Stimme mitversehen wird. In Sonderfällen wird von einer Sitzung ein Mitglied mit der Führung des Protokolls beauftragt.
2. Der derzeitige kommissarische engere Verbandsvorstand besteht z. Zt. aus dem 1. und 2. Vorsitzenden, dem Rechtswart, dem Jugendwart, dem Pressewart, der Frauenwartin und dem Kassenwart. Ausgeschieden ist *Brinkmann* als Sportwart. Zur Abstimmung nicht herangezogen wurden: *Schmidt* als 2. Vorsitzender; *Linnenberg* als Kassenwart, weil beide hauptamtlich tätig sind bzw. tätig sein wollen und in eigener Sache weder mitberaten, noch mitabstimmen dürfen. Beschlossen wurde, daß das *Amt des Sportwartes* bis zum Verbandstag unbesetzt bleibt und daß der 1. Vorsitzende dieses Amt soweit erforderlich mitversieht, so wie dies praktisch eigentlich bisher schon der Fall war.
3. Beschlossen wurde einstimmig die *Ausgabe- und Spesenordnung*, wie sie im nächsten Sportmitteilungsblatt im Wortlaut veröffentlicht wird.
4. Beschlossen wurde einstimmig folgender *Stellenplan für die Verbandsgeschäftsstelle*:
   Ein Geschäftsführer mit einer Vergütung von RM 500,— brutto monatlich; Steigerungsmöglichkeit bei guten Leistungen bis zu höchstens 600,—;
   Ein Buchhalter und Rechner mit einer Grundvergütung von RM 300,— monatlich und Steigerungsmöglichkeit bei guten Leistungen bis zu RM 350,— brutto;
   Ein Sachbearbeiter mit einer Grundvergütung von RM 300,— brutto monatlich;
   Ein erste Schreibkraft als Sekretärin mit einer Grundvergütung von RM 280,— brutto monatlich und Steigerungsmöglichkeiten bis zu RM 300,— brutto;
   Eine Schreibkraft mit einer Grundvergütung von RM 200,— brutto monatlich. Festgelegt wurde einstimmig, daß der Geschäftsführer der Bürovorsteher und damit der Vorgesetzte aller Angestellten ist, und daß er demgemäß entsprechende Verantwortung zu tragen hat, aber auch in bestimmten Dingen selbständig ist. Vor allem muß er alle Ausgabenanweisungen dem Buchhalter und Rechner gegenzeichnen. Die Unterschriftsbefugnis wird neu zu regeln sein.
   Daß der 1. Vorsitzende den Verband satzungsgemäß gerichtlich und außergerichtlich vertritt und demgemäß allein zeichnet auf Grund von Vorstandsbeschlüssen, wurde in diesem Zusammenhang erneut einstimmig festgehalten.
5. Die personelle Besetzung der Geschäftsstelle wurde einstimmig wie folgt beschlossen:
   a) Geschäftsführer: Der bisherige Kassenwart *Linnenberg* ist bereit, das Amt zu übernehmen und zwar auf Vertrag mit beiderseitigem Kündigungsrecht bei einem Gehalt von RM 500,— brutto monatlich und einer Steigerungsmöglichkeit bei Bewährung. *Linnenberg* wird zum Geschäftsführer bestellt unter Vertragsabschluß, Kündigungsmöglichkeit beiderseits jeweils zum Ende eines Kalendervierteljahres mindestens 6 Wochen vorher. Gegen die Weiterführung seines Amts in der Fachgruppe Fußball bis zum Verbandstag ist nichts einzuwenden, wenn er dann ausscheidet. Gleiches gilt für das Amt des Kassenwarts genau so wie für das Amt *Schmidt*s als 2. Vorsitzender.
   b) Den Mitarbeitern *Eifert* und *Koch* kann nicht mehr als je RM 300,— brutto geboten werden. Sie sollen entscheiden, ob sie bleiben oder ausscheiden. Bleiben sie, dann wird ebenfalls mit gleichem Kündigungsrecht wie zu a) ein Vertrag abgeschlossen. Sie sind dann verpflichtet, ohne nebenberufliche Tätigkeit (für die sie mindestens eine besondere Genehmigung des Verbandsvorstands brauchen) in bestimmter Arbeitszeit zu arbeiten.
   c) Als erste Schreibkraft und Sekretärin soll Frl. *Helga Seemann* gegen monatlich bis zu RM 280,— brutto und Steigerungsmöglichkeiten bis zu RM 300,— übernommen werden. Kündigung wie zu a) und Vertrag.
   d) Als Schreibkraft wird zunächst Frl. *Hilde Schmidt* gegen RM 200,— brutto und Vertrag mit Kündigungsmöglichkeit beiderseits jeweils zum Monatsende mindestens 14 Tage vorher übernommen, mit der Maßgabe, daß sie baldigst als gesunde und leistungsfähige Sportlehrerin arbeiten und aus der Geschäftsstelle ausscheiden soll. Die Lösung soll ohne Überstürzung erfolgen.
   Bezüglich des Buchhalters und Rechners bzw. Sachbearbeiters ist festgehalten worden, daß nach der Einarbeitung und der Vollendung der Organisation die Arbeiten keineswegs besonders qualifiziert sind, daß also die Vergütung grundsätzlich

den Tätigkeitsmerkmalen entspricht und bei Bewährung unter Voraussetzung der wirtschaftlichen Tragfähigkeit für den Verband nach angemessener Zeit vielleicht erhöht werden kann.

6. Beschlossen wurde einstimmig, jetzt, etwa auf Antrag der Turner, eine *Namensänderung des Verbands* abzulehnen. Turnen ist Sport wie alle andere Leibesübung auch und alle anderen Sportarten leisten genau so im Grundsätzlichen an der Jugend Breitenarbeit wie die Turner, nicht nur Leistungssport. Die vielleicht größere Zahl der Nichtleistungsturner im Verhältnis zu der der Nichtleistungssportler anderer Sportarten kann nicht entscheidend sein.Wichtig ist die einwandfreie charakterliche Haltung in Wort und Tat zu unserer Gemeinschaftsidee und die tatsächliche Förderung der Turner finanziell und zwar so, daß sie arbeiten können.

7. Folgende *Arbeitszuschüsse* wurden mit sofortiger Fälligkeit zugeteilt:
a) *der Fachgruppe Turnen* die gesamte im Arbeitsplan bis 31. März 1947 veranschlagte Summe von RM 7.100,—;
b) *der Fachgruppe Leichtathletik* der Betrag von

Willy Linnenberg

Willy Linnenberg wurde am 22. August 1912 in Wanne-Eickel geboren. Er besuchte nach der Volksschule das Real-Gymnasium in Wanne-Eickel, mußte die Schule allerdings in der Obersekunda abbrechen, weil die Familie das Schulgeld nicht mehr bezahlen konnte. Danach erlernte er den Beruf des Dekorateur und Plakatmalers, sattelte aber schon bald zum Verkäufer in der Herrenkonfektion um und kam über die Stationen Gladbeck, Hannover, Kassel im Jahre 1937 nach Frankfurt. Dort baute er sich als Textilvertreter mit einer eigenen Agentur eine gesicherte Existenz auf.

Linnenberg, der keiner NS-Organisation angehörte, meldete sich im März 1940 freiwillig zur Wehrmacht, erkrankte aber an einer Gelbsucht und erhielt im September 1940 den roten Ausmusterungsschein. Von 1942 an arbeitete er als Hilfs-Korrespondent bei der Firma IG Farben, wurde allerdings im Februar 1945 erneut zur Wehrmacht beordert und bei der Verteidigung von Bad Hersfeld eingesetzt. Linnenberg entging der Gefangenschaft und kehrte im Mai 1945 nach Frankfurt zurück.

Von Julius Rosenthal herangezogen übernahm Linnenberg beim FSV Frankfurt bereits im Herbst 1945 die Verantwortung für den Wiederaufbau des Fußballsports in Frankfurt, war damit an zahlreichen Koordinierungssitzungen beteiligt und gelangte mehr und mehr in die Rolle des Sprechers für den Fußball, als Karl Dimpfel (Eintracht Frankfurt) von den US-Behörden mit einem Betätigungsverbot belegt wurde. So gehörte Linnenberg neben Karl Brinkmann zu den führenden Vertretern des sich wieder organisierenden Fußballsports. Er gelangte bei der Gründung des Landessportverbandes am 1. Juni 1946 zunächst in den geschäftsführenden Ausschuß und wurde im ersten Vorstand des LSV Landeskassenwart.

Nachdem es beim ersten Fachgruppenleiter Karl Brinkmann zu finanziellen Unregelmäßigkeiten gekommen war, die von Linnenberg aufgedeckt worden waren, wurde Brinkmann im Dezember 1946 aus dem LSV ausgeschlossen und Linnenberg die Leitung der Fachgruppe Fußball übertragen.

Beim ersten Verbandstag der Fachgruppe Fußball am 14./15. Mai 1947 in Frankfurt wurde er einstimmig zum Vorsitzenden gewählt und in diesem Amt bis 1962 immer wieder bestätigt.

Linnenberg trug seit Gründung des Landessportverbandes als Kassenwart die Verantwortung für den finanziellen und organisatorischen Aufbau des Verbandes, und als es zu Beginn des Jahres 1947 an die organisatorische Konsolidierung der LSV-Geschäftsstelle in Frankfurt ging, überredete ihn Heinz Lindner, das Amt des hauptamtlichen Geschäftsführers zu übernehmen. Nach anfänglichem Zögern übernahm Willy Linnenberg von Kurt Koch am 1. Februar 1947 dieses Amt, und es gelang ihm aufgrund seiner geschäftlichen Verbindungen in wenigen Monaten, eine funktionsfähige, moderne und vorbildliche Geschäftsführung aufzubauen.

Auf seine Initiative geht auch die Anmietung und dann der Erwerb des Hauses in der Goethestraße 10 als Verwaltungszentrale für den hessischen Sport zurück.

Maßgeblichen Anteil hatte Linnenberg an der Einführung der Toto-Wette in Hessen, wobei er nicht nur die Widerstände im Vorstand des Landessportbundes überwinden mußte, sondern auch bei der Hessischen Landesregierung zunächst dafür auf wenig Verständnis stieß. Als ihm als Initiator des Totos in Hessen die Leitung der Haupttotostelle in Frankfurt angeboten wurde, schied Linnenberg am 1. April 1949 auf eigenen Wunsch aus den Diensten des Landessportbundes aus, behielt aber zunächst noch die Funktion des Geschäftsführers des LSB bis 1951, jetzt allerdings ehrenamtlich und blieb als Vorsitzender des Hessischen Fußball-Verbandes im Landessportbund weiterhin eine einflußreiche Persönlichkeit. In dem im Februar 1950 wiedergegründeten Süddeutschen Fußball-Verband wurde ihm das wichtige Amt des Schatzmeisters übertragen.

Im Jahre 1962 mußte sich Linnenberg wegen aktiver Bestechung nach einer öffentlichkeitswirksamen Totoaffäre vor Gericht verantworten, wurde zunächst schuldig gesprochen, erreichte dann 1963 beim Bundesgerichtshof die Neuverhandlung in dieser Sache und wurde in einem Wiederaufnahmeverfahren im Jahre 1967 wegen erwiesener Unschuld freigesprochen.

Die Revision des Amtsverlustes beim Hessischen Fußball-Verband glückte Linnenberg hingegen nicht. Sein Comeback-Versuch im Jahre 1967 scheiterte an den Delegierten, worauf sich Linnenberg vollkommen aus dem hessischen Sport zurückzog. Er ist seit 1953 verheiratet, Vater von zwei Kindern und lebt heute in Bad Homburg.

RM 5.000,— für 1947 bis auf weiteres;
c) der Fachgruppe Wintersport für die weitere Arbeit RM 3.000,— unter nachträglicher Bewilligung der bereits ausgezahlten RM 1.000,—, wobei für die Gesamtsumme maßgebend war der Kassenüberschuß unserer Bad-Nauheimer Veranstaltung;
d) *der Fachgruppe Schwimmen* der Betrag von RM 6.000,— als Abschlag auf die Plankosten für 1947 ohne ausdrückliche Zustimmung zu dem Plan;
e) *der Fachgruppe Hockey* der Betrag von RM 2.000,— unter nachträglicher Bewilligung der bereits ausgezahlten RM 2.000— für 1947 bis auf weiteres.

8. Der 1. Vorsitzende wird auf Grund der Beschlüsse entsprechende Verträge abschließen bzw. Verfügungen treffen.
9. *Martin Schmidt* (z. Zt. noch bis zum Verbandstag 2. Vorsitzender) ist Geschäftsführer des Sportkreises Frankfurt, des bedeutendsten Kreises des Verbands. Er ist angeblich nicht voll ausgelastet und soll halbtagsweise in der Verbandsgeschäftsstelle am Nachmittag mit Sonderaufgaben beschäftigt werden. So hat er jetzt den Auftrag, die Finanzbeziehungen zwischen Kreisen, Bezirken und Verband sofort abzustimmen. Er soll dafür von uns erhalten RM 200,— brutto und Reisespesen in angemessener Höhe. Was der Kreis ihm zahlt, soll dort festgelegt werden. Im übrigen kann dies nur eine Übergangsregelung sein, denn der Kreis braucht auf die Dauer einen erstklassigen Geschäftsführer wie *Schmidt* für sich.

Für die Richtigkeit des Inhalts:

Unterschrift:

Lindner
1. Vorsitzender

Protokoll zur Sitzung des erweiterten und engeren Verbandsvorstandes am Mittwoch, den 12. Februar 1947, bei Wahl, Bockenheimer Landstraße 35

Die Sitzung wurde von Herrn Regierungsrat *Lindner* eröffnet. Er begrüßte, daß bis auf wenige Ausnahmen die Mitglieder des engeren und erweiterten Vorstandes anwesend sind und wies auf die Bedeutung der Sitzung im allgemeinen hin.

Auf der Tagesordnung steht:

Punkt 1): Vorbesprechung zur Kreisvorsitzenden-Tagung am Sonntag, den 16. Februar 1947,
Punkt 2): Finanzen und Personalfragen,
Punkt 3): Verschiedenes.

Zu Punkt 1) führt Herr Regierungsrat *Lindner* aus: Eine Vorbesprechung zur Kreisvorsitzenden-Tagung ist unbedingt erforderlich!

Bisher fanden 3 Bezirksverbandstage statt, wo überall ein Vertreter des Landessportverbandes Hessen zugegen war. Die Erfahrungen hieraus haben ergeben, daß es wichtig ist, mit den Kreisvorsitzenden zusammen zu kommen, um einmal eine engere persönliche Bindung zwischen Verbandsvorstand und den Kreisvorsitzenden herzustellen, zum anderen: um den Kreisvorsitzenden einen Überblick über Zusammensetzung des Landessportverbandes zu geben:

a) grundsätzlicher Art,
b) fachlicher Art.

Oberster Grundsatz muß jedoch sein, daß alle von dem Gedanken ausgehen, keine Versplitterung, der Sport muß sich selbst verwalten, soll nicht von Staatswegen gemaßregelt werden, er gibt sich seine Gesetze selbst:

a) für Verwaltung,
b) für die Fachgruppen (an internationale Bestimmungen gehalten).

Grundsatz des Landessportverbandes muß sein, daß Sport eine Angelegenheit überparteilicher Art ist, auch andere Belange, wie Beruf, Konfession, Rasse, müssen außer acht gelassen werden.

Zur Vermeidung aller Tendenzen muß klar herausgestellt werden, daß die Fachgruppen selbständig sind, sie sind nichts anderes als Fachverbände, d.h.

Selbständigkeit in fachlicher Hinsicht,
Selbständigkeit in finanzieller Hinsicht.

Wir haben vor zwei Möglichkeiten gestanden, alle Einnahmen gehen grundsätzlich an den Landessportverband, und der LSV verteilt diese Gelder wieder an die Fachgruppen, oder alle Einnahmen gehen an die Fachgruppen und die Fachgruppen zahlen einen Beitrag an den LSV für überfachliche Zwecke.

Wir sind nun zu dem Schluß gekommen:

Dr. Robert August Lingnau

Lingnau wurde am 29. August 1890 in Allenstein in Ostpreußen geboren, absolvierte dort das humanistische Gymnasium und studierte nach dem Abitur Volkswirtschaft und öffentliches Recht in Danzig und Königsberg. Nach Abschluß von Studium und Promotion zum Dr. jur. trat er in die Danziger Kommunalverwaltung ein, beteiligte sich am Ersten Weltkrieg und übernahm danach in Stettin die Leitung des dortigen Presse- und Werbeamtes.

Die Frankfurter Stadtverordneten-Versammlung wählte Lingnau am 4. Oktober 1927 zum besoldeten Magistratsmitglied. Er übernahm ab 1928 zunächst das Wirtschaftsdezernat, zu dem auch die Verwaltung des städtischen Industriegebiets, das Ausstellungs- und Messewesen, der Fremdenverkehr und die Verwaltung der Hafenbetriebe zählte. Später wurden diesem Dezernat die Verwaltung des Schlacht- und Viehhofs, des Palmengartens und des Zoologischen Gartens zugeordnet. Der in seiner Studentenzeit als aktiver Ruderer und Leichtathlet hervorgetretene Lingnau wurde 1930 auch Sportdezernet der Stadt Frankfurt.

Während des Zweiten Weltkrieges war Lingnau für die Lebensmittelversorgung in Frankfurt verantwortlich und als er sich kurz vor dem Einmarsch der Amerikaner weigerte, die seinem Amtsbereich zugeordneten Betriebe zu zerstören, wäre er beinahe standrechtlich erschossen worden.

Lingnau behielt über das Kriegsende hinaus seine Funktionen in der Stadtverwaltung und trat 1946 vorzeitig in den Ruhestand, vertrat die Stadt aber weiterhin vor allem im Bereich des Fremdenverkehrs und wurde geschäftsführendes Vorstandsmitglied der Deutschen Zentrale für Fremdenverkehr.

Als Sportdezernent der Stadt Frankfurt war Lingnau unmittelbar nach dem Krieg auch für den Aufbau des Sports in Frankfurt verantwortlich. Persönlich übernahm er den Vorsitz der Fachgruppe Rudern in Hessen im Jahre 1946, wurde auch Vorsitzender des am 27. November 1947 gegründeten Deutschen Arbeitsausschusses Rudern und vertrat den Westdeutschen Sport bei den Verhandlungen mit dem IOC in Lausanne im August 1950.

Er war Präsidial-Mitglied des NOK ab 1949, später persönliches Mitglied. Lingnau wurde Ehrenvorsitzender des Frankfurt-Offenbacher Regatta-Vereins. Er ist am 25. September 1960 in Frankfurt gestorben.

Eine Teilung zwischen Fachgruppen und Verband, aus der Erwägung heraus, weil es kaum Spezialvereine gibt und es gewisse Schwierigkeiten bei der Beitragszahlung gegeben hat.

Von den Vereinen wird nun einheitlich ein Kopfbeitrag erhoben, aufgegliedert nach Anzahl und Alter der Mitglieder.

Höhe dieses Beitrages wird auf dem Verbandstag von den Vereinen selbst festgesetzt. Ebenfalls wird eine einmalige Aufnahmegebühr ebenfalls gestaffelt nach Anzahl der Mitglieder erhoben.

Alle anderen Einnahmen (aus sportlichen Veranstaltungen, Landesmeisterschaften usw.) gehen an die Fachgruppen.

Fachgruppen, die sich finanziell nicht selbst erhalten können, bekommen von den überschüssigen Beträgen des Landessportverbandes einen Zuschuß. Die Fachgruppen reichen einen Arbeitsplan ein mit Kostenanforderungen, und der engere Verbandsvorstand beschließt über diese Zuschüsse. Einzelne Fachgruppen, wie Turnen, Leichtathletik, Schwimmen, Hockey und Wintersport haben bereits einen Zuschuß erhalten.

Diskussion:

Dr. Lingnau, Rudern:

Begrüßt die gemeinsame Sitzung mit den Kreisvorsitzenden ebenso die Vorbesprechung des erweiterten und engeren Vorstandes zu dieser Sitzung, die er unbedingt für erforderlich hält, da es ihm notwendig erscheint, daß der erweiterte Verbandsvorstand sich darüber im klaren ist, was den Kreisvorsitzenden gesagt werden soll. Vor allem müssen die finanziellen Gesichtpunkte geregelt sein; die Form, die Regierungsrat *Lindner* angeführt hat, ist tragbar, jedoch ist nicht bekannt, daß darüber Beschluß gefaßt wurde. Er hält es für richtig, daß dieser Beschluß gefaßt wird.

Eine klare Regelung der Finanzfragen muß erfolgen, er schlägt vor: Die Fachgruppen reichen ein, was sie an Mitteln brauchen, die Aufteilung des Etats erfolgt durch eine sog. Etat-Kommission, die sich aus Vertretern des Vorstandes zusammensetzt. Er schließt seine Ausführungen: „Wir müssen uns gegen sämtliche Vorwürfe wappnen und Klarheit bringen. In dieser Form muß geschaffen werden."

Regierungsrat _Lindner_:

Dankt für die Ausführungen, die im Grunde die gleiche Tendenz, wie bei seinen Vorschlägen hat.

Die Aufteilung des Etats nach den eingereichten Kostenvoranschlägen der Fachgruppen kann im Moment jedoch nicht 100 %ig gemacht werden, da z. Zt. noch kein genauer Überblick über Ein- und Ausgang besteht. Außerdem ist noch nicht bekannt, wie die Arbeit in den Kreisen vorangegangen ist.

Trennung der Finanzhoheit Fachgruppen Verband ist richtig auch die Anregung *Dr. Lingnaus*, daß ein Beschluß gefaßt werden soll über die allgemeine Richtung am Sonntag.

***Schmidt*:**

Hat bei zwei Bezirkstagen die einzelnen Nöte der Bezirke kennengelernt. Ohne die Arbeit der Fachgruppen schmälern zu wollen, liegt die Hauptarbeit in den Kreisen. Die Kreise schauen mit einigem Mißtrauen betreffs des Finanzproblems nach Frankfurt. Kreise schlagen vor, den Beitrag durch die Kreise einziehen zu lassen, zur Weiterleitung an den Verband. Aufstellung eines Etats für die Kreise hält er für überflüssig. Vorschlag: Der Verband setzt Beitrag fest und gibt an die Kreise gemäß der Mitgliederzahl wieder einen Prozentsatz zurück. Der Kreis soll ebenfalls wie die Fachgruppen die Möglichkeit haben, durch Veranstaltungen seinen Etat zu erhöhen. Die Kreise müssen Gelder für ihre Arbeit zur Verfügung haben.

Regierungsrat *Lindner*:

Wenn wir Grundsätze festlegen, müssen wir auch alle Folgerungen anerkennen. Wir unterscheiden zwei Säulen nebeneinander:

> Die Arbeit vom Kreis über den Bezirk zum Verband (überfachlich);
>
> Die Arbeit der Fachgruppen, so schnell wie möglich eine ganz klare fachliche Aufbauarbeit zu leisten, hierfür muß ein Etat aufgestellt werden im ganzen Land, einschließlich Kreis und Bezirk.

Der LSV redet nicht in die Arbeit der Fachgruppen hinein. Er ist eine Dachorganisation, die alles zusammenhält und darauf achtet,daß nach gewissen Grundsätzen eine Linie eingehalten wird. Fachliche und sachliche Selbständigkeit der Fachgruppen. LSV muß den Etat aufstellen bis zu den Kreisen; wie soll eine Kreisverwaltung aussehen? Halten Sie den Grundsatz 100 %ige Arbeit in den Fachgruppen für richtig?

***Dr. Lingnau*:**

Die Linie im großen gesehen ist richtig. Schwierigkeiten bei den Kreisvorsitzenden beheben. Finanzierung der Kreise nicht so schwierig, wenn erkannt wird, daß die Kreise in fachlicher Hinsicht nichts zu sagen haben. Kreise an bestimmten Etat binden. Rudern ist damit einverstanden, obwohl diese Fachgruppe keine Kreisinstanz braucht.

Wenn den Fachgruppen Mittel zur Verfügung gestellt werden, muß das im erweiterten Vorstand besprochen werden. Das Bestimmungsrecht eines kleineren Kreises aus dem engeren Vorstand ergibt unnötiges Mißtrauen.

Regierungsrat *Lindner*:

Wenn die Fachgruppen selbständig sind, muß die Konsequenz gezogen werden, dem geschäftsführenden Vorstand Selbständigkeit zuzusprechen. Die Entscheidung über Mittelverwaltung liegt bei dem geschäftsführenden Vorstand.

***Linnenberg*, Fußball:**

Ein- und ausgehende Gelder werden am besten an der Spitze überwacht.

***Hippe*, Radfahren:**

Kostenvoranschlag der einzelnen Fachgruppen ergibt Schwierigkeiten, da die Fachgruppen nicht wissen, welche Mittel sie aus eigener Kraft zur Verfügung haben. Der Verband soll nicht unnötig belastet werden.

Regierungsrat *Lindner*:

Technische Schwierigkeiten müssen überwunden werden. Wichtig ist, daß ein Überblick geschaffen wird, nur dann kann Gesamtaufstellung gemacht werden.

***Hippe*, Radfahren:**

Beitragsfrage muß geklärt werden.

***Dr. Lingnau*:**

Volle Klarheit muß hier herrschen.

Regierungsrat *Lindner*:

Jede Fachgruppe muß ihre Vereine über Finanzierung aufklären. Vereine müssen Beitrag bezahlen.

***Dr. Lingnau*:**

Will Beschluß.

***Griebel*, Wintersport:**

Stellt Antrag zu den Ausführungen *Dr. Lingnau*, daß über die Verteilung der Mittel an die Fachgruppen der erweiterte und nicht der engere Verbandsvorstand entscheidet.

Regierungsrat *Lindner*:

Wir müssen eine Zersplitterung des Sportes vermeiden; LSV ist Dachorganisation für sämtliche selbständigen Fachgruppen; Fachgruppen sind allein zuständig für die fachliche Regelung ihres Gebietes; LSV überfachliche Verwaltung.

Alle Ämter müssen Ehrenämter sein, dies muß grundsätzlich herausgestellt werden. Als Grundsatz für die Arbeit im LSV keine Partei-Politik, keine beruflichen, konfessionellen und rassischen Gesichtspunkte.

***Neubrunner*, Tennis:**

Keine offiziellen Wettkämpfe mit Besatzungstruppen.

***Reisdorf*, Leichtathletik:**

Ist anderer Meinung, lediglich bei Deutschen Meister-

Bobby Griebel
80 Jahre jung

Ein kaiserlicher Kadett, der sein Herz an den Sport verlor …

Es könnte aus einem Roman stammen, der um die Jahrhundertwende spielt. Ein kaiserlicher Kadett hat sein Herz an den Sport verloren. Er bemüht sich, Tennis und Hockey in der Armee populär zu machen. Und was geradezu unfaßbar klingt — er möchte auch, daß die Soldaten Fußball spielen. Vergessen wir nicht, daß damals in der Armee ein schneidiger Gewehrgriff als das Ideal der Leibesübung angesehen wurde! Nun sollten mit einmal die Artisten des Parademarschs Fußball spielen. Nur ein Träumer konnte solchen Ideen nachjagen. Und der spätere Rittmeister Otto Griebel war von Anbeginn ein Träumer, der aber gerade damit dem Sport so viel gegeben hat.

Tennis galt damals immerhin als standesgemäß. So war es eine Auszeichnung, daß der Dragoner Otto Griebel bayrischer Offiziers-Tennismeister wurde, und Dritter beim sogenannten Kaiser-Tennisturnier in Bad Homburg. Wie anders als heute waren diese Turniere! Es herrschte gedämpfte gesellschaftliche Atmosphäre. Die Zuschauer in würdevoller Haltung und Aufmachung wie in der Loge eines Hoftheaters. Manchmal behutsamer Beifall für die Akteure! Und dazu das Homburger Milieu! — das oft genug durch die Anwesenheit des Prinzen von Wales, des späteren Königs Eduard VII., geprägt wurde. Vor dieser großen Kulisse war Otto Griebel eine bemerkenswerte Erscheinung. Es paßte auch ganz zu dem Bild des Dragoneroffiziers Griebel, daß er bei Reitturnieren und Galopprennen im Sattel saß. So wie er damals aussah, war er sich das schuldig. Aber welch ein Gegensatz! Griebel im Dreß des Herrenreiters und in Fußballkleidung. Nur ein Mann mit soviel genereller Begabung für jede Disziplin brachte diese Dinge zusammen. Er war der geborene Allroundsportsmann. Wenn dieses Wort noch nicht existiert hätte, würde man es seinetwegen erfunden haben müssen. Noch ein Höhepunkt seiner einmaligen Karriere als Sportsmann. Er machte 1911 in Habsheim im Elsaß auf Aviatik-Doppeldecker seine Flugzeugführerprüfung. Ein lebensgefährliches Abenteuer damals! Diese ersten „Luftkutscher" erregten Kopfschütteln und Bewunderung. Sie wurden bald zu legendären Gestalten. „Ganz nebenbei" hatte Griebel den Berliner Tennisclub Blau-Weiß mitgegründet, und den Berliner Hockeyclub. Daneben gab es aber auch noch den „Dienst", der ja ebenfalls nicht von „Pappe" war!

Otto Griebel stammt aus Berlin. Das erklärt ein wenig die Unbekümmertheit, mit der er an alles heranging. Der Zufall wollte es, daß er zusammen mit Carl Diem die Bänke des Berliner Falk-Gymnasiums drückte. Als Mitstreiter für den Sport hatten beide dann ein ähnliches Schicksal. Und doch muß man Otto Griebel zu den Frankfurtern zählen, nicht nur, weil er bis heute eine profilierte Erscheinung im Leben der Mainstadt ist. Er heiratete in die bekannte Familie Manskopf. In seinen Büroräumen in der Corneliusstraße hängen neben anderen Raritäten noch Bilder von dem alten Stammhaus. Zwei Welten ergänzen sich da: die eines sportbegeisterten Herrenreiters mit der einer ehrwürdigen Frankfurter Handelsfirma.

Griebel gab uns, vielleicht ohne es zu wollen, eine Erklärung für seine allseitige Liebe zur Leibesübung. Vor seiner Kadettenzeit wurde er im Western Supermare College nahe Bristol in England erzogen. Er kam dort früh mit der britischen Auffassung von Spiel und Fairness in Berührung. Wir finden später viele Spuren davon bei ihm. Auch der Aufenthalt in der französischen Schweiz formte den jungen Griebel, so daß er schon bald einen Blick für internationale Probleme bekam. Zu ihnen zählte ja auch das Erwachen des sportlichen Gedankens in ganz Europa.

Otto Griebel wurde aber im Ersten Weltkrieg so oft verwundet, daß es mit seinem Ehrgeiz, sich noch als Aktiver auszuzeichnen, fast ganz vorbei war. Es wurde ein bitterer Abschied: vom Schwimmen, Tennis, Fußball, Hockey, von der Leichtahletik. In all diesen Sparten hatte er sich ja ausgezeichnet. Aber eins blieb ihm vergönnt. Im Bob fühlte er sich noch stark und wohl. In der Zweier- und Vierer-Mannschaft gewann er Meistertitel. 1920 in Sankt Moritz, das einmal das Märchenland der Wintersportler war. 1924 heimste er in Triberg noch einmal goldene und silberne Medaillen ein. Er verließ im Triumph die Arena.

In seinen späteren Jahren hatte er nur noch die Leidenschaft zu helfen und zu gründen. Er wurde zum guten Geist der nachfolgenden Generation, um nicht zu sagen Generationen. Der ehemalige Rittmeister war ja im Grunde immer ein Freund des Volkssports gewesen, er sah Fußballplätze und Rodelbahnen als Geschenk für alle an. Die Liste seiner Verdienste auf diesem Gebiet will kein Ende nehmen. Stellen wir vor allem heraus, daß er nach dem Zusammenbruch im Jahre 1947 als einer der Ersten die Hand anlegte. Er ging an den Wiederaufbau des Skisports, des Rodelns und Eislaufs in Hessen. Im Taunus und in der Rhön war er im Winter wie zu Hause. Überall tauchte er auf, mit seiner malerischen schottischen Glanmütze, die ihm ein Lord aus dem Hochland verehrt hat.

Inzwischen hatten sich seine Ehrenmitgliedschaften gehäuft. Bei der internationalen Bobföderation, beim Berliner Schlittschuhclub, dem Frankfurter Automobilclub, im Riesengebirge, in Hahnenklee, in Ilmenau ist er zu Ehrentitel gekommen, um nur einige zu erwähnen. Er gehört zu der Vereinigung der „Alten Adler", der frühen Flugzeugführer, am liebsten möchte man dieses Wort auf ihn selbst anwenden. Denn er gibt heute noch nicht auf. Am kommenden Freitag wird nun Otto Griebel achtzig Jahre. Es ist also mehr als ein Schlagwort, daß der Sport jung erhält. Alles in allem kann man von dem Mitbegründer des Olympischen Komitees und Präsidialmitglied des Deutschen Bob- und Schlitten-Verbandes sagen: Er war bis zum heutigen Tag ein Amateur reinster Prägung, ein Grandseigneur des Sports!

ERNST NEBHUT

Aus: Frankfurter Rundschau, 8. Januar 1965

schaften können keine Angehörigen der Besatzungstruppe teilnehmen.

Regierungsrat *Lindner*:

Finanzhoheit grundsätzlich festzulegen:

Finanzhoheit auf Seiten des Landessportverbandes

Finanzhoheit der Fachgruppen.

Eine einmalige Aufnahmegebühr sowie Kopfbeitrag gestaffelt nach Mitgliederzahl und Alter an den Verband abführen, Höhe dieses Beitrages wird von den Vereinen selbst auf dem Verbandstag festgelegt. Das sind die Einnahmen des LSV.

Alle anderen Einnahmen, wie Meldegelder, aus Veranstaltungen usw. gehen an die Fachgruppen.

Fußball führt bei Repräsentativspielen einen Prozentsatz an den Verband ab.

Die Aufteilung der Gelder, die der LSV erzielt, Kopfbeitrag und Aufnahmegebühr, ist festzulegen:

a) die Finanzierung überfachlicher Aufgaben, Unfallversicherung usw., Anschaffungen;

b) der Rest wird den Fachgruppen für ihre Aufgaben zur Verfügung gestellt.

Für die allgemeine Verwaltung des LSV wie auch für die Fachgruppen ist ein Arbeitsplan mit Kostenvoranschlag aufzustellen.

Der engere Vorstand entscheidet über die Verteilung der Mittel bei irgendwelchen Zweifelsfällen wird die Angelegenheit im Rahmen des Gesamtvorstandes besprochen.

Punkt 2): Raum- und Personalfragen

Regierungsrat *Lindner*:
Es ist unbedingt erforderlich, daß für den LSV andere Räume beschafft werden. Durch Bemühungen ist es gelungen, in der Goethestraße 13 Räume zu finden, die allerdings noch ausgebaut werden müssen.

***Dr. Lingnau*:**
Ist der Auffassung, die Räume zu nehmen.

Regierungsrat *Lindner*:
Nach Klärung sämtlicher Dinge (Kostenfragen, Materialbeschaffung usw.) wird eine endgültige Entscheidung getroffen, bis dahin wird Herr *Linnenberg* die notwendigen Vorarbeiten weiterführen.

Regierungsrat *Lindner*:
Gibt personelle Veränderungen im LSV bekannt:

Kurt Koch ist als Geschäftsführer ausgeschieden, da er in Friedberg wieder im Schuldienst tätig ist.

Als Geschäftsführer ist beauftragt: *Willy Linnenberg* und als Hilfskraft für den Geschäftsführer *Ella Wöhr*.

Vertragsbedingungen müssen ausgearbeitet werden.

Punkt 3): Verschiedenes

Regierungsrat *Lindner*:
In Köln findet am 16. Februar 1947 eine Reichstagung der Leichtathleten statt. *Dr. Danz* aus Kassel nimmt hieran teil und läßt dem LSV einen Bericht über die Tagung zukommen.

***Hippe*, Radfahren:**
Entschuldigt sich für die Tagung am 16. Februar 1947 mit den Kreisvorsitzenden, da er ebenfalls zu einer Tagung fährt.

Herr *Linnenberg*:
Ist am 16. Februar 1947 ebenfalls bei einer Tagung der Fußballer in Essen.

***Reisdorf*:**
Schlägt vor, Tagungsort und Termin für den Verbandstag festzusetzen.

***Linnenberg*:**
Verbandstag für Fußball findet am 18. Mai 1947 statt; es ist ratsam, den Verbandstag des LSV nach diesem Termin festzusetzen.

Regierungsrat *Lindner*:
Vorschlag: 1. Juni 1947

***Heise*, Schwerathletik:**
Hat Kostenvoranschlag eingereicht und bis heute noch keine Antwort erhalten. Er benötigt dringend Mittel.

Regierungsrat *Lindner*:
Schlägt vor, der Fachgruppe Schwerathletik eine Abschlagszahlung von RM 1.000,— zu bewilligen.

Der Antrag wurde angenommen.

Frankfurt, den 15. Februar 1947
Beginn der Sitzung: 18.30 Uhr
Ende gegen 21 Uhr
Anwesenheitsliste beigefügt.

Hinweis der Herausgeber:
Um den systematischen Zusammenhang zu wahren, mußten die Vorstandsprotokolle fortlaufend wiedergegegeben werden. Von der zeitlichen Abfolge her fanden von Februar 1947 bis Juni 1947 die vier Arbeitstagungen mit den Kreisvorsitzenden statt, auf denen vor allem die Satzung des LSV diskutiert wurde. Sie sind in dieser Dokumentation in einem eigenen Kapitel als geschlossener Vorgang abgedruckt worden.

Protokoll zur Sitzung des engeren und erweiterten Verbandsvorstandes am Mittwoch, den 16. April 1947, 18.00 Uhr bei Wahl, Frankfurt, Bockenheimer Landstr. 35

Anwesenheitsliste anbei.
Beginn der Sitzung: 18.55 Uhr
Ende der Sitzung: gegen 22 Uhr

Regierungsrat *Lindner* eröffnet die Sitzung und entschuldigt sein Zuspätkommen wegen einer Wagenpanne.

Er begrüßt ganz besonders Sportkamerad *Hahnemann*, der von den Vereinsvertretern als Leiter der Fachgruppe Kegeln gewählt wurde und z. Zt. die Fachgruppe Kegeln führt.

Tagesordnung Punkt 1: Berichte

Regierungsrat *Lindner*:

Gibt bekannt, daß die zweite Interzonale Sportkonferenz am 18./19. April 1947 in Frankfurt von ihm abgesetzt wurde, da bei den anderen LSV (Baden, Bayern, Württemberg) Unklarheiten über den Besuch dieser Konferenz bestünden. Die Militär-Regierung in Stuttgart hat in einem Schreiben verboten (*L.A. Shelnutt*), daß Vertreter von Württemberg-Baden an Versammlungen auf interzonaler Basis teilnehmen, da diese lediglich im Ländermaßstab erlaubt seien. Dieses wurde mündlich sinngemäß auch den Vertretern von Bayern mitgeteilt. *Lindner* erklärte hierzu, daß die Konferenz an sich hätte stattfinden können, da die Genehmigung hierzu am 14. März 1947 durch OMGUS erteilt wurde. Er hat dieserhalb auch noch einmal in Wiesbaden vorgesprochen und ebenfalls die Bestätigung erhalten, daß die Konferenz durchgeführt werden kann. Trotzdem eben wegen der bestehenden Unklarheiten in den anderen LSV hat *Lindner* die Sitzung auf Mitte Mai Anfang Juni verlegt. Wiesbaden erhält einen genauen Plan über diese Tagung.

Gegenstand der Konferenz sollte sein:

Behandlung der Frage: „Olympischer Ausschuß", grundsätzliche Gestaltung und personelle Besetzung. Außerdem war geplant, die „Olympische Gesellschaft" mit Leben zu erfüllen durch Abhaltung einer ersten General-Mitglieder-Versammlung. *Lindner* hat nun für den 19. April 1947 die Mitglieder der Olympischen Gesellschaft eingeladen, allerdings beschränkt auf die Mitglieder im Lande Hessen.

Nach einer Besprechung *Dr. Diem* mit *Prof. Alexander* bei der Militär-Regierung in Berlin, hätte dieser ihm erklärt, daß die amerikanische und auch die britische Militär-Regierung der Auffassung seien, daß ein „olympischer Ausschuß" gegründet werden kann. Schwierig-

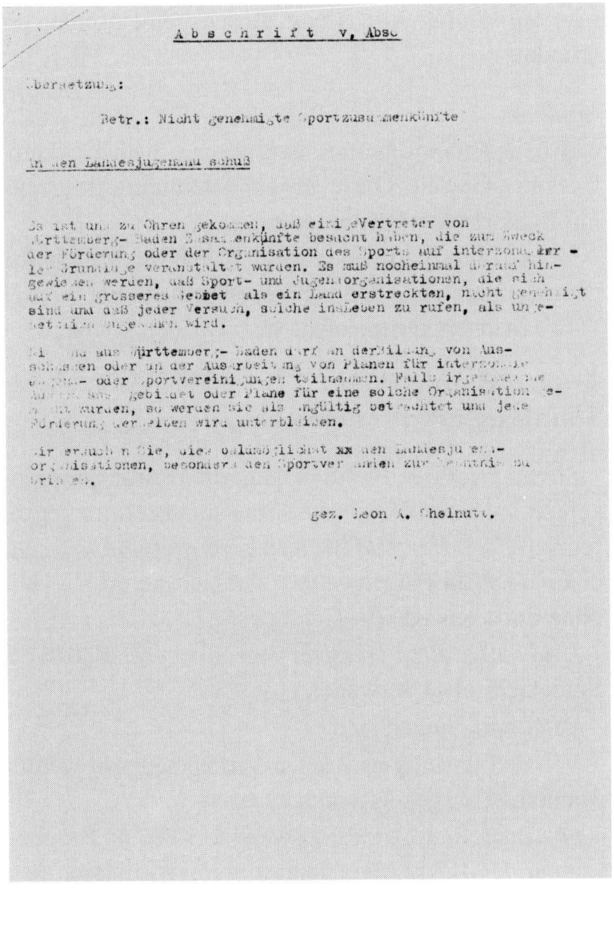
Abschrift v. Absc

Übersetzung:

Betr.: Nicht genehmigte Sportzusammenkünfte

An den Landesjugendausschuß

Es ist uns zu Ohren gekommen, daß einige Vertreter von Württemberg-Baden Zusammenkünfte besucht haben, die zum Zweck der Förderung oder der Organisation des Sports auf interzonaler Grundlage veranstaltet wurden. Es muß nocheinmal darauf hingewiesen werden, daß Sport- und Jugendorganisationen, die sich auf ein grösseres Gebiet als ein Land erstreckten, nicht genehmigt sind und daß jeder Versuch, solche insLeben zu rufen, als ungesetzlich angesehen wird.

Niemand aus Württemberg-Baden darf an der Bildung von Ausschüssen oder an der Ausarbeitung von Planen für interzonale Jugend- oder Sportvereinigungen teilnehmen. Falls irgendwelche Ausschüsse gebildet oder Plane für eine solche Organisation gemacht wurden, so werden sie als ungültig betrachtet und jede Förderung derselben wird unterbleiben.

Wir ersuchen Sie, dies sobald möglichst den Landesjugendorganisationen, besonders den Sportvereinen zur Kenntnis zu bringen.

gez. Leon A. Shelnutt.

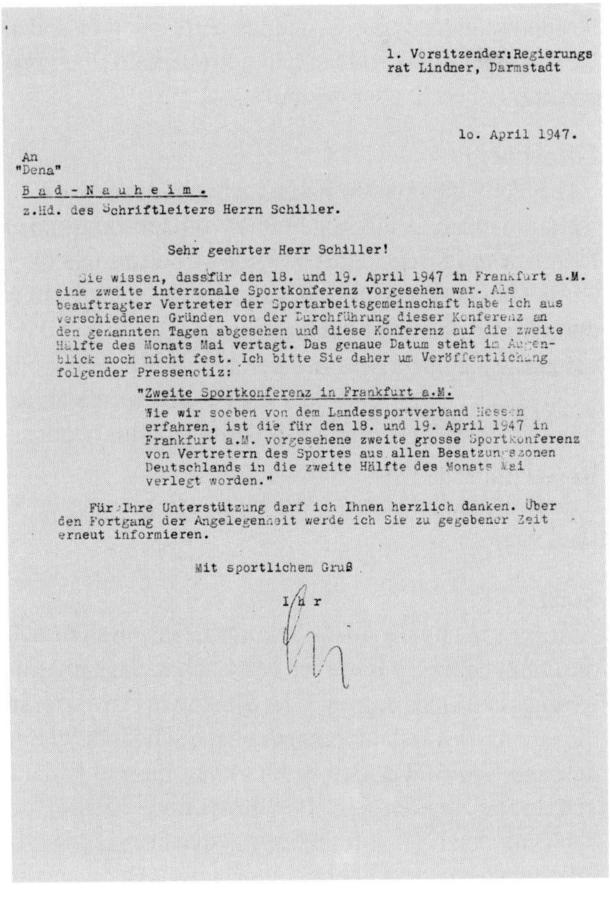
1. Vorsitzender: Regierungsrat Lindner, Darmstadt

1o. April 1947.

An
"Dena"
B a d - N a u h e i m .
z.Hd. des Schriftleiters Herrn Schiller.

Sehr geehrter Herr Schiller!

Sie wissen, dassfür den 18. und 19. April 1947 in Frankfurt a.M. eine zweite interzonale Sportkonferenz vorgesehen war. Als beauftragter Vertreter der Sportarbeitsgemeinschaft habe ich aus verschiedenen Gründen von der Durchführung dieser Konferenz an den genannten Tagen abgesehen und diese Konferenz auf die zweite Hälfte des Monats Mai vertagt. Das genaue Datum steht im Augenblick noch nicht fest. Ich bitte Sie daher um Veröffentlichung folgender Pressenotiz:

"Zweite Sportkonferenz in Frankfurt a.M.
Wie wir soeben von dem Landessportverband Hessen erfahren, ist die für den 18. und 19. April 1947 in Frankfurt a.M. vorgesehene zweite grosse Sportkonferenz von Vertretern des Sportes aus allen Besatzungszonen Deutschlands in die zweite Hälfte des Monats Mai verlegt worden."

Für Ihre Unterstützung darf ich Ihnen herzlich danken. Über den Fortgang der Angelegenheit werde ich Sie zu gegebener Zeit erneut informieren.

Mit sportlichem Gruß
Ihr

keiten wären nicht vorhanden.

Dr. Diem hat in Berlin beim Kontrollrat Antrag auf Genehmigung eines Olympischen Ausschusses gestellt.

Diskussion:

***Rauschelbach*:**
Fragt, ob die interzonalen fachlichen Besprechungen abgesagt seien.

***Lindner*:**
Handball und Rudern sind abgesagt.

***Bunn*:**
Tischtennis findet anläßlich der Deutschen Meisterschaften in Essen statt.

***Rauschelbach*:**
Sind Arbeitsgemeinschaften erlaubt?

***Lindner*:**
Empfiehlt, diese ebenfalls zu verschieben.

***Griebel*:**
Fragt, ob bekannt ist, warum die Sitzung verschoben werden mußte?

Er führt dies auf die Zusammenhänge der Gründung des „Deutschen Eislaufverbandes" am 26./27. Januar 1947 in Garmisch zurück, was er in letzter Minute noch verhindert hätte. Diese Gründung hätte erfolgen sollen, weil Leichtathletik und Fußball sich ebenfalls überzonal zusammengeschlossen hätten.

***Linnenberg*:**
Die Fußballer sind in Essen nicht zusammengekommen, um einen Deutschen Fußballverband zu gründen, lediglich um festzustellen, welche Arbeitsmöglichkeiten überzonal gegeben sind. Keiner kann sagen, daß da etwas nicht gestimmt hätte. In Essen war während der ganzen Sitzung ein Mitglied der Militär-Regierung mit Dolmetscher anwesend. In keiner Form wurde an der Sitzung Anstoß genommen. Allerdings wird heute auf Grund verschiedener Vorkommnisse nicht anerkannt, daß ein offizieller Vertreter der Militär-Regierung anwesend war.

***Koch*:**
Kommt nochmals auf die Sitzung in Garmisch zurück, die er mit *Griebel* zusammen besucht hat. Sie kamen allerdings erst einen Tag nach der Sitzung in Garmisch an, die Sitzung des Eislaufverbandes hatte schon stattgefunden und *Griebel* hat sich bereiterklärt, diesem Eislaufverband beizutreten. Erst als er, *Koch*, unter Hinweis auf den Sinn des LSV aufmerksam gemacht hat, daß eine offizielle Gründung überhaupt nicht zulässig wäre, hat

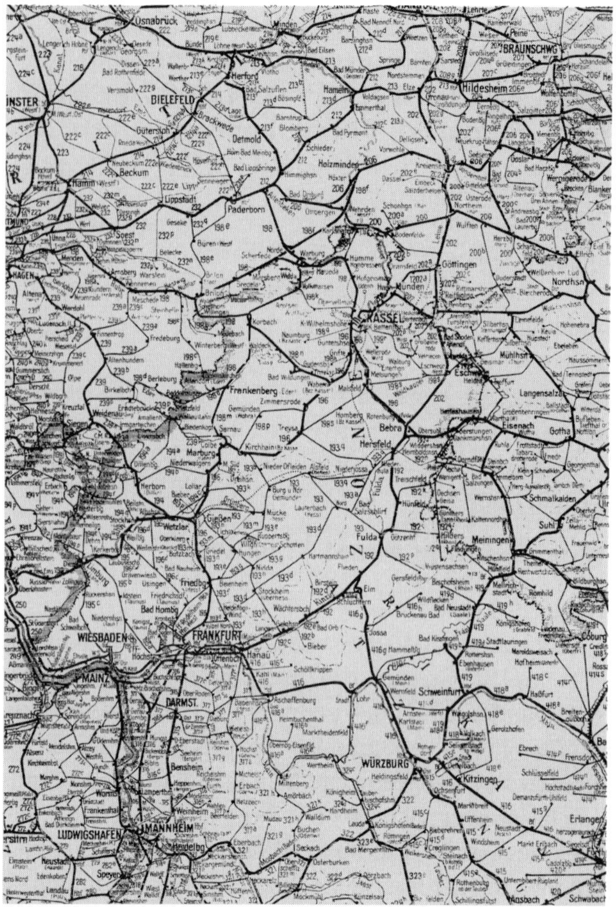

man auf Antrag *Koch*s eine Arbeitsgemeinschaft gegründet.

***Lindner*:**
Arbeitsgemeinschaften sind zulässig. Sie haben keine Exekutiv-Gewalt. Diese Zusammenkünfte dürfen nur informatorischen Charakter tragen.

Es muß alles vermieden werden, was die Militär-Regierung stutzig machen könnte, zu denken, wir wollten Dinge machen, die sie nicht verantworten könnte.

Tagesordnung Punkt 2: Sonntagsfahrgenehmigung

Lindner verliest Bedingungen, die er mit dem Verkehrsminister im Hessischen Staatsministerium getroffen hat. *Prof. Herzfeld* hat sich beschwert darüber, daß er, *Lindner*, die Angelegenheit von sich aus erledigt hat, ohne Befragen von *Prof. Herzfeld*.

Lindner hat *Prof. Herzfeld* gegenüber erklärt, daß der Sport sich selbst verwaltet.

Die Bedingungen sind:

Von den jeweiligen Straßen-Verkehrsämtern werden Sonntags-Fahrgenehmigungen erteilt für:

Oberliga- und Landesliga-Vereine, die eine Bescheinigung des Bahnhofvorstandes vorlegen müssen, daß die Zugverbindung ungünstig sind. Die anderen Vereine legen eine Befürwortung des LSV vor, daß sie zu einer Verbandsveranstaltung fahren und die Zugverbindung ungünstig ist.

Es ist darauf zu achten, daß nur Befürwortungen zu amtlichen Verbandsveranstaltungen erteilt werden.

***Hippe*:**

Radfahrer sind oft gezwungen, mit dem Auto zu fahren.

***Neubrunner*:**

Ist eine Genehmigung auch für Tennis möglich?

***Linnenberg*:**

Schlägt vor, daß die Genehmigung auf alle Sportarten erweitert wird.

***Rauschelbach*:**

Warum bestehen zwei verschiedene Auffassungen in der Genehmigungserteilung? Kann die Befürwortung von den Fachgruppen erteilt werden?

***Lindner*:**

Fachgruppen sollen nicht allein die Bestätigung ausstellen, da der LSV verantwortlich ist.

***Koch*:**

Schlägt vor, die Fachgruppen reichen diese Anträge beim LSV ein.

***Rauschelbach*:**

Die Fachgruppenleiter müssen verantwortlich gemacht werden.

***Linnenberg*:**

Begrüßt die Worte von Herrn *Rauschelbach*. Der LSV kann nicht prüfen, welche Fachgruppe Verbandsspiele hat, und ob die Vereine tatsächlich der betreffenden Klasse angehören.

***Lindner*:**

Die Verantwortung ist sehr groß. Die Angelegenheit muß generell geregelt werden.

***Linnenberg*:**

Fragt, welche Stellungnahme nehmen Sie ein, wenn eine Fachgruppe leichtfertig handelt?

***Griebel*:**

Der Fachgruppenleiter muß zur Verantwortung herangezogen werden.

Eine Einigung wurde erzielt, daß die Fachgruppenleiter die Genehmigung erteilen und dem LSV von Fall zu

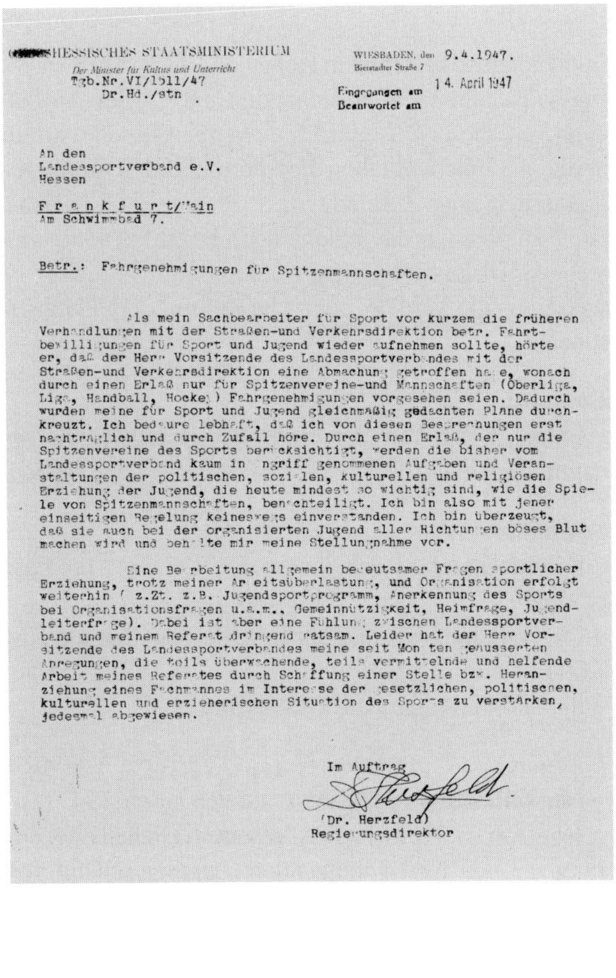

HESSISCHES STAATSMINISTERIUM
Der Minister für Kultus und Unterricht
Tgb.Nr.VI/1511/47
Dr.Hd./stn

WIESBADEN, den 9.4.1947.
Bierstadter Straße 7

Eingegangen am 14. April 1947
Beantwortet am

An den
Landessportverband e.V.
Hessen

F r a n k f u r t/Main
Am Schwimmbad 7.

Betr.: Fahrgenehmigungen für Spitzenmannschaften.

Als mein Sachbearbeiter für Sport vor kurzem die früheren Verhandlungen mit der Straßen-und Verkehrsdirektion betr. Fahrtbewilligungen für Sport und Jugend wieder aufnehmen sollte, hörte er, daß der Herr Vorsitzende des Landessportverbandes mit der Straßen-und Verkehrsdirektion eine Abmachung getroffen habe, wonach durch einen Erlaß nur für Spitzenvereine-und Mannschaften (Oberliga, Liga, Handball, Hockey) Fahrgenehmigungen vorgesehen seien. Dadurch wurden meine für Sport und Jugend gleichmäßig gedachten Pläne durchkreuzt. Ich bedaure lebhaft, daß ich von diesen Besprechungen erst nachträglich und durch Zufall höre. Durch einen Erlaß, der nur die Spitzenvereine des Sports berücksichtigt, werden die bisher vom Landessportverband kaum in Angriff genommenen Aufgaben und Veranstaltungen der politischen, sozialen, kulturellen und religiösen Erziehung der Jugend, die heute mindest so wichtig sind, wie die Spiele von Spitzenmannschaften, benachteiligt. Ich bin also mit jener einseitigen Regelung keineswegs einverstanden. Ich bin überzeugt, daß sie auch bei der organisierten Jugend aller Richtungen böses Blut machen wird und behalte mir meine Stellungnahme vor.

Eine Bearbeitung allgemein bedeutsamer Fragen sportlicher Erziehung, trotz meiner Arbeitsüberlastung, und Organisation erfolgt weiterhin (z.Zt. z.B. Jugendsportprogramm, Anerkennung des Sports bei Organisationsfragen u.a.m., Gemeinnützigkeit, Heimfrage, Jugendleiterfrage). Dabei ist aber eine Fühlung zwischen Landessportverband und meinem Referat dringend ratsam. Leider hat der Herr Vorsitzende des Landessportverbandes meine seit Monaten geäusserten Anregungen, die teils überwachende, teils vermittelnde und helfende Arbeit meines Referates durch Schaffung einer Stelle bzw. Heranziehung eines Fachmannes im Interesse der gesetzlichen, politischen, kulturellen und erzieherischen Situation des Sports zu verstärken, jedesmal abgewiesen.

Im Auftrag
(Dr. Herzfeld)
Regierungsdirektor

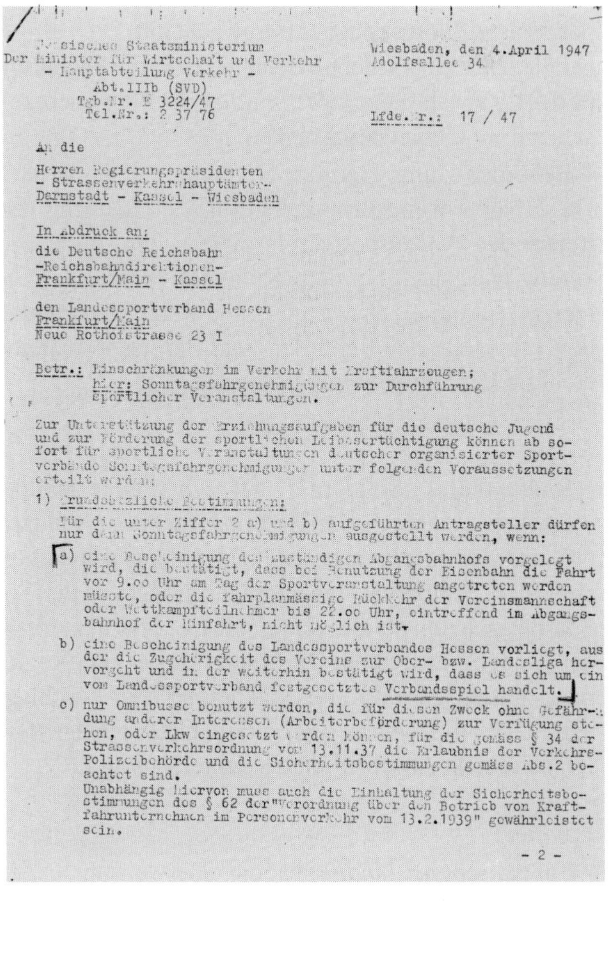

Hessisches Staatsministerium
Der Minister für Wirtschaft und Verkehr
- Hauptabteilung Verkehr -
Abt.IIIb (SVD)
Tgb.Nr. E 3224/47
Tel.Nr.: 2 37 76

Wiesbaden, den 4.April 1947
Adolfsallee 34

Lfde.Nr.: 17 / 47

An die

Herren Regierungspräsidenten
- Strassenverkehrshauptämter -
Darmstadt - Kassel - Wiesbaden

In Abdruck an:

die Deutsche Reichsbahn
-Reichsbahndirektionen-
Frankfurt/Main - Kassel

den Landessportverband Hessen
Frankfurt/Main
Neue Rothofstrasse 23 I

Betr.: Einschränkungen im Verkehr mit Kraftfahrzeugen;
hier: Sonntagsfahrgenehmigungen zur Durchführung sportlicher Veranstaltungen.

Zur Unterstützung der Erziehungsaufgaben für die deutsche Jugend und zur Förderung der sportlichen Leibesertüchtigung können ab sofort für sportliche Veranstaltungen deutscher organisierter Sportverbände Sonntagsfahrgenehmigungen unter folgenden Voraussetzungen erteilt werden:

1) Grundsätzliche Bestimmungen:

Für die unter Ziffer 2 a) und b) aufgeführten Antragsteller dürfen nur dann Sonntagsfahrgenehmigungen ausgestellt werden, wenn:

a) eine Bescheinigung des zuständigen Abgangsbahnhofs vorgelegt wird, die bestätigt, dass bei Benutzung der Eisenbahn die Fahrt vor 9.oo Uhr am Tag der Sportveranstaltung angetreten werden müsste, oder die fahrplanmässige Rückkehr der Vereinsmannschaft oder Wettkampfteilnehmer bis 22.oo Uhr, eintreffend im Abgangsbahnhof der Hinfahrt, nicht möglich ist.

b) eine Bescheinigung des Landessportverbandes Hessen vorliegt, aus der die Zugehörigkeit des Vereins zur Ober- bzw. Landesliga hervorgeht und in der weiterhin bestätigt wird, dass es sich um ein vom Landessportverband festgesetztes Verbandsspiel handelt.

c) nur Omnibusse benutzt werden, die für diesen Zweck ohne Gefährdung anderer Interessen (Arbeiterbeförderung) zur Verfügung stehen, oder Lkw eingesetzt werden können, für die gemäss § 34 der Strassenverkehrsordnung vom 13.11.37 die Erlaubnis der Verkehrs-Polizeibehörde und die Sicherheitsbestimmungen gemäss Abs.2 beachtet sind.
Unabhängig hiervon muss auch die Einhaltung der Sicherheitsbestimmungen des § 62 der "Verordnung über den Betrieb von Kraftfahrunternehmen im Personenverkehr vom 13.2.1939" gewährleistet sein.

- 2 -

Fall eine Liste hierüber einreichen.

***Lindner*:**

Verliest Schreiben des Landesverbandes für Jugendherberge. Frage, ob der LSV Mitglied werden soll? Als Jahresbeitrag sind RM 500,— angegeben. Die Vereine brauchen somit kein Extra-Mitglied zu werden.

***Hippe*:**

Radfahren hat das gleiche Schreiben bekommen.

***Lindner*:**

Die Angelegenheit soll nochmals Herr *Schmidt* mit Jugendherbergsverband klären.

***Lindner*:**

Der Bund für freie Lebensgestaltung Kassel stellt Antrag um Aufnahme in den LSV.

Der Vorstand hat beschlossen, den BffL nicht in den LSV aufzunehmen. Die Geschäftsstelle des LSV teilt dies dem BffL mit.

***Lindner*:**

Bergwacht, Lauterbach, stellt Anspruch auf Betreuung des Wintersportes, Bergsportes usw. *Lindner* hat der Bergwacht mitgeteilt, daß die sportlichen Belange durch die Fachgruppe des LSV wahrgenommen würden, die Bergwacht soll sich auf ihr Gebiet beschränken.

Abschied von Peter Bunn

Peter Bunn ist tot. Nur wenige Wochen nach seinem Geburtstag (22. April) erlag er im Alter von 67 Jahren einem Schlaganfall.

Der Verstorbene zählte zu den Männern der ersten Stunde. Er war Ende 1945 mit dabei, als die Besatzungsmächte die Voraussetzungen für das Wiederaufleben des sportlichen Geschehens schufen und die „Fachgruppe Tischtennis" – wie es damals hieß – ins Leben gerufen wurde, deren ersten Leiter, Hermann Lutz, Peter Bunn bereits am 15. Dezember 1946 ablöste. Gemeinsam mit dem Darmstädter und dem allzu früh verstorbenen Heinz Fuß organisierte er am 7./8. Dezember 1946 in Heppenheim die ersten Deutschen Nachkriegsmeisterschaften. Darüber hinaus trägt die Gründungsurkunde des Deutschen Tischtennis-Bundes, der am 16. Juli 1949 in Witzenhausen durch die Vorsitzenden der Landesverbände neu ins Leben gerufen wurde, seine Unterschrift.

Bis Juni 1951 stand er dem Hessischen Tischtennis-Verband als 1. Vorsitzender vor, um dann für 26 Jahre (!) – bis 1977 – als Verbandsjugendwart der Nachwuchsarbeit seinen Stempel aufzudrücken, die unter seiner Führung große Erfolge verzeichnen konnte.

Der HTTV würdigte seine Verdienste um den Tischtennissport und verlieh ihm 1971 in Marburg die Ehrenmitgliedschaft.

Zahlreiche Ehrungen wurden ihm darüber hinaus zuteil. So seien nur die Sportplakette des Landes Hessen, die Goldene Ehrennadel des HTTV und des LSB Hessen besonders erwähnt.

Mit seiner Familie trauert der Hessische TT-Verband um Peter Bunn, dem er viel zu verdanken hat und stets in ehrender Erinnerung behalten wird.

Jochen Schindler

Aus: Sport in Hessen, 3. Juni 1989

Behörden- und Berufssportvereine, „Solidarität". Dieserhalb war eine Besprechung in Wiesbaden mit Vertretern des Polizeisportvereins Wiesbaden, Postsportverein Wiesbaden bei dem Kultus-Ministerium, *Prof. Herzfeld*, *Lindner*, *Hippe* anwesend waren. *Lindner* hat dort mitgeteilt, daß Behörden- und Berufssportvereine nicht im LSV aufgenommen werden.

***Hippe*:**

Radfahrbund „Solidarität" hat sich wieder gebildet und erhebt Anspruch, den Radsport über die „Solidarität" aufzubauen. *Hippe* hat es abgelehnt, mit seinen Vereinen der „Solidarität" beizutreten. Schlägt vor, daß Solidarität sich ruhig bilden kann, soll aber Sport innerhalb der Fachgruppe treiben. Die Solidarität hat über Regierung Antrag gestellt, daß Kelkheim Räder beschlagnahmt bekommt, hierin wird auch der LSV angegriffen. *Hippe* schickt Abschrift dieses Schreibens an LSV.

***Lindner*:**

Fußballschuhe: *Lindner* hat die Überweisung an den Landesjugendausschuß in Höhe von RM 7.000,— acto. Fußballschuhe nicht ausgehändigt und ist der Auffassung, daß dieser Betrag auch nicht überwiesen wird. In anderen Ländern erhalten die Sportbehörden für die Jugendarbeit einen Zuschuß von Staatswegen und bei uns ist es so, daß wir die Schuhe noch bezahlen sollen. Es steht zur Diskussion, sollen wir den Betrag zurücküberweisen an die Vereine, oder was soll mit dem Geld geschehen.

***Dietrich*:**

Fragt, ob den Vereinen ein Preis für die Schuhe genannt worden ist.

***Schmidt*:**

Es war vereinbart, daß die Vereine RM 10,— pro Paar bezahlen.

Der Verbandsvorstand hat beschlossen, daß die RM 7.000,— dem Jugendfond im LSV zur Verfügung gestellt sind, falls eine Anfrage kommt.

***Lindner*:**

Der Verbandstag des LSV ist auf den 1. Juni 1947 festgelegt. Am 27. April 1947 ist erneut in Gießen eine Sitzung mit den Kreisvorsitzenden. *Lindner* schlägt vor, daß möglichst hieran auch die Fachgruppenleiter teilnehmen.

Tischtennis erhebt Kopfbeitrag?

***Bunn*:**

Dieser Kopfbeitrag stellt den Rundenbeitrag dar.

***Griebel*:**

Kann noch kein Programm über Finanzen abgeben.

***Lindner*:**

Turner stellen den Antrag, den Namen des LSV in Turn- und Sportverband zu ändern. *Lindner* sieht keine Veranlassung, den Namen Landessportverband zu ändern.

Soll Schach durch den Landessportverband betreut werden oder nicht?

Lindner hat sich dahingehend ausgesprochen, daß Schach nicht als Sport zu betrachten ist, den Vereinen soll evtl. empfohlen werden, dem Schachverband beizutreten.

Diese Frage ist jedoch noch durch den Vorstand zu klären.

Das gleiche gilt für Wandern. Auch hier soll keine Fachgruppe gebildet werden.

Frauenwartin *Martha Thiem* hat ihr Amt zur Verfügung gestellt, da sie es aus beruflichen Gründen nicht mehr ausführen kann. Sie schlägt als Nachfolgerin *Milli Reuter* Frankfurt a.M., Klaus Grothstraße 11 vor.

***Rauschelbach*:**

Schlägt *Irene Adamitz*, Frankfurt a.M. vor.

Die Angelegenheit wurde bis zum Verbandstag zurückgestellt.

***Linnenberg*:**

Gibt bekannt, daß die Geschäftsstelle des LSV jetzt Goethestraße 10 ist. Das geplante Projekt konnte nicht wahrgenommen, Goethestraße 10 muß ausgebaut werden. Er fordert die Unterstützung sämtlicher Fachgruppenleiter an.

***Lindner*:**

Bittet ebenfalls die Unterstützung der Kreisvorsitzenden in Anspruch zu nehmen.

***Lindner*:**

Die Fachgruppe Handball stellt Antrag, auf Grund der Vorfälle beim Spiel Dörnigheim-Schwanheim den Spieler *Henzel* aus dem LSV auszuschließen; dem Schiedsrichter die Genehmigung zu erteilen, bei einem ordentlichen Gericht Klage erheben zu können.

Der Antrag der Fachgruppe Handball wurde angenommen.

***Lindner*:**

Es ist zu klären, wenn eine Fachgruppe einen Antrag stellt, kann der Antragsteller mit abstimmen.

***Rauschelbach*:**

Die Frage der Vergnügungssteuer muß geklärt werden.

***Lindner*:**

Wird dieserhalb nochmals mit *Herzfeld* sprechen.

Protokoll über die engere und erweiterte Verbandsvorstandssitzung am 29. Mai 1947 in Frankfurt a. M.,18 Uhr bei Wahl

Beginn der Sitzung: 18.30 Uhr

Anwesend waren: Regierungsrat Lindner, Martin Schmidt, Otto Großmann, Kurt Koch, Dr. Breitbach, Kobald, Linnenberg, Reisdorf, Belz, Heise, Dietrich, Rauschelbach, Neubronner, Dr. Lingnau, Griebel, Hain, Hippe.

Regierungsrat *Lindner* eröffnete die Sitzung und begrüßte die Anwesenden. Er gibt die Tagesordnung bekannt, die er nicht auf die Einladung setzen konnte, da die einzelnen Punkte noch nicht feststanden:

1. Versicherungen
2. Sportkonferenz
3. Verbandstag
4. Verschiedenes

Bevor zum Punkt 1 der Tagesordnung eingegangen wurde, gab Regierungsrat *Lindner* einen kurzen Bericht über die Tagung in Schorndorf (Tagung der Arbeitsgemeinschaft Süddeutscher Landessportverbände) am 10./11. Mai 1947, der im Wesentlichen aus dem Protokoll zu dieser Tagung zu entnehmen ist. Der Landessportverband Württemberg ist der Ausrichter der Veranstaltung, die anwesenden Vertreter der einzelnen LSV waren Gäste des LSV Württemberg. Die Militär-Regierung hört nicht gern die Begriffe: Ausschüsse, Arbeitsgemeinschaften usw.

Punkt 1: Versicherungen

Regierungsrat *Lindner*:

Weist darauf hin, daß der mit der Allianz am 1. Februar 1946 abgeschlossene Überbrückungsvertrag am 31. Mai 1947 abläuft und der LSV praktisch vor der Tatsache steht, ab 1. Juni 1947 seinen Mitgliedern neuen Versicherungsschutz zu gewähren, in dem eine Versicherung Hauptvertrag mit einer Gesellschaft abgeschlossen wird. Neben der Allianz haben sich noch andere Gesellschaften um einen Vertrag beworben und zwar: Bremer Allgemeine und Hessen Nassauische Versicherungs-Anstalt.

Verlesung der Bedingungen der Allianz:

Zugrunde gelegt wurde eine Mitgliederzahl von 120.000 und zwar 80.000 Aktive, 40.000 Jugendliche.

Die Hessen Nassauische Versicherungsanstalt hat geschrieben, daß sie z. Zt. nicht in der Lage ist, ein Angebot zu machen, da die maßgebenden Herrn nicht anwesend sind.

Es wird zur Diskussion gestellt, mit welcher Gesellschaft ein Vertrag abgeschlossen werden soll.

***Griebel*:**

Weist auf seinen Unfall hin und stellt es als Manko im z. Zt. laufenden Vertrag mit der Allianz hin, daß kein Tagegeld bezahlt wird, sondern lediglich ein Verdienstausfall bis zu einer gewissen Höhe. Er schlägt vor, daß Fachmann oder ein Ausschuß zur Überprüfung des Vertrages eingesetzt wird.

***Linnenberg*:**

Die Versicherung des LSV ist keine Versicherung für Vorstandsmitglieder, die sich gesundstoßen wollen, sondern für die breite Masse der Sportler, die mit einem Verdienstausfall von 300,— bzw. 200,— RM zufrieden sein werden.

Der Überbrückungsvertrag mit der Allianz hat sich als gut erwiesen.

***Schmidt*:**

Die Hessen Nassauische Versicherungs-Anstalt, die sich ebenfalls für einen Überbrückungsvertrag zur Verfügung gestellt hatte, hat *Schmidt* persönlich mitgeteilt, daß sie davon Abstand nimmt, mit der Allianz das Geschäft zu machen. Wie ist es mit der Kinderversicherung?

***Lindner*:**

Die Kinderversicherung ist in der Jugendprämie enthalten. Zu dem Überbrückungsantrag und den Ausführungen von Herrn *Griebel* hatten wir uns in einer Vorstandssitzung darüber geeinigt, daß keine Tagegelder sondern lediglich Verdienstausfall gezahlt werden soll. Im Vergleich zu den Versicherungen, die die anderen LSV abgeschlossen haben, ist unser Vertrag der günstigste.

***Schmidt*:**

Moniert, daß von der Allianz seither noch kein Überblick über die seither erledigten Unfall-Leistungen gegeben wurde.

***Linnenberg*:**

Weist darauf hin, daß der Vertrag erst am 31. Mai 1947 abläuft, aber bei der Versicherung inzwischen reklamiert wurde, daß beim LSV noch nichts über die abgewickelten Unfälle bekannt ist.

***Lindner*:**

Von der Versicherung wurde uns zugesagt, daß ein Überblick über die abgewickelten Fälle eingesandt wird, das ist eine Selbstverständlichkeit, denn nur so kann überhaupt festgestellt werden, ob evtl. eine eigene Versicherung später einmal in Frage kommt. Nach Rücksprache mit einem maßgeblichen Herrn der Allianz, der mit *Lindner* befreundet ist, hat dieser ihm mitgeteilt, daß die Allianz bei diesem Vertrag bestimmt kein Geschäft machen würde. Die Allianz betrachtet es sozusagen als „Werbemöglichkeit".

***Dr. Lingnau*:**
Fragt, ob der Vertrag günstiger ist als eine eigene Versicherung. Diese Frage kann erst geklärt werden, wenn die Gesellschaft eine Übersicht einreicht, was seither reguliert wurde.

***Lindner*:**
Für uns kommt noch keine eigene Versicherung in Frage. Wir müssen mindestens noch für ein Jahr mit einer Gesellschaft einen Vertrag abschließen zu den für uns günstigsten Bedingungen. Es steht zur Debatte, sollen wir den Vertrag mit der Allianz oder mit einer anderen Versicherung abschließen?

***Schmidt*:**
Warnt vor Kinderprämie mit RM -,45, da die Haupt zahl der Mitglieder einmal die Kinder sein werden.

***Lindner*:**
Es wurde ja hier eine feste Zahl von 40.000 zu Grunde gelegt. Wir haben dadurch keinen Schaden.

***Neubronner*:**
Schlägt vor, die Abstimmung über den Vertragsabschluß dem engeren Vorstand zu überlassen.

***Lindner*:**
Schlägt vor, mit der „Allianz" den Hauptvertrag zum Abschluß zu bringen. Dieser Vorschlag wurde von den Anwesenden ohne Gegenstimme angenommen.

Punkt 2: Sportkonferenz

***Lindner*:**
Die seinerzeit abgesagte zweite Sportkonferenz wurde nunmehr für den 7./8. Juni 1947 eingeladen. Die Militär-Regierung hat am 14. März 1947 bestätigt, daß keine Einwendungen zu machen sind, wenn es sich um Konferenzen informatorischen Charakters handelt. Innerhalb der US-Zone war es verboten, an Arbeitsgemeinschaften über den Landesmaßstab hinaus teilzunehmen. *Lindner* hat aus diesem Grunde die für den 18./19. April 1947 vorgesehene zweite Sportkonferenz auf Ende Mai bzw. Juni verlegt. Mr. *Beall*, der zuständige Offizier der Militär-Regierung, hat erklärt, daß der Brief vom 14. März 1947 noch gültig ist. Mr. *Beall* wurde mitgeteilt, daß die Konferenz nunmehr am 7./8. Juni stattfinden würde. Die Einladungen seien schon verschickt.

Eine persönliche Rücksprache mit Mr. *Beall* am 29. Mai hat folgendes ergeben:

Veranstalter ist der LSV Hessen, die Teilnehmer sind die Gäste. Es ist selbstverständlich, daß die Fachgruppenleiter des LSV ebenfalls zu dieser Konferenz eingeladen sind, was hiermit erfolgte. *Lindner* verliest die eingeladenen Teilnehmer.

***Hippe*:**
Ist als Vertreter des Radsportes der US-Zone für diese Konferenz benannt worden. Wenn sie allerdings nur informatorischen Charakter hätte, habe sein Auftrag ja keinen Sinn.

***Lindner*:**
Die Konferenz hat nur informatorischen Charakter; sie kann aber zu einem Beschluß kommen.

***Rauschelbach*:**
Bittet, dem Kameraden *Reinberg*, Hamburg, für Hockey einzuladen. *Reinberg* ist als Hockey-Vertreter gewählt.

***Dr. Lingnau*:**
Hat in diesem Zusammenhang auch die Vertreter des Rudersports aus der englischen und der US-Zone eingeladen, um das zu besprechen, was für den Rudersport wichtig ist.

***Großmann*:**
Berichtet aus den Presse-Informationen, daß *W.v. Adelson* bereits einen Olympischen Ausschuß gegründet hat und zwar am 28.Juni, es sei jedoch aus einem Brief von *W.v. Adelson* an *Lindner* ersichtlich, daß es sich hier lediglich um eine Besprechung der Fachkräfte handelte, die an der Sportkonferenz in Frankfurt teilnehmen sollen.

***Lindner*:**
W.v. Adelson bittet noch folgende Vertreter der britischen Zone einzuladen:

Hugo Lüer, Hamburg 1, Nordstraße 14 (Turnen)
Reinberg, Hamburg 20, Rainweg 6 (Hockey)
Wülfing, Hannover, Bahnhofstraße 9 (Rudern)

***Bopp*:**
Bopp bittet, den Vertreter für Handball für Süddeutschland, *Brümmer*, Stuttgart, ebenfalls zu dieser Konferenz einzuladen.

***Lindner*:**
Lehnt das ab. Für die Fachgruppen sind die Vertreter der jeweiligen LSV in der US-Zone eingeladen.

***Heise*:**
Fragt an, wieso es kommt, daß *Dr. Diem* für diese Kon-

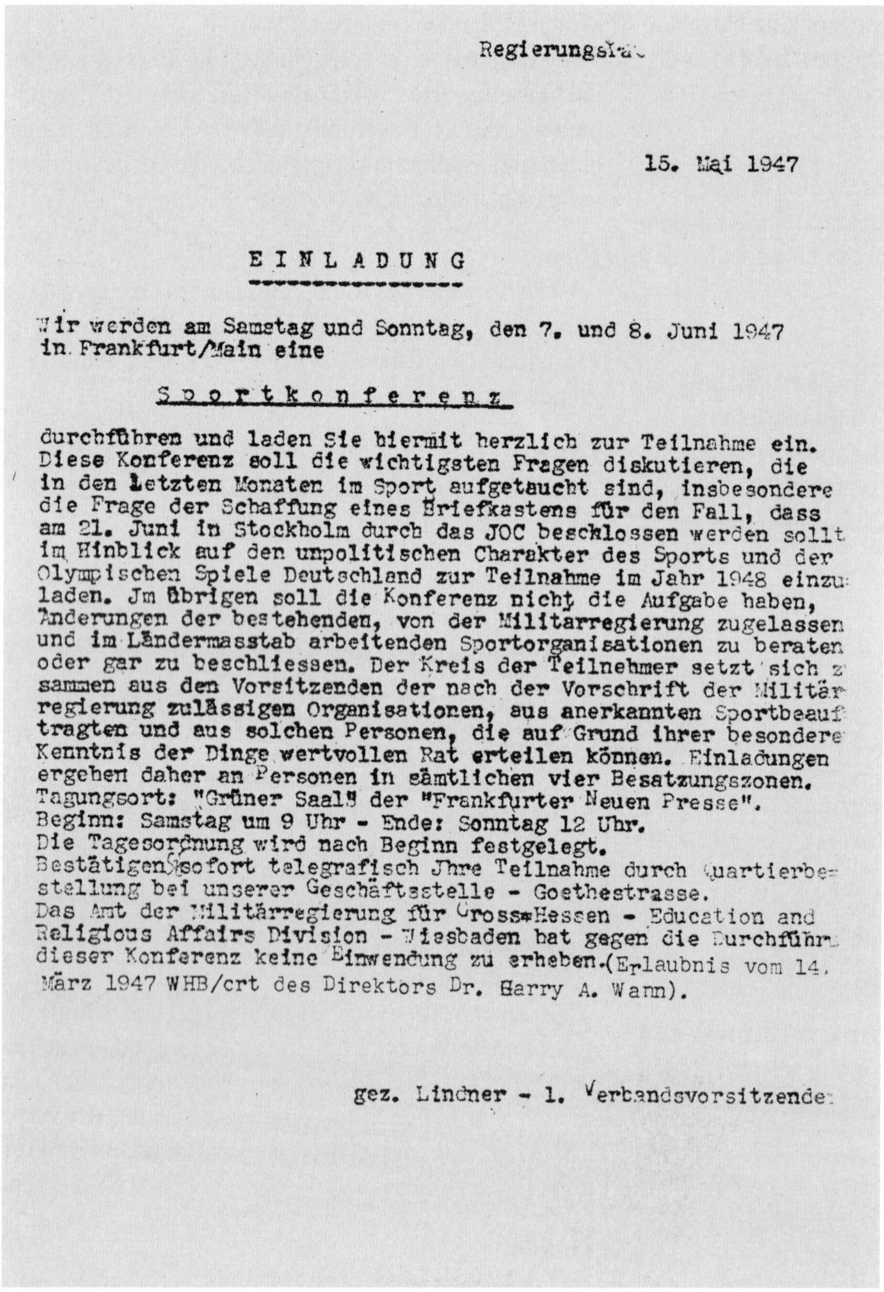

Regierungs[illegible]

15. Mai 1947

EINLADUNG

Wir werden am Samstag und Sonntag, den 7. und 8. Juni 1947 in Frankfurt/Main eine

Sportkonferenz

durchführen und laden Sie hiermit herzlich zur Teilnahme ein. Diese Konferenz soll die wichtigsten Fragen diskutieren, die in den letzten Monaten im Sport aufgetaucht sind, insbesondere die Frage der Schaffung eines Briefkastens für den Fall, dass am 21. Juni in Stockholm durch das JOC beschlossen werden sollt im Hinblick auf den unpolitischen Charakter des Sports und der Olympischen Spiele Deutschland zur Teilnahme im Jahr 1948 einzuladen. Jm übrigen soll die Konferenz nicht die Aufgabe haben, Änderungen der bestehenden, von der Militarregierung zugelassen und im Ländermasstab arbeitenden Sportorganisationen zu beraten oder gar zu beschliessen. Der Kreis der Teilnehmer setzt sich zusammen aus den Vorsitzenden der nach der Vorschrift der Militärregierung zulässigen Organisationen, aus anerkannten Sportbeauftragten und aus solchen Personen, die auf Grund ihrer besondere Kenntnis der Dinge wertvollen Rat erteilen können. Einladungen ergehen daher an Personen in sämtlichen vier Besatzungszonen.
Tagungsort: "Grüner Saal" der "Frankfurter Neuen Presse".
Beginn: Samstag um 9 Uhr - Ende: Sonntag 12 Uhr.
Die Tagesordnung wird nach Beginn festgelegt.
Bestätigen Sie sofort telegrafisch Jhre Teilnahme durch Quartierbestellung bei unserer Geschäftsstelle - Goethestrasse.
Das Amt der Militärregierung für Gross-Hessen - Education and Religious Affairs Division - Wiesbaden hat gegen die Durchführ[illegible] dieser Konferenz keine Einwendung zu erheben. (Erlaubnis vom 14. März 1947 WHB/crt des Direktors Dr. Harry A. Wann).

gez. Lindner - 1. Verbandsvorsitzender

ferenz Einladung an Schwerathletik-Vertreter versandt hat.

Lindner:

Der Einlader zu dieser Konferenz ist der LSV Hessen. *Lindner* hat keine Ahnung, daß *Dr. Diem* von sich aus ebenfalls Einladungen ergehen läßt, der aber bestimmt nur ein sachliches Interesse an diesen Dingen hat, daß die Sportarten irgendwie praktisch vertreten sind. Der richtige Weg wäre gewesen, wenn *Dr. Diem* die Einladungen über den LSV Hessen verschickt hätte.

Heise:

Dr. Diem weiß, daß sämtliche Fachgruppen organisiert sind. Der Vertreter für Schwerathletik ist Herr *Elsinger*, Stuttgart.

Schmidt:

Es bestehen Differenzen betr. der Teilnahme der Fachgruppen-Vertreter.

Kobald:

Fragt, wer für Turnen eingeladen ist.

Lindner:

Für die britische Zone, *Luer*, Hamburg. Die Verbände sind die Vertreter der Fachgruppe in der US-Zone. Die Konferenz hat lediglich informatorischen Charakter. Wenn die Frage der Besetzung auftauchen sollte, müssen die Fachgruppen sich zu einer Besprechung zusammensetzen. Es ist ja bekannt, daß Arbeitsgemeinschaften unerwünscht sind bzw. nicht genehmigt werden.

Griebel:

In den Sportmitteilungen des LSV hätte gestanden, daß Arbeitsgemeinschaften wie Fußball, Leichtathletik, gebildet werden sollen.

Linnenberg:

Bauwens ist lediglich der Vorsitzende eines Fußball-Ausschusses.

Lindner:

Es gibt ein Gesetz der Vernunft, und es ist Ihnen überlassen, was sie aus den Dingen machen wollen.

Großmann:

Stellt Antrag, daß die Debatte geschlossen wird, da die Dinge ja hinreichend besprochen und auch bekannt sind.

Punkt 3: Verbandstag

Lindner:

Der 1. Verbandstag des LSV muß durchgeführt werden. Der Entwurf der Satzungen ist an die Kreisvorsitzenden und Fachgruppenleiter zur Stellungnahme weitergeleitet worden.

Es steht zur Debatte, wann der Verbandstag durchgeführt werden soll und wo. Als Vorschlag des Durchführungsortes liegen drei Anträge vor:

Mörfelden,
Enkheim und
Bad-Nauheim.

***Schmidt*:**

Fragt, ob betr. der Einladung ein bestimmter Termin eingehalten werden muß.

***Lindner*:**

Der LSV hat z. Zt. noch keine Satzung, worin das feststeht.

***Linnenberg*:**

Am 14./15. Juni treten die Kreisvorsitzenden betr. Besprechung der Satzungen in Frankfurt noch einmal zusammen. Der Verbandstag kann danach mindestens erst nach vier Wochen angesetzt werden, um die angefallenen Probleme zu besprechen und umzuarbeiten.

***Reisdorf*:**

Ist es überhaupt erforderlich, daß der überfachliche Verbandstag im Sommer der Hauptsaison sämtlicher Sportarten (außer Eis) stattfindet oder kann er evtl. auf den Herbst verschoben werden.

***Linnenberg*:**

Das ist eine Frage, die die Kreisvorsitzenden entscheiden müssen.

***Lindner*:**

Es ist ein Unding, daß ein Landessportverband besteht, ohne daß ein Gesetz vorliegt. Die personelle Besetzung muß festgelegt werden.

***Dr. Breitbach*:**

Es darf aber auch nicht der Anschein entstehen, daß der Verbandstag evtl. in einen Termin gedrängt wurde.

***Lindner*:**

Bei der nächsten Kreisvorsitzenden-Besprechung muß den Kreisvorsitzenden die Stellungnahme des erweiterten Verbandsvorstandes vorgelegt werden können. Es geht um die Wahrung der überfachlichen Dinge in den Vereinen. Es muß rechtzeitig gesagt werden, der Verbandstag findet dann und dann statt. Als nächste Nummer der Sportmitteilungen erscheint eine Sondernummer mit Inhalt: Hauptsatzungs-Entwurf des LSV, Geschäftsordnung und Ausgaben- und Spesenordnung. Dadurch haben die Vereine ebenfalls schon Einblick.

***Linnenberg*:**

Schlägt vor, daß der Verbandstag des LSV in der Form wie der der Fachgruppe Fußball durchgeführt wird mit Kreisdelegierten.

Der neue Sport

Redaktion und Verlag „Der neue Sport": Frankfurt a. M., Kronprinzenstr. 30, Telephon 3 16 76. Vertrieb und Abonnement: G. F. C. Laue, Ffm., Steinweg 9. Abonnementspreis pro Quartal: Postbezug RM 3.45 (einschl. Postzeitungsgeld) zuzügl. RM —.36 Zustellgeb.; Streifbd. RM 3.25 zuzügl. RM —.78 Porto.

FRANKFURTER WOCHENZEITSCHRIFT FÜR SPORT UND JUGEN

Jahrgang 2, Nr. 23 Montag, 9. Juni 1947 Einzelpreis

Am Samstag wurde auf der Frankfurter Sportkonferenz ein

Deutsches Olympisches Komitee gegründet

Bei einer auf Initiative des Landessportverbandes Hessen zustandegekommenen Sportkonferenz in Frankfurt, an der Vertreter der drei westlichen Zonen und auch ein Beobachter aus der Sowjetzone teilnahmen, wurde ein vorläufiges Deutsches Olympisches Komitee gegründet, das sich wie folgt zusammensetzt: Herzog Adolf-Friedrich zu Mecklenburg. — Eutin (als einziges noch lebendes deutsches Mitglied des Internationalen Olympischen Komitees), Dr. Peco Bauwens, Köln, P. Drees, Bremen, Heinr. Hünnecke, Hannover, Hugo Grömmer, Arnsberg, und Walter v. Adelson, Hamburg. Das Komitee gilt als vorläufig beauftragt und soll später in einem regulären Wahlgang bestätigt oder revidiert werden.

Die fragwürdige Situation des deutschen Sports, der jetzt schon zwei Jahre ohne gültiges Statut und ohne Akkreditiv lebt, hat schon zu wiederholten Malen Konferenzen notwendig gemacht, die über einen Weg zur Satisfaktion berieten. Im Vordergrund dieser Sorgen steht seit einigen Monaten die Zulassung der deutschen Sportjugend zu den Olympischen Spielen 1948 in London. Ueber die grundsätzliche Auseinandersetzung hinaus, die sine ira et studio zu führen ist, hat sich neuerdings eine rein administrative Maßnahme notwendig gemacht, nämlich die Konstitution eines Deutschen Olympischen Komitees, das formal vorhanden sein muß, sozusagen als Adressat oder als Briefkasten für eine eventuelle Einladung an Deutschland. Am 14. Juni werden in Stockholm die letzten Entscheidungen getroffen, und unter dem Drang dieses Termines stand auch die Frankfurter Sportkonferenz.

Man glaubte in Frankfurt, die Bildung eines überzonalen Komitees außer acht lassen zu müssen, da man nicht mit der Kontrollratsgenehmigung für ein solches Gremium rechnen darf. So führten praktische Erwägungen zu dem Entschluß, das vorläufige Komitee Vertretern der britischen Zone anzuvertrauen, zumal sich die aus der französischen Zone erschienenen Delegierten als nicht autorisiert erklärten und auch ein Leipziger Gast nur eine Beobachterrolle einnahm.

In der mehrstündigen Aussprache zur Frage einer deutschen Olympiateilnahme schälten sich immer klarer als entscheidende Gesichtspunkte heraus,

daß die Grundsätze der Olympischen Idee auf einer Universalität beruhen, die eine wenn auch nur symbolische Teilnahme der deutschen Jugend verlange,

daß sich die Weltmeinung allgemein auch gegen einen Ausschluß der deutschen Jugend richte und

daß man füglich die deutsche Jugend nicht für ein Verbrechen bestrafen könne, das die Generation vor ihr begangen habe.

Die in Frankfurt beschlossene Komiteegründung will jedoch lediglich für die formalen Voraussetzungen sorgen. Die nationale und fachliche Verbreiterung dieses deutschen

(Fortsetzung auf Seite 4)

(Fortsetzung von Seite 1)

Olympia-Büros ist im Einvernehmen mit den Besatzungsbehörden Zug um Zug zu besorgen. Dr. Diem, der als Komiteemitglied gleichfalls vorgeschlagen war, stellte sich nicht zur Wahl, nachdem Sorg-Frankfurt gegen den Widerspruch der Mehrheit seine politische Qualifikation angezweifelt hatte.

In der Nachmittagssitzung kam eine Reihe von Grundfragen zur Besprechung. Hünnecke-Hannover regte an, die Ausdrücke Leibesübungen, Turnen usw. allgemein durch das Begriffswort „Sport" zu ersetzen, ein Vorschlag, der nicht nur vom sprachlichen Gesichtspunkt, sondern auch von der erzieherischen Seite her begrüßt wurde. Prälat Volker-Arnsberg empfahl die Kodifizierung sportethischer Regeln, die Mindestforderungen darstellen sollen, unter denen sich auch Gruppen konfessioneller oder Arbeiter-Sportjugend treffen können. Auch die Frage der Sonntagsruhe im Sport nach englischem Vorbild sollte in Deutschland nicht als konfessionelle, sondern als Forderung des Menschheitsgesetzes angesehen und diskutiert werden.

In einem abschließenden Referat berichtete Dr. Diem über die Arbeit der Hochschule für Leibesübungen in Köln, die Mitte Juni mit 14tägigen Fortbildungslehrgängen beginnt, die im Juli auf Sportärzte, Turn- und Leichtathletikwarte und im Ferienmonat September auf Frauen und in der letzten Hälfte auf Fußballwarte ausgedehnt werden. **Jo Froesch**

***Lindner*:**

Vertritt die Meinung, daß die Vereine gehört werden müssen.

Als Vorschlag zum Durchführungsort: *Mörfelden.*

Mörfelden muß benachrichtigt werden, daß der Verbandstag dort vorbereitet wird. Es wurde beschlossen, daß der Vorschlag Mörfelden angenommen wird, da die Diskussion über Enkheim und Bad-Nauheim ergeben hat, daß Mörfelden der geeignetste Platz ist. Auf Vorschlag und auf Grund der Erfahrungen von Herrn *Dietrich* wurde vereinbart, daß eine Lautsprecher-Anlage angelegt wird (Radio-Bank). Als vorläufiger Termin ist der 20. Juli 1947 gedacht.

VERBANDSVORSTAND

Geschäftsstelle: Frankfurt/M., Goethestraße 10
Telefon 76312 / Bank: Deutsche Effekten- und Wechselbank Ffm. / Postscheckkonto Nr. 3164 Ffm.

Einladung
an alle Vereine zum 1. ordentlichen Verbandstag des Landessportverbandes Hessen am 12./13. Juli 1947 in Mörfelden.

Der Verbandsvorstand lädt hiermit alle Vereine zur Teilnahme an dem 1. ordentlichen Verbandstag des Landessportverbandes Hessen ein.
Beginn: Samstag, 12. Juli 1947, 10 Uhr.
Tagungsort: Mörfelden — Volkshaus

Tagesordnung:

1. Jahresbericht des Verbandsvorstandes einschließlich Kassenbericht;
2. Bearbeitung und Beschlußfassung der Hauptsatzungen des Verbandes, einschließlich Allgemeine Geschäftsordnung und Ausgabe- und Spesenordnung des Verbandes;
3. Anträge;
4. Wahl eines Wahlpräsidenten;
5. Entlastung des Geschäftsführenden Verbandsvorstandes;
6. Neuwahl des Verbandsvorstandes.

Unter Hinweis auf die bereits früher veröffentlichten Bekanntmachungen bitten wir hiermit die Vereine uns spätestens bis **5. Juli 1947** (Eingangstag) an die Verbandsgeschäftsstelle, Frankfurt a. M., Goethestraße 10, zu melden: daß sie zu diesem 1. Verbandstag einen bevollmächtigten Vertreter entsenden.

Der Meldung ist beizufügen, eine Abschrift der Vollmacht aus der der Name des Vertreters ersichtlich ist und die Gesamtzahl der ordentlichen Mitglieder des Vereins über 18 Jahre, damit das Stimmrecht der einzelnen Vereine gewahrt werden kann.

Das Original der Vollmacht ist von dem Delegierten als Ausweis bei Betreten des Tagungslokals gegen Aushändigung der Stimmzettel abzugeben.

Die Vereine, die bisher noch nicht ausdrücklich sich zur Aufnahme beim Landessportverband Hessen angemeldet haben, haben das Recht, an dem Verbandstag teilzunehmen, wenn sie bis zum 5. 7. 47 die vorstehende Meldung abgeben. Diese Meldung wird dann gleichzeitig als Beitrittserklärung gewertet.

Quartieranforderungen sind umgehend spätestens jedoch bis 8. 7. 47, unmittelbar zu richten an: Quartierausschuß der Sport- u. Kulturvereinigung Mörfelden.

Die Kreisvorsitzenden werden gebeten zu prüfen, ob für die Delegierten der Vereine ihres Kreises eine Gemeinschaftsfahrt zum Verbandstag durchgeführt werden kann.

Die Vereinsvorsitzenden werden dringend gebeten, den 5. 7. 47 als Eingangstag der Meldung der Teilnahme unbedingt einzuhalten, damit eine ordnungsgemäße Vorbereitung im Interesse der einwandfreien Durchführung der Wahlen und des Verbandstages gewährleistet sind.

Aus: Sport-Mitteilungen des Landessportverbandes Hessen, 26. Juni 1947

Punkt 4: Verschiedenes

***Lindner*:**

Handball-Verbandstag in Bad-Nauheim. In einem Schreiben von *Fritz Wild* hat dieser gegen die Durchführung des Handball-Verbandstages Protest erhoben, da die Wahlen nicht ordnungsgemäß durchgeführt worden seien u.a.m. Es steht zur Debatte grundsätzlich, ob nach den Wahlen ein Protest anzunehmen ist oder nicht bzw. ob dieser Protest nicht sofort, d.h. während der Wahlen gestellt werden muß.

Beschluß:

Ein Protest in der Form, wie *Fritz Wild* ihn gestellt hat, d.h. also nach dem durchgeführten Verbandstag, kann nicht angenommen werden. Der Protest hätte während des Verbandstages gestellt werden müssen. Regierungsrat *Lindner* wird in dieser Form *Fritz Wild* auf sein Schreiben an ihn antworten.

Verlesung eines Briefes betr. Sportbetrieb in dem Internierungslager Darmstadt.

Wenn von den zuständigen Behörden den Internierten die Erlaubnis zum Sportbetrieb mit Lagerfremden gegeben ist, sollte der LSV seinen Vereinen hierin keine Vorschriften machen.

Im Gegensatz hierzu steht allerdings die Diskussion über das Polizei-Sportfest in Melsungen, wo Vereinsmannschaften Fußball, Handball usw. gegen Polizeimannschaften Spiele ausgetragen haben, worüber die einzelnen Fachgruppen nicht orientiert waren.

Grundsätzlich wäre die Frage zu klären, ob Vereine des LSV gegen Gemeinschaften, die nicht dem LSV angehören, starten können. Somit wäre die Frage in beiden angeführten Fällen geklärt.

***Linnenberg*:**

Verliest eine Aktennotiz vom 29. Mai 1947, worin der Kreisvorsitzende des Sportkreises Offenbach, *Krebs*, meldet, daß Herr *Brinkmann* bei der Zeitung „Offenbacher Post" der Chef vom Dienst sei.

***Großmann*:**

Gibt hierzu folgendes bekannt:

Er persönlich kennt und weiß von dieser Sache schon

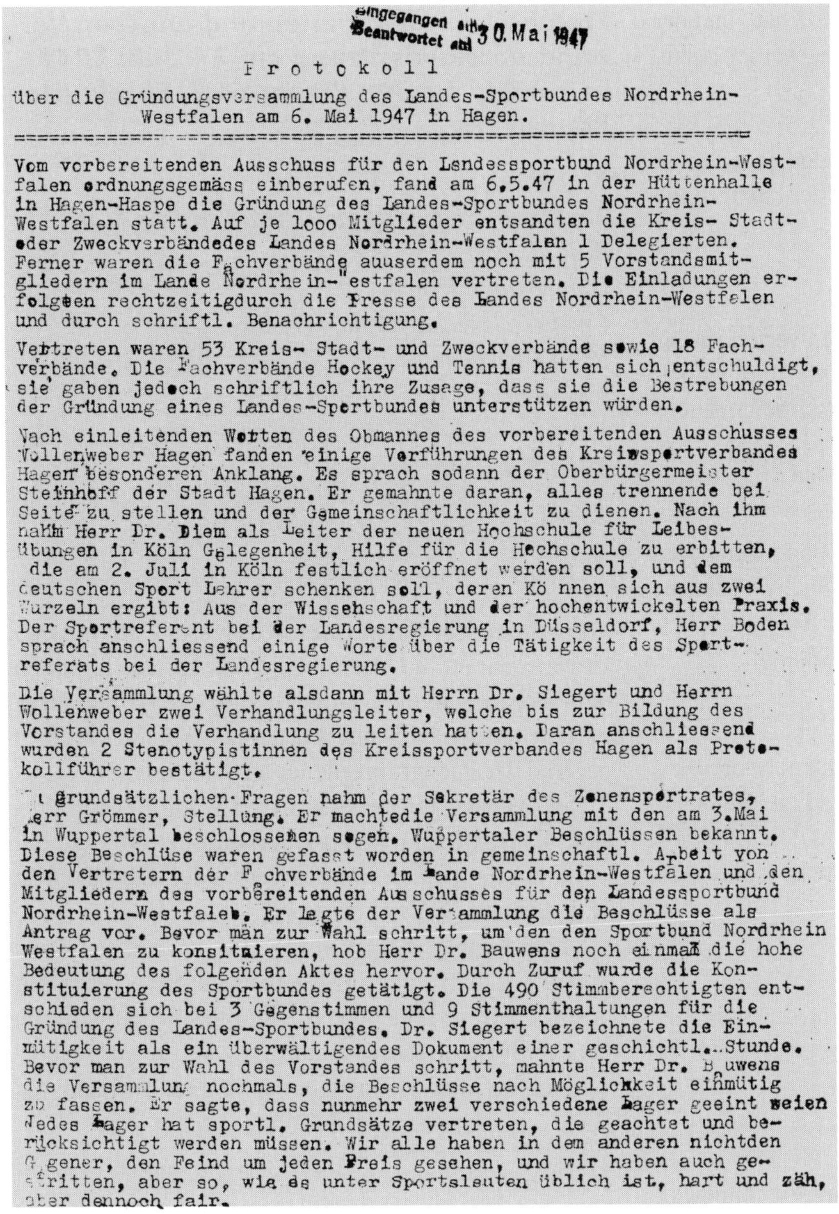

Eingegangen am: Beantwortet am: 30. Mai 1947

Protokoll

über die Gründungsversammlung des Landes-Sportbundes Nordrhein-Westfalen am 6. Mai 1947 in Hagen.

Vom vorbereitenden Ausschuss für den Landessportbund Nordrhein-Westfalen ordnungsgemäss einberufen, fand am 6.5.47 in der Hüttenhalle in Hagen-Haspe die Gründung des Landes-Sportbundes Nordrhein-Westfalen statt. Auf je 1ooo Mitglieder entsandten die Kreis- Stadt- oder Zweckverbändedes Landes Nordrhein-Westfalen 1 Delegierten. Ferner waren die Fachverbände auuserdem noch mit 5 Vorstandsmitgliedern im Lande Nordrhein-Westfalen vertreten. Die Einladungen erfolgten rechtzeitigdurch die Presse des Landes Nordrhein-Westfalen und durch schriftl. Benachrichtigung.

Vertreten waren 53 Kreis- Stadt- und Zweckverbände sowie 18 Fachverbände. Die Fachverbände Hockey und Tennis hatten sich entschuldigt, sie gaben jedoch schriftlich ihre Zusage, dass sie die Bestrebungen der Gründung eines Landes-Sportbundes unterstützen würden.

Nach einleitenden Worten des Obmannes des vorbereitenden Ausschusses Wollenweber Hagen fanden einige Vorführungen des Kreissportverbandes Hagen besonderen Anklang. Es sprach sodann der Oberbürgermeister Steinhoff der Stadt Hagen. Er gemahnte daran, alles trennende bei Seite zu stellen und der Gemeinschaftlichkeit zu dienen. Nach ihm nahm Herr Dr. Diem als Leiter der neuen Hochschule für Leibesübungen in Köln Gelegenheit, Hilfe für die Hochschule zu erbitten, die am 2. Juli in Köln festlich eröffnet werden soll, und dem deutschen Sport Lehrer schenken soll, deren Kö nnen sich aus zwei Wurzeln ergibt: Aus der Wissenschaft und der hochentwickelten Praxis. Der Sportreferent bei der Landesregierung in Düsseldorf, Herr Boden sprach anschliessend einige Worte über die Tätigkeit des Sportreferats bei der Landesregierung.

Die Versammlung wählte alsdann mit Herrn Dr. Siegert und Herrn Wollenweber zwei Verhandlungsleiter, welche bis zur Bildung des Vorstandes die Verhandlung zu leiten hatten. Daran anschliessend wurden 2 Stenotypistinnen des Kreissportverbandes Hagen als Protokollführer bestätigt.

Zu grundsätzlichen Fragen nahm der Sekretär des Zonensportrates, Herr Grömmer, Stellung. Er machtedie Versammlung mit den am 3.Mai in Wuppertal beschlossenen sogen. Wuppertaler Beschlüssen bekannt. Diese Beschlüse waren gefasst worden in gemeinschaftl. Arbeit von den Vertretern der Fachverbände im Lande Nordrhein-Westfalen und den Mitgliedern des vorbereitenden Ausschusses für den Landessportbund Nordrhein-Westfalen. Er legte der Versammlung die Beschlüsse als Antrag vor. Bevor man zur Wahl schritt, um den den Sportbund Nordrhein Westfalen zu konsitmieren, hob Herr Dr. Bauwens noch einmal die hohe Bedeutung des folgenden Aktes hervor. Durch Zuruf wurde die Konstituierung des Sportbundes getätigt. Die 490 Stimmberechtigten entschieden sich bei 3 Gegenstimmen und 9 Stimmenthaltungen für die Gründung des Landes-Sportbundes. Dr. Siegert bezeichnete die Einmütigkeit als ein überwältigendes Dokument einer geschichtl. Stunde. Bevor man zur Wahl des Vorstandes schritt, mahnte Herr Dr. Bauwens die Versammlung nochmals, die Beschlüsse nach Möglichkeit einmütig zu fassen. Er sagte, dass nunmehr zwei verschiedene Lager geeint seien Jedes Lager hat sportl. Grundsätze vertreten, die geachtet und berücksichtigt werden müssen. Wir alle haben in dem anderen nichtden Gegner, den Feind um jeden Preis gesehen, und wir haben auch gestritten, aber so, wie es unter Sportsleuten üblich ist, hart und zäh, aber dennoch fair.

seit längerer Zeit und vertritt die Meinung, daß *Brinkmann* wieder zu diesem Posten gelangen konnte, weil er in starker Verbindung zu verschiedenen Leuten der Nachrichten-Kontrolle steht, die ihn auch stützen und halten. Hinzu kommt die Tatsache, daß gerade im Zeitungswesen ein starker Mangel an Fachkräften vorhanden ist. In einem Gremium der Journalisten ist ebenfalls der Fall *Brinkmann* besprochen worden und man ist zu der Meinung gekommen, daß sich *Brinkmann* in seiner neuen Position genau so schnell abwirtschaften würde, wie das schon einmal der Fall war. *Großmann* vertritt allerdings die Meinung, daß man die Gründe, warum *Brinkmann* aus dem LSV ausgeschlossen worden ist, der Nachrichten-Kontrolle mitteilen sollte.

In diesem Zusammenhang erwähnt *Großmann* ein Schreiben, das an verschiedene Zeitungen und Rundfunkstationen gesandt wurde mit dem Briefkopf *Richard Kirn* und Briefumschlag der Neuen Presse. In diesem Schreiben sind verschiedene Vorstandsmitglieder des LSV angegriffen worden. Nach der Art der Abfassung dieses Schreibens hält *Großmann* durchaus für möglich, daß *Brinkmann* der Verfasser dieses Briefes ist, was allerdings nicht bewiesen werden kann. Der bewußte Brief ist lediglich von einer Zeitung, und zwar dem „Vorwärts" Berlin, veröffentlicht worden und *Großmann* hat entsprechend Stellung dazu genommen. Es wäre zu erwägen, ob nicht der Nachrichten-Kontroll-Offizier von diesen Dingen in Kenntnis zu setzen ist, ebenfalls den Verleger.

***Lindner*:**

Vertritt die Auffassung, daß der LSV keinen Anlaß hat, den Verleger von diesen Dingen in Kenntnis zu setzen. *Brinkmann* ist auf Grund seiner Vergehen im LSV aus diesem ausgeschlossen worden. Die Gründe, die die Neue Presse veranlaßt haben, ihn zu entlassen, sind uns nicht bekannt.

***Dr. Breitbach*:**

Ist der Auffassung, daß niemand das Recht hat und der LSV auch nicht die Pflicht, einem Menschen die 2. Chance zu nehmen.

Es wurde vereinbart, daß die Angelegenheit vorerst einmal abwartend behandelt wird.

***Großmann*:**

Berichtet von einer Sitzung des Jugendausschusses in Wiesbaden und teilt mit, daß der Radfahrerbund „Solidarität" genehmigt worden ist. Der Jugendausschuß hat nicht genügend Bindung zum Sport.

***Schmidt*:**

Macht dem Jugendwart *Roesler* den Vorwurf, daß er Leute zu solchen Sitzungen entsendet, die über die Materie nicht orientiert sind *(Lattke)*.

***Lindner*:**

Hier ist ein Beschluß gefaßt worden, obwohl diese

Frage zwischen den Vertretern der „Solidarität“ und der Fachgruppe Radsport im LSV besprochen werden sollte.

***Linnenberg*:**
Diese Sitzung hatte bereits stattgefunden, jedoch waren durch eine Autopanne die Vertreter der Fachgruppe Radsport nicht anwesend.

***Hippe*:**
Hat sich schon verschiedentlich mit den Vertretern der Solidarität zusammengesetzt. Sie haben ihm jedoch wörtlich erklärt, daß sie keine Zusammenarbeit mit dem LSV haben wollen.

***Linnenberg*:**
In der britischen Zone ist der Landessportbund gegründet worden. Man spricht dort von Fachverbänden, das ist in der US-Zone die Fachgruppe. Sie haben sich ebenfalls zum Einheitssportgedanken bekannt.

***Dietrich*:**
Erhält vom Spv. Eintracht Eschwege ein Schreiben, daß vom Verband aus der Verein laufend zu Tagungen und Sitzungen herangezogen würde, was den Verein finanziell zu stark belastet.Die Angelegenheit wird von Herrn *Dietrich* persönlich geklärt.

***Belz*:**
Bittet um Aufklärung, wieso es kommt, daß von Turnen aus Leiter für Schwimmen eingesetzt werden. Er moniert den Weg.

***Linnenberg*:**
Bittet die Fachgruppen, die seither ihren Verbandstag noch nicht abgehalten haben, daß die diesen bis zum 1. Verbandstag des LSV nachgeholt haben.

***Hippe*:**
Hat nun nach dem Erlaß betr. der Sonntagsfahrtgenehmigungen Schwierigkeiten betr. der Fahrbefehle, weil Radsport nicht im Erlaß enthalten ist.

***Lindner*:**
Diese Frage betrifft alle Fachgruppen, die nicht in dem Erlaß besonders angeführt worden sind. Es ist bereits ein neuer Antrag auf Ergänzung gestellt.

***Neubronner*:**
Bittet um Aufklärung über beschlagnahmtes Vereinsvermögen. Es wurde auf die Veröffentlichungen in den Sportmitteilungen Nr. 7 hingewiesen.

Protokoll zur erweiterten und engeren Verbandsvorstandssitzung am 21. Juni 1947 in Frankfurt a. M., Blauer Saal, Frankfurter Rundschau

Beginn der Sitzung: 16.30 Uhr
Anwesend: Regierungsrat Lindner, Martin Schmidt, K. R. Roesler;
Hahnemann, Kegeln
Ceynowa, Leichtathletik,
Bunn, Tischtennis,
Neubronner, Tennis
Rauschelbach, Hockey,
Kobald, Turnen,
Griebel, Wintersport,
Linnenberg, Fußball,
G. Dietrich, Boxen.

Eröffnung der Sitzung durch Regierungsrat *Lindner*. Er weist darauf hin, daß im Hinblick auf den kommenden Verbandstag die heutige Sitzung unbedingt durchgeführt werden muß und bedauert es, daß nur ein geringer Teil der Fachgruppenleiter anwesend ist.

Der Verbandstag findet am 12./13. Juli in Mörfelden statt. Es ist wichtig, daß der Verbandstag durchgeführt wird, um die Grundsätze des Verbandes, die Hauptsatzungen unter Dach zu bringen.

Die Satzungen wurden am 14./15. Juni mit den Kreisvorsitzenden in einer Sitzung in Frankfurt a. M. durchgesprochen. Verschiedene Änderungen haben sich ergeben, die heute in dieser Sitzung als Antrag vorliegen.

Es ist wichtig, daß auch der erweiterte Verbandsvorstand am Verbandstag teilnimmt.

***Neubronner*:**
In direkter Frage, haben die Fachgruppenleiter Stimmrecht?

Lindner:
Nach den Hauptsatzungen ja, §13.

Die vierte Arbeitstagung mit den Kreisvorsitzenden ist auf tadeloser Basis verlaufen und es ist wohl anzunehmen, daß alle anwesenden Vertreter eine gewisse Befriedigung mit nach Hause genommen haben.

Das Finanzproblem steht wieder zur Diskussion. Besoldete Geschäftsführer in den Kreisen?

Regierungsrat *Lindner* gibt nochmals einen Überblick, wie der Finanzaufbau im LSV sein soll, von dem Standpunkt ausgehend, möglichst geringe Ausgaben für die Verwaltung, um dem Sport die Gelder wieder zuführen zu können. Vom LSV wird von den Vereinen lediglich ein Kopfbeitrag erhoben, der wieder aufgeteilt wird für: Versicherung, Kreise, Fachgruppen, Verwaltung.

***Neubronner*:**
Tennis kann sich mit seinen 23 Vereinen nicht finanzieren und hat vorläufig keine Einnahmen. Fragt, wie die Finanzierung der Fachgruppen, die sich finanziell nicht selbst erhalten können, vor sich gehen soll.

***Griebel*:**
Im Wintersport ist es ähnlich.

***Lindner*:**
Sie haben die Möglichkeit, durch Veranstaltungen, Startgelder usw. Einnahmen zu schaffen für die Fachgruppe. Wenn diese Gelder nicht ausreichen, kann der Verband noch einspringen.

Die Frage der Einziehung der Kopfbeiträge durch die Fachgruppen wird ebenfalls in gleicher Weise von den Kreisen vorgeschlagen.

Die Kostenvoranschläge der Fachgruppen wie der Kreise müssen vorerst von Fall zu Fall entschieden werden, sie können nicht ohne weiteres vom Verbandsvorstand angenommen werden.

Grundsätzlich dürfen nur Ausgaben getätigt werden, wenn sie vorher wenigstens dem Grunde nach genehmigt sind.

***Kobald*:**
Weist darauf hin, daß in einzelnen Bezirken und Kreisen noch Gelder vorhanden sind.

***Lindner*:**
Diese Frage ist geklärt, als die Finanzhoheit des Verbandes anerkannt ist.

***Linnenberg*:**
Steht auf dem Standpunkt, daß in den Kreisen keine Geschäftsführer zu sein brauchen, da von den Fachwarten in den Kreisen die fachliche Arbeit ja erledigt wird (Beispiel Fußball). Die überfachliche Arbeit wird durch die Verbandsgeschäftsstelle erledigt. Die Verteilung der Gelder nach diesem Gesichtspunkt wird glücklicher sein. Die Gelder sind nicht für die tote Verwaltung da, sondern für den Sport.

***Lindner*:**
Unterstreicht diese Ausführungen, die im wesentlichen auch von den Kreisvorsitzenden anerkannt werden.

Die Fachgruppenleiter *Hahnemann*, *Rauschelbach*, *Bunn* unterstreichen ebenfalls die Meinung des Fachgruppenleiters Fußball, *Linnenberg*.

***Schmidt*:**
Steht auf dem Standpunkt, keine neuen Geschäftsstellen in den Kreisen aufzubauen, die z. Zt. bestehenden bestehen lassen, sie würden sich im Laufe der Zeit von selbst einschränken, da ja keine Mittel zur Verfügung stehen.

Zur Frage der DJK:

Prälat *Wolker* hat auf der Interzonen-Sportkonferenz angeführt, daß die DJK, keinen eigenen Verband gründen will. Es wäre u. U. beabsichtigt, kleinere Vereine zu bilden, die sich aus kath. Jugend zusammensetzen. Hier ist gewünscht worden, daß diese Gruppen in den LSV aufgenommen werden.

Der erweiterte Verbandsvorstand steht auf dem Standpunkt, hier nach den Satzungen des LSV zu verfahren und keine Jugendgruppen der DJK in den LSV aufzunehmen. Eine Ausnahme würden bedeuten, daß mit dem gleichen Recht die Behörden und Betriebsgemeinschaften kommen würden.

***Kobald*:**
Kostenvoranschlag Turnen. Verweist auf die weitere

Das Gebäude der Frankfurter Rundschau in der Schillerstraße 22 im Jahre 1951

Aus der Turnerfamilie

Wir gratulieren Hans Kobald (Nied)

dem verdienten Pionier des Hessischen Turnverbandes und bewährten Geschäftsführer, zum 50. Geburtstag, den er am 9. August 1956 feiern konnte.

Hans Kobalds Verdienste wurden schon mehrfach herausgestellt. Sein 50. Geburtstag ist jedoch willkommene Gelegenheit, um ihm in der Oeffentlichkeit der Hessenturner herzlichen Dank zu sagen für all das, was er geleistet hat.

Schon als Junge führte ihn sein Weg zur Turnerei. In der „Freien Turnerschaft Nied" fand er seine Freunde, mit denen er manchen Wettkampf bestand und gewann. Die großen Turn-

feste des ATUS sind ihm noch heute freudige Erinnerung und Fülle der Arbeit. Mit dem Jahr 1933 begann für ihn ein hartes Leben. Die Flucht ins Ausland ist ebenso unvermeidbar gewesen wie Verhaftung und Gefängnis. Diese Zeit hat seine Gesundheit stark angegriffen, konnte ihn jedoch in der Liebe zur Turnerei, die für ihn eine echte Volksangelegenheit ist, nicht erschüttern. — So finden wir Hans Kobald schon im Herbst 1945 an der Arbeit des Aufbaues. Ehrenvoll steht sein Name am Anfang des Hessischen Turnverbandes. Als Vorsitzender der Fachgruppe Turnen im Sportverband Frankfurt wurde er bei der Bildung des Landessportverbandes auch Vorsitzender der Landesgruppe Turnen. In dieser Stellung suchte er sofort die Verbindung zu allen Turnern in den Sportkreisen, was ihm auch gelang. Aufgeschlossen und verantwortungsbewußt ging er seinen Weg, der schließlich in Verbindung mit anderen Turnbrüdern, zur offiziellen Gründung in Butzbach führte, wo man 1946 sein Wirken mit der einstimmigen Wahl zum Landesfachgruppenleiter anerkannte. Ein Jahr danach wurde er 2. Vorsitzender des Hessischen Turnverbandes und dessen Geschäftsführer. In der Raumnot jener Jahre stellte er auch seine Wohnung für die Geschäftsstelle zur Verfügung, stets unterstützt von seiner Frau Clara, der deshalb bei dieser Gelegenheit ebenfalls herzlich gedankt sei.

Neun Jahre leitet Hans Kobald nun die Geschäftsstelle. Er hat sie, den Mittelpunkt unseres HTV, aus dem Nichts heraus aufgebaut. — Stets hilfsbereit, immer guter Dinge, so hat er in diesen Jahren oft ganz in der Stille viel Gutes für die Turnerei im Hessenlande getan, obwohl ihn Erkrankungen als Folgen seiner Behandlung in den 30er Jahren oft hemmten. Nie war ihm eine Arbeit zu viel oder eine Aufgabe zu schwer. Hans Kobald ging mit Eifer an die Sache und hat sie gemeistert.

So sei ihm zum 50. Geburtstag nicht nur herzlicher Dank gesagt, sondern ihm und seiner Familie alles Gute für das weitere Leben und Wirken gewünscht. Alle Hessenturner grüßen in herzlicher Verbundenheit ihren Turnbruder Hans Kobald.

In jenen Jahren 1946 und 1947, als es galt über die Kreis- und Stadtgrenze hinaus zunächst den Weg in das neugebildete Land und dann in die Zone zu finden, war es wiederum Hans Kobald, der im süddeutschen Raum (US-Zone) federführend war. Mit Rudi Nord (Stuttgart) und Hans Penninger (München), sowie Rudolf Groth (Karlsruhe) trug er Stein um Stein zusammen. Er fand auch den Weg zur Bizone, zu Eugen Eichhoff und Walter Gleffe, ebenso nach Berlin zu Erich Thierbach. Geraden Weges ging er dann nach Northeim, wo der DAT (Deutscher Arbeitsausschuß Turnen) gegründet wurde. Ueberall war Hans Kobald dabei und half mit, das gesteckte große Ziel zu erreichen: alle Turner Deutschlands in einem Turnerbund zusammenzuführen. Das erreicht zu haben, ist mit sein Stolz.

Ebenso verdient aber auch herausgestellt zu werden, daß Hans Kobald als Bezirksvertreter von Ffm.-Nied seit 10 Jahren im Dienste der Bürgerschaft steht. Daß er in Nied die sieben Vereine für Turnen und Sport zu einer Gemeinschaft führte, ist ebenso sein Verdienst.

Fwb.

Aus: Hessenturner, 15. August 1956

Arbeit in der Fachgruppe. Ausbildung der Lehrkräfte. Die Gefahr besteht, wenn Turnen keine Mittel bekommt und betreut wird, daß sich ein selbständiger Verband bildet.

Lindner:

Das war ja schon immer das Ziel der DT. Sie wollen einen eigenen Sportverband und vergessen ganz, daß das, was sie anstreben, längst vorhanden ist.

Die vorliegenden Kostenvoranschläge der Fachgruppen Tennis, Tischtennis, Turnen, Hockey, werden wie auf Seite 2 bearbeitet.

Es wurde beantragt, an die Regierung einen Antrag zu

stellen, daß für die Jugendausbildung Gelder zur Verfügung gestellt werden, wie das in den Ländern Bayern, Baden und Württemberg ebenfalls der Fall ist.

***Dietrich*:**

Bittet die Frage der Vergnügungssteuer mit der Stadt zu klären. Der LSV büßt sonst an Vertrauen bei den Vereinen ein. Die Stadt fordert ungeheuere Gelder für Vergnügungssteuer.

Es wurde vereinbart, mit dem Oberbürgermeister einen Termin auszumachen und diese Frage zu klären.

***Kobald*:**

Zur Frage der beschlagnahmten Vermögen der Vereine. Führt an, daß einige Vereine über das Vermögen verfügen würden.

***Lindner*:**

Die Banken, die das Vermögen freigeben, sind nicht orientiert. Es hat keinen Zweck, von uns aus hier etwas zu unternehmen. Wir würden nichts erreichen und die anderen hätten nur Nachteile.

Verbandstag:

Die Tagesordnung wurde wie folgt festgesetzt:

1.) Jahresbericht des Verbandsvorstandes einschließlich Kassenbericht
2.) Bearbeitung und Beschlußfassung der Hauptsatzung des Verbandes einschließlich Allgemeine Geschäftsordnung und Ausgaben- und Spesenordnung des Verbandes
3.) Anträge
4.) Wahl eines Wahlpräsidenten
5.) Entlastung des Geschäftsführenden Verbandsvorstandes
6.) Neuwahl des Verbandsvorstandes

Der Punkt Verschiedenes entfällt; er ist in den Anträgen enthalten.

Beginn: Samstag, 10 Uhr

Ort: Mörfelden, Volkshaus.

> *Hinweis der Herausgeber:*
> *Um den systematischen Zusammenhang zu wahren mußten die Vorstandsprotokolle fortlaufend wiedergegeben werden. Von der zeitlichen Abfolge her fand am 12./13. Juli 1947 in Mörfelden der erste Verbandstag statt, auf dem ein neuer Verbandsvorstand gewählt wurde (vgl. dazu den stenographischen Bericht vom ersten Verbandstag in Mörfelden). Dieser neue Verbandsvorsstand kam am 25. Juli 1947 zu seiner ersten Sitzung zusammen.*

Protokoll über die erste Vorstandssitzung des neuen Verbandsvorstandes am 25. Juli 1947 im Restaurant Schmidt, Kirchnerstraße 7

Der erste Vorsitzende eröffnet die Sitzung, die von Vorstandsmitgliedern lt. beigeschlossener Anwesenheitsliste besucht war.

Herr Regierungsrat *Lindner* wies auf den schwachen Besuch des Verbandstages hin, mit der Maßgabe, in Zukunft mehr bemüht und besorgt zu sein, die Vereine durch die Fachgruppenarbeit für die Sache zu interessieren und zwar in der Form, daß der Begriff familiäre Zusammenarbeit eine entsprechende Bedeutung bekommt.

Die Eintragung des Landessportverbandes Hessen beim Amtsgericht als e.V. bezeichnet Herr *Lindner* als einen der wichtigsten Dinge.

Zu diesem Zweck werden sämtliche Fachgruppenleiter gebeten, Abschriften des Spruchkammerbescheides oder Entscheides an die Geschäftsstelle des LSV bis 15. August 1947 einzusenden.

Hinsichtlich des Protokolls des Verbandstages, welches durch das Büro „Geflügelte Feder“ anfertigt wird, wurde so verblieben, daß

1 Exemplar Herr *Lindner*,
1 Exemplar Herr *Großmann* und
1 Exemplar die Geschäftsstelle

bekommt. Das Protokoll soll dann, wenn es für druckreif befunden wird, im Sonderdruck zusammen mit den Satzungen herausgegeben werden.

TOP Ausweise:

Die Ausweise der nicht wiedergewählten Vorstandsmitglieder bzw. der ausgeschiedenen Vorstandsmitglieder sind zurückzufordern, u.a. von

Herrn *Koch*, Herrn *Brinkmann*, *Dr. Breitbach*, Frl. *Schmidt*.

Bei dieser Gelegenheit wurde gestreift, daß Herr *Koch* damals in leichtfertiger Weise Angestellten der Geschäftsstelle einen Verbandsausweis ausstellte und sich dazu Formulare mit Blanko-Unterschriften des 1. Vorsitzenden bediente, die ihm z. Zt. auf Treu und Glauben überlassen wurden. Daß dieses Vertrauen von Herrn *Koch* in derartiger Form mißbraucht wurde, erregt allgemeines Mißfallen.

TOP Anträge der Vereine:

Es wurde festgehalten, daß in Zukunft Anträge von Sportvereinen bezgl. Aufnahme in den Landessportverband Hessen zunächst an den Kreisvorstand zu leiten sind in Form einer Mitteilung, daß sich der in Frage kommende Verein um Aufnahme in den LSV bemüht habe.

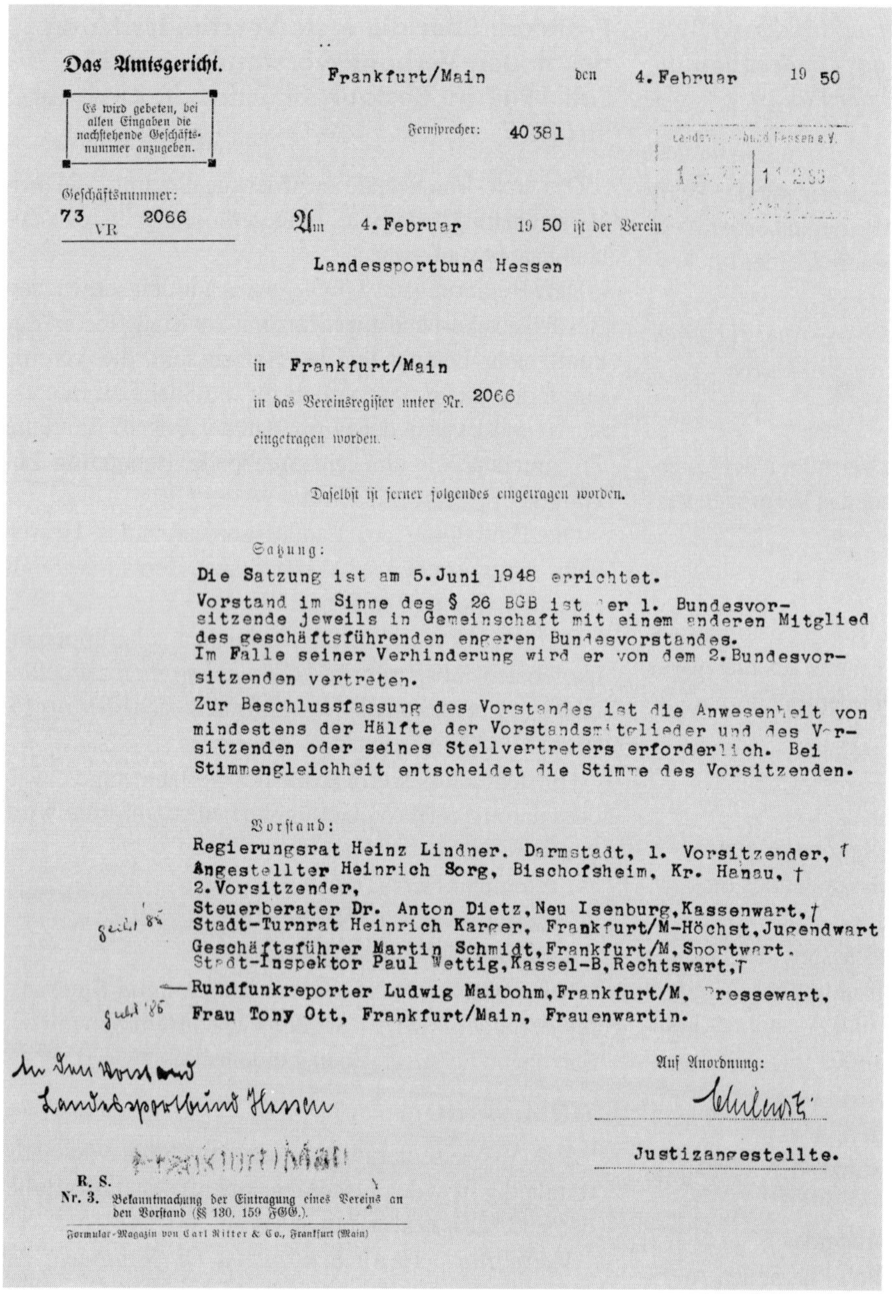

Das Amtsgericht.

Es wird gebeten, bei allen Eingaben die nachstehende Geschäftsnummer anzugeben.

Geschäftsnummer: 73 VR 2066

Frankfurt/Main den 4. Februar 1950

Fernsprecher: 40381

Am 4. Februar 1950 ist der Verein

Landessportbund Hessen

in Frankfurt/Main

in das Vereinsregister unter Nr. 2066

eingetragen worden.

Daselbst ist ferner folgendes eingetragen worden.

Satzung:

Die Satzung ist am 5. Juni 1948 errichtet.

Vorstand im Sinne des § 26 BGB ist der 1. Bundesvorsitzende jeweils in Gemeinschaft mit einem anderen Mitglied des geschäftsführenden engeren Bundesvorstandes.
Im Falle seiner Verhinderung wird er von dem 2. Bundesvorsitzenden vertreten.

Zur Beschlussfassung des Vorstandes ist die Anwesenheit von mindestens der Hälfte der Vorstandsmitglieder und des Vorsitzenden oder seines Stellvertreters erforderlich. Bei Stimmengleichheit entscheidet die Stimme des Vorsitzenden.

Vorstand:

Regierungsrat Heinz Lindner, Darmstadt, 1. Vorsitzender, †
Angestellter Heinrich Sorg, Bischofsheim, Kr. Hanau, †
2. Vorsitzender,
Steuerberater Dr. Anton Dietz, Neu Isenburg, Kassenwart, †
Stadt-Turnrat Heinrich Karger, Frankfurt/M-Höchst, Jugendwart
Geschäftsführer Martin Schmidt, Frankfurt/M, Sportwart.
Stadt-Inspektor Paul Wettig, Kassel-B, Rechtswart, †
Rundfunkreporter Ludwig Maibohm, Frankfurt/M, Pressewart,
Frau Tony Ott, Frankfurt/Main, Frauenwartin.

An den Vorstand
Landessportbund Hessen

Auf Anordnung:

Justizangestellte.

R. S.
Nr. 3. Bekanntmachung der Eintragung eines Vereins an den Vorstand (§§ 130, 159 FGG.).

Formular-Magazin von Carl Ritter & Co., Frankfurt (Main)

Die für so wichtig gehaltene Eintragung ins Vereinsregister erfolgte am 4. Februar 1950.

Der Kreisvorstand soll dann zu dieser Anfrage Stellung nehmen. Bei erfolgter Aufnahme ist eine entsprechende Veröffentlichung in den Sportmitteilungen zu bringen.

Weiterhin wurde beschlossen, in den Sportmitteilungen kreisweise die Vereine zu veröffentlichen, die bereits dem LSV angehören. Durch ein Rundschreiben sind die Kreise entsprechend zu verständigen.

TOP Vollmacht des Geschäftsführers:

Der Geschäftsführer des Verbandes, Herr *Linnenberg*, wurde bevollmächtigt, Schecks (Bank und Postschecks) bis zu einer Höhe von RM 5.000,— aus bzw. zu unterschreiben.

Die Bedenken des Herrn *Sorg,* hinsichtlich der Höhe des Betrages, werden von Herrn *Linnenberg* in allgemeinen Fällen grundsätzlich anerkannt. In diesem speziellen Fall führte er jedoch aus, daß er gebeten worden sei, der Sache wegen die Geschäftsführung des Verbandes z. Zt. zu übernehmen und daß er auch nur aus diesem Grunde der Bitte des Vorsitzenden nachgekommen sei. Er wies nachdrücklich darauf hin, daß sein geschäftlicher Ruf ein größeres Risiko als RM 5 000.— in sich trage und daß er sich in dieser Linie erst als Leiter der Fachgruppe Fußball innerhalb des Verbandes verantwortlich fühle.

TOP Geschäftsstelle:

In längeren Ausführungen brachte Herr *Linnenberg* einen Überblick über die angelaufenen Aufbauarbeiten der neuen Geschäftsstelle im Hause Goethestraße 10. Er stellt nachdrücklichst nochmals heraus, welche Schwierigkeiten sich auftun bei der Beschaffung des erforderlichen Materials sowie der benötigten Arbeitskräfte und bat alle Vorstandsmitglieder um tatkräftige Unterstützung, nachdem bisher nur von ganz wenigen Männern des Vorstandes praktische Hilfe geleistet worden ist.

Die Geschäftsstelle dürfte etwa in ein bis zwei Monaten ihren Umzug in die bis dahin notdürftig hergerichteten Räume vollziehen, nach dem all die Mitarbeiter des Verbandes sowohl wie auch die der Fachgruppe Fußball unter Umständen arbeiten, die einfach als katastrophal zu bezeichnen sind. Daß die Arbeit der Geschäftsstelle bisher im Rahmen der gegebenen Möglichkeiten trotzdem weitergelaufen ist, zeugt von dem Idealismus der Mitarbeiter, den diese unter den schwierigsten Verhältnissen unter Beweis gestellt haben. Herr *Linnenberg* bat darum, sich dieses immer wieder bei der Beurteilung der Mitarbeiter vor Augen zu halten.

Bezüglich eines Bodenbelages für die Geschäftsräume wurde angeregt, bei den Veithwerken in Neustadt/ Odenwald anzufragen, ob eine Möglichkeit besteht, Gummirollen zu erhalten. Diese Anfrage wird der 1. Vorsitzende Herr Regierungsrat *Lindner* persönlich übernehmen.

TOP Sachbearbeiter für Verbands-Sportmitteilungen:

Herr *Lindner* führt aus, die bisherige Form der Sportmitteilungen sei eine dürftige. Es ist vorgesehen, diese Sportmitteilungen in Zukunft in den Räumen des Verbandes zu redigieren und dies durch einen Sachbearbeiter erledigen zu lassen. Weiterhin wird der Verband die finanziellen Dinge der Sport-Mitteilungen nunmehr selbst regeln, umsomehr, als diese etwa eine abonnierte zahlungspflichtige Auflage von etwa 4.000 abgenommenen Exemplaren hat. Der Geschäftsführer brachte einige grafische Entwürfe für den neuen Kopf der Sportmitteilungen sowie Entwürfe für die einzelnen Kästen der Fachgruppen, die beifällig aufgenommen wurden. Die Geschäftsstelle ist ermächtigt, mit der Firma *Breitbach*, die für die Entwürfe verantwortlich zeichnet, die Angelegenheit zum Abschluß zu bringen.

Hinsichtlich der personellen Besetzung des Sachbearbeiters brachte Herr Regierungsrat *Lindner* die Bewerbung des Herrn *Karl Wöhr* vor, die seitens des Herrn *Sorg* als auch des Herrn *Großmann* als bedenklich hingestellt wurde, wobei Herr *Großmann* jedoch mehr die fachlichen Qualitäten in Frage stellte als er glaubt, darauf hinweisen zu müssen, daß für eine derartige Position ein versierter Journalist als geeignet angesehen werden müsse. Herr *Lindner* führt aus, daß Herr

Sport-Mitteilungen des LSV Groß-Hessen

Für die Sport-Mitteilungen war zunächst Kurt Koch verantwortlich, als Redaktion wird die Frankfurter Neue Presse genannt. Der Druck erfolgte bei Guntrum in Friedberg, Kaiserstr. 72. Die erste Nummer erschien am 24. Juni 1946 in einer Auflage von 2.500 Exemplaren, aber auch die Ausgabe vom 22. Juli 1946 trägt die Nummer 1. Jetzt waren die Sport-Mitteilungen zu einem Preis von 20 Pfennig zu erwerben.

In den SM vom 25. September 1946 wird eine Änderung der Vertriebsbedingungen bekanntgegeben. Nun würde der Vertrieb allein durch Willi Heise vorgenommen, als Lizenzträger wird Guntrum, Friedberg, ausgewiesen, der Druck erfolgte bei Bindernagel, Friedberg; Kurt Koch war weiterhin verantwortlich. Im Dezember erreichten die SM eine Auflage von 3.500 Exemplaren; im März 1947 waren es 4.000 und im Mai 1947 6.000 Exemplare. Der Vertrieb erfolgte über die Post. Die Zustellung kostete 6 Pfennig.

Verantwortlich für die SM zeichnete Heinz Lindner erstmals am 14. Mai 1947. Für die Redaktion steht erstmals Bert Merz am 23. Januar 1948 im Impressum. Mit Beginn des Jahres war auch der Vertrieb auf den LSV übergegangen. Der Druck erfolgte bei der „Frankfurter Rundschau", wurde aber später wieder zu Carl Bindernagel nach Friedberg verlegt. Die Auflage blieb bei 6.000 Exemplaren.

SPORT-Mitteilungen des Landessportverbandes Hessen e. V., Frankfurt am Main

Goethestraße 10 L, Telefon 76 312

2. Jahrgang — Frankfurt a. M., Januar 1948 — Nummer 1

VERBANDS-VORSTAND

Geschäftsstelle: Frankfurt a. M., Goethestraße 10, Tel. 76 312. — Bank: Deutsche Effekten- und Wechselbank Ffm. — Postscheckkonto Nr. 3164 Ffm.

Neuaufnahmen in den Landessportverband Hessen e. V.

Kreis Darmstadt:

Sport- u. Kulturgemeinde Wembach-Hahn, Darmstadt 2 Land: 1. Vors.: Adam Gantzert, Wembach, Darmstadt 2 Land. — Sportart: Turnen.

Kreis Rheingau:

Ruderverein Eltville, Rheingau: 1. Vors.: Math. Gruner, Eltville, Schwalbacher Straße 16. — Sportart: Rudern.

Anschriftenänderung:

Verein für Leibesübungen (früher Freier Turn- und Sportverein) Wanfried, Fernruf Wanfried 62.

Sportkreis Frankfurt

Den Vereinen sind Meldebogen für die Bestandserhebung 1947 zugegangen. Die Mitglieder sind aufgeschlüsselt nach Sportart und Alter nach dem Stand vom 31. 12. 1947 einzutragen und bis zum 15. Januar 1948 an die Geschäftsstelle Am Schwimmbad 7 einzusenden.

FUSSBALL

Geschäftsstelle: Frankfurt a. M., Goethestraße 10, Tel. 76 312, Postscheckkonto Frankfurt am Main 54 391.

Fachgruppenvorstand

Der Vorstand der Fachgruppe Fußball übermittelt allen Vereinen, Kreis- und Bezirksfachwarten sowie allen anderen Mitarbeitern der Fachgruppe die besten Wünsche zum Jahreswechsel.

Landesjugendfachwart

Die Kreis- und Bezirksjugendfachwarte werden nochmals darauf hingewiesen, daß die Abrechnung ihrer Ausgaben für das 4. Quartal 1947 direkt an den Landesjugendfachwart erfolgt. Die Abrechnungen sind mit den erforderlichen Unterlagen bis zum 10. Januar 1948 einzusenden. Nach Eingang der Abrechnungen erfolgt Ueberweisung der verausgabten Beträge. (Siehe auch Sportmitteilungen Nr. 30/47.)

Geschäftsstelle

Freundschaftsspielvereinbarungen

Auf der Geschäftsstelle gehen laufend Anfragen ein über Gegner und Abschlüsse von Freundschaftsspielen, ohne daß diese in der Lage ist, diesen Wünschen der Vereine Rechnung zu tragen. Es wird allen Vereinen hiermit bekanntgegeben, daß die Geschäftsstelle eine Vermittlung von Freundschaftsspielen einrichtet. Alle Vereine, die Gegner für Freundschaftsspiele suchen, werden gebeten, ihre Angaben bei der Geschäftsstelle der Fachgruppe nach folgendem Muster einzureichen:

1. Name und genaue Anschrift des Vereins (möglichst mit Telefon).
2. Für Freundschaftsspiele freie Termine.
3. Klassenzugehörigkeit.
4. Besondere Wünsche und gesuchte Gegner.
5. Wird Gegner in eigenem oder fremdem Bezirk gesucht?
6. Soll das Spiel auf dem eigenen oder fremden Platz stattfinden?

Wenn diese Angaben auf der Geschäftsstelle vorliegen, ist es möglich, den anfragenden Vereinen jeweils Gegner zu benennen oder Anschriften von Gegnern zu übermitteln. Die Vereine können dann untereinander die Termine leichter vereinbaren.

Fahrradbeförderung auf der Eisenbahn für Schiedsrichter

Auf unsere Vorstellung hin schreibt die Reichsbahndirektion Frankfurt/M. wie folgt:

„In aller Kürze — noch Mitte Dezember — werden die seither im amerikanischen Sektor für die Mitnahme von Fahrrädern in Packwagen der Personenzüge getroffenen Anordnungen dahin gelockert, daß dann die Beförderung in allen Personenzügen auf eine Entfernung bis 100 km vom jeweiligen Aufgabebahnhof aus ohne jede vorherige Formalität möglich ist. Einige Züge mußten allerdings für die Fahrradbeförderung gesperrt werden, weil die Packwagen dieser Züge ständig räumlich durch beigeladenes Gepäck und Expreßgut ausgenützt sind, so daß die Zuladung von Fahrrädern unmöglich ist.

Die gesperrten Züge sind aus den an den Bahnhöfen zum Aushang kommenden Plakaten zu ersehen. (gez.) Fuß."

HANDBALL

Landes-Handballwart: Heinrich Bopp, Frankfurt a. M., Zietenstraße 14.

Spruchausschuß

Landesliga Gruppe Mitte/Süd

Einspruch der SG Eintracht gegen die Bestrafung des Spielers Husch sowie den erteilten Verweis an die SG Eintracht durch den Klassenleiter Wild.

Urteil: Der Einspruch der SG Eintracht wird kostenpflichtig abgewiesen. Die Einspruchsgebühren verfallen. Die ausgesprochene Bestrafung durch den Klassenleiter Wild bleibt bestehen. Der SG Eintracht wird anheimgestellt, bei Spielvorkommnissen wie im Falle Leister, Sachsenhausen, in diesem Spiel (Spiel Eintracht — Sachsenhausen am 16. November 1947) sofort einen Bericht einzusenden (§ 80 der Spielordnung), damit solche Unsportlichkeiten bestraft werden können. Der Spruchausschuß bedauert, auf Grund der zurückliegenden Zeit eine Bestrafung nicht mehr aussprechen zu können. Er unterbreitet jedoch diesen Fall dem LFA besonders, damit bei evtl. erneuten Vorkommnissen dieses Spielers der vorliegende Fall in Betracht gezogen wird.

Lingscheid

Pflichtspiel Hörnsheim — Eintracht Ffm. am 26. 10. 1947 wegen Nichtantretens zur festgesetzten Zeit von Eintracht Ffm.

Urteil: Das Spiel wird für Hörnsheim als gewonnen gewertet. Die SG Eintracht hat die Unkosten für Platzaufbau sowie Schiedsrichterauslagen dem Tv Hörnsheim bis zum 30. 12. 1947 zu erstatten. Die Verhandlungskosten von 20.— hat die SG Eintracht zu zahlen.

Der Spruchausschuß hielt sich in seinem Urteil an die Bekanntmachung des Fachausschusses im Mitteilungsblatt Nr. 28 vom 2. 10. 1947 sowie an die vom Landesvorstand herausgegebene Bekanntmachung in der Nr. 31 vom 23. 10. 1947 unter „Sonntagsfahrtgenehmigung für Sportzwecke".

Lingscheid

*

Kreisfachausschuß Gelnhausen gegen Tgde Neuenhaßlau.

Die Tgde Neuenhaßlau wird wegen der Anschuldigungen in ihrem Schreiben vom 18. 10. 1947 an den Fachwart für Handball, Gelnhausen, mit einer Sperre von einem halben Jahr bestraft (vom 29. 11. 1947 bis einschl. 28. 5. 1947). Dieses betrifft alle aktiven Mannschaften außer Jugendmannschaften der Tgde Neuenhaßlau. Verhandlungskosten 55.—.

Begründung: Die in dem Schreiben vom 18. 10. 1947 angeführten Beschuldigungen gegen den Kreisfachwart von Gelnhausen, Beuter, und den dortigen Schiedsrichterobmann Hühn wurden im Verlauf der Verhandlung als nicht erwiesen festgestellt. Daraus geht hervor, daß diese Anschuldigungen seitens Neuenhaßlau eine große Unsportlichkeit und eine Verleumdung des Fachausschusses bedeuten. Lingscheid

Bestrafung durch den Klassenleiter

Der Spieler P. Feuerbach, Griesheim b. D., erhält wegen Schiribeleidigung 4 Wochen Sperre vom 15. 12. 1947 bis 15. 1. 1948. Der Spieler M. Krailing, Kickers Offenbach, erhält wegen Schiribeleidigung 8 Wochen Sperre vom 15. 12. 1947 bis 15. 2. 1948. Der Spieler K. Bayer, Kickers Offenbach, erhält wegen unabgemeldeten Verlassens des Platzes eine Sperre von 14 Tagen. Wild

*

Der Spieler Fr. Vill, Heddernheim, erhält eine Sperre von 8 Wochen wegen Schiribeleidigung und außerdem einen scharfen Verweis als Schiri wegen Belästigung eines amtierenden Schiri als Außenstehender. Die Sperre läuft vom 15. 12. 1947 bis 15. 2. 1948. Der Spieler Hz. Uhl, TG Hanau, erhält

BEZIRK MARBURG

Der am 29. 11. in Gießen stattgefundene Bezirkstag hat nun eine ordnungsgemäße Zusammensetzung des Bezirksvorstandes durch eine ordentliche Wahl ergeben. Damit sind Hindernisse beseitigt worden, die sicherlich noch bestanden haben. Dank der aufopfernden Tätigkeit des Sportfreundes Schöneberger wurde auch der Bezirk Marburg nun durchweg organisiert, so daß die positive Arbeit voll einsetzen kann. Als Bezirksvorsitzender wurde Ernst Hahn, Heuchelheim, Bachstraße 28, einstimmig gewählt. Alle Zuschriften in überfachlichen Angelegenheiten sind daher an diese Anschrift zu richten.

Der neue Kopf der Sport-Mitteilungen und die Neugestaltung der Kästen für die Fachgruppen wurde ab der Nummer 1/1948 verwendet.

Wöhr bereits ähnliche Arbeiten als Angestellter beim NSRL durchgeführt habe, daß Herr *Wöhr* zwar Pg. von 1940 an sei, er aber wohl unter die Amnestie fallen würde, obwohl eine endgültige Spruchkammerentscheidung bislang nicht vorliegt. Er macht weiterhin geltend, daß Herr *Wöhr* Sportversehrter (Amputation eines Beines) sei und seitens des Arbeitsamtes eine Einweisung in den LSV vorgelegen habe, daß also der Betreuer des Arbeitsamtes praktisch den LSV um Einstellung des Genannten ersucht.

Man einigt sich schließlich in der Form, daß die Position sowohl in den Verbandsmitteilungen wie auch im „Neuen Sport" wie folgt ausgeschrieben werden soll:

„Sachbearbeiter für Verbands-Mitteilungen und Versicherungsfragen für sofort gesucht. Fachkundige Bewerber wollen ihre Unterlagen mit Gehaltsansprüchen an die Geschäftsstelle des Landessportverbandes Hessen, Frankfurt a.M., Goethestraße 10 richten."

TOP Landes-Jugendausstellung:

Der Landesjugendwart *Roesler* legte die Schwierigkeiten hinsichtlich der Landesjugendausstellung insofern dar, als er seitens des Landes-Jugendausschusses bisher kaum unterrichtet worden ist. Gelegentlich der Tagung der Kreisvorsitzenden am 8. Juni 1947 sind einige recht brauchbare Vorschläge diskutiert worden, die seitens des LJW hätten verwertet werden müssen. Diesen Hinweis, der von Herrn *Lindner* gemacht wurde, versucht *Roesler* in der Form zu entkräften, daß er be-

Kurd-Roland Roesler

Roesler wurde am 5. Mai 1915 im Frankfurter Westend in einer gutbürgerlichen Familie geboren. Der Vater, Kurd Roesler, war Berufssoldat und von 1913 bis 1915 erster ständiger Generalsekretär des Deutschen Reichsausschusses für Olympische Spiele (DRAFOS); er fiel in der Masurenschlacht am 16. Februar 1915. Die Mutter, Gertrud Roesler, betrieb Fechtsport, Leichtathletik und war besonders im Hockey und Skifahren engagiert. Roeslers Großväter waren beide konvertierte Juden, wobei der eine, Professor Blum, als Arzt und Forscher in Frankfurt eine angesehene Persönlichkeit war, in der Arndtstraße ein Villa besaß, in der die gesamte Familie wohnte, auch Kurd-Roland geboren wurde und bis heute lebt.

Roesler besuchte zunächst die Vorschule, später das Wöhler-Realgymnasium, verbrachte 1933 sechs Monate in England und bestand 1935 in Frankfurt das Abitur. Im gleichen Jahr begann er eine Lehre bei der Metallgesellschaft in Frankfurt, die er mit der Kaufmännischen Gehilfenprüfung im Jahre 1938 abschloß.

Er ging dann nach München und wurde dort im Herbst 1938 zur Wehrmacht eingezogen. Bei Ausbruch des Zweiten Weltkriegs diente Roesler bei der Gebirgstruppe, Regiment 98 in Garmisch, war beim Polenfeldzug beteiligt und wurde dann 1940 in Frankreich eingesetzt, bis der „Keitel-Erlaß" alle nicht rein arischen Wehrmachtsangehörigen aus der Armee entfernte, wovon auch Roesler betroffen war.

Von Frankreich aus ging Roesler nach Belgien und besuchte dort den IOC-Präsidenten Henri de Baillet-Latour. Dieser benutzte ihn als Kurier für das IOC-Sekretariat in der Schweiz, wohin Roesler im Herbst 1940 ganz offiziell einreiste. Am 1. Januar 1941 wurde er wegen eines Paßvergehens in Feldkirch von der Gestapo sechs Monate in Schutzhaft genommen, wurde im Sommer 1941 freigelassen, zog nach Berlin um, verbrachte dort 1942 erneut sechs Monate in Gestapo-Gefängnissen, wechselte nach Frankfurt über und wurde im Oktober 1943 wieder verhaftet. Das Kriegsende erlebte er in Frankfurt, arbeitete sofort mit den Amerikanern zusammen, wobei ihm seine guten Sprachkenntnisse hilfreich waren.

Sportlich hatte sich Roesler, vor allem durch das Vorbild der Mutter, seit früher Jugend in der Leichtathletik im Hockey und im Eishockey betätigt. Er ist Mitglied bei Eintracht Frankfurt seit 1933 und spielte u.a. bei SC Riessersee und beim Berliner Schlittschuh-Club Eishockey.

Aufgrund der guten Kontakte zu den Amerikanern und als ausgewiesener Sportsmann wurde Roesler bei der Militärregierung schon frühzeitig für alle Sportfragen herangezogen und mit dem Aufbau eines sportlichen Jugendprogramms beauftragt. So lernte er auch den bei der Militärregierung in Wiesbaden für den Sport zuständigen Mister Patrick kennen.

Aufgrund dieser Verbindungen vertieften sich Roeslers Kontakte zu der US-Militärregierung, er war jetzt auch intensiv tätig im GYA-Programm (German Youth Activities), so daß es naheliegend war, ihn bei der Gründung des Landessportverbandes am 1. Juni 1946 für das Amt des Jugendwartes vorzusehen.

Während er in dieser Arbeit innerhalb des Sportes mehrfach kritisiert wurde, bediente sich Linder des Jugendwartes vor allem als Kontaktmann zur Militärregierung, so daß Roesler in den Jahren 1947 und 1948 hier eine wichtige Funktion hatte.

Im Vorfeld der Olympischen Spiele des Jahres 1948 nahm Roesler auch seine Kontakte zum IOC wieder auf, schrieb im Januar 1947 in den Auseinandersetzungen um die Gründung eines deutschen Olympischen Ausschusses einen offenen Brief an IOC-Präsident Edström und war bei den Winterspielen in St. Moritz im Februar 1948 im Auftrag der US-Militärregierung offizieller deutscher Beobachter.

Beim 2. Verbandstag des LSB in Enkheim 1948 schied er aus dem Vorstand des Landessportverbandes aus, absolvierte später als Sportreferent der Interessengemeinschaft für Aufbau- und Entwicklungshilfe zahlreiche Auslandsreisen und war 1974 bei der Ausrichtung der Fußball-Weltmeisterschaften in der Bundesrepublik Attaché der australischen Nationalmannschaft.

Roesler gehört heute zum Arbeitskreis Sport und Geschichte beim Landessportbund Hessen; er ist seit 1954 verheiratet und hat einen Sohn.

kannt gab, von Herrn *Petersen* erstmalig vor 14 Tagen über die Ausstellung überhaupt in erweiterter Form unterrichtet zu sein.

Herr *Sorg* macht geltend, daß die Arbeit des LJW eine besonders verantwortungsvolle sei in Bezug auf die Erziehung der Jugend. Er macht einen Vorschlag dahingehend, daß der LJW *Roesler* in Zukunft von einem Verbandsvorstandsmitglied jeweils assistiert würde, damit ein Erfolg dieser Arbeit garantiert sei.

Ein weiterer Punkt war die statistische Erfassung der Vereine, die von einigen neu hinzugekommenen Vorstandsmitgliedern angeregt wurde. Der Geschäftsführer macht darauf aufmerksam, daß eine derartige Arbeit geplant und vorgesehen sei, jedoch im Augenblick undiskutabel sei, weil der Wiederaufbau der Geschäftsstelle dieses im Augenblick nicht zuläßt.

Zum Ländertreffen der Jugend wurde auf Antrag ein Betrag von RM 3.000,— zur Verfügung gestellt, über die Herr *Karger* verfügen soll.

Hinsichtlich der Satzungskommission wird der Landesrechtswart diese zusammenrufen und Herrn *Lindner* den Termin bekannt geben.

Bei den Turnvorführungen gelegentlich des Verbandstages in Mörfelden wurde ein Junge bei einem Sturz verletzt und brach sich ein Bein. Es wurde beschlossen, an Frau *Elisabeth Press* Wwe., Königstädten b. R., Rheinstraße 18, einen Betrag von RM 150,— zur Verfügung zu stellen.

Der Landessportwart *Schmidt* wurde beauftragt, die Frage des Versehrten-Sports zu ventilieren und sich insbesondere mit Herrn *Vogel* vom Sportamt ins Benehmen zu setzen, da dieser entsprechende Erfahrungen haben soll und bereits in der Materie arbeitet.

Wegen der Besetzung der Frauenwartin im Verbandsvorstand kam ein Vorschlag, Frl. *Adamitz* von der SG Rot-Weiss, Frankfurt, hiermit zu beauftragen. Zu gegebener Zeit ist mit Frl. *Adamitz* Rücksprache zu nehmen.

Hinsichtlich der Aufnahme der Katholischen Vereine in den LSV wurde auf die alten Grundsätze des LSV verwiesen, die auf jeden Fall bestehen bleiben.

Der Wintersportwart *Griebel* fordert finanzielle Unterstützung für seine Fachgruppen Skilauf und Eissport und zwar RM 4.000,—. Er betont in seinen Ausführungen, daß die Veranstaltung in Bad Nauheim dem Verband RM 12.000,— Einnahmen gebracht hätte, wovon er zwar RM 4.000,— erhalten habe. Auf die verbliebenen RM 8.000,— glaubt Herr *Griebel* ebenfalls Anspruch erheben zu können. Herr *Lindner* widerlegt diese Ausführungen insofern, daß von den Einnahmen lediglich ein Überschuß von RM 6.000,— , wovon an die Fachgruppe Wintersport bereis RM 4.000,— abgeführt worden sei, übrig geblieben wäre. Beschlossen wurde, der Fachgruppe Skilauf und Eissport auf einen noch einzubringenden Antrag je RM 2.000,— zu überweisen.

Ebenfalls wurden RM 1.000,— für die Fachgruppe Rollsport bewilligt.

Der Landestischtenniswart *Peter Bunn* bittet in den Sportmitteilungen bekannt zu geben, daß sich seine Anschrift wie folgt geändert hat: Frankfurt-Höchst, Schwarzacherweg 3.

Eine Anfrage der Süddeutschen Arbeitsgemeinschaft wegen Zahlung der anteilmäßigen Unkostenbeträge in Höhe von 3 Pfennig pro Mitglied ist zu bescheiden, daß ein Beschluß dieser Art nicht vorliegt und daß seinerzeit in Bad Nauheim seitens des Vorsitzenden Herrn *Maier* erklärt wurde, daß die anfallenden Arbeiten der Süddeutschen Arbeitsgemeinschaft vom LSV Bayern miterledigt würden. Sollten größere Ausgaben benötigt werden, wird er sich an die LSV wenden. Hessen vertritt die Auffassung, daß die Arbeiten der Süddeutschen Arbeitsgemeinschaft bisher wohl keine Unkosten in der genannten Höhe ausgemacht haben können.

Dem Reichsbahnsportverein Dillenburg ist mitzuteilen, daß im Rahmen der Satzungen des LSV Hessen Behörden-Vereine nicht zugelassen sind, welches somit als grundsätzliche Stellungnahme zu betrachten ist.

Protokoll über die engere Verbandsvorstandssitzung am 11. September 1947 in Frankfurt a. M., Sitzungssaal der Frankfurter Rundschau

Beginn der Sitzung: 18.15 Uhr
Anwesend waren:
1. Vorsitzender Regierungsrat Lindner,
2. Vorsitzender Sorg,
Landessportwart Martin Schmidt,
Landesrechtswart Wettig,
Landeskassenwart Grosse,
Landespressewart Großmann,
Geschäftsführer Linnenberg.
Entschuldigt fehlte der Landesjugendwart Roesler, der im Laufe der Sitzung angerufen hat.

Der 1. Vorsitzende *Lindner* eröffnete die Sitzung und begrüßt die Anwesenden und dankt ihnen für ihr Erscheinen.

Er weist darauf hin, daß die anfängliche Einladung des erweiterten Verbandsvorstandes auf einem Irrtum beruht hätte, der wohl durch die fernmündliche Durchsage der Einladung an die Geschäftsstelle entstanden wäre.

Lindner stellt fest, daß die Sitzung beschlußfähig ist. Der engere Verbandsvorstand ist bis auf die Frauenwartin besetzt, er bittet *Martin Schmidt*, sich nach einer geeigneten Frauenwartin umzusehen. Vorgeschlagen war

Irene Adamitz von der SG Rot-Weiß.

***Schmidt*:**
Weist darauf hin, daß gegen *Adamitz* irgend etwas auf der Geschäftsstelle vorliegen würde, um was es sich genau handelt, konnte er nicht sagen.

***Lindner*:**
Der Vorschlag *Adamitz* ist in verschiedenen Sitzungen gemacht worden, er bittet *Schmidt*, sich um eine geeignete Person zu kümmern.

***Linnenberg*:**
Als Frauenwartin ist außerdem noch *Milli Reuter* vorgeschlagen gewesen.

***Lindner*:**
Gibt die Tagesordnung bekannt:
1. Personalfragen
2. Bericht des Geschäftsführers
3. Vorlage 1. Vorsitzender Reg. *Lindner*
4. Verschiedenes

***Grosse*:**
Moniert in der Einladung unter Punkt 3) Vorlage Regierungsrat *Lindner*! Er bittet, um Mißverständnisse zu vermeiden, anzuführen: Vorlage des 1. Vorsitzenden.

***Wettig*:**
Gibt bekannt, daß *Lindner* in einer Sitzung hierzu ausdrücklich erklärt habe, lassen Sie endlich den Regierungsrat weg.

TOP Personalfragen der Geschäftsstelle:

***Lindner*:**
Weist darauf hin, keinen zu großen Apparat aufzuziehen und gibt den vorgesehenen Plan bekannt:
1. Geschäftsführer
2. 2 Sachbearbeiterstellen
3. 2 Mitarbeiterinnenstellen
Gehaltmäßig ca:
zu 1: RM 500,— bei Bewährung RM 600,—
zu 2: bis RM 350,—
zu 3: 1. Mitarbeiterin RM 280,— bis 320,—
2. Mitarbeiterin RM 200,— bis 250,—.
Geschäftsführer ist z.Zt. Herr *Linnenberg*
Sachbearbeiter (Buchhalter) Herr *Schäfer*
Die 2. Stelle als Sachbearbeiter ist noch nicht besetzt.
Mitarbeiterin Frl. *Wöhr*, die 2. Stelle ist ebenfalls noch unbesetzt.
Frl. *Eisenmeier* ist ausgeschieden.
Ein Stellenplan ist unbedingt erforderlich. *Lindner* stellt die Frage an den Vorstand, ob dieser Vorschlag angenommen wird.

Er bittet Herrn *Linnenberg* Näheres hierüber zu berichten, da er den besseren Überblick hat.

Sorg:
Meint, daß der Vorstand im Moment keine Ahnung über die anfallenden Arbeiten hat, er bittet ebenfalls in gedrängter Form einen Überblick zu erhalten.

***Lindner*:**
Sie wissen, daß für die Geschäftsführung fünf Personen nicht zu viel sind, höchstens zu wenig. Es ist notwendig, daß eine Geschäftsstelle klar die Arbeitsgebiete kennt und bearbeitet. Im Augenblick ist es so, daß der Geschäftsführer mit dem Buchhalter und einer Mitarbeiterin alles macht. Er ist sozusagen der General-Referent. Er muß entlastet werden. Die Frage einer Lehrkraft wäre evtl. auch zu diskutieren oder eine Kraft, die nur die Registratur und Statistik führt, was sehr wichtig für die Werbung und Propaganda wäre. *Lindner* glaubt, daß man sich zu dem grundsätzlichen Plan bekennen muß und das Einschränkungen nicht gemacht werden müssen.

***Grosse*:**
Schließt sich den Ausführungen von *Sorg* an. Bei seinen seitherigen Besuchen auf der Geschäftsstelle hat er den Eindruck gewonnen, daß die Maurer am meisten gearbeitet haben und die eigentlichen Mitarbeiter mehr oder weniger im Weg waren, d. h. nichts Produktives geleistet haben. Er ist dafür, keinen Lehrling einzustellen, da die Ausbildung am Geschäftsführer hängen würde und der doch sehr viel unterwegs sein muß. Er ist vielmehr dafür, dann noch eine volle Arbeitskraft einzustellen, für Registraturarbeiten usw.

***Lindner*:**
Hält dies auch für richtiger.

***Wettig*:**
Bittet, daß Herr *Linnenberg* bis zur nächsten Sitzung einen Arbeitsplan vorlegt, aus dem ersichtlich ist, was jeder einzelne zu tun hat.

***Lindner*:**
Die Idee ist an sich richtig. Wir müssen sie umbilden. *Linnenberg* soll uns die Sachgebiete zusammensetzen und schlägt damit gleichzeitig vor, wieviel Mitarbeiter notwendig sind.

***Grosse*:**
Es wird für Herrn *Linnenberg* schwer sein, einen Bericht zu geben, ein Grundplan muß ja da sein.

***Linnenberg*:**
Erscheint es zweckmäßig, einen kurzen Überblick

über die Arbeit innerhalb der Geschäftsstelle zu geben. Seit Februar 1947 wird die Geschäftsstelle von ihm geführt, d.h. er wurde durch den Verbandsvorstand gebeten, die Geschäftsführung des Verbandes zu übernehmen. Der Raum, in der die Geschäftsstelle untergebracht war, war in der Neuen Rothofstraße 23. Die Geschäftsstelle bestand aus drei Mappen und darin waren durcheinander Briefe abgeheftet. Um einen ordnungsmäßigen Geschäftsbetrieb überhaupt aufziehen zu können, war es erforderlich, erst einmal die primitivsten Schreibmaterialien zu beschaffen und eine neue Geschäftsstelle zu errichten.

Verschiedene Projekte waren aufgeworfen:

Goethestraße 13,
Hanauerlandstraße (SPD),
Rumpelmeyer und
Goethestraße 10.

Es wurde mit dem Aufbau Goethestraße 10 begonnen, da die anderen Projekte teils zu klein und für den Verband nicht ausreichend erschienen. Vier Räume sind bereits bezugsfertig und die Geschäftsstelle ist arbeitsmäßig auf dem Laufenden.

Insgesamt sollen ca. 13 Räume hergestellt werden. Die Kosten bis 10. September 1947 belaufen sich auf RM 17.227,—. Dieser Betrag erniedrigt sich, wenn berücksichtigt wird, daß der LSV und die Fachgruppe Fußball ab Februar im Haus wohnen und keine Miete bezahlen brauchen. Die Gesamtkosten des Projektes werden auf ca. RM 25.000,— geschätzt.

***Großmann*:**

Fragt, ob der Hausherr evtl. bei Fertigstellung über die Räume verfügen kann?

***Linnenberg*:**

Der LSV hat vom Bauamt die grundsätzliche Baugenehmigung, denn die Flucht Goethestraße 10 stand in Gefahr, abgerissen zu werden. Es ist also so, daß der LSV in diesem Fall die Stadt regreßpflichtig machen kann. In etwa vier Wochen soll der Bau fertig sein, so daß das ganze Projekt in einem halben Jahr fertiggestellt worden wäre.

Der Geschäftsbetrieb ist trotz der Schwierigkeiten und der Bauarbeiten weitergegangen im erweiterten Rahmen insofern, als die Buchhaltung aussieht wie eine Buchhaltung, die Registratur hat sich erweitert auf ca. 30 Mappen, ein Briefbuch in Form des zweiten Durchschlages ist vorhanden, d.h. jeder Brief, der rausgeht, kann datumsmäßig nachgesehen werden. Durch den Weggang von Frl. *Eisenmeier* ist die Geschäftsstelle mehr belastet. Zur Einstellung einer zweiten

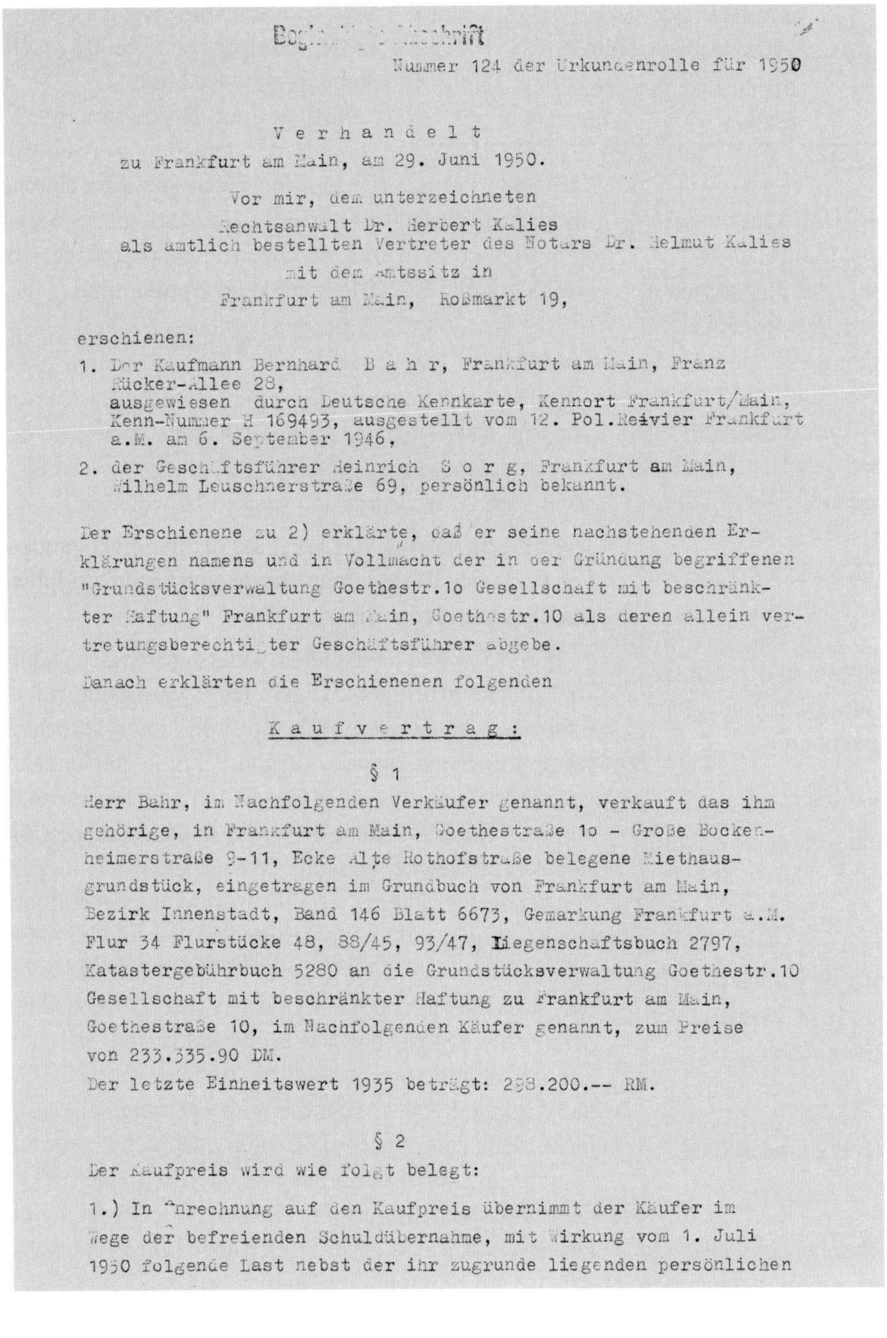
[illegible]

Nummer 124 der Urkundenrolle für 1950

Verhandelt
zu Frankfurt am Main, am 29. Juni 1950.

Vor mir, dem unterzeichneten
Rechtsanwalt Dr. Herbert Kalies
als amtlich bestellten Vertreter des Notars Dr. Helmut Kalies
mit dem Amtssitz in
Frankfurt am Main, Roßmarkt 19,

erschienen:

1. Der Kaufmann Bernhard Bahr, Frankfurt am Main, Franz Rücker-Allee 28, ausgewiesen durch Deutsche Kennkarte, Kennort Frankfurt/Main, Kenn-Nummer H 169493, ausgestellt vom 12. Pol.Reivier Frankfurt a.M. am 6. September 1946,
2. der Geschäftsführer Heinrich Sorg, Frankfurt am Main, Wilhelm Leuschnerstraße 69, persönlich bekannt.

Der Erschienene zu 2) erklärte, daß er seine nachstehenden Erklärungen namens und in Vollmacht der in der Gründung begriffenen "Grundstücksverwaltung Goethestr.1o Gesellschaft mit beschränkter Haftung" Frankfurt am Main, Goethestr.10 als deren allein vertretungsberechtigter Geschäftsführer abgebe.

Danach erklärten die Erschienenen folgenden

Kaufvertrag:

§ 1

Herr Bahr, im Nachfolgenden Verkäufer genannt, verkauft das ihm gehörige, in Frankfurt am Main, Goethestraße 1o - Große Bockenheimerstraße 9-11, Ecke Alte Rothofstraße belegene Miethausgrundstück, eingetragen im Grundbuch von Frankfurt am Main, Bezirk Innenstadt, Band 146 Blatt 6673, Gemarkung Frankfurt a.M. Flur 34 Flurstücke 48, 88/45, 93/47, Liegenschaftsbuch 2797, Katastergebührbuch 5280 an die Grundstücksverwaltung Goethestr.10 Gesellschaft mit beschränkter Haftung zu Frankfurt am Main, Goethestraße 10, im Nachfolgenden Käufer genannt, zum Preise von 233.335.90 DM.
Der letzte Einheitswert 1935 beträgt: 298.200.-- RM.

§ 2

Der Kaufpreis wird wie folgt belegt:

1.) In Anrechnung auf den Kaufpreis übernimmt der Käufer im Wege der befreienden Schuldübernahme, mit Wirkung vom 1. Juli 1950 folgende Last nebst der ihr zugrunde liegenden persönlichen

Georg, genannt „Schorsch" Dietrich

Dietrich wurde am 20. November 1900 in Nürnberg geboren, kam bald nach Frankfurt und begann seine Journalistische Tätigkeit bei der Sportkorrespondenz Koves. In den 20er Jahren wurde er Sportredakteur bei der „Frankfurter Zeitung".

Dietrich war selbst aktiver Boxer und versah ab 1920 das Amt des Pressewartes im Boxbezirk Frankfurt, wurde dann Bezirksboxwart und war von 1925 bis 1932 Leiter der Frankfurter Boxstaffel. Auch im Nationalsozialistischen Reichsbund für Leibesübungen war Dietrich im Gau Hessen für den Boxsport zuständig, gehörte aber sonst keiner NS-Gliederung an.

Nach dem Zweiten Weltkrieg konnte er daher sofort in das Medium Rundfunk überwechseln und war beim Aufbau von Radio Frankfurt für den Sportbereich zuständig; später wurde er Leiter der Abteilung Sportfunk im Hessischen Rundfunk.

Dietrich übernahm 1946 die Leitung der Fachgruppe Boxen im Landessportverband Hessen; seine Wohnung in der Karl-Marx-Straße 19 war zugleich die Geschäftsstelle. Er blieb bis zu seinem Tod Vorsitzender des Hessischen Amateurboxverbandes, wurde im Jahre 1950 auch Vorsitzender des Deutschen Amateur-Box-Verbandes (DABV), war Mitglied der Exekutive im Internationalen Amateur-Boxverband (AIBA) und seit 1949 Präsidialmitglied des NOK.

Schorsch Dietrich ist am 1. August 1955 in Frankfurt verstorben.

Kraft wurde im Neuen Sport und in der Presse eine Annonce erlassen.

Der Fachgruppenleiter für Boxen, *Dietrich,* kommt in die Sitzung, da ihm nicht bekannt war, daß der erweiterte Verbandsvorstand abbestellt worden ist. Regierungsrat *Lindner* gibt ihm bekannt, daß die Eintrittspreise für Boxveranstaltungen nicht RM 6,— übersteigen dürfen, was er auch den Sportmitteilungen veröffentlicht hat. Gleichzeitig wurde auch die Frage der Fahrgenehmigungen für die Boxer besprochen.

Dietrich hat die Sitzung um 19 Uhr wieder verlassen.

Sorg:

Fragt, ob die Ausgaben im Verhältnis zu den Einnahmen tragbar sind. Erst wenn man einen Überblick hierüber hat, kann man diese Dinge diskutieren.

***Linnenberg*:**

Die Unkosten der Geschäftsstelle werden in Zukunft von den Sportmitteilungen getragen. Und zwar sollen die Sportmitteilungen durch die Geschäftsstelle bearbeitet und versandt werden. Eine entsprechende Veröffentlichung für einen Sachbearbeiter ist gemäß der letzten Sitzung in der Presse veröffentlicht worden. Verschiedene Bewerbungen sind auch eingegangen.

***Wettig*:**

Fragt, wer die Sportmitteilungen z. Zt. bearbeitet.

***Linnenberg*:**

Die Sportmitteilungen lagen seither bei *Heise*, der den Vertrieb hatte und auch bis vor ca. sechs Wochen den Druck bezahlte und die Gelder einzog. *Heise* wurde verschiedentlich aufgefordert, eine Abrechnung über die seither eingegangenen und verausgabten Gelder zu machen. Er ist dieser Aufforderung bisher jedoch noch nicht nachgekommen.

***Lindner*:**

Hat mit *Heise* ebenfalls gesprochen und verschiedentlich mündlich und auch schriftlich die Abrechnung angefordert. *Heise* hatte von ihm den Auftrag, die Arbeit der Sportmitteilungen zu machen, er ist aber, ohne daß ihm hierbei ein böser Wille unterschoben werden soll, nicht dazu in der Lage.

Nach kurzer Diskussion wurde vereinbart, daß der Kassenwart *Grosse* mit *Heise* die Abrechnung vornimmt und auch gleichzeitig den Verdienst von *Heise* berechnet. Es wurde gleichzeitig betont, daß der Tenor dazu freundschaftlich gehalten werden muß.

***Lindner*:**

Zur Personalfrage: Schlägt eine Gehaltsaufbesserung von RM 100,— für den Geschäftsführer vor. Wenn der Vorstand damit einverstanden ist, braucht dieser Punkt nicht weiter zur Diskussion gestellt zu werden.

Grundsätzlich war der Vorstand damit einverstanden. Die Frage der Verrechnung wurde dem Geschäftsführer mit dem Buchhalter überlassen.

Martin Schmidt hat gebeten, seine eigene Sache heute zur Sprache zu bringen. *Lindner* hat es verpaßt, auf einer Fahrt nach München mit ihm persönlich zu sprechen, was er möchte. Es wurde von anderer Seite der Wunsch geäußert, *Schmidt* noch entsprechend einzubauen, evtl. auf der Geschäftsstelle, damit da jemand sei, den die Leute von früher her kennen! Auch *Burmester* hatte s.Zt. den Wunsch geäußert, *Schmidt* entsprechend einzubauen. Er wurde damals zu seiner Stellung als Kreisgeschäftsführer für halbe Tage zur Geschäftsstelle beordert. Das hat sich ungünstig ausgewirkt. *Lindner* bittet *Schmidt*, selbst zu sagen, was er möchte und stellt heraus, daß er auf dem Verbandstag dafür gesprochen hat, daß das Zeitalter des Mißtrauens überwunden sei. Es soll nicht mehr von ,,unseren" Leuten gesprochen werden. Gleichzeitig weist er darauf hin, daß die Leute bei der Geschäftsstelle Angestellte sind und es darf nicht vergessen werden, daß *Schmidt* auch noch Landessportwart ist, also ein Ehrenamt inne hat.

Schmidt:

Führt aus, daß die Lage z. Zt. so ist, was auch *Burmester* schon *Lindner* unterbreitet hat, daß die Arbeit des Kreises Frankfurt in der Hauptsache vom Verband mit erledigt wird und auch kann. Dadurch fallen schon einmal die Unkosten für den Kreis Frankfurt weg. *Schmidt* schlägt vor, wenn es möglich wäre, die Kreisgeschäftsstelle mit dem Verband zu verbinden, d.h. die Kreisgeschäftsstelle in die Räume des Verbandes mit einzuteilen und er hätte somit dann gleichzeitig die Möglichkeit, auf dem Verband eine Arbeit zu verrichten. Es müßte hier eine Lösung gefunden werden. Er führt an, daß seinerzeit die Nassauische Versicherung z. B. für die Versicherungsarbeiten einen Betrag von RM 150,— zahlen wollte, auf dieser Basis könnte er eine Tätigkeit ausüben, die nicht im Widerspruch zu den allgemeinen Satzungen stehen würde.

Nach einer ausgiebigen Diskussion wurde vereinbart, daß *Martin Schmidt* Kreisgeschäftsführer bleibt und die Kreisgeschäftsstelle in die Goethestraße 10 übersiedelt. *Schmidt* übernimmt gleichzeitig ehrenamtlich das Versicherungswesen des Verbandes und er erhält hierfür eine Aufwandsentschädigung in Höhe von RM 180,— (Einhundertundachtzig).

Lindner:

Als letzter Punkt der Personalfragen wäre die Person und die Einstellung des Sachbearbeiters für die Sportmitteilungen zu klären:

Verliest verschiedene Bewerbungen u.a.

Wöhr, *Merz* und *Bopp*.

Die Protokollführung wurde hier unterbrochen, da das Licht für einige Zeit ausgegangen ist.

Lindner:

Schlägt *Wöhr* vor, da er Sportversehrter ist und im Reichsbund für Leibesübungen diese Arbeiten gemacht hat.

Bopp ist Fachgruppenleiter für Handball, kann also eine solche Stelle nicht annehmen.

Sorg:

Empfiehlt *Bopp*, der ihm auf diesem Gebiet bestens bekannt ist. Außerdem müßte man den Fachgruppenlei-

Willi Heise

Heise wurde 26. Mai 1906 geboren. Er stammte aus einer Arbeiterfamilie und trat während der Zeit der Weimarer Republik der SPD bei. Sportlich engagierte er sich in diesen Jahren als Ringer, Boxer und Fußballspieler bei Rot-Weiß-Frankfurt.

Heise heiratete 1938, wurde Vater von vier Kindern, erlebte den Zweiten Weltkrieg als Soldat, geriet in Gefangenschaft und kehrte im Herbst 1945 wieder nach Frankfurt zurück.

Heise hatte keiner NS-Organisation angehört, war politisch unbelastet und konnte sich damit nach dem Krieg als Wettkämpfer, Kampfrichter und Organisator in der Schwerathletik wieder betätigen. Er wurde 1946 Fachwart für Schwerathletik in Hessen und bekam als Verantwortlicher für den Vertrieb der Sportmitteilungen eine wichtige Funktion. Seine Verbindung zu den Sportmitteilungen ergab sich vor allem daraus, daß er in Frankfurt einen Kiosk gemietet hatte und Zeitschriften vertrieb. In diesem Geschäft waren die Sportmitteilungen nur ein Posten von mehreren anderen.

Bei der Gründung des Deutschen Athletenbundes am 23. Oktober 1949 wurde Heise zum Bundesjugendwart gewählt, obwohl er zuvor durch Vorstandsbeschluß im Juni 1949 vom Amt des Vorsitzenden in Hessen suspendiert und beim Verbandstag am 9. Oktober 1949 durch Karl Heckmann, Gauführer Schwerathletik bis 1945, abgelöst worden war.

Heise schied aber schon bald aus dem Vorstand des Deutschen Athletenbundes aus und zog sich ganz vom Sport zurück. Er ist am 25. Februar 1966 an den Folgen eines Verkehrsunfalls in Frankfurt gestorben.

Die hessische Ländermannschaft bei einem Wettkampf gegen Thüringen. Untere Reihe die hessischen Sportler v.l.n.r.: Georg Lecke, Georg Merget, Josef Merget, Bruno Henze, Steinbeck, Hans Rudolph, Horst Rudolph, Willi Fuldan.
Zweite Reihe die Mannschaft aus Thüringen sowie Zweiter v.l. Geschäftsführer Fleischmann, Zweiter v.r. Willi Heise als Kampfrichter und Vorsitzender der Fachgruppe Schwerathletik in Hessen.

Heinrich Bopp

Heinrich Bopp wurde am 28. Oktober 1904 in Frankfurt-Bockenheim geboren, besuchte von 1911 bis 1919 die Volksschule, absolvierte von 1919 bis 1922 eine Schlosser-Lehre bei den Metallwerken Knodt und arbeitete zwei Jahre in diesem Beruf.

Bopp kam aus einer Arbeiterfamilie und schloß sich bereits als Schüler im Jahre 1913 einem Arbeitersportverein, der Freien Turnerschaft Bockenheim, an. Nach dem Ersten Weltkrieg spielte er Fußball und betrieb Leichtathletik in den Vereinen FC Germania und dem RSV Bockenheim. Ab 1921 wechselte er wieder zur Freien Turnerschaft Bockenheim und wendete er sich mehr und mehr dem Handball zu. Er war Mitbegründer der Handballabteilungen der Freien Turner Westend und der Freien Turner Bockenheim und wechselte im Jahre 1925 auch hauptberuflich in den Sport über. Im 9. Kreis des Arbeiter-Turn- und Sportbundes (Hessen und Mittelrhein) wurde er Bezirksspielwart für Turnspiele und war in der Kreisgeschäftsstelle in Frankfurt vor allem für Handball verantwortlich. Bis 1933 besuchte er zahlreiche Lehrgänge in der ATSB-Bundesschule in Leipzig, die von Georg Benedix und Max Schulze geleitet wurden.

Nach dem Verbot des ATSB und der Auflösung der Geschäftsstelle in Frankfurt war Bopp zunächst erwerbslos und ging 1936 nach Augsburg. Er arbeitete dort bei der Firma Messerschmidt im Flugzeugbau, war dadurch von der aktiven Teilnahme am Zweiten Weltkrieg freigestellt und kehrte unmittelbar nach Kriegsende nach Frankfurt zurück. Dort machte er sich unverzüglich an den Wiederaufbau des Handballsports, wurde sofort Fachwart der Fachgruppe Handball im Hessischen Landessportverband und auf dem ersten Verbandstag am 14. Mai 1947 in Bad Nauheim in diesem Amt bestätigt, das er bis 1954 inne hatte.

Aus dieser Position heraus war Bopp am Aufbau des Süddeutschen Handballverbandes ebenso beteiligt wie am Deutschen Handball-Bund und gehörte in den Anfangsjahren den jeweiligen Vorständen an.

Ab 1. Juni 1948 war Bopp auch wieder hauptberuflich im Sport tätig. Er übernahm im Landessportbund die Betreuung der Verbandszeitschrift „Sport-Mitteilungen", eine Aufgabe, die er bis zu seinem altersbedingten Ausscheiden aus dem LSB im Jahre 1970 erledigte.

Bopp war ab 1954 Ehrenvorsitzender des Hessischen Handball-Verbandes, wurde für seine Verdienste besonders um den Handballsport vielfach ausgezeichnet und ist am 2. November 1988 gestorben.

tern, die ehrenhalber für den Sport arbeiten, die Möglichkeit geben, durch eine besoldete Stelle ihnen diese Arbeit zu erleichtern.

***Lindner*:**

Bittet zu beachten, daß es nach den Hauptsatzungen nicht möglich ist, einen Fachgruppenleiter für diesen Posten einzustellen. Außerdem dürfen wir nach außen hin so wenig wie möglich Angriffsflächen bieten. Diese Argumente sind zu beachten. Zu Vorschlag *Wöhr* ist *Schmidt* dagegen, weil *Wöhr* Versehrter ist und er wahrscheinlich nicht beweglich genug für diesen Posten ist. Er könnte auch anders eingebaut werden.

Sorg:

Lehnt es ab, daß zwei Familienmitglieder in einer Dienstelle arbeiten.

Ebenfalls *Grosse*, außerdem ist *Wöhr* belastet.

Zur Diskussion *Merz*. *Merz* ist freier Sportjournalist und wird als geeignet für den Posten des Sachbearbeiters für die Sportmitteilungen angesehen. Es wird vorgeschlagen, ihn mit einem Gehalt von RM 300,— bis 350,— einzustellen. Alles weitere wird dem Geschäftsführer überlassen. Der Vorschlag wurde angenommen.

TOP Verschiedenes

***Linnenberg*:**

Schlägt vor, den Fall *Dalitz* dem Rechtswart zur Bearbeitung zu übergeben. Der Vorschlag wurde angenommen.

Fürsorge bei Sportversehrten (verliest Aktennotiz).

***Lindner*:**

Es besteht ein Schwerbeschädigtengesetz, das auch die Sportversehrten betreut. Augenblicklich müssen die Dinge von Fall zu Fall beurteilt und geregelt werden.

Gegen *Wieroth* vom KSV Kassel ist Antrag auf Ausschluß gestellt worden. Das ist Sache der Fachgruppe Fußball.

Beitragsermäßigung ist halbjährlich zu regeln.

Durch das Kultus-Ministerium wurden Geräte und Spiele zur Verteilung gestellt, u.a. Faustbälle für die Fachgruppe Turnen. Der LSV soll die Vereine zum Kultus-Ministerium schicken, dieses gibt die entsprechende Bezugsberechtigung für die Firma Schäfer.

***Kobald*:**

Lehnt diese Art der Verteilung ab.

Es wurde vereinbart, daß der LSV die Spiele übernimmt und entsprechend an die Kreise zur Verteilung bringt.

Bert Merz

Merz wurde am 28. Februar 1920 in Frankfurt geboren, besuchte von 1926 bis 1936 eine Frankfurter Realschule, die er mit dem Zeugnis der Mittleren Reife abschloß. Ab April 1936 absolvierte er eine kaufmännische Lehre und arbeitete bis zum Jahre 1940 als Kaufmann, zuletzt als Abteilungsleiter bei der Schuhfabrik Schneider in Frankfurt.

Am 1. April 1940 wurde Merz zur Wehrmacht eingezogen, war am Krieg gegen die Sowjetunion beteiligt und geriet gegen Kriegsende in britische Kriegsgefangenschaft, aus der im August 1945 nach Frankfurt zurückkehrte.

Nach dem Zweiten Weltkrieg arbeitete Merz als freier Journalist, wobei er für einige Monate auch ein Anstellungsverhältnis beim Landessportverband Hessen hatte. Später war er hauptberuflich als Sportredakteur bei der Frankfurter Rundschau angestellt und dort von 1968 bis 1985 Ressortleiter Sport. Von 1954 bis 1964 war Merz Chefredakteur der Zeitschrift „Der neue Sport", die zunächst unabhängig gewesen war, dann aber von der Frankfurter Rundschau herausgegeben wurde.

Merz ist seit der Gründung im Jahre 1947 Vorstandsmitglied im Verein „Frankfurter Sportpress"e; acht Jahre war er der 1. Vorsitzende.

Er war Vereinsmitglied bei „Eintracht Frankfurt" seit 1939 und hat sich hier neben dem Fußball vor allem für den Eissport engagiert.

So war Merz Mitbegründer der Fachgruppe Fußball im Hessischen Landessportverband im Jahre 1947 und Vorstandsmitglied im Hessischen Fußball-Verband bis 1951. Eine Zeit lang engagierte er sich auch im Vorstand des Hessischen Eissportverbandes.

Nach dem Tod von Erich Wick übernahm Merz die Leitung des „Schlappekicker", einer Weihnachts-Aktion der Frankfurter Rundschau für alte, kranke und einsame Sportler, die er bis heute betreut.

Merz wurde für sein Wirken im Sport mehrfach ausgezeichnet: Er ist unter anderem Inhaber der Ehrenplakette der Stadt Frankfurt seit November 1980 und Träger des Bundesverdienst-Kreuzes seit November 1988.

In der Angelegenheit der gesperrten Vereinsvermögen ist eine Lockerung eingetreten. *Lindner* wird hierüber im nächsten Sportmitteilungsblatt eine Veröffentlichung ergehen lassen.

Der Verein Reichbahn Dillenburg hat seinen Namen in Spv. Dillenburg geändert. Einer Aufnahme in den LSV steht demnach nichts mehr im Weg. Der Verein ist entsprechend zu verständigen.

In Wiesbaden hat sich bei einer Kanu-Regatta eine vorläufige Fachgruppe Kanu gebildet.

Betr. Zusammentretung des Verbandsgerichtes in Kassel wegen des a.o. Verbandstages der Fachgruppe Fußball, der lt. Beschluß des Fußball-Vorstandes von Kassel nach Gießen verlegt wurde.

Lindner:

Gibt hierzu grundsätzlich bekannt, daß diese Angelegenheit Sache der Fachgruppe Fußball sei und das Verbandsgericht nichts anginge. Er macht dem Rechtswart den Vorwurf, daß er hier voreilig und nicht satzungsgemäß gehandelt habe. Zu verurteilen ist weiterhin die Pressenotiz hierüber in der Kasseler Presse. *Wettig* wurde veranlaßt, die Angelegenheit in der Presse richtig zu stellen.

Schmidt:

Bittet um Klärung der Angelegenheit, ob er als Landessportwart nicht das Recht hat, an Sitzungen der einzelnen Fachgruppen teilzunehmen.

Lindner:

Gibt dazu bekannt, daß nach den Hauptsatzungen der Verbandsvorstand jederzeit das Recht hat, einen Beauftragten zu entsenden. Wir müssen jedoch darauf achten, daß hier eine gewisse Ordnung eingehalten wird. Der Verbandsvorstand beauftragt den jeweiligen Vertreter. Als Landessportwart haben Sie nicht das Recht, an jeder Sitzung teilzunehmen.

Sorg:

Die Tätigkeit des Landessportwartes muß noch einmal diskutiert werden.

Die Sitzung endete um 22.30 Uhr. Die nächste Sitzung soll am 2. Oktober 1947 einberufen werden.

Protokoll zu der Sitzung des engeren Verbandsvorstandes am 2. Oktober 1947 in der Redaktion des „Neuen Sport", Frankfurt a. M., Schillerstraße 30

Anwesend: 1. Vorsitzender Regierungsrat Lindner,
2. Vorsitzender Heinrich Sorg,
Landessportwart Martin Schmidt,
Landesrechtswart Paul Wettig,
Landespressewart Otto Großmann,
Landeskassenwart Paul Grosse,
Landesjugendwart Kurd-Roland Roesler
Geschäftsführer Willy Linnenberg.
Beginn: 18.15 Uhr.

***Lindner*:**
Eröffnet die Sitzung und dankt den Vorstandmitgliedern für ihr Erscheinen. Er gibt die Tagesordnung bekannt:

1. Bericht über die Tagung in Stuttgart
2. Wichtige Fragen der Geschäftsstelle
3. Verschiedenes.

***Schmidt*:**
Berichtet einwerfend über seine Ermittlungen zur Besetzung des Postens der Frauenwartin. Er hat seither noch keine persönlichen Verbindungen aufgenommen, jedoch Erkundigungen über Frl. *Adamitz* eingeholt. Frl. *Adamitz* ist als Beamtin bei der Post beschäftigt. In ihren Personal-Akten sei etwas nicht in Ordnung. Sie wäre im „Frauenwerk" gewesen, in ihrem Fragebogen wäre eine Verwechselung mit der Frauenschaft aufgetreten. Sie sei sehr strebsam und habe ein starkes Geltungsbedürfnis, als Technikerin sei sie jedoch gut. Mit dem 2. Vorschlag, mit Frl. *Reuter*, hat er noch keine Verbindung aufgenommen, da er die Anschrift nicht weiß.

***Lindner*:**
Bittet *Schmidt*, die Angelegenheit noch weiter zu verfolgen. Andernfalls bittet er den Vorstand damit einverstanden zu sein, daß die Arbeit der Frauenwartin vom Landessportwart mit erledigt wird.

***Roesler*:**
Bittet jedoch, den Posten der Frauenwartin zu besetzen zu seiner Entlastung, doch nicht mit einer Fachkraft.

Sorg:
Schlägt vor, eine Sitzungsdauer festzulegen. Es muß ein Weg gefunden werden, die geschäftlichen Dinge zu erledigen.

***Großmann*:**
Sitzungsdauer 21 Uhr als Vorschlag.

TOP Bericht Stuttgart:

***Lindner*:**
Gibt einen Bericht über die Sitzung der LSV am 29. September 1947 in Stuttgart, wozu er telegrafisch eingeladen worden ist. Zuerst war die Sitzung nach München angesetzt, um dann aber doch telegrafisch nach Stuttgart verlegt zu werden. Grund der Tagung war: Existenzfrage der LSV. Anwesend waren:

Württemberg: *Keller* und einige Fachwarte Turnen, Schwimmen, Wintersport;

Bayern: 1. und 2. Vorsitzender, Fußballverbandswart und *Kutschke* von der Süddeutschen Arbeitsgemeinschaft; Baden: *Müller*; Hessen: *Lindner*.

Im Gebäude Schillerstraße 30, hier eine Aufnahme aus dem Jahr 1972, war die Redaktion der Zeitschrift „Der Neue Sport" untergebracht.

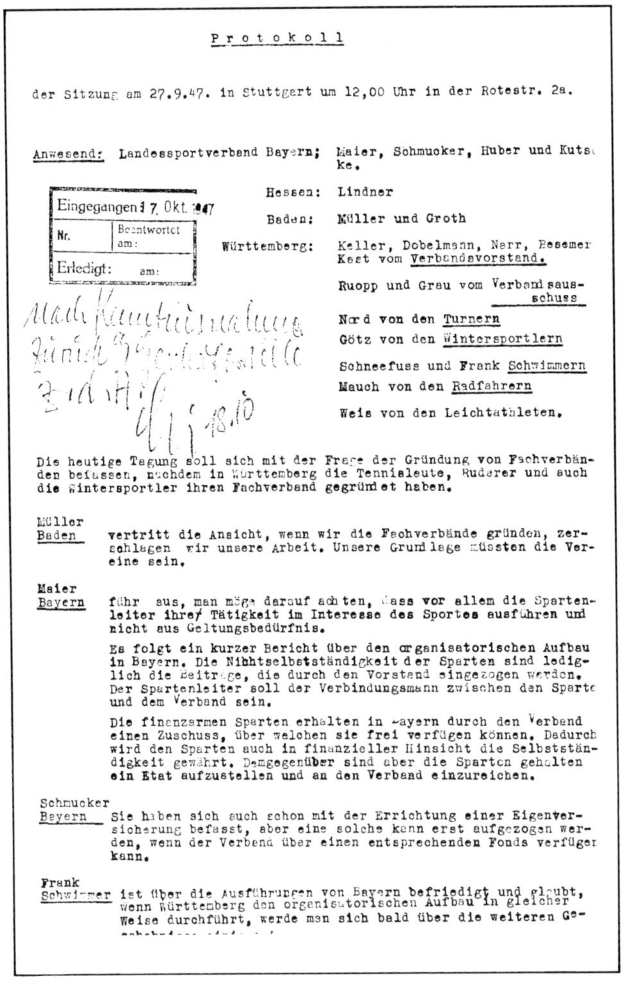

P r o t o k o l l

der Sitzung am 27.9.47. in Stuttgart um 12,00 Uhr in der Rotestr. 2a.

Anwesend: Landessportverband Bayern; Maier, Schmucker, Huber und Kutske.

Eingegangen 17. Okt. 1947
Nr. Beantwortet am:
Erledigt: am:

Hessen: Lindner

Baden: Müller und Groth

Württemberg: Keller, Dobelmann, Narr, Besemer Kast vom Verbandsvorstand.

Ruopp und Grau vom Verbandsausschuss

Nord von den Turnern

Götz von den Wintersportlern

Schneefuss und Frank Schwimmern

Mauch von den Radfahrern

Weis von den Leichtathleten.

Die heutige Tagung soll sich mit der Frage der Gründung von Fachverbänden befassen, nachdem in Württemberg die Tennisleute, Ruderer und auch die Wintersportler ihren Fachverband gegründet haben.

Müller Baden vertritt die Ansicht, wenn wir die Fachverbände gründen, zerschlagen wir unsere Arbeit. Unsere Grundlage müssten die Vereine sein.

Maier Bayern führ aus, man möge darauf achten, dass vor allem die Spartenleiter ihre Tätigkeit im Interesse des Sportes ausführen und nicht aus Geltungsbedürfnis.

Es folgt ein kurzer Bericht über den organisatorischen Aufbau in Bayern. Die Nichtselbstständigkeit der Sparten sind lediglich die Beiträge, die durch den Vorstand eingezogen werden. Der Spartenleiter soll der Verbindungsmann zwischen den Sparte und dem Verband sein.

Die finanzarmen Sparten erhalten in Bayern durch den Verband einen Zuschuss, über welchen sie frei verfügen können. Dadurch wird den Sparten auch in finanzieller Hinsicht die Selbstständigkeit gewährt. Demgegenüber sind aber die Sparten gehalten ein Etat aufzustellen und an den Verband einzureichen.

Schmucker Bayern Sie haben sich auch schon mit der Errichtung einer Eigenversicherung befasst, aber eine solche kann erst aufgezogen werden, wenn der Verband über einen entsprechenden Fonds verfügen kann.

Frank Schwimmer ist über die Ausführungen von Bayern befriedigt und glaubt, wenn Württemberg den organisatorischen Aufbau in gleicher Weise durchführt, werde man sich bald über die weiteren Ge-

Lindner:

Verliest ein Schreiben von Keller, das vor einiger Zeit schon eingegangen ist und das den gleichen Grund der Tagung hat, betreffs Wühlarbeit. In Württemberg haben sich einige Fachgruppen selbständig gemacht zu Fachverbänden und da hat man von Württemberg aus angenommen, daß die gleichen Bestrebungen auch bei den anderen LSV wären.

Bevor *Lindner* nach Stuttgart gefahren ist, hat er sich nochmals genauestens bei den betreffenden Fachgruppenleitern informiert und von *Dr. Lingnau* (Rudern), *Griebel* (Wintersport) und *Dr. Neubronner* (Tennis) die Gewißheit erhalten, daß diese Fachgruppen nach wie vor zu dem LSV Hessen stehen würden.

Die ganze Angelegenheit ist mehr eine Württembergische, denn auch in Bayern und Baden stehen die Fachgruppen zu den LSV. Über den Bericht von Bayern haben die Fachwarte von Württemberg gestaunt. Auch *Lindner* gab einen Bericht über die Arbeit in Hessen, die absolut als richtig anerkannt wird: sachliche und fachliche Selbständigkeit der Fachgruppen unter der Dachorganisation des LSV.

Es wurde angeregt, zur besseren Verständigung eine Tagung sämtlicher Fachgruppenleiter der LSV einzuberufen. Die Angelegenheit in Württemberg wird geklärt werden.

Dietrich:

Kommt in die Sitzung und bittet den Vorstand, ihn bei den Verhandlungen betr. Preisstopp Ministerium zu unterstützen. Gleichzeitig lädt er den Vorstand zu dem Vierländerturnier der Boxer in Kassel, Frankfurt, Marburg und Kostheim ein und dankt ganz besonders dem 2. Vorsitzenden, Herrn *Sorg*, für seine Unterstützung. Außerdem gibt er bekannt, daß am 3.November im Cirkus Hoppe eine Boxveranstaltung sei, die das Special-Service übernommen hat und deren Gesamteinnahme für Lebensmittel für Frankfurter Kinder zur Verfügung gestellt wird.

Die Einnahmen bzw. Überschüsse aus dem Vierländerturnier gehen an die vier Landessportverbände.

***Lindner*:**

Unter Punkt 4 seiner Rundfrage hat er der Fachgruppe Boxen einen Zuschuß von RM 2.000,— eingeräumt.

***Dietrich*:**

Verzichtet zu Gunsten anderer Fachgruppen auf diesen Zuschuß, da er ihn z. Zt. nicht benötigt.

***Roesler*:**

Hat für die Boxer-Jugend anläßlich der Ausstellung „Schaffende Jugend" RM 520,— ausgelegt. Dieser Betrag wird zusätzlich der DM 3.000,—, die bereits an Herrn *Karger* ausgezahlt wurden, für den Zweck „Schaffende Jugend" zur Verfügung gestellt.

***Lindner*:**

Berichtet weiter von der Tagung in Stuttgart. *Maier* hat Mr. Shelnut die Frage vorgelegt, ob er gegen die LSV sei und hat darauf die Antwort erhalten, daß Shelnut nichts gegen die LSV hat.

Eine Besprechung der vier Vorsitzenden mit den jeweiligen Offizieren der Militär-Regierung soll vorangetrieben werden. Sie soll den Charakter einer unverbindlichen Zusammenkunft tragen.

Gleichzeitig wurde vorgeschlagen, eine Tagung sämtlicher Spartenleiter der einzelnen Landessportverbände einzuberufen, deren Notwendigkeit jedoch nicht vorliegt. *Lindner* hat ein Referat über grundsätzliche Fragen der einheitlichen Sportorganisation gehalten.

Was Württemberg selbst angeht, so ist die Bereitwilligkeit erzielt, sich doch zu der einheitlichen Idee zu bekennen.

Die Frage der Fachverbände in Hessen bzw. der Bestrebungen hierzu wurde eingehend diskutiert. So liegt

z. B. von Hersfeld ein Fall vor, daß der Tennis-Club Bad Hersfeld, der um Aufnahme in den LSV ersucht hat, seinen Antrag zurückzieht, da sich ein Fachverband bilden würde.

So veröffentlicht der Sportbezirk Marburg auf einem Plakat das Zeichen der 4 F.

Sorg:
Sagt hierzu, daß grundsätzlich gesagt werden muß, daß in unseren sportlichen Veranstaltungen alle Dinge aus früheren Verbänden ausscheiden müssen. Wir haben den „Löwen" als Wahrzeichen.

***Wettig*:**
Schlägt vor, in den Sportmitteilungen nochmals darauf hinzuweisen, ebenfalls die Angelegenheit des Sportrufes.

***Lindner*:**
Auf dem Verbandstag wurde beschlossen, die Angelegenheit des Sportrufes vorläufig zurückzustellen.
In der Angelegenheit der 4 F wurde beschlossen, daß Sorg und Schmidt die Sache mit dem Fachgruppenleiter Turnen, Kobald, klarstellen.
Betr. des Sportrufes wurde festgestellt, daß vorläufig ein Sportgruß nicht ausgebracht wird. Es wurde vorgeschlagen, die Schiedsrichter entsprechend einzubauen, daß darauf geachtet wird.

Sorg:
Sagt hierzu, wir müssen vermeiden, daß es in den einzelnen Sparten Gegensätze gibt. Er schlägt vor, bald einen einheitlichen Sportruf zu schaffen.

***Lindner*:**
Stellt die Notwendigkeit heraus, eine einheitliche Bezeichnung der Funktionäre zu schaffen. Es kommt hier auf folgendes an, daß der Begriff „Landes" fachlich wie auch überfachlich wegfallen soll. Z. B. überfachlich: Verbandsvorsitzender; fachlich: ... Wart usw.

***Linnenberg*:**
Schlägt vor: Fachgruppenleiter Fußball.

In einer ausgiebigen Diskussion ist man überein gekommen, diesen Punkt gemeinsam mit den Fachgruppenleitern zu klären.

Es wurde vorgeschlagen, am 18. Oktober 1947, um 15.30 Uhr, zu einer erweiterten Vorstandssitzung einzuladen.

TOP Fragen der Geschäftsstelle:

Zu dem Punkt: *Finanzausgleich* laut Rundschreiben Nr. I und laut Anlage.

Zum Punkt Kreise hat *Lindner* vorgeschlagen, in obigem Rundschreiben den Kreisen einen Zuschuß zu geben und zwar für

Mitglieder über 18 Jahre	RM -,35
von 14-18 Jahre	RM -,25.

***Grosse*:**
Wirft ein, daß RM -,35 zu hoch sind.

***Lindner*:**
Dankt für den Einwand, bittet aber, jetzt einmal zu seinem Vorschlag ja zu sagen. Die Kreise müßten jetzt einen Zuschuß erhalten, da sie durch die Tatsache, daß die Fachgruppen noch nicht bis in die Kreise z. T. organisiert seien, diese Art Auslagen hätten.

***Grosse*:**
Würde lieber sehen, wenn die Jugend unterstützt wird.

Sorg:
Fragt, ob dies vorerst nur eine provisorische Regelung sei.

***Lindner*:**
Bejaht diese Frage, die endgültige Regelung wird mit dem erweiterten Vorstand und den Bezirksvorsitzenden geklärt.

Nach längerer Diskussion wurde vereinbart, daß in einem kleineren Kreis des Vorstandes am Donnerstag, den 9. Oktober 1947, bei Herrn *Linnenberg* die einzelnen Beträge für die Kreise festgelegt werden sollen. Die Kreise sollen Anweisung über den Verwendungszweck dieser Gelder erhalten gleichzeitig mit dem Hinweis, daß dies ein einmaliger Zuschuß sei, die endgültige Regelung wird später getroffen.

***Grosse*:**
Bittet, darüber Beschluß zu fassen, daß die Höhe der vorgeschlagenen Beträge von RM -,35 und RM -,25 angenommen sind.
Der Beschluß wurde einstimmig angenommen.
Fachgruppen:

Sportkegeln: RM 1.500,—
Vorschlag bis auf Stimme *Wettig* angenommen. *Wettig* ist der Meinung, die Mitglieder der Fachgruppe Kegeln seien so gestellt, daß sie finanzielle Ausgaben selbst tragen können.

Kanu: RM 1.500,—
mit der Maßgabe, hieraus den Antrag der Wassersportvereinigung Wiesbaden, die bei den Deutschen Meisterschaften teilgenommen haben und um Zuschuß von RM 800,— baten, zu erledigen.

Basketball: RM 1.000,—
Clausen hat den Auftrag erhalten, eine Fach-

gruppe Basketball zu bilden und erhält dann zu Aufbauarbeiten vorgenannten Betrag.

Boxen: RM 2.000,—

Hierauf hat in dieser Sitzung Herr *Dietrich* bereits verzichtet.

***Schmidt*:**

Fragt an, ob für die Arbeit des Versehrtensports auch ein Betrag zur Verfügung gestellt werden kann. Stud. Rat *Jopski* betreut in Hessen den Versehrtensport.

***Lindner*:**

In Bayern hat sich eine Sparte Versehrtensport gebildet.

Der Vorschlag, für Versehrtensport Herrn *Jopski* RM 500,— zur Verfügung zu stellen, wurde angenommen.

Handball: Vorschlag RM 3.000,— wurde abgelehnt, da die Fachgruppe Handball einmal den Antrag verspätet eingereicht hat, zum andern die Kosten aus eigenen Mitteln tragen müßte.

Es wurde beschlossen, bis auf die Stimme Wettig, die den Antrag abgelehnt hat, den Bezirksjugendwarten einen Zuschuß von RM 500,— zu geben. Dieser Zuschuß ist auf das Konto der jeweiligen Bezirks- bzw. Kreiskasse zu übersenden, für Verwendung BJW.

In sämtlichen Fällen hat Abrechnung zu erfolgen.

TOP Verschiedenes:

Die Frage eines Heimes für den LSV wurde dahingehend besprochen, daß der 1. Vorsitzende des Verbandes weiterhin mit *Prof. Dr. Herzfeld* dieserhalb in Verbindung bleiben soll.

Der 1. Vorsitzende gibt bekannt, daß er betr. der ,,Wie-

Versehrtensport

Von Studienrat Hermann Jopski,
Beauftragter für Versehrtensport im Landessportbund Hessen

Eine der vornehmsten Aufgaben des Staates und der Allgemeinheit ist, den vielen Kriegsversehrten des Krieges die Rückkehr in ein normales Leben zu erleichtern. Der Verband der Körperbehinderten, die Fürsorgeämter und manche andere öffentliche und private Einrichtung haben es sich zur Aufgabe gemacht, durch Berufsberatung, Umschulung und Versorgung den Versehrten den Existenzkampf zu erleichtern. In diesem Rahmen hat der Versehrtensport eine große und ganz besondere Bedeutung.

Der Versehrtensport beschäftigt sich in erster Linie mit den Amputierten. (Alle anderen Versehrten können sich nach dem Maß ihrer Kräfte an dem gewöhnlichen Sportbetrieb beteiligen). Er stellt sich zwei Hauptaufgaben:

1. Physiologische Ertüchtigung (körperliches Gesunderhalten)

2. Psychophysikalische Aufgabe (Stärkung des Lebensmutes, der Lebensfreude und Hebung des Lebensgefühls).

Eine große Zahl von Amputierten hat durch das Kriegsende nur eine unzureichende Nachbehandlung erfahren; das Fehlen dieses, für das körperliche Befinden wichtigsten Teiles der Behandlung kann sich im Laufe der Zeit sehr unangenehm auswirken. Ein Körperteil, insbesondere ein verletzter Körperteil, der nicht genügend und nicht zweckentsprechend bewegt wird, versteift und verkrampft. Dies ist häufig auch bei Amputierten der Fall, die durch das Fehlen des Kunstgliedes den Stumpf wenig oder garnicht trainiert und gestärkt haben. Von dem Stumpf, der nicht selten sehr sensibel ist, können im Laufe der Zeit Schmerzen über den ganzen Körper ausstrahlen. Wie oft hört man, daß Beinamputierte über sich steigernde Rückenschmerzen klagen.

Durch zweckmäßige Gymnastik, Schulung, Kräftigung und wirksame Massage wird diesem drohenden Zustand entgegengearbeitet; eingetretene Verkrampfungen verschwinden dann nach kurzer Zeit. Diese Uebungen sollen natürlich nur unter fachmännischer Leitung und ärztlicher Aufsicht vorgenommen werden. Uebungsleiter sind meist orthopädische Sportlehrer oder Versehrte, die eine längere Nachbehandlung erfahren haben und über genügend Lehrgeschick verfügen.

Neben diesen Uebungen können auch alle anderen Sportarten im Versehrtensport gepflegt werden. Nach der oben erwähnten systematischen Körperschulung ist der Versehrte fähig, sich mit Schwimmen, Leichtathletik, Turnen und Skilauf — Sportarten, die besonders für den Amputierten geeignet sind — zu befassen. Anreiz zu besonderer Leistung sind Wettkämpfe und vor allen Dingen das Versehrtensportabzeichen. (Neue Bestimmungen für das Versehrtensportabzeichen sind in Bearbeitung).

Mannschaftsspiele sollten beim Versehrtensport niemals fehlen. Hand-, Fuß- und Rollball sind besonders geeignet. Bei Beinamputierten wird die durch die veränderte Lage bedingte Unsicherheit beseitigt, das gesunde Bein gekräftigt und auch die Stumpfmuskulatur gestärkt, ein Umstand, der sich beim Tragen des Kunstgliedes sehr vorteilhaft auswirkt.

Fast noch größer als der körperliche ist der seelische Wert des Versehrtensportes. Der Sport hilft dem Körperbehinderten über Depressionen hinweg, er gibt ihm Lebensmut und Lebensfreude. Er sieht, daß er unter Gleichbehinderten etwas leisten kann und etwas leistet, er kann ein Mannschaftsspiel mit all seinen packenden Momenten mitmachen, er begeistert sich, er wird frei und gelöst. Diese durch den Sport erreichte Gelöstheit bringt er auch in das Alltagsleben mit, sie erleichtert ihm den heute so schweren Existenzkampf. Bald fühlt er sich nicht nur Behinderten, sondern auch allen anderen Menschen gegenüber frei von allen eingestandenen und uneingestandenen Komplexen. Damit ist eine der ersten Aufgaben des Versehrtensportes erfüllt, nämlich den Versehrten als ein in jeder Hinsicht vollwertiges Mitglied in die Gemeinschaft einreihen zu helfen.

Wo kann der Versehrte Sport treiben?

Der Vorstand des Landessportverbandes Hessen bemüht sich mit all seinen Verbänden und Vereinen, dem Versehrtensport in jeder nur möglichen Weise zu dienen. Er stellt den Versehrten Einrichtungen, Geräte und Lehrkräfte zur Verfügung. Wo es die örtlichen Verhältnisse erlauben, sind Versehrtensportstunden eingerichtet worden. Daneben sind auch noch viele sportbegeisterte Versehrte in den aktiven Manschaftssport eingetreten oder sportorganisatorisch tätig. Die Sportverbände haben sich bereit erklärt, Versehrte als Gastmitglieder ohne Beitragszahlung zu betreuen. Zwar hat der Verband der Körperbehinderten vor, Versehrtensportvereine zu schaffen, die allgemeine Geldverknappung läßt aber vorerst eine Verwirklichung dieses Vorhabens nicht zu. Vom hessischen Ministerium werden die Jugendpflegeverbände angewiesen werden, sich in jeder Weise der Versehrten anzunehmen.

Es ist im eigenen Interesse der Versehrten, wenn sie diese Gelegenheit wahrnehmen, ihre körperliche und auch ihre seelische Konstitution zu verbessern. Wenn sie am Versehrtensport teilnehmen, erweisen sie sich und der Allgemeinheit den größten Dienst.

Aus: Sport-Mitteilungen, 11. August 1948

dergutmachung“ die Ansprüche des LSV gestellt hat.

Handball hat Antrag gestellt, den Spieler *Rueppel* von der SG Sossenheim, der wegen Tätlichkeit aus dem LSV ausgeschlossen war, wieder aufzunehmen. Gleichzeitig macht die Fachgruppe den Vorschlag, bei Wiederaufnahme die Strafe in eine begrenzte Sperre umzuwandeln.

Der Antrag, *Rueppel* wieder in den LSV aufzunehmen, wurde einstimmig angenommen, jedoch ohne den Zusatzantrag der Fachgruppe, den Spieler begrenzt zu sperren. Hierdurch würde eine zweite Bestrafung erfolgen.

Die Frage der *Polenmannschaften*, die sich an den LSV gewandt haben, um Mitglied werden zu können, wurde dahingehend beschlossen, daß sie nicht Mitglied im LSV satzungsgemäß werden können. Es ist jedoch möglich, daß sie außer Konkurrenz an den jeweiligen Rundenspielen teilnehmen.

Sorg:

Sagt hierzu, daß wir dadurch gleichzeitig unsere internationale Pflicht erfüllen.

***Roesler*:**

Gibt bekannt, daß das Problem der Hochschule für Leibesübungen für Frankfurt wieder akut geworden ist.

Er wurde aufgefordert, stichhaltige Angaben zu machen. Die Angelegenheit soll nochmals besprochen werden.

Die Frage der Mitgliedschaft der Jugendherberge soll durch *Schmidt* nochmals genauestens geklärt werden.

Antrag des Damenschwimmverein Frankfurt auf Beitragserlaß soll zur Stellungnahme an die Fachgruppe Schwimmen gesandt werden.

***Wettig*:**

Verliest seine Erhebungen und seine Stellungnahme zu dem Fall *Dalitz*. Seine Erhebungen haben ergeben, daß bei Übergabe der Geschäfte ein Betrag in Höhe von RM 600,— gefehlt habe. Er hat jedoch den Eindruck, daß *Dalitz* diese Gelder nicht veruntreut habe.

***Schmidt*:**

Bezweifelt ebenfalls, daß *Dalitz* die Gelder unterschlagen hat.

***Linnenberg*:**

Ist überzeugt, daß *Dalitz* die Gelder nicht unterschlagen hat, die ganze Angelegenheit betrachtet er als eine Vereinsangelegenheit von Germania und Borussia Fulda.

Es wurde Beschluß gefaßt, die Angelegenheit nicht dem Verbandsgericht zu übergeben. Die Sache soll durch den Verbandsrechtswart im Auftrag des Vorstandes erledigt werden dahingehend, daß Dalitz für die Gelder, die fehlen, verantwortlich gemacht wird, weil er hier leichtfertig gehandelt hat.

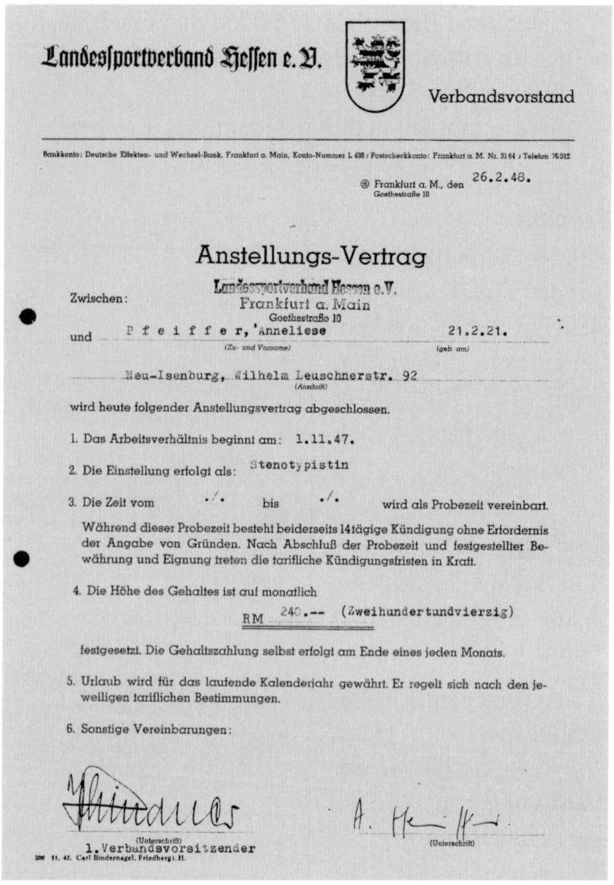

Landessportverband Hessen e. V.

Verbandsvorstand

Bankkonto: Deutsche Effekten- und Wechsel-Bank, Frankfurt a. Main, Konto-Nummer L 438 / Postscheckkonto: Frankfurt a. M. Nr. 3164 / Telefon 76312

(16) Frankfurt a. M., den 26.2.48.
Goethestraße 10

Anstellungs-Vertrag

Zwischen: Landessportverband Hessen e.V.
Frankfurt a. Main
Goethestraße 10

und Pfeiffer, Anneliese 21.2.21.
(Zu- und Vorname) (geb am)

Neu-Isenburg, Wilhelm Leuschnerstr. 92
(Anschrift)

wird heute folgender Anstellungsvertrag abgeschlossen.

1. Das Arbeitsverhältnis beginnt am: 1.11.47.

2. Die Einstellung erfolgt als: Stenotypistin

3. Die Zeit vom ./. bis ./. wird als Probezeit vereinbart.

Während dieser Probezeit besteht beiderseits 14tägige Kündigung ohne Erfordernis der Angabe von Gründen. Nach Abschluß der Probezeit und festgestellter Bewährung und Eignung treten die tarifliche Kündigungsfristen in Kraft.

4. Die Höhe des Gehaltes ist auf monatlich

RM 240.-- (Zweihundertundvierzig)

festgesetzt. Die Gehaltszahlung selbst erfolgt am Ende eines jeden Monats.

5. Urlaub wird für das laufende Kalenderjahr gewährt. Er regelt sich nach den jeweiligen tariflichen Bestimmungen.

6. Sonstige Vereinbarungen:

(Unterschrift) (Unterschrift)
1. Verbandsvorsitzender

200 11. 47. Carl Bindernagel, Friedberg i. H.

***Linnenberg*:**

Auf der Geschäftsstelle sind zwei Todesfälle (Flügel und Kolizschic vom VFB Witzenhausen), die keine Versicherungsfälle sind. Die Eltern der beiden Jugendlichen sind auf einen Zuschuß angewiesen, und es wurde bei der Versicherung erreicht, daß von dieser wenigstens ein Teil der Bestattungskosten getragen wird. Er schlägt vor, daß auch vom Verband noch ein Zuschuß gewährt wird. *Der Vorschlag von je RM 150,— wurde angenommen.*

Bewerbung Anneliese Pfeiffer als Schreibkraft beim LSV wurde angenommen. Probevertrag und RM 240,— monatlich.

***Großmann*:**

Gibt bekannt, daß sich *Heise* bei ihm beschwert hat, er hätte betreffs der Sportmitteilungen noch von keiner Seite etwas Amtliches gehört. Es wurde vereinbart, *Heise* zu der Sitzung am 9. Oktober einzuladen.

Ende der Sitzung: 22 Uhr

Unterschrift

Lindner

Protokoll zu der Sitzung des engeren Verbandsvorstandes am 3. April 1948, 15 Uhr im Gewerkschaftshaus

Anwesend waren: Lindner, Sorg, Wettig, Roesler, Großmann, Linnenberg.
Es fehlte: Schmidt (entschuldigt)
Beginn: 15.10 Uhr.

***Lindner*:**
Eröffnet die Sitzung und stellt deren Beschlußfähigkeit fest. Verliest Vorgang betr. Ermäßigung der Eintrittspreise für Studenten bei sportlichen Veranstaltungen.

***Linnenberg*:**
Ist der Ansicht, daß Studierende im Allgemeinen genügend Geldmittel besäßen, um den vollen Eintrittspreis zahlen zu können. Andernfalls könnten alle handwerklichen Lehrlinge unter 19 Jahren das gleiche Recht für sich in Anspruch nehmen.

***Lindner*:**
Entgegnet, daß Lehrlinge ein festgesetztes Taschengeld erhalten, während Studenten keinerlei Verdienst haben.

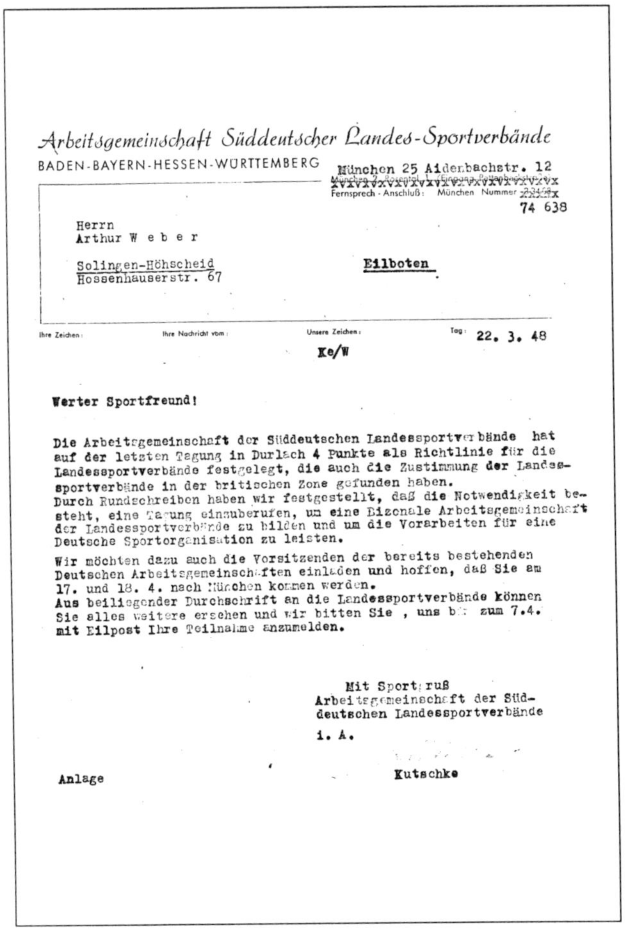
Arbeitsgemeinschaft Süddeutscher Landes-Sportverbände
BADEN-BAYERN-HESSEN-WÜRTTEMBERG
München 25 Aidenbachstr. 12
Fernsprech-Anschluß: München Nummer 74 638

Herrn
Arthur W e b e r

Solingen-Höhscheid
Hossenhauserstr. 67

Eilboten

Ihre Zeichen: Ihre Nachricht vom: Unsere Zeichen: Ke/W Tag: 22. 3. 48

Werter Sportfreund!

Die Arbeitsgemeinschaft der Süddeutschen Landessportverbände hat auf der letzten Tagung in Durlach 4 Punkte als Richtlinie für die Landessportverbände festgelegt, die auch die Zustimmung der Landessportverbände in der britischen Zone gefunden haben.
Durch Rundschreiben haben wir festgestellt, daß die Notwendigkeit besteht, eine Tagung einzuberufen, um eine Bizonale Arbeitsgemeinschaft der Landessportverbände zu bilden und um die Vorarbeiten für eine Deutsche Sportorganisation zu leisten.

Wir möchten dazu auch die Vorsitzenden der bereits bestehenden Deutschen Arbeitsgemeinschaften einladen und hoffen, daß Sie am 17. und 18. 4. nach München kommen werden.
Aus beiliegender Durchschrift an die Landessportverbände können Sie alles weitere ersehen und wir bitten Sie, uns bis zum 7.4. mit Eilpost Ihre Teilnahme anzumelden.

Mit Sportgruß
Arbeitsgemeinschaft der Süddeutschen Landessportverbände
i. A.

Kutschke

Anlage

***Linnenberg*:**
Es ist ohnehin Sache eines jeden Vereins, welche Vergünstigungen er gewähren kann, eine generelle Regelung kann nicht angeordnet werden.

***Lindner*:**
Heise hat durch Telegramm gebeten, den auf 1. April 1948 festgesetzten Abrechnungstermin der Sport-Mitteilungen bis zum 12. April 1948 zu verlängern.

***Linnenberg*:**
Ist telegrafisch ebenfalls unterrichtet.

***Lindner*:**
Schlägt vor, den 15. April 1948 als endgültigen Termin festzusetzen.

***Sorg*:**
Dann muß aber endgültig Schluß damit sein!

***Wettig*:**
Ist ebenfalls dafür, daß dies der letzte Termin ist.

***Linnenberg*:**
Schlägt vor, wenn am 15. April 1948 keine Abrechnung vorliegt, die Angelegenheit Herrn *Breitenbach* zu übergeben.

Lindner:
Wir nehmen doch an, daß lediglich eine Schlamperei und noch keine Unterschlagung vorliegt. Wir wollen deshalb keinen zu hohen Abrechnungsbetrag errechnen. Einem Anwalt wollen wir die Angelegenheit noch nicht übergeben. Es liegt insofern ein Versäumnis auch des Vorstandes vor, daß er keine monatliche Abrechnung verlangt hat. Außerdem ist schlecht festzustellen, wie hoch die Auflagen usw. jeweils gewesen sind.

***Linnenberg*:**
Jeder Kaufmann kann die Auszüge aus seinem Postscheckkonto herbeibringen. Von dieser Addition sind dann 30% Vertriebsgebühr in Abzug zu bringen.

***Lindner*.**
Ich bitte eine Berechnung aufzustellen. Falls durch Herrn *Heise* dann Schwierigkeiten entstehen, wollen wir weiter sehen.
Beschluß: Der Verbandsvorstand geht damit einig.

***Lindner*:**
Verliest Einladung zur Arbeitstagung zur Bildung einer Deutschen Arbeitsgemeinschaft der Landessportverbände.

***Linnenberg*:**
Zur Einladung *Schaffners* lege ich mein Veto ein.

Kurt Schaffner

Am 7. November 1945 wurde Kurt Schaffner als Geschäftsführer des Kreisjugendkomitees des Stadt- und Landkreises Karlsruhe eingesetzt. In einem Bericht über die Gründung des Komitees wurde er als Vertreter des Wassersports und Dolmetscher bezeichnet. Zu diesem Zeitpunkt arbeitete er schon als Ratgeber und Dolmetscher mit dem amerikanischen Jugend- und Sportoffizier Raymond A. Grossman zusammen, der innerhalb der Education & Religious Affairs Division für den Landesbezirk Nordbaden zuständig war und von Karlsruhe aus agierte.

Im Dezember 1945 wurde das Education Team No 1 gebildet, dem Grossman und wohl auch Schaffner bis Mai 1946 angehörten. Im Dezember 1945 und Anfang 1946 bereiste Kurt Schaffner in Zusammenarbeit mit Franz Müller verschiedene nordbadische Städte, um nach dem Modell des Karlsruher Kreisjugendkomitees in allen Landkreisen Jugendkomitees zu errichten. Landesweite Tagungen wurden organisiert und Schaffner übernahm die Geschäftsführung des Landesjugendkomitees des Landesbezirkes Nordbaden.

Nach der intensiven Aufbauarbeit, die in die Gründung des Badischen Sportverbandes (Nord) mündete, wechselte Schaffner Ende Mai 1946 infolge einer Umstrukturierung der amerikanischen Militärregierung nach Stuttgart. Grossman wurde Leiter der Youth Activities Branch (YAB) und war nun für ganz Württemberg-Baden zuständig. Ab diesem Zeitpunkt nahm Schaffner als Vertreter der Militärregierung an zahlreichen überregionalen und interzonalen Tagungen teil und fertigte Berichte und Kommentare für seine Vorgesetzten an.

Nach Grossmans Versetzung im Herbst 1946 blieb Kurt Schaffner bei der YAB und arbeitete weiter als „technical advisor" on sports unter seinem neuen Chef Leon A. Shelnut und dessen Sportspezialisten Aksel G. Nielsen. Als Verfechter des Fachverbandsgedankens standen Schaffner und Nielsen den Landessportverbänden sehr skeptisch gegenüber und stärkten die 1947/1948 aufkommenden Fachverbände.

Durch seine überregionalen Kontakte und seine Stellung bei der Militärregierung gewann Schaffner an Bedeutung und engagierte sich im Bereich des Fußballs. Die intensive Verbindung zu Dr. Peco Bauwens (Köln) bestimmte die weitere Entwicklung. Schaffner spielte eine undurchsichtige und wechselhafte Rolle und war teilweise starker Kritik ausgesetzt. Er traf die Vorbereitungen zur Bildung des bizonalen Fußballrates, reiste in die Schweiz, um mit anderen europäischen Fußballverbänden Kontakt aufzunehmen und hielt die Verbindung zur Militärregierung aufrecht. Nachdem er inoffiziell schon als Geschäftsführer des Deutschen Fußballausschusses tätig war, kündigte Schaffner im Mai 1949 seine Stellung bei der Militärregierung und wurde offizieller Geschäftsführer des DFA bzw. des DFB, der sich am 10. Juli 1949 konstituierte.

Kurt Schaffner war dann von 1952 bis 1953 Geschäftsführer der Offenbacher Kickers, bevor er in die Industrie wechselte und sich damit aus der Sportverwaltung zurückzog.

Franz Müller, Raymond A. Grossman und Kurt Schaffner (v.l.n.r.)

Schaffner kann nicht die Interessen des süddeutschen Fußball vertreten. Vorsitzender der AG Fußball ist *Bauwens*. Was sollen *Weber* für Nordwestdeutschland und *Schaffner* für Süddeutschland dort? Hinzu kommt, daß *Schaffner* nicht in einem Landessportverband verankert ist, sondern sich lediglich als der berufene Mann fühlt, weil er Angestellter der Militärregierung in Stuttgart ist. Ich bin dafür, daß wir in der gleichen Besetzung nach München fahren wie nach Stuttgart: *Sorg, Lindner, Großmann, Linnenberg*. Wenn *Schaffner* nach München geht, haben die Fachgruppenleiter der Süddeutschen LSV das gleiche Recht. *Schaffner* gehört zu der Ära: *Schaffner – Walter – Müller*.

***Sorg*:**
Wo ist denn die DAG Schwimmen?

***Lindner*:**
Ist der Meinung, daß die Tagung doch wohl überfachliche Probleme zu behandeln habe.

***Linnenberg*:**
Nordrhein-Westfalen lehnt ja den überfachlichen Standpunkt grundsätzlich ab. Es dürften auf der Tagung wohl beide Standpunkte zur Diskussion stehen. Es müssen dann allerdings alle DAG vertreten sein und nicht nur einige.

***Sorg*:**
Was ist nun grundsätzlich der Sinn der Sache?

***Lindner*:**
Ich würde vorschlagen, daß wir unsere Leute verständigen und Bayern verständigen, daß unsere Leute fehlen und ebenfalls einzuladen sind, daß wir die Herren *Pelz*, *Dr. Lingnau* und *Griebel* von der Tagung verständigt haben, das Einverständnis Münchens voraussetzend, daß wir *Schaffner* nicht als den Mann ansehen, der den süddeutschen Fußball zu vertreten hat, daß für alle anderen DAG nur eine Einladung verschickt wurde. Wenn für Fußball schon drei Vertreter eingeladen werden, halten wir es für richtig, daß unser Gruppenleiter ebenfalls an der Tagung teilnimmt.

***Linnenberg*:**
Schaffner erscheint im Auftrag für Süddeutschland,

was ihm nicht zukommt.

***Lindner*:**
Was ausschließlich Sache des Fußball ist.

***Sorg*:**
Wie ist denn *Schaffner* zu dieser Funktion gekommen?

***Linnenberg*:**
Durch sein persönliches Verhältnis zur Militärregierung.

Sorg:
Was haben die LSV dazu zu sagen? Wie ist es zu dieser Regelung gekommen?

***Linnenberg*:**
Ich war nicht dabei. *Schaffner* ist gegen die LSV, er ist auch nicht darin verankert und deshalb kein Mann des Fußballs.

***Großmann*:**
Schaffner ist ein vorgeschobener Mann der Militärregierung.

***Roesler*:**
Er ist lediglich Dolmetscher dort.

***Sorg*:**
Die Fußballvertreter müssen ihre Geschicke selbst meistern.

***Linnenberg*:**
Dr. Walter ist der Mann, der die Paulskirchenangelegenheit zur Seite schieben wollte, während *Dr. Bauwens* zugegriffen hat,um diese einmalige Gelegenheit, den Fußball über den Rahmen der sonstigen Gesichtspunkte in Erscheinung treten zu lassen, wahrzunehmen. Hessen und Westdeutschland sprechen *Walter* jegliches Vertrauen ab.

***Lindner*:**
Es zeigt sich, daß die Männer des Fußball schlecht gearbeitet haben. Man muß die Oberliga zum Ausschuß der LSV machen.

AMTLICHES ORGAN DES LANDESSPORTVERBANDES HESSEN E.V. – FRANKFURT/MAIN

3. Jahrgang / Nr. 16 | Frankfurt a. M., den 22. April 1948 | Goethestr. 10 / Tel. 76312

Separatismus im Sport?

Ein Beitrag zur beabsichtigten Gründung eines Süddeutschen Fußballverbandes

Von Heinz Lindner, 1. Vors. im LSV. Hessen

In Presse und Funk war davon die Rede, daß ein SFV entstehen solle. Zuerst hieß es, er sei gegründet, aber nach dem Radiogespräch in Stuttgart mit Dr. Walter, dem Spitzenvertreter der Süddeutschen Oberligavereine, sind die Tatsachen eindeutiger zu erkennen gewesen. Dem Nachdenklichen war von vornherein klar, daß an den ersten Meldungen nicht alles Gold war, was da so glänzte.

Was ist nun eigentlich los?

Angeblich haben die Vereine die Bitte vorgetragen, wieder den ehemaligen SFLV in Gestalt eines neuen SFV erstehen zu lassen, weil jener SFLV so erfolgreich und ruhmreich gewesen sei. In Wirklichkeit liegen keine Bitten von Vereinen vor, sondern einige führende Personen der Süddeutschen Oberliga haben im Interesse der Oberliga und aus sonstigen Interessen, in der Absicht, einen SFV zu gründen, zunächst einen Antrag über die Militärregierung in Stuttgart an OMGUS Berlin gerichtet. Drei Männer haben mit der Unterzeichnung dieses Antrags um die Genehmigung zur Gründung eines SFV gebeten, an der Spitze Dr. Walter. Angeblich besteht Aussicht, daß dieser Antrag genehmigt wird, obwohl dieser Genehmigung formell auf jeden Fall die bekannte Bestimmung des Kontrollrats entgegensteht, wonach die Bildung von Organisationen höchstens auf Länderbasis zulässig ist. Der SFV soll also noch gegründet werden, aber inzwischen werden die Vereine (die angeblich um seine Gründung gebeten haben) seitens der Geschäftsstelle der Süddeutschen Oberliga mittels Presse, Rundfunk und Rundschreiben gebeten, sich doch für eine Gründung durch entsprechende Meldung zur Verfügung zu stellen. Man hat also sehr geschickt operiert. Man hat jetzt offen ausgesprochen, daß man abgewartet habe, und zwar unter dauerndem Trösten der ungestümen Vereine, bis der richtige Augenblick gekommen sei. Heute könne man nun auf den guten Ruf, den der ehemalige SFLV genossen habe, hinweisen und damit rechnen, daß sozusagen in Fortsetzung des guten Rufes in Verbindung mit dem Glanz und guten Ruf der in den Oberligavereinen führenden Männer alle Fußballvereine mit fliegenden Fahnen dem noch endgültig zu gründenden SFV beitreten. Unter diesen Vorzeichen leistet man sogenannte Vorarbeiten und hält sich unter Berufung auf die Militärregierung in Stuttgart für berechtigt, heute schon so zu tun, als ob der Verband bereits bestehe.

Die ganze Methode ist überaus interessant, denn sie ist auf ganz bestimmte persönliche und sachliche Zwecke abgestellt und geht ebenso bewußt an der Tatsache vorbei, daß in Süddeutschland in den sämtlichen Ländern bereits seit 1945/46 wieder Fußball gespielt wird, und zwar in den Landessportverbänden. Da diese Männer von gutem Ruf ganz bewußt auch an diesen Tatsachen vorbeigehen, da sie ganz bewußt einfach vollendete Tatsachen schaffen wollen, kennzeichnet sich ihre Methode zweifellos als eine separatistische und aufsplitternde. Darüber darf jedenfalls kein Zweifel bestehen. Man wird aber noch eigenartiger berührt, wenn man sich die Grundsätze, Ziele und Aufgaben ansieht, die für den zu gründenden SFV durch Dr. Walter bekanntgemacht worden sind, denn auch da tut man so, als ob bisher gar nichts, und wenn schon, dann etwas völlig Grundsatzloses, bestanden habe und bestehe.

Welche Grundsätze und Ziele hat man für den SFV aufgestellt?

1. Der Fußball muß reibungsloser rollen als dies bisher der Fall war. — Diese Forderung der führenden Vertreter der Oberligavereine, nicht etwa der bittenden Vereine, berührt doch recht eigenartig, so daß wir — da hier nicht deutlich genug gesprochen worden ist — nur zu hoffen wagen, daß unter reibungsloser nicht etwa hemmungsloser verstanden wird.

2. Der Fußballsport muß vereinheitlicht werden. — Die Vereinheitlichung war bisher ja auch verdammt ungenügend, denn alle Vereine, die Fußball spielen, gehören den Landessportverbänden an, sogar die Oberligavereine. Es ist deshalb der richtige Augenblick gekommen, um endlich zu vereinheitlichen, auch weil man bisher schon in ganz Deutschland nach einheitlichen Regeln und Sperrbestimmungen Fußball gespielt hat. Wer also bisher etwa angenommen hat, daß bereits die beste Grundlage für eine Vereinheitlichung gegeben sei, wird jezt eines Besseren belehrt.

3. Den Vereinen soll eine Chance und ein weiterer Auftrieb gegeben werden. — Die bisherige Vereinheitlichung in der Organisation war also offenbar so, daß sie den Vereinen zu wenig Chancen gegeben hat. In andere Worte übersetzt: trotz der ungestümen Bitten der Vereine, doch endlich den SFV wieder zu gründen, muß man eine Lockspeise anbieten. Im neuen SFV wird zweifellos die Oberliga die erste Geige spielen; sie wird tabu sein, und damit die anderen treu und brav mitmachen, wird eine 2. Division in Aussicht gestellt neben Landes-, Bezirks- und Kreisklasse. Abgestiegen wird also zunächst auf keinen Fall, sond nur aufgestiegen. Chancen und Auftr nennt man das, denn man merkt klar, daß die Methode, nach der zur Zeit die Oberliga spielt, auf die Dauer unhaltbar ist. Deshalb muß man zusehen, den richtigen Augenblick usw.... (siehe oben). Welche Chancen eröffnen sich da für ehrgeizige und unzufriedene Vereinsfanatiker? Wenn sie mit dem bisherigen Platz ihrer Fußballmannschaft im Landessportverband und einer seiner fachlichen Spielklassen nicht zufrieden sind, weil nun einmal im Laufe der über zweijährigen Spielperioden die Leistungen nicht besser waren, dann — hinein in den SFV. Der bietet ja Auftrieb und Chancen! Und da soll noch einer sagen können, man habe das Interesse der Vereine nicht im Auge.... Es lebe die saubere Leistung! Es lebe das Fair play im Fußball und bei seinen führenden Vertretern! Moral, Recht, Vernunft und Amateurgedanke liegen offenbar weiterhin im Kampf mit dem Grundsatz: „Recht ist was uns nutzt".

4. Der SFV will nichts anderes tun als Fußballsport betreiben; er will sich nicht um Politik und konfessionelle und berufliche Tendenzen kümmern. — Was soll man dazu sagen? Entweder hat man „gespickt" und aus unserer Hauptsatzung abgeschrieben, oder man hat ganz methodisch übersehen, daß die Landessportverbände von Anbeginn an, wir in Hessen ganz scharf und eindeutig, diese Grundsätze zu Leitsätzen ihrer Organisation erhoben haben. Ob deshalb um so mehr Grund vorliegt, einen SFV zu gründen?

5. Der SFV soll auch deshalb wieder erstehen, weil sein Vorgänger, der SFLV, berechtigt war, Länderspiele mit dem Ausland auszutragen. — Man legt also offensichtlich Hauptwert auf Länderspiele. Gewiß, sie sind interessant, bringen die und jene Erlebnisse, sind wertvoll, verursachen Reisen und Banketts. Bei der katastrophalen Notlage unseres Volkes sind auch wir der Meinung, daß wir wenigstens im Sport so bald wie möglich wieder international geachtet und empfangen werden sollen, aber wir sind auch der Auffassung, daß man erst einmal unseren dazu berufenen Vereinen überlassen sollte, den sportkameradschaftlichen Verkehr mit dem Ausland wieder aufzunehmen, bevor man gleich wieder Länderspiele und Länderkämpfe deutscherseits zu veranstalten versucht, wenigstens für die Zeit bis zur Wiederbildung eines einigen und einheitlichen Deutschlands. Sind wir unbescheiden oder sind es die anderen?

6. Der gute Name und Ruf des ehemaligen SFLV und der heutigen Männer für den neuen SFV soll alle Fußballvereine Süddeutschlands wie ein zugkräftiger Magnet in den neuen SFV ziehen. Ziehen ist da wohl das richtige Wort, obwohl man so etwas wie eine „Spontanaktion" erwartet... Wir wollen ganz ehrlich sein: auch wir haben den alten SFLV durchaus in gutem Gedächtnis. Wir denken nicht daran, etwa zu bestreiten, daß er nicht erfolgreich und ruhmreich ge-

Franz Müller

Müller wurde am 29. September 1896 in Langenbrücken bei Bruchsal als Sohn eines Schreinermeisters geboren. Seine Mutter starb bei der Geburt, und so wuchs er als Halbwaise auf. Nach dem Besuch der Volksschule meldete er sich 1914 als Kriegsfreiwilliger für den I. Weltkrieg, in dessen Verlauf er an der Westfront durch einen doppelten Lungenschuß schwer verwundet wurde. Seine spätere Frau lernte er im Lazarett in Karlsruhe kennen, wo er er nach seiner Genesung in der Schuhgroßhandlung seiner Schwäger als Vertreter für den Odenwaldkreis arbeitete. Seine beiden Söhne Werner und Hans Müller wurden 1920 bzw. 1925 geboren.

In den Reihen des Karlsruher Turnvereins (KTV 1846) machte sich Franz Müller etwa ab 1921 als Turner, Faustballer, als leichtathletischer Mehrkämpfer und später als Handballer einen Namen. Außerdem leitete er zeitweise die Sängerabteilung.

Seine berufliche Situation veränderte sich, nachdem er 1938 ein eigenes Schuhgeschäft eröffnet hatte. Den Eintritt in die NSDAP konnte er durch diese Selbständigkeit und die damit verbundene größere finanzielle Unabhängigkeit umgehen. Ab 1942 führte er den KTV als Vorsitzender durch die letzten drei Kriegsjahre, die in Karlsruhe durch die alliierten Luftangriffe geprägt waren.

Nach Kriegsende wurde Franz Müller von den Amerikanern im Oktober 1945 als Sportbeauftragter für den Kreis Karlsruhe eingesetzt und war im Rahmen des Kreisjugendkomitees für den Bereich Sport verantwortlich. Als Mitinitiator und herausgeber der Zeitung „Der Start" trug er zum kulturellen Wiederbeginn bei.

Sein Tätigkeitsbereich dehnte sich im Dezember 1945 auf ganz Nordbaden aus, wo er in Zusammenarbeit mit dem Jugend- und Sportoffizier Raymond A. Grossman und dessen Dolmetscher und technischem Berater Kurt Schaffner den Wiederaufbau des Sportbetriebes prägte.

Als Landessportbeauftragter Nordbadens und Vorsitzender des Badischen Sportverbandes nahm Franz Müller ab 1946 an wichtigen überregionalen Tagungen teil und vertrat konsequent die Idee des Einheitssportverbandes. Im Bereich des BSB gelang es ihm durch seinen kooperativen und offenen Führungsstil, Arbeitersportler und bürgerliche Sportler zu einen. Sein enormes ehrenamtliches Arbeitspensum konnte er nur bewältigen, da zwischenzeitlich seine beiden aus der Kriegsgefangenschaft heimgekehrten Söhne das Schuhgeschäft führten und ihm so den Rücken freihielten.

Ab 1947 zog Franz Müller für die DVP in den Karlsruher Stadtrat ein. An der Einführung des Sporttoto in Nordbaden war er ebenfalls beteiligt. Wie Heinz Lindner stand er der Sportwette skeptisch gegenüber und war sich darüber bewußt, daß sie bei ihrer unausweichlichen Einführung durch die Sportverwaltungsstellen kontrolliert werden müßte, wenn sie für den Sport Nutzen bringen sollte. Auf Reisen in die Schweiz, nach Schweden und Hamburg analysierte er 1948 die dortigen Modelle und war schließlich an der Einrichtung des nordbadischen Landesbeirates beteiligt, der die Totogelder verteilte. Er selbst leitete dann hauptberuflich die Totohauptstelle in Karlsruhe. Zeitweise war er Vorsitzender des Totoverbandes Nordbaden-Nordwürttemberg und später des Verbandes der Hauptstellenleiter.

Nachdem er dem KTV in den Jahren des Wiederaufbaus vorgestanden hatte, gab er den Vorsitz 1954 ab. Zwei Jahre später erhielt er das Bundesverdienstkreuz Erster Klasse für seine weitreichende ehrenamtliche Arbeit. Die Amtszeit als erster Vorsitzender des BSB rundete er mit dem Neubau des „Hauses des Sports" in Karlsruhe ab, das 1958 offiziell eingeweiht wurde. Damit war sein Wunsch eines verbandsübergreifenden Geschäftshauses Realität geworden, durch das die Idee des Einheitssportverbandes auch äußerlich ihren Ausdruck fand.

Franz Müller übergab den Vorsitz des BSB auf dem 7. Bundestag am 30. Oktober 1960 an seinen Nachfolger und starb am 17. Dezember 1963 im Alter von 67 Jahren.

***Linnenberg*:**

Ist der Ansicht, daß man zu viel Toleranz hat walten lassen. Während *Walter* im Brief an Bad Nauheim zum LSV steht, geht aus neuerlichen Unterlagen (verliest Brief) das Gegenteil hervor. Die Leute bohren noch immer für einen Süddeutschen Fußballverband. Die Frage der Bildung der Fachvereine dürfte nicht zu leicht genommen werden, denn sie würden sicher genehmigt werden. Auch Württemberg habe die Fachgruppe Fußball in einen Fußballverband umbenannt und ließe ihn lizenzieren, damit da keine Eingriffe von anderer Seite erfolgen können.

***Lindner*:**

Es wird auch nicht darüber hinweggegangen.

***Sorg*:**

Wir waren zu tolerant. Aber jetzt kann man in einen Haufen, der brodelt, nicht hineingreifen.

***Linnenberg*:**

Walter ist der Totengräber des Fußball. Daß er versuchte, die Paulskirchenangelegenheit lächerlich zu machen, ist nur ein Mißgönnen der Stadt; wäre die Paulskirche in Stuttgart, würde bestimmt die stärkste Mannschaft Süddeutschlands aufgeboten werden.

***Großmann*:**

Ist dafür, daß die Frage abgeschlossen ist. Mit einem bestimmten Standpunkt müsse man allerdings nach München fahren.

***Lindner*:**

Ist der Ansicht, daß es zu keiner Diskussion über die Frage Fachverbände kommen wird.

***Linnenberg*:**
Meint abschließend, daß man in der hessischen Sportzeitung den Artikel der Stuttgarter Sportwelt grundsätzlich entsprechend erwidern müßte.

***Großmann*:**
Entgegnet, daß er es für gut hält, wenn er sich aus jeder Polemik heraushält, weil es die kleinen Vereine verrückt macht.

***Sorg*:**
Das Ding ist am Platzen, die kleinen Vereine sind es satt!

***Lindner*:**
Faßt abschließend noch einmal zusammen, daß München entsprechend von unserem Standpunkt verständigt wird, und *Linnenberg* nach München mitkommen wird, vertritt weiterhin die Auffassung, daß nunmehr der Zeitpunkt herangekommen sei, die Bezeichnung „Fachgruppen" in „Verband" umzuändern.

***Wettig*:**
Eine Satzungsänderung kann die Satzungskommission herbeiführen, vorbehaltlich der Zustimmung des Verbandstages.

***Sorg*:**
Ist für eine Tagung des Gesamtverbandsvorstandes nach der Münchener Tagung.

***Lindner*:**
Vertritt die Auffassung, daß der Beschluß vorher zustande gekommen sein muß.
Beschluß: Man kommt überein, daß die Kreis- und Bezirksvorsitzenden sowie die Mitglieder des Gesamtverbandsvorstandes angeschrieben werden und auf schriftlichem Wege Stellung nehmen, da man sich auf der letzten Arbeitstagung bereits mit dem Beschlußgegenstand befaßt hat.

***Lindner*:**
Verliest Brief von *Müller* betr. einer Globalversicherung der Sportler aller LSV. Die Unkosten für die Vereine wären niedriger bei gleicher Leistung der Versicherung. Grundsätzlich wäre der LSVH bereit, die Entwicklung muß erst abgewartet werden.

***Linnenberg*:**
Wir müssen einen Übergang schaffen für die Versicherung; außerdem wünscht die Versicherung eine Liste der nichtversicherten Vereine bis zum 25. April 1948.

Berichtet über die Besprechung mit Herrn *Barcewski* am 31. März 1948 auf der Geschäftsstelle.

***Lindner*:**
Verfolgt den Vorgang einer Unfallmeldung vom Eingang bei der Geschäftsstelle bis zur Weitergabe an die Allianz und schlägt vor, einen Stempel für Herrn *Meeßen* anfertigen zu lassen über Beitragsvermerke.

Schlägt außerdem vor, der Versicherung eine weitere Anzahl von neuangemeldeten Vereinen zugehen zu lassen.

***Linnenberg*:**
Ist dafür, an die Versicherung etwa 7-8.000 neue Mitglieder aus Vereinen nachzumelden, die sich bereit erklärt haben, ihre eigene Versicherung – auf die Initiative des Sportkreises hin – zu kündigen und unserer Global-Versicherung beizutreten.

***Lindner*:**
Schildert kurz den Hergang der Wahl des neuen Fachgruppenleiters für Leichtathletik *Schröder*. *Dr. Danz* war bekannt, daß er sich unbeliebt gemacht hat, da er sich wenig um seine Arbeit gekümmert hat. Trotzdem wurde er auf Grund seines guten Namens in deutschen LA-Kreisen in einer kurzen Vorbesprechung wieder zum 1. Vorsitzenden vorgeschlagen, während *Schröder* sich bereit erklärte, das Amt des 2. Vorsitzenden zu übernehmen. In der darauffolgenden Wahl wurde *Schröder* ebenfalls vorgeschlagen und nahm die Kandidatur an. Er erhielt 45 : 38 Stimmen und wurde somit ordnungsgemäß zum 1. Vorsitzenden gewählt.

***Linnenberg*:**
Ich kenne die Unterwasserschüsse gegen *Dr. Danz*, es ist wegen der Spesen. Mehr konnte *Dr. Danz* nicht tun, als Hessen in Deutschland hervorragend zu vertreten.

***Lindner*:**
Zwischen den beiden Wahlvorschlägen bestand keine Karenzzeit. Die Wahl ist demnach ordnungsgemäß vor sich gegangen. Bei der Vorbesprechung wurde die Aufstellung der Mitarbeiter besprochen, für den Fall, daß *Dr. Danz* wiedergewählt werde. Durch die Wahl *Schröders* waren die Voraussetzungen jedoch andere geworden.

***Sorg*:**
Schröder hätte ablehnen müssen.

***Lindner*:**
*Schröde*r ist einwandfrei gewählt worden.

***Linnenberg*:**
Ein Verein kann dem Mann dann sein Vertrauen entziehen, was jedoch keinerlei Einfluß hat.

***Sorg*:**
Ein Verein darf das nicht machen, er muß die Entschei-

Joseph, genannt Jupp Schröder

Schröder wurde am 2. April 1898 in Frankfurt-Oberrad geboren, besuchte dort die Realschule und trat nach der Mittleren Reife in die Lehrerbildungsanstalt Montabaur ein mit dem Ziel, Volksschullehrer zu werden. An der Frankfurter Battonschule machte Schröder 1922 das Zweite Staatsexamen, trat in den Staatsdienst ein und wurde 1938 Rektor der Willmarschule in Frankfurt.

Im Februar 1924 heiratete er Erna Rompel; aus der Ehe gingen zwei Kinder hervor. Der 1926 geborene Sohn Otto fiel in den letzten Kriegstagen im April 1945 als Soldat, die 1931 geborene Tochter Gertrud kam 1946 bei einem Verkehrsunfall in Frankfurt ums Leben.

Schröder trat wie viele Lehrer 1937 der NSDAP bei und wurde bei Kriegsbeginn 1939 zur Wehrmacht eingezogen, am Westwall eingesetzt, aber schon bald aufgrund eines Herzleidens wieder entlassen, so daß er das Kriegsende in Frankfurt erlebte.

Aufgrund der Parteimitgliedschaft wurde er in den Jahren 1945 und 1946 vom Schuldienst suspendiert, dann im Entnazifizierungsverfahren als Mitläufer eingestuft und im Frühjahr 1947 wieder in den Schuldienst übernommen. Er wurde bald Rektor der Liebfrauenschule in Frankfurt, die er bis zu seinem Tode im Jahre 1957 leitete.

Schröders sportliche Betätigung begann im Jahre 1921 mit dem Beitritt zum Frankfurter Turn-Verein von 1860. Noch während seiner Aktivenzeit als Sprinter und Weitspringer übernahm er das Amt des Vereinsjugendwartes. Später wirkte er viele Jahre als Bezirksvorsitzender und vor allem als Zeitnehmer und Starter. Es war Schröder, der im August 1946 beim ersten großen Nachkriegstreffen der Leichtathletik im Frankfurter Waldstadion als Starter (damals noch im weißen Kittel) die Wettkämpfer und Wettkämpferinnen auf die Reise schickte, hinter den Kulissen aber als hauptverantwortlicher Organisator dieser Veranstaltung wirkte. Beim 2. Verbandstag des Hessischen Leichtathletik-Verbandes am 20. März 1948 in Bad Nauheim setzte sich Schröder in einer Stichwahl gegen Dr. Danz als Vorsitzender durch und bekleidete dieses Amt bis zu seinem Tode.

In Stuttgart gründete Schröder am 6. August 1950 zusammen mit den Vorsitzenden von Württemberg und Bayern eine Arbeitsgemeinschaft der süddeutschen LA-Verbände, aus der am 10. Januar 1953 der Süddeutsche Leichtathletik-Verband hervorging.

Unter Schröders Führung wurden in Frankfurt 1954 die ersten Deutschen Hallenmeisterschaften durchgeführt, ein weiteres Mal 1956. Eine Pionierleistung war die Durchführung der Deutschen Meisterschaften für Männer, Frauen und Jugend einschließlich Marathonlauf, Mehrkämpfen und Gehen im Frankfurter Waldstadion im August 1955, die in dieser Form nicht wiederholt wurde. Während der Amtszeit von Schröder wurden in Hessen für den DLV elf Meisterschaften und drei Länderkämpfe veranstaltet.

Schröder wurde am 14. Oktober 1957 durch Herztod mitten aus seiner beruflichen und ehrenamtlichen Tätigkeit im Sport gerissen.

dung des Verbandstages respektieren. Man muß jedem eine Chance geben.

***Linnenberg*:**

Nach Auffassung des Vereins KSV hat *Schröder* die Chance schon verpaßt.

***Lindner*:**

Wir stehen vor der Tatsache, daß *Schröder* vom Verbandstag gewählt wurde. *Schröder* ist Fachgruppenleiter, ich mißbillige den Brief, weil man den Willen der Mehrheit nicht anerkennt.

***Linnenberg*:**

Es ist eine Gemeinheit gegen *Dr. Danz*, der schließlich ein Mitbegründer des LSV war. Er bekam weniger Stimmen, weil von Frankfurt mehr Vertreter da waren.

***Lindner*:**

Man darf nicht mit Dankbarkeit rechnen, man muß selbst sehen, was man gearbeitet hat. Er hat in einer Reihe von Sachen versagt. Das wirft man ihm vor, und daß seine Tätigkeit nicht eine Sache für den Hessischen Sport war, sondern für seinen persönlichen Ehrgeiz, den es ihm galt zu befriedigen.

***Lindner*:**

Verliest Brief betr. Unfallversicherung der Ruderer. Antwort von *Dr. Lingnau* steht noch aus.

Verliest Brief betr. Zugehörigkeit zum Ehrenausschuß des Turnfestes Frankfurt 1948.

Verliest Brief der Stagma, die sich inzwischen Gema nennt, bezüglich der Ablehnung des Vertrages unsererseits. Der Vertrag sei nicht zu kompliziert, ein Pauschalvertrag könne nicht abgeschlossen werden. Man kommt überein, vorläufig nicht zu antworten.

Verliest Brief an den Polizeipräsidenten von Frankfurt in Sache Beschlagnahme der Räder der „Solidarität" Frankfurt, veranlaßt durch die SG-Bornheim.

Verliest Antwort des Polizei-Präsidenten vom 26. Oktober 1946.

***Sorg*:**

Das war prinzipiell in der Übergangszeit so.

***Linnenberg*:**

Das ist geräubert!

Sorg:
Wie will man das heute wieder gutmachen, dafür findet man keine Rechtslage. Wir können nicht gegen die Polizei vorgehen.

Lindner:
Was ist eigentlich mit der „Solidarität“ los?

Sorg:
Sie hat keine rechte Verbindung mehr.

Großmann:
Sie funktioniert einwandfrei.

Lindner:
Verliest Brief von *Dr. Beck*, Kanu, betr. Unterkunftshaus des ehemaligen Kanuverbandes am Edersee.

Sorg:
Es sind Immobilien eines früher bestandenen Verbandes. Rechtsnachfolger dafür gibt es nicht. Es kommt ein neues Gesetz heraus am 8. Mai 1948, auf Grund dessen jeder Geschäftsführer das Vermögen für sich beanspruchen könnte.

Lindner:
Beck fragt grundsätzlich an, ob der Verbandsvorstand das Vermögen wieder an den Verband abgibt.

Linnenberg:
Der Verband kann sich nicht alle Besitze aneignen, die früher anderen Verbänden gehörten.

Beschluß: Lindner will den Brief so beantworten, daß der Verband im Falle eines Zustandekommens des Deutschen Kanuverbandes das Haus an diesen abtritt.

Großmann:
Geht um 17.30 Uhr zum Handballspiel Schwanheim-Waldhof.

Lindner:
Verliest Brief an Oberbürgermeister *Kolb* betr. Vergnügungssteuer, der bis jetzt ohne Antwort ist.

Verliest Brief von *Heimbächer*, Kassel, auf dessen Kündigung.

Wettig:
Schildert ihn als einen Mann, der sich zunächst zur Verfügung stellte, weil er als Kriegsversehrter eine Stellung suchte, er sich zunächst sehr eifrig anstellte, 3/4 der Zeit jedoch für seinen Verein arbeitete. Es wurde ihm vorgehalten, daß er seine Vereins- und Jugendarbeit außerhalb der Geschäftszeit der Verbandsgeschäftsstelle zu leisten habe, woraufhin er sein Amt als Jugendwart im Falle einer Kündigung zur Verfügung stellte.

Lindner:
Ich glaube nicht, daß ein Verein seine Arbeit auf der Geschäftsstelle erledigen läßt. Herr *Kulpe* wird für seinen Verein dasselbe tun.

Linnenberg:
Es muß festgestellt werden, wer *Heimbächer* angestellt und bezahlt hat.

Wettig:
Betont, daß für *Heimbächer* keine Arbeit da sei.

Lindner:
Ein überfachlicher Geschäftsführer ist nicht nötig.

Wettig:
Höchstens mehrfachlich. *Kulpes* Tochter ist zur Zeit ehrenamtlich auf der Geschäftsstelle, um sich kaufmännisch irgendwie einzuarbeiten.

Lindner:
Empfliehlt, nicht mehr in dieser Sache zu reagieren, da wir nach wie vor auf dem Prinzip der Ehrenamtlichkeit bestehen wollen.

Linnenberg:
Schlägt vor, Herrn *Meeßen* eine Gehaltsaufbesserung von RM 25,- zu bewilligen, da ein Buchhalter eine große Verantwortung habe und entsprechend bezahlt werden müsse, noch dazu, da *Meeßen* in der gleichen Zeit doppelt soviel arbeite wie z. B. Herr *Merz*, der nur wenig unter dessen Gehalt steht.

Wettig:
Erst ein halbes Jahr vorbeigehen lassen.

Sorg:
Glaubt ohnehin nicht, daß die Gehälter so bleiben.

Linnenberg:
Gibt bekannt, daß die Gehaltszahlung des 1. Quartals unter dem Überschuß aus den Sport-Mitteilungen liegt und deshalb nicht die Befürchtung des Herrn *Sorg* teilt.

Sorg:
Meint, daß die Gehälter im Geschäftsleben eine Norm aufweisen müßten und man nicht willkürlich ins Unermeßliche steigern könne.

Lindner:
Wir wissen nicht, ob die Höhe der Gehälter beibehalten werden kann. Trotzdem schlage ich vor, da wir jetzt dazu in der Lage sind, Herrn *Meeßen* ab 1. April 1948 ein Gehalt von RM 350,— zu zahlen.

Sorg:
Wir müssen erst eine grundsätzliche Norm finden.

Lindner:
Der Stellenplan sieht ein Gehalt bis zu RM 400,— vor, und ein solcher Vorschlag stimmt mit unseren Grundsätzen überein.

Roesler:
Wird um 18 Uhr abberufen und entschuldigt sich.

Lindner:
Unterzeichnet Rechnung von *Bindernagel* für Adventskalender. *Roesler* muß mitgeteilt werden, daß solche Ausgaben vorher zu genehmigen sind.

Verliest Schreiben des VfL Witzenhausen betr. Ausgestaltung des Verbandstages, was augenblicklich nicht möglich ist.

Linnenberg:
Man könnte die Oberligaspiele an diesem Tag zusammenlegen und gemeinsam besuchen.

Sorg:
Volkshaus Enkheim muß bestellt werden für Verbandstag.

Linnenberg:
Verliest Schreiben von Sportlehrer *Zimmermann*, Neukirchen, betr. Sportgerätebeschaffung.

Lindner:
Bittet, das Schreiben an den Landesjugendausschuß weiterzugeben.

Verliest Schreiben zur Gründung des Turn-Sport- und Gymnastiklehrer-Verband mit der Bitte im Sinne einer guten Zusammenarbeit zu beantworten.

Lindner:
Die Geschäftsstelle wird gebeten, die Kassenprüfer anzuschreiben, sie möchten im April zur Geschäftsstelle kommen.

Wettig:
Gibt als Termin für die Zusammenkunft der Satzungskommission den 24. April 1948 an. Am 19. April ist Herr *Wettig* einzuladen.

Lindner:
Bittet, Geldüberweisungen auf sein Konto bei der Stadt- und Kreis-Sparkasse Darmstadt, 285841 vorzunehmen.

Ende der Sitzung: 19 Uhr.

Protokoll zu der Sitzung des engeren Verbandsvorstandes am 8. Mai 1948 in Frankfurt, Gewerkschaftshaus

Anwesend: Lindner, Sorg, Schmidt, Wettig, Linnenberg, ab 16 Uhr Roesler.
Entschuldigt fehlte: Großmann.
Beginn der Sitzung: 15.10 Uhr.

Linnenberg:
Bittet, die Frage der Fachgruppe-Fachverbände vorwegzunehmen, da er um 17 Uhr eine Sitzung des Ausschusses Fußball besuchen müßte. Sehr dringend ist die Frage der Fachverbände als juristische Person, die unbedingt in einer Sitzung des erweiterten Vorstandes besprochen werden müßte. Er bittet um Einberufung des erweiterten Vorstandes.

Lindner:
Weist darauf hin, daß er bereits in einem Rundschreiben an die Fachgruppenleiter eine Sitzung für den 2. Juni 1948 einberufen hat.

Linnenberg:
Die Angelegenheit ist gerade für Fußball im Moment so wichtig, da von einzelnen Personen angestrebt wird, einen Süddeutschen Fußballverband ins Leben zu rufen. Herr *Dr. Walter* aus Stuttgart verschickt offene Briefe an die Vereine und läßt in den einzelnen Kreisen Sitzungen des SFB durchführen. Er hat außerdem die Absprache, daß die Rundfrage der Vereine bindend ist, nicht eingehalten. Gibt die Zahlen von bisher vorliegenden Meldungen bekannt.

Lindner:
Hat in einem Rundverfahren die Fachgruppen und die Kreise und Bezirke betr. der Umbenennung angeschrieben und bis auf Melsungen, Ziegenhain, Darmstadt ein „Ja" also für Fachverbände erhalten.

Die Frage der juristischen Selbständigkeit beantwortet er ebenfalls mit „Ja". Er bringt in Kürze den Vorschlag, daß die einzelnen Fachverbände auch juristisch selbständig sind. Die ganze Sache soll am 2. Juni in der Sitzung besprochen werden.

Linnenberg:
Schlägt vor, die Umbenennung dahingehend zu erweitern, daß die Fachgebiete „Verband" und die überfachliche Organisation „Bund" heißt.

Lindner:
Hält es nicht für erforderlich.

Ergebnis: Die weitere Diskussion hat ergeben, daß eine Rundfrage über diese Umbenennung an die ande-

Fachverbände statt Fachgruppen im LSV Hessen

Auf einer Arbeitstagung der Sportbezirks- und Kreisvorsitzenden mit dem Gesamtverbandsvorstand im Jahre 1947 wurde bereits die Frage erörtert, ob in unserem Verband der Begriff „Fachgruppe" aufgegeben und zur eindeutigen Herausstellung unserer tatsächlichen organisatorischen Gestaltung durch „Verband" ersetzt werden soll.

Bereits damals wurde zunächst unverbindlich die Meinung der an sich beschlußfähigen Arbeitsgemeinschaft durch Abstimmung festgestellt, wobei nahezu einstimmig (2 Stimmenthaltungen) für Verbände an Stelle der Fachgruppen gestimmt wurde.

Unser 1. Verbandsvorsitzender, Heinz Lindner, Darmstadt, hat nunmehr im Einvernehmen mit dem engeren Verbandsvorstand einen Beschluß der Bezirks- und Sportkreisvorsitzenden und des Gesamt-Verbandsvorstandes veranlaßt, der diese grundsätzliche Satzungsänderung zum Gegenstand hat. Voraussichtlich werden wir also, da ein solcher Beschluß auf Grund unserer Hauptsatzung vorbehaltlich der Zustimmung des kommenden Verbandstages in Kraft treten kann, in Kürze im Landessportverband Hessen einen Hessischen Fußballverband, einen Hessischen Handballverband, Turnverband usw. als tragende Fachsäule aller Sportvereine haben.

An unseren Zielen und Aufgaben wird durch diese Satzungsänderung nichts abgeschrieben. Wir werden uns nach wie vor unentwegt für die Einigkeit im deutschen Sport, für ein offenes aufrichtiges Eintreten auf der großen Linie zum Wohle des deutschen Sports, der deutschen Sportvereine und der deutschen Sportjugend einsetzen.

Aus: Sport-Mitteilungen, 28. April 1948

ren Landessportverbände gerichtet wird.

TOP Verbandstag:

Lindner:

Der Verbandstag findet am 5. Juni statt.

Linnenberg:

Als Tagungsort ist uns das Volkshaus in Enkheim zugesagt.

Schmidt:

Hat mit Enkheim gesprochen, evt. sind auch 100 Quartiere in Enkheim zu belegen. Für die Kasseler Vereine wurde beschlossen, daß von Kassel aus ein Wagen reserviert wird, der die Teilnehmer nach Frankfurt bringt, evt. auch Omnibusse. Das muß jedoch vom Bezirk Kassel durch *Bechmann* in die Wege geleitet werden, worüber er von Herrn *Wettig* in Kenntnis gesetzt wird.

Als Beginn wurde 9 Uhr festgesetzt. *Lindner* schickt für die neuen Sportmitteilungen eine Veröffentlichung über den Verbandstag.

TOP Wintersport:

Lindner:

Dr. Keck hat um eine Unterredung gebeten, die wahrscheinlich die Frage des Wintersportverbandes (*Griebel*) betrifft.

Roesler:

Dr. Keck wird von den Eishockeyspielern nicht mehr gewählt. Dafür ist *Dr. Unger* angesetzt.

Lindner:

Griebel möchte gerne über seine Wintersportarten einen Wintersportverband gründen. Die Notwendigkeit hierzu ist aber nicht gegeben.

Linnenberg:

Wenn die Wintersportler einen Wintersportverband wollen, dann ja.

Sportverein Hilgershausen bittet für seine Sportplatzanlage um finanzielle Unterstützung.

Der Vorstand ist der Auffassung, daß dem Verein keine Unterstützung zugedacht werden kann, diese Schwierigkeiten sind heute bei jedem Verein vorhanden.

Der 1. Verbandsvorsitzende unterrichtet den Verein in diesem Sinn.

Lindner:

Gibt dem Verbandsvorstand bekannt, daß Herr *Merz* seinen Angestelltenvertrag nicht unterschrieben hat und daß er inzwischen auch schriftlich kündigte, weil er sich beruflich verändern wird. Es liegt eine schriftliche Bewerbung eines jüngeren Mannes vor, ein Herr *Bachmann*, der z. Zt. beim „Marburger Sportbericht" tätig ist.

Linnenberg:

Hat sich die Sache nochmals genauestens überlegt und ist zu der Auffassung gekommen, daß *Bachmann* nicht der geeignete Mann für die Aufgabe ist. *Bachmann* will Journalist werden, und der LSV braucht in erster Linie einen kaufmännischen Mitarbeiter, der die Sportmitteilungen nebenbei miterledigt.

Vorschlag: Herr *Meeßen* könnte sich hier einschalten, wenn wir noch eine Schreibhilfe einstellen könnten, die auch Statistik usw. miterledigt.

Linnenberg:

Gibt in diesem Zusammenhang gleichzeitig bekannt, daß laut Schreiben der Rundschau diese die Sportmitteilungen ab 1. Juni 1948 nicht mehr drucken kann. Die Geschäftsstelle hat Verbindung inzwischen mit Bindernagel und Maindruck, evtl. auch Henrich, Schwanheim, aufgenommen.

Lindner:

Ist damit einverstanden, daß der Vorschlag der Geschäftsstelle in Bezug auf die Druckerei angenommen wird.

Wettig:

Kommt auf die Angelegenheit *Bachmann* zurück. Er kennt *Bachmann* persönlich und hält ihn für sehr geeignet für diesen Posten. Er ist ein junger strebsamer Mensch, ein Idealist, den man nur empfehlen kann.

***Lindner*:**

Ist der Meinung, daß die Sportmitteilungen *Bachmann* keine Entwicklung bieten.

***Linnenberg*:**

Verweist hierbei nochmals darauf, daß der LSV in erster Linie einen kaufmännischen Mitarbeiter braucht, daß die Sportmitteilungen nicht das Hauptsächliche sind.

***Lindner*:**

Erwähnt, daß *Linnenberg* bei einer persönlichen Rücksprache in Frankfurt erst dafür gewesen ist, daß Bachmann als Nachfolger von *Merz* eingestellt wird, obwohl er, *Lindner*, anderer Meinung gewesen wäre. Wenn *Linnenberg* nun seine eigene Meinung teilt, so müßte das an sich anerkannt werden, zumal die Beweggründe absolut einleuchtend sind.

***Wettig*:**

Vertritt nach wie vor die Auffassung, daß *Bachmann* für diesen Posten geeignet ist; er ist sogar der Auffassung, daß es einmal ganz gut wäre, ,,wenn mal ein Anderer hereinkommt, einer der nicht von Frankfurt ist".

***Sorg*:**

Ist verwundert darüber, daß man immer vor vollendete Tatsachen gestellt wird. Er weiß nichts davon, daß die Sportmitteilungen von Friedberg nach Frankfurt verlegt wurden und führt u.a. noch einige andere Dinge an. Er ist der Auffassung, daß diese Personalfrage nicht ordnungsgemäß bearbeitet wurde; der Wechsel innerhalb der Geschäftsstelle gleicht einem Taubenschlag. Die Frage der Geschäftsstellenbesetzung hätte so geklärt werden müssen, daß dieser Zustand jetzt nicht eintreten könnte. Es gibt so viele Idealisten und Funktionäre, die in dieser Arbeit ihr Lebenswerk sehen und nicht wegen 10,— Mark einfach die Stelle wechseln.

***Lindner*:**

Der Vorwurf ist nicht angebracht. Die Dinge, wie Sportmitteilung-Verlegung usw. wurden alle in den Vorstandssitzungen besprochen.

***Linnenberg*:**

Sie können es keinem Menschen verargen, wenn er sich finanziell verbessern kann und deshalb die Stelle wechselt, wie z.B. Herr *Schäfer* und Frl. *Eisenmeyer*, die einzigen, die während dieser Zeit dem LSV gekündigt haben.

Schlägt vor: Mit Herrn *Bopp* zu sprechen, ob er die Angelegenheit bis zur endgültigen

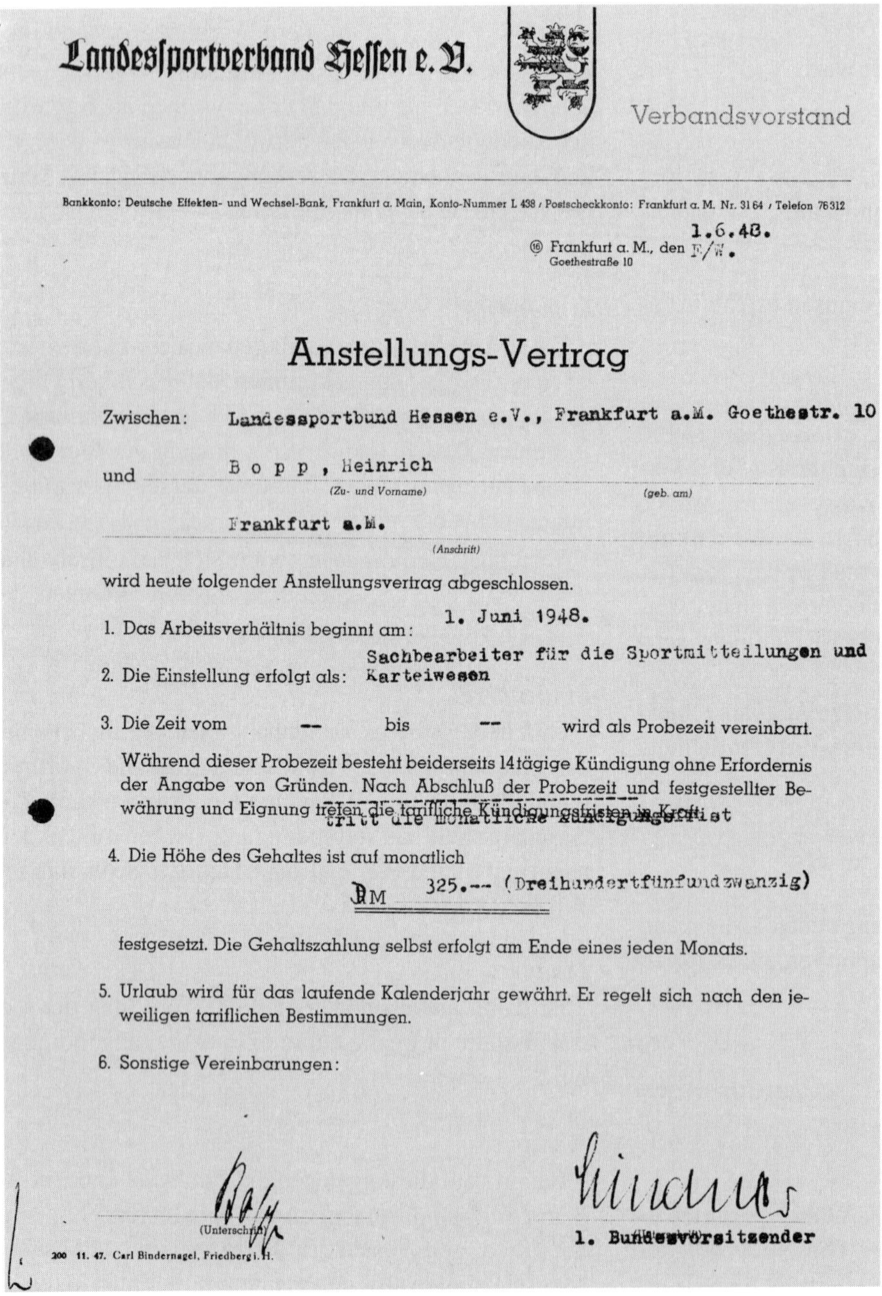

Landessportverband Hessen e.V.

Verbandsvorstand

Bankkonto: Deutsche Effekten- und Wechsel-Bank, Frankfurt a. Main, Konto-Nummer L 438 / Postscheckkonto: Frankfurt a. M. Nr. 3164 / Telefon 76312

⑯ Frankfurt a. M., den 1.6.48. F/W.
Goethestraße 10

Anstellungs-Vertrag

Zwischen: Landessportbund Hessen e.V., Frankfurt a.M. Goethestr. 10

und Bopp, Heinrich
(Zu- und Vorname) (geb. am)

Frankfurt a.M.
(Anschrift)

wird heute folgender Anstellungsvertrag abgeschlossen.

1. Das Arbeitsverhältnis beginnt am: 1. Juni 1948.
2. Die Einstellung erfolgt als: Sachbearbeiter für die Sportmitteilungen und Karteiwesen
3. Die Zeit vom -- bis -- wird als Probezeit vereinbart.
   Während dieser Probezeit besteht beiderseits 14tägige Kündigung ohne Erfordernis der Angabe von Gründen. Nach Abschluß der Probezeit und festgestellter Bewährung und Eignung ~~treten die tarifliche Kündigungsfristen in Kraft~~ tritt die monatliche Kündigungsfrist
4. Die Höhe des Gehaltes ist auf monatlich
   DM 325.-- (Dreihundertfünfundzwanzig)
   festgesetzt. Die Gehaltszahlung selbst erfolgt am Ende eines jeden Monats.
5. Urlaub wird für das laufende Kalenderjahr gewährt. Er regelt sich nach den jeweiligen tariflichen Bestimmungen.
6. Sonstige Vereinbarungen:

(Unterschrift) 1. Bundesvorsitzender

200 11. 47. Carl Bindernagel, Friedberg i. H.

Regelung machen wird.

Ergebnis: In der weiteren Diskussion ist man zu dem von Herrn Linnenberg gemachten Vorschlag übergegangen, mit Herrn Bopp zu sprechen. Bachmann soll sich nochmals mit Herrn Roesler ins Benehmen setzen.

TOP Sportmitteilungen-Abrechnung:

Heise hat den gestellten letzten Termin zur Abrechnung ebenfalls nicht eingehalten.

Der Vorstand hat beschlossen, die Angelegenheit nunmehr einem Rechtsanwalt, *Dr. Breitbach*, zu übergeben.

TOP Kassenwart:

Als Kassenwart, der bis zum Verbandstag noch eingesetzt werden soll, waren verschiedene Vorschläge da: *Dr. Lingnau, Dr. Müller-Lutz, Dr. Dietz.*

Lindner:

Hält *Dr. Dietz* für den geeigneten Mann und schlägt vor, ihn noch vor dem Verbandstag einzusetzen, da gerade das Amt des Kassenwartes so ungeheuer wichtig ist.

Dr. Dietz, der auch im Fußball mitarbeitet und sich immer freiwillig zur Verfügung stellt und Anregungen gibt, soll beauftragt werden. Herr *Lindner* klärt die Angelegenheit persönlich.

TOP Antrag Fritzlar-Homberg für den Verbandstag über die Verteilung der Gelder:

Lindner:

Hat dem Kreisvorsitzenden bereits geschrieben, daß dies eine Angelegenheit des Vorstandes sei.

Die Frage der restlichen Ausschüttung der Verbandsbeiträge an die Kreise (für neu hinzugekommene Mitglieder) muß durch die Buchhaltung erledigt werden.

TOP Sitzung des Sportbundes Nordhein-Westfalen in Köln:

Herr *Lindner* hat, wie es sich aus der Diskussion ergeben hat, eine entsprechende Rundfrage an die LSB der britischen und der amerikanischen Zone gerichtet, ob Vertreter entsandt werden.

Herr *Linnenberg* verläßt die Sitzung (17 Uhr).

TOP Kreisvorsitzender Kress,

Büdingen:

Lindner:

Berichtet über den Stand in dieser Angelegenheit. *Kress* hat einen Beschluß erhalten, den er wieder in vollkommen unsachlicher Art und Weise behandelt hat. *Kress* übersieht bei dieser Angelegenheit, daß er nicht mehr gehört werden kann.

Sorg:

Vertritt die Auffassung, daß eine Stelle geschaffen werden muß, die diese persönlichen Dinge bearbeitet. Der Vorstand kann sich damit nicht befassen.

Wettig:

Dafür ist ja das Verbandsgericht da.

Ergebnis: Nach einer längeren Diskussion wurde beschlossen, daß das Verbandsgericht diese Angelegenheit klärt. Herr Lindner hat den Vorgang Herrn Wettig übergeben.

TOP Schunk, Sportfreunde Ehlen:

Wettig:

In obiger Sache hat das Verbandsgericht auf Anklage der Fachgruppe Fußball ein Urteil gefällt. Der Sportkreis Wolfhagen legt gegen dieses Urteil Berufung ein. Verliest seine Meinung in einer Aktennotiz, daß nur der Ankläger bzw. der Beklagte Berufung einlegen kann.

Ergebnis: Der Vorstand vertritt ebenfalls diese Meinung. Wettig soll diese Angelegenheit, wie in seiner Aktennotiz enthalten, entsprechend erledigen.

TOP Verbandstag Schwimmen:

Lindner berichtet über den Verbandstag Schwimmen und gibt bekannt, daß Herr *Belz* nicht mehr gewählt wurde, dafür Herr *Binner*.

Lindner:

Bezirksvorsitzender *Morasch*, Wiesbaden, schreibt an den Vorstand und bittet, daß Herr *Lindner* am 29. Mai

Walther Binner

Binner wurde am 28. Januar 1891 in Breslau geboren, besuchte dort das Gymnasium und machte 1910 das Abitur.

Vor dem Ersten Weltkrieg gehörte Binner zu den Leistungsträgern des Deutschen Schwimmverbandes: Es schwamm 1909 mit 1:22,2 über 100-m-Brust Weltrekord, war Olympiateilnehmer 1912 und bestritt von 1909 bis 1922 acht Länderkämpfe.

Nach dem Ersten Weltkrieg wurde er Schwimmwart im DSV, 1931 Präsident des Europäischen Schwimm-Verbandes (LEN) und war von 1932 bis 1936 Präsident des Welt-Schwimmverbandes (FINA).

Aus dem Deutschen Schwimmverband mußte Binner 1933 ausscheiden.

Nach dem Zweiten Weltkrieg siedelte der Gymnasiallehrer Binner nach Frankfurt über und leitete lange Jahre als Oberstudiendirektor die Freiherr-vom-Stein-Schule.

Binner war im Jahre 1946 Mitbegründer des Fachausschuß Schwimmen und von 1948 bis 1958 Präsident des Hessischen Schwimm-Verbandes. Beim 2. Verbandstag des Landessportverbandes Hessen in Enkheim war Binner Versammlungsleiter bei den Vorstandswahlen.

Er ist am 18. September 1971 in Frankfurt gestorben.

ein Referat hält. An diesem Tag ist jedoch die Sitzung in Köln.

Ergebnis: Der Verbandsvorstand beschließt, daß Herr Schmidt den Bezirkstag Wiesbaden besucht, Lindner bleibt jedoch mit ihm in Verbindung, falls sich mit Köln etwas ändern sollte.

***Lindner*:**

Verliest Schreiben der Frankfurter Allianz-Versicherungs-Anstalt, die mitteilt, daß der Aufsichtsrat in Wiesbaden den Vertrag kündigt. Herr *Lindner* war in Wiesbaden, um die Angelegenheit dort zu besprechen, hat aber niemanden getroffen. Er will die Angelegenheit nochmals in Wiesbaden besprechen.

Ergebnis: Der Vorstand ist damit einverstanden.

***Hartmann*, Fulda:**

Hat in einem Schreiben angefragt, ob der Bezirk sich am Jugendring beteiligen kann.

Ergebnis: Der Vorstand ist der Auffassung, wenn ein Jugendring besteht, kann ruhig mitgearbeitet werden.

TOP Fußball-Toto:

Anfrage des Hessischen Staatsministeriums.

Vorstand vertritt nach wie vor die Meinung, daß solange Amateursport kein Fußball-Toto notwendig. Herr *Lindner* soll in diesem Sinne antworten.

***Roesler*:**

In Weinheim ist ein Sanitätslager aufgelöst, woraus Medikamente zu erwerben sind.

Vorstand beauftragt Herr *Roesler*, die Angelegenheit nochmals genauestens zu klären.

Rheingau: Sportkreis hat nochmals eine Kostenaufstellung für den Rest des Verbandsjahres bis 31. März 1948 in Höhe von RM 127,— gestellt.

Ergebnis: Der Vorstand beschließt, ausnahmsweise diesen Betrag zu genehmigen, aber dem Sportkreis ausdrücklich bekanntzugeben, daß diese Auslagen aus den ausgeschütteten Verbandsbeiträgen zu begleichen sind.

***Lindner*:**

Verliest Aktennotiz der Geschäftsstelle, daß im „Sport-Echo Kassel Artikel" über „Solidarität" veröffentlicht ist.

Herr *Wettig* wird beauftragt, diese Angelegenheit in Verbindung mit der Lizenz Kassel zu klären.

TOP Aufnahmegebühr Kassel, Aktennotiz der Geschäftsstelle:

Danach hat der Sportkreis Kassel nach dem 1. Juni 1946 von Vereinen noch Aufnahmegebühr vereinnahmt.

Der Vorstand steht auf dem Standpunkt, daß solche Beträge grundsätzlich dem LSV zustehen. Mit Herrn *Bechmann* soll Fühlungsnahme aufgenommen werden, mit dem Ziel festzustellen, um welche Beträge es sich handelt, die nach dem 1. Juni 1946 als Aufnahmegebühr dort erhoben worden sind.

Marburger Tennisklub: Bittet um Streichung der Aufnahmegebühr.

Vorstand ist damit einverstanden, daß der geringste Satz also 25,— RM erhoben wird.

Turnerschaft Griesheim Beitragsermäßigung:

1/3 des Betrages wird erlassen, jedoch nicht über RM 299,50.

TOP Beitragsermäßigung:

Turnverein Dillenburg: 1/3 des Beitrages.

VfB Friedberg: 1/3 des Beitrages.

Oberscheid will erst ab 1. April 1948 dem Verband beitreten.

Ergebnis: Vorstand stimmt zu.

TOP Seifert-Unfall:

Schreiben, daß aus grundsätzlichen Erwägungen heraus die Rechtsnachfolge des früheren NSRL nicht anerkannt werden kann, zumal uns die finanziellen Mittel hierzu nicht zur Verfügung stehen. Wir empfehlen Ihnen, was nach dem Körperbeschädigten-Gesetz möglich ist, bei Ihrer Betreuungsstelle einen entsprechenden Antrag zu stellen.

Ergebnis: Die Geschäftsstelle sammelt diese Anträge zur späteren Vorlage für den Deutschen Ausschuß.

TOP Aufnahmeantrag Odersbach:

Soll der Bezirksvorsitzende *Hahn* klären.

Ballspiel-Klub Frankfurt:

Erhebt Einspruch gegen eine Aufforderung des Sportamtes Frankfurt, das von neuen Vorstandsmitgliedern u. a. Leumundszeugnisse verlangt.

Herr *Lindner* wird diese Angelegenheit direkt erledigen.

Die Angelegenheit *Eifert* soll bis nach dem Paulskirchenfest zurückgestellt werden.

Ende der Sitzung: 19 Uhr

Protokollaufnahme: Wöhr

Protokoll zu der Sitzung des engeren Verbandsvorstandes am 2. Juni 1948 in den Räumen der Verbandsgeschäftsstelle, Frankfurt, Goethestr. 10

Anwesend waren: Reg.-Rat Lindner, Sorg, Schmidt, Wettig, Dr. Dietz, Roesler (ab 17 Uhr), Linnenberg.
Entschuldigt fehlt: Pressewart Großmann.
Beginn der Sitzung: 14.45 Uhr.

***Lindner*:**
Stellt die Beschlußfähigkeit fest und begrüßt die Anwesenden.

Auf der Tagesordnung stehen Anträge für den Verbandstag. Eingeladen wurden außer den Vereinen die Herrn *Herzfeld* und Mister *Patrick*.

Der Verbandstag wird durchgehend ohne Pause durchgeführt. Beginn ohne Rücksicht auf die Zahl der Teilnehmer um 9 Uhr. Um pünktliches Erscheinen wird gebeten.

***Wettig*:**
Benötigt kein Quartier.

***Lindner*:**
Gibt nochmals die Tagesordnung bekannt für den Verbandstag:

1. Begrüßung
2. Überblick über den letzten Verbandstag mit einem Auszug aus dem Protokoll.

Da dieses Protokoll noch in Händen des Herrn *Sorg* ist, erscheint es am zweckmäßigsten, daß Herr *Sorg* diesen kurzen Bericht von etwa 20 Minuten Dauer gibt. *Großmann* hat sich bisher wenig um diese Dinge gekümmert.

Großmann hat mehr geschadet als genützt. Ich denke mir für dieses Amt eine andere Tätigkeit. Seine Haltung in bezug auf die Probleme des LSV und Fachverbände war in keiner Weise klar. Wir stehen vor der Frage, einen neuen Pressewart zu nominieren.

***Schmidt*:**
Er sieht nur sein Blättchen.

***Lindner*:**
Und das nicht objektiv. Er hat keinen Standpunkt.

***Dietz*:**
Vom Verbandstag steht in seiner Zeitung nichts. Dafür sei in der heutigen Sportpresse kein Platz.

***Linnenberg*:**
Er hat oft vermieden, für den Verband einen Standpunkt einzunehmen.

***Sorg*:**
Ist bereit, auf dem Verbandstag einen Bericht von etwa 20 Minuten Dauer zu machen.

***Lindner*:**
Gibt bekannt, daß nach dem Rücktritt des Herrn *Grosse* als Kassenwart Herr *Dr. Dietz* gebeten wurde, bis zur Wahl auf dem Verbandstag das Amt eines Kassenwartes zu übernehmen. Er glaubt, damit einen Mann vorschlagen zu können, der die Arbeit eines Kassenwartes leisten kann, den er kennt und von dem er weiß, daß er sich mit Gewissenhaftigkeit einsetzt, und glaubt, hier nicht die Pleite zu erleben, wie mit Herrn *Grosse*.

„Ich selbst bin im Interesse einer nach meiner Auffassung geklärten Lage und einer raschen Weiterentwicklung der derzeitigen Lage im Sport bereit, weiterhin im Amt zu bleiben. Ich nehme an, daß auch Sie, meine Sportkameraden, bereit sind, wieder ihr Amt zu übernehmen".

***Sorg*:**
Ich möchte sagen, daß unser Sportfreund *Lindner* über Hessen hinaus eine ausgezeichnete Arbeit für den deutschen Sport geleistet hat. Ich habe das Gefühl, daß der deutsche Sport schon lange ein einheitliches Gebilde wäre, wenn noch mehr Männer wie Kamerad *Lindner* sich um die Belange des deutschen Sportes bemühen würden. Die Konferenzen in München und Köln haben bewiesen, daß wir auch im kommenden Ausschuß diese Gedankengänge in der gleichen Entschlossenheit weiterverfechten. Ohne daß *Lindner* einen Ausschuß und Leute neben sich hat, auf die er sich verlassen kann, kann er das nicht schaffen. Wir werden in Hessen im Mittelpunkt des Sportes stehen.

Ich werde mein Amt weiterversehen, solange es mir möglich ist. Ich will meine ganze Kraft dafür einsetzen, umsomehr, da wir einen sehr schweren Kampf durchzufechten haben besonders in wirtschaftlicher Hinsicht.

***Lindner*:**
Ich möchte die Auffassung des Herrn *Sorg* unterstreichen. Gibt einen Bericht über die Tagung in Köln, geht zuvor kurz auf die Münchener Konferenz ein. Die Leitsätze der Münchener Tagung wurden in Köln unterbreitet, einberufen war die Tagung vom Landessportbund Nordrhein-Westfalen, vertreten waren außer dem in München gewähl-

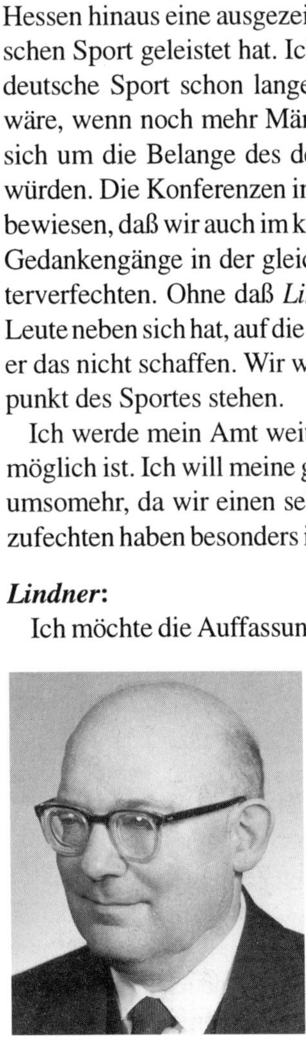

Dr. Anton Dietz

Herrn
Fritz Bechmann
Ka   el
Ko lit tr. 7

AMTLICHES ORGAN DES LANDESSPORTBUNDES HESSEN E.V. - FRANKFURT/MAIN

3. Jahrgang / Nr. 24 | Frankfurt a. M., den 16. Juni 1948 | Goethestr. 10 / Tel. 76312

München - Köln - Frankfurt, ein Weg zur Sicherung der Einigkeit im deutschen Sport

Von unserem 1. Bundesvorsitzenden Heinz Lindner, Darmstadt.

Das Ringen um die in jeder Hinsicht zweckvollste Organisationsform im deutschen Sport ist noch nicht beendet. Bekanntlich hatten die Landessportverbände (-bünde) die bisher bekanntgewordenen Vertreter der deutschen Sportfachausschüsse am 17./18. April d. Js. zu einer Konferenz nach München eingeladen. Dort wurde in abwechslungsreichen Diskussionen zur Sache verhandelt und schließlich kamen die nachstehenden Leitsätze einstimmig zur Annahme, die übrigens durch ein Versehen in unseren „Sport-Mitteilungen" vom 5. Mai nicht veröffentlicht worden sind.

Leitsätze für den organisatorischen Aufbau im deutschen Sport.

Beschluß der Münchener Konferenz vom 17./18. April 1948.

1.

Die Sportvereine sind die Träger des Sportes.

2.

Die Sportvereine sind die Träger der Rechte und Pflichten in der Sportorganisation.

3.

Die Organisation muß daher dem Verein und der Erfüllung seiner Aufgaben und auch dem Sport dienen. Sie muß einfach, zweckmäßig und so gehalten sein, daß der Verein über die unmittelbare Mitgliedschaft im Sportverband gleichzeitig die Mitgliedschaft in allen Fachverbänden erwirbt, deren Sportarten er pflegt.

4.

Auf Grund der Tatsache, daß es im Sport fachliche und überfachliche Aufgaben gibt, muß die Organisation eine fachliche und eine überfachliche Säule enthalten.

5.

Die fachliche Säule der Organisation muß selbständig sein. Die Selbständigkeit muß unbedingt gewahrt sein

a) im rein Fachlichen einschl. des Auslandssportverkehrs;

b) im Finanziellen bezüglich aller rein fachlichen Einnahmen und Ausgaben

und zwar in jeder einzelnen Sportart. Auch gegen die rechtliche Selbständigkeit ist nichts einzuwenden, wenn sie in anerkannte und alle verpflichtenden Normen gekleidet ist, die die Einigkeit und die zweckvollste Arbeit aller Vereine im Sport und die Ziele des Sports garantieren.

6.

***Fachlich** kann jede Sportart nur von einem Fachverband betreut werden.*

7.

Die überfachliche Säule muß nach dem Grundsatz von Treu und Glauben durch das aufrichtige Bekenntnis zur Einigkeit, zur Vermeidung jeglicher organisatorischer Zersplitterung, zur freiwilligen Einordnung und zur Verträglichkeit in unbedingter Zusammenarbeit die tatsächlich und rechtlich fundierte deutsche Sportgemeinschaft sein, aufgebaut auf den deutschen Ländern und ihren Sportverbänden nach föderalistisch-demokratischen Grundsätzen.

8.

Alle diese Leitsätze rechtfertigen folgerichtig in jedem deutschen Land Fachverbände in einem Landessportverband, weiterhin die Zusammenarbeit dieser Fachverbände sämtlicher Länder in föderalistisch-demokratisch aufgebauten Fachverbänden über den Ländern und eine ebenso aufgebaute überfachliche Dachorganisation.

Diese Leitsätze haben dann bei einigen Vertretern der sogen. absoluten Fachverbände Aufsehen und Anstoß erregt. Sie haben auch wieder zu ganz falschen Behauptungen geführt. So hatte man offenbar bisher immer angenommen, die Landessportverbände wollten den fachlichen Auslandssportverkehr selbst regeln und sie wären vor allem auch gegen Fachverbände. Deshalb warf man nach München gleich wieder den Landes-Sportverbänden vor, sie hätten sich auf einmal in ihrer Auffassung gedreht, ein völlig unberechtigter Vorwurf, der wieder einmal bewiesen hat, wie oberflächlich man sich bis dahin doch eigentlich mit der Idee der Landessportverbände befaßt hatte.

Besonderer Anstoß wurde im Sportbund Nordrhein-Westfalen genommen, denn dort wurden bisher die sogen. absoluten Fachverbände gebildet, durch die jeder Verein mit zwei und mehr Sportarten gezwungen ist, unmittelbar jedem der entsprechenden Fachverbände als Mitglied beizutreten und an jeden einen besonderen Kopfbeitrag zu entrichten, während in den Landessportverbänden und -bünden die Vereine unmittelbar Mitglied im Bund sind und an diesen einen einheitlichen Kopfbeitrag entrichten und sie damit ohne weiteres auch mittelbar Mitglied in jedem Fachverband sind, dessen Sportarten sie betreiben. In Nordrhein-Westfalen ist also der Sportbund nichts anderes als die Vereinigung der absolut selbständigen Fachverbände, während bei uns der Bund die Vereinigung der Vereine ist und die Fachverbände die unmittelbare Vereinigung der Vereine auf rein fachlichem Gebiet darstellen.

Da in Nordrhein-Westfalen auch mehrere Vorsitzende deutscher Sportfachausschüsse beheimatet sind, ist verständlich, daß man von dort aus eine Tagung der Fachausschüsse für den 29./30. 5. einberufen hatte, zu der die Mitglieder des in München gewählten Arbeitsausschusses der Arbeitsgemeinschaft des deutschen Sports eingeladen worden waren. Die Kölner Tagung führte zunächst nach eingehenden Diskussionen zu Richtlinien, die die Vertreter der Sportfachausschüsse zunächst annahmen, teilweise uneingeschränkt, teilweise unter dem ausdrücklichen Vorbehalt, daß diese Richtlinien als Verhandlungsgrundlage mit den Mitgliedern des Münchener Ausschusses gelten sollten. Im Vorwort wurde zunächst besonders herausgestellt das Erfordernis der Bildung einer Arbeitsgemeinschaft der deutschen Sportfachausschüsse, die Forderung, daß nur ein Fachverband eine Sportart betreiben und sie auch allein international vertreten solle und die Regel, daß den Fachverbänden überlassen bleiben solle, Vereinbarungen untereinander zu treffen. Dann wurden als Richtlinien formuliert (dem Sinne nach):

1. Die Vereine sind die Träger des Sportes.
2. Die Vereine müssen Mitglieder der Fachverbände sein.
3. Die Fachverbände müssen absolut selbständig und unabhängig sein.
4. Die Fachverbände schließen sich in jedem Land zu einem Landessportbund zusammen.
5. Die Fachverbände der Länder schließen sich in jeder Sportart zu einem deutschen Fachverband zusammen.
6. Die deutschen Fachverbände schließen sich zu einem Deutschen Sportausschuß zusammen.
7. Alle Aemter in den Verbänden müssen ehrenamtlich verwaltet werden.

Diese Richtlinien der Kölner Tagung wurden dann als Grundlage für die weiteren Verhandlungen mit unserem Münchener Ausschuß benutzt, nachdem die Vertreter der Sportfachausschüsse ebenfalls einen Arbeitsausschuß nominiert hatten. Die beiden Ausschüsse haben dann in sachlicher Weise am 30. 5. gearbeitet und gegen Mittag wurde dann nach einigen Abänderungen der Vorschlag unseres Ausschusses in folgender Formulierung einstimmig angenommen:

Leitsätze der Kölner Sportkonferenz.

Die am 20. und 30. Mai 1948 in Köln versammelten Vertreter der deutschen Sportfachausschüsse haben sich mit den Vertretern des durch die Münchener Sportkonferenz gewählten Arbeitsausschusses einstimmig zu folgenden Leitsätzen bekannt:

1. Die Einigkeit im deutschen Sport muß erhalten bleiben.

2. Alle den deutschen Sport betreffenden Fragen werden von den Sportfachausschüssen und den Landessportbünden (Landessportverbänden) gemeinsam bearbeitet.

3. Der Arbeitsausschuß der deutschen Sportfachausschüsse arbeitet pusammen mit dem in München gewählten Arbeitsausschuß einen Plan für eine künftige deutsche Sportorganisation aus.

Das Plenum dieser Organisation setzt sich aus Vertretern der deutschen Sportfachausschüsse und Vertretern der Landessportbünde (Landessportverbände) zusammen.

4. Die Frage „Fachverbände oder Landessportbünde (Landessportverbände)" ist durch diese Zusammenarbeit grundsätzlich geklärt.

Leider wurden dann nur von einigen objektiven Zeitungen auch diese Leitsätze veröffentlicht, während andere bedauerlicherweise nur die als Verhandlungsgrundlage dienenden Richtlinien veröffentlicht haben, nachdem sogar erklärt worden war, daß man diese Richtlinien garnicht veröffentlichen wolle. Dies sei hier nur festgestellt, ohne daß damit etwa Vorwürfe gegenüber Vertretern der Sportfachausschüsse erhoben werden sollen. In Köln wurde schließlich noch von den beiden Arbeitsausschüssen einstimmig beschlossen, eine erste gemeinsame Arbeittagung am 3./4. Juli 1948 in Frankfurt a. M. abzuhalten. Damit stehen wir also vor einer dritten besonders bedeutsamen Sportkonferenz. Der Weg von München über Köln nach Frankfurt ist für den aufmerksamen Leser und Beurteiler der bisher erhobenen Leitsätze zweifellos ein Weg zur Einigkeit im deutschen Sport. Die bisherigen Konferenzen haben jedenfalls zu eindeutigen Erklärungen und Stellungnahmen geführt. Sie haben vor allem auch Mißverständnisse sachlicher Art beseitigt und ganz besonders auch dazu beigetragen, das leider durch einseitige, oft absichtlich entstellende Berichterstattung und durch unbegründete und auch begründete persönliche Voreingenommenheit verursachte Mißtrauen bestimmten Personen gegenüber mehr oder weniger aus dem Weg zu räumen. Für sachlich vernünftig denkende und handelnde, dem Gesamtwohl des Sportes, der sportlichen Aktiven und der deutschen Sportjugend sich verantwortlich fühlende Männer sollte nach den ersten Wegstrecken München - Köln die nächste Etappe Frankfurt die beste Gelegenheit für die Erarbeitung eines weiteren Marksteines auf dem Weg zur Sicherung der Einigkeit im deutschen Sport sein. Hoffen wir das Beste!

ten Ausschuß die Vertreter der deutschen Fachausschüsse. Es kam zu einer taktischen Handlung des Herrn *Weber*, der zu einem bestimmten Zeitpunkt der Diskussion als Gegenerklärung der Tagung in München eine Erklärung zur Gründung des deutschen Sportbundes abgab, wonach die Fachverbände den deutschen Sportausschuß bilden sollen, wobei alle Ämter ehrenamtlich sind. Da es zu keiner Einigung kam, bat der Münchener Ausschuß um seine Verabschiedung, wollte jedoch zu einer späteren Verhandlung wieder zur Verfügung stehen. Durch ein Mißverständnis kam es am Abend hierzu nicht mehr.

Ich muß *Linnenberg* danken, denn er hat überhaupt bisher sich durch seine klare Haltung dem LSV gegenüber in verschiedenen Situationen so tadelos benommen, weil er von der Sauberkeit unserer Idee überzeugt ist, daß er in diesem Moment wesentlich dazu beigetragen hat, eine Zusammenarbeit herzustellen.

Es wurde ein Ausschuß aus neun Personen zusammengestellt, der die Aufgabe hatte, am anderen Morgen mit dem Münchener Ausschuß weiterzuverhandeln.

Vormittags erschien Herr *Sorg* und war Gegenstand heftiger Debatten. Es war das, was die Fachausschußleiter an uns kritisieren, die Herrn *Sorg* angreifen, weil er in anderen Ländern herumreist und Reden hält. Es handelte sich vor allem um das Protokoll einer SPD-Tagung in Herford.

Sorg soll dort im Mai 1947 in einer Rede über den Sport sich ungefähr so ausgedrückt haben, daß die großen politischen Organisationen die unpolitischen Organisationen des Sports als Brunnen ansehen, aus dem sie Mitglieder für ihre politischen Belange schöpfen. Aus diesem Grund war *Sorg* Diskussionsfeind Nr. 1, wobei *Lindner* versuchte, so gut es ging, ihn zu entlasten, ohne natürlich an der Tatsache der politischen Betätigung *Sorg*s vorbeizukommen. Daß die SPD versucht, im Sport was zu werden und außerdem bemüht ist, ihre Leute in wichtige Positionen im Sport zu bringen, wird mit Recht verworfen.

Der Sport ist sich selbst gegenüber verantwortlich, was im Sport geschieht. Wenn von außen her der Versuch gemacht wird, sich im Sport Positionen für politische Zwecke zu verschaffen, dann hat der Sport das Recht, sich zu wehren. Wir wollen einen unpolitischen Sport haben.

Die Angriffe gegen *Sorg* kamen von mehreren Seiten. *Sorg* wurde im Interesse einer reibungslosen Fortführung der Tagung gebeten, nicht im Tagungslokal zu bleiben. Auf der gemeinsamen Sitzung am Sonntagmorgen, wobei der in München gewählte Ausschuß und neun gewählte Fachverbandsvertreter zugegen waren, einigte man sich schließlich auf folgende 4 Punkte:

1. Die Einigkeit im deutschen Sport muß erhalten bleiben.
2. Alle den deutschen Sport betreffenden Fragen werden von den Sportfachausschüssen und den Landessportbünden (Landessportverbänden) gemeinsam bearbeitet.
3. Der Arbeitsausschuß der deutschen Sportfachausschüsse arbeitet zusammen mit dem in München gewählten Arbeitsausschuß einen Plan für eine künftige deutsche Sportorganisation aus.

Das Plenum dieser Organisation setzt sich zusammen aus Vertretern der Landessportbünde und Vertretern der deutschen Sportfachausschüsse.

4. Die Frage „Fachverbände oder Landessportbünde" ist durch diese Zusammenarbeit grundsätzlich geklärt.

Damit ist viel Mißtrauen und viel Mißverständnis beseitigt worden.

Es wurde gleichzeitig als Termin für die erste gemeinsame Zusammenkunft der Sportfachvertreter und der Landessportbünde der 3. und 4. Juli 1948 bekanntgegeben. Die Tagung soll in Frankfurt durchgeführt werden.

Ihr geht voraus eine interne Besprechung des Arbeitsausschusses der Deutschen Landessportbünde am 19./20. Juni ebenfalls in Frankfurt.

Benötigt werden 5 Quartiere, auf Wunsch Hotel Stadt München. Der Ausschuß ist in München gewählt worden, trägt keine Merkmale einer festen Organisation, verfügt auch nicht über bestimmte Summen Geld. Es wird beantragt, die anfallenden Kosten, wie Portoauslagen, Telefon und Auslagen für die Tagungen, zunächst durch den Landessportbund Hessen zu übernehmen und diese, falls sie zu hoch werden sollten, dann auf die anderen Landessportverbände umzulegen.

Beschluß:
Der engere Verbandsvorstand ist mit dieser Regelung einverstanden.

***Sorg*:**

Mein Eindruck ist, daß die ganze Sache eine Machtfrage ist. Die Leute glauben, sie müßten die erste Stimme spielen. Es ist nur der Kampf um ein Privileg. Dabei ist ja Tatsache, daß Nordrhein-Westfalen noch keine Satzung hat, also auch gar keine Organisation ist. Sie regieren rein diktatorisch. Die Schwierigkeiten, die sich daher in der Zusammenarbeit auftun, sind noch nicht überwunden. Nordrhein-Westfalen mischt sich auch in die anderen Landessportverbände hinein.

Der Stein ist abgeworfen worden, ich kann ihn aufnehmen, es trägt mir nichts ab. Ich habe vor über einem Jahr die Broschüre herausgegeben über die grundsätzliche Haltung der SPD zum Sport. Jede Sportorganisation mit vielen Mitgliedern muß eine Partei interessieren. *Preussner* hat in dem fraglichen Protokoll seiner Meinung freien Lauf gelassen. Ich weiß auch genau, wer das Protokoll weitergegeben hat.

Ich wundere mich nur, daß sich noch keiner über die DJK aufgeregt hat. Wer spricht denn von der Dokumentensammlung über die Bestrebungen der deutschen Turnerschaft, die sich mit allen Mitteln organisiert? Man

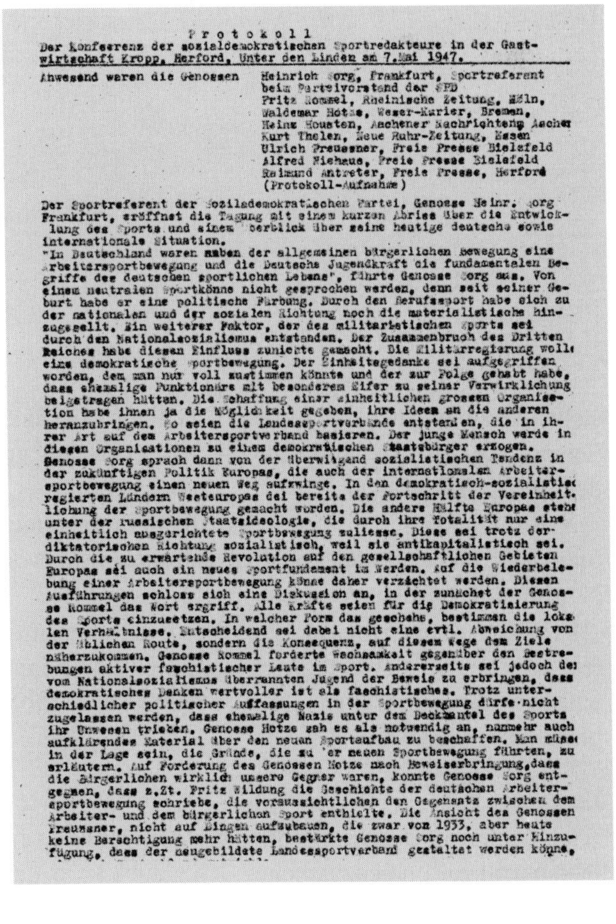

P r o t o k o l l

Der Konferenz der sozialdemokratischen Sportredakteure in der Gastwirtschaft Kropp, Herford, Unter den Linden am 7. Mai 1947.

Anwesend waren die Genossen Heinrich Sorg, Frankfurt, Sportreferent beim Parteivorstand der SPD
Fritz Rommel, Rheinische Zeitung, Köln,
Waldemar Hotze, Weser-Kurier, Bremen,
Heinz Housten, Aachener Nachrichten, Aachen
Kurt Thelen, Neue Ruhr-Zeitung, Essen
Ulrich Preussner, Freie Presse Bielefeld
Alfred Niehaus, Freie Presse Bielefeld
Raimund Antreter, Freie Presse, Herford
(Protokoll-Aufnahme)

Der Sportreferent der Soziademokratischen Partei, Genosse Heinr. Sorg Frankfurt, eröffnet die Tagung mit einem kurzen Abriss über die Entwicklung des Sports und einem Überblick über seine heutige deutsche sowie internationale Situation.
"In Deutschland waren neben der allgemeinen bürgerlichen Bewegung eine Arbeitersportbewegung und die Deutsche Jugendkraft die fundamentalen Begriffe des deutschen sportlichen Lebens", führte Genosse Sorg aus. Von einem neutralen Sport könne nicht gesprochen werden, denn seit seiner Geburt habe er eine politische Färbung. Durch den Berufssport habe sich zu der nationalen und der sozialen Richtung noch die materialistische hinzugesellt. Ein weiterer Faktor, der des militaristischen Sports sei durch den Nationalsozialismus entstanden. Der Zusammenbruch des Dritten Reiches habe diesen Einfluss zunichte gemacht. Die Militärregierung wolle eine demokratische Sportbewegung. Der Einheitsgedanke sei aufgegriffen worden, dem man nur voll zustimmen könnte und der zur Folge gehabt habe, dass ehemalige Funktionäre mit besonderem Eifer zu seiner Verwirklichung beigetragen hätten. Die Schaffung einer einheitlichen grossen Organisation habe ihnen ja die Möglichkeit gegeben, ihre Ideen an die anderen heranzubringen. So seien die Landessportverbände entstanden, die in ihrer Art auf dem Arbeitersportverband basieren. Der junge Mensch werde in diesen Organisationen zu einem demokratischen Staatsbürger erzogen.
Genosse Sorg sprach dann von der überwiegend sozialistischen Tendenz in der zukünftigen Politik Europas, die auch der internationalen Arbeitersportbewegung einen neuen Weg aufzwinge. In den demokratisch-sozialistisch regierten Ländern Westeuropas sei bereits der Fortschritt der Vereinheitlichung der Sportbewegung gemacht worden. Die andere Hälfte Europas stehe unter der russischen Staatsideologie, die durch ihre Totalität nur eine einheitlich ausgerichtete Sportbewegung zuliesse. Diese sei trotz der diktatorischen Richtung sozialistisch, weil sie antikapitalistisch sei. Durch die zu erwartende Revolution auf den gesellschaftlichen Gebieten Europas sei auch ein neues Sportfundament im Werden. Auf die Wiederbelebung einer Arbeitersportbewegung könne daher verzichtet werden. Diesen Ausführungen schloss sich eine Diskussion an, in der zunächst der Genosse Rommel das Wort ergriff. Alle Kräfte seien für die Demokratisierung des Sports einzusetzen. In welcher Form das geschehe, bestimmen die lokalen Verhältnisse. Entscheidend sei dabei nicht eine evtl. Abweichung von der üblichen Route, sondern die Konsequenz, auf diesem Wege dem Ziele näherzukommen. Genosse Rommel forderte Wachsamkeit gegenüber den Bestrebungen aktiver faschistischer Leute im Sport. Andererseits sei jedoch der vom Nationalsozialismus überrannten Jugend der Beweis zu erbringen, dass demokratisches Denken wertvoller ist als faschistisches. Trotz unterschiedlicher politischer Auffassungen in der Sportbewegung dürfe nicht zugelassen werden, dass ehemalige Nazis unter dem Deckmantel des Sports ihr Unwesen trieben. Genosse Hotze sah es als notwendig an, nunmehr auch aufklärendes Material über den neuen Sportaufbau zu beschaffen. Man müsse in der Lage sein, die Gründe, die zu der neuen Sportbewegung führten, zu erläutern. Auf Forderung des Genossen Hotze nach Beweiserbringung, dass die Bürgerlichen wirklich unsere Gegner waren, konnte Genosse Sorg entgegnen, dass z.Zt. Fritz Wildung die Geschichte der deutschen Arbeitersportbewegung schriebe, die voraussichtlichen den Gegensatz zwischen dem Arbeiter- und dem bürgerlichen Sport enthielte. Die Ansicht des Genossen Preussner, nicht auf Dingen aufzubauen, die zwar vor 1933, aber heute keine Berechtigung mehr hätten, bestärkte Genosse Sorg noch unter Hinzufügung, dass der neugebildete Landessportverband gestaltet werden könne,

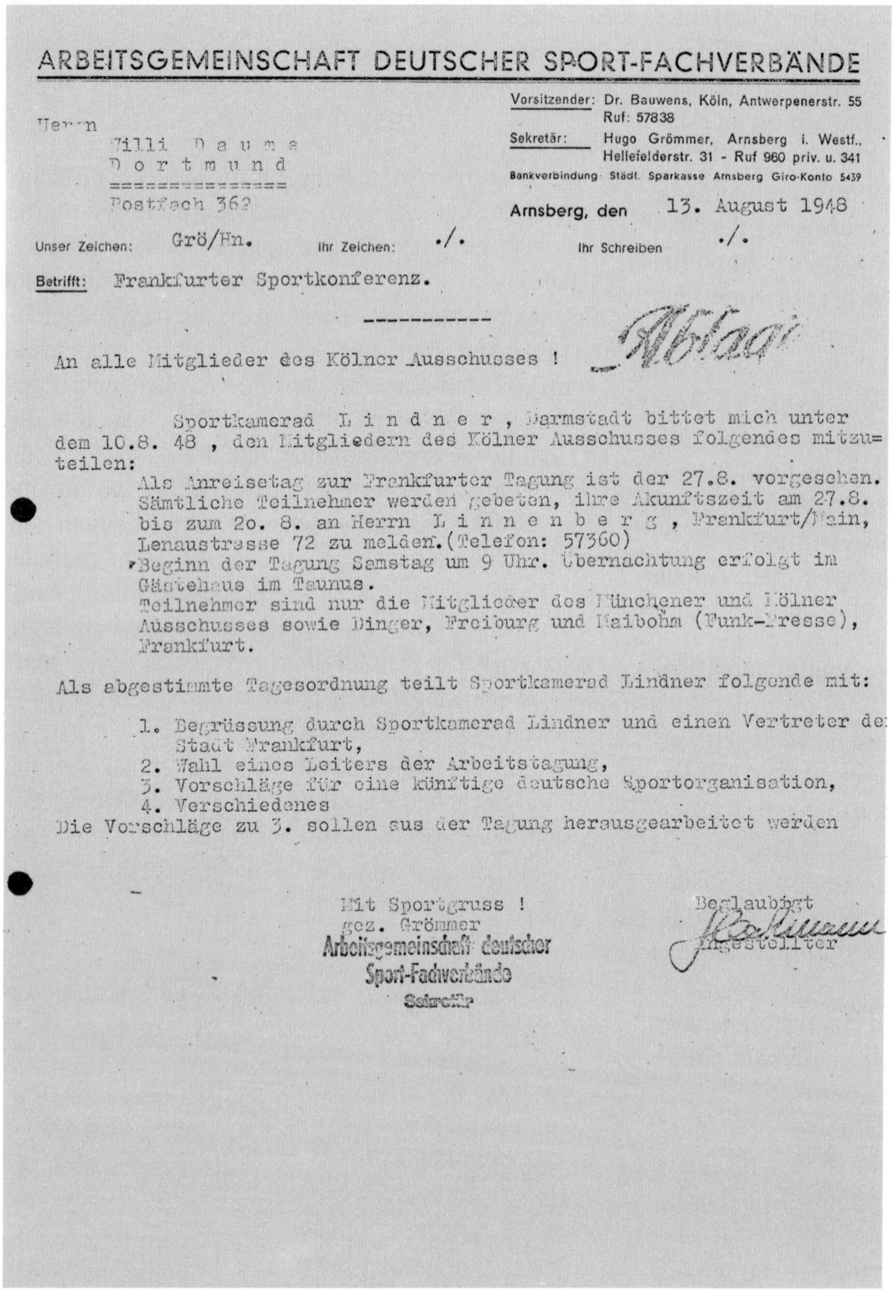

ARBEITSGEMEINSCHAFT DEUTSCHER SPORT-FACHVERBÄNDE

Vorsitzender: Dr. Bauwens, Köln, Antwerpenerstr. 55 Ruf: 57838
Sekretär: Hugo Grömmer, Arnsberg i. Westf., Hellefelderstr. 31 - Ruf 960 priv. u. 341
Bankverbindung: Städt. Sparkasse Arnsberg Giro-Konto 5439

Herrn
Willi Daume
Dortmund
==============
Postfach 362

Arnsberg, den 13. August 1948

Unser Zeichen: Grö/Hn. Ihr Zeichen: ./. Ihr Schreiben ./.

Betrifft: Frankfurter Sportkonferenz.

An alle Mitglieder des Kölner Ausschusses ! Ablage

Sportkamerad Lindner, Darmstadt bittet mich unter dem 10.8. 48, den Mitgliedern des Kölner Ausschusses folgendes mitzuteilen:

Als Anreisetag zur Frankfurter Tagung ist der 27.8. vorgesehen. Sämtliche Teilnehmer werden gebeten, ihre Akunftszeit am 27.8. bis zum 20. 8. an Herrn Linnenberg, Frankfurt/Main, Lenaustrasse 72 zu melden. (Telefon: 57360)
Beginn der Tagung Samstag um 9 Uhr. Übernachtung erfolgt im Gästehaus im Taunus.
Teilnehmer sind nur die Mitglieder des Münchener und Kölner Ausschusses sowie Dinger, Freiburg und Maibohm (Funk-Presse), Frankfurt.

Als abgestimmte Tagesordnung teilt Sportkamerad Lindner folgende mit:

1. Begrüssung durch Sportkamerad Lindner und einen Vertreter der Stadt Frankfurt,
2. Wahl eines Leiters der Arbeitstagung,
3. Vorschläge für eine künftige deutsche Sportorganisation,
4. Verschiedenes

Die Vorschläge zu 3. sollen aus der Tagung herausgearbeitet werden

Mit Sportgruss !
gez. Grömmer
Arbeitsgemeinschaft deutscher Sport-Fachverbände
Sekretär

Beglaubigt
Angestellter

Sie (*Sorg*) nicht mehr vorhaben, demnächst herumzufahren und Reden zu halten, denn meines Wissens fahren Sie ja nach England. Daß Sie uns nicht nur geschadet haben, ist klar, aber daß es ein Schaden war, davon bin ich auch überzeugt. Es muß dafür gesorgt werden, daß der Sport neutral bleibt.

***Linnenberg*:**

Daß der Sportbund Nordrhein-Westfalen besteht, darüber gibt es keinen Zweifel. Er ist nur nicht so aufgebaut wie wir. Die Vereine sind Mitglied in jedem Fachverband. Man steht eben dort auf dem Standpunkt, daß man die fachliche Säule arbeiten lassen muß. Ich habe dort versucht, eine Lanze für uns zu brechen auf dem Wege persönlicher Zusammenkunft. Ich glaube, daß wir zu Ende dieses Jahres die Organisationsform bekommen, die zur Einigkeit im Sport führt.

Ich sage Ihnen Herr *Sorg*, mir erzählen die Leute, daß sie Sie nur deshalb angehen, weil Sie den Sport für Ihre politischen Belange ausnutzen. Das kann ein Verbandsvorsitzender nicht tun. Warum setzt er sich nicht mit der Masse auseinander sondern nur mit der Opposition? stellt immer nur den politischen Charakter einzelner Personen heraus. Das geht solange, bis die Leute eins auf den Deckel bekommen.

Nordrhein-Westfalen ist schuld, daß die Einigkeit im Sport noch nicht zustandekommt. Die Keile werden von Nordrhein-Westfalen getrieben.

Ich habe bisher abgelehnt, Beweiskraft dafür anzutreten. Aber einmal muß Schluß sein damit. Es müßte dann eine Kritisierung auf allen Linien erfolgen, was ich aber bisher vermißt habe.

***Lindner*:**

Ich nehme an, daß man endlich die Absicht hat, vertrauensvoll zusammenzuarbeiten. Ich glaube auch, daß

***Sorg*:**

Es war eine öffentliche Versammlung.

***Linnenberg*:**

Jeder Kreis kann eine Versammlung einberufen. Die Landessportverbände kommen in einen üblen Geruch, wenn Herr *Sorg* als führender Mann im Sport in dieser Weise verfährt.

***Sorg*:**

Warum erfolgen keine Zurechtweisungen nach anderen Seiten? Überall im ganzen Reich, in den zwei Zonen, spricht man von Ausschaltung der Partei. Warum spricht man nicht von der Ausschaltung der DJK im Sport? Warum gibt man den Leuten Zugeständnisse?

***Linnenberg*:**
Diese Frage ist bei uns nicht in dem Maße aufgetreten.

***Sorg*:**
Aber man spricht von mir in Nordrhein-Westfalen.

***Lindner*:**
Um zum Verbandstag zurückzukommen, so wollen wir dafür sorgen, daß er für die Vereine ein Erlebnis wird. Wir wollen im übrigen daraufhin arbeiten, daß die Einigkeit erhalten bleibt. Wenn die Vereine das erkennen, dann können wir uns auch auf die Vereine verlassen. Auch *Dr. Bauwens* erkennt den Landessportverband Hessen in seiner Arbeit an. Wir haben in Köln wenigstens eine Grundlage für die Zusammenarbeit geschaffen.

***Sorg*:**
Nordrhein-Westfalen sucht schon ein Jahr lang die Landessportverbände aufzuspalten.

***Lindner*:**
Diese Frage ist erledigt.

***Linnenberg*:**
Dr. Bauwens möchte vor allem zum Ausdruck bringen, daß die Landessportverbände unterschiedlich sind, daß er jedoch oft Gelegenheit hatte, nach Hessen Einblick zu halten und erfahren habe, daß dort vorbildlich gearbeitet wird.

***Sorg*:**
Weil in Hessen die ganze Mitgliedschaft an der Einheit arbeitet.

***Schmidt*:**
Auf einer Tagung in Offenbach war man der Ansicht, daß auch bald der Arbeitersportbund wiederkomme.

***Lindner*:**
Schluß mit diesem Thema. Ich bin aus taktischen Gründen dafür, daß *Sorg* keine Reden mehr hält.

***Sorg*:**
Ich werde ja dazu eingeladen. Wenn man mich einlädt, gehe ich hin. Es könnte *Dr. Diem* hinfahren, wohin er wollte, es würde niemand etwas dazu sagen. Wenn ich es heute nicht mehr nötig hätte, das zu machen, niemand wäre glücklicher als ich! Die Auffassung der Vorträge ist auch anders, es kommt nur darauf an, wo das ist.

***Linnenberg*:**
Gut, wir lassen uns ja auch nichts gefallen.

***Sorg*:**
Wir können uns immer auf Sie verlassen. Wo Haltung ist, klappt's.

***Lindner*:**
Wir haben zwei Kassenprüfer bestellt und beide gebeten, sich einen Tag auszumachen, an dem sie auf der Geschäftsstelle gemeinsam die Bücher einsehen wollten. Durch ein Versehen des Herrn *Engel* kam es zu einer alleinigen Kassenprüfung von Herrn *Langsdorff*.

Verliest Brief von *Engel*.

Verliest Brief von *Langsdorff* mit Kassenbericht.

Es ist ganz nett, daß er sich zu verschiedenen Punkten geäußert hat. Wir stehen jedoch in Bezug auf das „schwarz beschaffen" auf einem anderen Standpunkt. Tatsache ist, daß der am besten durch die Währungsreform kommt, der viel Bargeld im Augenblick der Umstellung besitzt. Die Währungsreform steht kurz bevor. Gewisse Rückstellungen sind zu machen. Es gibt Leute, die glauben durch verschiedene Konten in verschiedenen Orten sich um die Entwertung drücken zu können.

***Dr. Dietz*:**
Es gibt Leute, die haben zehn Konten. Wir als Verband dürfen so etwas nicht machen. Ich glaube auch, daß wir wahrscheinlich besonders behandelt werden.

***Lindner*:**
Die Militärregierung hat schon Fragebogen fertig, die dann ohnehin eine genaue Aufstellung der Konten vorsieht, will man diese nicht verlieren. Auf diese Weise kommen auch die Juden in Zeilsheim um ihre Millionen. Auf der anderen Seite glaube ich, daß eine Liquidierung unseres Guthabens nicht zu befürchten ist. Ich sehe keine Veranlassung, ein neues Konto zu errichten.

***Roesler*:**
Erscheint um 17 Uhr.

***Lindner*:**
Verliest Bericht von *Langsdorff*. *Langsdorff* hat eine Buchhaltung vorgefunden, die sich sehen lassen kann.

In der Paulskirchenwoche war ein Vertreter des Sport-Verbandes Württemberg hier, um sich die Geschäftsführung und unsere Buchhaltung anzusehen. Er sagte wörtlich: „Ich habe schon immer geglaubt, bei uns sei alles in bester Ordnung. Was ich hier in Hessen sehe, ist geradezu vorbildlich".

***Dr. Dietz*:**
Ich konnte mich hiervon ebenfalls überzeugen und werde alle 14 Tage kommen und nachsehen, da es sich immerhin um ziemlich hohe Buchungsbeträge und erhebliche Konten handelt.

***Lindner*:**

Es ist uns eine Freude, daß Sie sich persönlich darum kümmern wollen.

Verliest die Zuwendungen an die Fachgruppen und schlägt vor, den Kassenbericht *Langsdorff* auf dem Verbandstag zu verlesen.

***Linnenberg*:**

Ist nicht dafür, daß der ganze Bericht verlesen wird, da die Fachgruppen leicht auf die Idee kommen könnten, der Verband wolle sich doch in die fachlichen Belange einmischen (siehe betr. Handballgeschäftsstelle).

***Lindner*:**

Wir hängen uns ja auch hinein. Schließlich fordern wir ja auch einen Kassenbericht, denn die Fachgruppen, die zur Unterstützung der kleineren Fachgruppen auf ihre Zuwendung verzichten, wie Fußball und Boxen, haben ein Recht zu wissen, daß die Beträge zweckmäßig verausgabt wurden. Wir haben eine allgemeine Spesenordnung. Es geht nicht an, daß alle Spesen willkürlich in die Höhe geschraubt werden können. Ich werde mit Herrn *Langsdorff* sprechen, um Unklarheiten zu vermeiden.

Schlägt vor, verschiedenen Fachgruppen noch einen Zuschuß für die fachliche Arbeit zu geben.

Bei der Fachgruppe Schwerathletik sind in der Kassenführung irgendwie Unklarheiten, die Herr *Dr. Dietz* mit *Lange*, Neu-Isenburg, klären wird.

Die Fachgruppe Turnen soll einen Betrag erhalten, zweckgebunden für das Kinderturnen, da dies eine überfachliche Arbeit ist.

Es wird ein Betrag von RM 30.000,— festgesetzt und wie folgt aufgeschlüsselt:

Sport Mitteilungen

AMTLICHES ORGAN DES LANDESSPORTBUNDES HESSEN E.V. - FRANKFURT/MAIN

3. Jahrgang / Nr. 26	Frankfurt a. M., den 30. Juni 1948	Goethestr. 10 / Tel. 76312

Appell des Bundesvorstandes an die Vereine zur Behebung des Notstandes

Mit den Vereinen steht auch unser Landessportbund vor den ersten Auswirkungen der Währungsreform und damit praktisch vor leeren Kassen. Diese Tatsache läßt sich nicht leugnen. Obwohl das Unmaß von Arbeit in unserem Bund und seinen Fachverbänden zwar ehrenamtlich geleistet wird, sind wir aber dadurch auch nicht in der Lage, etwa über den Vordruck B nach der Zahl der ...... Arbeitnehmer ein im Verhältnis zu den dringendsten Erfordernissen stehendes Uebergangsgeld zu erheben.

Bund und Fachverbände sind im Augenblick zweifellos in einer Notlage, ähnlich derjenigen, in welcher sich gerade die Vereine befinden.

Bis dieser Ruf jedoch zu den verantwortlichen Männern in unseren Vereinen durchgedrungen ist, werden dort bereits wieder die ersten Gelder als Mitgliedsbeiträge und Einnahmen aus sportlichen Veranstaltungen in die Vereinskassen geflossen sein. Sicher haben die führenden Männer in unseren Vereinen schon alle Maßnahmen getroffen, um dem Leben im Verein — wenn auch zunächst in bescheidenem Umfang — die materielle Grundlage zu sichern. Sicher sind überall die Appelle an die Vereinsmitglieder ergangen, gerade jetzt in der Not der Uebergangszeit dem Verein nicht nur die Treue zu halten, sondern diese Treue auch zu beweisen und zwar durch die sofortige Entrichtung eines laufenden Monatsbeitrags in neuem Geld. Dort, wo dies etwa noch nicht geschehen sein sollte, gilt es, gerade jetzt in der Uebergangszeit von den Vereinsmitgliedern einen eindeutigen, sofortigen Beweis dafür zu verlangen, daß ihnen ihr Verein nach wie vor am Herzen liegt, daß er ihnen wertvoll in bestem Sinne ist und daß sie als Glieder dieser Gemeinschaft sich durch eine sofortige Beitragszahlung auch zu ihrer Gemeinschaft unbedingt bekennen.

Unsere Vereine sind nun einmal Gemeinschaften gleichgesinnter Menschen, geeint in Freundschaft, Kameradschaft und im Dienste des Sportes. In dieser Uebergangszeit nun muß sich in jedem einzelnen Fall zeigen, wie stark und unerschütterlich diese Gemeinschaft jedes Vereins ist. Nicht alle werden wohl dabei zu hundert Prozenten bestehen, aber im wesentlichen — dessen sind wir sicher — werden sich gerade in diesen Tagen und Wochen des Uebergangs jene großen Tugenden erweisen, ohne die eine sportliche Gemeinschaft einfach nicht leben und wirken kann. Unsere Vereine als Träger des Sportes werden bald wieder die materielle Grundlage für ihre unentwegte und segensreiche Arbeit erarbeitet haben. Unserem Bund wird es wahrscheinlich schwerer fallen. Deshalb ist es meine Pflicht, als Bundesvorsitzender mit aller Eindringlichkeit allen unseren Vereinen, ihren Mitgliedern und Vorstandsmitgliedern die augenblickliche Notlage unseres Bundes und seiner Fachverbände vor Augen zu führen. Ich appelliere hiermit an alle Vereinsvorsitzenden und alle Vereinskassenwarte und bitte sie, sofort unserem Landessportbund eine selbst bemessene

Überbrückungsspende

zur Verfügung zu stellen. So wie die Mitglieder des Vereins nur diesem jetzt durch eine sofortige Zahlung eines Beitrags in neuem Geld die ersten Mittel für die unbedingte Sicherung des sportlichen Vereinslebens zur Verfügung stellen können. so können auch jetzt nur unsere Vereine als die tragenden Mitglieder unseres Bundes und seiner Fachverbände uns die ersten Mittel geben. Unser Bund ist nichts anderes als die Vereinigung und Gemeinschaft aller unserer Vereine. Ich bitte daher aus der augenblicklichen Notlage heraus alle unsere Vereine um den klaren, eindeutigen Beweis ihrer Zugehörigkeit durch die sofortige Ueberweisung einer Ueberbrückungsspende. Heute muß sich einmal zeigen, daß sich unsere Vereine nicht nur durch Worte und Erklärungen zur großen Idee unseres Landessportbundes bekennen, sondern daß sie in der Not trotz aller eigenen Schwierigkeiten auch durch die Tat sofort zu helfen bereit sind.

Die Ueberbrückungsspende ist für keinen Verein verlorenes Geld. Der volle Spendenbetrag wird dem Verein auf den Bundesbeitrag angerechnet. Praktisch erbitten wir also auch nichts anderes von unseren Bundesmitgliedern, den Vereinen, wie das, was diese von ihren Vereinsmitgliedern erbitten. So wie der Verein unbedingt sofort geholfen bekommen muß von seinen Mitgliedern, so muß jeder Verein seinem Bund und damit seinen Fachverbänden helfen.

Wir werden also jedem Verein die Ueberbrückungsspende sofort auf den Jahresbeitrag gutschreiben. Wir sehen aber bewußt davon ab, nun einfach eine bestimmte Rate des Jahresbeitrags für sofort fällig zu erklären. Wir bitten um freiwillige Bemessung der Betragshöhe durch jeden einzelnen Verein. Wir bitten nur alle Vereine um diese Spende für die sofortige Weiterarbeit unseres Bundes. Wir sehen auch bewußt davon ab, etwa zu sagen: Gebt uns 10 oder 15 oder 20 Pfg. je Mitglied. Diesr Ruf soll aber doch auch mit aller Eindringlichkeit als Aufforderung zur Ablegung eines aufrichtigen Bekenntnisses zu Bund und Fachverbänden ergehen.

Helft sofort unserem Bund als der Gemeinschaft aller Vereine! Ihr helft damit allen Vereinen und euch selbst!

Zahlt die Ueberbrückungsspende entweder auf unser Bankkonto bei der Deutschen Effekten- und Wechselbank in Frankfurt oder auf unser Postscheckkonto Frankfurt/M. Nr. 3164.

Heinz Lindner *1. Bundesvorsitzender.*

Turnen:	RM 10.000,—	für Kinderturnen
Schwimmen:	RM 5.000,—	
Rudern:	RM 4.000,—	
Tischtennis:	RM 2.000,—	
Kanu:	RM 2.000,—	
Schwerathletik:	RM 5.000,—	
Rollsport:	RM 2.000,—	

Der Betrag für Schwerathletik ist erst nach Bericht von *Dr. Dietz* auszuzahlen.

***Lindner*:**

Geht auf die Frage der Globalversicherung ein. Gibt einen Überblick über den Verlauf des alten Vertrages, die Kündigung durch das Aufsichtsamt und das Zustandekommen der Verlängerung des Vertrages.

***Linnenberg*:**

Schlägt vor, einen neuen Versicherungsvertrag auf fünf Jahre abzuschließen für jeden einzelnen Verein mit der Maßgabe, daß bei Wiederaufnahme der Globalversicherung diese in einen Globalvertrag übergehen. Am günstigsten ist es, wenn man mit der Allianz Schluß macht unter Bezugnahme auf das Angebot der Hessen-Nassauischen.

***Lindner*:**

Wir brauchen ja eine Versicherung. Vielleicht sind wir ganz gut daran, wenn der Vertrag zunächst nur für zwei Monate läuft. Dann können wir nach der Währungsreform einen ganz neuen Vertrag abschließen. Wir müssen die zwei Monate unter Dach bringen. Ich kann mir nicht vorstellen, daß die Versicherung durch den Verdienstausfall so belastet ist. Wir bitten *Linnenberg*, mit der Allianz zu verhandeln und versuchen beim Aufsichtsamt die Klausel Verdienstausfall nachzuprüfen.

***Linnenberg*:**

Wir akzeptieren die zwei Monate zu den Bedingungen der Allianz und nehmen dann den besseren Vertrag. Wir lassen uns von beiden Versicherungen Vorschläge geben und werden dann den besten aussuchen.

Um jedoch wirklich zu dem günstigsten Ergebnis zu kommen, bitte ich um unbedingte Schweigepflicht.

***Lindner*:**

Beitragsregelung: Die Abschlagszahlung ist in den Sportmitteilungen Nr. 16 bereits bekanntgegeben. Ich schlage vor, daß wir diese Zahlung beibehalten bis zur Währungsreform. Der Verbandstag soll beschließen, daß der Verbandsvorstand nach der Währungsreform ermächtigt wird, eine weitere Beitragszahlung festzusetzen. Vorgesehen sind höchstens 50 Pfg. für das nächste halbe Jahr.

Beschluß: Dieser Antrag wird auf dem Verbandstag vorgebracht.

Schluß der Sitzung: 17.45 Uhr.
Protokollaufnahme: Pfeiffer

Protokolle der Arbeitstagungen des Verbandsvorstandes mit den Kreis- und Bezirksvorsitzenden

Protokoll der I. Arbeitstagung am Sonntag, den 16. Februar 1947, in Frankfurt a.M., Henniger-Bräu

Beginn der Tagung: 10.30 Uhr

Zahlenmäßige Anwesenheit:

4 engerer Vorstand
8 erweiterter Vorstand
28 Kreise
4 Bezirke

Namentliche Anwesenheitsliste ist beigefügt.

Entschuldigt fehlen:

2. Vorsitzender *Martin Schmidt*, der bei einem Bezirkstag in Fulda ist,

und die Fachgruppenleiter:

Fußball,
Leichtathletik,
Schwimmen,
Radfahren,

die ebenfalls wegen Tagungen nicht anwesend sein konnten.

Die anwesenden Fachgruppenleiter wurden von Herrn Regierungsrat *Lindner* vorgestellt.

Verlesung der Tagesordnung:

1. Bericht über den Aufbau des Landessportverbandes
2. Finanzgebarung
   a) Landessportverbandes
   b) Fachgruppen
   c) Sportkreise

Punkt 1: Bericht von Herrn Lindner über den Aufbau des Landessportverbandes

Der Landessportverband Hessen wurde im vorigen Jahr gegründet, nicht etwa von wenigen Männern, sondern von Vereinen und von Leuten, die im damaligen Aufbau des Sportes tätig waren – und zwar in Zusammenarbeit mit dem Kultusministerium. Der augenblickliche Verbandsvorstand ist durch ordnungsgemäße Wahl eingesetzt. Regierungsrat *Lindner* betrachtet diese Wahl allerdings als eine kommissarische. Der Landessportverband befindet sich z. Zt. im Aufbau personeller und sachlicher Art.

Regierungsrat *Lindner* hofft, daß bis zu Beginn des neuen Geschäftsjahres die Organisation als solche steht. Große Schwierigkeiten waren und sind z. T. noch zu überwinden. Männer, die nur persönliche Vorteile suchten, mußten ausgeschaltet werden, verschiedene Auffassungen zum Ausgleich gebracht werden und heute müssen wir noch damit rechnen, daß es Leute gibt, die irgendwelche Verbände ins Leben rufen wollen.

Uns war die Aufgabe gestellt, persönliche Interessen zurückzustellen und zu vermeiden, daß eine Versplitterung des Sportes kommt. Diese Aufgabe haben wir übernommen und als oberster Grundsatz steht: den Sport von parteipolitischen Belangen freizuhalten, ebenso von beruflichen und konfessionellen.

Es kann daher auch kein Polizei- und Behördensportverein in den LSV aufgenommen werden.

Wir standen weiter vor der Frage, läßt sich eine Versplitterung vermeiden? Solange von staatswegen kein Rahmengesetz geschaffen ist, daß es nur einen Verband geben kann, eben den LSV, können sich auch andere Verbände gründen. Es werden sich aber keine anderen Verbände bilden, wenn wir uns einig sind. Es ist somit keine Notwendigkeit gegeben, einen anderen Verband auf die Beine zu stellen.

Der Neuaufbau des LSV ist so gehalten:

Landessportverband	= Dachorganisation (überfachliche Arbeit)
Fachgruppen	= fachliche Arbeit, in sachlicher und materieller Beziehung selbständig.

Die Fachgruppen arbeiten also selbständig. Sie erkennen aber Grundsätze an, die einzuhalten sind, daß in überfachlicher Beziehung Verbandsrecht Fachgruppenrecht bricht. Es ist damit zum Ausdruck gebracht, daß es Aufgaben gibt, die überfachlicher Art sind und die durch den LSV zu gestalten sind, z. B. Unfallversicherung, Jugendbetreuungsfragen, Fragen der Vereine und auch der Fachgruppen gegenüber der Militärregierung, Steuer usw. wird alles vom LSV zu regeln sein. Der LSV mit seinen Fachgruppen und Vereinen ist Vertreter des Amateursportes. Alle Ämter des LSV und der Fachgruppen sind Ehrenämter.

Wo die Arbeit zu groß wird, können hauptamtliche Kräfte eingestellt werden, bzw. der seitherige ehrenamtliche Mitarbeiter wird bezahlter Angestellter – hat zwar Sitz aber kein Stimmrecht.

Punkt 2: Finanzierung

a) Finanzhoheit des Landessportverbandes
b) Finanzhoheit der Fachgruppen.

Die Vereine zahlen einen Kopfbeitrag und eine einmalige Aufnahmegebühr an den Landessportverband, gestaffelt nach Anzahl und Alter der Mitglieder.

Alle anderen Einnahmen aus Veranstaltungen, Meldegelder usw. gehen an die Fachgruppen.

Wie uns das Hessische Staatsministerium, der Minister für Kultus und Unterricht, unter dem Datum vom 7. 1. 1947 mitteilt, werden wir veranlaßt, unseren Verbandsvereinen folgendes mitzuteilen:

Die Sportvereine Germania 94 Frankfurt a. M., Hanau 93, Hanau 1860, Darmstadt 98, Freier Sportverein 1894 Frankf.-Sachsenhausen, müssen auf Veranlassung der Militärregierung über die zuständigen Kreisjugend-Ausschüsse erneut auf ihr unerlaubtes Handeln — **Angabe von Jahreszahlen der Gründung vor 1946 im Vereinsnamen** — hingewiesen werden.

Der Landessportverband wurde deshalb auf seine ständige Verantwortung dafür aufmerksam gemacht, daß die ihm angeschlossenen Vereine nicht gegen diese Anordnung der Militärregierung, die in den Richtlinien des Kultusministeriums vom 26. 6. 1946 Ziffer 2 aufgeführt sind, verstoßen.

Es empfiehlt sich auf diese Anordnung noch einmal hinzuweisen und zu bemerken, daß bei **Verstößen in Zukunft mit Betätigungs-Verbot** zu rechnen ist.

Aus: Sport-Mitteilungen, 22. Januar 1947

Der Kopfbeitrag wird von den Vereinen an dem jeweiligen Verbandstag selbst festgesetzt.

Die Aufschlüsselung dieses Beitrages ist folgende:

1. Unfallversicherung,
2. Kreise,
3. Fachgruppen.

An einzelne Fachgruppen sind bereits schon Gelder zur Verfügung gestellt worden.

Zuständigkeitsfragen:

Fachliche Arbeit in den Kreisen – die Fachgruppen

überfachliche Arbeit – die Kreise.

Regierungsrat *Lindner* schließt seine Ausführungen: Wir wollen einer Sache dienen und jedes persönliche Interesse zurückstellen. Wir sind verpflichtet, das Beste zu geben.

Regierungsrat *Lindner* stellt das Thema zur Diskussion:

***Krämer*, Wiesbaden:**

Dankt Regierungsrat *Lindner* für seine Ausführungen, denen an sich nichts hinzuzufügen sei. Eine Zusammenarbeit mit den Fachgruppen von unten nach oben ist unbedingt erforderlich. Er bittet in Erwägung zu ziehen, die Unfallversicherung durch den Verband zu übernehmen. Mit der Finanzierung – durch den Verband, Verteilung bis zu den Kreisen – einverstanden. Verbandstag mit den Vereinen?

Regierungsrat *Lindner*:

Die Unfallversicherung muß z. Zt. noch mit einer Versicherungsgesellschaft getätigt werden.

Die Vereine bestimmen die Höhe des Beitrages beim Verbandstag. Organisation ungefähr so: je 50 Mitglieder = 1 Stimme. Verein erhält Bestätigung, daß er am Verbandstag teilnehmen kann, Vertreter der Vereine müssen Vollmacht haben. Eine klare Übersicht muß vorhanden sein.

***Franke*, Fritzlar:**

Zu den Ausführungen von Herrn *Lindner* ist nichts zu sagen. Er bittet um wirkliche Diskussion über die Dinge, die zu klären sind.

***Bechmann*, Kassel:**

Erhebt zum Antrag, daß bei Aufnahme von Vereinen durch den Verband die Stellungnahme des betreffenden Kreises erforderlich ist.

Abstimmung durch Regierungsrat *Lindner*:

Ergebnis: einstimmig angenommen, daß bei Aufnah-

Hessisches Staatsministerium
Der Minister für Kultus und Unterricht
Tgb.Nr.VI/779/47
Dr.Hd./r.

Wiesbaden, den 22.2.1947

An die
Jugendausschüsse

in Hessen

Betr.: Jahreszahlen der Gründung im Vereinsnamen.

Die Jahreszahlen vor 1945 in den Vereinsnamen sind amtlich nicht zugelassen, wie die Militär-Regierung in Hessen entsprechend ihren Weisungen von Berlin her grundsätzlich betont. Die Grundauffassung ist dabei, dass alle früheren Vereine als aufgelöst gelte Die jetzt genehmigten Vereine, die ja als neu gegründet gelten, sind nicht Rechtsnachfolger für das Vermögen der alten Vereine, selbst wenn es praktisch in deren Benutzung ist, wie Turnhallen, Sportplätz usw. Diese Frage kann nur durch eine entsprechende Verordnung des Alliierten Kontrollrates geregelt werden.

Wenn in der Presse, besonders in Süddeutschland die Vereinsnamen mit Jahreszahlen angeführt werden, ändert das nichts an dieser grundsätzlichen Auffassung. Im amtlichen Gebrauch und von Seiten des Vereins selbst müssen daher die Jahreszahlen wegfallen und für Nicht tung hat der Verein selbst einzustehen. Die Kreisjugendausschüsse ha deln vollkommen richtig, wenn sie auf die Durchführung dieser Bestim mung achten.

F.d.R. Im Auftrag

gez. Dr. Herzfeld

Angestellter Regierungsdirektor

me von Vereinen durch den Verbandsvorstand die Stellungnahme des betreffenden Kreises erforderlich ist. Er bittet die Kreise hierbei um prompte Arbeit.

***Franke*, Fritzlar:**

Erhebt noch einmal zum Antrag, daß die Debatte über Grundsätzliches zu schließen ist.

Abstimmung:

Antrag mit einer Gegenstimme angenommen.

***Franke*, Fritzlar:**

Erbittet Aufklärung über die Finanzierung.

Regierungsrat *Lindner*:

Einnahmen des LSV:

Kopfbeitrag

Aufnahmegebühr, jeweils gestaffelt nach Alter und Mitgliederzahl,

Verwendung der Gelder:

Unfall-Haftpflichtversicherung,

Fachgruppen,

Kreise.

Hauptmittel müssen den Fachgruppen zukommen. Fußball z. B. stellt dem Verband aus seinen Einnahmen Mittel zur Verfügung, wenn der Verband diese benötigt. Ebenfalls die Oberliga, die 2 % abgibt. Die Kreise erhalten für die Kreisverwaltung einen Zuschuß unter Zugrundelegung der Mitgliederzahl. Satz muß noch ermittelt werden.

Spesen- und Ausgabenordnung:

Ausgaben dürfen erst getätigt werden, wenn sie vorher dem Grunde nach genehmigt sind.

LSV stellt Kostenvoranschlag mit Arbeitsplan auf, ebenfalls die Fachgruppen, Bezirke und Kreise. Dadurch kommen wir sehr bald zu einer klaren Finanzverwaltung.

***Bechmann*, Kassel:**

Stellt fest und stellt zum Antrag, daß keine Fachgruppe das Recht hat, Mitglieder, die durch den Kreis bzw. Bezirk ausgeschlossen worden sind, wieder aufzunehmen.

***Ackermann*, Beerfelden:**

Eine Fachgruppe hat über die Mitgliedschaft zu entscheiden.

***Dietrich*, Boxen:**

Erweitrter Antrag: Bei Ausschluß den Fachgruppen-Vertreter mit zu hören.

***Schuler*, Auheim:**

Es muß beachtet werden, wer überhaupt berechtigt ist, einen Ausschluß zu tätigen.

Regierungsrat *Lindner*:

Zuständigkeiten:

Der Kreis muß die Möglichkeit haben, einzelne Mitglieder auszuschliessen. Verband schließt Vereine aus.

Zum Antrag gestellt ist:

Die Fachgruppen haben

VERBANDSVORSTAND

Geschäftsstelle: Frankfurt/M., Neue Rothofstr. 23 I., Telefon 58 333.

1. Beitrittserklärung der Vereine

Wir haben festgestellt, daß bei einigen Verinen Zweifel über die Notwendigkeit einer Beitrittserklärung dem Landessportverband gegenüber bestehen. Um jeden Zweifel auszuschließen, bestätigen wir hiermit, daß kein Verein ohne weiteres unserem Landessportverband als Mitglied angehört, sondern daß er die Mitgliedschaft erst erwirbt, wenn er eine Beitrittserklärung abgibt. Die förmliche Beitrittserklärung wird ersetzt durch die Zahlung der Aufnahmegebühr und des Verbandsbeitrags oder durch die Teilnahme eines bevollmächtigten Vereinsvertreters an einem Kreis-, Bezirks- oder Verbandstag des Verbands oder einer Fachgruppe. Auf eine tatsächliche Willenserklärung eines Vereins in der einen oder anderen vorstehend festgehaltenen Form kann nicht verzichtet werden. Die Willenserklärung muß auch unmittelbar durch den Verein erfolgen. Beitrittserklärungen durch die Sportkreisvorstände gelten nur, wenn diesen gegenüber die einzelnen Vereine eine entsprechende ausdrückliche Willenserklärung hinsichtlich ihres Beitritts zum Landessportverband abgegeben haben. Wir bitten hierauf besonders zu achten, einmal seitens der Vereine selbst, zum andern seitens der Sportkreisvorstände. Jedenfalls können Rechte dem Verband gegenüber und den Fachgruppen gegenüber nur geltend gemacht werden, wenn der Beitritt zum Verband in einer gültigen Form ausdrücklich erklärt ist. Dies gilt insbesonder für die Geltendmachung von Leistungen aus der Unfall- und Haftpflichtversicherung, die der Verband zugunsten der Vereine bzw. deren Mitglieder abgeschlossen hat.

2. Aufnahmegebühr und Verbandsbeitrag

Verschiedene Vereine sind immer noch mit der Entrichtung der einmaligen Aufnahmegebühr und des Verbandsbeitrags rückständig. **Wir machen alle Vereinsvorsitzende und die Vereinsrechner darauf aufmerksam, daß die zweite, zugleich letzte Beitragsrate für das Geschäftsjahr 1946-47 (bis 31. 3. 1947) am 1. 1. 1947 fällig geworden und zu überweisen ist** (Konto des Landessportverbands bei der Deutschen Effekten- und Wechselbank oder Postscheckkonto Nr. 3164 — Stichwort: Verbandsbeitrag oder Aufnahmegebühr). Der Beitrag beträgt für jedes ordentliche Mitglied über 18 Jahre (Aktive und Inaktive) RM 1.50, für jedes Jugendmitglied von 14—18 Jahren RM 1.— und für Kinder von 6—14 Jahren je 50 Pfennig. Die einmalig zu entrichtende Aufnahmegebühr beträgt für Vereine bis zu 50 Mitgliedern RM 25.—, bis zu 100 Mitgliedern RM 50.—, bis zu 300 Mitgliedern RM 100.—, bis zu 500 Mitgliedern 200.— und über 500 Mitgliedern RM 300.—.

Bevor wir dazu übergehen müssen, die Vereine kostenpflichtig anzumahnen, appellieren wir an die Sorgfalt und Gewissenhaftigkeit und an das Verantwortungsbewußtsein unserer Vereinsvorstände und bitten erneut auf diesem Wege, die Ueberweisung der fälligen Beträge umgehend vorzunehmen.

Vereine, die aus triftigen Gründen nicht in der Lage sind, Zahlung in der für 1946-47 festgelegten Höhe zu leisten, haben die Möglichkeit, in einem schriftlichen, eingehend begründeten Gesuch an den Verbandsvorstand Stundung oder Ermäßigung zu beantragen. Gesuche um Erlaß können bekantlich satzungsgemäß nur vom Verbandstag genehmigt werden.

Aus: Sport-Mitteilungen, 22. Januar 1947

nicht das Recht, über die Frage der Mitgliedschaft innerhalb des Verbandes zu entscheiden.

Antrag einstimmig angenommen.

***Engelter*, Marburg:**

Klärung der Aufnahmegebühr. Von den Vereinen des Kreises Marburg ist diese nicht bezahlt worden. Aufstellung eines Etats durch den Verband. Die Vereine haben bereits Versicherungen abgeschlossen. Für Jugend keine Kopfbeiträge erheben!

Regierungsrat *Lindner*:

Zur Klärung der Versicherungs-Angelegenheit: Die Kreise wie auch die Vereine melden so schnell wie möglich dem Verband, wenn noch eine Versicherung läuft – wo und unter welchen Bedingungen, Kündigungsbedingungen –, um eine einheitliche Versicherung abschließen zu können im neuen Geschäftsjahr.

Weiter: Frage der Aufteilung.

Welche Kreise haben bereits Aufnahmegebühr erhoben, in welchen Kreisen sind noch Mittel vorhanden?

Keine Mittel anfordern, wenn noch vorhanden sind.

Die Kreise prüfen, was sie evtl. dem Verband zur Verfügung stellen können.

VERBANDSVORSTAND

Geschäftsstelle: Frankfurt/M., Neue Rothofstr. 23 I., Telefon 58333.

1. Zweite Arbeitstagung des Verbandsvorstandes mit den Bezirks- und Kreisvorsitzenden.

Am Sonntag, den 30. März 1947, findet in Gießen im Restaurant Schipkapass in der Bahnhofstraße — Beginn 10 Uhr — die 2. Arbeitstagung des Verbandsvorstandes mit den Bezirks- und Kreisvorsitzenden statt. Wünsche wegen Uebernachtung und Verpflegung sind unmittelbar dem Sportkreis Gießen vorzutragen. Wir bitten alle Bezirks- und Kreisvorsitzenden, an dieser Tagung, die erneut Aufbaufragen behandeln wird, unbedingt teilzunehmen.

2. Achtung! Unfall- und Haftpflichtversicherung!

Ueber den Landessportverband Hessen versichert sind nur diejenigen Vereine, welche die Aufnahmegebühr und mindestens eine Beitragsrate entrichtet und selbst keine Versicherung mit einer Versicherungsgesellschaft abgeschlossen haben. Vereine, die selbst eine Versicherung abgeschlossen haben, können Beitragsermäßigung bei dem Verbandsvorstand beantragen, wenn sie nachweisen, daß sie versichert sind. Gleiches gilt für Sportkreise bzw. Vereine in Sportkreisen, die ihrerseits bereits für ihre Vereine eine Unfall- und Haftpflicht-Versicherung abgeschlossen haben.

Zur einheitlichen Ausgestaltung der Versicherung ist im Einvernehmen mit den Bezirks- und Kreisvorsitzenden beschlossen worden, daß s o f o r t alle Vereine und auch alle Sportkreise, die bereits eine Versicherung abgeschlossen haben, dies unserer Geschäftsstelle schriftlich melden, unter Angabe, wann und wo versichert wurde, unter welchen Bedingungen dies erfolgte und wie lange die Versicherung vertraglich läuft bzw. zu welchem Termin sie gekündigt werden kann. Jedenfalls ist im Interesse der einheitlichen Ausgestaltung dringend erforderlich, daß alle Versicherungen so bald wie möglich gekündigt werden. Wir sind bereit, in Zweifelsfällen beratend und unterstützend für die Vereine tätig zu werden. Die Sportkreisvorsitzenden werden auch auf diesem Wege nochmals gebeten, sofort dieses Gebiet der Vereinsbetreuung zu bearbeiten und uns die erforderlichen Meldungen umgehend zugehen zu lassen.

Aus: Sport-Mitteilungen, 5. März 1947

***Franke*, Fritzlar:**

Die Finanzierung ist das Leben eines Verbandes. Die Hauptarbeit liegt in den Kreisen. Oft ist es erforderlich, daß hier ein Geschäftsführer eingestellt wird.

Der neue Verband sollte einmal Träger einer eigenen Versicherung sein. Die z. Zt. laufenden Versicherungen sind nicht günstig für die Vereine. Manche Vereine mußten auf 5 Jahre abschließen. Läßt sich hier ein Weg finden, daß die Versicherungsgesellschaften von ihrem Recht Abstand nehmen?

Zur Beitragserhebung: Die Aufnahmegebühren sind recht hoch. Die Kreise verfügen jedoch noch über Mittel und werden den Beitrag überweisen, wenn heute eine Linie hierfür gefunden wird.

Der Finanzaufbau muß im Hinblick auf morgen erfolgen. Bei der Planung muß auch an die kleinen Vereine gedacht werden.

Vorschlag: Die Kreise geben dem Verbandsvorstand das Recht, RM 2,50 als Beitrag zu erheben. Dieser Beitrag wird wie folgt aufgeschlüsselt:

RM 1,— für die Kreise,
RM 1,— für Versicherung,
RM -,50 für den Verband.

Die Zusammenarbeit der Kreise mit den Fachgruppen ist unbedingt erforderlich. Grundsätzlich führen die Fachgruppen noch ein Eigenleben.

Selbstverwaltung der Kreise ist erforderlich. Die finanzielle Last liegt in den Kreisen.

Regierungsrat *Lindner*:

Die Aufnahmegebühr ist von den Vereinen baldmöglichst zu überweisen.

Die Unfallversicherung muß z. Zt. abgeschlossen werden. Die Vereine, die schon versichert sind, können Ermäßigung, Stundung oder Erlaß beantragen.

Die Kreise brauchen Mittel und bekommen sie auch, jedoch nicht nach dem Vorschlag von Herrn *Franke*, Fritzlar.

***Busch*, Wetzlar:**

Heute nicht über die Festsetzung des Beitrages diskutieren. Dem Verband hierüber schriftlich Vorschläge einreichen, die bis zum Verbandstag ausgearbeitet werden können.

Bei der Versicherung muß berücksichtigt werden, daß für die Jugend durch den Landes-Jugendausschuß eine sogenannte Jugendversicherung abgeschlossen ist.

Regierungsrat *Lindner*:

Es handelt sich bei der Jugendversicherung nicht um eine abgeschlossene Versicherung, sondern lediglich um eine Vereinbarung. Wenn die Vereine die Prämie bezahlen, sind die Jugendlichen versichert – andernfalls eben nicht.

Das sind im übrigen alles Fragen, die in die Zuständigkeit des Verbandstages fallen. Ebenfalls bei dem Bericht der Kreise berücksichtigen.

***Dr. Lingnau*, Rudern:**

Bittet, die Dinge einmal von der anderen Warte aus zu betrachten. Die Fachgruppen haben sich zu einer einheitlichen Linie im Sport entschlossen. Es muß alles von vornherein vermieden werden, was evtl. zur Bildung von Fachverbänden führen könnte. Nicht bei jeder Fachgruppe ist die Kreisinstanz erforderlich – wie z.B. bei Rudern – und trotzdem wollen die Fachgruppen die einheitliche Linie. Die Kreise müssen also unterscheiden:

a) fachliche Arbeit,

b) sachliche Arbeit.

Wenn Sie den Fachgruppen die Mittel nicht geben, sprengen Sie die Einheit des Sportes. Von dem Kopfbeitrag muß so viel übrig bleiben, die fachliche Arbeit durchzuführen.

Bericht über den am 4. Mai 1947 im Hörsaal der Kerckhoffstiftung in Bad Nauheim stattgefundenen Verbands-Handballtages

3. Anträge

a) Resolution seitens der Landesfachgruppenleitung mit folgendem Wortlaut:

„Die Delegierten der ersten Landesfachgruppentagung Handball stehen geschlossen hinter der Idee eines einheitlichen Sportverbandes. Die Fachgruppe Handball, welcher 20 000 aktive Spieler und Spielerinnen angehören, wünscht, daß der endgültige Bildungsabschluß des Landessportverbandes Hessen durch die Einberufung eines Landesverbandstages baldigst vollzogen wird. Die Grndlagen des Landessportverbandes müssen sein: Freiwilligkeit, Weglassen jeglicher parteipolitischer und konfessioneller Tendenz, sowie die Selbständigkeit der einzelnen Fachgruppen.

Der Aufbau der Fachgruppen und des Verbandes müssen auf demokratischer Grundlage getätigt werden."

Die Resolution wurde einstimmig angenommen.

Aus: Sport-Mitteilungen, 12.Juni 1947

Leichtathletik

Auf dem Verbandstag der Fachgruppe Leichtathletik am 2. Februar 1947 wurde folgende Resolution angenommen:

„Der Verbandstag der Fachgruppe Leichtathletik am 2. Februar 1947 in Bad Nauheim bekennt sich einmütig zur Beibehaltung der Dachorganisation aller Sportarten in dem Landessportverband Hessen. Da die Fachgruppen im LSV. eigene Leitung und Handlungsfreiheit besitzen, lehnen sie die selbständigen Fachverbände wie auch die politischen und konfessionellen Verbände ab."

Aus: Sport-Mitteilungen, 5. März 1947

***Strack*, Hersfeld:**

Der Kreis ist nicht in der Lage, den Beitrag an den Verband abzuführen, da eine Versicherung bis 1. April 1947 abgeschlossen ist in Höhe von RM 3,– !

Regierungsrat *Lindner*:

Alle Kreise bzw. Vereine, die Versicherungen mit der Allianz-Gesellschaft abgeschlossen haben, berichten dies an den Verband. Von hier aus sind Verhandlungen im Gange, daß diese Versicherungen durch die Allianz in die Global-Versicherung des Verbandes übergehen.

***Henss*, Weilburg:**

Im Oberlahnkreis hat sich ein Turnverband gegründet.

Regierungsrat *Lindner*:

Zur Klärung dieser Angelegenheit findet in Limburg eine Tagung statt.

***Kobald*, Turnen:**

Die Gründung dieses Turnverbandes ist hier bekannt. Es ist aber nicht allein Schuld der Turnvereine, sondern auch Schuld der Kreisvorsitzenden, die sich nicht um die Turnvereine gekümmert haben.

Bei der in Homburg stattgefundenen Tagung der Fachgruppe Turnen haben sich 80 % der Turnvereine zum Einheitssport-Gedanken bekannt. Es besteht nur noch eine kleine Gruppe, die einen eigenen Verband ins Leben rufen will. Hierzu wird es aber wohl kaum kommen.

***Günther*, Witzenhausen:**

Hat an den Verband geschrieben, daß ab 1. April 1947 die Versicherung in den Global-Versicherung des Verbandes übergeht, er aber für das alte Geschäftsjahr den Beitrag nicht mehr bezahlen könnte, da seine Versicherung zu hoch sei RM 3,–.

Er hat vom Verband den Bescheid erhalten, er müßte trotzdem den Beitrag bezahlen.

In einzelnen Kreisen sind Geschäftsstellen errichtet (Kassel), da die verwaltungsmäßige Arbeit zu groß ist. Die Fachgruppen sollen mit diesen Geschäftsstellen eng zusammenarbeiten. Die Hauptarbeit liegt in den Kreisen. Die Beiträge sollen in den Kreisen bleiben und von hier aus sollen sämtliche Fachgruppen bedacht werden.

Regierungsrat *Lindner*:

An den Unkosten der Kreisgeschäftsstellen müssen sich die Fachgruppen kostenmäßig beteiligen.

Bericht über den ersten Verbandstag der Fachgruppe Fussball

im Landessportverband Hessen e. V. am 14. und 15. Mai 1947 im großen Sitzungssaal der Industrie- und Handelskammer, Frankfurt am Main, Börsenstraße.

(Schluß.)

Es wird ein Antrag des Fachgruppenausschusses, der die Oberliga betrifft, zur Verlesung gebracht. Dieser Antrag wird gleichzeitig durch einen Zusatzantrag des Sportbezirkes Kassel ergänzt.

Die Verlesung erfolgt durch Herrn Linnenberg:

„Der Verbandstag der Fachgruppe Fußball im Landessportverband Hessen wolle beschließen, daß die 4 Landessportverbände der US-Zone gemeinsam die Führung der Oberliga in spiel- und verwaltungstechnischer Hinsicht ab der kommenden Spielsaison übernimmt.

Irgendwelche Interessengemeinschaften innerhalb der Oberliga sind nicht statthaft."

Zusatzantrag Kassel:

„Der Verbandsfußballtag wolle beschließen:

Die Zusammenfassung aller sporttreibenden Vereine im Lande Hessen bildet der Landessportverband Hessen e. V.

Sportvereine, die dem Landessportverband Hessen angehören wollen, bilden hinsichtlich ihrer Mitgliedschaft beim Landessportverband ein einheitliches Ganzes. Diese Vereine können ihre sportliche Betätigung und die etwaige Teilnahme an Verbandsspielen und Meisterschaften nur im Rahmen des Landesverbandes durchführen.

Die Teilnahme einzelner Abteilungen oder Teilen davon an Verbandsspielen oder Meisterschaften anderer Verbände oder Vereinigungen ist nicht möglich, solange ein Verein mit mindestens einer Abteilung oder Teilen davon am Sportbetrieb des Landesverbandes Hessen teilnimmt.

Es ergab sich über diesen Punkt keine größere Diskussion, da die Angelegenheit schon während der Diskussion über andere Fälle zur Sprache gekommen war.

Die folgende Abstimmung ergab eine einstimmige Annahme mit dem Zusatzantrag Kassel.

Einige Anträge über Satzungsänderung kamen durch Gesamtannahme der Satzungen nicht zur Verlesung und Diskussion, sondern wurden der Satzungskommission zur Bearbeitung übergeben.

Eine regere und ausgiebigere Diskussion entstand bei Verlesung der Anträge der Sport-Union Nieder-Florstadt, Kreis Friedberg, und der S.G. Gießen-Wieseck, den Sportruf betreffend.

Aus: Sport-Mitteilungen, 10.Juli 1947

***Schuler*, Hanau:**

Vertritt die Meinung, daß der restliche Beitrag von den Kreisen an den Verband bezahlt wird.

Vorschlag für das neue Geschäftsjahr: Der Verband erhebt einen Beitrag in Höhe von RM 2,–, die er prozentual wieder zurückgibt. Die Einziehung des Beitrages durch den Kreis ist zu schwierig. Der Beitrag darf nicht zu hoch angesetzt werden, viele können ihn sonst nicht bezahlen. Geringe Geschäftsunkosten erforderlich. Beitrag nur für aktive Mitglieder festsetzen.

Regierungsrat *Lindner*:

Es kann hier kein Beschluß über die Beitraghöhe gefaßt werden. Sache des Verbandstages.

***Gutmann*, Melsungen:**

Fragt an, ob ein hauptamtlicher Kreisgeschäftsführer ehrenamtlicher Fußball-Fachwart sein kann?

Regierungsrat *Lindner*:

Grundsätzlich nein – jedoch bestehen z. Zt. noch Überschneidungen, selbst im LSV. Die Dinge nicht überstürzen.

***Dietrich*, Boxen:**

Warnt vor einer eigenen Versicherung. Im Augenblick ist die Lösung des LSV die beste.

***Frey*, Bad-Homburg:**

Erbittet Auskunft über das beschlagnahmte Vermögen der Vereine. Neugründung von Vereinen unter Mitarbeit der Kreisvorsitzenden, um eine Versplitterung zu vermeiden.

Regierungsrat *Lindner*:

Bei Vereinsbildung ist es eine Zweckfrage, ob ein Verein oder mehrere.

Zu beschlagnahmten Vereinsvermögen: Eine Freigabe kann nicht erwartet werden, da die Vereine neu gebildet sind; sie sind also kein Rechtsnachfolger. Es kann jedoch Antrag auf Freigabe gestellt werden.

Es besteht keine Bestimmung der Militär-Regierung, daß sich ein verbotener Verein nicht wieder bilden darf – allerdings auf demokratischer Grundlage. Dieser Verein kann dann Antrag auf Freigabe des Vermögens stellen.

TURNEN

Landes-Turnwart Hans Kobald, Frankfurt/M.-Nied, Bolongarostraße 6.

Bezirk II Marburg-Gießen

Die Fachgruppe Turnen des Bezirkes II des Landessportverbandes Hessen hielt am 23. Februar 1947, 10 Uhr, ihre erste konstituierende Versammlung unter dem Vorsitz des Kreisvorsitzenden des Kreises Wetzlar, Heinrich Schönberger-Wetzlar in Gießen (Gasthaus Bepler) ab. Auf Einladung wohnte der Vertretertagung der zweite Vorsitzende des Landesverbandes Hessen, Martin Schmidt, Frankfurt a. Main, bei.

In ernster, von hoher Verantwortung getragener Aussprache wurde eindeutig der Wille zum Ausdruck gebracht, alle Kräfte für den Wiederaufbau unseres durch den Krieg so schwer getroffenen Turnens zu entfalten, um der ratlosen und vielen Gefahren ausgesetzten Jugend in wahrer Kameradschaftlichkeit eine Heimstätte innerer Freude und anständiger Gesinnung zu bieten. Die Bestrebungen mancher Sportler, sich wieder in voneinander getrennten Organisationen zu betätigen, wurden entschieden abgelehnt und der alle Sportarten umfassende Verband gefordert. Eine Erklärung folgenden Inhaltes wurde daher dem Landessportverband übermittelt:

„Die in der Tagung der Fachgruppe Turnen des Bezirkes Marburg am 23. Februar 1947 in Gießen versammelten Vertreter bekunden ihren Willen zum Einheits-Sportverband. Die Versammlung verurteilt Bestrebungen, die geeignet sind, dem Einheitsgedanken zu schaden."

Die Wahl des Vorstandes wickelte sich in großer Einmütigkeit schnell ab. Alle Vorstandsmitglieder wurden durch Zuruf einstimmig gewählt. Er hat folgende Zusammensetzung:

1. Vorsitzender: Hch. Schönberger, Wetzlar-Niedergirmes;
1. Männerturnwart: Lepper-Wieseck;
2. Männerturnwart: Reuter-Gießen;

Kinderturnwart: Borschel-Gießen;
Spielwart für Sommerspiele: Dr. Loh-Wetzlar;
Beisitzer: Dr. Hauf-Wetzlar und Pfaff-Krofdorf.

Das Jugendturnen wird von den Männerturnwarten betreut. Das Amt des Frauenturnwartes soll auf der nächsten Vertretertagung besetzt werden.

Sportfreund Martin Schmidt-Frankfurt ging in einem ausführlichen Referat auf die Ziele und die Organisation des Landessportverbandes ein, stellte verschiedene Fragen klar und versicherte den Vertretern des Bezirkes, daß alles geschehen würde zu einer Orgnaisationsform zu kommen, die den Interessen a l l e r Sporttreibenden gerecht würde. Alle noch offenen Frage sollten auf der diesjährigen Landesverbandstagung ausführlich besprochen werden.

Von der Versammlung wurde Schmidt anheimgestellt, den Verbandsvorstand auf die Ungerechtfertigkeit der vorgeschlagenen Beiträge für Kinder hinzuweisen.

Schluß 13 Uhr.

Aus: Sport-Mitteilungen, 5. März 1947

Es wird bei *Prof. Herzfeld* eine Besprechung beantragt, daß diese Dinge grundsätzlich geklärt werden.

***Bechmann*, Kassel:**

Bittet mit der Vermögensstelle und der Militär-Regierung zu verhandeln, daß das Vermögen des NSRL für den Sport wieder freigegeben wird. Er hat dies in Kassel getan.

***Wilhelm*, Witzenhausen:**

Der Kreis hat noch keine Aufnahmegebühr bezahlt. Er bittet, die Beiträge zu erlassen oder zu stunden. Wie hoch soll in Zukunft der Beitrag sein?

Regierungsrat *Lindner*:

Die Höhe des Beitrages wird mit den Vereinen auf dem Verbandstag besprochen.

Aus: Sport-Mitteilungen, 16. April 1947

9. Gesperrte Vermögenswerte früherer Vereine

Bekanntlich sind alle vor dem Mai 1945 tätig gewesenen Vereine aufgelöst und verboten worden und ihr Vermögen ist grundsätzlich der Sperre des Gesetzes Nr. 52 unterworfen. Die nach 1945 wieder neu gebildeten und genehmigten Vereine werden seitens der Militärregierung in Hessen als völlig neue Vereine und damit nicht als Rechtsnachfolger der früheren Vereine angesehen. Infolgedessen kann zur Zeit auch grundsätzlich kein Verein die Freigabe gesperrter Werte als Eigentümer geltend machen. Die Vereine können aber bei dem örtlich zuständigen Amt für Vermögenskontrolle ihre Einsetzung als Treuhänder für solche gesperrten Werte beantragen. In dem einen oder anderen begründeten Falle besteht wahrscheinlich auch die Möglichkeit, bestimmte Werte wie z. B. Geräte gegen Entrichtung eines Entgelts im Einvernehmen mit dem Landesamt für Vermögenskontrolle bei dem Minister der Finanzen über das örtlich zuständige Amt für Vermögenskontrolle zu Eigentum zu erwerben. Wir hoffen, daß wir mit dieser Klarstellung manche Zweifel beseitigt und Anfragen bei unserer Geschäftsstelle unnötig gemacht haben.

***Engelter*, Marburg:**

Bittet noch um Aufklärung über die Absetzung der Fußballspiele. Es herrschen hier Unklarheiten.

Zum Abschluß der Arbeitsbesprechung haben die Kreisvorsitzenden die Bitte geäußert, vor dem Verbandstag noch einmal eine Besprechung mit den Kreisvorsitzenden durchzuführen und zwar in Gießen.

Regierungsrat *Lindner* schließt die Besprechung und dankt für das Interesse am Neuaufbau des Sportes. Er wünscht allen Anwesenden eine gute Heimfahrt.

Frankfurt, den 19. Februar 1947

FUSSBALL

Geschäftsstelle: Frankfurt a. M., Neue Rothofstr. 23, Telefon 58333.

Alle Spiele der Landesliga, Bezirksliga und Kreisklasse werden für den Monat Februar infolge der Witterungsverhältnisse und mit Rücksicht auf die gesundheitliche Gefährdung der Spieler und die schwierigen Reiseverhältnisse abgesetzt. Die Spiele beginnen wieder am 2. März 1947 nach der vorgesehenen Einteilung.

gez. Knieriem, Spielausschußvorsitzender

II. Arbeitstagung am 30. März 1947 in Gießen im Lokal Schipkapaß, Bahnhofstraße

Von der II. und III. Tagung des Vorstandes mit den Kreis- und Bezirksvorsitzenden in Gießen liegen keine Protokolle vor. Es wurde allerdings in den Sport-Mitteilungen darüber berichtet.

Gaststätte Schipkapaß

Tagung der Kreisvorsitzenden am 30. März in Gießen

Zu einer zweiten Arbeitstagung trafen sich die Kreisvorsitzenden in Gießen, um zu den schwebenden Fragen Stellung zu nehmen. Der 1. Vors., Sportfreund Lindner, streifte in seinen ausführlich gehaltenen Darlegungen nochmals die Aufgaben des Landessportverbandes. Betriebs- und Behördenvereine sind abzulehnen, ebenso konfessionelle und politische Tendenzen in den Vereinen. Verschiedene Schachabteilungen in den Vereinen machten es notwendig, zu der Frage Stellung zu nehmen, ob wir eine Fachgruppe hierfür einrichten. Wegen der Sonntagsfahrgenehmigung wurde bereits mit dem Kultusministerium verhandelt. Nach Abschluß wird Näheres in den Sport-Mitteilungen veröffentlicht. Wegen der Vergnügungssteuer haben wir besonders in Frankfurt zu kämpfen, sind aber bis jetzt noch zu keinem befriedigenden Resultat gekommen. Die Stagma belastet unsere Vereine sehr stark. Im Verhandlungsweg wollen wir versuchen eine Klärung zu schaffen. Hierbei wirft sich die Frage auf, ob eine Regelung durch den Verband getroffen werden soll, oder ob es den Vereinen überlassen bleibt, von sich aus mit der Stagma in Verbindung zu treten. Einen wesentlichen Raum nahm die Behandlung der Verbandsbeiträge ein. In dem Kopfbeitrag muß die Versicherung für alle Mitglieder mit eingeschlossen sein. Das alte Geschäftsjahr ist abgelaufen und wir müssen uns darüber einig werden, in welcher Höhe wir dem Verbandstag Vorschläge machen können. In einem Voranschlag wurde die Aufteilung der Verbandsbeiträge veranschaulicht. Genaue Mitgliederzahlen konnten allerdings noch nicht zu Grunde gelegt werden.

Die Diskussion war sehr lebhaft und die Meinung über die Höhe der Verbandsbeiträge sehr geteilt. Verschiedene Anregungen wurden gegeben, welche der Verbandsvorstand in seiner weiteren Arbeit verwenden wird. Einige aufgeworfene Probleme müssen im Verhandlungsweg zunächst geklärt werden. Die nächste Sitzung wurde auf Sonntag, den 27. April festgesetzt.

Aus: Sport-Mitteilungen, 16. April 1947

III. Arbeitstagung am 27. April 1947 in Gießen im Lokal Schipkapaß, Bahnhofstraße

Einladung und Bericht liegen nicht vor.

Protokoll der IV. Arbeitstagung am 14. und 15. Juni 1947 in Frankfurt a. Main, Gewerkschaftshaus

Beginn: 15.45 Uhr

Anwesend waren laut beiliegender Anwesenheitsliste:

Verbandsvorstand:	Reg. Rat *Lindner*,
	M. Schmidt,
	A. Hain,
	O. Griebel,
	K.-R. Roesler,
	W. Linnenberg
Kreisvorsitzende:	29
Bezirksvorsitzende:	3

***Lindner*:**

Begrüßt alle Anwesenden und dankt im Namen des Verbandsvorstandes für ihr Erscheinen. Drei Vorstandsmitglieder haben mich gebeten, ihnen etwas vortragen zu dürfen:

***Griebel*:**

Der Verbandstag der Fachgruppe Wintersport findet am 5. Juli 1947, 15 Uhr statt. Ort wird noch in den Sportmitteilungen bekanntgegeben sowie die Tagesordnung. Außerdem bitte ich ihren Vereinen mitzuteilen, daß sich die Fachgruppe Wintersport in drei Sportarten unterteilt hat:

1. Eissport
2. Ski
3. Bob, Rodel, Skeleton.

Die Geschäftsstelle bleibt jedoch nach wie vor unter Federführung des Landeswintersportwartes und ist weiterhin in der Neuen Rothofstraße 23-25.

Diese Unterfachgruppen haben zunächst

Das Frankfurter Gewerkschaftshaus, wo auch Heinrich Sorg im oberen Stockwerk sein Büro als Sportreferent der SPD hatte

kommissarische Leiter. Am 5. Juli jedoch wird dann auf dem Verbandstag der Fachgruppe Wintersport die Neuwahl stattfinden.

Die Trennung der einzelnen Sportarten war unbedingt notwendig, damit auf jedem Gebiet sachgemäß gearbeitet werden kann. Auch die Trennung der Roll- und Eissportes war unausbleiblich.

Offiziell findet die Trennung erst am Verbandstag der Fachgruppe statt.

***Leck*, Fritzlar-Homberg:**

Herr *Griebel* teilt uns von der Trennung einzelner Sportarten mit. Herr *Lindner* erklärt uns hingegen die Einheit im Sport. Wie verhält sich diese Einteilung mit der aufgestellten Spesenordnung? Wie kann dies sparsam sein, wenn wir die einzelnen Fachgruppen unterteilen?

***Lindner*:**

Die Trennung ist nur fachlich zu betrachten, die überfachliche Seite, ich meine, die Spesen erhöhen sich nicht dadurch, da die Geschäftsstelle nur an einer Stelle ist.

***Griebel*:**

Fassen sie die Einteilung nicht als Landesfachgruppen auf, die Unterteilung ist nur für das sachlich, fachliche Gebiet, da der umfassende Sammelname Wintersport viel zu weit umfassend ist. Wenn jemand Eissport betreibt, dann muß er doch nicht auch Ski laufen oder Bob fahren.

Die Teilung ist bedingt durch die Eigenheit der einzelnen Sportarten. In den anderen Landessportverbänden der amerikanischen Zone sind diese Sportarten auch schon geteilt.

***Lindner*:**

Dankt für die Ausführungen des Herrn *Griebel* und bittet Herrn *A. Hain* das Wort zu ergreifen.

***Hain*:**

Möchte den Kreisvorsitzenden nur mitteilen, daß am 29. Juni 1947 der Verbandstag nur für die Fachgruppe Rollsport stattfindet, da der Eissport jetzt von dieser Fachgruppe getrennt ist. Ich bitte dies

WINTERSPORT

Landes-Wintersportwart Otto Griebel, Frankf./M. Neue Rothofstraße 23 / Telefon 58333

An alle Bezirks- und Kreisfachwarte für Wintersport, Vereinsvorstände und Abteilungsleiter der Wintersport treibenden Vereine!

Der **Verbandstag der Fachgruppe Wintersport** findet am

Sonnabend, den 5. Juli 1947, 15.00 Uhr, im großen Saal der Landwirtschaftskammer Frankfurt am Main, Bockenheimer Landstraße 25, 1. Stock, Nähe Opernplatz

statt.

Auf der Tagesordnung stehen folgende Punkte:

1. Bericht des Landeswintersportwartes Otto Griebel über das vergangene Jahr.
2. Kassenbericht.
3. Erledigung von Anträgen.
4. Entlastung des Vorstandes u. Neuwahl.
5. Verschiedenes.

Jeder Wintersport treibende Verein oder Abteilung hat für je **50 Mitglieder über 18 Jahre eine Stimme,** auch für etwa verbleibende Bruchteile von 50. Es genügt, wenn ein Vertreter des Vereins anwesend ist. Er vertritt alle Stimmen seines Vereins auf Grund einer Bescheinigung, die vom Vorstand seines Vereins auszustellen ist. Es können selbstverständlich auch andere Vereinsmitglieder ohne Stimmrecht erscheinen. Die Vollmacht wird bei Betreten des Tagungslokales abgegeben.

Der Landeswintersportwart bittet um Einsendung einer monatlichen Mitgliederliste in doppelter Ausfertigung der Wintersport treibenden Vereinsangehörigen, enthaltend Name, Vorname, Alter, Wohnort und Straße des einzelnen Mitglieds, ebenso die Anschriften der einzelnen Vereinsvorstände bis zum **2. Juli 1947** an die Geschäftsstelle, Frankfurt am Main, Neue Rothofstraße 23, Telefon 58333.

Die Sitzung wird etwa gegen 18 Uhr beendet sein, sodaß noch für alle Anwesenden eine Rückfahrtmöglichkeit besteht.

Aus: Sport-Mitteilungen, 26. Juni 1947

ROLL- UND EISSPORT

Landes-Fachwart August Hain, Frankfurt/Main, Oederweg 108, Telefon 51 084.

Der 1. Verbandstag der rollsporttreibenden Vereine findet nur am Sonntag den 29. Juni 1947, vormittags 9 Uhr, in Frankfurt a. M., Schillerstr. 19, im blauen Saal der „Frankfurter Rundschau" statt.

Tagesordnung: Vortrag des Vorsitzenden des Landessportvereins, Sportkamerad H. Lindner. Statutenberatung. Festlegung der Termine und Austragungsort der vorgesehenen Meisterschaften im Kunstlauf und Rollschuhhockey. Vorstandswahl. Verschiedenes.

Aus: Sport-Mitteilungen, 26. Juni 1947

auch ihren Vereinen mitzuteilen. Außerdem bitte ich, mir die Anschriften von Rollsport treibenden Vereinen zu senden.

***Lindner*:**
Dankt Herrn *Hain* für seine Ausführungen und bittet Herrn *Roesler* das Wort zu ergreifen.

***Roesler*:**
Die Ausstellung „Schaffende Jugend" steht nahe bevor. Uns als Sportorganisation stehen 30 qm zur Verfügung. Wir müssen nun überlegen, was wir ausstellen wollen. Ich bitte um Vorschläge der einzelnen Kreise, wenn möglich bitte ich mir hier gleich einige Anregungen zu geben.

***Lindner*:**
Teilt folgendes mit, daß er schon vor längerer Zeit in Wiesbaden Herrn Reg. Dir. *Herzfeld* versprochen hatte, daß die Sportjugend sich auch an der Ausstellung erheblich beteiligen wird, obzwar wir andere Ziele im Sport augenblicklich zu erstreben haben. Wir dürfen trotzdem nicht vergessen, daß dies auch eine einmalige Gelegenheit zum Zeigen unserer Größe ist.

***Krämer*, Wiesbaden:**
Ich bin der Meinung, daß die Sportjugend sich unbedingt namhaft an dieser Ausstellung beteiligen muß.

Es ist doch so, daß der größte Teil der hessischen Jugend in unseren Vereinen erfaßt ist.

Ich schlage folgendes vor:

1. In Form eines Wandbildes eine Statistik aufstellen, aus der ersichtlich ist, wieviel Mitglieder der Landessportverband Hessen hat, unterteilt in Erwachsene und Jugendliche. Außerdem welche Sportarten bei uns betrieben werden und wie prozentmäßig die obige Statistik auf die Sportarten anzuwenden ist.
2. Sportgeräte aller Art soweit vorhanden. Was nicht vorhanden ist, soll versucht werden, von den Amerikanern leihweise zu bekommen. „So sollte die Sportjugend ausgerüstet sein" !
3. Sportkleidung, wie oben.
4. Ein Bild, das eine zerstörte Turnhalle darstellt und daneben, wie es in Wirklichkeit aussieht. „Mit solchen Schwierigkeiten haben wir zu kämpfen".

Gusovius, Rheingau:
Schlägt vor, die Jugend anzuhalten, irgendwelche Kunstsachen der Ausstellung zur Verfügung zu stellen – auf handwerklichen oder anderen Gebieten.

Hanebuth, Marburg:
Teilt mit, daß er eine Plastik in der Mitte des Ausstellungsgebietes als sehr wirksam hält. Selbstverständlich eine den Sport betreffende Plastik.

***Roesler*:**
Teilt weiterhin mit, daß die einzelnen Kreise mit ihrer Jugend die Ausstellung besuchen können, unter vorheriger Anmeldung. Sie können dann auch im Zeltlager, das auch im Ausstellungsgelände sein wird, übernachten.

***Lindner*:**
Dankt allen Vorrednern für ihre Ausführungen und bittet nochmals, Herrn *Roesler* in der obigen Angelegenheit eifrigst zu unterstützen.

Begrüßt Herrn *Linnenberg* in seiner Eigenschaft als Geschäftsführer des Verbandsvorstandes und als durch die Vereine gewählter Fachgruppenleiter der Fachgruppe Fußball.

Herr *Lindner* bittet nun zu der Satzungsbesprechung zu kommen.

Diskussion über die Art der Vortragung der Satzung usw.

Satzungsänderungen:

***Lindner*:**
Stellt folgenden Antrag: In allen Paragraphen den Ausdruck „Leibesübungen" durch den Ausdruck „Sport" zu ersetzen.

Nach lebhafter Diskussion aller Teilnehmer wurde man sich dahingehend einig, dies dem Verbandsvorstand vorzulegen.

***Schulmeyer*, Groß-Gerau:**
§ 2 Abs. 2. Ziffer 2: Auf breitester Grundlage. Es wurde einstimmig der Antrag des Herrn *Schulmeyer* angenom-

men, zwischen dem Wort breitester und Grundlage das Wort *volkstümlicher* einzusetzen.

***Schmidt*, Frankfurt:**

§ 2 Abs. 2. Ziffer 3: Anstatt des Wortes zu entwickeln *heranzubilden* zu setzen. Vorschlag des Herrn *Schmidt* wurde von allen Anwesenden einstimmig angenommen.

Bezirk Darmstadt:

§ 2 Abs. 4.: Der Landessportverband fördert und erstrebt die Beziehungen zu anderen Verbänden und deren Mitglieder. Beantragt Streichung des oben genannten Satzes. Der Antrag wurde 11:11 abgestimmt. Der Antrag ist an den Verbandsvorstand zur Entscheidung weiterzuleiten.

***Hanebuth*, Marburg:**

§ 2 Abs. 5: An Stelle von ... in allen Schichten des deutschen Volkes ist in allen Schichten *unseres Volkes* zu setzen.

Der Antrag des Herrn *Hanebuth* wurde von allen Anwesenden einstimmig angenommen.

***Schulmeyer*:**

§ 6 Abs. 1.: Sie bedürfen der Genehmigung des Verbandsvorstandes... ist folgendes Wort einzusetzen: erweiterten Verbandsvorstandes.

„Schaffende Jugend im Lande Hessen"

Auf Wunsch vieler Anfragen gebe ich nochmals die **Ausschreibungen der Ausstellung**

„Schaffende Jugend im Lande Hessen" bekannt.

In der Zeit vom 26. Juli 1947 bis einschließl. 16. August 1947 findet in Frankfurt am Main die Ausstellung „Schaffende Jugend im Lande Hessen" statt.

Zweck der Ausstellung ist, jungen Menschen durch Beispiele und Vorbilder aus ihren eigenen Alterskreisen zu zeigen, was sie trotz der heutigen erschwerenden Umstände leisten können. Die Jugend soll dadurch zu eigenem Schaffen angeregt werden, daraus neuen Lebensmut gewinnen und Anderen Freude bereiten. Freude und Mut sind aber Kräfte, die uns zu wahrer Gemeinschaft und sinnvollem Wiederaufbau befähigen.

Veranstalter der Ausstellung ist der Landesjugendausschuß Hessen im Auftrag des Herrn Ministers für Kultus und Unterricht.

Die Ausstellung findet in den Räumen der Sporthalle des Stadions der Stadt Frankfurt am Main statt, die in dankenswerter Weise für diesen Zweck von dem Special Service der amerikanischen Armee zur Verfügung gestellt werden.

An der Ausstellung können sich beteiligen:

1. Einzelpersonen,
2. Gemeinschaften (Jugendgruppen, Gruppen aus Schulen, freie Gruppen),
3. Jugendorganisationen,
4. Jugendpflegende Verbände und Behörden.

I. Ausschreibung für Jugendliche und Jugendgruppen.

Zur Gewinnung geeigneter Ausstellungsgegenstände findet ein Wettbewerb statt. An dem Wettbewerb können einzelne Jugendliche und Gemeinschaften teilnehmen. Die Leistungen werden getrennt bewertet. Außerdem erfolgt eine getrennte Bewertung nach Altersstufen (1. bis 12 Jahre einschl., 2. bis 15 Jahre einschl., 3. bis 20 Jahre einschl., 4. über 20 Jahre) u. Fachgruppen, wie z. B. Musik, Zeichnung, Malerei, Dichtung, Handwerk, Basteln, Kleidung, Handarbeit, Hausrat u. s. f. Weitere Fachgruppen werden nach Art der Eingänge gebildet. Die Altersstufe von Gruppenleistungen berechnet sich nach dem Durchschnittsalter der Gruppe. Der Wettbewerb gliedert sich in zwei Abteilungen, A und B. Für beide Abteilungen gilt die obige Trennung in der Bewertung.

Abteilung A: Freier Wettbewerb.

In dieser Abteilung ist jedem Teilnehmer oder jeder Gruppe die Art und der Inhalt der eingereichten Arbeit völlig freigestellt.

Abteilung B: Gebundener Wettbewerb.

Auch in dieser Abteilung ist die Art (Technik, Material) der Arbeit völlig freigestellt. Die eingereichten Arbeiten sollen sich aber mit einem oder mehreren der folgenden Begriffe beschäftigen:

Jugend — Lehrer — Aufstieg — Führertum — Sozialismus — Friedenshelden — Jugendleiter — Arbeit — Bürgertum — Regierung — Freidenkertum — Selbsthilfe — Neubürger — Eltern — Erziehung — Erfolg — Freiheit — Christentum — Völkerverständigung — Kameradschaft — Wiederaufbau — Selbstverwaltung — Politik — Religion — Gemeinschaft — Heimatlose.

(Unter der Art der Arbeit ist zu verstehen z. B. Zeichnung, Malerei, Dichtung, Papparbeit, Holzarbeit, Metallarbeit, Textilarbeit u. s. f.)

Zugelassen zu den Wettbewerben ist jeder Jugendliche oder jede Jugendgruppe aus Hessen. Auswärtige Einsendungen werden außer Wettbewerb gezeigt.

Die Beteiligung an den Wettbewerben erfolgt durch Einsendung der Arbeiten bis 1. 7. 1947 an:

Sekretariat der Ausstellung „Schaffende Jugend im Lande Hessen", Frankfurt am Main, Braubachstraße 32.

Durch die Einsendung werden die Wettbewerbsbedingungen anerkannt. Ferner wird durch die Einsendung erklärt, daß der Einsender über die eingesandte Arbeit verfügen darf und sie selbst angefertigt hat (dies gilt sinngemäß auch für Gemeinschaften). Die Arbeiten dürfen den Bewerber nicht erkennen lassen. Sie müssen mit folgenden Angaben gekennzeichnet sein:

1. Mit einem Kennwort,
2. der Altersangabe des oder der Hersteller(s).

Zu den Arbeiten ist in einem verschlossenen, mit dem Kennwort der Arbeit beschrifteten Umschlag mitzuteilen:

1. Name, Anschrift und Alter eines jeden an der Arbeit Beteiligten,
2. bei Arbeiten, die von hessischen Jugendlichen angefertigt wurden, aber von Orten außerhalb Hessens eingesandt werden (z. B. vorübergehend Abwesenden) ist anzugeben, welche Beziehungen zum Land Hessen bestehen (z. B. Wohnort der Eltern, Heimatort oder dergleichen).

Einsendung mit offener Angabe des Namens werden außerhalb des Wettbewerbs für die Ausstellung berücksichtigt.

II. Ausschreibung für Jugendorganisationen und jugendpflegende Verbände und Behörden.

Die Jugendorganisationen, jugendpflegenden Verbände und Behörden sollen Gelegenheit haben, ihre Eigenart und ihre jugendbezogene Arbeit zu zeigen.

Anmeldungen für diesen Teil der Ausstellung sind, soweit noch nicht erfolgt, unter Angabe des etwa gewünschten Raumes bis 15. 5. 1947 an:

Sekretariat der Ausstellung „Schaffende Jugend im Lande Hessen", Frankfurt am Main, Braubachstraße 32

zu richten. Für Landesverbände stehen im Ausstellungsgelände im allgemeinen etwa 30 qm Bodenfläche zur Verfügung. Die endgültige Entscheidung über Zulassung und Raumzuteilung erfolgt durch einen paritätischen Ausschuß.

Die Preisgerichte bestehen für jede Fachgruppe jeweils aus mindestens drei Personen.

Für die Preisverteilung stehen einige hundert Preise für Einzelteilnehmer, wie auch für Gruppen (für je drei Vertreter) zur Verfügung.

Die Preisträger werden benachrichtigt.

Der Landesjugendausschuß Hessen.

Aus: Sport-Mitteilungen, 5. Juni 1947

Der neue Sport

Redaktion und Verlag „Der neue Sport": Frankfurt a. M., Kronprinzenstr. 36, Telephon 3 16 76, Vertrieb und Abonnement: G. F. C. Laue, Ffm., Steinweg 9. Abonnementspreis pro Quartal: Postbezug RM 3.45 (einschl. Postzeitungsgeld) zuzügl. RM —.36 Zustellgeb.; Streifbd. RM 3.25 zuzügl. RM —.78 Porto.

FRANKFURTER WOCHENZEITSCHRIFT FÜR SPORT UND JUGEN[D]

Jahrgang 2, Nr. 23 | Montag, 9. Juni 1947 | Einzelpreis

Am Samstag wurde auf der Frankfurter Sportkonferenz ein

Deutsches Olympisches Komitee gegründet

Bei einer auf Initiative des Landessportverbandes Hessen zustandegekommenen Sportkonferenz in Frankfurt, an der Vertreter der drei westlichen Zonen und auch ein Beobachter aus der Sowjetzone teilnahmen, wurde ein vorläufiges Deutsches Olympisches Komitee gegründet, das sich wie folgt zusammensetzt: Herzog Adolf-Friedrich zu Mecklenburg. — Eutin (als einziges noch lebendes deutsches Mitglied des Internationalen Olympischen Komitees), Dr. Peco Bauwens, Köln, P. Drees, Bremen, Heinr. Hünnecke, Hannover, Hugo Grömmer, Arnsberg, und Walter v. Adelson, Hamburg. Das Komitee gilt als vorläufig beauftragt und soll später in einem regulären Wahlgang bestätigt oder revidiert werden.

Die fragwürdige Situation des deutschen Sports, der jetzt schon zwei Jahre ohne gültiges Statut und ohne Akkreditiv lebt, hat schon zu wiederholten Malen Konferenzen notwendig gemacht, die über einen Weg zur Satisfaktion berieten. Im Vordergrund dieser Sorgen steht seit einigen Monaten die Zulassung der deutschen Sportjugend zu den Olympischen Spielen 1948 in London. Ueber die grundsätzliche Auseinandersetzung hinaus, die sine ira et studio zu führen ist, hat sich neuerdings eine rein administrative Maßnahme notwendig gemacht, nämlich die Konstitution eines Deutschen Olympischen Komitees, das formal vorhanden sein muß, sozusagen als Adressat oder als Briefkasten für eine eventuelle Einladung an Deutschland. Am 14. Juni werden in Stockholm die letzten Entscheidungen getroffen, und unter dem Drang dieses Termines stand auch die Frankfurter Sportkonferenz.

Man glaubte in Frankfurt, die Bildung eines überzonalen Komitees außer acht lassen zu müssen, da man nicht mit der Kontrollratsgenehmigung für ein solches Gremium rechnen darf. So führten praktische Erwägungen zu dem Entschluß, das vorläufige Komitee Vertretern der britischen Zone anzuvertrauen, zumal sich die aus der französischen Zone erschienenen Delegierten als nicht autorisiert erklärten und auch ein Leipziger Gast nur eine Beobachterrolle einnahm.

In der mehrstündigen Aussprache zur Frage einer deutschen Olympiateilnahme schälten sich immer klarer als entscheidende Gesichtspunkte heraus,

daß die Grundsätze der Olympischen Idee auf einer Universalität beruhen, die eine wenn auch nur symbolische Teilnahme der deutschen Jugend verlange,

daß sich die Weltmeinung allgemein auch gegen einen Ausschluß der deutschen Jugend richte und

daß man füglich die deutsche Jugend nicht für ein Verbrechen bestrafen könne, das die Generation vor ihr begangen habe.

Die in Frankfurt beschlossene Komiteegründung will jedoch lediglich für die formalen Voraussetzungen sorgen. Die nationale und fachliche Verbreiterung dieses deutschen

(Fortsetzung auf Seite 4)

(Fortsetzung von Seite 1)

Olympia-Büros ist im Einvernehmen mit den Besatzungsbehörden Zug um Zug zu besorgen. Dr. Diem, der als Komiteemitglied gleichfalls vorgeschlagen war, stellte sich nicht zur Wahl, nachdem Sorg-Frankfurt gegen den Widerspruch der Mehrheit seine politische Qualifikation angezweifelt hatte.

In der Nachmittagssitzung kam eine Reihe von Grundfragen zur Besprechung. Hünnecke-Hannover regte an, die Ausdrücke Leibesübungen, Turnen usw. allgemein durch das Begriffswort „Sport" zu ersetzen, ein Vorschlag, der nicht nur vom sprachlichen Gesichtspunkt, sondern auch von der erzieherischen Seite her begrüßt wurde. Prälat Volker-Arnsberg empfahl die Kodifizierung sportethischer Regeln, die Mindestforderungen darstellen sollen, unter denen sich auch Gruppen konfessioneller oder Arbeiter-Sportjugend treffen können. Auch die Frage der Sonntagsruhe im Sport nach englischem Vorbild sollte in Deutschland nicht als konfessionelle, sondern als Forderung des Menschheitsgesetzes angesehen und diskutiert werden.

In einem abschließenden Referat berichtete Dr. Diem über die Arbeit der Hochschule für Leibesübungen in Köln, die Mitte Juni mit 14tägigen Fortbildungslehrgängen beginnt, die im Juli auf Sportärzte, Turn- und Leichtathletikwarte und im Ferienmonat September auf Frauen und in der letzten Hälfte auf Fußballwarte ausgedehnt werden. **Jo Froesch**

***Ackermann*, Erbach:**

§ 7 Abs. 1.: Der Antrag auf Aufnahme ist schriftlich an den Verbandsvorstand zu richten ...

Laut Antrag des Herrn *Ackermann* wurde dies umgeändert in: Der Antrag auf Aufnahme ist schriftlich *über den Kreis* an den Verbandsvorstand zu richten.

Antrag nach lebhafter Diskussion einstimmig angenommen.

§ 7 Abs. 4.: Über den Aufnahmeantrag entscheidet der Verbandsvorstand. Antrag lautet: Über die Aufnahme entscheidet der *erweiterte* Verbandsvorstand.

Antrag einstimmig angenommen.

Außerdem wurde der nachfolgende Satz als überflüssig in der Satzung gestrichen.

Satz 4.: Der Beschluß ist dem Verein schriftlich zuzustellen. Hier ist laut Antrag einzusetzen: *Über den Kreis*.

Satz 5.: Sie beträgt bei Vereinen. einzusetzen laut Antrag: Sie beträgt bei Vereinen *grundsätzlich*.

Zweiter Tag

Beginn: 15. Juni, 9 Uhr

***Lindner*:**

Berichtet von der Sportkonferenz am 6. Juni 1947 in Frankfurt a. M., deren Ausrichter der Landessportverband Hessen war. Es waren Vertreter aus anderen Zonen als Gäste geladen. Aufgabe war, einen Briefkasten in Form eines Olympischen Komitees zu schaffen, da in Stockholm am 14./15. Juni die Einladungen an die Nationen zu den Olympischen Spielen entschieden werden sollte. Ob wir an den Olympischen Spielen nach erfolgter Einladung teilnehmen, ist noch eine zweite Angelegenheit.

Geht dann auf das Thema *Pelzer* über und schlägt den Kreisen vor, sofort zu melden, wenn *Pelzer* irgendwo auftauchen würde. Er ist von dem sportlichen Standpunkt unbedingt abzulehnen.

Geht zur Satzungsberatung über.

***Hanebuth*, Marburg:**

§ 12 Abs. 2. letzter Satz: Beantragt den letzten Satz: Nicht wählbar sind Verbands- und Vereinsangestellte... zu streichen, da dadurch viele wertvolle Menschen dem Sport verloren gehen könnten.

Antrag einstimmig angenommen.

Als Zusatz wurde von der ganzen Versammlung folgendes beantragt:

§ 12 Abs. 2.: Wählbar sind nur Vereinsmitglieder nach Vollendung des 21. Lebensjahres, *unter Berücksichtigung des Gesetzes zur Befreiung von Nationalsozialismus und Militarismus vom* 5. März 1946.

Nach lebhafter Debatte wurde obiger Antrag angenommen.

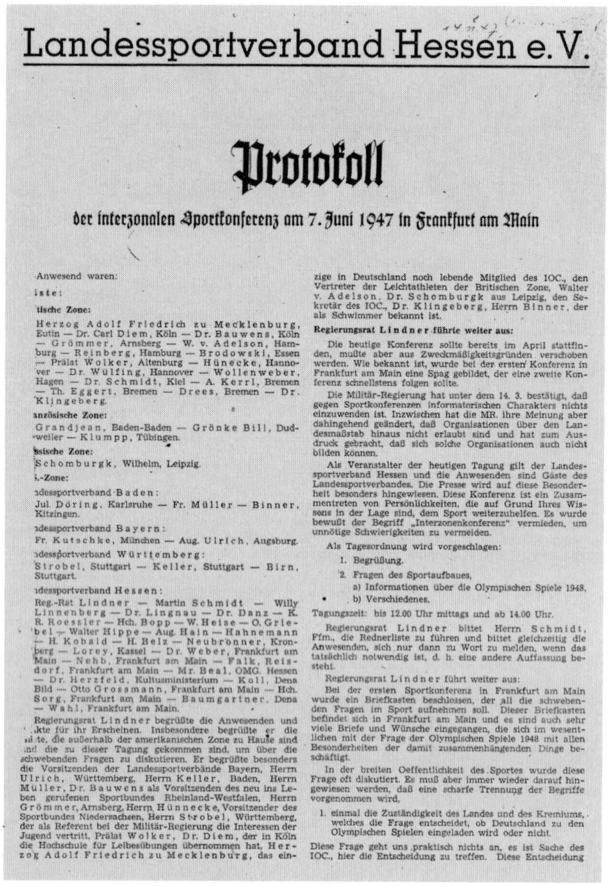

Landessportverband Hessen e. V.

Protokoll

der interzonalen Sportkonferenz am 7. Juni 1947 in Frankfurt am Main

Anwesend waren:

iste:

tische Zone:

Herzog Adolf Friedrich zu Mecklenburg, Eutin — Dr. Carl Diem, Köln — Dr. Bauwens, Köln — Grömmer, Arnsberg — W. v. Adelson, Hamburg — Reinberg, Hamburg — Brodowski, Essen — Prälat Wolker, Altenburg — Hünecke, Hannover — Dr. Wülfing, Hannover — Wollenweber, Hagen — Dr. Schmidt, Kiel — A. Kerrl, Bremen — Th. Eggert, Bremen — Drees, Bremen — Dr. Klingeberg.

anzösische Zone:

Grandjean, Baden-Baden — Grönke Bill, Dudweiler — Klumpp, Tübingen.

ssische Zone:

Schomburgk, Wilhelm, Leipzig.

.-Zone:

ndessportverband Baden:

Jul. Döring, Karlsruhe — Fr. Müller — Binner, Kitzingen.

ndessportverband Bayern:

Fr. Kutschke, München — Aug. Ulrich, Augsburg.

ndessportverband Württemberg:

Strobel, Stuttgart — Keller, Stuttgart — Birn, Stuttgart.

ndessportverband Hessen:

Reg.-Rat Lindner — Martin Schmidt — Willy Linnenberg — Dr. Lingnau — Dr. Danz — K. R. Roessler — Hch. Bopp — W. Heise — O. Griebel — Walter Hippe — Aug. Hain — Hahnemann — H. Kobald — H. Belz — Neubronner, Kronberg — Lorey, Kassel — Dr. Weber, Frankfurt am Main — Nehb, Frankfurt am Main — Falk, Reisdorf, Frankfurt am Main — Mr. Beal, OMG. Hessen — Dr. Herzfeld, Kultusministerium — Koll, Dena Bild — Otto Grossmann, Frankfurt am Main — Hch. Sorg, Frankfurt am Main — Baumgartner, Dena — Wahl, Frankfurt am Main.

Regierungsrat Lindner begrüßte die Anwesenden und ..kte für ihr Erscheinen. Insbesondere begrüßte er die ..te, die außerhalb der amerikanischen Zone zu Hause sind .nd die zu dieser Tagung gekommen sind, um über die schwebenden Fragen zu diskutieren. Er begrüßte besonders die Vorsitzenden der Landessportverbände Bayern, Herrn Ulrich, Württemberg, Herrn Keller, Baden, Herrn Müller, Dr. Bauwens als Vorsitzenden des neu ins Leben gerufenen Sportbundes Rheinland-Westfalen, Herrn Grömmer, Arnsberg, Herrn Hünnecke, Vorsitzender des Sportbundes Niedersachsen, Herrn Strobel, Württemberg, der als Referent bei der Militär-Regierung die Interessen der Jugend vertritt, Prälat Wolker, Dr. Diem, der in Köln die Hochschule für Leibesübungen übernommen hat, Herzog Adolf Friedrich zu Mecklenburg, das einzige in Deutschland noch lebende Mitglied des IOC., den Vertreter der Leichtathleten der Britischen Zone, Walter v. Adelson, Dr. Schomburgk aus Leipzig, den Sekretär des IOC., Dr. Klingeberg, Herrn Binner, der als Schwimmer bekannt ist.

Regierungsrat Lindner führte weiter aus:

Die heutige Konferenz sollte bereits im April stattfinden, mußte aber aus Zweckmäßigkeitsgründen verschoben werden. Wie bekannt ist, wurde bei der ersten Konferenz in Frankfurt am Main eine Spag gebildet, der eine zweite Konferenz schnellstens folgen sollte.

Die Militär-Regierung hat unter dem 14. 3. bestätigt, daß gegen Sportkonferenzen informatorischen Charakters nichts einzuwenden ist. Inzwischen hat die MR. ihre Meinung aber dahingehend geändert, daß Organisationen über den Landesmaßstab hinaus nicht erlaubt sind und hat zum Ausdruck gebracht, daß sich solche Organisationen auch nicht bilden können.

Als Veranstalter der heutigen Tagung gilt der Landessportverband Hessen und die Anwesenden sind Gäste des Landessportverbandes. Die Presse wird auf diese Besonderheit besonders hingewiesen. Diese Konferenz ist ein Zusammentreten von Persönlichkeiten, die auf Grund Ihres Wissens in der Lage sind, dem Sport weiterzuhelfen. Es wurde bewußt der Begriff „Interzonenkonferenz" vermieden, um unnötige Schwierigkeiten zu vermeiden.

Als Tagesordnung wird vorgeschlagen:

1. Begrüßung.
2. Fragen des Sportaufbaues,
   a) Informationen über die Olympischen Spiele 1948,
   b) Verschiedenes.

Tagungszeit: bis 12.00 Uhr mittags und ab 14.00 Uhr.

Regierungsrat Lindner bittet Herrn Schmidt, Ffm., die Rednerliste zu führen und bittet gleichzeitig die Anwesenden, sich nur dann zu Wort zu melden, wenn das tatsächlich notwendig ist, d. h. eine andere Auffassung besteht.

Regierungsrat Lindner führt weiter aus:

Bei der ersten Sportkonferenz in Frankfurt am Main wurde ein Briefkasten beschlossen, der all die schwebenden Fragen im Sport aufnehmen soll. Dieser Briefkasten befindet sich in Frankfurt am Main und es sind auch sehr viele Briefe und Wünsche eingegangen, die sich im wesentlichen mit der Frage der Olympischen Spiele 1948 mit allen Besonderheiten der damit zusammenhängenden Dinge beschäftigt.

In der breiten Oeffentlichkeit des Sportes wurde diese Frage oft diskutiert. Es muß aber immer wieder darauf hingewiesen werden, daß eine scharfe Trennung der Begriffe vorgenommen wird,

1. einmal die Zuständigkeit des Landes und des Kremiums, welches die Frage entscheidet, ob Deutschland zu den Olympischen Spielen eingeladen wird oder nicht.

Diese Frage geht uns praktisch nichts an, es ist Sache des IOC., hier die Entscheidung zu treffen. Diese Entscheidung

***Ackermann*, Erbach:**

§ 12 Abs. 11.: Es wurde beantragt, den Satz 2 zu streichen.

Nach Diskussion wurde abgestimmt: 11:11 bei einer Stimmenthaltung.

Weitergabe an den Verbandsvorstand.

***Hahn*, Gießen:**

§ 17 Abs. 1.: Antrag: Die Bezirksvorsitzenden sind zu den Vorstandssitzungen mit heranzuziehen.

Antrag einstimmig angenommen.

Nachtrag:

Herr *Lindner* gab den Kreisvorsitzenden das Versprechen, wenn ein Kreis die Aufnahme eines Vereines ablehnt, dann sind die Kreisvorsitzenden und der Verein, wie die bereits bestehenden Vereine zusammen in einem Gremium zu hören.

Zu den Satzungen wurden weiterhin keine Änderungen beantragt.

Die Anträge gehen an die Verbandsvorstandssitzung, die für den 21. Juni 15.30 Uhr festgesetzt ist.

Anschließend wurde kurz über den bevorstehenden Verbandstag gesprochen und der Termin für den 12. und 13. Juli festgelegt. In einem kleineren Gremium wird diese Sache nochmals eingehend besprochen.

Die Bezirksvorsitzenden sollen zu dem Gremium, das über die Abhaltung des Verbandstages sprechen wird, kommen.

***Schmidt*:**

Bittet, sich die allgemeine Geschäftsordnung anzusehen, *§ 5 Abs. 8 Satz 4.*

Nach lebhafter Diskussion wurde der Satz folgendermaßen geändert: In der Geschäftsordnung heißt es:

Wird der Antrag angenommen, dann darf der Vorsitzende.... Auf Herrn *Schmidts* Antrag soll es heißen: Wird der Antrag *gestellt*, dann darf der Vorsitzende ...

Dieser Antrag wurde angenommen.

***Lindner*:**

Dankt nochmals allen Anwesenden für ihre lebhafte Mitarbeit und verabschiedet sich.

***Kern*, Dieburg:**

Schneidet kurz die Frage des DJK an. Diese Frage wurde so behandelt, daß Herr *Kern* die schriftlichen Unterlagen abschriftlich an die Geschäftsstelle des Verbandsvorstandes senden soll.

Ende: 12.00 Uhr

Gesetz- und Verordnungsblatt

für Groß-Hessen

1946	*Ausgegeben zu Wiesbaden, den 15. April 1946*	Nr. 11

Inhalts-Übersicht

SPORT
MITTEILUNGEN
des Landessportverbandes Hessen e. V., Frankfurt am Main

Genehmigt durch die Nachrichten-Kontr. d. Militärregierung f. Hessen APO 633 US-Army Abt. f. Veröffentl. Wiesbaden, 6. 5. 47.

2. Jahrgang / Nr. 12 | Frankfurt a. M., den 5. Juni 1947 | Goethestraße 10 I. Telefon 76 312

Entwurf der Hauptsatzung des Landessportverbandes Hessen e. V.

§ 1. Name — Sitz

(1) Der am 1. Juni 1946 durch freiwilligen Zusammenschluß in Frankfurt am Main gegründete Sportverband führt den Namen

Landessportverband Hessen e. V.

(2) Der Sitz des Landessportverbandes ist Frankfurt am Main. Der Verband ist in das Vereinsregister eingetragen.

§ 2. Zweck — Aufgaben

(1) Der Landessportverband Hessen ist die von Idealismus getragene gemeinnützige Vereinigung der in Hessen auf der Grundlage des Amateurgedankens zur Pflege der Leibesübungen gebildeten Vereine.

(2) Der Landessportverband hat den Zweck, die Mitglieder seiner Vereine

1. durch Pflege der Leibesübungen nach dem Grundsatz der Freiwilligkeit und unter Ausschluß von parteipolitischen, konfessionellen, beruflichen, rassischen und militaristischen Gesichtspunkten körperlich und sittlich zu kräftigen,
2. vereinlich und übervereinlich durch Pflege der Kameradschaft und Freundschaft miteinander zu verbinden,
3. über die freiwillige Unterordnung unter die Gesetze der Leibesübungen auf breitester Grundlage zu einer Gemeinschaft für die Erhaltung und Hebung der Volksgesundheit zusammenzuführen und sie zu tatkräftigen Bekennern der demokratischen Weltanschauung ~~zu entwickeln~~.

Der Jugend soll dabei in ganz besonderem Maße eine sorgfältige körperliche und geistig-sittliche Erziehung zuteil werden.

(3) Der Landessportverband hat insbesondere auch die Aufgabe, an dem Wiederaufbau der deutschen Leibesübungen mitzuwirken. Zu diesem Zweck kann er auch die Mitgliedschaft in anderen Verbänden erwerben und sich insoweit deren Satzungen unterwerfen, als diese nicht in Widerspruch zur eigenen Satzung stehen.

(4) Der Landessportverband regelt unmittelbar und mittelbar durch seine Fachgruppen die sportlichen Beziehungen zu anderen Verbänden und deren Mitgliedern. Er vertritt die Interessen seiner Mitglieder gegenüber den Organen des Staates und seiner Behörden, gegenüber den Gemeinden und anderen Körperschaften und in Fällen grundsätzlicher Bedeutung auch gegenüber den Gerichten. Er wahrt zusammen mit seinen Fachgruppen die sportliche Disziplin und Ordnung innerhalb des Verbandes. Zu diesem Zweck übt er unmittelbar und durch seine Fachgruppen Disziplinar- und Strafrecht über die ihm angeschlossenen Vereine und über deren Mitglieder aus.

(5) Der Landessportverband Hessen wird auch durch Wort, Schrift und Bild versuchen, immer mehr Verständnis für den Wert der Leibesübungen in allen Schichten ~~des deutschen~~ Volkes zu wecken und zu fördern.

§ 3. Farben — Wahrzeichen.

(1) Die Farben des Landessportverbandes Hessen sind „Rot-Weiß".

(2) Wahrzeichen des Verbandes ist der stilisierte, rot-weiß gestreifte hessische Löwe.

§ 4. Verbandsgebiet.

(1) Verbandsgebiet ist das Gebiet des Landes Hessen.

(2) Das Verbandsgebiet ist in Sportkreise eingeteilt, die sich gebietlich grundsätzlich mit den Kreisen der Staatsverwaltung decken.

(3) Das Verbandsgebiet kann durch Zusammenfassung mehrerer Sportkreise in Sportbezirke eingeteilt werden bis zur Höchstzahl von 6 Sportbezirken, wenn dies aus zwingenden Gründen der besseren Betreuung der Vereine erforderlich ist.

(4) Für Aenderungen der Einteilung des Verbandsgebietes ist der Verbandsvorstand zuständig. Die Vorstände der beteiligenden Sportkreise sind vorher zu hören.

§ 5. Verbandsjahr.

Das Geschäftsjahr des Verbandes beginnt am 1. April und endet am 31. März des folgenden Jahres.

§ 6. Verbandsaufbau.

(1) Zur Erfassung aller Zweige der Leibesübungen ist der Verband in Fachgruppen gegliedert, die ausschließlich für die fachliche Betreuung der Vereine und ihrer Mitglieder zuständig sind. Zu diesem Zwecke geben sich die Fachgruppen eigene Satzungen. Sie bedürfen der Genehmigung des Verbandsvorstandes.

(2) Für die überfachliche Betreuung der Vereine und ihrer Mitglieder und alle sonstigen überfachlichen Aufgaben ist ausschließlich die allgemeine Verbandsverwaltung zuständig.

(3) Die Verwaltung des Verbandes und seiner Fachgruppen erfolgt durch die zuständigen Organe.

(4) Die Aemter der Verwaltung innerhalb des Verbandes, seiner Fachgruppen und seiner Vereine sind grundsätzlich Ehrenämter. Besoldete Aemter dürfen innerhalb der Verbandsverwaltung nur mit Genehmigung des Verbandsvorstandes geschaffen und besetzt werden. Dem Inhaber eines Ehrenamtes können die ihm bei der Ausübung des Amtes notwendigen und tatsächlich entstandenen Auslagen ersetzt werden. Tagesspesen, Uebernachtungsgeld, unter bestimmten Voraussetzungen auch Verdienstausfall können ihm ebenfalls vergütet werden. Das Nähere wird durch die Ausgabe- und Spesenordnung des Verbandes bestimmt.

§ 7. Mitgliedschaft.

(1) Mitglieder des Verbandes können nur Vereine werden, die nach den Grundsätzen des § 2 gebildet sind und arbeiten.

(2) Jeder Verein, der den Grundsätzen des § 2 entspricht und vorbehaltlos die Satzungen des Landessportverbandes Hessen anerkennt, kann — wenn er seinen Sitz in Hessen hat — die Mitgliedschaft erwerben.

(3) Der Antrag auf Aufnahme ist schriftlich an den Verbandsvorstand zu richten. Beizufügen sind:

1. ein Nachweis über die ordnungsgemäße Vereinsbildung,
2. eine Ausfertigung der Vereinssatzung,
3. ein Namens- und Anschriftenverzeichnis der Vorstandsmitglieder,
4. eine Aufstellung der betriebenen Sportarten,
5. ein Mitgliederverzeichnis, aus dem zu ersehen ist:
   a) die Gesamtzahl der Mitglieder,
   b) die Zahl der männlichen und der weiblichen Mitglieder über 18 Jahre (= ordentliche Mitglieder),
   c) die Zahl der männlichen und der weiblichen Jugendmitglieder von 14—18, 10—13 und 6—9 Jahren,
6. eine rechtsverbindlich vom Vorstand unterzeichnete Erklärung, daß der Verein vorbehaltlos die Hauptsatzung des Verbandes und seiner Fachgruppen anerkennt.

(4) Ueber den Aufnahmeantrag entscheidet der Verbandsvorstand. Vor der Entscheidung ist dem örtlich zuständigen Sportkreisvorstand Gelegenheit zur Stellungnahme zu dem Aufnahmeantrag zu geben. Der Beschluß ist dem Verein schriftlich zuzustellen. In dem Beschluß ist die Höhe der Aufnahmegebühr festzusetzen, die einmalig je nach der Zahl der Vereinsmitglieder zu entrichten ist. Sie beträgt bei Vereinen

bis zu 50 Mitgliedern RM 25.—,
bis zu 100 Mitgliedern RM 50.—,
bis zu 300 Mitgliedern RM 100.—,
bis zu 500 Mitgliedern RM 200.—,
über 500 Mitgliedern RM 300.—.

Der Beschluß wird erst rechtskräftig nach dem Eingang der Aufnahmegebühr und des Beitrages bei der Verbandsgeschäftsstelle. Die Rechtskraft der Aufnahme ist in den „Sport-Mitteilungen" des Verbandes bekanntzugeben.

(5) Die Mitgliedschaft endet durch Austritt, Auflösung, Ausschluß oder durch Streichung aus dem Mitgliederverzeichnis.

(6) Der Austritt kann nur schriftlich durch eingeschriebenen Brief an den Verbandsvorstand zum Ende eines Verbandsjahres unter Einhaltung einer Frist von mindestens drei Monaten erklärt werden. Dieser Erklärung ist der Nachweis beizufügen, daß die Mitglieder des Vereins in einer satzungsgemäß einberufenen Mitgliederversammlung den Austritt aus dem Verband beschlossen haben. Wird dieser Nachweis nicht erbracht, dann ist die Austrittserklärung nicht rechtswirksam, der Verbandsvorstand kann alsdann auch keine Austrittsbestätigung erteilen.

(7) Wird satzungsgemäß die Auflösung eines Vereins oder des Verbandes beschlossen, dann endet mit einem solchen Beschluß die Mitgliedschaft im Verband.

(8) Der Ausschluß eines Vereins kann nur unmittelbar durch den Verband erfolgen, nicht durch die Fachgruppen. Gleiches gilt für den Ausschluß eines Vereinsmitgliedes aus dem Verband.

Der Ausschluß ist zulässig:

1. wegen Unterlassungen oder Handlungen, die sich gegen den Verband, seine Zwecke und Aufgaben und sein Ansehen auswirken und die im besonderen Maße der Belange der Leibesübungen schädigen,
2. wegen wiederholten absichtlichen Verstößen gegen die Hauptsatzung, die Satzungen der Fachgruppen, oder sonstige Rechtsordnungen innerhalb des Verbandes,
3. wegen Nichtachtung von Beschlüssen der zuständigen Verbandsorgane.

Anträge auf Ausschluß sind durch den Verbandsvorstand dem Verbandsgericht vorzulegen, das unter dem Vorsitz des Verbandsrechtswartes in erster Instanz entscheidet. Antragsberechtigt sind alle Verbandsorgane, soweit es sich um Ausschluß eines Vereinsmitgliedes handelt, auch der zuständige Verein. Im Ausschlußverfahren ist dem örtlich zuständigen Sportkreisvorstand Gelegenheit zur Stellungnahme zu geben. Gegen das Urteil des Verbandsgerichts kann innerhalb 14 Tagen nach Zustellung Berufung bei dem Verbandsvorstand eingelegt werden. Die Entscheidung des Verbandsvorstandes ist endgültig.

(9) Der Verbandsvorstand hat das Recht, Vereine aus dem Verzeichnis der Mitgliedervereine zu streichen, wenn ein Verein trotz erfolgter Mahnung 3 Monate nach dem Ende eines Verbandsjahres noch mit Beiträgen für dieses Jahr im Rückstand ist. Bei der schriftlichen Mahnung ist ausdrücklich auf die Möglichkeit der Beendigung der Mitgliedschaft durch Streichung hinzuweisen. Gegen den Beschluß auf Streichung ist kein Rechtsmittel gegeben.

(10) Vereinszusammenschlüsse sind dem Verbandsvorstand zu melden. Eine Ausfertigung der neuen Satzung und ein Auszug aus dem Protokoll der Mitgliederversammlungen sind beizufügen. Mit der Genehmigung des Verbandsvorstandes und deren Bekanntmachung in den „Sport-Mitteilungen" des Verbandes endet die Mitgliedschaft der bisherigen Vereine und die des neuen Vereins beginnt. Letzterer haftet dem Verband für alle diesem noch zustehenden Forderungen gegen die zusammengeschlossenen Vereine.

§ 8. Mitgliedsbeitrag

(1) Der Verbandsbeitrag nach Zahl und Alter der Vereinsmitglieder (Kopfbeitrag) wird jeweils nach dem Stand vom 1. April eines Jahres grundsätzlich nur vom Verband, nicht von den Fachgruppen erhoben.

(2) Der Verbandsbeitrag ist jeweils am 1. April zu Beginn des neuen Verbandsjahres fällig. Er ist grundsätzlich in vier Raten am 1. 4. — 1. 7. — 1. 10. und am 1. 1. zu entrichten.

(3) Der ordentliche Verbandstag bestimmt alljährlich die Höhe des Verbandsbeitrages und den Kreis der beitragspflichtigen Vereinsmitglieder. Der Verbandsvorstand ist berechtigt, zu Beginn eines neuen Verbandsjahres eine Abschlagzahlung auf den neuen Verbandsbeitrag mit Fälligkeit am 1. April zu erheben.

Bei der Staffelung des Beitrages nach dem Alter ist mindestens zu unterscheiden zwischen ordentlichen Vereinsmitgliedern über 18 Jahren und Jugendlichen von 14—18 Jahren.

(4) Der Verbandsvorstand ist berechtigt, auf begründeten und vom zuständigen Sportkreisvorstand befürworteten Antrag den Verbandsbeitrag zu ermäßigen, zu stunden oder die Entrichtung nach Raten und Fälligkeit abweichend festzusetzen. Beitragserlaß kann nur der Verbandstag auf Vorschlag des Verbandsvorstandes genehmigen.

(5) Der Verbandsvorstand ist verpflichtet, dem ordentlichen Verbandstag einen begründeten Vorschlag über die Höhe des im neuen Verbandsjahr zu erhebenden Verbandsbeitrag und den Kreis der zu erfassenden Vereinsmitglieder zu machen. Dabei ist grundsätzlich von einer möglichst sparsamen Verwaltungsführung und den Verbindlichkeiten des Verbandes unter Berücksichtigung seiner Ziele und Aufgaben auszugehen.

(6) Vereine, die in der zweiten Hälfte des Verbandsjahres (ab 1. 10.) die Mitgliedschaft erwerben, entrichten für dies Jahr nur die Hälfte des Beitrages.

§ 9. Mitgliedschaftsrechte

(1) Die Vereine sind die Träger des Verbandes. Sie sind daher auch die Träger der Grundrechte. Jeder Verein hat das Recht, an den Verbandstagen teilzunehmen, Anträge zu stellen und an Abstimmungen und Wahlen durch Ausübung seines Stimmrechtes mitzuwirken.

(2) Jeder Verein hat mindestens eine Stimme. Im übrigen hat jeder Verein für je 50 ordentliche Mitglieder über 18 Jahre (aktiv und passiv) eine Stimme, auch für den verbleibenden Restteil von 50.

(3) Die Ausübung des Stimmrechts erfolgt stets nur durch einen schriftlich bevollmächtigten Vereinsvertreter. Die Ausübung der Mitgliedschaftsrechte kann nicht einem Nichtmitglied übertragen werden.

(4) Die Mitgliedschaftsrechte ruhen, wenn ein Verein länger als 3 Monate mit seinen finanziellen Verpflichtungen im Rückstand bleibt, bis zur Erfüllung.

§ 10. Besondere Pflichten der Mitglieder

(1) Die Satzungen der Vereine dürfen keine Bestimmung enthalten, die der Hauptsatzung des Verbandes, den Satzungen der Fachgruppen und anderen Rechtsordnungen innerhalb des Verbandes in ihrer Auswirkung entgegenstehen.

(2) Die Vereine sind verpflichtet, zum 1. April eines jeden Jahres den Stand ihrer Vereinsmitglieder der Verbandsgeschäftsstelle zu melden. Diese Meldung ist rechtsverbindlich vom Vereinsvorstand zu unterschreiben. Sie ist die Grundlage für die Erhebung des Verbandsbeitrages und für die Festsetzung des Vereinsstimmrechtes.

(3) Die Vereine sind verpflichtet, Bestandserhebungen des Verbandes genau und rechtsverbindlich zu dem jeweils festgesetzten Termin zu beantworten und dabei gegebenenfalls die seitens des Verbandes hierfür vorgesehenen Vordrucke zu verwenden.

(4) Die Vereine haften dem Verband für Zahlungsverpflichtungen ihrer Mitglieder. Die Mitglieder der Vereine haften dem Verband für die Verbindlichkeiten des Vereins als Gesamtschuldner. Die Haftung erstreckt sich auf diejenigen Mitglieder, die dem Verein im Zeitpunkt der Begründung der Verbindlichkeit angehört haben.

(5) Die Vereine sind verpflichtet, die für alle Mitglieder des Verbandes bestimmten Drucksachen, insbesondere die verbandsamtlichen „Sport-Mitteilungen" zu beziehen.

§ 11. Finanzordnung

(1) Der Verband erhebt von den Vereinen bei der Aufnahme einmalig die Aufnahmegebühr und alljährlich den Verbandsbeitrag.

(2) Mit dem Verbandsbeitrag werden seitens der Vereine dem Verband gegenüber alle überfachlichen Verbindlichkeiten abgegolten, insbesondere auch die Prämienzahlung für die allgemeine Unfall- und Haftpflichtversicherung.

(3) Der Verband hat das Recht, im Bedarfsfall weitere Einnahmequellen zu erschließen, soweit es sich um Einnahmequellen mit überfachlichem Charakter handelt. Vorbehalten bleibt insbesondere die Erhebung des sogen. Sportgroschens.

(4) Die Fachgruppen haben eigene Finanzverwaltung. Sie haben das Recht alle Einnahmequellen fachlichen Charakters zu erschließen. Beiträge (Kopfbeiträge) werden jedoch weder von den Fachgruppen, noch von den Sportkreisen erhoben.

(5) Der Verband ist grundsätzlich verpflichtet, aus ihm zur Verfügung stehenden Mitteln Zuschüsse an die Fachgruppen zu gewähren, wenn feststeht, daß ein Zuschuß zur Aufrechterhaltung einer ordnungsgemäßen Arbeit erforderlich ist.

(6) Die Fachgruppen sind grundsätzlich verpflichtet, dem Verband aus ihnen zur Verfügung stehenden Mitteln Zuschüsse zu gewähren, wenn der Verband zur Finanzierung vordringlicher Aufgaben Mittel benötigt und die Verwendung dieser Mittel vor allem auch im Interesse der Fachgruppen liegt.

(7) Verband und Fachgruppen sind verpflichtet, Voranschläge für jedes Verbandsjahr aufzustellen. Die Fachgruppen sind berechtigt, abweichend vom Verbandsjahr ihr Geschäftsjahr festzusetzen. Sie sind verpflichtet, ihre Voranschläge dem Verbandsvorstand vorzulegen. Der Verbandsvorstand ist berechtigt, Beanstandungen dem Grunde und der Höhe nach zu erheben. Erkennt die Fachgruppe die erhobenen Beanstandungen nicht an, dann kann der Verbandsvorstand die Entscheidung eines außerordentlichen Verbandstages der Fachgruppe herbeiführen.

(8) Die Verwendung der Mittel hat nach den Grundsätzen der Wirtschaftlichkeit bei sparsamster Geschäftsführung ausschließlich zu gemeinnützigen Zwecken der Pflege der Leibesübungen zu erfolgen. Alle Ausgaben müssen vor ihrer Tätigung dem Grunde und der Höhe nach genehmigt sein. Ausgaben, die vorher nicht der Höhe nach festgestellt werden können, müssen mindestens dem Grunde nach genehmigt sein. Näheres bestimmt die Ausgabe- und Spesenordnung des Verbandes. Ausgaben müssen sich grundsätzlich im Rahmen des jeweiligen Voranschlags halten.

Zu außerplanmäßigen Ausgaben ist in begründeten Einzelfällen vorher unter eingehender Begründung die Zustimmung des Verbandsvorstandes bzw. der Fachgruppenleitung einzuholen.

(9) Die Aufteilung der Mittel des Verbandes ist durch den geschäftsführenden engeren Verbandsvorstand nach folgenden Grundsätzen vorzunehmen:

Die Einnahmen sind zunächst in einmalige und außerordentliche (z. B. Aufnahmegebühren) und in laufende (Verbandsbeiträge) aufzuteilen. Die einmaligen und außerordentlichen Einnahmen sind grundsätzlich für einmalige und außerordentliche Zwecke zu verwenden. Die laufenden Einnahmen sind grundsätzlich zu verwenden für Zwecke der Verwaltung (Verbandsgeschäftsführung, Bezirks- und Kreisverwaltung), für Prämienzahlung auf die Unfall- und Haftpflichtversicherung, für sonstige überfachlichen Gemeinschaftszwecke, für Zuschüsse an die bedürftigen Fachgruppen. Die Aufteilung der Mittel der Fachgruppen erfolgt durch die Fachgruppenleitung in eigener Zuständigkeit.

(10) Für jedes Verbandsjahr (Geschäftsjahr) ist eine Jahresabrechnung über Einnahmen und Ausgaben aufzustellen. Der Verbandsvorstand kann die Abrechnung von einem vereidigten Bücherrevisor prüfen lassen. Das Gleiche gilt für die Rechnungen der Fachgruppen, die dem Verbandsvorstand vorzulegen sind. Die gewählten Kassen- und Rechnungsprüfer haben das Recht, jederzeit während des Verbandsjahres Prüfungen der Kasse, Bücher und Belege vorzunehmen. Wird die Jahresabrechnung nicht von einem Bücherrevisor geprüft, so hat die Prüfung durch die gewählten Kassen- und Rechnungsprüfer zu erfolgen.

(11) Forderungen des Verbandes und der Fachgruppen sind grundsätzlich vom Tag der festgesetzten Fälligkeit ab innerhalb von drei Wochen durch die Vereine bzw. ihre Mitglieder zu begleichen. Im Verzugsfall kann der Schuldner ohne Anhören disqualifiziert und von der Teilnahme an verbandsamtlichen Veranstaltungen ausgeschlossen werden. Erfüllungsort und Gerichtsstand ist Frankfurt am Main.

§ 12. Organe des Verbandes — ihre Mitglieder-Wahlen

(1) Die Organe des Landessportverbandes Hessen sind:

1. die Tagungen der **Vereinsvertreter:**

a)	der Verbandstag	(VT)
b)	der Bezirkstag	(BT)
c)	der Kreistag	(KT)

2. die Verwaltungsorgane:

a)	der Verbandsvorstand und die Verbandsausschüsse	(VV) (VA)
b)	das Verbandsgericht	(VG)
c)	die Fachgruppen und ihre Organe	(FG)
d)	der Bezirksvorstand	(BV)
e)	der Kreisvorstand	(KV)

(2) Die Aemter der Verwaltungsorgane werden durch die Wahlen auf den zuständigen Tagungen der Vereinsvertreter für die Dauer eines Verbandsjahres bzw. Geschäftsjahres besetzt. Wählbar sind nur Vereinsmitglieder nach Vollendung des 21. Lebensjahres. Nicht wählbar sind Verbands- und Vereinsangestellte.

(3) Alle Wahlen sind grundsätzlich schriftlich und geheim durchzuführen. Wird für ein Amt nur eine Person vorgeschlagen und ist diese bereit, das Amt anzunehmen, dann kann die Wahl durch offene Abstimmung (Handaufheben) durchgeführt werden. Im übrigen gelten die Bestimmungen der allgemeinen Geschäftsordnung des Verbandes.

(4) Steht nur ein Kandidat zur Wahl, dann ist er gewählt, wenn er die Mehrheit der abgegebenen Stimmen erhalten hat.

Stehen mehrere Kandidaten zur Wahl, dann ist derjenige gewählt, der die Hälfte aller abgegebenen Stimmen erhalten hat.

Wird diese Stimmenzahl von keinem der Kandidaten erreicht, dann findet zwischen den zwei Kandidaten, die im ersten Wahlgang die meisten Stimmen erreicht haben, eine Stichwahl statt, bei der die einfache Stimmenmehrheit entscheidet.

(4) In ein Verwaltungsorgan sollen nicht mehr als zwei Mitglieder des gleichen Vereins gewählt werden. Vor der Wahl ist daher protokollarisch die Vereinsangehörigkeit der Kandidaten festzustellen.

(6) Zwei Verbandsämter sollen von einer Person nicht gleichzeitig bekleidet werden.

(7) Scheidet während der Wahlzeit ein Mitglied aus einem Verwaltungsorgan aus, dann kann für den Rest der Wahlzeit durch Beschluß des Organs ein Ersatzmann berufen werden.

Verbleiben nach dem Ausscheiden von Mitgliedern nicht mindestens 2 gewählte Mitglieder im Amt, oder scheiden gleichzeitig mehr als die Hälfte der Mitglieder aus, so muß Ersatzwahl erfolgen.

Die Berufung von Ersatzmännern und die Ersatzwahlen bedürfen der Bestätigung durch den VV bzw. der FG. Wird die Bestätigung versagt, weil die Betreffenden keine Gewähr für eine ordnungsgemäße Amtsführung bieten oder weil eine Schädigung von Verbandsinteressen zu befürchten ist, dann muß innerhalb von 4 Wochen vom Tag der Versagung der Bestätigung an die Berufung eines anderen Ersatzmannes oder eine erneute Ersatzwahl stattfinden.

(8) Der VV und die FG haben das Recht, Mitglieder von Verwaltungsorganen jederzeit ihres Amtes zu entheben, wenn Amtspflichten nicht erfüllt werden, den Satzungen zuwidergehandelt wird oder die Interessen des Verbandes geschädigt werden. Gegen die Amtsenthebung kann innerhalb 14 Tagen nach Zustellung Berufung bei dem VG eingelegt werden. Die Berufung hat keine aufschiebende Wirkung. Die Entscheidung des VG ist endgültig.

(9) Alle übergeordneten Verwaltungsorgane führen gleichzeitig die Aufsicht über die ihnen nachgeordneten Organe. Sie sind berechtigt und verpflichtet, Verletzungen von Rechtsordnungen zu beanstanden und die ordnungsgemäße Erledigung zu veranlassen oder selbst vorzunehmen.

(10) In eigener Sache und in Sachen seines eigenen Vereins darf ein Mitglied eines Verwaltungsorgans weder an der Beratung, noch an der Beschlußfassung teilnehmen. Entfällt hierdurch die Beschlußfähigkeit, so ist für den Verhandlungsgegenstand ein Ersatzmann aus einem anderen Verwaltungsorgan zu berufen. Allen Mitgliedern von Verwaltungsorganen ist im übrigen nicht gestattet, dem Verband und seinen Fachgruppen gegenüber die Vertretung ihres eigenen Vereins oder dessen Mitglieder zu übernehmen.

(11) Alle Beschlüsse der Verwaltungsorgane sind grundsätzlich in Sitzungen herbeizuführen. Ausnahmsweise kann ein Beschluß auch schriftlich durch Rundfrage bei allen Mitgliedern unter genauer Angabe des Beschlußgegenstandes herbeigeführt werden.

(12) Soweit nichts anderes bestimmt ist, gilt für alle Tagungen und Sitzungen die allgemeine Geschäftsordnung.

(13) Die Verwaltungsorgane haben das Recht, im Rahmen ihrer sachlichen und örtlichen Zuständigkeit von den Vereinen Einsicht in Geschäftsbücher, Akten und Schriftstücke oder deren Vorlage zu verlangen, insbesondere ein namentliches Verzeichnis der Vereinsmitglieder.

(14) Die Verwaltungsorgane können bei ungebührlichem Verhalten im Geschäftsverkehr Vereine oder deren Mitglieder mit einer Ordnungsstrafe bis zu RM 25.— belegen. Gegen die Verhängung einer Ordnungsstrafe kann innerhalb von 8 Tagen nach Zustellung des Strafbescheids Beschwerde bei dem übergeordneten Verwaltungsorgan eingelegt werden, der eine Beschwerdegebühr von RM 20.— beizufügen ist. Die Beschwerdeinstanz entscheidet endgültig. Im Falle der Ablehnung verfällt die Gebühr. Beschwerden gegen Ordnungsstrafen des VV und der FG entscheidet das VG.

(15) Die Verbandsausweise, die den Mitgliedern der Verwaltungsorgane ausgestellt werden, berechtigen zum freien Eintritt bei allen Verbands- und Vereinsveranstaltungen, im Bereich des ausstellenden Verwaltungsorgans.
Die Ausweise sind Eigentum des Verbandes und können jederzeit vom VV eingezogen oder außer Kraft gesetzt werden.

§ 13. Der Verbandstag

(1) Der VT ist die Versammlung der bevollmächtigten Vertreter aller stimmberechtigten Vereine, die an dem VT teilnehmen und die zusammen mit dem VV über alle Angelegenheiten des Verbandes beraten und beschließen.

(2) Der ordentliche VT findet alljährlich statt und soll im April einberufen werden. Die Einberufung erfolgt durch den VV, der die Tagesordnung festsetzt und sie spätestens 4 Wochen vorher mit der Einladung bekannt gibt.

(3) Die Aufgaben des VT sind:
1. Entgegennahme des Jahresberichts,
2. Entgegennahme des Berichts über die Kassen- und Rechnungsprüfung.
3. Entlastung der vom VT gewählten Verwaltungsorgane,
4. Neuwahl der vom VT zu wählenden Verwaltungsorgane,
5. Beschlußfassung über Verbandsangelegenheiten, insbesondere über Satzungsänderungen und über vorliegende Anträge,
6. Ortswahl für den nächsten VT.

(4) Anträge können nur dann zur Tagesordnung genommen werden, wenn zu ihrer Entscheidung satzungsgemäß die Zuständigkeit des VT ohne weiteres gegeben ist oder wenn sie durch Mehrheitsbeschluß eines Bezirkstages rechtzeitig, spätestens jedoch 4 Wochen vor dem VT bei dem VV eingereicht worden sind. Der VV kann ohne weiteres Anträge auf die Tagesordnung setzen. Anträge die nicht auf der Tagesordnung stehen, aber Verbandsangelegenheiten betreffen, die in der Zeit zwischen einem BT und dem VT entstanden sind, können nur durch Mehrheitsbeschluß des VT zur Beratung und Abstimmung kommen.

(5) Alle Anträge sind eingehend zu begründen. Unbegründete Anträge sollen nicht auf die Tagesordnung genommen werden.

(6) Außerordentliche VT können jederzeit durch den VV einberufen werden, wenn dies im Interesse des Verbandes liegt. Ein ao. VT ist einzuberufen, wenn dies schriftlich durch begründeten Antrag mit Zustimmung eines Drittels der auf alle Vereine entfallenden Stimmen von den Vereinen verlangt wird, oder wenn zwei Drittel aller FG dies begründet beantragen. Der ao. VT ist alsdann spätestens 4 Wochen nach Eingang des Antrages einzuberufen. Die Einladungen zu einem ao. VT sind spätestens 14 Tage vorher unter Angabe des Grundes zuzustellen. Der Tagungsort wird vom VV bestimmt. Die Bestimmungen für den ordentlichen Verbandstag gelten im übrigen entsprechend.

§ 14. Der Bezirkstag

(1) Der BT ist die Versammlung der bevollmächtigten Vertreter aller bezirksangehörigen stimmberechtigten Vereine, die an dem BT teilnehmen und die zusammen mit dem BV beraten und beschließen.

(2) Die BT sollen grundsätzlich im März abgehalten werden, spätestens jedoch 4 Wochen vor dem VT.

(3) Die Aufgaben des BT sind:
1. Entgegennahme der Jahresberichte,
2. Entlastung der vom BT gewählten Verwaltungsorgane,
3. Neuwahl der vom BT zu wählenden Verwaltungsorgane,
4. Beschlußfassung über vorliegende Anträge,
5. Ortswahl für den nächsten BT.

(4) Anträge können nur dann zur Tagesordnung eines BT genommen werden, wenn sie spätestens 3 Wochen vor dem BT schriftlich mit eingehender Begründung bei dem BV eingereicht worden sind. Vom Gegenstand solcher Anträge hat der BV vor dem BT den Bezirksvereinen Kenntnis zu geben.

(5) Im übrigen gelten die Bestimmungen des § 11 für BT sinngemäß.

§ 15. Der Kreistag

(1) Der KT ist die Versammlung der bevollmächtigten Vertreter aller kreisangehörigen stimmberechtigten Vereine, die an dem KT teilnehmen und die zusammen mit dem KV beraten und beschließen.

(2) Die Kreistage sollen grundsätzlich 14 Tage nach VT abgehalten werden.

(3) Die Aufgaben des KT sind:
1. Entgegennahme der Jahresberichte,
2. Entlastung der vom KT gewählten Verwaltungsorgane,
3. Neuwahl der vom KT zu wählenden Verwaltungsorgane,
4. Beschlußfassung über vorliegende Anträge,
5. Ortswahl für den nächsten KT.

(4) Anträge können nur dann zur Tagesordnung eines KT genommen werden, wenn sie spätestens 3 Wochen vorher schriftlich mit eingehender Begründung bei dem KV eingereicht worden sind.
Vom Gegenstand solcher Anträge hat der KV vor dem KT den Kreisvereinen Kenntnis zu geben.

(5) Im übrigen gelten die Bestimmungen des § 11 für KT sinngemäß.

§ 16. Besondere Bestimmungen für Verbands-, Bezirks- und Kreistage

(1) Verbands-, Bezirks- und Kreistage sind stets beschlußfähig ohne Rücksicht auf die Anzahl der teilnehmenden stimmberechtigten Vereine, vorausgesetzt, daß sie ordnungsgemäß einberufen sind.

(2) Die FG sind berechtigt, ihre Verwaltungsorgane nach den Bestimmungen ihrer eigenen Satzungen auf eigenen Tagungen nur durch diejenigen Verbandsvereine wählen zu lassen, die von der betreffenden FG betreut werden. Für die Einberufung, Abstimmungen und Wahlen gelten die Bestimmungen der Hauptsatzung entsprechend.

§ 17. Der Verbandsvorstand und die Verbandsausschüsse

(1) Der Vorstand des Landessportverbandes Hessen besteht aus:
1. dem 1. Verbandsvorsitzenden,
2. dem 2. Verbandsvorsitzenden,
3. dem Verbandssportwart,
4. dem Verbandskassenwart,
5. dem Verbandsrechtswart,
6. dem Verbandspressewart,
7. dem Verbandsjugendwart,
8. der Verbandsfrauenwartin,

die den geschäftsführenden engeren VV bilden.
Durch Hinzuziehung aller Verbandsfachgruppenleiter wird der engere VV zum Gesamtverbandsvorstand erweitert.

(2) Die Mitglieder des geschäftsführenden engeren VV werden vom ordentlichen VT gewählt, die VFG vom ordentlichen VT der Fachgruppen.

(3) Vorstand im Sinne des § 26 des BGB ist der 1. Vorsitzende jeweils in Gemeinschaft mit einem anderen Mitglied des engeren VV. Im Falle seiner Verhinderung wird er durch den 2. Vorsitzenden vertreten. Er führt die Beschlüsse des VV durch und bestimmt Tag, Ort und Zeit der Vorstandssitzungen und setzt die Tagesordnung fest. Er ist auch Vorsitzender des VT.

(4) Der VV stellt die Richtlinien für die Arbeit innerhalb der Verbandsverwaltung und die verbandsamtliche Arbeit der Vereine auf, die für die Verbandsorgane und für die Verbandsvereine bindend sind, bis sie von einem VT abgeändert oder aufgehoben werden.

(5) Die Führung der Geschäfte erfolgt durch den engeren VV unter Leitung des 1. Vorsitzenden. Zur Durchführung der Geschäfte unterhält der Verband eine Verbandsgeschäftsstelle in Frankfurt am Main, für deren Leitung ein hauptamtlicher Geshäftsführer vom VV bestellt wird.

(6) Der VV ist grundsätzlich für alle Aufgaben des Verbandes zuständig, soweit sie nicht anderen Organen satzungsgemäß zustehen. Der VV kann bestimmte Aufgaben einem Ausschuß, einem seiner Mitglieder oder einem anderen Verwaltungsorgan übertragen. Er kann für bestimmte Geschäfte besondere Vertreter bestellen. Er kann Ausführungsbestimmungen zu der Hauptsatzung und Rechtsordnung erlassen, die für die Verwaltungsorgane und die Vereine bindend sind, bis sie von einem VT abgeändert oder aufgehoben werden.

(7) Als ständige Ausschüsse stehen dem VV für besondere Aufgaben zur Seite:

1. **der Technische Ausschuß,** der sich zusammensetzt aus dem Verbandssportwart als Vorsitzer und allen Verbandsfachgruppenleitern. Er ist für alle sporttechnischen Aufgaben zuständig.
2. **der Verbandsjugendausschuß,** bestehend aus dem Verbandsjugendwart als Vorsitzer und allen Jugendwarten der Verbandsfachgruppen. Er ist für überfachliche Jugendaufgaben zuständig.
3. **der Verbandsfrauenausschuß,** bestehend aus der Verbandsfrauenwartin als Vorsitzer und allen Frauenwartinnen der Verbandsfachgruppen. Er ist für überfachliche Aufgaben im Frauensport zuständig.

(8) Der VV und die Ausschüsse fassen ihre Beschlüsse mit Stimmenmehrheit in Sitzungen oder durch Rundschreiben. Bei Stimmengleichheit entscheidet die Stimme des Vorsitzenden. Der VV und die Ausschüsse sind beschlußfähig, wenn die Hälfte ihrer Mitglieder und der Vorsitzende nach ordnungsgemäßer Einladung anwesend sind. Gleiches gilt für den engeren VV.

(9) Zu den Vorstands- und Ausschußsitzungen sind die Einladungen mindestens 8 Tage vor dem angesetzten Termin zuzustellen unter gleichzeitiger Mitteilung der Tagesordnung. In dringenden Fällen kann von der Einhaltung dieser Frist Abstand genommen werden. Der engere VV und der Gesamt-VV müssen einberufen werden, wenn dies schriftlich bei dem Vorsitzenden unter Angabe des Beratungsgegenstandes von mindestens der Hälfte der Mitglieder beantragt wird. Der VV ist jederzeit berechtigt, Ausschußsitzungen über den jeweiligen Ausschußvorsitzenden einzuberufen.

(10) Der VV hat das Recht, jederzeit einen beauftragten Vertreter zu den Tagungen und Sitzungen aller Verbandsorgane, der Ausschüsse und der Verbandsvereine zu entsenden.

§ 18. Das Verbandsgericht.

(1) Das VG besteht aus dem Verbandsrechtswart als Vorsitzer und den Bezirksvorsitzenden als Beisitzer.

(2) Die Zuständigkeit des VG ergibt sich aus der Hauptsatzung. Der VV kann jederzeit das VG mit der Bearbeitung bestimmter Rechtsangelegenheiten beauftragen. Die Fachgruppen haben das Recht, das VG in besonderen Rechtsfragen zur gutachtlichen Stellungnahme aufzufordern.

(3) Das VG stellt eine Geschäfts-, Verfahrens- und Kostenordnung auf, die der Zustimmung des engeren VV bedarf.

§ 19. Der Bezirksvorstand

(1) Auf dem BT ist mindestens ein Bezirksvorsitzender zu wählen, der zusammen mit allen Kreisvorsitzenden des Bezirks, den Bezirksvorstand bildet. Dieser engere Bezirksvorstand wird durch die Bezirksfachgruppenleiter ergänzt zum Gesamtbezirksvorstand.

(2) Soweit die Besetzung bestimmter Aemter innerhalb des Bezirksvorstandes erforderlich wird, nimmt der BV diese Besetzung von sich aus, aus den Reihen seiner Mitglieder vor.

(3) Der BV tritt nur im Bedarfsfall zusammen. Im übrigen gelten die Bestimmungen des § 15 entsprehend, soweit sie auf den BV analog anwendbar sind.

§ 20. Der Kreisvorstand

(1) Der Kreisvorstand besteht aus:

1. dem 1. Kreisvorsitzenden,
2. dem 2. Kreisvorsitzenden,
3. dem Kreissportwart,
4. dem Kreiskassenwart,
5. dem Kreispressewart und Schriftführer,
6. dem Kreisjugendwart,
7. der Kreisfrauenwartin,

die den geschäftsführenden engeren Kreisvorstand bilden. Durch Hinzuziehung der Kreisfachgruppenleiter wird der engere KV zum erweiterten Gesamtvorstand ergänzt.

(2) Die Mitglieder des engeren KV werden auf dem o. KT gewählt. Die KFG können auf einem KT der FG gewählt werden. Im übrigen gelten für den KV die Bestimmungen des § 16 soweit sie analog anwendbar sind — entsprechend.

§ 21. Die Fachgruppen

(1) Die FG sind im Rahmen ihrer eigenen Zuständigkeit für ihren Verwaltungsaufbau verantwortlich. Sie bestimmen dabei vor allem selbst den Aufbau, die zur ordnungsgemäßen fachlichen Betreuung erforderlichen Organe und die Aemter innerhalb dieser Organe.

(2) Die FG sind ausschließlich für die fachliche Betreuung nach den anerkannten Regeln des Sports verantwortlich.

§ 22. Verbandsrechtswesen

(1) Die Rechtsprechung des Verbandes und der Fachgruppen erstreckt sich auf die Vereine und deren Mitglieder und auch auf alle Personen, die im Verband und seiner Fachgruppen ein Amt innehaben.

(2) Sachlich erstreckt sich die Rechtsprechung auf alle Geschehnisse im Sport und in der Sportverwaltung, die daher auch grundsätzlich nur durch Rechtsprechung innerhalb des Verbandes unter Ausschluß des ordentlichen Rechtsweges zu bereinigen sind. In begründeten Ausnahmefällen kann die Klage im ordentlichen Rechtsweg auf Antrag durch den Verband zugelassen werden. Begründete Anträge dieser Art sind schriftlich an den VV (Verbandsrechtswart) zu richten.

(3) Für die Rechtsprechung in allgemeinen überfachlichen Angelegenheiten ist der Verband mit seinen verschiedenen Instanzen zuständig. Für die Rechtsprechung in fachlichen Angelegenheiten ist die jeweilige FG mit ihren verschiedenen Instanzen zuständig. Näheres ist durch den VV bzw. FG durch Rechtsordnungen zu regeln.

(4) Die Vereine regeln ihre vereinsinternen Angelegenheiten selbst nach den Grundsätzen ihrer Satzungen. Sie sind berechtigt, in begründeten Einzelfällen Vereinsmitglieder auszuschließen und auch schriftlich unter eingehender Begründung und Beifügung von Belegen bzw. Beweisen Ausschlüsse aus dem Verband bei dem VV zu beantragen. Jeder Verein ist verpflichtet, den Ausschluß eines Mitgliedes sofort im Zeitpunkt seiner Rechtskraft dem VV über den zuständigen Vorsitzenden des Sportkreises schriftlich unter Angabe der wesentlichen Gründe für den Ausschluß zu melden.

(5) Alle Inhaber von Aemtern innerhalb des Verbandes und seiner Fachgruppen genießen gegenüber den Vereinen und ihren Mitgliedern besonderen Rechtsschutz. In begründeten Fällen sind sie berechtigt, Strafantrag gegen einen Verein oder gegen bestimmte Mitglieder eines Vereins zu stellen. Wird der Strafantrag im Zusammenhang mit fachlichen Vorgängen gestellt, so ist zur Entscheidung die von der FG bestimmte Instanz zuständig. Wird der Antrag auf Grund von Vorkommnissen gestellt, die nicht unmittelbar mit fachlichen Vorgängen geschehen sind, so ist er in erster Instanz dem örtlichen zuständigen KV zur Entscheidung vorzulegen. Gegen dessen Urteil kann innerhalb von 14 Tagen nach Zustellung Einspruch bei dem BV eingelegt werden. Gegen das Urteil des BV kann innerhalb 14 Tagen nach Zustellung Berufung bei dem VG eingelegt werden, dessen Entscheidung endgültig ist.

Diese Grundsätze gelten umgekehrt entsprechend gegen alle Inhaber von Aemtern in begründeten Fällen.

(6) Als Strafen sind innerhalb des Verbandes und seiner Fachgruppen zulässig: 1. die Warnung, 2. der Verweis, 3. die Geldstrafe, 4. die Amtsenthebung auf Zeit oder Dauer, 5. der Ausschluß aus einem Verein und der Ausschluß aus dem Verband, der ohne weiteres auch den Ausschluß aus dem Verein bewirkt.

(7) Die Kosten des Verfahrens sind in jedem einzelnen Fall im Urteil festzustellen. Der Kostenträger ist im Urteil zu bestimmen. Ist ein Vereinsmitglied Kostenträger, so ist auf die Haftung des Vereins ausdrücklich hinzuweisen.

Alle weiteren Grundsätze werden durch den VV bzw. FG durch Rechts- und Kostenordnungen geregelt.

§ 23. Satzungsänderungen

(1) Satzungsänderungen können nur durch einen VT beschlossen werden. Zur Gültigkeit eines solchen Aenderungsbeschlusses ist eine Mehrheit von Dreiviertel der Stimmen der erschienenen Mitglieder erforderlich.

(2) Ist im Laufe eines Verbandsjahres aus zwingenden Gründen eine Satzungsänderung erforderlich, so kann sie durch eine Versammlung des Gesamtverbandsvorstandes und aller Bezirks- und Kreisvorsitzenden mit einer Mehrheit von Dreiviertel der Stimmen der erschienenen Teilnehmer beschlossen werden. Die so beschlossene Satzungsänderung ist dann dem nächsten ordentlichen VT zur Genehmigung vorzulegen. Wird die Genehmigung versagt, so gilt diese Satzungsänderung mit Wirkung vom neuen Verbandsjahr als aufgehoben.

§ 24. Auflösung des Verbandes

Die Auflösung des Landessportverbandes Hessen kann nur durch Beschluß eines VT erfolgen, wenn der entsprechende Antrag rechtzeitig vorher bei dem VV mit Begründung schriftlich eingereicht und durch den VV allen Mitgliedern mit der Einladung zum VT ordnungsgemäß bekanntgegeben worden ist.

Zur Gültigkeit des Beschlusses ist eine Mehrheit von Dreiviertel der Stimmen aller Mitglieder erforderlich. Die Stellungnahme der Mitglieder, die zur Abstimmung auf dem VT nicht erschienen sind, ist unverzüglich durch den VV einzuholen, wenn anzunehmen ist, daß die erforderliche Mehrheit auf dem VT nur infolge Abwesenheit einer entsprechenden Anzahl von Mitgliedern nicht zustande gekommen ist.

Wird der Landessportverband Hessen aufgelöst, dann ist sein in diesem Zeitpunkt nach Erfüllung aller Verbindlichkeiten vorhandenes Vermögen der Landesregierung zur Verfügung zu stellen, mit der Zweckbestimmung, dieses Vermögen im Sinne der Hauptsatzung gemeinnützigen Vereinigungen zur Pflege der Leibesübungen zu übereignen.

Allgemeine Geschäftsordnung des Landessportverbandes Hessen e. V.

(Letzte Fassung!)

Der Verbandsvorstand hat die nachstehende allgemeine Geschäftsordnung für den Landessportverband Hessen e. V. beschlossen, die in Kraft ist, bis sie durch einen Verbandstag abgeändert oder aufgehoben wird. Die Allgemeine Geschäftsordnung gilt grundsätzlich für alle Organe des Verbandes und der Fachgruppen.

§ 1

(1) Tagungen und Sitzungen werden von Fall zu Fall von dem Vorsitzenden (Vertreter) anberaumt.

(2) Zu Tagungen und Sitzungen ist grundsätzlich schriftlich einzuladen. Die Einladung soll die Tagesordnung enthalten.

Die Tagesordnung wird von dem Vorsitzenden (Vertreter) nach den Erfordernissen der Geschäftsführung den Bestimmungen der Satzung entsprechend festgesetzt.

(3) Tagungen und Sitzungen werden von dem Vorsitzenden (Vertreter) geleitet. Ist der Vorsitzende oder sein Vertreter anwesend, dann bestellen die erschienenen Tagungs- oder Sitzungsteilnehmer für die Dauer der Tagung oder Sitzung den Vorsitzenden.

§ 2

(1) Tagungen und Sitzungen sind grundsätzlich öffentlich. Die Oeffentlichkeit kann durch den Vorsitzenden ausgeschlossen werden, wenn die Interessen des Verbandes gefährdet sind. Die Oeffentlichkeit ist auszuschließen, wenn im Interesse des Verbandes während der Tagung oder Sitzung ein entsprechender Beschluß ergeht.
In der Einladung ist zu vermerken, ob die Tagung oder Sitzung öffentlich oder nichtöffentlich ist.

(2) An nichtöffentlichen Tagungen und Sitzungen dürfen nur Vertreter des Verbandes und die besonders bevollmächtigten Vertreter der besonders eingeladenen Vereine teilnehmen.

§ 3

(1) Tagungen und Sitzungen werden von dem Vorsitzenden eröffnet und geschlossen. Nach der Eröffnung stellt der Vorsitzende in einer Liste die Anwesenden und die Beschlußfähigkeikt gemäß den Bestimmungen der Satzung fest.

Soweit die Satzung nichts anderes bestimmt, sind Organe des Verbandes und der Fachgruppen grundsätzlich beschlußfähig, wenn nach ordnungsgemäßer Einladung mindestens die Hälfte der Mitglieder der Organe erschienen sind.

(2) Der Vorsitzende bringt alsdann die einzelnen Punkte der Tagesordnung in der festgesetzten Reihenfolge zur Beratung und Abstimmung. Die Reihenfolge kann durch Beschluß der Tagungs- oder Sitzungsteilnehmer geändert werden.

§ 4

(1) Anträge für Tagungen und Sitzungen können durch Organe des Verbandes, durch deren Mitglieder und durch die Verbandsvereine gestellt werden.

(2) Anträge sollen grundsätzlich schriftlich und so rechtzeitig bei dem Vorsitzenden gestellt werden, daß dieser sie bei der Einladung zu der nächsten Tagung oder Sitzung auf die Tagesordnung setzen kann.

(3) Anträge, die nicht auf der Tagesordnung stehen, können grundsätzlich nur beraten werden. Sie können ausnahmsweise auch zur Abstimmung gelangen, wenn mehr als die Hälfte aller vertretenen Stimmberechtigten einer Abstimmung zustimmt (Dringlichkeitsanträge). Erfolgt dies nicht, dann ist über diese Anträge bei der nächsten Tagung oder Sitzung abzustimmen.

§ 5

(1) Bei allen Tagungen und Sitzungen ist eine Rednerliste zu führen. In diese Liste sind diejenigen Teilnehmer einzutragen, die sich zu Wort melden und zwar in der Reihenfolge ihrer Wortmeldungen.

(2) Der Vorsitzende ist verpflichtet, diesen Teilnehmern in der eingetragenen Reihenfolge das Wort zur Sache zu erteilen.

(3) Der Vorsitzende kann in jedem Fall außer der Reihe das Wort ergreifen.

(4) Mitglieder der Organe des Verbandes können ebenfalls, wenn sie im Namen eines Verbandsorgans eine Erklärung zur Sache abgeben wollen, außer der Reihe das Wort erhalten.

(5) Antragsteller oder Berichterstatter erhalten als erste und letzte das Wort.

(6) Eine Bemerkung zur Geschäftsordnung muß ebenso wie eine die gerade zur Beratung stehende Sache betreffende Frage vor etwa noch eingetragenen Rednern gestattet werden.

(7) Persönliche Bemerkungen können am Schlusse jeder Beratung gestattet werden.

(8) Anträge auf Schluß der Debatte können jederzeit gestellt werden. Ein Redner, der bereits zur Sache gesprochen hat, kann Antrag auf Schluß der Debatte nicht stellen. Wird ein solcher Antrag gestellt, dann ist zunächst die Rednerliste zu verlesen und alsdann ist über den Antrag abzustimmen. Wird der Antrag angenommen, dann darf der Vorsitzende nur noch einem Redner für den Antrag und einem Redner gegen den Antrag in der Reihenfolge ihres Eintrags in der Liste, sowie dem ursprünglichen Antragsteller oder Berichterstatter das Wort erteilen.

(9) Ein Redner kann jederzeit zugunsten eines nach ihm in der Liste eingetragenen Redners auf das Wort verzichten.

§ 6

(1) Redner, die nicht zur Sache sprechen, hat der Vorsitzende zur Sache zu rufen.

(2) Redner, die sich ungebührlich verhalten und den Anstand verletzen, hat der Vorsitzende zu rügen. Nimmt ein Redner die Rüge nicht an, so ist er zur Ordnung zu rufen. Verstößt dann ein Redner weiterhin gegen die Redeordnung oder spricht er weiterhin nicht zur Sache, so ist er zu verwarnen und nach erfolgter Verwarnung ist ihm bei Fortsetzung des beanstandeten Verhaltens für den zur Beratung anstehenden Punkt der Tagesordnung das Wort zu entziehen.

(3) Bei groben Verstößen und Störungen der Tagungen oder Sitzungen kann der Vorsitzende den Schuldigen von der weiteren Teilnahme an der Tagung oder Sitzung ausschließen.

§ 7

(1) Anträge auf Verbesserung des Wortlauts eines Satzes in einem bereits gestellten Antrag können jederzeit eingebracht werden. Gleiches gilt von Gegenanträgen zu den bereits auf der Tagesordnung stehenden Anträgen.

(2) Zu erledigten Anträgen darf der Vorsitzende grundsätzlich nicht mehr das Wort erteilen. Ausnahmen sind nur zulässig, wenn zwei Drittel der stimmberechtigten Teilnehmer dies verlangen.

§ 8

(1) Die Abstimmung über Anträge erfolgt stets in der Reihenfolge, in der die Anträge auf der Tagesordnung festgesetzt bzw. in der sie eingereicht sind.

(2) Der weitestgehende Antrag ist stets zuerst zur Abstimmung zu bringen. Die Reihenfolge der Abstimmung kann geändert werden, wenn zwei Drittel der stimmberechtigten Teilnehmer dies verlangen.

§ 9

(1) Abstimmungen erfolgen — soweit die Satzung nichts anderes bestimmt durch Handaufheben oder schriftlich nach Ermessen des Vorsitzenden. Schriftliche Abstimmung muß erfolgen, wenn die Hälfte der stimmberechtigten Teilnehmer dies verlangt.

(2) Die schriftliche Abstimmung hat durch Stimmzettel zu erfolgen. Diese müssen die Nummer der Abstimmung des Tagungs- oder Sitzungstages und die Stimmzahl oder einen Bruchteil derselben enthalten. Die Stimmzahl größerer Vereine ist so zu zerlegen, daß die geheime Abstimmung gewahrt bleibt.

(3) Vor jeder Wahl ist eine Wahlkommission aus mindestens 3 Teilnehmern zu bestellen, die die Aufgabe hat, die Stimmzettel bzw. die abgegebenen Stimmen zu zählen und zu kontrollieren, daß auf keinen Fall mehr Stimmen abgegeben werden, als insgesamt auf alle anwesenden Stimmberechtigten entfallen. Die Gültigkeit der Wahl ist von den Mitgliedern der Wahlkommission ausdrücklich dem Schriftführer zu Protokoll zu bestätigen.

§ 10

(1) Bei allen Tagungen und in allen Sitzungen ist ein Protokoll zu führen. Protokollführer ist grundsätzlich der Schriftführer, u. U. der Geschäftsführer. Ist ein Schriftführer allgemein nicht bestellt, so ist zu Beginn der Tagung oder Sitzung ein Protokollführer zu bestellen.

(2) Das Protokoll ist von dem Vorsitzenden und dem Schriftführer (Geschäftsführer) bzw. Protokollführer und zwei zu Beginn der Tagung oder Sitzung aus dem Kreis der Teilnehmer zu bestimmenden Beurkundern zu unter-unterschreiben.

(3) Die Protokolle sind in besonderen Mappen zu sammeln und am Ende des Geschäftsjahres in geeigneter Weise aufzubewahren.

§ 11

(1) Von allen Tagungen und Sitzungen können Berichte veröffentlicht werden, soweit es sich nicht um Geheimangelegenheiten des Verbandes handelt.

(2) Berichte können auch in geeigneter Weise den Verbandsvereinen zugestellt werden.

(3) Einwendungen gegen Berichte sind schriftlich bei dem Vorsitzenden innerhalb dreier Wochen nach der Bekanntgabe zu erheben. Die Einwendungen sind alsdann entweder bei der nächsten Tagung oder Sitzung oder aber durch den Verbandsvorstand zu behandeln.

§ 12

Vor Schluß einer Tagung und Sitzung kann auf Antrag ein Beschluß über den Ort der nächsten Tagung oder Sitzung ergehen. Geschieht dies nicht, dann bestimmt der Vorsitzende jeweils den Tagungs- oder Sitzungsort.

Ausgabe- und Spesenordnung

Der Verbandsvorstand hat — hinsichtlich der Spesenordnung in Uebereinstimmung mit einem Beschluß der Arbeitsgemeinschaft der süddeutschen Landessportverbände — die nachstehende Ausgabe- und Spesenordnung beschlossen, die in Kraft bleibt und grundsätzlich für alle Fachgruppen verbindlich ist, bis sie von einem Verbandstag aufgehoben oder abgeändert wird.

§ 1

Alle Aemter innerhalb des Landessportverbandes Hessen und seiner Fachgruppen sind grundsätzlich Ehrenämter. Dem Inhaber eines Ehrenamtes werden die ihm bei der Ausübung des Amtes entstehenden notwendigen und tatsächlich entstandenen Auslagen ersetzt, insbesondere Porto-, Material- und Reisekosten. Darüber hinaus können einem Inhaber eines Ehrenamtes Tagesspesen und Uebernachtungsgeld, gegebenenfalls auch Verdienstausfall vergütet werden.

Hauptamtlich beschäftigten Angestellten können nach den gleichen Sätzen bei der Ausführung vorher genehmigter Reisen neben den Reisekosten Tagesspesen und Uebernachtungsgeld gewährt werden.

§ 2

Entsprechend dem Grundsatz sparsamster Geschäftsführung müssen alle Ausgaben vor ihrer Tätigung dem Grunde und der Höhe nach genehmigt sein. Ausgaben, die vorher nicht der Höhe nach festgestellt werden können, müssen mindestens dem Grunde nach genehmigt sein. Portoausgaben gelten in normalem Umfang der Geschäftsführung ohne weiteres als genehmigt. Ferngespräche sind nur im wichtigen Bedarfsfalle zu führen. Telegramme sind nur in dringenden Fällen abzusenden.

Ausgaben, die dem Grunde nach in einem genehmigten Haushaltsplan oder einem genehmigten Arbeitsplan mit Kostenvoranschlag enthalten sind, gelten als genehmigt. Sonderausgaben bedürfen besonderer Genehmigung. Für die Erteilung der Genehmigung ist zuständig
in der Verbandsverwaltung

a) im Sportkreis der engere Kreisvorstand,

b) im Sportbezirk der engere Bezirksvorstand,

c) der engere Verbandsvorstand;

in der Fachgruppenverwaltung
jeweils die Fachgruppeninstanz, die durch Beschluß der Landesfachgruppe bzw. des Verbandstags der Fachgruppe für zuständig erklärt wird.

Der engere Verbandsvorstand bzw. die Leitung jeder Landesfachgruppe kann sich die Genehmigung bestimmter Ausgaben von einer festzusetzenden Betragshöhe ab vorbehalten. Sie sind für Sonderausgabegenehmigung zuständig. Haushaltspläne bzw. Arbeitspläne mit Kostenvoranschlag bedürfen sowohl für die Verbands- als auch für die Fachgruppenverwaltung der Genehmigung des engeren Verbandsvorstands bzw. der Landesfachgruppe. Die Pläne der Landesfachgruppen müssen dem engeren Verbandsvorstand vor der endgültigen Beschlußfassung durch die Fachgruppe vorgelegt werden. Der Verbandsvorstand hat das Recht, gegen Ausgaben Einspruch zu erheben. In diesem Fall ist vor der Beschlußfassung durch die Fachgruppe zwischen dieser und dem Verbandsvorstand eine Einigung über die beanstandeten Ausgaben herbeizuführen. Kommt eine Einigung nicht zustande, dann entscheidet auf Antrag des engeren Verbandsvorstand der Gesamtverbandsvorstand. Dessen Entscheidung ist endgültig und für beide Teile bindend.

Ausgaben, die nicht mindestens dem Grunde nach genehmigt sind, dürfen nicht getätigt werden. Verstöße gegen diesen Grundsatz gehen zu Lasten des verantwortlichen Mitarbeiters, es sei denn, daß auf dessen Antrag ausnahmsweise nachträglich die Ausgabe genehmigt wird.

§ 3

Reisekosten gelten mit der Beschlußfassung über die Durchführung der Reise bzw. mit der schriftlichen Auftragserteilung zur Durchführung einer Reise als genehmigt. Reisen sind grundsätzlich mit öffentlichen Verkehrsmitteln durchzuführen. Flugzeuge und Sonderzüge dürfen mit Genehmigung des engeren Verbandsvorstands bzw. der Landesfachgruppe zu Reisen benutzt werden. Gleiches gilt für die Reise mit eigenen Kraftfahrzeugen. Wird diese Genehmigung erteilt, dann kann für jeden gefahrenen Reisekilometer bei Benutzung eines eigenen Kraftwagens ein Satz von 16 Pfennigen, bei Benutzung eines eigenen Kraftrades ein Satz von 8 Pfennigen vergütet werden. Diese Sätze können für jede mitgenommene, für die gleiche Reise mit Genehmigung versehene Person bei Kraftwagen um 3 Pfennige, bei Krafträdern um 2 Pfennige erhöht werden. Mit der Gewährung dieser Sätze sind alle Ansprüche des Kraftfahrzeughalters abgegolten. Reparaturen, die während der

Durchführung der Reise erforderlich werden, gehen zu Lasten des Kraftfahrzeughalters.

Für Reisen mit der Eisenbahn werden grundsätzlich nur die Kosten der 3. Wagenklasse vergütet. Ausnahmen bedürfen besonderer vorheriger Genehmigung. Straßenbahnkosten werden grundsätzlich nicht vergütet, wenn Tagesspesen gezahlt werden.

§ 4

Das Uebernachtungsgeld beträgt einheitlich RM 7.50 und kann nur in besonderen Ausnahmefällen mit Genehmigung des engeren Verbandsvorstands bzw. der Landesfachgruppe erhöht werden.

§ 5

An Tagesspesen können Beträge vergütet werden, die die nachstehenden Höchstsätze nicht überschreiten dürfen. Bei einer Tätigkeit bis zu 3 Stunden einschließlich der Zeit für den Weg von und zur Wohnung dürfen Spesen nicht vergütet werden. Im übrigen betragen die Höchstsätze bei einer Tätigkeit einschließlich der Zeit für den Weg von und zur Wohnung

von 3 bis 6 Stunden	RM 5.—
von 6 bis 12 Stunden	RM 7.50
über 12 Stunden	RM 15.—

Bei Reisen außerhalb des Verbandsgebietes kann für jeden Reisetag ein Tagegeld von RM 15.— vergütet werden.

Tagesspesen dürfen nur auf Antrag vergütet werden. Als Antrag gilt die Vorlage einer Einzel- oder Sammelabrechnung mit eingestelltem Tagegeld.

§ 6

Alle Ausgaben müssen grundsätzlich belegt werden. Verdienstausfall darf nur vergütet werden, wenn durch schriftliche Bescheinigung des Arbeitgebers ein Nachweis eines tatsächlichen Einkommensausfalls in bestimmter Höhe erbracht wird. Selbständigen Einkommensbeziehern darf — wenn sie Verdienstausfall vergütet haben wollen — Erstattung nur gewährt werden, wenn sie dies vor der Amtsübernahme oder vor der Auftragsannahme beantragt und die Genehmigung des engeren Verbandsvorstands bzw. der Landesfachgruppe hierfür erhalten haben.

Ausgaben müssen schriftlich abgerechnet werden. Die Belege sind der Abrechnung beizufügen. Die Abrechnung ist zu quittieren. In der Abrechnung ist zu versichern, daß die Ausgaben tatsächlich entstanden sind, wenn aus einem triftigen Grund Belege nicht beigefügt werden können. Die Erstattung von Ausgaben darf nur erfolgen, wenn diese Bedingungen erfüllt sind und die Genehmigung der Aufgaben feststeht.

„Schaffende Jugend im Lande Hessen"

Auf Wunsch vieler Anfragen gebe ich nochmals die **Ausschreibungen der Ausstellung**

„Schaffende Jugend im Lande Hessen"

bekannt.

In der Zeit vom 26. Juli 1947 bis einschließl. 16. August 1947 findet in Frankfurt am Main die Ausstellung „Schaffende Jugend im Lande Hessen" statt.

Zweck der Ausstellung ist, jungen Menschen durch Beispiele und Vorbilder aus ihren eigenen Alterskreisen zu zeigen, was sie trotz der heutigen erschwerenden Umstände leisten können. Die Jugend soll dadurch zu eigenem Schaffen angeregt werden, daraus neuen Lebensmut gewinnen und Anderen Freude bereiten. Freude und Mut sind aber Kräfte, die uns zu wahrer Gemeinschaft und sinnvollem Wiederaufbau befähigen.

Veranstalter der Ausstellung ist der Landesjugendausschuß Hessen im Auftrag des Herrn Ministers für Kultus und Unterricht.

Die Ausstellung findet in den Räumen der Sporthalle des Stadions der Stadt Frankfurt am Main statt, die in dankenswerter Weise für diesen Zweck von dem Special Service der amerikanischen Armee zur Verfügung gestellt werden.

An der Ausstellung können sich beteiligen:

1. Einzelpersonen,
2. Gemeinschaften (Jugendgruppen, Gruppen aus Schulen, freie Gruppen),
3. Jugendorganisationen,
4. Jugendpflegende Verbände und Behörden.

I. Ausschreibung für Jugendliche und Jugendgruppen.

Zur Gewinnung geeigneter Ausstellungsgegenstände findet ein Wettbewerb statt. An dem Wettbewerb können einzelne Jugendliche und Gemeinschaften teilnehmen. Die Leistungen werden getrennt bewertet. Außerdem erfolgt eine getrennte Bewertung nach Altersstufen (1. bis 12 Jahre einschl., 2. bis 15 Jahre einschl., 3. bis 20 Jahre einschl., 4. über 20 Jahre) u. Fachgruppen, wie z. B. Musik, Zeichnung, Malerei, Dichtung, Handwerk, Basteln, Kleidung, Handarbeit, Hausrat u. s. f. Weitere Fachgruppen werden nach Art der Eingänge gebildet. Die Altersstufe von Gruppenleistungen berechnet sich nach dem Durchschnittsalter der Gruppe. Der Wettbewerb gliedert sich in zwei Abteilungen, A und B. Für beide Abteilungen gilt die obige Trennung in der Bewertung.

Abteilung A: Freier Wettbewerb.

In dieser Abteilung ist jedem Teilnehmer oder jeder Gruppe die Art und der Inhalt der eingereichten Arbeit völlig freigestellt.

Abteilung B: Gebundener Wettbewerb.

Auch in dieser Abteilung ist die Art (Technik, Material) der Arbeit völlig freigestellt. Die eingereichten Arbeiten sollen sich aber mit einem oder mehreren der folgenden Begriffe beschäftigen:

Jugend — Lehrer — Aufstieg — Führertum — Sozialismus — Friedenshelden — Jugendleiter — Arbeit — Bürgertum — Regierung — Freidenkertum — Selbsthilfe — Neubürger — Eltern — Erziehung — Erfolg — Freiheit — Christentum — Völkerverständigung — Kameradschaft — Wiederaufbau — Selbstverwaltung — Politik — Religion — Gemeinschaft — Heimatlose.

(Unter der Art der Arbeit ist zu verstehen z. B. Zeichnung, Malerei, Dichtung, Papparbeit, Holzarbeit, Metallarbeit, Textilarbeit u. s. f.)

Zugelassen zu den Wettbewerben ist jeder Jugendliche oder jede Jugendgruppe aus Hessen. Auswärtige Einsendungen werden außer Wettbewerb gezeigt.

Die Beteiligung an den Wettbewerben erfolgt durch Einsendung der Arbeiten bis 1. 7. 1947 an:

Sekretariat der Ausstellung „Schaffende Jugend im Lande Hessen", Frankfurt am Main, Braubachstraße 32.

Durch die Einsendung werden die Wettbewerbsbedingungen anerkannt. Ferner wird durch die Einsendung erklärt, daß der Einsender über die eingesandte Arbeit verfügen darf und sie selbst angefertigt hat (dies gilt sinngemäß auch für Gemeinschaften). Die Arbeiten dürfen den Bewerber nicht erkennen lassen. Sie müssen mit folgenden Angaben gekennzeichnet sein:

1. Mit einem Kennwort,
2. der Altersangabe des oder der Hersteller(s).

Zu den Arbeiten ist in einem verschlossenen, mit dem Kennwort der Arbeit beschrifteten Umschlag mitzuteilen:

1. Name, Anschrift und Alter eines jeden an der Arbeit Beteiligten,
2. bei Arbeiten, die von hessischen Jugendlichen angefertigt wurden, aber von Orten außerhalb Hessens eingesandt werden (z. B. vorübergehend Abwesenden) ist anzugeben, welche Beziehungen zum Land Hessen bestehen (z. B. Wohnort der Eltern, Heimatort oder dergleichen).

Einsendung mit offener Angabe des Namens werden außerhalb des Wettbewerbs für die Ausstellung berücksichtigt.

II. Ausschreibung für Jugendorganisationen und jugendpflegende Verbände und Behörden.

Die Jugendorganisationen, jugendpflegenden Verbände und Behörden sollen Gelegenheit haben, ihre Eigenart und ihre jugendbezogene Arbeit zu zeigen.

Anmeldungen für diesen Teil der Ausstellung sind, soweit noch nicht erfolgt, unter Angabe des etwa gewünschten Raumes bis 15. 5. 1947 an:

Sekretariat der Ausstellung „Schaffende Jugend im Lande Hessen", Frankfurt am Main, Braubachstraße 32

zu richten. Für Landesverbände stehen im Ausstellungsgelände im allgemeinen etwa 30 qm Bodenfläche zur Verfügung. Die endgültige Entscheidung über Zulassung und Raumzuteilung erfolgt durch einen paritätischen Ausschuß.

Die Preisgerichte bestehen für jede Fachgruppe jeweils aus mindestens drei Personen.

Für die Preisverteilung stehen einige hundert Preise für Einzelteilnehmer, wie auch für Gruppen (für je drei Vertreter) zur Verfügung.

Die Preisträger werden benachrichtigt.

Der Landesjugendausschuß Hessen.

Verantwortlich: Reg.-Rat Heinz Lindner, Darmstadt. — Druck: Bindernagel. — Lizenzträger: Guntrum, Friedberg (Hessen). — Auflage: 6000. — Vertrieb: Willi Heise, Frankfurt a. M., Messelweg 3. Postscheckkonto Nr. 1472 17 Frankfurt a. M. — Bezugspreis: 9/47—14/47 RM 1.50 einschließlich Porto.

Stenografisches Protokoll des 1. ordentlichen Verbandstages des LSV Hessen am 12. und 13. Juli 1947 in Mörfelden

Tagesordnung

1. Jahresbericht des Verbandsvorstandes einschließlich Kassenbericht;
2. Bearbeitung und Beschlußfassung der Hauptsatzungen des Verbandes, einschließlich Allgemeine Geschäftsordnung und Ausgabe- und Spesenordnung des Verbandes;
3. Anträge;
4. Wahl eines Wahlpräsidenten;
5. Entlastung des Geschäftsführenden Verbandsvorstandes;
6. Neuwahl des Verbandsvorstandes.

1. Tag. – Sonnabend, den 12. Juli 1947 – Beginn: 10 Uhr morgens

Der 1. Vorsitzende des Landessportverbandes Hessen, Regierungsrat Lindner, eröffnet den 1. ordentlichen Verbandstag des Landessportverbandes Hessen um 10.30 Uhr mit folgenden Worten:

Meine Herren!

Der 1. ordentliche überfachliche Verbandstag unseres Landessportverbandes Hessen ist eröffnet. Es spricht zunächst zu Ihnen der Bezirksvorsitzende des Sportbezirks Darmstadt, unser Sportfreund *Schulmeyer.*

***Schulmeyer*:**

Sportfreunde!

Im Auftrage der Sport- und Kultur-Vereinigung Mörfelden entbiete ich allen Delegierten, Gästen und Vertretern zum 1. Verbandstag ein herzliches Willkommen! Gleichzeitig darf ich diesen Willkommensgruß auch überbringen für den Sportkreis Groß-Gerau und für den Sportbezirk Darmstadt.

Freude und Hoffnung erfüllen uns, Freude und Dank darüber, daß dieser historisch bedeutsame 1. Verbandstag des Landessportverbandes hier in Mörfelden stattfindet, in einem Volkshaus und in einer Landgemeinde. Ich sehe darin ein gutes Vorzeichen, wird doch damit gezeigt, daß schon am Anfang seines Weges der Landessportverband Hessen den Landvereinen eine gebührende Beobachtung beimißt. Deshalb freuen wir uns ganz besonders darüber und hegen damit zugleich auch die Hoffnung auf die Erfüllung von Wünschen, die der Gesamtmitgliedschaft zum Vorteil gereichen.

Der Verbandstag hat sich für seine Tagung eine Arbeitsstätte gewählt, die Symbol und Wahrzeichen einer fortschrittlichen, friedlichen und demokratischen Weltanschauung ist. Die Mörfelder sind ganz besonders stolz auf ihr Volkshaus. Es zeugt von vorbildlichen Ideen und einem vorbildlichen Geist und von ihrem Wollen. Dieses Wollen strebt nach Größe, nach Leistungssteigerung und nach Gemeinsamkeit. Ist es daher überhaupt noch verwunderlich, wenn die Sportler von Mörfelden sich schon längst zu einem einheitlichen, zentralen Verein zusammengeschlossen haben, wenn sie als Sport- und Kultur-Vereinigung jede gewünschte Sportart pflegen und in gleicher Weise auch das Kulturelle und so auf ihre Weise nach Vollkommenheit streben. So sehen wir in dieser echten örtlichen Sport- und Kultur-Gemeinschaft

Schulmeyer bei der Eröffnung

SPORT

MITTEILUNGEN

des Landessportverbandes Hessen e. V., Frankfurt am Main

Genehmigt durch die Nachrichten-Kontr. d. Militärregierung f. Hessen APO 633 US-Army Abt. f. Veröffentl. Wiesbaden, 6. 5. 47.

2. Jahrgang / Nr. 15 | Frankfurt a. M., den 3. Juli 1947 | Goethestraße 10 I. Telefon 76312

Verbandstag des Landessportverbandes Hessen e. V.

am 12. / 13. Juli im Volkshaus in Mörfelden

1. Die Vereinsvorsitzenden machen wir auch an dieser Stelle nochmals darauf aufmerksam, daß wir zur Teilnahme an dem 1. ordentlichen überfachlichen Verbandstag am 12. und 13. Juli im Volkshaus in Mörfelden keine besonderen Einladungen mehr versenden. Wir bitten daher wiederholt, zu diesem grundlegenden Verbandstag, der die Konstituierung der Verfassung des Verbandes zur Aufgabe hat, einen bevollmächtigten Vertreter mit schriftlicher Vollmacht unter Angabe der Zahl der ordentlichen Mitglieder über 18 Jahre (Stand 1. April 1947) zu entsenden. Meldeschluß bei unserer Geschäftsstelle: 5. Juli 1947. Die vorherige Teilnahmemeldung ist wegen der sorgfältigen Vorbereitung, insbesondere für die Festlegung des Stimmrechts jedes Vereins (1 Stimme für je 50 ordentliche Mitglieder) und die ordnungsgemäße Durchführung der Wahlen und Abstimmungen unbedingt erforderlich.

Quartieranforderungen unmittelbar bis 8. 7. in Mörfelden bei dem Quartierausschuß der Sport- u. Kulturvereinigung.

neben dem Sportler den Sänger, neben dem Freund der Musik den Wanderer.

Und dieses Volkshaus, in dem wir heute tagen, wurde uns zum Symbol und zur Richtschnur für unsere Aufbauarbeit an und in unserem Volke. Als in den ersten Mai-Tagen des Jahres 1945 die aufrechten Männer des Sports hier in Mörfelden sich zusammenfanden, da kam es wie ein Gelöbnis aus aller Munde: nie mehr Zersplitterung, nie mehr ein Nebeneinander oder gar ein Gegeneinander! Und in der Erkenntnis des hinter uns Liegenden wurde damals wenigstens hier der Grundstock gelegt für einen neuen demokratischen Volkssport. Und dieser Volkssport hält die Tore weit offen für alle, die guten Willens sind.

(Bravo!)

Diese Grundsätze bildeten zugleich auch die Richtschnur für den Aufbau im Sportkreis Groß-Gerau, der am 5. Juni 1946 nach diesen Richtlinien seine Arbeit begann. Und weiter und darüber hinaus wurden sie auch Richtschnur für die Aufbauarbeit im Sportbezirk Darmstadt. Der Sportkreis Groß-Gerau und der Sportbezirk Darmstadt können, auf diesen Grundsätzen fußend, in der kurzen Zeit ihres Bestehens immerhin schon auf recht beachtliche Erfolge zurückblicken.

Ich darf aber bei diesem Rückblick auf die bereits erzielten Erfolge die Gelegenheit nicht versäumen, ***einem*** Manne Dank abzustatten, der diesen Dank in ganz besonderer Weise verdient, brachte er uns doch stets bei unserer Aufbauarbeit im Sportkreis Groß-Gerau die gebührende Erkenntnis, das nötige Verständnis und das größte Wohlwollen entgegen. Ich danke daher im Auftrage der Sportler des gesamten Sportkreises Groß-Gerau unserem Herrn Landrat *Harth*, der heute hier unter uns weilt, ganz besonders aufrichtig. Dieses enge Einvernehmen zwischen unserem Landrat und uns Sportlern des Sportkreises Groß-Gerau möchten wir nie mehr missen.

(Lebhafter Beifall.)

Zum Schluß meiner Begrüßungsworte darf ich den Wunsch aussprechen, daß unsere Tagung vollen Erfolg haben möge im Interesse des Blühens und Gedeihens des Landessportverbandes Hessen.

Ich sprach vorhin von der Sport- und Kultur-Vereinigung Mörfelden. Ich erlaube mir, Ihre Aufmerksamkeit nun auf die Gesangsabteilung dieser Vereinigung hinzulenken, die uns jetzt unter der vorzüglichen Leitung ihres Dirigenten, des Herrn *Diether*, einen ganz besonderen gesanglichen Willkommensgruß entbieten wird. – Ich danke Ihnen.

(Erneut lebhafter Beifall.)

(Folgt ein Gesangsvortrag der Sport- und Kultur-Vereinigung Mörfelden, Gesangsabteilung, unter Stabführung ihres Dirigenten Diether.)

Vorsitzer *Lindner*:

Verehrte Gäste! Meine lieben Sportfreundinnen und Sportfreunde!

Als Gründungsvorsitzender des Landessportverbandes Hessen habe ich die Ehre, Sie alle herzlich zum 1. ordentlichen überfachlichen Verbandstag des Landessportverbandes Hessen hier zu begrüßen. Gleichzeitig darf ich Ihnen herzlich danken für Ihre Anteilnahme, die Sie durch Ihre Anwesenheit sowohl unseren Aufgaben als auch unserer Organisation selbst bezeugt haben.

Ich begrüße in unserer Mitte insbesondere den Herrn Landrat *Harth* des Kreises Groß-Gerau, der uns, wie ich weiß, gerne die Ehre seines Besuches zum heutigen 1. Verbandstag erwiesen hat. Ich kann Ihnen versichern, daß Herr Landrat *Harth*, wie Sie das eben ja schon aus dem Munde unseres Sportfreundes *Schulmeyer* gehört haben, als alter Anhänger des Sportes stets ein offenes Ohr und ein offenes Herz für uns hat, und ich bin ehrlich davon überzeugt, daß die Sportbewegung gerade im Sportbezirk Darmstadt und im Kreis Groß-Gerau in Herrn Landrat *Harth* immer einen eifrigen und selbstlosen Förderer haben wird.

Des weiteren begrüße ich aufrichtig den Vertreter der Militärregierung, Capt. *Griswold*. Gestatten Sie mir, daß ich diese Grüße besonders ausspreche.

Now our special greetings to the representativ of Military Government, to the Director of Liaison and Secu-

Ludwig Schulmeyer, der „Bette-Lui"

Schulmeyer wurde am 1. November 1899 in Mörfelden geboren. Nach dem Besuch der Volksschule ging er zur Reichsbahn, absolvierte von 1914 bis 1917 dort eine Schlosserlehre und trat im Mai 1914 einem Eisenbahnersportverein in Frankfurt bei. Im Juni 1917 zog er nach Frankfurt-Nied um und wurde für kurze Zeit als Soldat einberufen, aber als Heizer im Fahrdienst schon bald wieder vom Wehrdienst freigestellt. Nach sportlicher Betätigung im Fußball und in der Leichtathletik in Frankfurter Vereinen trat er im Jahre 1923 der „Freien Turnerschaft Nied" bei. Im Herbst des gleichen Jahres gehörte er zu den Gründern des Arbeitersportvereins „Vorwärts", in dem er von der Gründung bis zur gewaltsamen Auflösung im Jahre 1933 das Amt des ersten Vorsitzenden bekleidete.

In den zwanziger Jahren war Schulmeyer im Frankfurter Arbeitersport als Organisator sehr aktiv und so unter anderem im Juli 1925 als Helfer und Teilnehmer an der ersten Arbeiter-Olympiade in Frankfurt beteiligt. Als zeitweiliger Mitarbeiter des „Freien Sport" lernte er auch Heinrich Sorg kennen, von dem die Mitgliederzeitung des 9. ATSB-Kreises in Frankfurt als hauptamtlicher Redakteur herausgegeben wurde. Schulmeyer hatte am 30. Mai 1924 Marie Selbert geheiratet.

Gegen Ende der zwanziger Jahre trat er der KPD bei und wurde nach der Machtübernahme durch die Nationalsozialisten im Jahre 1933 zahlreichen Verhören unterzogen. Er verlegte seinen Wohnsitz wieder nach Mörfelden und hatte sich am 12. Juli 1935 vor dem Hessischen Oberlandesgericht in Darmstadt in einem Prozeß wegen versuchten Wiederaufbaus kommunistischer Ortsgruppen zu verantworten. Schulmeyer wurde zu einer sechsjährigen Zuchthausstrafe verurteilt, die er in Butzbach und Rockenberg verbüßte und kehrte erst am 27. Februar 1941 nach Mörfelden zurück.

Gegen Ende des Krieges wurde er noch als Fronthelfer an den Westwall geschickt, er erlebte das Kriegsende mit dem Einmarsch der Amerikanischen Truppen aber in Mörfelden. Dort wurde er sofort zum Leiter der Schutzpolizei ernannt und im Jahre 1946 als politisch Verfolgter von der Bahn in den mittleren Beamtendienst übernommen. Sportlich griff er mit eigenen Vorstellungen aktiv in die Verhandlungen zur Wiederbelebung des Sports ein und wurde schließlich im November 1945 bei Gründung der SKV Mörfelden deren Geschäftsführer.

Am 16. Dezember 1945 wurde er zum vorläufigen Vorsitzenden des Kreissportausschusses Groß-Gerau ernannt und am 24. März 1946 bei der ersten Vereinsvertretertagung im Kreis zum Vorsitzenden gewählt. Nachdem sich überall im Regierungsbezirk Darmstadt die Sportkreise organisiert hatten, kam es am 6. Dezember 1946 zur ersten Bezirkskonferenz. Auch hier übernahm Schulmeyer das Amt des ersten Vorsitzenden. Bereits am 30. Oktober 1946 war es ihm gelungen, mit Genehmigung der Militärregierung eine eigene Sportzeitung für den Kreis Groß-Gerau herauszugeben, die wöchentlich erschien und den Namen „Sport-Spiegel" trug. Nur wenig später erschien sogar eine weitere Zeitung, der „Sport-Spiegel des Bezirks". Beide Blätter mußten allerdings 1949 ihr Erscheinen einstellen, weil sie sich wirtschaftlich nicht trugen.

In der Folgezeit gilt es Schulmeyers Leistungen für den Sport in zwei Punkten besonders zu würdigen. Sein festes Eintreten gegen alle Bestrebungen, die es im Frankfurter und südhessischen Raum gab und die die Errichtung einer eigenständigen Arbeitersportorganisation zum Ziel hatten. In diesem Zusammenhang ist besonders eine Konferenz in Erzhausen im Februar 1947 hervorzuheben. Ferner die großartige organisatorische Leistung, die Schulmeyer und die SKV Mörfelden mit der Ausrichtung des ersten Verbandstages des Hessischen Landessportverbandes gelang. Schulmeyers gab es in Mörfelden wie Schmitz in Köln. Daher hatte man es sich angewöhnt, sie zu nummerieren. Ludwig war der Zwanzigste, so daß eingeweihte Mörfelder bis auf den heutigen Tag hinter den Namen Ludwig Schulmeier zwei XX anbringen. Aber wer kennt schon Ludwig XX.? Fragt man aber nach dem „Bette-Lui", dann weiß in Mörfelden jeder, daß es sich um den aus der Liebknechtstraße 43 handelt. Schulmeyer war einer, der im Sport aufging. Für sein „Leben für den Sport" wurde er mit dem Ehrenbrief des Landes Hessen und mit dem Bundesverdienstkreuz am Bande ausgezeichnet. Er ist am 6. Januar 1985, fast erblindet, in Mörfelden verstorben.

rity Office for the Landkreis Groß-Gerau, to the Right Honorable Capt. *Griswold*. At any time, Military Government has always shown the greatest interest to our organization, to our tasks and our troubles. I thank You and the Military Government for the interest and for the help. You have always lent us and I beg You to give us also in the near time this interest and this help.

(Starker Beifall.)

Ich begrüße weiter den Herrn Bürgermeister *Klingler* von Mörfelden. Ich danke an dieser Stelle zugleich ihm und der Sport- und Kultur-Vereinigung Mörfelden für all das, was sie für unsere heutige Tagung getan haben.

Des weiteren begrüße ich die Herren Vertreter der Presse.

Nicht zuletzt aber und mit ganz besonderer Freude gilt mein Gruß unseren Freunden aus Bayern und aus Württemberg-Baden, die heute an unserer Tagung teilnehmen. Aus Württemberg-Baden habe ich zu begrüßen den Geschäftsführenden Vorsitzenden des Landessportverbandes Württemberg, unseren Sportfreund *Paul Keller*, und aus Bayern den 2. Vorsitzenden des Landessport-

SPORT PRESSE

für den Sportkreis Groß-Gerau

Herausgegeben von der Kreissportbehörde — Mit Genehmigung der Information Control.Division,.Detachment Darmstadt

Nr. 1 — 1. Jahrgang — Mittwoch, den 30. Oktober 1946 — Einzelpreis 20 Pfennig

Zum Geleit

Von L. Schulmeyer, Vorsitzender der Kreissportbehörde.

Ein wahrhaft freudiges Ereignis für den Sportkreis Groß-Gerau. Geht doch mit dem Erscheinen dieses Blattes ein lang gehegter Wunsch in Erfüllung. Die Kreistagungen vom Dezember des vergangenen Jahres sowohl, wie die vom März und Juli unterstrichen jeweils die dringende Notwendigkeit der Herausgabe einer Sportpresse. Nun sind wir soweit, und die Bemühungen der Kreisbehörde waren nicht vergebens gewesen. Doch wir fühlen uns in erster Linie gegenüber der Militärregierung zum Dank verpflichtet, ja zu einem herzlichem Dank verpflichtet, denn das Entgegenkommen der zuständigen Stelle der Militärregierung für die Belange der Sportbewegung war überaus wohlwollend und verständnisvoll.

Vor uns stehen große Aufgaben, in gemeinsamer Arbeit, voller Vertrauen und Zuversicht wollen wir an die Lösung herantreten. Die Sportpresse wird sich vornehmlich der Jugend annehmen; ihr zu helfen, sie in ihren Bestrebungen zu unterstützen, soll stets der Leitgedanke sein.

Erstmalig in der Spiel- und Sportgeschichte des Kreises Groß-Gerau wird die Tatsache einer eigenen Presse für unsere engere Heimat verzeichnet. Wir sind gewiß, der Sportpresse wird im gesamten Kreisgebiet ein begeisterter Empfang zuteil werden. Unsere Sportler und Sportlerinnen, unsere Jugend bis herab zu den Jüngsten finden in ihrer Sportpresse das getreue Spiegelbild des gesamten Spiel- und Sportlebens innerhalb des Kreises. — Kein Verein und sei er der schwächste, keine Mannschaft und sei es die jüngste, keine Riege und sei es die bescheidenste, dürfen ohne Berücksichtigung bleiben. Ein Band soll uns alle umschlingen, ein Gefühl uns alle beseelen, eine Kraft uns alle vereinigen, damit wir der edlen Sache der Körperkultur und der Volksgesundheit willensfroh dienen können. Den fortschrittlichen Geist des echten, wahren Volkssportes soll unsere Heimat-Sportpresse verkünden, sie soll über alle Spiel- und Sportereignisse berichten, sie soll eine Sprache führen, die volkstümlich und Jedermann verständlich ist. Fehler sollen beleuchtet werden, um sie auszumerzen, Leistungen sollen als Ansporn für alle dienen. In allen Gemeinden und Städten des Kreises wird die Sportpresse als Freund und Helfer willkommen sein und ein neuer Auftrieb, ein gesteigertes Interesse wird sich auf allen Gebieten der Leibesübungen anbahnen. —

Wenn der Sportkreis Groß-Gerau nun als erster Kreis in Groß-Hessen mit einer Sportpresse aufwarten kann, wenn überhaupt ein [illegible] Vorsprung beim Neuaufbau des Sportes erreicht werden konnte, so gebührt unserem Herrn Landrat Hardt ein besonderes Verdienst. Die seitherigen Erfolge resultieren auf dem guten Einvernehmen und der Zusammenarbeit mit dem Landratsamt. sowie einer Mehrzahl der Herren Bürgermeister. Und auf diesem Wege wollen wir weiterschreiten zu neuen Taten, zu neuen Erfolgen eingedenk des hohen Zieles:

Der Völkerverständigung

und des Völkerfriedens!

Peter Klingler

Klingler wurde am 25. September 1889 in Klein-Gerau geboren, durchlief nach dem Schulbesuch die Lehrerseminarausbildung und übernahm von Dannenrod her kommend im Jahre 1915 eine Lehrerstelle an der Volksschule in Mörfelden. Nach dem Ersten Weltkrieg trat er im Jahre 1919 in die SPD ein, wurde sofort in den Gemeinderat gewählt und arbeitete dort in der Finanzkommission mit.

Zusammen mit einem weiteren Volksschulkollegen baute Klingler in Mörfelden die Freidenkerbewegung auf, erteilte Vorbereitungsunterricht für die Jugendweihe und agitierte für Kirchenaustritte innerhalb der Bevölkerung. Daneben wurde er Mitglied bei den Naturfreunden. Im November 1924 drohte man Klingler durch seine vorgesetzte Dienstbehörde an, ihn wegen seines starken Engagements für die Freidenkerbewegung und entsprechenden Konflikten mit der Kirche zwangszupensionieren oder gegebenenfalls zwangszuversetzen. Als „führender Kopf" der Mörfelder Sozialdemokratie wurde Klingler in großen Bürgerversammlungen eine breite Unterstützung durch die Bevölkerung zuteil, die ihn im Dezember 1924 zum Bürgermeister von Mörfelden wählte. Dieses Amt bekleidete er bis 1931, kehrte 1932 in den Schuldienst zurück, um nach der Machtübernahme durch die NSDAP im Jahre 1933 fußend auf dem „Gesetz zur Wiederherstellung des Berufsbeamtentums" entlassen zu werden. In der Folgezeit bemüht sich Klingler mehrfach vergeblich um die Wiedereinstellung in den Staatsdienst; als Gelegenheitsarbeiter muß er sich in diesen Jahren seinen Lebensunterhalt verdienen.

Als im März 1945 die amerikanischen Truppen in Mörfelden einmarschierten, wurde Klingler sofort mit dem Bürgermeisterposten betraut und 1946 auch parlamentarisch in seinem Amt bestätigt. Klingler war ein ausgesprochen guter Verwaltungsmann und hatte seine Schwerpunkte in der Kommunal- und Bildungspolitik. Er galt als überaus korrekt und sehr arbeitsam. Am 1. Juli 1956 ist er in Mörfelden gestorben.

verbandes Bayern, unseren Sportfreund *Schmucker*, und seinen Begleiter, Sportfreund *Schubert*.

Meine Herren!

Ich gebe nun unseren Gästen Gelegenheit, selbst einige Worte an Sie zu richten. Als erstem erteile ich das Wort Herrn Bürgermeister *Klingler* von Mörfelden.

Bürgermeister *Klingler* – Mörfelden:

Verehrte Gäste! Werte Sportfreunde!

Als Bürgermeister der Gemeinde Mörfelden begrüße ich Sie alle auf das Herzlichste und rufe Ihnen zugleich im Namen des gastgebenden Vereins, der Sport- und Kultur-Vereinigung Mörfelden, ein freundliches Willkommen zu. Wir freuen uns, daß der Landessportverband Hessen seinen ersten Verbandstag nach hier gelegt hat. Wir in Mörfelden sind stolz darauf, und wir werden alles tun, um Ihnen das Beste zu bieten, was in unseren Kräften steht, trotz aller Not der Zeit.

Ja, trotz aller Not der Zeit hat es eine Arbeiter-Wohngemeinde von 7.000 Einwohnern, vollgepfropft mit Flüchtlingen, Evakuierten, Ausgebombten aus Frankfurt, Darmstadt und anderen Orten Hessens – trotzdem hat es diese Arbeiter-Wohngemeinde übernommen, diesen 1. Verbandstag des Landessportverbandes Hessen auszurichten und ihren Gästen auch Unterkunft zu gewähren.

Wir leben heute in Deutschland in einer großen Notzeit, das wissen Sie alle. Zermürbt ist unser Volk, zerschlagen sind unsere Städte, viele Dörfer in Trümmern, das Volk selbst in Not und Elend. Wahrhaftig, wir sind schon sehr schwer bestraft für unsere Sünden. Aber wir haben den Glauben und die Hoffnung und den Mut nicht verloren, denn wir wissen: Es muß wieder aufwärts und wieder vorwärts gehen, wir müssen wieder aufbauen, das verlangt von uns vor allem unsere Jugend. Sie will eine Zukunft vor sich sehen. Diese Zukunft mitzuschaffen, dazu ist praktisch gerade der Sport am ehesten berufen. Gerade der Sport trägt den Hauptanteil an dieser großen und schweren Wiederaufbauarbeit. Schon als kleine Jungens, als Sextaner, haben wir im Latein-Unterricht den Satz gelernt: Mens sana in corpore sano – Ein gesunder Geist kann nur in einem gesunden Körper wohnen. Und darum sollte jeder verantwortungs- und pflichtbewußte Mensch in Verwirklichung dieses Wortes offen und freudig den Sport fördern und unterstützen.

Liebe Sportfreunde!

Wir sind hier, wie schon gesagt wurde, versammelt in unserem schönen Volkshause, auf das wir so stolz sind. Lassen Sie mich Ihnen nur einige Worte über dieses Volkshaus sagen, sie werden bestimmt Ihr Interesse finden.

Im Jahre 1927 wurde hier in Mörfelden ein Verein – ein Eingetragener Verein – gegründet mit etwa 500 – 600 Mitgliedern zur Errichtung eines Vereinshauses. Bereits im Mai 1928 wurde der Grundstein gelegt, und im April 1930 war das Haus schon soweit fertiggestellt. Es ist 50 Meter lang, 18 Meter breit und 15 Meter hoch. Das Gelände, auf dem es steht, umfaßt 5.000 Quadratmeter. Dies hier ist der Festsaal mit der Empore. Die Bühne ist 17 Meter breit und 12 Meter tief. Im Erdgeschoß unter der Bühne liegt die Turnhalle; ferner befinden sich dort die Wirtschaftsräume, die Küche, der Speisesaal, verschiedene Vereinszimmer, die Toiletten usw. Leider können wir diese Räume nicht besichtigen, da sie zur Zeit noch von der Besatzungsmacht belegt sind.

Sie werden fragen: Ja, wie habt Ihr denn das alles finanziert? Wie habt Ihr das überhaupt auf die Beine gestellt? – Und da muß ich Ihnen sagen: Das charakteristischste Merkmal des Ganzen ist, daß dies alles hergestellt wurde im Wege der Selbsthilfe und der Gemeinschaftsarbeit.

(Bravo!)

Tausende und Abertausende von Arbeitsstunden sind von der Mörfelder Einwohnerschaft geleistet worden, des abends, samstags und am Sonntag. Einen Wert von 150.000 Mark stellten allein die geleisteten Arbeitsstunden dar. Niemand wurde bezahlt, aber Alles hat mitgearbeitet. Zu dem Bargeld, das noch benötigt wurde – es waren noch 100.000 Mark – haben wir nur 50.000 Mark geliehen. Die anderen 50.000 Mark wurden in kleinsten Beträgen, zu 1,- Mark und 2,- Mark, jeden Sonntag, zwei Jahre lang, in Mörfelden gesammelt. Mit diesen 100.000 Mark konnten wir dann das Haus in einfacher Form herstellen.

Im Jahre 1930, als wir es dann eröffnet hatten – primitiv zwar noch, aber immerhin benutzbar –, da hatten wir einen Umsatz von 50 – 70.000 Mark. Alle Überschüsse – denn niemand bekam etwas davon – haben wir wieder in das Haus gesteckt, so daß wir also noch einmal etwa 50.000 Mark für die Innen-Ausgestaltung anlegen konnten, für die Küche, für Heizung usw, usw. Rund 300.000 Mark, einschließlich der 150.000 Mark an geleisteten Arbeitsstunden, haben wir in dieses, in ***unser*** Heim gesteckt.

Und was tat es uns dann so leid, als im Jahre 1933 Hitler kam und auch uns diesen Bau schloß, den Verein, der dieses Haus errichtet hatte, verbot, uns das Haus abnahm und es dem Nazismus und dem Militarismus und zuletzt der Kriegsindustrie zuführte und zur Verfügung stellte.

Heute nun ist das Haus wieder frei, und es soll jetzt wieder seinen friedlichen Zwecken zugeführt werden, es soll wieder eine Pflegestätte des Sportes und der Kultur werden. Wir haben seit 1945 schon wieder etwa 120.000 Mark hineingesteckt, um es wieder instandzusetzen, denn Türen, Fenster usw, usw. – dies alles war ja nicht mehr da, und vor allem fehlte die ganze Inneneinrichtung.

Als vorigen Samstag/Sonntag hier das Darmstädter Landestheater spielte und die „Carmen" aufführte, mit über hundert Mitwirkenden, da war das Haus übervoll. Etwa 1.500 Sitzplätze faßt das Haus, es waren aber auch schon 2.000 und mehr in diesem Saal.

In diesem Haus der Solidarität nun – und damit will ich zum Schluß kommen – findet heute der Landessporttag statt. Der Landessportverband Hessen will sich auf dieser Tagung die Grundlagen schaffen für seine zukünftige Arbeit, er will sich seine Hauptsatzung geben, seine Verfassung, die in echter demokratischer Weise beraten und beschlossen werden soll. Ja, man kann vielleicht sogar sagen, daß der Landessportverband Hessen hier seine Geburtsstunde oder vielleicht auch seine Taufe erlebt. Und da ist es mein Wunsch, daß die Arbeit dieser Tagung von ganz besonderem Erfolg gekrönt sein möge, zum Wohle vor allem unserer Jugend, unseres Volkes, unseres Vaterlandes und nicht zuletzt auch der Menschheit. Möge die Tagung und ihre Arbeit, werte Sportfreunde, freibleiben von militaristischem, reaktionärem und nationalistischem Wahn, möge sie sich im Gegenteil einsetzen und auswirken für Freiheit und Demokratie, für Völkerverständigung und Völkerfrieden, wozu ja gerade der Sport das geeigneteste Mittel ist. Denn nur so können wir wieder hoffen, eines Tages auch wieder am internationalen Sport teilnehmen und in den

Volkshaus Mörfelden im Jahre 1947 mit einem Werbeplakat für das von den Amerikanern ab 1947 veranstaltete Sportprogramm: „German Youth Activities"

Jean Christoph Harth

Harth wurde am 27. Januar 1882 in Jungenheim/Rheinhessen als Sohn des Landwirts Christoph Harth geboren. Nach dem Besuch der Volksschule begann er im Jahre 1896 bei der Firma Opel eine Metallschleiferlehre.

In die Sozialdemokratische Partei Deutschlands trat Harth im Jahre 1900 ein und wurde bald Mitglied im Arbeiterausschuß der Firma Opel. Neben der Genossenschaftsbewegung, in der er als führendes Mitglied tätig war, gehörte Harth zu den Mitbegründern der Rüsselsheimer Arbeiter-Turn- und Sportbewegung. Mandatsträger der SPD im Rüsselsheimer Gemeinde- beziehungsweise Stadtparlament war er von 1912 bis 1933; ab 1918 auch als Beigeordneter.

Am Ersten Weltkrieg war Harth von 1914 bis 1918 als Frontsoldat beteiligt; von 1918 bis 1920 war er Vorsitzender des Arbeiterrates, dann des Betriebsrates der Firma Opel; 1919 wurde er Angestellter des „Deutschen Metallarbeiterverbandes" und im Jahre 1921 in den Hessischen Landtag gewählt. Dieses Mandat übertrugen ihm die Wähler bis 1933 ohne Unterbrechung.

Von 1922 bis 1924 führte er als Beigeordneter während der Ausweisung des Bürgermeisters die Geschäfte der Stadt Rüsselsheim.

Im Jahre 1933 stellten die Nationalsozialisten den in vielen Funktionen erprobten Sozialdemokraten Harth sofort unter Polizeiaufsicht, und im Jahre 1944 wurde er für drei Monate in das KZ nach Dachau verbracht.

Nach Kriegsende wurde Harth von der Amerikanischen Militärregierung zunächst die Leitung des Wohlfahrts- und Jugendamtes im Landkreis Groß-Gerau übertragen und dann ab Oktober 1945 mit der Wahrnehmung der Geschäfte des Landrats beauftragt. Bei der Landratswahl, die im Sommer 1946 stattfand, wurde er mit 32 von 34 Stimmen des Kreistages in seinem Amt bestätigt und bei den Wahlen im April 1948 für weitere sechs Jahre wiedergewählt. Am 30. Juni 1954 ist Harth aus Altersgründen aus dem Dienst ausgeschieden.

Harth war eine Vaterfigur, in und um Rüsselsheim als „Meenzer Schaa" weitestgehend bekannt. Er

war einer der Politiker, die als Symbol für Volkstümlichkeit und Bürgernähe immer auch den Kontakt zum Sport pflegten. Er ist am 9. November 1959, im 75. Lebensjahr stehend, in Rüsselsheim verstorben.

Kreis der anständigen Völker eintreten zu können. Und nur so können wir hoffen, daß bald die Zeit kommt, wo wir uns wieder mit den übrigen Kulturvölkern an einen gemeinsamen Tisch setzen dürfen.

Mögen Ihre Arbeit und Ihre Tagung also bewegt und begleitet sein von diesen großen, völkerverbindenden Gedanken. In diesem Sinne also nochmals herzlichen Gruß, freundliches Willkommen und der Tagung selbst einen guten Verlauf und reiche Erfolge.

(Lebhafter Beifall.)

Vorsitzer *Lindner*:

Herr Bürgermeister! Der Beifall hat Ihnen unseren Dank für Ihre Ausführungen gezeigt. Ich darf aus diesen Ausführungen eines entnehmen, was grundsätzlich, ja geradezu symbolhaft ist für uns und unsere Arbeit: Ihre Darstellung über dieses Mörfelder Volkshaus, der letzten Endes zugrunde liegt der Gedanke der Einigkeit, der Zusammenarbeit, der Pflichterfüllung, der Opferbereitschaft – alles Dinge, die auch für unsere Arbeit und für das Wirken des Landessportverbandes Hessen von Bedeutung sein werden. Haben Sie also nochmals herzlichen Dank für Ihre Ausführungen und Ihre freundlichen Wünsche.

Meine Herrn!

Es spricht nunmehr zu Ihnen der Landrat *Harth* – Groß-Gerau.

Landrat *Harth*, Groß-Gerau:

Liebe Freunde aus Bayern, Baden und Württemberg! Liebe Sportfreunde und Sportgenossen aus Hessen!

Als Vertreter des Landkreises Groß-Gerau und gleichzeitig als Vorsitzender des Sport-, Kultur- und Jugend-Ausschusses des Kreises Groß-Gerau gestatte ich mir, Ihnen meine herzlichsten Willkommensgrüße zu entbieten.

Es ist für uns eine außerordentliche Ehre, Sie heute in unserem Kreise willkommen heißen zu dürfen. Wir freuen uns, daß Sie gerade in unserem Kreise Groß-Gerau Ihre Verbandstagung abhalten, die im Dienste des deutschen Volkes noch große Zukunftsaufgaben zu erfüllen hat.

Unser Kreis Groß-Gerau ist als Grenzkreis außerordentlich schwer belastet mit Dingen, die zeitweise sehr unangenehm sind. Zudem ist der Kreis Groß-Gerau vom Kriege sehr schwer heimgesucht worden, sind doch u.a. auch tausende von Wohnungen im Kreise selbst, in denen einstmals Menschen glücklich lebten, zerstört worden, wenn auch Mörfelden selbst nahezu verschont geblieben ist von Zerstörungen.

An uns liegt es nun, diese zerstörten Wohnungen wieder aufzubauen und den Kindern, die heute noch aus Kellerfenstern herausschauen und nach Sonne und Licht lugen, wieder eine neue Wohnung, ein neues Heim zu geben. Es sind ja gerade unsere Kinder, die sich danach sehnen, wieder zu Licht und Sonne zu kommen. Das wollen wir nicht vergessen bei all unserer Arbeit – und wir werden es auch nicht, dessen seien Sie sicher!

Im Süden des Kreises Groß-Gerau haben wir vor allem landwirtschaftliche Bezirke, die erfüllt und belebt sind von dem Geist und der Pflichterfüllung der darin lebenden Menschen. Darum auch war es in diesen Bezirken nicht nötig, trotz aller Not, die bei uns herrscht, irgendwie und irgendwo mit Gewalt vorzugehen bei der Ablieferung all dessen, was an anderer Stelle für die Ernährung nötig war. Im Norden unseres Kreises aber haben wir eine starke und mächtige Industrie, an der Spitze das Weltwerk Adam Opel AG. Dort finden Sie eine Arbeiterschaft, die seit Jahrzehnten gewerkschaftlich geschult ist, und die bereits in den ersten Anfängen der Bewegung unseres Volkes das Fundament geschaffen hat für den Aufbau dessen, was wir nun in den letzten Jahrzehnten auf gewerkschaftlichem Gebiete errungen haben.

Meine lieben Sportfreunde!

Fühlen Sie sich in unserem Kreise Groß-Gerau wohl. Es leben hier prächtige Menschen – abgesehen von einigen Wenigen, die unbelehrbar sind, aber das darf uns doch nicht genieren –, und der Geist des Kreises Groß-Gerau ist erfüllt von dem Gefühl der Zusammengehörigkeit und von dem Streben, etwas Großes zu erreichen im Dienste an der Menschheit. Sie werden sich in diesem Sinne hier bestimmt ganz wohl fühlen, und Ihre Tagung selbst wird schon darum bestimmt einen guten Verlauf nehmen.

Wir haben schon im Jahre 1945, als in jenen Tagen die ersten amerikanischen Panzer heranrollten, festgestellt und erkannt, daß es notwendig ist, Männer um uns zu scharen, die in der Lage waren, nach der Umwälzung aus dem Morast der vergangenen Zeit etwas Neues aufzubauen. Wenige Wochen nur, nachdem der Amerikaner da war, war es uns schon gelungen, auch das Fundament des neuen sportlichen Lebens wieder zu errichten. Alle alten Freunde des Sportes waren damals zusammengekommen, und es gelang uns in jenen Tagen schon bald, sie alle zusammenzufassen und auch die Vereine wieder ins Leben zu rufen, dank der wertvollen Hilfe der damaligen amerikanischen Militärregierung. Unser Ziel war damals, an Stelle der früheren Unzahl von kleineren Vereinen und Verbände nun starke und mächtige Vereine zu bilden, die in sich die Kraft haben sollten, selbst etwas zu schaffen. Nicht im Zerreißen sondern nur in der Einigkeit liegt die Kraft, das war unsere Erkenntnis. Der Wille war gut, und so ist es uns gelungen, unser Ziel auch zu erreichen. Wir hatten die Absicht, in den einzelnen Orten die Vereine zusammenzufassen und über ihnen wieder in einer Dachorganisation, in den Kreis-, Sport-, Jugend- und Kulturausschüssen zusammenzufassen. Heute freuen wir uns über diese Arbeit in den vergangenen zwei Jahren, die von Erfolg gekrönt war.

Aber wir wissen auch: Neben und überall diesem liegt doch noch eine sehr viel größere und ernstere Arbeit – der Aufbau für die Zukunft. Unser Ziel heißt darum: Dem Volke gilts, wenn wir zu Spielen scheinen! Wir wissen, die alten Gedanken leuchten auf! Ich selbst als alter Kämpfer für den Sport – nun schon seit 50 Jahren! – weiß es, daß ich nur dem Sport es verdanke, wenn ich heute noch die Kraft besitze, mich im 66. Lebensjahre noch dem Volke und dieser Aufgabe zur Verfügung stellen zu können.

(Bravo!)

Unser oberstes Ziel also ist es, nach all dem Elend der Vergangenheit, das hinter uns liegt, nun eine neue Menschheit zu schaffen. Wir wollen, daß die Menschen froh sind, daß sie wieder fröhlich in die Welt hineinschauen. Und frei wollen wir sein von allem, was Knechtschaft heißt und Sklaverei und Not. Wir wollen klaren Auges in die Welt schauen und ebenso klar erkennen, was notwendig ist. Wir wollen nicht Sklaven sein, nein, wir wollen die Freiheit, und wir wollen für Deutschlands freie Zukunft nicht nur arbeiten, sondern sie auch aufbauen, nicht zuletzt zum Wohle unserer Jugend. Und stark wollen wir sein an Geist wie an Körper, denn der neue gesunde Körper soll auch einen gesunden Geist haben und Freude. Denn wir wissen, wenn wir aus dem Schmutz und dem Morast der Vergangenheit, aus dem, was auch der furchtbaren Hinterlassenschaft des Hitler-Systems übrig blieb, ein neues Deutschland schaffen wollen, dann brauchen wir dazu gesunde Menschen. Und die kann uns nur der Sport schaffen. Und in diesem Sinne sagen wir: Stark wollen wir sein und treu wollen wir sein, wenn es heißt, zusammenzuhalten, um alle Widerstände zu beseitigen, die unserer Zukunft entgegenstehen.

Aber nicht nur gesunde Menschen wollen wir erziehen, nicht nur einzelne Menschen mit kräftigen Muskeln und mit starken, kräftigen Beinen. Nein, wir wollen vielmehr, daß die Menschen selbst an sich gesund sein sollen und somit fähig, den Lebenskampf zu führen, der grau und dunkel in die Welt hineinreicht und hart und bitter sein wird. Nein, wir wollen noch viel mehr. Wir wollen, daß die Menschen darüber hinaus auch erkennen, daß es auch noch andere Aufgaben gibt, die des Schweißes wert sind, daß sie mitschaffen, auf daß wieder ein Deutschland ersteht, daß sich in der Zukunft wieder die Achtung der Völker und der Welt erringen kann.

(Erneuter lebhafter Beifall.)

Eine große Aufgabe liegt also noch vor uns und vor

Paul Keller

Keller wurde am 7. Juni 1884 in Stuttgart als Sohn kleinbürgerlicher Eltern geboren, wuchs zusammen mit zwölf Geschwistern auf, erlernte das Gürtler- und Mechanikerhandwerk und kam so bereits vor der Jahrhundertwende mit dem Ideengut der Arbeiterbewegung in Berührung. Noch vor dem Ersten Weltkrieg trat er der SPD, der Freien Gewerkschaft und der Freien Turnerschaft Stuttgart als Mitglied bei und war ab 1912 Vorstandmitglied bei den Freien Turnern. Ab 1914 leistete er Kriegsdienst, wurde zum Unteroffizier befördert, 1917 verwundet und schied damit aus dem aktiven Kriegsgeschehen aus. Im Jahre 1919 wurde Keller im 8. Kreis des ATSB (Württemberg und Bodenseekreis) zum Kreisvorsitzenden gewählt und behielt dieses Amt bis 1933. Ab 1925 wechselte Keller auch hauptberuflich in den Sportbereich und übernahm die „Stuttgarter Sportzentrale", eine Filiale des Arbeiter-Turnverlags Leipzig, so daß am Ende der Weimarer Republik seine gesamte Existenz durch zahlreiche Mitgliedschaften und Funktionen mit der Arbeiterbewegung und dem Arbeitersport verbunden war. Keller schloß sich nach 1933 in Stuttgart einer Widerstandgruppe an, wurde im März 1936 verhaftet, blieb bis 1937 inhaftiert und stand danach unter Polizeiaufsicht. Das Kriegsende erlebte Keller in Stuttgart wo er sofort mit der Wiederbelebung des Sports begann. Am 15. Mai 1945 konstituierte sich in Stuttgart ein Arbeitsausschuß für Sport und Körperpflege mit Keller an der Spitze. Auf dem am 6. Oktober 1946 durchgeführten ersten Verbandstages des Landessportverbandes Württemberg wurde Ministerialrat Hassinger aus dem Kultusministerium zum Präsidenten und Paul Keller zum hauptamtlichen geschäftsführenden Präsidenten gewählt. Aus diesem Amt schied Keller nach innerverbandlichen Auseinandersetzungen auf dem Verbandstag im März 1948 aus. Er ist am 22. Juni 1957 in Stuttgart gestorben.

unserer Jugend vor allem. Und wenn wir, die Alten, einstmals abtreten werden, dann muß eine Jugend dastehen, die diesen Platz einnehmen kann und die unsere Aufgaben weiterführen kann. Wenn heute draußen in den Wäldern und auf den Feldern unsere Jugend spielt im Sonnenschein und sich an der Natur erfreut und an all dem, was sie geschaffen hat, dann wollen wir sagen: Jugend, Du sollst Dich freuen! – Ja, diese jungen Menschen waren ja damals noch Kinder, als sie in der Vergangenheit all das Furchtbare erleben mußten, das über uns kam, Kinder, die niemals eine Freude hatten, denen man nur erzählte von Kanonen, vom Morden und vom Totschlagen, und denen man niemals sagte, daß es außer Kanonen auch noch menschliche und friedliche Dinge gab und gibt, die das Herz erfreuen.

Ja, obwohl wir wissen, daß draußen die Gräber noch offen stehen und man darum nicht tanzen sollte, sagen wir doch: Laßt unsere Jugend tanzen, denn sie hat ja so furchtbar viel verloren und entbehrt. Und unsere Jugend soll ja wieder froh werden und heiter und die Kraft sammeln, um die Aufgaben zu meistern, die ihr in der Zukunft gestellt werden, denn die Jugend wird einst dazu berufen sein, auf dem Fundament weiterzubauen, das wir, die Alten, jetzt mit einzelnen Steinen zusammentragen. Und auf diesem Fundament soll ja einst das Haus erstehen, in dem unsere Jugend dann viel besser wohnen wird, als wir es in der Vergangenheit erleben konnten.

(Bravo!)

Wenn die Jugend das erkämpft, dann ist uns nicht bange um ihre Zukunft.

Wie gesagt, wir wollen nicht ***Einzelne*** formen, sondern wir wollen eine Menschheit formen, die geistig und körperlich gesund ist. Wir wissen aber auch, Freunde, wir wollen keine Parteipolitik treiben. Und doch muß der Mensch, der im Leben und in der Welt steht, politisch denken.

(Sehr richtig!)

Mit jedem Hammerschlag, der geführt wird, und mit jedem Federstrich, der gemacht wird, treibt der Mensch ja Politik.

(Sehr gut!)

Und je besser unsere Politik ist, umso besser wird es dem deutschen Volke in der Zukunft gehen. Wir haben in uns den großen und festen Glauben, daß wir die Zukunft für uns zum Segen gestalten können, und daß wir die Aufgaben, die vor uns stehen, erfüllen können. Wir wissen, daß die Erbschaft Hitlers furchtbar ist, wir wissen, daß wir aus dem tiefen Abgrund, in den wir gestürzt sind, wieder heraus müssen, ganz hoch hinaus, in die Höhe der lichten Zukunft. Und wir wissen auch, daß wir uns die Achtung der Welt wieder erkämpfen müssen. Wir wollen das Ziel erreichen, wieder anerkannt zu werden als deutsche, echte, freie Menschen, die ein Anrecht haben, in der Welt zu leben, und die bereit sind, mitzuarbeiten am Aufbau einer schöneren, einer besseren und friedlicheren Welt.

Wir wissen aber auch, daß der Weg zu diesem Ziel hin sehr schwierig ist. Unsere Zukunft ist düster – das wissen wir. Aber wir sind ja keine Pessimisten, sondern wir sind Optimisten. Nur der Optimist kann die Welt und kann die Gegner und Widerstände auf diesem Wege überwinden, und er weiß auch, daß der Weg zu diesem Ziel noch sehr weit und steinig ist und hart. Dennoch wollen wir diesen Weg gehen, weil wir wollen, daß ein neues und schöneres Deutschland entstehen soll, weil wir uns nach all dem Elend unserer Pflicht bewußt sind. Die Millionen Toten, die draußen blieben, die Millionen Krüppel – sie alle verlangen von uns, daß wir ein besseres und schöneres Deutschland bauen und schaffen, in dem es keinen Krieg mehr gibt, in dem nur der Friede waltet, in dem die Menschen wohnen und leben wollen. Der Herrgott hat die Menschen ja nicht geschaffen, daß sie sich gegenseitig totschlagen.

(Beifall.)

Nein, er hat sie vielmehr geschaffen, daß sie zusammen und miteinander leben.

(Erneuter Beifall.)

Ich wünsche Ihrer Tagung, liebe Sportfreunde, den besten Erfolg. Ich glaube an die Kraft und an den guten Geist Ihrer Gemeinschaft, die alles tun wird, um mitzuhelfen, das eben aufgezeigte Ziel zu erreichen. Seien Sie wirklich Optimisten, wirklich freie Sportler, die ihre Aufgabe kennen, und das Ziel, das wir uns gesteckt haben und von dem ich eben sprach, wird erreicht werden. Dazu sind wir Sportler mitberufen.

Ich schließe mit den Worten, die einst Dr. Martin Luther ausrief:

„Und wenn die Welt voll Teufel wär'
und wollt uns gar verschlingen,
so fürchten wir uns nicht so sehr,
es muß uns doch gelingen!"

(Lang anhaltender starker Beifall.)

Vorsitzer *Lindner*:

Nach diesem Beifall darf ich Herrn Landrat *Harth* nochmals besonders herzlich danken für sein Bekenntnis zu den großen Zukunftsaufgaben unseres Sportes gerade gegenüber der deutschen Jugend.

Es spricht nunmehr zu Ihnen unser Sportfreund *Paul Keller* aus Stuttgart für den Württembergischen Landessportverband.

***Keller*, Landessportverband Württemberg:**

Sehr geehrte Versammlung! Im Auftrage des Landessportverbandes Württemberg und zugleich im Namen und persönlichen Auftrag unseres 1. Präsidenten Ministerialrat *Hassinger*, überbringe ich Ihnen die besten Grüße.

Ich weiß nicht, ob Sie Herrn *Hassinger* alle persönlich kennen. Ich glaube es kaum, immerhin muß ich sagen, daß sich Herr *Hassinger* als unser Präsident ganz und gar für die Bewegung einsetzt und die Dinge herbeisehnt und herbeiwünscht, die wir als Sportler ja aus unserer ganzen Arbeit zur Genüge kennen.

Ich darf mich nach dem Vorausgegangenen kurz fassen und nur das Eine sagen: Ich sehe die Sache bei uns im Sport immer so: Es ist im Gebirge einer abgestürzt, die Seile sind gerissen und der Steinschlag hat ihn arg zerschlagen. Er ist nicht tot, aber er kann sich selbst auch nicht mehr retten. Und da ergeht nun der Ruf: Rettungsmannschaft her! Seilmannschaft her! Da nun soll unser Sport mit dabei sein. Wir wollen Sportsleute haben, die zupacken, die den Ehrgeiz haben, der erste und der beste Mann am Seil zu sein, und die durchdrungen sind von dem Willen: Es muß gelingen, den, der da abgestürzt ist, wieder herauszuholen.

Das gilt für uns im Sport und gilt auch für uns als Volk. Wir möchten hinauf zu den Sternen und unseren Blick wieder weltweit schweifen lassen. Das ist, ganz kurz gesagt, die große Aufgabe, die wir als Sportler zu erfüllen haben.

Und darum, Freunde, gilt für uns die Parole: Frisch ans Werk und die Arbeit nicht gescheut. Unsere Größe stellt unsere Stärke dar! Wir wollen freien Gedankens an diese Arbeit gehen. Das Fundament aber sei die absolute Treue, die wir Sportler unseren Vereinen und unserer Organisation wahren wollen. Es ist hier und dort schon das Wort gefallen, daß es in der Zukunft keine Zersplitterung geben dürfe. Daß dieser einigende Gedanke auch in das Volk eindringe und sich dort festsetze, dazu wollen auch wir Sportler unser gerüttelt Maß beitragen. Und ich habe die feste Überzeugung, daß es gelingen wird.

Wir in Württemberg haben das Wirken des Landessportverbandes Hessen mit großem Interesse verfolgt. Wir kennen aber auch die inneren Kämpfe, die notwendig sind, um sich schließlich zu diesem einigenden Gedanken durchzuringen. Daß aber ein festes Fundament geschaffen werde, auf dem dann das weitere Werk aufgebaut werden kann, das ist unser besonderer Wunsch zu Ihrer heutigen 1. Verbandstagung, der wir vollsten Erfolg wünschen. Zugleich aber hoffen und wünschen wir, daß wir auch in der Zukunft mit Ihnen in Freundschaft verbunden bleiben mögen.

(Starker Beifall.)

Vorsitzer *Lindner*:

Lieber *Paul Keller*!

Ich danke Ihnen herzlich für Ihre freundlichen Worte und die guten Wünsche, die Sie uns ausgesprochen haben.

Arbeitsgemeinschaft der Süddeutschen Landessportverbände

In der amerikanischen Besatzungszone kam es noch im Jahre 1945 zu einer länderübergreifenden Koordinierung im Sport. Auf der am 25. November 1945 in Frankfurt durchgeführten Tagung beschloß man die Gründung eines Süddeutschen Sportverbandes (SSV), der dann allerdings in den Folgemonaten keine länderübergreifende Wirksamkeit mehr entfaltete. Statt dessen entstanden gegen Ende des Jahres 1945 und zu Beginn des Jahres 1946 in den Ländern der US-Zone eigene Landessportverbände. Es blieb aber bei der bereits 1945 unter den führenden Sportrepräsentanten geübten Kooperation. So galt es als selbstverständlich, daß bei den Verbandstagen jeweils Delegierte der anderen Landessportvebände zugegen waren und dort Grußadressen vortrugen. Zwischen den Landessportverbänden kam es im Laufe des Jahres 1946 zu einer sehr engen Kooperation, die sich in einem regen Briefverkehr und regelmäßigen Tagungen der führenden Repräsentanten niederschlug. Die Kontakte wurden auch dadurch erleichtert, weil die in dieser Phase in Führungspositionen tätigen Sportrepräsentanten sich zum Großteil aus

Die hessischen Teilnehmer waren: Heinz Lindner (1. Reihe 2.v.l.), Martin Schmidt (2. Reihe 3.v.r.), und Kurd-Roland Roesler (2. Reihe 4.v.l.)

dem ATSB kannten: Georg Maier, Paul Keller, Robert Kast, Martin Schmidt, Oswald Hirschfeld, Hans Huber, Erwin Nagel, Wilhelm Braun, Fritz Kutschke, Heinrich Sorg und andere kamen aus dem Arbeitersport.

Folgende Sitzungen sind nachzuweisen:

7. /8. Juli 1946 in Stuttgart

10./11. August 1946 in München

26./27. Oktober 1946 in Wiesental

11. Januar 1947 in Bad Nauheim

10./11. Mai 1947 in Schorndorf

27. September 1947 in Stuttgart

30./31. Oktober 1947 in München

17./18. April 1948 in München gemeinsam mit Vertretern der britischen Zone

29./30. Mai 1948 in Köln gemeinsam mit Vertretern der anderen Zonen

2./3. Oktober 1948 in Stuttgart-Untertürkheim

23./24. Oktober 1948 in Bad Homburg mit Gründung der Arbeitsgemeinschaft Deutscher Sport (ADS) und Heinz Lindner als Vorsitzendem.

Nach dem Scheitern des Zonensportrates in der britischen Besatzungszone bildete sich auch hier eine Arbeitsgemeinschaft der Landessportbünde. Im Vorfeld der Gründung des Deutschen Sportbundes etablierte sich schließlich eine alle Landessportbünde umfassende Arbeitsgemeinschaft, die zu einem wichtigen Diskussions- und Meinungsbildungsorgan im Ringen um die Bildung eines Dachverbandes wurde.

Tagung der Landessportverbände in der US-Zone

Der Badische Sportverband hatte über das Wochenende am 26./27. 10. 1946 in Wiesental bei Bruchsal die Landessportverbände von Bayern, Baden, Württemberg und Hessen zu einer Arbeitstagung eingeladen. Die Tagung wurde eröffnet mit einem Vortrag des württembergischen Jugendleiters, Robert Kast, über allgemeine Jugendfragen. Im Anschluß fand eine lebhafte Aussprache statt, die ihren besonderen Ausdruck fand in zwei Eingaben an die Militärregierung und an den Länderrat mit der Bitte, um Unterstützung in den Fragen der Ernährung sowie der Beschaffung von Sportgeräten und Bekleidung.

Die Organisationsfragen nahmen einen größeren Rahmen im Verlauf der Aussprache ein. Im Allgemeinen wurde angestrebt, möglichst bald Arbeitsgemeinschaften innerhalb der einzelnen Fachgruppen in der US-Zone aufzustellen, wie es im Fußball, Handball, Leichtathletik und in der Schwerathletik schon der Fall ist. Den bereits bestehenden Süddeutschen Arbeitsgemeinschaften wurden einige sportfachliche Fragen, die der Angleichung bedürfen, zur weiteren Bearbeitung überwiesen.

Eine wesentliche Einigung wurde in folgendem Punkt erzielt, daß Sperren wegen Vergehen gegen die sportliche Disziplin für alle Fachgruppen allgemein verbindlich sind. Selbstverständlich soll jede Fachgruppe die Möglichkeit haben, im Einvernehmen mit den Landesfachwarten der betreffenden Fachgruppe, die die Strafe ausgesprochen hat, die Sperre zu mildern, oder für die andere Fachgruppe aufzuheben.

Fragen der Einschaltung des Rundfunks und der Presse für die Aufgaben und Ziele der Landessportverbände, die z. Zt. überhaupt nicht befriedigenden Verkehrsverhältnisse und der Vergnügungssteuer, deren gesetzliche Berechtigung für Sportveranstaltungen nicht anerkannt werden kann, werden in der nächsten Zeit von der Arbeitsgemeinschaft weiter behandelt werden.

Der Sitz der Arbeitsgemeinschaft der Süddeutschen Sportverbände wird vorerst beim Landessportverband Bayern sein.

Bei der von Dr. Karl Zimmermann, Karlsruhe, geleiteten Tagung, waren sich alle Teilnehmer darüber einig, daß die bisherige Zusammenarbeit der Landessportverbände bald feste Formen annehmen sollte.

Wir wollen es nicht versäumen, an dieser Stelle dem Landessportverband Baden besonderen Dank auszusprechen für die ausgezeichnete Aufnahme und Durchführung der Tagung.

Der Landessportverband Hessen wurde beauftragt, die nächste Tagung auszurichten, die voraussichtlich am 11./12. Januar 47 in Bad-Nauheim stattfinden wird.

Aus: Sportmitteilungen, 6. November 1946

Es spricht nun unser Sportfreund *Schmucker*, der 2. Vorsitzende des Landessportverbandes Bayern.

***Schmucker*, Landessportverband Bayern:**

Sportkameradinnen und Sportkameraden!

Ich darf Ihnen im Namen des Bayrischen Landessportverbandes zunächst herzlichst danken für die freundliche Einladung, die Sie an uns haben ergehen lassen zu Ihrem heutigen Verbandstag. Ich habe die angenehme Pflicht, Ihnen allen zu Ihrer heutigen Tagung im Auftrage der Vorstandschaft sowie der Verbandsleitung des Landessportverbandes Bayern den besten Erfolg zu wünschen.

Nach den grundsätzlichen und tiefschürfenden Ausführungen des Herrn Landrats und des Herrn Bürgermeisters gestatten Sie mir nur noch ein paar kurze Worte.

Es ist das Wort „Politik" gefallen. Sportkameraden! Auch wir im Sport haben eine Art Politik zu betreiben. Keine Parteipolitik allerdings! Aber wir müssen unsere Mitglieder staatspolitisch so erziehen, daß Dinge, wie sie sich von 1933 an ereignet haben, in der Zukunft nicht mehr vorkommen können. Das ist unsere Aufgabe, und sie ist keine leichte. Aber wir dürfen nicht davor zurückschrecken, sie anzupacken und zu erfüllen. Diese große Aufgabe, die wir übernommen haben, ist vielen von uns in ihrer Größe noch gar nicht so recht zum Bewußtsein gekommen. Der Herr Landrat hat schon darauf hingewiesen, daß uns die Jugend mit einem gewissen gesunden Mißtrauen gegenübersteht. Dieses gesunde Mißtrauen aber müssen wir im Laufe der nächsten Zeit aufheben und beseitigen. Wenn dieses Mißtrauen der Jugend, das jeder kennt, weil diese Jugend ja verführt wurde, beseitigt ist, dann, meine lieben Sportkameraden, haben wir nach meiner festen Überzeugung schon ein großes Stück Arbeit geleistet.

Wir haben heute im Sport nicht nur den Körper allein zu trainieren, wir haben auch den Geist, wie schon gesagt wurde, gesund zu erhalten und zu stärken. Wir müssen auf dem Sportfeld nicht nur den Fußball oder den Handball rollen lassen oder in den Bergen das Seil ziehen, nein, wir müssen darüber hinaus unsere Sportler dazu erziehen, ja, sie geradezu dazu zwingen, besondere Aufträge zu bezwingen. Wir müssen sie dazu erziehen, im anderen Sportkameraden in erster Linie den Menschen zu sehen. Das scheint mir sehr notwendig zu sein, und es scheint mir auch nötig, das klar zu erkennen und es zu erfüllen. Wir müssen uns als Menschen und von Mensch zu Mensch etwas mehr achten als dies bisher der Fall war. Wir fragen nicht: Wie bist Du eingestellt, was hast Du für eine Religion? Nein, wir wollen Sportkameraden sein, wobei der Nachdruck auf dem Wort Kamerad zu liegen hat.

Ich bitte Sie, zeigen wir wenigstens auf einem Gebiete in Deutschland dem kommenden Deutschland, das wir alle so sehnlichst erwarten, daß es da keine Parteipolitik mehr gibt, daß nichts mehr da im Wege steht, wo wir einig sind, wo wir zusammenstehen, daß wir nicht mehr fragen nach der Zugehörigkeit zu Klassen oder nach dem Herkommen.

Sportkameraden! Das sind Aufgaben, die vor uns liegen und die wir zu erfüllen haben. Und wenn wir in Bayern heute in 14 Tagen unseren Verbandstag abhalten werden, dann, seien Sie davon überzeugt, werden wir mit den gleichen Gedanken an unsere Arbeit gehen und an unsere Aufgaben wie Sie, und dann hoffen wir, daß auch Ihre Vorstandschaft an unserer Tagung teilnehmen wird.

Ich darf Ihnen also nochmals im Auftrage und im Namen unserer Bayerischen Vorstandschaft zu Ihrem heutigen Verbandstage unseren Dank sagen und beste und größte Erfolge wünschen.

(Lebhafter Beifall.)

Vorsitzer *Lindner*:

Lieber Freund *Schmucker*! Auch Ihnen danke ich herzlich für Ihre freundlichen Worte.

Meine lieben Sportfreundinnen und Sportfreunde!

Wir kommen nun zu

Punkt 1 *unserer Tagesordnung:*

Jahresbericht des Verbandsvorstandes einschließlich Kassenbericht.

Ich habe den Auftrag, Ihnen einen Bericht über unsere Arbeit im abgelaufenen ersten Geschäftsjahr unseres Landessportverbandes zu erstatten. Ich möchte meinen Ausführungen aber voranstellen, daß die Fassung „Jahresbericht" nur von ungefähr zutrifft, denn seit der Gründung unseres Verbandes am 1. Juni 1946 ist zwar gerade ungefähr ein Jahr verstrichen. Darüber hinaus ist es aber ein Unding, heute lediglich einen solchen Jahresbericht im engeren Sinne zu erstatten, ohne auf die Dinge einzugehen, die unbedingt in diesem Zusammenhang erwähnt werden müssen.

Sie alle kennen den Zeitpunkt der Beendigung der Kampfhandlungen des letzten Krieges, und Sie alle kennen auch die Not und das Elend, die auf allen Gebieten über das deutsche Volk hereinbrachen. Sie alle wissen aber auch, daß gerade auf unserem Gebiete der Lebenswille vieler Menschen bald wieder irgendwie zum Durchbruch gedrängt hat. Und Sie alle wissen auch, wie sich diese Dinge zunächst in Ihrer engeren Heimat entwickelt und gestaltet haben. Sie werden sich mit mir auch erinnern, daß vor allem die Jugend sofort wieder gefragt hat: Wann können wir denn wieder Sport treiben?

Da war es nun eine ganze Reihe von Männern, die diesem Drängen der Jugend und überhaupt dem Drängen der Sportler – ganz unpersönlich gesehen – nachgaben und den Versuch machten, dieses so wertvolle und vor allem für das kulturelle Leben unseres Volkes so unersetzliche Gebiet des Sportes wieder in Ordnung zu bringen und den Sport wieder anzukurbeln. Und Sie entsinnen sich mit mir auch an all die anderen Dinge, die damals gleichsam als Zeiterscheinungen immer wieder aufgetreten sind.

Mit der Beendigung der Kampfhandlungen war für uns alle ja eine Zeit vorüber, die praktisch nur Zwang für uns bedeutet hat. Dieses Aufatmen in jenen Tagen war natürlich vor allem bei uns Älteren mit Erinnerungen an die Zeiten verknüpft, die wir vor 1933 erlebt haben. Und es ist nur zu begreiflich, daß aus jener Zeit heraus, aus der Erinnerung an die Tätigkeit so vieler unserer Freunde in den damaligen und später dann verbotenen Sportverbänden und Organisationen und in all den anderen Vereinen, die nach 1933 auch aufgelöst wurden und in den Reichsbund für Leibesübungen und später in den NS-Reichsbund für Leibesübungen übergeführt wurden, es ist also nur zu begreiflich, daß sich sehr viele von uns damals sagten: Jetzt ist der Zeitpunkt gekommen, dafür zu sorgen, daß unser früherer Verband wieder aufersteht. – Dieser Wusch war damals durchaus verständlich, und daß er nicht etwa der Vergangenheit angehört, sondern auch heute noch genau so akut ist, das wissen Sie ja selbst.

In jenen Tagen also, im Jahre 1945 und um die Wende des Jahres 1946, da haben sich einige Männer zusammengefunden, die dem Sport in Hessen wieder die erste Organisation geben konnten und wollten. Diese Männer haben nicht nur deshalb ein ganz erhebliches Verdienst, weil sie dem Sport schlechthin eben wieder Lebensrechte einräumten, sondern vor allem auch deswegen, weil sie sich ganz klar zu einer ganz bestimmten Linie bekannten, weil sie schon damals eines ganz klar ahnten, wenn es auch nicht immer klar zum Durchbruch kam, die Antwort auf die Frage nämlich: Wollen wir denn nicht lieber unsere früheren Verbände wieder aufziehen? Diese Männer nun gingen bei der Beantwortung dieser heiklen Frage mit großer Vorsicht zu Werke.

Sie wissen, liebe Sportfreunde, daß der Sport damals zunächst in den Kreisen wieder arbeitete, daß aber die Zeit noch nicht reif war, seitens der Militärregierung uns wieder zusammenzuschließen lassen zu einer größeren Organisation, über die Kreise hinaus. Unabhängig davon aber wurde immer wieder mit Leidenschaft die Frage diskutiert, wie soll diese kommende Organisation aussehen und was ist zu tun in dem Augenblick, in dem die Militärregierung erlauben wird, daß eine über die Kreise hinausgreifende Organisation im Sport sich bilden darf.

In jener Zeit also ging es mehr oder weniger leidenschaftlich zu. Bedenken Sie nur, wie schwer es war, praktisch zu einer einheitlichen Organisation und zu einer einheitlichen Führung zu kommen, die allen gerecht werden konnte, denn die Verfechter der Idee der Spezialverbände bzw. der Idee des Wiederauflebens der einzelnen oder gar aller früheren Fachverbände haben immer wieder erklärt: Ja, wir können nicht einsehen, daß gerade wir irgendwie zurückstehen sollen. Wenn wir als Beispiel unser eigenes Gebiet nehmen, dann wurde da immer wieder gesagt: Ja, wir wollen wieder einen Süddeutschen Fußball- und Leichathletikverband und später dann wieder einen Deutschen Fußballbund. Oder es hieß: Ja, wir wollen wieder eine Deutsche Jugendkraft. Oder auf der anderen Seite kamen die Männer, die aus der Arbeitersportbewegung hervorgegangen waren und erklärten ihrerseits ganz klar: Nein, wir verzichten nicht auf das, was uns aufgrund unserer ganzen Vergangenheit zukommt. Wir sind allerdings bereit, auf dieses Recht zu verzichten, wenn Recht und Vernunft zur Geltung kommen sollen und wenn auch die Anderen auf das verzichten, was sie glauben berechtigt geltend machen zu können.

So also waren auch in Hessen Monate hindurch immer wieder Besprechungen und Verhandlungen, die in den verschiedensten Lagern geführt wurden, die nachher von Lager zu Lager geführt wurden, und die selbstverständlich auch den deutschen Regierungsstellen und der Militärregierung vorgetragen wurden. Ich erinnere mich noch an solche Stunden, in denen dann von allen Beteiligten mit ehrlichem Herzen der Versuch unternommen wurde, den Radikalismus in allen Lagern möglichst auf eine vernunftgemäße Basis zurückzuführen.

Ich glaube, ich habe Ihnen damit in aller Kürze im Grundsätzlichen noch einmal alle wesentlichen Punkte der Vergangenheit in die Erinnerung zurückgerufen. Eines aber darf ich auch in diesem Zusammenhang noch feststellen: es war keineswegs leicht, auszugleichen. Es wurde gerade bei denen, die als Vertreter der sogenannten bürgerlichen Sportbewegung vor 1933 aufgetreten sind, sehr oft vergessen, daß die Männer, die sich in jenen Tagen sofort und unbelastet des Sportes angenommen haben, allein schon damit ein ganz erhebliches Verdienst hatten. Nach all diesen Kämpfen, die mehr oder weniger im Lichte der Öffentlichkeit geführt wurden, war es dann schließich auch für unsere Regierung eine Selbstverständlichkeit, dafür zu sorgen, daß sich nunmehr auf dem Gebiete des Sportes doch irgendwie etwas herauskristallisiere, was wertvoll genug sei als Grundlage für die Zukunft. Und wenn damals der Gedanke erörtert wurde, zur Vermeidung einer Zersplitterung der Organisation eine ganz neue aufzubauen, dann fand dieser Gedanke immer wieder Anerkennung. In zahlreichen Besprechungen und Tagungen wurde dieser Gedanke der Einheit immer wieder laut und deutlich vernehmbar betont und unterstrichen. Und doch haben wir von Zeit zu Zeit auch wieder Verhandlungen erleben müssen, in denen Worte gesprochen wurden, die eigentlich gar nicht dem entsprachen, was vorher immer gesagt worden war.

Im Mai 1946 etwa war endlich dann der Zeitpunkt gekommen, wo diese Gedanken in die Wirklichkeit umgesetzt werden konnten, für Hessen eine besondere Sportkorporation zu schaffen. Die Militärregierung hatte genehmigt, daß nun eine solche Organisation gebildet werden konnte, und auch die deutschen Regierungsstellen und insbesondere der jetzige Regierungsdirektor *Prof. Dr. Herzfeld* hatten es sich zur Aufgabe gestellt, dafür zu sorgen, daß ein Ausgleich der Interessen, der Meinungen und der Rechtsansprüche möglichst bald erfolge.

So fand denn am 1. Juni 1946 in Frankfurt am Main unter Beteiligung zahlreicher Vereine und zahlreicher Vertreter der bis dahin tätig gewesenen alten Reichsorganisationen und Richtungen, die bisher schon durch Wort, Schrift oder Tat aufgetreten waren, eine erste Arbeitstagung statt, im Beisein von *Dr. Herzfeld*, die dann praktisch zur *Gründung eines Landessportverbandes Groß-Hessen* – der später *Landessportverband Hessen* genannt wurde – geführt hat. Und damit beginnt die eigentliche Geschichte unseres Landessportverbandes Hessen an diesem 1. Juni 1946.

Aus den Kämpfen und aus der Arbeit bis dahin und auf der Tagung selbst, die kurze Zeit danach fortgesetzt wurde, sind wichtige Punkte klar erkannt worden, die maßgebend waren und blieben für die künftige Arbeit. Es war herausgestellt worden, daß der Sport eine menschliche Angelegenheit ist, eine Angelegenheit des guten Willens und des körperlichen Könnens. Es war herausgestellt worden, daß der Sport als menschliche Angelegenheit frei sein muß, daß er keinem Zwang unterliegen darf. Der Grundsatz der Freiwilligkeit war immer und überall klar und als richtig erkannt worden. Und es war weiter als durchaus richtig und richtungsweisend erkannt worden, daß zu diesem Grundsatz der Freiwilligkeit hinzutreten müssen Grundsätze, die mit dazu beitragen, diese Erkenntnisse in die Praxis umzusetzen. Es waren dies u.a. folgende Erkenntnisse: Daß der Zusammenschluß und die Einheit und Einigkeit stark machen, daß bei der großen Not unseres Volkes und insbesondere bei der Not unserer Jugend es notwendig sei, jegliche Zersplitterung zu vermeiden, daß schließlich auch alle parteipolitischen Gesichtspunkte ebenso außer Acht gelassen werden sollten, wie rassische oder konfessionelle oder militärische Gesichtspunkte, nicht zuletzt im Interesse der Aufgaben, die der Sport gerade gegenüber unserer Jugend zu erfüllen hat.

Diese Erkenntnisse waren zu Leitsätzen unserer Arbeit geworden, die nun im größeren Rahmen des Landessportverbandes Hessen weitergeführt werden sollte.

Es wurde dann auch ein Verbandsvorstand gewählt. Formalrechtlich gesehen, waren nach den Vorschriften des Bürgerlichen Rechts, die Gründung des Verbandes wie auch die Wahl der Vorstandsmitglieder rechtlich durchaus einwandfrei. Und als ich persönlich seinerzeit mit meiner Wahl zum 1. Verbandsvorsitzenden des neuen Landessportverbandes das Vertrauen ausgesprochen bekam, da war ich der Erste, der alle damals gewählten Kameraden gebeten hat, sich mit mir zu dem Grundsatz zu bekennen, daß wir uns lediglich bis zu einem bestimmten Zeitpunkt als gewählt betrachten, bis zu dem Zeitpunkt nämlich, wo wir die ersten wesentlichen und grundlegenden Aufbauarbeiten für unsere neue Organisation leisten konnten. Wir haben uns damals auch sofort entschlossen, sobald wie möglich einen ordentlichen Verbandstag einzuberufen. Nun könnte natürlich vielleicht der Eine oder Andere kommen und sagen: Ja, und trotzdem hat es ein Jahr gedauert und noch länger, bis wir endlich heute hier zu diesem ersten ordentlichen Verbandstag zusammengekommen sind. – Da allerdings müßte ich ihm dann antworten: Dieses ,,Trotzdem" findet eine sehr einfache Erklärung damit und darin, daß für solch eine bleibende Organisation wie die unsere nicht etwa mit der Gründung nun alle Schwierigkeiten behoben und überwunden sind, sondern so manche Schwierigkeiten haben sich ja gerade erst in der Praxis gezeigt. Diese Schwierigkeiten mußten selbstverständlich sachlich und klar und auch rechtlich eindeutig angepackt werden, um einen Arbeitserfolg zu erzielen. Denn letzten Endes muß ja auch ein pflichtbewußter Vorstand das Bewußtsein in sich tragen, daß er seine Mitglieder, die Vereine und ihre Vertreter erst dann zusammenruft, wenn er in der Lage ist, ihnen ein derartiges Gebilde vorzuführen, von dem er sagen kann: Nun kann die Zeit des Mißtrauens, die Zeit des Aufbaues und die Zeit des Suchens als abgeschlossen gelten. Wir können jetzt die Verfassung des Verbandes selbst schaffen und beschließen und können uns neue Aufgaben vornehmen, so daß wir in einem zweiten Jahre noch wertvollere Arbeit und einen ganz erheblichen Schritt weiter tun können.

Liebe Sportfreunde! Die Schwierigkeiten, die in dieser Zeit zu überwinden waren, waren nicht leicht. Gewiß war es nicht schwer, bestimmte Probleme oder Aufgaben zu erkennen oder auch zu lösen, aber seien Sie versichert: Sie durchzuführen und schließlich zu lösen, das war bestimmt oft recht schwer, und ich kann Ihnen bei dieser Gelegenheit auch sagen, daß wir in vielen Besprechungen, Beratungen und Konferenzen immer wieder prüfen mußten, ob diese oder jene, ja, ob unsere Aufgabe überhaupt richtig erkannt war, ob der eingeschlagene Weg der richtige war und unter welchen Voraussetzungen er weiter mit Erfolg beschritten und eingehalten werden konnte.

Und damit komme ich zurück auf unsere große grundsätzliche Aufgabe. Bei der ungeheuer großen Not unseres Volkes mußten wir unbedingt – und müssen dies auch heute noch tun – hinarbeiten auf den Zusammenschluß, auf die Zusammenfassung aller Kräfte, die gleichen Willens und Strebens sind, und durch Wort und Tat dafür sorgen, daß eine Zersplitterung auf sportlichem Gebiete und in der sportlichen Organisation vermieden werde.

Diese Aufgabe, die so klar liegt, nun auch praktisch durchzuführen, ist nicht leicht gewesen. Sie wird auch für die Zukunft nicht leicht sein, darüber dürfen wir uns keinem Zweifel hingeben. Und wenn man sie lösen wollte, dann ergab sich für uns stets die Notwendigkeit, die Grundsätze festzulegen, die auf der einen Seite ausgehen von der Tatsache, daß Träger einer sportlichen Organisation immer nur die Vereine sein können. Die Vereine sind nun einmal die Träger der sportlichen Idee und damit auch die Träger der Rechte in einer solchen Organisation. Es ist selbstverständlich, wenn sich die Vereine in einer Organisation zusammenfinden, daß damit gleichzeitig neben den Rechten, die ihnen zustehen, für sie auch Pflichten entstehen, und daß neben diesen Rechten in aller Bescheidenheit auch ihre Pflichten festzulegen sind. Damit aber kommt zugleich auch eine klare Begrenzung der Rechte und Aufgaben auf Seiten der Organisation selbst in ihrem Verhältnis zu ihren Vereinen zum Ausdruck.

Diese Aufgabe nun ist bei uns im Landessportverband unter Berücksichtigung all dieser Grundsätze so gelöst, daß wir unseren Landessportverband grundsätzlich aufgebaut haben als eine Dach-Organisation, die die Aufgabe hat, die überfachlichen Dinge zu bewältigen, sie zu erkennen, und sie dann auf das fachliche Gebiet umzusetzen und sie im Interesse der Vereine und ihrer Mitglieder zu verwerten derart, daß das Beste dabei herauskommt.

Auf der anderen Seite haben wir die fachliche Arbeit in unserem Landessportverband aufgegliedert nach den Fachgruppen, wie wir sie hier in Hessen nennen – nach den Fachverbänden, wie sie z. Z. in Nordrhein-Westfalen oder Hannover oder in anderen Ländern der britischen Zone, in Sparten, wie sie in Bayern und in Württemberg-Baden genannt werden. Diese Unterorganisationen oder Mitorganisationen ihrerseits haben sachlich die Spezialaufgaben auf den einzelnen Sportgebieten zu lösen. So haben wir in unserem Landessportverband, wie Sie wissen, neben der überfachlichen Seite die fachliche mit den Fachgruppen Fußball, Handball, Turnen, Leichtathletik, Schwertathletik, Schwimmen, Rudern, Boxen, Tischtennis, Hockey, Tennis, Wintersport mit seinen Unterabteilungen Eissport und Schneesport, Rollsport usw. Alle diese Fachgruppen arbeiten auf ihrem Spezialgebiet durchaus selbständig, sie sorgen dafür, daß ihre Spezialgebiete praktisch mit Leben erfüllt werden, und daß diese Arbeit auch praktisch durchgeführt werden kann, dafür wiederum sorgt seinerseits der Landessportverband durch eine Finanzhoheit, die klare Zuständigkeiten hinsichtlich der Einnahmequellen und der Ausgabepflichten zu regeln hat.

Wir sind dabei so vorgegangen, daß die Fachgruppen neben ihrer sachlich-fachlichen Selbständigkeit auch finanziell selbständig sind. Damit ist eine Fachgruppe eigentlich nichts anderes als ein Fachverband. Daß sie zudem erfüllt sind von Menschen, die für sich in Anspruch nehmen, Vernunft zu besitzen die Gebote der Zeit zu erkennen. Es ist selbstverständlich, daß diese Menschen sich zu diesen Grundsätzen bekennen, die von mir bereits als oberste Leitsätze entwickelt wurden, und daß sie damit auch der Organisation Rechte zubilligen, die auf finanziellem Gebiete praktisch so gestaltet sind, daß der Verband als überfachliche Organisation einen Verbandsbeitrag erhält von seinen Mitgliedern und einen sogenannten einmaligen Beitrittsbeitrag bei ihrem Beitritt in den Landesverband.

Damit sind auch die Einnahmequellen des Verbandes grundsätzlich geklärt und klar herausgestellt.

Diese Organisation kann dann wohl auch die Aufgaben erfüllen, die ihr gestellt sind aus der Not der Zeit gerade im Hinblick auf die zielbewußte Betreuung ***auch*** der Jugend im Sport, und damit ist zugleich eines vor allem festgelegt, die Tatsache nämlich, daß bei der vorhandenen Selbständigkeit der Fachgruppen in deren fachliche Arbeit niemand hineinredet von der überfachlichen Seite her. Ferner ist damit auch gesagt, daß der gelegentlich immer wieder aufkommende Ruf nach speziellen Verbänden und damit nach einer Zersplitterung praktisch keinen großen Widerhall mehr findet und finden kann.

Das haben wir in Hessen als unser Ziel angesehen und daher auch immer wieder vor der Aufgabe gestanden, diesen Willen durchzusetzen. In diesem Zusammenhang darf ich aber – nicht um irgendwelche Vorwürfe zu erheben, sondern nur um es erneut klar herauszustellen, weil es eben zu einer eindeutigen Erkenntnis geworden ist – folgendes hervorheben: In der Zeit, in der viele Bekenntnisse abgelegt worden sind, vor allem dies, beim Neuaufbau des Sportes nicht zu zersplittern, in dieser Zeit war doch immer wieder ein ganz erhebliches Mißtrauen festzustellen. Dieses Mißtrauen aber war eine durchaus wechselseitige Angelegenheit. Es war zum Teil durchaus verständlich, denn ich darf hier daran erinnern, daß es mit der Gründung eines Landessportverbandes notwendig war, ein Bekenntnis zu dieser Organisation abzulegen, nicht nur seitens der Vereine, sondern auch seitens der bis dahin schon bestehenden Sportorganisationen in den Kreisen. Dort hatten sich bekanntlich die Männer an die erste Arbeit gemacht, hatten sie sich mit den ersten Schwierigkeiten praktisch herumzubalgen, haben sie auch die ersten Schwierigkeiten zu meistern gesucht. Und sie standen auch jenen zwingenden Maßnahmen gegenüber, die sich zwangsläufig aus der Gründung einer so großen Organisation ergeben.

In den Kreisen bestand eine selbständige Finanzpolitik den Vereinen gegenüber. Nun wurde die größere Organisation geschaffen, die ihrerseits zur Erfüllung ihrer überfachlichen Aufgaben auch wieder Mittel nötig hatte. Als es nun hieß, daß diese Mittel für die überfachliche Organisation ganz natürlich aus den Reihen der Kreise und Vereine zur Verfügung gestellt werden sollen, da sagten diese Männer, nun aus ihrer bisherigen Arbeit lediglich innerhalb der Kreise herausgehoben und vor die größeren Aufgaben für und innerhalb der überfachlichen Organisation bestellt: Ja, diese Organisation ist aufgebaut worden und wir haben nicht oder nur sehr wenig dabei mitgewirkt. – Tatsächlich, meine Herrn, waren bei der Schaffung der größeren Organisation selbstverständlich auch Vertreter der Kreise und der Bezirke und der Vereine dabei, aber es war ja damals noch nicht eine Verbandsleitung in dem heutigen Sinne vorhanden. Es ist also durchaus verständlich, wenn aus diesen Reihen heraus immer wieder ein gewisses Mißtrauen aufkommt, das an sich unbegründet ist, das aber dem Landessportverband doch immer wieder ganz erhebliche Schwierigkeiten in seiner überfachlichen Arbeit bereitet.

Und noch ein anderes darf ich in diesem Zusammenhang sagen. In einigen Kreisvereinen wurde seinerzeit sogar vorgeschlagen, diesen Verband, der sich da gebildet habe, zunächst einmal in gar keinem Falle irgendwelche Mittel zur Verfügung zu stellen. Wir wissen ja, meine Herren, wenn es um die Mittel geht, dann fängt bekanntlich meistens der Ernst an. Aber Organisationen ohne Mittel können nur sehr schlecht Arbeit leisten, in keinem Falle aber eine gute.

(Sehr richtig!)

Das sind Dinge, die jedem Menschen, der im Leben steht, geläufig sind.

Es galt und gilt nun auch weiterhin, zunächst einmal dieses Mißtrauen auszuräumen, und ich darf sagen, daß, nachdem nun in der Vergangenheit zunächst einmal die Arbeitstagungen innerhalb des Verbandes stattgefunden haben und damit auch eine persönliche Fühlungnahme untereinander möglich war, das gegenseitige Verhältnis doch herzlicher, vorbehaltloser und aufrichtiger geworden ist. Ich glaube dies heute ganz besonders herausstellen zu müssen.

Insofern war also unsere Arbeit, die wir seit der Gründung unseres Verbandes geleistet haben, einschließlich der Vorarbeiten und auch seitens der Männer, die heute im Verbandsvorstand vereinigt sind, durchaus erfolgreich.

Wir sind heute nun an einem Punkt angekommen, wo wir sagen können: Dieser heutige Verbandstag ist zweifelsohne ein Tag von grundlegender Bedeutung für unsere weitere Arbeit, vor allem auch insoweit, als wir heute eine historische Aufgabe zu erfüllen haben, die Aufgabe nämlich, unserem Landessportverband Hessen seine Hauptsatzung und damit eigentlich seine Verfassung zu geben.

So wie ein Staat mit seiner Verfassung als demokratischer Staat die Rechte seiner Mitbürger regeln kann und muß, die darüber hinaus alle Grundrechte der Gemeinschaft darstellen, so muß selbstverständlich auch eine Organisation von der Bedeutung eines Landessportverbandes ebenso eine Satzung, also eine Verfassung, haben, in der alle Rechte und Pflichten für die einzelnen Mitglieder und gegenüber den einzelnen Mitgliedern, d.h. für die einzelnen Mitglieder und für die Organisation selbst, festgelegt sind. Diese historische Aufgabe der Schaffung und Inkraftsetzung unserer Verfassung, der Satzung des Landessportverbandes Hessen, haben Sie, meine Herren, auf dem heutigen Verbandstag zu erfüllen.

Sie haben neben der sachlichen Arbeit aber auch die persönliche Seite zu lösen und den Männern ihr Vertrauen zu schenken, die Sie für würdig erachten, diese Arbeiten in der Zukunft zu leisten und fortzusetzen. Sie müssen sich darüber durchaus im Klaren sein, daß dieser heutige Verbandstag einen Wendepunkt darstellt, daß er, wie ich schon sagte, ein historischer Tag ist, auch darum, weil die vorhandenen Schwierigkeiten ja mit der Beendigung unserer Tagung und der Bewältigung der Arbeiten, die wir hier zu leisten haben, keineswegs beseitigt

Goethestraße und Rathenauplatz 1946 (Eiscafé = Nr. 9)

sein werden. Seien Sie sich auch darüber im Klaren, daß noch sehr viele Aufgaben gelöst werden müssen, und seien Sie sich weiterhin darüber im Klaren, daß Sie Männer haben müssen, die mit Lust und Liebe, mit Verständnis und Vernunft, mit Einsicht und mit Geduld und mit Duldsamkeit, kurz, mit allen Tugenden, die es überhaupt gibt, an diese Aufgaben herangehen müssen. Und seien Sie sich schließlich auch im Klaren darüber, daß die beste Ausrüstung für all diese Männer die sein wird, klare Rechte und klare Pflichten festzulegen und sie gegeneinander abzugrenzen.

Und nun noch kurz und grundsätzlich einiges über die finanzielle Seite unserer bisherigen Arbeit, eine Seite, die selbstverständlich von ganz besonderer und erheblicher Bedeutung ist.

Ich betone nochmals, daß sich aus der Art des Aufbaues und der Organisation unseres Landessportverbandes auch für die finanzielle Seite durchaus klare Richtlinien ergeben. Die überfachliche Organisation hat zwei Einnahmequellen, von denen die eine eine ordentliche, die andere eine außerordentliche ist. Der Verbandsbeitrag ist die normale, ordentliche Einnahme, während die Aufnahmegebühr, zu zahlen beim Beitritt in den Verband, eine einmalige Einnahme des Verbandes als überfachliche Organisation und damit eine außerordentliche Einnahme ist. Ich betone ausdrücklich, daß die Fachgruppen in ihrer finanziellen Selbständigkeit als spezifische Fachverbände sich alle anderen spezifischen fachlichen Einnahmequellen erschließen, die ihnen im Rahmen der Sportausübung auf ihrem Fachgebiet zustehen.

Wir haben uns zur Pflicht gemacht, möglichst sparsam und vor allen Dingen auch nach wirtschaftlichen Gesichtspunkten zu arbeiten, und wir haben daher bei dieser Arbeit oftmals Dinge bewußt zurückgestellt, die aber jetzt nach diesem 1. ordentlichen Verbandstag doch praktisch einer Lösung zugeführt werden müssen. Und damit komme ich zu den Aufgaben, soweit sie die finanzielle Seite unserer Arbeit bisher und auch in der Zukunft beeinflussen.

Wenn Sie die Ausgabenseite einer solchen Organisation betrachten, dann ergibt sich zwangsläufig auf der Seite der Mittelverwendung einmal die Notwendigkeit, die sachlichen und die persönlichen Kosten einer Verbandsgeschäftsstelle zu bestreiten. Grundsätzlich ergibt sich für die gesamten Ausgaben die Verpflichtung, die überfachliche Organisation und die überfachlichen Arbeiten aus den Bezirken und Kreisen heraus zu finanzieren. Des weiteren ist für jeden, der den Sport aus der Praxis kennt, klar, daß es eine Reihe von Sportarten gibt, die einerseits zwar gerade für unsere Jugend von erheblicher Bedeutung sind, andererseits aber, weil sie nicht den erforderlichen Publikumserfolg haben, nicht in der Lage sind, aus eigener Kraft die Gelder aufzubringen, die für die Jugend gerade auf dem Gebiete des Sportes zur Verfügung gestellt werden müssen. Und damit steht ebenso grundsätzlich die weitere Aufgabe fest, gewissen Fachgruppen für eine ordentliche saubere Arbeit die Mittel seites der überfachlichen Organisation zur Verfügung zu stellen.

Die Ausgaben in der ersten Zeit unserer Tätigkeit und auch im laufenden Geschäftsjahr sind weiterhin grundsätzlich beeinflußt und bestimmt dadurch, daß ganz erhebliche Anschaffungen zu machen waren und noch sind, um der Organisation überhaupt die Arbeitsgrundlagen zu schaffen. Sie sind weiter bedingt dadurch, daß eine Verbandsgeschäftsstelle auch Räume braucht. Da der Sitz des Verbandes Frankfurt am Main ist, eine Stadt also, die recht erheblich zerstört worden ist, können Sie sich ja vorstellen, daß auch dadurch besondere Aufgaben noch nicht gelöst werden konnten, vielmehr in der Zukunft noch zu lösen sein werden.

Aus der Zusammenarbeit zwischen den Fachgruppen und der überfachlichen Organisation, vertreten durch die Verbandsgeschäftsstelle, ergibt sich ferner die Notwendigkeit, die Raumfrage so zu lösen, daß Besucher, die als Vertreter von Vereinen zu uns kommen, möglichst an einer zentralen Stelle all das finden, was sie überfachlich und fachlich suchen, und daß sie in einer großen Stadt nicht erst herumrennen müssen von einem Stadtteil zum anderen, um erst dann die Aufträge erfüllen zu können, die ihnen von ihrer Vereinsgemeinschaft übertragen wurden. Damit stehen wir praktisch vor der Aufgabe, die Räume zentral zusammenzufassen. Wir haben nun in einem an sich stark beschädigten Hause im Zentrum der Stadt solche geeigneten Räume gefunden und sind vor die Aufgabe gestellt, diese Räume erst wieder aufzubauen und für unsere Zwecke zu gestalten. Damit aber werden wir sowohl der überfachlichen Organisation als auch den Fachverbänden ihre Arbeit an sich gut ermöglichen, auch unter dem Gesichtspunkt der Sparsamkeit und der Wirtschaftlichkeit, und schaffen damit zugleich auch der Verbandsgeschäftsstelle auch räumlich gesehen die Möglichkeit engster Fühlungnahme und Zusammenarbeit mit den übrigen Fachgruppen. Wir haben also nach vielen Bemühungen ein solches geeignetes Haus gefunden, und ich kann Ihnen sagen, ich freue mich über die Bereitwilligkeit und auch über die Opferwilligkeit derjenigen Personen, die sich bisher hauptberuflich auch hier um den Aufbau des Verbandes gekümmert haben.

(Bravo!)

Ich darf hier ausdrücklich betonen, daß wir auch hier selbstverständlich immer den Gedanken der Wirtschaftlichkeit und der Sparsamkeit und Billigkeit im Auge behalten und walten lassen. Unsere Aufgaben zwingen uns zudem, einen ganz bestimmten Weg unbedingt einzuhalten. Wir haben nicht etwa so aufgebaut – bzw. sind noch dabei –, nun eine großartig angelegte Geschäftsstelle mit einem auch zahlenmäßig umfangreichen Personal zu schaffen. Im Gegenteil, wir haben praktisch einen Stellenplan aufgestellt und neben einem Geschäftsführer noch vier besoldete Kräfte vorgesehen, und zwar zwei männliche Kräfte und zwei weibliche Kräfte. Das sind also insgesamt fünf Personen für die hauptamtlich zu bewältigende gesamte Verwaltungsarbeit des gesamten Landessportverbandes. Sie werden daraus erkennen, daß auch diese Tatsache meine Behauptung beweist, daß wir auch hier sparsam und wirtschaftlich vorgegangen sind. Wie die Dinge sich allerdings in der Zukunft arbeitsumfangmäßig weiterentwickeln werden, das ist eine Sache, die sich im Laufe der Zeit und der weiteren Aufgaben und Arbeiten noch herausstellen muß.

Daß wir durch die außerordentlichen Schwierigkeiten, die ich eben wenigstens zum Teil darlegte, auch arbeitsmäßig in einen gewissen Rückstand gekommen sind, ist klar. So waren wir z. B. nicht in der Lage und haben auch davon abgesehen, im Einzelfall Vereine, die etwa mit ihren Beiträgen in Rückstand gekommen sind, zu mahnen. Wir haben das sogar zum Teil bewußt zurückgestellt, denn wir wollen auch hier nicht den Eindruck erwecken, daß die Organisation gebildet wurde um der Organisation willen. Denn darum kann und darf man niemals eine Organisation aufbauen und schaffen. Wir waren uns vielmehr durchaus darüber im Klaren, daß die Vereine die Mittel, die ihnen zur Verfügung stehen, mit Recht auch nur für eine sparsame und sorgfältige und saubere Verwaltung geben, und daß sie verlangen können, daß diese Mittel auch entsprechende Verwendung finden. Ich kann Ihnen hier versichern, daß unsere Arbeit stets auf diesen Grundsatz eingestellt und nach ihm ausgerichtet war.

Wir haben dabei aber bewußt auf der finanziellen Seite auch die Notwendigkeit erkennen gelernt, wie wichtig es ist, in einer Organisation für den Aufbau für das erste und das zweite, ja, vielleicht sogar für das dritte Jahr seiner Arbeit nicht so eingeengt zu sein, daß man einfach unbeweglich ist und bestimmte Aufgaben einfach nicht lösen kann, die unbedingt im Interesse aller Vereine liegen.

Meine lieben Sportfreunde!

So haben wir auch ein anderes finanzielles Problem zurückgestellt, das ich Ihnen schon andeutete, und das praktisch unsere laufende Verwaltung belastet, die Aufgabe nämlich, daß die Mittel, die nach der überfachlichen Ausgabenbegleichung zur Verfügung stehen, in größerem Rahmen sofort wieder dem Sport selbst über die Fachgruppen den Bezirken und Kreisen zur Verfügung stehen müssen, so daß der Sport selbst wieder den besten Nutzen aus und mit diesen Mitteln herausholen kann. Deshalb ist es verständlich, wenn ich Ihnen jetzt einige Zahlen nenne, die Sie besonders interessieren werden. Denn, meine Herren, mit dem Gelde fängt ja gewöhnlich der Ernst an. Allerdings hat es keinen Sinn, wenn ich Sie jetzt groß mit Einzelheiten befasse. Ich betrachte es vielmehr als meine Aufgabe, Ihnen vor allem das zu sagen, was zur Zeit da ist und was Ihnen zur Verfügung steht, damit Sie einen klaren Überblick haben. Zugleich aber darf ich das hinzufügen, was bisher an Grundsätzlichem geleistet worden ist im Interesse der Vereine. Auch diese Seite darf ich zahlenmäßig und eindeutig beleuchten und belegen.

Mit Abschluß des Monats Juni dieses Jahres haben wir auf Bank- und auf Postscheckkonto rund

133.000,- Reichsmark

zur Verfügung. Diesen 133.000,- Reichsmark steht gegenüber eine Verbindlichkeit, die in Kurzem fällig werden wird aufgrund einer Verpflichtung, die der Verband während seiner Tätigkeit in der hinter uns liegenden Zeit eingegangen ist im grundsätzlichen Interesse ***aller*** seiner Mitglieder ***aller*** Vereine, vom jüngsten Mitglied angefangen bis zum ältesten: Nämlich unsere Versicherung.

Wir haben es für notwendig erachtet, im Interesse ***aller*** unserer Mitglieder unserer ***sämtlichen*** Vereine – nicht also lediglich etwa im Interesse einiger Spitzenkönner etwa aus dem Lager des Fußballs oder des Handballs oder der einen oder anderen Sportart – eine Versicherung abzuschließen. Es handelt sich hierbei also um eine globale Versicherung, deren Bedeutung Sie nicht verkennen dürfen. Dabei haben wir uns selbstverständlich in aller Klarheit auch die Frage vorgelegt, ob etwas Derartiges denn überhaupt erforderlich ist. Und da muß ich Ihnen sagen: Wir haben nicht nur in Hessen selbst uns über diese Dinge ausführlich und offen unterhalten, sondern wir haben auch auf der Süddeutschen Arbeitsgemeinschaft mit Zustimmung der Militärregierung uns unsere Sorgen von der Leber heruntergeredet, die in den verschiedenen Ländern der amerikanischen Zone bei unserer Arbeit aufgetreten sind. Auch dort wurde wiederholt und eingehend über diese Frage gesprochen, und ich kann Ihnen sagen, daß unsere Freunde aus Bayern und Württemberg, die heute hier unter uns weilen, mir und auch Ihnen bestätigen können – insbesondere ja unser Freund *Schmucker*, der ja gerade auf dem Gebiete der Versicherung Spezialist ist –, wie sehr wir uns mit der Frage der Versicherung beschäftigt haben. Sie wissen ja, daß man in früheren Jahren wiederholt versucht hat, diese Versicherung durch die Verbände selbst tragen zu lassen, und Sie wissen auch, daß dann Unfälle vorgekommen sind, zum Teil sogar sehr tragische Unfälle, die dann einfach zeitlich und finanziell nicht so reguliert werden konnten, wie es erforderlich war, weil wegen der Zahl der bereits vorliegenden vielen kleineren Unfälle und der bereits aufgetretenen größeren Unfälle nur vor so wenig an verfügbarem Gelde da war, daß die Regulierung gerade dieser tragischen Unfälle unmöglich wurde. Wenn wir aber Sport treiben, und wenn wir insbesondere unsere Jugend für den Sport begeistern wollen, und wenn wir bis in unser Alter hinein – wie es Herr Landrat *Harth* so schön gesagt hat – alle Menschen leistungsfähig und frisch erhalten wollen, damit sie sich auf allen Gebieten des Sportes betätigen können, dann müssen wir pflichtbewußt ihnen auch eine Sicherheit geben, die nämlich, daß sie – und dies gerade auch im Hinblick auf unsere Ernährungslage – bei einem Unfall dann auch so versorgt werden, daß sie anständig versorgt sind, und daß sie einen Rückhalt haben je nach den Auswirkungen, die ein solcher Unfall im Einzelfall mit sich gebracht hat.

Wir haben es deshalb für richtig und wichtig erachtet, eine solche Unfall-Versicherung abzuschließen und sie nicht etwa selbst in unseren eigenen Reihen aufzubauen. Man könnte ja die Auffassung vertreten, warum soll man denn einer Versicherungsgesellschaft diese erheblichen Beträge zukommen lassen, wenn es möglich ist, diese Beträge selbst zu kassieren und sie in der eigenen Organisation anzulegen und zu sichern.

Meine lieben Sportfreunde! Diese Frage zu beantworten kann auch heute noch niemand übernehmen, jedenfalls nicht mit absoluter Sicherheit. Ich darf Ihnen aber sagen, daß gerade unsere Freunde in Bayern zwingend klargemacht bekommen haben, anhand einer ganzen Reihe tragischer Todesfälle, wie unendlich wichtig es ist, daß ein Sportverband diese Aufgabe nicht nur erkennt, sondern danach handelt und sie auch über eine Versicherungsgesellschaft löst, also nicht etwa aus den eigenen Reihen heraus. Wenn Bayern geglaubt hätte, stark genug zu sein, aus den Mitteln der Vereine heraus eine solche Versicherung selbst tragen zu können, dann – und ich glaube nicht zuviel zu behaupten – wäre der Bayerische Landessportverband heute schon vor die

Frage gestellt, ob er eingehen muß oder ob er für eine bestimmte Zeit sämtliche Beiträge erhöhen muß, die dann so gewaltig wären, daß die Vereine schließlich sagen würden und müßten: Ja, das geht nun aber zu weit.

(Sehr richtig!)

Deshalb und aus diesen Erwägungen heraus haben wir diese Verpflichtung gegenüber einer Versicherungsgesellschaft, die in Kürze zu erfüllen ist. Es steht somit dem vorhin genannten Betrag von 133.000,- Reichsmark ein Posten von rund

52.000,- Reichsmark

als fällige Ausgabe gegenüber für die Rechtswirksamkeit unserer Versicherung.

Wir haben diese Versicherung aufgebaut auf einem per 1. April 1947 von der Verbandsgeschäftsstelle klar erfaßten Mitgliederstand von

insgesamt 116.500 Mitgliedern,

und zwar von 77.500 Mitgliedern über 18 Jahren und von 39.000 Mitgliedern bis zu 18 Jahren, also Jugendlichen. Diese Zahlen sind errechnet aufgrund der Angaben der verschiedenen Bezirke und Kreise. Sie wissen ja, um dies hier einzuschalten, daß die Bezirke und Kreise unseres Landessportverbandes gebietsmäßig sich decken mit den staatlichen Verwaltungsbezirken, und daß wir zur Zeit insgesamt

Sechs Bezirke haben, nämlich Kassel, Marburg,
Frankfurt, Fulda, Darmstadt, Wiesbaden

und insgesamt 41 Kreise. Im übrigen sind wir bei dieser Statistik sehr vorsichtig zu Werke gegangen, einmal mit Rücksicht auf die äußeren Schwierigkeiten bei der Beschaffung einwandfreier zahlenmäßiger Unterlagen, und zum anderen deshalb, weil wir sozusagen als sorgfältige Kaufleute nicht mit Zahlen rechnen können, die mit Sicherheit nicht klar zu errechnen sind. Deshalb wurde ja auch gestern abend schon auf einer Vortagung darauf mit Recht aufmerksam gemacht, daß diese Zahlen sich in der Zwischenzeit schon wieder selbst überholt haben, und daß diese Zahlen sich bis zum Schluß des laufenden Geschäftsjahres am 31. März 1948 vermutlich recht erheblich steigern, also erhöhen werden.

Ich habe Ihnen verbunden mit dieser Art Rechtfertigung für den von uns getätigten Abschluß einer Unfallversicherung für die Mitglieder des Landessportverbandes gleichzeitig auch einen Überblick geben wollen über die Ausgaben, die uns dadurch entstehen. An sich werden ja die fällig werdenden Versicherungsprämien nicht aus den eigentlichen Mitteln des Verbandes, also den eingehenden Beiträgen, gedeckt, sondern sie werden gesondert zu leisten sein.

Neben diesem Ausgabenposten von 52.000,- Mark für die Versicherung, den wir zunächst aus unseren außerordentlichen Einnahmen entnehmen werden, also aus den Aufnahmegebühren für den Beitritt zum Verband, haben wir für die nächste Zeit einen Betrag von rund 66.000,- Mark für weitere außerordentliche Ausgaben vorgesehen. Wir konnten daher zum 30. Juni 1947 einen Betrag von 21.000,- Mark für ordentliche Verwendungszwecke zur Verfügung stellen unter Berücksichtigung der Erläuterungen, die ich eben gegeben habe.

Ich betone aber auch hier noch einmal ausdrücklich, daß wir bei unserer Ausgabengestaltung neben dieser Versicherung noch andere Verbindlichkeiten eingegangen sind und dafür erhebliche Ausgaben bestritten haben.

Für die Versicherung konnten durch den Verband bei einem Mitgliederbestand von rund 137.500 doch Leistungen erzielt werden, die nach erheblichen Kämpfen und erträglichen Vergleichen so erstklassig herausgearbeitet wurden, wie sie bisher sonst nicht erzielt werden konnten. Das ist keine Behauptung, die ins Grüne geht, sie läßt sich vielmehr durchaus praktisch belegen und beweisen.

Wir haben natürlich damit zu rechnen, daß im Laufe dieser Monate noch weitere Mittel aus den fällig werdenden Verbandsbeiträgen eingehen, die uns dann in die Lage versetzen werden, in Kürze auch die anderen finanziellen Probleme so zu lösen, wie sie gelöst werden wüssen.

Im Rahmen der bisherigen Ausgaben haben wir u.a. in Erfüllung unserer Aufgaben auch einen Betrag von

43.000,- Mark

an die Fachgruppen ausgeschüttet, die unbedingt Mittel benötigt haben, um ihre Arbeiten überhaupt einigermaßen ordentlich erfüllen zu können. Wir haben dabei selbstverständlich vorausgesetzt, daß alle Fachgruppenleiter mit ihren Mitarbeitern die Probleme erkennen, die vor ihnen liegen, und daß sie sich ihre Aufgaben so stellen, daß sie im Hinblick auf die Möglichkeiten und auf die Not der Zeit auch praktisch verwirklicht werden können. Denn Sie alle sind sicherlich mit mir der Meinung, daß es keinen Zweck hat, sich Aufgaben zu stellen, die idealerweise zwar in Ordnung gehen und auch angestrebt werden, die aber immerhin den Verhältnissen entsprechend nicht gelöst werden können.

(Sehr richtig!)

Diese Seite der Mittelverwendung aus den Einnahmen, die der Verband als überfachliche Organisation hat, ist gekennzeichnet durch eine weitere Zahl, die Sie gleichfalls wissen müssen, damit Sie die Dinge in aller Ruhe und kritisch betrachten können. Aus der Aufgabe, die Zersplitterung zu vermeiden und stattdessen die Zusammenarbeit zu fördern, ergibt sich auf finanziellem

Gebiete auch die Förderung der Fachgruppen der Organisation gegenüber. Sie findet ihren Ausdruck in Arbeitsplänen, die finanziell mit Voranschlägen verbunden sind. Nach einem ersten Voranschlag der Fachgruppen ergibt sich hier eine Anforderung von rund 117.000,- Mark. Sie sehen aus dieser Zahl, wie die Dinge im Grundsätzlichen liegen und welche Probleme damit verbunden sind, und Sie müssen sich weiter im Klaren darüber sein, wie bei der weiteren Verwendung der Mittel auf der Ausgabenseite die Aufgabe zu lösen sein wird, nicht nur die praktische Zusammenarbeit in der Spitze – also Fachgruppen-Verbandsleitung –, sondern auch in den Bezirken und vor allen Dingen in den Kreisen zu fördern, denn der Kreis kommt ja zusammen mit den Vereinen, und bei den Fachgruppen und den Kreisen liegt ja das Hauptgewicht der praktischen Arbeit. Und da wird die weitere Aufgabe entstehen, in Kürze die Verwendung der Mittel so zu regeln, daß über die Kreise und die Bezirke und die Fachgruppen in engster Zusammenarbeit untereinander und miteinander eine zweckvolle und allen gerecht werdende Verteilung kommt.

Ich habe Ihnen damit, meine Herren, in großen Zügen einen in grundsätzlichem Rahmen gehaltenen Überblick gegeben. Abschließend darf ich noch folgendes sagen: Wenn ich bisher Gelegenheit hatte, auf den Verbandstagungen der Fachgruppen zu sprechen oder bei den Vereinen oder auf den Kreis- und Bezirkstagen und darüber hinaus auch auf den Arbeitstagungen unserer Süddeutschen Arbeitsgemeinschaft oder bei irgendwelchen sonstigen Konferenzen, die im Sport notwendig waren, dann habe ich immer, wenn die Gelegenheit dazu gegeben war, versucht, auf diese grundsätzlichen Erfordernisse klar und eindeutig hinzuweisen. Ich muß das auch hier abschließend jetzt noch einmal tun, denn wir dürfen es nicht zu dem Vorwurf kommen lassen, daß wir gerade über diese Dinge etwa zu leichtfertig hinweggegangen wären.

Wir haben für die weitere Zukunft und vor allem auch schon für das laufende Geschäftsjahr unseres Verbandes nicht nur innerhalb unseres eigenen Ladens – wie man volkstümlich sagt – auf unbedingte Sauberkeit zu halten und nach wirtschaftlichen Gesichtspunkten zu arbeiten, wir haben nicht nur innerhalb unserer eigenen Organisation und ihrer einzelnen Bestandteile Arbeit schlechthin zu leisten, sondern wir haben die bestmögliche Arbeit überhaupt zu leisten. Das bedeutet, daß wir die Grundsätze und die Richtlinien, die wir bisher herausgearbeitet und die sich aus den bisherigen klar herauskristallisiert haben, immer wieder im Auge behalten und danach handeln. Und das haben wir bisher auch immer getan.

Meine Herren! Ich habe eines noch vergessen, Ihnen zu sagen, und ich will es nun in diesem passenden Augenblick nachholen. Der Wunsch, eine einheitliche Organisation im Sport zu haben, ist überall so vielgestaltig zum Ausdruck gekommen, daß er durchaus als richtig bezeichnet werden kann. Dieser Wunsch allerdings war teilweise in eine Forderung dem Staat gegenüber gekleidet. Auch wir haben das versucht und sind aus ganz verständlichen Gründen heraus bisher noch zu keinem Ergebnis gekommen. Ob jemals der Staat bei der außerordentlichen kulturellen Bedeutung und auch der sonstigen Wichtigkeit des Sportes innerhalb des Lebens unseres Volkes von sich aus zu einer solchen Folgerung kommen wird, ist durchaus dahingestellt. Denn in einer Demokratie wollen wir ja eines vermeiden, das, was wir ja in den letzten 12, 13 Jahren praktisch hatten: den Zwang im Sport und die staatliche Lenkung des Sportes. Der Sport als eine Angelegenheit der Freiwilligkeit muß auch Angelegenheit der Selbstverwaltung im Sport sein und bleiben. Auf der anderen Seite ist es aber durchaus diesen Grundsätzen entsprechend, wenn etwa der Staat mit einem Gesetz käme, das etwa als Rahmengesetz diesem Sport ***die einheitliche Organisation*** vorschreibt. Der Wunsch nach einem solchen Gesetz wurde, wie gesagt, auch in Hessen laut und schließlich in der Form eines Gesetzesvorschlages zusammen mit unserem Landespressewart *Großmann* dem damaligen und auch jetzigen stellvertretenden Ministerpräsidenten Dr. *Hilpert* vorgetragen. Es wäre an sich begrüßenswert, wenn ein solches Gesetz geschaffen würde, nicht etwa nach der Seite eines Zwanges in Richtung auf die Vereinsbildung hin, es wäre vielmehr aus der Erkenntnis von der Bedeutung des Sportes nicht nur als eines Kulturfaktors ersten Ranges als richtige Konsequenz dafür zu sorgen, daß wirklich jede Zersplitterung vermieden wird und die einheitliche Organisation erhalten bleibt.

Aber ein solches Gesetz existiert nicht, und ob es einmal kommen wird, das sollte uns im Augenblick schon um deswillen nicht berühren, weil ein anderes Gesetz ja über all unserem Tun stehen muß, jetzt und in der Zukunft und immerdar. Das ist das Gesetz der Vernunft! Seien wir uns doch darüber im Klaren: So, wie es nicht möglich sein kann, daß z. B. in einer kleinen Gemeinde sich eine ganze Reihe von Vereinen bildet unter Hinweis auf den in unserer Verfassung verankerten Grundsatz von der Freiheit der Vereinsbildung bzw. das Recht der Vereinsbildung, so darf es letzten Endes ja auch im Großen nicht werden. Da ist die Zersplitterung in jedem Falle unschön und führt schließlich und besten Falles zu einem Nebeneinander, im schlechtesten Falle zu einem Gegeneinander. Das aber können wir uns in der heutigen Notzeit schon gar nicht leisten.

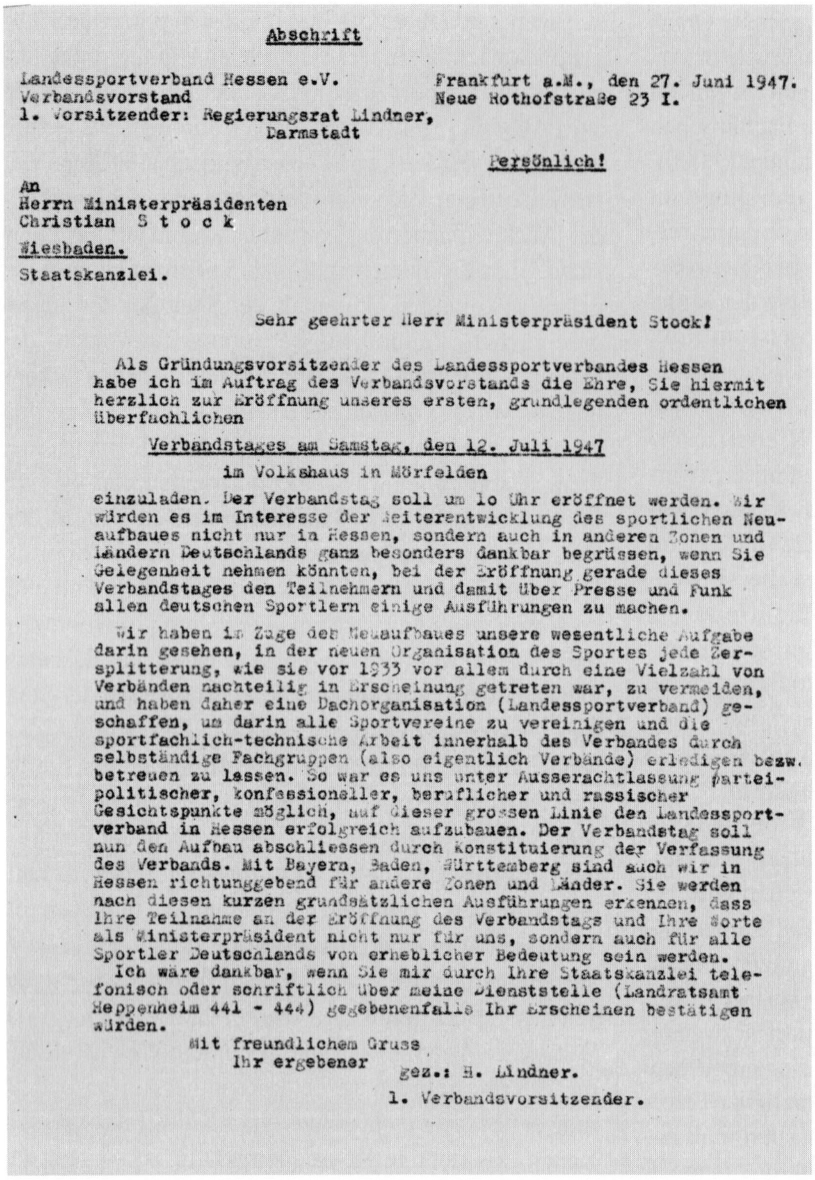

Abschrift

Landessportverband Hessen e.V.
Verbandsvorstand
1. Vorsitzender: Regierungsrat Lindner,
Darmstadt

Frankfurt a.M., den 27. Juni 1947.
Neue Rothofstraße 23 I.

Persönlich!

An
Herrn Ministerpräsidenten
Christian S t o c k
Wiesbaden.
Staatskanzlei.

Sehr geehrter Herr Ministerpräsident Stock!

Als Gründungsvorsitzender des Landessportverbandes Hessen habe ich im Auftrag des Verbandsvorstands die Ehre, Sie hiermit herzlich zur Eröffnung unseres ersten, grundlegenden ordentlichen überfachlichen

Verbandstages am Samstag, den 12. Juli 1947
im Volkshaus in Mörfelden

einzuladen. Der Verbandstag soll um 10 Uhr eröffnet werden. Wir würden es im Interesse der Weiterentwicklung des sportlichen Neuaufbaues nicht nur in Hessen, sondern auch in anderen Zonen und Ländern Deutschlands ganz besonders dankbar begrüssen, wenn Sie Gelegenheit nehmen könnten, bei der Eröffnung gerade dieses Verbandstages den Teilnehmern und damit über Presse und Funk allen deutschen Sportlern einige Ausführungen zu machen.

Wir haben im Zuge des Neuaufbaues unsere wesentliche Aufgabe darin gesehen, in der neuen Organisation des Sportes jede Zersplitterung, wie sie vor 1933 vor allem durch eine Vielzahl von Verbänden nachteilig in Erscheinung getreten war, zu vermeiden, und haben daher eine Dachorganisation (Landessportverband) geschaffen, um darin alle Sportvereine zu vereinigen und die sportfachlich-technische Arbeit innerhalb des Verbandes durch selbständige Fachgruppen (also eigentlich Verbände) erledigen bezw. betreuen zu lassen. So war es uns unter Ausserachtlassung parteipolitischer, konfessioneller, beruflicher und rassischer Gesichtspunkte möglich, auf dieser grossen Linie den Landessportverband in Hessen erfolgreich aufzubauen. Der Verbandstag soll nun den Aufbau abschliessen durch Konstituierung der Verfassung des Verbands. Mit Bayern, Baden, Württemberg sind auch wir in Hessen richtunggebend für andere Zonen und Länder. Sie werden nach diesen kurzen grundsätzlichen Ausführungen erkennen, dass Ihre Teilnahme an der Eröffnung des Verbandstags und Ihre Worte als Ministerpräsident nicht nur für uns, sondern auch für alle Sportler Deutschlands von erheblicher Bedeutung sein werden.

Ich wäre dankbar, wenn Sie mir durch Ihre Staatskanzlei telefonisch oder schriftlich über meine Dienststelle (Landratsamt Heppenheim 441 - 444) gegebenenfalls Ihr Erscheinen bestätigen würden.

Mit freundlichem Gruss
Ihr ergebener
gez.: H. Lindner.
1. Verbandsvorsitzender.

(Lebhafte Zustimmung.)

Das Gesetz der Vernunft muß also über all unserem Denken und Handeln stehen, das Gesetz nämlich: Vernunft ist die einzige Macht, die wir heute in Deutschland überhaupt besitzen. Und wenn wir verstehen, dieses Gesetz der Vernunft anzuwenden, dann bin ich sicher, werden wir auf ***allen*** Gebieten weiterkommen, nicht zuletzt auch auf unserem Spezialgebiet des Sports.

(Erneute lebhafte Zustimmung.)

Dieses Gesetz der Vernunft nun besagt, daß der Geist, mit Vernunft gepaart, zu Erkenntnissen kommen muß, und daß diese Erkenntnisse nicht nur Bekenntnisse sein dürfen durch Worte, sondern durch Taten. Und wenn wir unsere Grundsätze immer wieder in Verbindung mit diesem Gesetz der Vernunft vor Augen halten – kein Zwang, keine Unduldsamkeit, keine konfessionellen oder rassischen Gesichtspunkte –, dann haben wir auch immer wieder die Grundlage dafür, jederzeit eine Zersplitterung in der Organisation zu vermeiden, vor allem dann, wenn wir denjenigen, die diese Zersplitterung haben wollen, klar und nicht nur mit Worten entgegenhalten, nicht etwa daß unsere Fachgruppen und Verbände selbständige Verbände sind, sondern daß bei uns die rechtlichen Zuständigkeiten innerhalb der Verfassung unseres Verbandes so klar abgegrenzt sind, daß wir tatsächlich so auch arbeiten können. Denn dann entfällt ja der Vorwurf, entfällt auch jeder Hinweis darauf, daß der Verband etwa nichts anderes sei die getreulich nachgeahmte Kopie bzw. das getreulich nachgeahmte System des Reichsbundes für Leibesübungen aus dem Dritten Reich, oder daß unsere Fachgruppen nichts anderes seien als leblos gewordene, verunstaltete Untergliederungen, die nichts zu sagen und nichts zu melden haben. Und damit entfällt überhaupt auch jegliche Berechtigung, zu sagen: Wir brauchen Spezialverbände.

Meine Herren! Wenn wir nach solchen Erkenntnissen der Vernunft handeln, und wenn wir die Vernunft walten lassen, dann bin ich auch sicher, daß wir zu dem kommen werden, was uns stets als klares Ziel vorschwebte und noch immer vorschwebt: zur Einheit innerhalb der Organisation mit all ihren Gliedern und all ihren Trägern und zur engsten Zusammenarbeit aller fachlichen Verbände und Vertreter. Damit aber vermeiden wir unbedingt jede Eigensucht und jede Zersplitterung.

Erkennen Sie, meine Herren, als die Delegierten zu unserem Verbandstag bei Ihrer ganzen Arbeit immer wieder diese Grundsätze und lassen Sie sich leiten vom Geist der Vernunft und der Sachlichkeit und von der Duldsamkeit und beweisen Sie durch die Art und Weise Ihrer Mitarbeit im weiteren Verlauf unserer Tagung, daß Sie selbst auch wirklich die berufenen Vertreter sind, die heute nicht nur durch ein Stück Papier bevollmächtigt durch das Vertrauen ihrer Gemeinschaft berufen hierher gekommen sind, sondern daß Sie auch in der Tat diese berufenen Vertreter sind, die über dieses Stückchen Papier hinaus bereit und willens sind, mitzuarbeiten an unseren großen Aufgaben, die vor uns liegen und die zu erfüllen notwendig ist. Und daß Sie willens sind, mitzuhelfen, die Mittel und den Rahmen zu finden, die nötig sind zur Verwirklichung all der klaren Erkenntnisse im Dienste letzten Endes unserer hessischen Jugend und unserer deutschen Jugend über die Grenzen Hessens hinaus, denn wir selbst sind ja nur ein Glied des deutschen Volkes. Und wir selbst haben ja auch die Aufgabe, dafür zu sorgen, daß diese Glieder gesund sind und einträchtig mitarbeiten und zusammenarbeiten, um so die Voraussetzungen zu schaffen für das größere ***Ganze***, nach dem sich jeder Deutsche sehnt, um endlich wieder den Rahmen zu haben für die Tätigkeit seines Volkes auch innerhalb der Gemeinschaft der übrigen Völker, und um schließlich erst wieder das Vertrauen dieser anderen Völker für sich und unser Volk zu gewinnen.

Daß der Sport gerade nach dieser Seite hin eine außerordentliche Bedeutung hat über die Grenzen hinaus, die das deutsche Volk umschließen, ist eine Tatsache, die ich hier lediglich zu erwähnen brauche, die aber von so ungeheuerer Bedeutung ist, daß wir sicher sind, es wird der Tag kommen, an dem auf dem Wege über den Sport das deutsche Volk wieder den Weg finden wird zu vertrauensvoller Zusammenarbeit mit den anderen Völkern draußen in der Welt.

(Bravo-Rufe.)

Auf diesem Wege aber sollen uns unsere Grundsätze leiten, auf diesem Wege auch wollen wir Duldsamkeit zeigen und üben. Und so wollen wir auch durchaus, wie es heute schon aus berufenerem Munde betont wurde, politische Gestalter sein, nicht in parteipolitischem Sinne, sondern als Bekenner zur Not unseres Volkes, als Bekenner insbesondere zur Not unserer Jugend. Denn wir im Sport – zu dem sich nach den Erfahrungen der Amerikaner gut 70 % der deutschen Jugend drängen und bekannt haben –, wir haben ja gerade gegenüber dieser Jugend die ganz besondere Aufgabe zu erfüllen, als ältere Menschen dieser Jugend durch die Tat vorzuleben, daß wir einig sind und vernünftig, und daß wir gerade mit dem Sport wesentlich dazu beitragen können, die Jugend auf dem Wege über den sportlichen Grundsatz des „Fair Play" zu guten Demokraten zu erziehen. Wenn wir das fertigbringen, dann haben wir uns nicht allein eine Aufgabe gestellt, wir dürfen vielmehr ruhigen Herzens und ruhigen Gewissens sagen, wir haben diese Aufgabe ihrer Lösung zugeführt.

Dies also sei uns immer Richtschnur, sei unser Ziel, das zu erreichen und zu erfüllen wir immer bestrebt sein wollen.

(Lang anhaltender lebhafter Beifall.)

Liebe Sportfreundinnen und Sportfreunde!

Pflichtgemäß darf ich Ihnen noch folgendes bekanntgeben. Herr Ministerpräsident *Stock* in Wiesbaden, der ein besonderes Interesse an unserer Tagung gezeigt hat und gerne gekommen wäre, hat leider wegen dringender anderweitiger dienstlicher Inanspruchahme sein Erscheinen in letzter Minute absagen müssen. Er hat uns aber bestätigt, daß sein Interesse gegenüber dem Landessportverband Hessen nach wie vor besteht. Ich darf deshalb diese Gelegenheit wahrnehmen, um auch hier zu sagen, daß wir in Kürze mit unserem Ministerpräsidenten in Fühlung treten werden – und das werden die Männer tun müssen, die auf der heutigen Verbandstagung Ihr Vertrauen finden werden –, um mit dem Herrn Ministerpräsidenten eine Reihe von Fragen zu klären, die im Hinblick auf unsere weitere Arbeit und im Interesse unserer Vereine geklärt werden müssen.

(Händeklatschen.)

Zu unserem heutigen 1. Verbandstag hat uns auch unser Sportfreund *Franz Müller*, der Vorsitzende des Landessportverbandes Baden kameradschaftliche Grüße übermittelt und uns gleichzeitig die besten Wünsche für einen erfolgreichen Verlauf unserer Tagung ausgesprochen.

Sportfreundinnen und Sportfreunde!

Ich darf nun noch einige weitere Feststellungen treffen: Der 1. ordentliche Verbandstag war für heute ordnungsgemäß eingeladen. Wir haben in unseren „Sportmitteilungen" rechtzeitig und fristgemäß auf die Durchführung des 1. ordentlichen überfachlichen Verbandstages aufmerksam gemacht, und wir haben ordnungsgemäße Fristen für das Stellen und Einbringen von Anträgen festgelegt und rechtzeitig veröffentlicht.

Ich darf weiter feststellen, daß die dem heutigen 1. ordentlichen Verbandstag obliegende hauptsächliche Arbeitsaufgabe gleichfalls rechtzeitig bekanntgemacht und herausgestellt wurde, die Aufgabe nämlich, über unsere Verfassung, also über unsere Hauptsatzung, zu beraten und zu beschließen. Wir haben glücklicherweise, wenn auch mit einigen Druckfehlern und einigen Ungenauigkeiten bei der Druckherstellung des Entwurfes die Entwürfe der Allgemeinen Geschäftsordnung des Landessportverbandes Hessen sowie der Ausgabe- und Spesenordnung des Landessportverbandes Hessen als den Rahmen und die Rechtsordnungen unseres Verbandes im Druck in den „Sportmitteilungen" veröffentlichen können. Diese Sondernummer ist allen Bezirken, Kreisen und Vereinen rechtzeitig zugestellt worden.

Ich stelle ferner fest, daß der 1. ordentliche überfachliche Verbandstag des Landessportverbandes Hessen so, wie er heute zusammengetreten ist, grundsätzlich beschlußfähig ist. Diese Beschlußfähigkeit ergibt sich aus der Tatsache, daß ein Verbandstag ja nichts anderes ist als eine Versammlung der Vereinsvertreter gemeinsam mit dem Verbandsvorstand. Daß sich diese Versammlung selbstverständlich stützt auf das demokratische Recht aller seiner Mitglieder, einen Vertreter zu diesem Verbandstag abzustellen. Dieses demokratische Recht, das jedem zusteht, kann ausgeübt werden – man kann aber auch darauf verzichten. Daß bei einer Gesamtzahl von ungefähr 1.200 bis 1.300 Vereinen doch recht viele dieser Vereine auf dieses ihnen zustehende und ihnen eingeräumte Recht verzichtet haben, beweist die Anwesenheitszahl auf der heutigen Tagung. Dies soll kein Vorwurf sein, sondern lediglich eine Feststellung, die ich treffe. Allerdings könnte es ein Vorwurf sein insofern, als gerade dieser 1. ordentliche Verbandstag es verdient hätte, daß recht viele Vereine von ihrem Rechte Gebrauch gemacht hätten, hier vertreten zu sein und selbst mitzuberaten, mitzubeschließen und damit mitzugestalten an den weiteren Geschicken und Aufgaben des Landessportverbandes Hessen.

Ich wiederhole also: Die Beschlußfähigkeit des 1. ordentlichen Verbandstages ist durchaus gegeben.

Zur Frage der Protokollführung habe ich folgendes klarzustellen. Ich stelle Ihnen vor als beruflich verpflichteten Protokollführer Herrn *Jobst*. Wir haben es für zweckmäßig gehalten, einen Verhandlungsstenografen zu verpflichten, der zu diesem Zweck in einem Büro in Frankfurt am Main arbeitet, und der darum in der Lage ist, jedes Wort, das hier gesprochen wird, aufzunehmen und festzuhalten. Ich glaube, daß wir dadurch in der Lage sind, die beste Protokollführung zu gewährleisten, die überhaupt möglich ist.

Es wird zweckmäßig sein, zwei Beurkunder für das Protokoll zu bestellen, die das Protokoll dann später feststellen. Ich schlage Ihnen vor, diese beiden Beurkunder aus dem Kreis des erweiterten Gesamtvorstandes zu berufen. Ich will kurz sagen, weshalb: Der engere Geschäftsführende Verbandsvorstand tritt ja mit dem heutigen Verbandstag aus seinen Ämtern ab. Nicht aber treten aus ihren Ämtern ab die Mitglieder des erweiterten Gesamt-Verbandsvorstandes, also sämtliche Fachgruppenleiter, soweit sie bisher durch die Fachgruppen gewählt worden sind. Ich kann Ihnen bei dieser Gelegenheit mitteilen, daß erfreulicherweise recht viele Fachgruppenleiter entweder persönlich hier anwesend sind oder durch einen Beauftragten vertreten sind.

Ich schlage Ihnen also der Einfachheit halber vor, diese beiden Beurkunder des Protokolls aus den Reihen der fachlichen Vertreter im erweiterten Gesamt-Verbandsvorstand zu bestellen. Wenn ich mir dazu selbst einen Vorschlag erlauben darf, dann wäre es der, Ihnen vorzuschlagen für das Amt des

Beurkunders des Protokolls

den Verbandsfachwart Rudern, Herrn *Dr. Lingnau* und den Fachgruppenleiter Radfahren, Sportfreund *Hippe*.

Diese beiden Protokoll-Beurkunder haben dann zusammen mit dem Protokollführer und dem Vorsitzenden des Landessportverbandes das Protokoll zu bestätigen auf seine Echtheit.

Ich stelle den eben gemachten Vorschlag auf Bestellung der Sportfreunde

Dr. Lingnau und *Hippe*

zur Debatte und frage an, ob von Ihnen gegen diesen Vorschlag Einwendungen erhoben werden? –

(Zustimmung.)

Ich stelle fest, daß sich kein Widerspruch erhebt, Sie also mit meinem Vorschlag einverstanden sind. Ich bitte daher, im Protokoll festzuhalten, daß unsere Kameraden

Dr. Lingnau und Hippe

einstimmig zu Beurkundern des Protokolls über den 1. ordentlichen Verbandstag bestellt wurden.

Ich darf damit meine Ausführungen einschließlich Jahresbericht und Kassenbericht zur Diskussion stellen. Zugleich frage ich, ob noch Anträge zu stellen sind und ob sie bereits jetzt gestellt werden sollen oder ob Sie darauf vielleicht zweckmäßigerweise erst bei der Behandlung der in Frage kommenden Punkte im Verlauf der Verhandlungen zurückkommen wollen? Bevor ich Wortmeldungen annehme, darf ich verfahrensmäßig noch sagen: Hier unten rechts an einem Tisch sitzt der Fachgruppenleiter Tischtennis, unser Sportfreund *Bunn*. Ich bitte Sie, sich einmal zu erheben, damit Sie jeder erkennen kann. – Er ist beauftragt, Ihre Wortmeldungen anzunehmen. Wir wollen dabei so verfahren, daß Sie, wenn Sie sich zu Wort melden wollen, auf einen Zettel Ihren Namen mit Ortsangabe und Vereinszugehörigkeit schreiben und diesen Zettel dann Sportfreund *Bunn* abgeben, der diese Zettel nach der Reihenfolge des Einganges mit einer Nummer versehen und mir heraufreichen wird, damit ich dann in dieser Reihenfolge das Wort erteilen kann. Ich bitte dann jeweils hier vom Pult aus zu sprechen; Sie werden dann überall verstanden werden.

Und nun habe ich noch eine Bitte. Man hat mich am Rande gefragt: Wann werden wir denn fertig sein? – Das, Sportfreunde, ist eine Vertrauensfrage, die ich von mir aus natürlich nicht beantworten kann. Es ist aber eine Frage, die wünschenwert ist und die entschieden werden muß. Meine Bitte, die ich deshalb in diesem Zusammenhang ausspreche, ist deshalb die: Wir haben zwar vorgesehen, daß der Verbandstag gegebenenfalls auch im Laufe des morgigen Vormittags noch eine Fortsetzung finden kann, wenn es erforderlich ist. Unsere Aufgabe soll es aber sein – und ich darf damit wieder in aller Namen sprechen –, unsere Arbeit so rasch, aber auch so sachlich und eindeutig zu Ende zu bringen, wie dies nur möglich ist. Darum auch die folgende Bitte: Sie alle sind wohl mit mir der Meinung, daß sich derjenige nicht zum Wort zu melden braucht, der lediglich sagen will: Meine Herren Vorredner haben mir eigentlich schon alles vorweggenommen, was ich selbst sagen wollte,

(Sehr richtig!)

Ich appelliere dabei an Ihre Einsicht, an Ihre Vernunft, Ihren Geist und an Ihre Einsicht im Einzelnen und bitte Sie, Wortmeldungen nicht etwa nur deshalb abzugeben, weil Sie sich selbst in diesem Augenblick vielleicht nur einmal Reden hören wollen – ich bedaure, daß ich selbst auf diesem Verbandstag soviel reden muß, ich würde viel lieber unten bei Ihnen im Saale sitzen und zuhören, aber das läßt sich ja leider nicht machen. Ich bitte Sie deshalb also, das Wort wirklich nur dann zu ergreifen, wenn Sie aus der bisherigen Besprechung einer Frage glauben die Erkenntnis ziehen zu müssen, daß wesentliche Punkte bis dahin noch nicht zum Ausdruck gekommen sind, und daß Ihre eigenen wesentlichen Gesichtspunkte im Interesse der Sache klar herausgestellt werden müßten. Aus diesem Grunde bitte ich also auch nur über die Punkte zu sprechen, die im Interesse der Sache liegen. Dann werden wir, wie ich glaube, unsere Aufgabe auch in etwa erfüllen können.

Verfahrensmäßig darf ich dann noch folgendes sagen: Die Zeit ist jetzt schon soweit vorgeschritten – es ist jetzt schon 13 Uhr –, daß wir die beabsichtigte Mittagspause einlegen können. Nach Erledigung der Wortmeldungen – es liegen bereits einige vor – wollen wir dann diese Mittagspause eintreten lassen. Ich weiß nicht, ob noch viel Zeit in Anspruch genommen werden wird, ich glaube aber, wir brauchen uns nicht zu überstürzen, denn wenn wir uns an die eben entwickelten Richtlinien halten und uns dabei selbst begrenzen, werden wir sehr schnell und klar zu einem beachtlichen Arbeitserfolg kommen.

Heinrich Sorg

Heinrich Sorg wurde am 7. November 1898 in Bischofsheim, Kreis Hanau, in einer Arbeiterfamilie geboren, absolvierte nach dem Besuch der Volksschule eine Bürokaufmannsausbildung und übte diesen Beruf ab 1916 in seinem Heimatort aus.

Bereits im Jahre 1913 wurde Sorg Mitglied der Sozialistischen Arbeiterjugend, trat 1917 der SPD bei und engagierte sich gleichzeitig in der Freien Turnerschaft Bischofsheim. Nach Ende des Ersten Weltkrieges siedelte Sorg nach Frankfurt-Westend über und wurde schon bald Vorsitzender des dortigen Arbeiter-Sportvereins.

Im Jahre 1926 wurde Sorg hauptberuflicher Sekretär und Schriftführer des 9. Kreises im Arbeiter-Turn- und Sportbund und war in dieser Funktion für die Kreis-Zeitschrift „Freier Sport" verantwortlich. Am Ende der Weimarer Republik gehörte er zu den Befürwortern und aktiven Unterstützern der „Eisernen Front" und war einer der Hauptverantwortlichen für die Vorbereitungen zum bewaffneten Widerstand in Frankfurt-Westend im Sommer 1933. Als die Aktion durch Verrat aufflog, mußte er nach Prag fliehen und vertrat dort in der „Sozialistischen Arbeitersport Internationale" (SASI) den deutschen Arbeitersport. Von Prag aus floh er im Jahre 1939, nun gemeinsam mit seiner Frau Rosa, vor den Nationalsozialisten nach England und baute dort ein Kinderheim auf. Während dieser Zeit vertrat er den deutschen Arbeitersport in dem in London ansässigen provisorischen Komitee der SASI und kehrte im Juli 1946 zunächst ohne seine Frau nach Bischofsheim zurück.

Seit seiner Prager Zeit verfügte Sorg über gute Kontakte zur Führung der Exil-SPD, die er in London noch weiter vertiefen konnte. Im September 1946 wurde Sorg als Nachfolger von Fritz Wildung zum Sportreferent der SPD bestellt, er unterhielt im Frankfurter Gewerkschaftshaus ein eigenes Büro und wurde von diesem Zeitpunkt an einer der wichtigsten Repräsentanten der ehemaligen Arbeitersportler im Ringen um eine zonenübergreifende Einheitsorganisation für den Sport. Mit der Monatsschrift „Sportrundschau" erhielt dieses Lager ab Oktober 1949 eine publizistische Basis.

In Südhessen war sein Eintreten für einen Einheitssportverband nicht nur beim ARKB „Solidarität" umstritten, sondern auch unter den übrigen Arbeitersportlern gab es immer wieder Bestrebungen, die die Wiedererrichtung einer Nachfolgeorganisation für den 1933 aufgelösten ATSB zum Ziel hatten. Mit seiner Wahl zum 2. Vorsitzenden des Landessportbundes Hessen im Juli 1947 in Mörfelden erhielt Sorg ein Amt, das ihm eine streitbare Teilnahme am Diskussionsprozeß um die Errichtung des Deutschen Sportbundes (DSB) in Wort und Schrift im Sinne der Einheitsidee ermöglichte. Daneben haben vor allem die Auseinandersetzungen

um die Person Carl Diem einen breiten Raum in seinem Wirken in dieser Zeit eingenommen.

Nach 1950 engagierte sich Sorg bis zu seinem überraschenden Tod am 21. September 1963 insbesondere für den Freizeitsport. Als Mitglied im Beirat des DSB gehörte er zu den Architekten des Programm „Zweiter Weg" und als DOG-Präsidiumsmitglied zu den Initiatoren des „Goldenen Plan für den Sportstättenbau". Mit Sorgs Tod verlor der deutsche Sport einen engagierten Anwalt für den Breitensport; in der SPD wurde das Amt des Sportreferenten beim Parteivorstand hauptberuflich nicht mehr besetzt.

Ich schlage also vor, daß wir nach Erledigung der jetzt bereits vorliegenden Wortmeldungen eine Mittagspause machen und uns dann eine Stunde später wieder hier zusammenfinden.

Das Wort hat nunmehr unser Sportfreund *Sorg* von der Sportgemeinschaft Westend in Frankfurt am Main.

***Sorg*:**

Liebe Sportfreundinnen und Sportfreunde!

Ich glaube, wir wollen doch schon am Anfang der Diskussion dem derzeitigen Verbandsvorstand, der es immerhin verstanden hat mit einem gewissen Geschick die Grundlagen dieses neuen Verbandes zu legen, unseren Dank abstatten. Ich bin zu viele Jahre schon in derartigen Organisationen tätig, um zu wissen, was es heißt, eine neue Organisation auf die Beine zu stellen, dazu noch eine Organisation, die auf den Trümmern eines Landes errichtet wird, eine Organisation zudem, die aus den verschiedensten Richtungen zusammengebraut wird.

(Lebhafte Zustimmung und Händeklatschen.)

Wir Deutschen haben leider einen sehr großen Hang zur Vereinsmeierei. Und wenn nun ein großer Versuch gemacht wird, diese Vereinsmeierei gerade auf einem der wichtigsten Gebiete, der Erziehung der Menschen, einzuschränken und zugleich für die Not des Volkes und für den Aufbau unseres Landes das denkbar Beste zu leisten, so gehört dazu bestimmt Geschick. Ich darf sagen: Wenn wir das Ergebnis der bisherigen Arbeit betrachten, dann können wir in einem gewissen Sinne zufrieden sein mit dem, was getan wurde. Gewisse Unebenheiten wird es immer geben, aber über diese kleinen Unebenheiten muß man hinwegsehen können.

Wir haben aus dem Munde der Vertreter von Kreis und Gemeinde herzliche Worte gehört, die dem Sport galten. Ich glaube, es wird nichts angenehmer sein gerade für unsere Sportler, gerade von dieser Stelle aus die Anerkennung zu hören über ihre Tätigkeit. Wie viele Tausende von Funktionären sind in den Vereinen, die Tag für Tag, Woche um Woche, Jahr für Jahr eine mühselige Arbeit auf sich nehmen, um damit schließlich auch dem Volke zu helfen. Auf der anderen Seite aber haben wir als die Vertreter der Vereine auch die Verpflichtung zu sagen, was ***wir*** wollen, was ***wir*** denken, und welches die Probleme unserer Organisation sind.

Wir haben Probleme, große Probleme, zu lösen, und sie werden nicht, wie es schon von Sportfreund *Lindner* gesagt wurde, in einer kurzen Zeitspanne gelöst werden können – nein, sie erfordern Zeit und Geduld, viel Geduld, und dazu auch noch vielen, guten Willen. Das sind einige wenige, aber doch wichtige Dinge, auf die ich bei dieser Gelegenheit besonders hinweisen möchte.

Ich glaube, in unserer Organisation spielt die Einigkeit, die Einheit, nach wie vor eine große Rolle. Und es spielt gleichfalls eine große Rolle der Aufbau der Organisation – ich nenne ihn den föderativen Aufbau nicht nur eines Landessportverbandes sondern über alle Grenzen der Länder hinaus. Und weiter spielt eine außerordentliche und entscheidende Rolle die Demokratisierung unserer Organisation, und nicht zuletzt spielt ebenfalls eine sehr große und wichtige Rolle die Frage, wie wird dieser deutsche Sport wieder in die internationale Sportgemeinschaft eingebaut?

Das sind vier Probleme, die an sich so außerordentlich schwer und von so außerordentlicher Bedeutung sind, daß wir sie in aller Freundschaft, aber auch in aller Offenheit besprechen müssen und sie zu beantworten suchen sollen. Denn nur aus einer gesunden Diskussion heraus kann man in aller Klarheit und Deutlichkeit erkennen, ob hinter den vielen Tausenden von Sportlern, die mit Recht sich als die stärkste Organisation des Landes betrachten, auch wirklich die Kraft steht, wie sie ziffernmäßig in ihrer Stärke zum Ausdruck kommt. Denn im Sport darf ja nicht nur mit Ziffern operiert werden, nein, der Sport ist vielmehr eine Erziehungsmacht, und darum muß auch mit dem Inhalt operiert werden, derart, daß unser Land und die Öffentlichkeit und das deutsche Volk Respekt haben vor dieser Organisation, und daß man nicht nur sagt: Ja, Ihr habt Euch zu einer Einheit zusammengefunden und Ihr erzählt uns wunderschöne Dinge – aber wir wollen mal sehen, was aus dieser Eurer Einheit eigentlich herauskommt.

(Sehr richtig!)

Die Einheit, die wir geschaffen haben, hat ihre Probe bestanden.

(Sehr richtig!)

Ich glaube das mit besonderem Recht sagen zu können. Es ist nicht einfach, so und so viele weltanschauliche Richtungen zusammenzufügen, um sie dann auf einen Nenner zu bringen. Ich sage das aber auch in aller Offenheit. Eine Einheit ist nur zu schaffen, wenn diese Organisation eine demokratische Grundlage hat. Es gibt keine Einheit eines Volkes ohne Demokratie! Wer glaubt, daß man mit irgendwelchen anderen Methoden, mit irgendwelcher Gewalt, mit irgendwelchem Druck eine innere Einheit herstellen könnte, der irrt sich. Und leider Gottes hat sich das deutsche Volk sehr oft auf diesem Gebiete geirrt. Nein, Einheit gibt es nur von der Freiwilligkeit her, mit freiem Bekennen und mit freier Aussprache der Dinge, die zu lösen sind. Diese Freiwilligkeit und diese demokratische Aussprache lassen Sie stets das organisatorische Element unseres Bundes blei-

Die Ehrengäste am Tisch sind v.l.n.r.: Bürgermeister Klingler, Capt. Griswold von der Militärregierung, Landrat Harth, Paul Keller (Stuttgart), Hermann Schubert und Adolf Schmücker (München)

ben. Dann habe ich keine Befürchtungen für die immer mehr sich schließende Einheit unserer Sportler.

(Bravo!)

Das Ziel unserer Organisation ist aber nicht nur die Einheit als Organisation, also die äußere Einheit, sondern das Ziel muß auch sein die innere Verbundenheit, die Gesinnung der Menschen und ihre Erziehung für die innere Einheit. Das ist die Aufgabe für alle diejenigen Sportler, die noch auf eine Tradition aus ihrer demokratischen Erziehung zurückblicken können.

Liebe Sportfreunde!

Es wurde so oft schon die Frage an mich herangetragen: Glaubst Du denn wirklich, daß wir in Deutschland zu einer solchen Organisation, zu einer solch überragenden Einheit kommen, wie wir sie propagandistisch immer anstreben, trotz aller Verschiedenartigkeit der Auffassungen? Da muß ich dann immer sagen: Ja, Sie können alles, Sie können auch alle die Menschen, die guten Willens sind, überzeugen, weil die Kraft und auch die Taten einer Idee viel zu stark sind, als daß sie nicht zuletzt auch den letzten Widerstand überwinden könnte. Und ich habe auch sehr oft unseren Freunden gesagt: Wenn vielleicht das Wort Demokratie von der einen oder anderen Seite her auch noch Schwierigkeiten in der Sprache und im Gebrauch machen sollte und gar macht, dann müssen wir eben Geduld haben. Und weiter habe ich meinen Freunden gesagt: Es war ja auch nicht leicht, Euch allen nicht, und nicht angenehm, als man von Euch eines Tages verlangte, „Heil Hitler!" zu sagen. Das war nur möglich durch Druck und Gewalt, die auf Euch ausgeübt wurden. Um wie vieles leichter aber sollte es doch sein für alle, die für die Demokratie ein Herz haben, sich nun einzufügen. Es hat keinen Sinn, einen Menschen zur Demokratie zu ***zwingen***, nein, denn ein Demokrat muß aus innerer Erkenntnis und Überzeugung heraus zu dieser Sache stehen. Nur dann ist er von Wert für seine Idee und hat sie Wert für ihn. Und deshalb sind es auch Absicht und Wille aller derjenigen, die die Demokratie schon immer als ihre Lebensauffassung hatten, die Anderen durch ihre eigene freiwillige Überzeugung und durch die Kraft der Idee und durch die Tat zu überzeugen und durch kein anderes Mittel! Das ist der Sinn und ist der Zweck dieser Einheit, die letzten Endes ausmünden muß in der Überwindung aller weltanschaulichen Gegensätze und die eingehen muß in die Gesinnung des deutschen Volkes, für das diese demokratische Idee der Anfang zu neuem Leben sein muß. –

Es wird mir eben ein Zettel vorgelegt, daß diese Diskussion über dieses Thema später von uns fortgesetzt werden solle. Ich will daher meine Ausführungen jetzt abbrechen und in der nächsten Sitzung weiter zu diesem Thema sprechen.

(Lebhafter Beifall.)

Vorsitzer *Lindner*:

Meine lieben Sportfreunde und Sportfreundinnen!

Im Interesse und mit Rücksicht auf den Herrn Vertreter der Militärregierung und auf den Herrn Landrat – wie ich sehe, hat sich der Herr Landrat bereits verabschiedet – nein, da kommt er gerade wieder herein – habe ich Sportfreund *Sorg* gebeten, seine Ausführungen jetzt zu unterbrechen bzw. abzukürzen.

Der Vertreter der Militärregierung, Herr Captain *Griswold* hat mir einige schriftliche Worte überreichen lassen, die ich Ihnen verlesen darf. Es heißt da:

> „Ich möchte dem Herrn Vorsitzenden für seine freundlichen Worte, die er an die Militärregierung und an mich gerichtet hat, meinen besten Dank sagen. Es tut mir sehr leid, daß ich nicht an dem ganzen Treffen teilnehmen kann. Ich möchte außerdem Herrn Landrat *Harth* und dem Bürgermeister von Mörfelden für ihre Einladung danken. Ich fühle mich dadurch geehrt, daß die erste Zusammenkunft dieser Art hier im Lande Hessen abgehalten wird, und daß die Stadt Mörfelden im Landkreis Groß-Gerau für dieses Treffen ausgewählt worden ist. Nachdem ich heute vormittag die verschiedensten Sprecher gehört habe, wobei ein guter, selbstloser Geist sich zeigte, kann ich sagen, daß ich selbst einen optimistischen Standpunkt über Deutschlands Zukunft einnehme, daß es wieder ein angesehenes Mitglied in der Gesellschaft aller Nationen werden wird, und ich kann keinen besseren Weg für eine solche Zukunft sehen, als er sich in dem Grund, der Sie, meine Herren, heute hier zusammengeführt, zeigt. Gott helfe Ihnen auf Ihrem Weg und verhelfe Ihnen zu einem vollständigen Erfolg."

(Lang andauernder Beifall.)

Ich darf Herrn Captain *Griswold* herzlichst danken für seine Worte und bitte ihn, unserem Landessportverband und dem Sport auch weiterhin seine Unterstützung und seine Hilfe angedeihen zu lassen.

In the name of all my friends I thank you very much, captain, for the words you have adressed to us. We beg you to lend us at any time your help and your interest.

(Erneuter Beifall.)

Meine Herren!

Ich darf Ihnen bekannt geben, daß alle Autos und Lastkraftwagen, die hier direkt am Volkshaus geparkt haben, nicht hier halten dürfen. Das ist eine von der Polizei auf Anordnung der Militärregierung gegebene Anweisung. Ich bitte deshalb alle Wagenbesitzer zu veranlassen, daß ihre Fahrzeuge an einem anderen Platz abgestellt werden. Die Wagen können in der Feldschule parken, von hier aus in der vierten Querstraße links nach Mörfelden zu. Es ist dort auch eine Wache eingerichtet, so daß nicht die Gefahr besteht, daß es dem Einen oder Anderen so geht wie mir, daß er seinen Wagen geklaut bekommt.

(Heiterkeit.)

Soweit Quartierzettel noch nicht in Anspruch genommen worden sind, können sie draußen in der Eingangshalle noch in Empfang genommen werden.

Ferner bitte ich diejenigen Vereine und Delegierten, die ihr Stimmrecht noch nicht haben klarstellen lassen oder ihre Vollmacht noch nicht abgegeben haben, dies im Lauf des Tages an der gleichen Stelle draußen noch zu erledigen.

Es ist jetzt 13.10 Uhr, und ich schlage vor, daß wir nun eine Mittagspause eintreten lassen und die Tagung dann pünktlich um 14.15 Uhr wieder fortsetzen. Wir wollen dann bis 18 Uhr tagen und dann wieder eine Pause einlegen. Sollten wir bis dahin aber mit den Beratungen und mit der Aussprache fertig werden, dann können wir den 1. ordentlichen Verbandstag feierlich beschließen. Am heutigen Abend aber werden wir hier zusammenkommen, um als Gäste der Sport- und Kultur-Vereinigung Mörfelden einige frohe Stunden zu verleben. Die Sport- und Kultur-Vereinigung Mörfelden hat es sich zur Aufgabe gemacht, die Delegierten des Verbandstages heute abend mit einigen Überraschungen und Darbietungen zu erfreuen. Diese Veranstaltung findet um 20 Uhr statt, hier im Volkshause, und ich darf Sie hierzu gleichzeitig im Namen der Sport- und Kultur-Vereinigung Mörfelden herzlich einladen.

Zu einer kurzen Bemerkung hatte Sportfreund *Schulmeyer* noch um das Wort gebeten.

***Schulmeyer*:**

Sportfreunde! Ich bitte Sie, nach Schluß der Nachmittagssitzung draußen am Eingang noch ein Programm für die Veranstaltung des heutigen Abends in Empfang zu nehmen.

Vorsitzer *Lindner*:

Damit schließe ich die Vormittagssitzung und bitte Sie, pünktlich um 14.15 Uhr die Plätze zur Fortsetzung unserer Tagung wieder einzunehmen.

(Beifall.)

(Schluß der Sitzung: 13.15 Uhr.)

1. Tag. – Sonnabend, den 12. Juli 1947 – Nachmittags. Beginn: 14.15 Uhr

Vorsitzer Lindner eröffnet die Nachmittagssitzung des 1. Verhandlungstages um 14.30 Uhr mit folgenden Worten:

Vorsitzer Lindner:

Meine Herrn! Ich bitte Platz zu nehmen. –

Verehrte Gäste! Meine lieben Sportfreunde und Sportfreundinnen!

Ich eröffne unsere heutige Nachmittagssitzung und habe zunächst die angenehme Pflicht zu erfüllen, in unserer Mitte zu begrüßen als Vertreter des Herrn Kultusministers

Herrn Regierungsdirektor *Prof. Dr. Herzfeld.*

(Lebhafter Beifall.)

Sie entsinnen sich, daß ich im Rahmen meines Rechenschaftsberichtes seinen Namen heute morgen schon genannt habe, und zwar nicht nur als Namen schlechthin, sondern als eine Tat sozusagen, als einen Begriff jedenfalls, der fest mit der Geschichte unseres Landessportverbandes verbunden sein wird.

Sie wissen aus meinem Bericht und zum Teil auch aus Ihrer eigenen Mitarbeit, daß Herr *Dr. Herzfeld* der Mann war, der in all den Übergangszeiten bis zur Bildung unseres Verbandes von allen Seiten immer wieder bestürmt und bedrängt wurde, dem viele Nöte vorgetragen wurden, und der es verstanden hat, auszugleichen und zusammenzuführen. Und deshalb ist es mir eine angenehme Pflicht, Ihnen Herrn *Dr. Herzfeld*, hier unseren herzlichen Dank zu sagen für Ihre bisherige Mitarbeit und für die Verdienste, die Sie sich um unseren Landessportverband erworben haben.

(Lebhafter Beifall.)

Herr *Dr. Herzfeld* hat auch nach der Schaffung unseres Landessportverbandes diesen stets weiter unterstützt. So hat er z. B. unserer Fachgruppe Fußball Schuhe zur Verfügung gestellt, und zwar im Einvernehmen mit der Militärregierung. Die Militärregierung wollte seinerzeit der deutschen Jugend Schuhe zur Verfügung stellen. Diese Schuhe wurden aber durch Vermittlung von Herrn *Dr. Herzfeld* dann der Sportjugend der Fachgruppe Fußball zur Verfügung gestellt.

(Erneuter Beifall.)

Ich habe weiter die angenehme Pflicht, in unserer Mitte Mister *Patrick* zu begrüßen, den Referenten der Militärregierung in Wiesbaden, und zusammen mit ihm Mr. *Bell.* Auch er hat unsere Organisation stets ein offenes Ohr geliehen und für unsere Aufgaben und unsere Schwierigkeiten Verständnis gezeigt und geholfen, so gut er konnte. Gestatten Sie mir, daß ich dies kurz zum Ausdruck bringe.

Mister *Patrick*! Our special greetings to the representative of the Military Government, to the Right Honorable Mister *Patrick*. At any time, Mister *Patrick* has always shown the greatest interest to our organization, to our tasks and our troubles. I thank you for the interest and for the help you have always given us. And I beg you to give us this help also in the near time.

(Beifall.)

Meine Herren! Ich bitte Sie nun, Herrn *Dr. Herzfeld* einige Minuten Gehör zu schenken.

Zuvor noch kurz eine Aufklärung für unsere Gäste. Wir haben den Punkt 1.) unserer Tagesordnung nahezu zu Ende gebracht und einen Bericht entgegengenommen über die Tätigkeit des Landessportverbandes und des Verbandvorstandes im abgelaufenen Geschäftsjahr.

Am Rednerpult: Heinz Lindner, nach links Willy Linnenberg, Otto Großmann, Kurd Roland Roesler, Fritz Bechmann, Dr. Max Danz, E. Hahn, Ludwig Schulmeyer; nach rechts: Martin Schmidt, Dr. Lingnau, Dr. Keck, F.W. Beck

Wir sind dabei, im Rahmen der Diskussion über diesen Tätigkeitsbericht noch einige Ausführungen unseres Sportfreundes *Sorg* von der Sportgemeinschaft Westend-Frankfurt anzuhören, die er in der Vormittagssitzung bereits begonnen hatte.

Nun darf ich Herrn *Dr. Herzfeld* bitten, das Wort zu ergreifen.

Regierungsdirektor Professor *Dr. Herzfeld*:

Werte Sportfreunde!

Ich spreche hier nicht als Turner und Sportsmann, sondern – wenn auch mit der Kenntnis und der Erfahrung von der Organisation und der Leitung sportlicher Gebiete ausgerüstet – als Vertreter des Herrn Ministers für Kultus und Unterricht, also der obersten Erziehungsbehörde unseres lieben Landes Hessen.

Was Sie hier zusammenführt, ist nicht nur eine freudig und nach vielen Opfern getane Arbeit am sportlichen Menschen, eine Arbeit also, die von höchster Bedeutung ist für unsere Jugend und für die Volksgesundheit im Lande Hessen. Der Sport als eines der hervorragendsten Mittel der Erziehung gehört dem ganzen Volke und allen Völkern überhaupt. Aber die Erziehungsbehörde unseres Landes Hessen muß auch von ihm wissen und für ihn sorgen. Das Verhältnis der Regierung und des Volkes aber, oder, deutlicher gesagt, des Sport-Volkes und der Regierung muß stets so sein, daß beide, der Sportverband wie die Regierung, dem eigentlichen Leben dienen, dem Leben von Jugend und Volk. Der Sportverband ist eine freiwillige und freie Vereinigung, die auf dem Boden der Demokratie gewachsen den Aufbau dieser Demokratie hervorragend fördern wird, wenn die Freiwilligkeit der Arbeit gewahrt bleibt. Da gibt es keine Befehle von Regierung und staatlicher Behörde, wohl aber ein Von-einander-wissen und ein Zusammenarbeiten. Ich habe den Eindruck, daß in den letzten Monaten hier und da kleine Mißverständnisse aufgetreten sind. Verwechseln Sie da bitte nicht Erlasse und Verfügungen, die unter dem Gesichtswinkel des politischen Schicksals Deutschlands ausgesprochen werden müssen, und die das deutsche Volk selbst verschuldet hat, verwechseln Sie also bitte nicht gewisse Verbote und Einschränkungen, die von der Regierung weitergegeben werden müssen, mit den übrigen Maßnahmen, die dem positiven Aufbau des sportlichen Lebens dienen sollen. Stets wird sich die Erziehungsbehörde, die ich zu vertreten habe, darum kümmern müssen, wie sich die körperliche, die charakterliche, die politsche und die geistige Erziehung der Jugend gestalten. Und da – und dies muß ich mit größtem Danke verzeichnen – ein großer Teil dieser Erziehungsarbeit ehrenamtlich geleistet wird von all den Männern und Frauen, die hier im Sportverband schaffen, muß sich notwendigerweise das Kultusministerium darum kümmern, wie die Dinge im sportlichen Leben nun verlaufen. Es hat aber weder das Recht noch die Lust, da irgendwie hineinzukommandieren. Aber es muß davon wissen. Denn es muß ja einen großen Teil der körperlichen Erziehung unserer Jugend, die gleichzeitig eine politische und eine charakterliche ist und Freiheit in der Ordnung und Ordnung in der Freiheit und Erziehung zu demokratischer Haltung als Mensch und als Bürger – es muß also diese Dinge der sportlichen Jugenderziehung bearbeiten, zunächst z. B. auf dem Gebiete der Schule, in der Frage der Ausbildung von Sportlehrern für das Schulwesen und dergleichen Es wird sich aber auch darum kümmern, wie die Dinge im Lager des Sports selbst verlaufen, und es wird darauf achten – ohne zu kommandieren und zu beaufsichtigen – und, wenn es gewünscht wird, hier und da auch helfen, jedenfalls aber zur Kenntnis nehmen und zu freundschaftlichen Aussprachen einzuladen, wenn ihm dies richtig erscheint.

Es wäre unsinnig, wenn wir gegeneinander arbeiten wollten. Ich habe aus Erlebnissen, die ich erst ganz kürzlich hatte, und die für mich und für meine Arbeit keine Förderung bedeuten – es handelt sich dabei um finanzielle Dinge –, den Eindruck, daß hier und dort im Lande geredet wird, als ob da und dort die Behörde vielleicht in den Sport hineinreden wollte. Es müßte die Führung des Landessportverbandes doch wissen – und ich glaube, sie weiß es auch –, daß dies von mir aus nie geschehen wird; dafür bin ich doch viel zu sehr Sportsmann. Aber dafür müssen doch gewisse Dinge, die im Sport gegeben sind, und die gelegentlich auftreten und die auf die Jugend nicht günstig einwirken – z. B. Wettleidenschaft und Übereifer bei Wettspielen u. s.f. –, es müssen also solche Dinge doch einmal besprochen werden, ganz freundschaftlich. Ich glaube, daß dabei keine Differenz zwischen uns auftreten wird, sondern daß wir eben gemeinsam zum Besten unserer Jugend uns aussprechen und die Dinge dann weiterentwickeln werden. Also nicht ***gegen***, sondern wo es angebracht ist ***miteinander*** – das ist der richtige Weg!

(Lebhafe Zustimmung.)

Wir stehen doch vor der ungeheuren Aufgabe, eine enttäuschte, abwartende Jugend – nicht nur die 100.000, die bereits im Sportverband mitarbeiten, sondern die 400.000 anderen auch – heranzuziehen, sie körperlich, geistig, sittlich und politisch zu erziehen oder ihnen zumindest zu helfen, daß sie sich selbst recht erziehen lernen.

Das wohl hervorragendste Mittel, Sport als Kulturaufgabe aufgefaßt, kann nur vom Sportverband, von den Kreisen, von den berufsmäßig arbeitenden Erziehern der Jugend, den Lehrern, und den Eltern gemeinsam angewandt werden. Und der Lehrer, der nichts vom Sportverband weiß, und der Sportverband, der etwa nicht mit den Lehrern in der Schule arbeiten würde, sie würden falsch handeln. Ich glaube nicht, daß da ernsthaft eine Gefahr besteht, wenn wir uns zueinander finden, auch in der Zukunft, so wie wir es erfreulicherweise schon in der Vergangenheit getan haben. Die Zukunft unserer Jugend und unseres Volkes hängen davon ab, daß wir körperlich, geistig und politisch eine Gesundung erleben, für die wir heute erst den Anfang haben machen können.

(Sehr wahr!)

Dieser Weg zum gesunden und freien und weltoffenen deutschen Sportvolk kann und muß gemeinsam vom Sportverband als dem großen Erzieher von Volk und Jugend und von den Vertretern der Erziehungsbehörden gegangen werden, wenn wir uns recht verstehen.

(Lebhafte Zustimmung.)

Mit Kommandos und mit Befehlen ist da nichts zu machen, sondern nur mit freudiger Freiwilligkeit und mit gemeinsamem Handeln.

Dazu wollte ich heute zum Besten unserer Jugend und unseres Volkes noch einmal aufrufen.

(Starker Beifall und Bravo-Rufe.)

Vorsitzer *Lindner*:

Herr *Dr. Herzfeld*! Ich danke Ihnen im Namen aller Teilnehmer unseres Verbandstages herzlichst für Ihre Ausführungen. Sie wissen, daß wir durchaus zueinander gefunden haben. Ich selbst und die Männer, die heute durch das Vertrauen des Verbandes gewählt werden, haben gerne davon Kenntnis genommen, daß wir jederzeit zu Ihnen kommen können, im Interesse der Jugend und in der Erfüllung der Aufgabe, die Sie als Dezernent bzw. Referent des Ministers auf dem Gebiet der Jugenderziehung zu erfüllen haben.

Meine Herren! Ich darf nunmehr Mister *Patrick* von der Militärregierung das Wort erteilen.

Mister *Patrick*:

Meine Herren!

Ich danke Ihnen zunächst aufrichtig für die freundlichen Worte, die Ihr Herr Vorsitzender an mich gerichtet hat und wünsche Ihnen für Ihre Tagung wie auch für Ihre weitere Arbeit am Sport vollsten Erfolg. Ich bitte Sie, mir für einige Ausführungen einige Minuten Gehör zu schenken.

Ich möchte den Ausführungen von Herrn *Dr. Herzfeld* noch einige Worte über den Ernst und die Möglichkeit der sportlichen Erziehung hinzufügen.

Ich habe vor einiger Zeit in Frankfurt am Main an einem Treffen teilgenommen, bei dem unter anderem auch die Frage erörtert wurde, ob Deutschland nicht an den nächsten Olympischen Spielen wieder teilnehmen könne. Das Wesentliche bei diesen Unterhaltungen war, daß die deutschen Anschauungen über den Olympischen Gedanken etwas geändert werden müssen. Diese Überzeugung hat sich bei mir noch verstärkt, als ich vor einiger Zeit das Interniertenlager in Darmstadt besuchte und dort Gelegenheit hatte, mit etwa 30-35 jungen deutschen Menschen zu sprechen. Der Eindruck, der mir dabei deutlich zum Bewußtsein kam, war, daß diese jungen Menschen seinerzeit im Alter von 9-10 Jahren Mitglieder einer Organisation wurden, und daß sie dadurch in eine ganz falsche Linie hineingedrängt worden sind und keine Gelegenheit hatten, selbst einen eigenen Weg zu gehen. Einzelne dieser jungen Menschen waren in der Unterhaltung mit mir für sofortige Erziehungspläne und kamen – das möchte ich ausdrücklich betonen – gerade aus Ihren Kreisen.

Bei all diesen Fragen müssen wir uns immer über das Grundsätzliche im Klaren sein: Jugendfrage ist Jugend-Erziehung. Wir dürfen aber die Jugend nun nicht erziehen, in einer bestimmten Richtung nur bestimmten Befehlen zu folgen, sondern sie muß so erzogen werden, daß Sie diese jungen Menschen stark machen, daß sie in der Lage sind, selbst ihre Entscheidungen zu treffen, in einer bestimmten Richtung und in bestimmten Situationen.

In meinem letzten Monatsbericht habe ich erwähnt, daß 100.000 junge Menschen Mitglieder der Sportorganisation in Hessen sind. Hoffen wir, daß wir auch jene bald in dieser Organisation sehen, die heute noch abseits stehen. Das aber ist gleichfalls eine Frage der Erziehung. Es gibt keine Stätte, wo wirkliches Mannestum und wo wirkliche Freiheit mehr und besser entwickelt werden und erworben werden können als gerade in einer Sportorganisation.

(Bravo!)

Ich glaube, diesen Gedankengängen können wir folgen, ohne daß wir zu fürchten hätten, daß in 20 oder 30 Jahren junge deutsche Menschen noch in irgendwelchen Lagern sitzen und sich darüber beklagen, daß sie einen falschen Weg geführt worden sind.

(Lebhafter Beifall.)

Vorsitzer *Lindner*:

Herzlichsten Dank, Mister *Patrick*, für Ihre Ausführungen.

Meine Herren! Ich habe nun noch eine kleine Unterlassungssünde bekanntzugeben und wettzumachen. Ich hatte in meinem Bericht versäumt zu erwähnen, daß wir ein Treuhand- und Revisionsbüro beauftragt hatten, unsere Geschäftsbücher zu überprüfen. Die Prüfung ist durchgeführt worden, und ich darf Ihnen kurz das Wesentlichste dieser Prüfung anhand des erstatteten Revisionsberichtes bekanntgeben.

(Verliest den Revisionsbericht.)

Hinsichtlich der Buchführung ist also vermerkt, daß sie sich nicht in einem vollkommenen Zustand befindet, was darauf zurückzuführen ist, daß die notwendigen Bücher nicht aufzutreiben waren. Sie sehen also, auch auf diesem Gebiete gibt es allerlei Schwierigkeiten. Im Ergebnis aber wird empfohlen, ab 1. April 1947 die Buchführung zu verbessern und sie auch nach den einzelnen verbandszugehörigen Vereinen aufzugliedern.

Im übrigen ist die Prüfung mit wenigen Ausnahmen von Beanstandungen buchtechnischer und steuertechnischer Art ohne weitere Beanstandung geblieben. Ich bitte nun Sportfreund *Sorg*, mit seinen heute vormittag abgebrochenen Ausführungen fortzufahren.

***Sorg*:**

Sportfreunde!

Ich habe heute früh neben dem Dank an die Verbandsleitung auch einiges über die Einheit im deutschen Sport gesagt und bin dann übergegangen zu dem Begriff der Demokratie, weil ich der Auffassung bin, daß Einheit in dem Sinne, wie wir sie zu pflegen haben, und wie wir sie zur Grundlage unseres neuen Sportlebens gemacht haben, eben nur auf dem Boden der Demokratie möglich ist. Ich hatte gesagt, daß jede zwangsweise Zusammenführung von Menschen verschiedener Meinung unmöglich einen inneren Zusammenhang dieser Menschen ergeben würde und nur dazu führen dürfte, daß sie in einem neuen Augenblick wieder auseinanderfallen. Ich habe dabei als Beispiel die Geschichte Deutschlands angeführt, in der wir ja Beispiele dieser Art zur Genüge haben.

Wir als Sportler haben uns unterfangen, nun im deutschen Leben eine ganz andere, völlig neue Richtung einzuschlagen, von der wir glauben, daß sie zu besseren und segensvolleren Erfolgen führen wird. Wir sind zusammengekommen aus verschiedenen politischen, religiösen und weltanschaulichen Lagern, um eine neue Richtung einzuschlagen, eine neue Grundlage zu schaffen, ja, eine neue Epoche im deutschen Sport einzuleiten. Ziel dieser neuen Epoche ist es im deutschen Volke den Gedanken der Demokratie so zu verankern, daß er zum Gemeingut aller wird, daß er zur Lebensbasis des gesamten Volkes wird, und weil wir gerade die Jugend zur Betreuung in unseren Händen haben. Darum ist dieser Grundsatz für uns von so eminenter Bedeutung.

Wenn ein Mensch ein gewisses Alter erreicht hat, ist es sehr schwer, noch viel an ihm herumzudoktern oder zu verbessern. Der Mensch, der eine demokratische Gesinnung haben will, muß sie in seinen jungen Jahren erlernen. Und wenn wir einen jungen Menschen formen wollen, dann müssen wir selbst zumindest die Grundbegriffe dieser Demokratie selbst in uns besitzen, und wir selbst müssen uns befleißigen, diese Grundbegriffe, soweit wir sie noch nicht beherrschen, zu erlernen. Ich habe schon gesagt, daß diejenigen Sportler, denen die demokratischen Begriffe von früher her noch bekannt und geläufig sind, die größte Verantwortung haben, im Rahmen der sportlichen Organisation nun den übrigen Angehörigen dieser Organisation diese Begriffe beizubringen und sie ihnen zu lehren. Dazu aber gehören Geduld und Toleranz, weil sie Voraussetzung sind zur Ausübung dieser neuen Idee.

Wir brauchen aber noch etwas mehr, und das vermisse ich. Ich bin auf sehr vielen sportlichen Veranstaltungen in allen Teilen Deutschlands gewesen. Und da habe ich, soweit es sich um Tagungen oder Konferenzen handelte, immer wieder feststellen müssen, daß es vor allem an einer freien und offenen Diskussion fehlt. Meistens werden auf diesen Tagungen nur kurze, trockene geschäftliche Dinge abgewickelt. Aus meiner sportlichen Vergangenheit habe ich noch gut in Erinnerung, daß aber auch sehr viele solcher Veranstaltungen nicht nur dazu dienten, nur den geschäftlichen Teil abzuwickeln und zu erledigen, sondern wenn wir dann von derartigen Veranstaltungen nachhause gingen, nahmen wir jedesmal wieder ein Stück neuer Kraft für unsere weitere Arbeit mit nachhause. Das, meine ich, muß eine Tagung unbedingt bringen, und wenn sie es nicht bringt, dann hat sie nur den halben Zweck erfüllt.

(Lebhafte Zustimmung.)

Wir müssen also auf diesen Tagungen nicht nur zurückschauen auf das hinter uns Liegende, sondern wir müssen auch vorwärts blicken. Das will heißen, daß wir in einer freien und offenen Diskussion unsere Meinungen aussprechen und austauschen, auch wenn sie gegensätzlicher Natur sind. Die Meinungen sagen, heraus mit der Farbe, auf den Tisch des Hauses, was nicht in Ordnung ist und was uns bedrückt – das ist hundertmal besser, als heimzugehen, denn dann geht das alte Leiden gleichsam unterirdisch wieder weiter. Das ist nicht richtig getan und schadet nur.

(Sehr richtig!)

Nein, die richtige Methode ist, herzugehen und alles

zu sagen, was uns bedrückt. Was nötig ist, das muß besprochen werden. Durch solch eine freie und offenen Aussprache aber kommen wir dann auch zwangsläufig zur demokratischen Lebensweise und Ordnung in unserer Organisation.

(Zustimmung.)

Nun haben wir in fast allen Ländern der westlichen Zonen unsere Landessportverbände – mit Ausnahme der beiden Länder in der französischen Zone; ich nehme aber an, daß sie in nicht all zu ferner Zeit ebenfalls ihre Landessportverbände bilden können. Damit haben wir die erste Stufe in der Organisation des deutschen Sportes erreicht. Wir sind der Auffassung, die Landessportverbände in ihrer einheitlichen Zusammenfassung der Fachverbände sind eben doch nur Landesverbände dieser Fachverbände. Das hat seine Ursache nicht nur in dem Einigkeitsgedanken, sondern das Wesentliche liegt hier ja in der Struktur des deutschen Vereins begründet. Der deutsche Verein ist ein Familienverein; ihm gehören an Männer und Frauen, alt und jung. Die ganze Familie treibt Sport und die verschiedensten Arten des Sportes. Ein solcher Verein, ein solches Gebilde muß auch einen sinngemäßen Aufbau haben. Das ist m. E. vielleicht das Allerentscheidendste. Alle übrigen Argumente, die dafür oder dagegen angeführt wurden und oft noch werden – zumindest von den Fachverbänden –, sind völlig unrichtig, und sie passen gar nicht in unser Leben und in unseren Rahmen. Und gerade weil der Vertreter der Militärregierung hier anwesend ist, möchte ich doch auf etwas Besonderes in unseren Reihen hinweisen. Ich verstehe, wenn die Vertreter der amerikanischen Regierung danach streben, die Jugend für sich zu halten. Das ist in anderen Ländern mit Erfolg durchgeführt worden. Ich sage: Mit Erfolg. Auch ich neige dazu, es ist besser, eine junge Generation nicht unter dem Schutze der Alten heranwachsen zu lassen, sondern es ist besser, sie ihre eigenen Wege gehen zu lassen. Das wäre ein großer Fortschritt, dazu gehört aber allgemein ein demokratischer Fortschritt. Und diese Entwicklung haben wir in Deutschland noch nicht. Unser gesamtes Vereinswesen ist, wie ich schon sagte, auf dem Grundsatz der Familie aufgebaut. Es bestehen aber auch hier Unterschiede, die von eminenter Bedeutung sind. Ich gebe zu, auch ich bin der Auffassung, daß auch wir vielleicht, auf lange Zeit gesehen, einmal zu einer solchen Entwicklung kommen werden. Das erfordert und verlangt von uns aber Vorbereitung. Zur Zeit leben wir in den Familien-Vereinen. Wollen wir einmal dahin kommen, dann erfordert das vor allem einen geschlossenen Landessportverband und keine selbständigen Fachverbände. Das ist das Elementare. Daß wir aber jetzt den Fachverbänden ihre unbeschränkte Freiheit gegeben haben, das zeugt von der demokratischen Gesinnung, von dem demokratischen Aufbau. Es liegt also an der gesamten Struktur. Und ich glaube, daß dieser Gedanke z. Z. der einzig richtige ist, und wir werden auf diesem Wege zu einer allgemeinen Bereinigung und zu einer neuen und gesunden Entwicklung des Sportes kommen.

Nun haben wir in den Landessportverbänden und überall in Deutschland darüber nachgedacht: Wie kommen wir zu einer neuen Reichsorganisation? – Seht, Ihr Freunde, hier stoßen wir wieder auf eigenartige Dinge. Wir Deutschen neigen zu gewaltigen zentralen Organisationen. Wir haben zwar niemals einen bösen Willen dabei, eine böse Absicht, nein, das liegt eben nun mal in dem Organisationstalent der Deutschen schlechthin begründet. Aber seien wir uns darüber klar und vergessen wir es nicht: Diese zentralen Organisationen, die wir überall hatten – auch im Sport –, die waren zugleich auch die beste Organisation für einen militärischen Angriff auf die anderen Länder. Die Tatsache, daß uns bisher die Bildung einer zentralen Organisation über die Landesgrenzen hinaus nicht erlaubt ist, hat ihre Ursache in der Überspannung der natioalsozialistischen Machtkonzentration. Wir müssen deshalb damit rechnen, daß die letzte Formierung des deutschen Sports sich wahrscheinlich auf föderalistischer Basis vollziehen wird, ähnlich wie die Länder selbst. Wir werden dann ein föderalistisches Deutschland haben, gebildet aus den einzelnen Ländern, und wir werden auch einen föderalistisch aufgebauten Sport haben, gebildet aus den Landesorganisationen des Sports. Und wenn ich diesen organisatorischen Aufbau des Sports sehe, so ist erst recht der Landessportverband der einzige geeignete Vertreter dieser Organisation, weil ja ein Fachverband im Ländermaßstab überhaupt nicht lebensfähig sein kann, wenn er nicht gerade zum Fußball oder zu einem der anderen zahlenmäßig sehr großen Verbände zählt.

Ich glaube deshalb, daß wir auch in dem Fundament der uns zur Beratung und Beschlußfassung vorgelegten Satzung des Landessportverbandes schon die richtige Grundlage für den weiteren Aufbau des hessischen Sports haben.

Neben dem Wunsch nach der allgemeinen, inneren Ausrichtung unserer Organisation macht sich aber auch sehr stark der Wunsch geltend: Wie kommen wir Deutschen wieder zu einer internationalen Verbindung im Sport? Ich kann mich eigentlich glücklich schätzen, daß meine Ausführungen heute früh unterbrochen worden sind, und daß ich nun noch einmal eine amtliche Bestätigung aus dem Munde eines maßgeblichen Vertreters der Besatzungsmacht erhalten habe über den Begriff der Olympischen Idee. Ich fechte in diesem Lande einen leidenschaftlichen Kampf aus um die Anerkennung der Olympischen Idee, so, wie sie die Welt sieht. Die Deutschen, die die Olympische Idee bisher interpretiert und proklamiert haben, haben sie falsch interpretiert. Das, was wir bisher auf diesem Gebiet gesehen haben, ist nicht die Olympische Idee in ihrer Ursprünglichkeit und in ihrer Wirklichkeit.

Wir haben kürzlich in Frankfurt eine Tagung gehabt, auf der über die Olympische Idee und unseren Wiederanschluß an sie gesprochen wurde. Und da mußte ich zu einem Gewaltmittel greifen, um einen bodenlosen Unsinn zu verhindern. Wir haben auf dieser Tagung den Versuch gemacht, durch Bildung eines Deutschen Olmpischen Komitees wieder den Anschluß an die Welt zu finden, zumindest diesen Anschluß zu suchen. Nun sieht aber die Welt in der Olympischen Idee eine Idee, die die Völker verbindet, die antimilitaristisch ist, die ausschließlich dazu bestimmt ist, die Jugend der Welt friedlich zu vereinigen und miteinander zu verbinden. Wenn ich dann aber in den Büchern maßgeblicher deutscher Sportler lese, daß sie die olympische Idee als nichts anderes ansehen, als eine Möglichkeit, uns die Tore zur Welt zu öffnen, dann ist das meines Erachtens Unsinn. Das müssen wir in Deutschland begreifen!

(Sehr richtig!)

Wir müssen uns gefallen lassen, daß man an uns Kritik übt. Der einzige und beste Weg, uns das Vertrauen der Welt wiederzugewinnen, ist, daß wir offen bekennen, daß wir Fehler gemacht haben, und daß wir offen unsere Gedanken und Absichten auf den Tisch des Hauses legen.

(Sehr richtig!)

Auch ich würde keinem Deutschen trauen, wenn er mir – vielleicht als einem Engländer – nicht offen alles auf den Tisch legen würde. Dazu war ich zu lange im Auslande, um das zu wissen.

Wir haben gar nichts zu verstecken. Wir können unsere Ideen propagieren. Ihr wollt genau dasselbe wie wir, ganz gleich, ob Ihr aus den Reihen der Arbeitersportler oder aus der Deutschen Turnerschaft oder aus der Deutschen Jugendkraft kommt. Es gibt nur ganz wenige, die den wirklichen Sinn des neuen deutschen Sports, die Olympische Idee, irgendwie verneinen würden. Es gibt nur ganz wenige, in unseren Reihen, die an den alten militaristischen Gedankengängen wieder anknüpfen wollen. Die Schutthaufen in unseren Städten sprechen eine zu harte und belehrende Sprache. Aber darum müssen wir auch Menschen ablehnen, die nicht diese offene demokratische Gesinnung, diese Gesinnung der Olympischen Idee, so wie die Welt sie auffaßt, akzeptieren. Und wir müssen darum auch bei der Vertretung des deutschen Sports außerordentliches Gewicht darauf legen, daß da nur solche Menschen am Werke sind, die diese Idee, diese Olympische Idee, in ihrer ganzen Tiefe und Weite erkannt und erfaßt haben und die mit offenem Herzen auch danach streben, sie zu verwirklichen gerade auch im deutschen Sport.

(Bravo!)

Und nun noch ein Wort an die Anhänger der früheren Deutschen Turnerschaft. Die Deutsche Turnerschaft hat ein Gutes und auch ein Mangelhaftes, wie alle anderen auch. Nun merke ich in letzter Zeit aber, daß man wieder versucht, Deutsche Turnvereine zu gründen. Ich möchte diesen Sportfreunden sagen: Seid sehr vorsichtig! Der Name der Deutschen Turnerschaft hat einen schlechten Klang, zumindest so, wie er sich zuletzt repräsentiert hat. Noch heute z.B. ist in der französischen Zone das Turnen verboten aus den alten Erwägungen heraus. Es hat bessere Zeiten in der Geschichte der Deutschen Turnerschaft gegeben als die der letzten 20, 30 Jahre. Ich habe die Geschichte der Deutschen Turnerschaft studiert, und ich war erfreut und angenehm überrascht, als ich da las, daß 1848, als das deutsche Volk damals um seine politische Freiheit kämpfte, die Deutsche Turnerschaft auf den Barrikaden stand und für die deutsche Freiheit kämpfte.

(Beifall.)

Ich wünsche der Deutschen Turnerschaft, daß sie sich wieder den Geist von 1848 zurückholen möge. Es sind allerdings „nur" 100 Jahre vergangen, und im nächsten Jahre schreiben wir schon 1948. Ich glaube, es wäre an der Zeit, wenn die Deutsche Turnerschaft sich jetzt an jene Zeit und an den Geist von damals erinnern würde. Damals trug sie die Fahne mit den Farben Schwarz-Rot-Gold, die Fahne der deutschen Freiheit. Diese Fahne ist dann später in Schwarz-Weiß-Rot gewandelt worden, um schließlich im Hakenkreuz zu enden.

(Sehr richtig!)

Nun ist die Zeit gekommen, an jene Zeit und an jene Tradition sich wieder zu erinnern, und sich auf ihre Aufgaben zu besinnen.

Ich glaube, daß wir uns alle auf diese Gedankengänge der alten deutschen Freiheitskämpfer zurückbesinnen sollten, dann lebt auch wieder diese geschlossene Front auf, die in diesen festen Gedanken der Einheit ihr festes Fundament haben sollte. Mit dieser deutschen Grundidee, mit diesem alten deutschen demokratischen Freiheitsgedanken werden wir auch den Weg zu der Olympischen Idee wieder finden. Er ist dann nicht mehr sehr weit.

Der Schlüssel zur Welt aber liegt dann in der richtigen Erkenntnis der Olympischen Idee, in der Notwendigkeit der Umwandlung unseres Denkens zum demokratischen Menschen hin. Das haben Sie vor wenigen Minuten aus berufenem Munde gehört, und ich glaube, wenn wir dem Volke und dem Lande und vor allem unserer Jugend einen Dienst erweisen wollen, einen wirklichen Dienst für das Leben, dann ist es der, daß wir diese Aufgabe, zur Einheit und Geschlossenheit zu gelangen, im Geiste der Demokratie und im Geiste eines neuen Deutschland, im Geiste der Olympischen Idee, durchfechten müssen. Das, Sportfreunde, sind Sie sich selbst und Ihren Nachfolgern schuldig! Das sind Sie sich und Ihrem Lande und Ihrem Volke, in dem Sie leben, schuldig! Ich glaube, unser Verantwortungsgefühl als Sportler war stets so, daß wir diese Gedanken, dieses Fühlen und dieses Wollen an die Spitze all unseres Tuns gestellt haben.

Laßt uns deshalb, wenn wir von hier wieder nach Hause gehen, das sichere Gefühl mitnehmen: Wir stehen fest und einig, damit wir unseren Kampf im neuen deutschen Sport im Sinne der Demokratie und im Sinne der Olympischen Idee, wie sie die Welt sieht und haben will, führen können.

(Lebhafter Beifall.)

Vorsitzer *Lindner*:

Ich danke unserem Sportfreund *Sorg* für seine Ausführungen. Sie waren ja, streng genommen, nicht eigentlich eine Kritik an einem Jahresbericht, sondern er hat gesprochen, um uns, von einer hohen Warte aus und unter beachtlichen Gesichtspunkten, Gedanken mit auf den Weg zu geben, die für die weitere Arbeit innerhalb des Landessportverbandes von ganz besonderer Bedeutung sind. Ihr Beifall hat gezeigt, daß Sie diese Ausführungen unseres Kameraden *Sorg* richtig verstanden haben.

Da zu Punkt 1.) unserer Tagesordnung nunmehr keine Wortmeldungen mehr vorliegen, können wir diesen Punkt als erledigt ansehen.

(Zustimmung.)

Ich stelle Ihre Zustimmung fest.

In der Zwischenzeit habe ich nahegelegt bekommen, eine feste Redezeit festsetzen zu lassen. Nachdem gerade von unserem Freunde *Sorg* diese grundsätzlichen Ausführungen gemacht worden sind, und nachdem jetzt eigentlich eine recht sachliche Arbeit einzusetzen hat, ist anzunehmen, daß keine großen und umfangreichen grundsätzlichen Darlegungen mehr kommen, es sei denn noch zu irgend welchen einzelnen Punkten unserer Tagesordnung, die sich vielleicht noch im Verlaufe der Verhandlungen ergeben könnten.

Ich darf bei dieser Gelegenheit daran erinnern, daß wir uns ja bereits gewissermaßen zugesichert hatten: Es faßt sich jeder so kurz und sachlich, wie er kann. Das, was zur Sache gesagt werden muß, muß natürlich gesagt werden. Im übrigen wollen wir gerne auf die Wortmeldungen verzichten, die lediglich deshalb erfolgen, um, wie ich das heute morgen schon sagte, dann zu erklären: „Mein Vorredner das mir das Wesentlichste eigentlich schon vorweggenommen ...".

Ich frage also, ob Sie grundsätzlich damit einverstanden sind, daß eine begrenzte Redezeit festgesetzt wird? Ich würde vorschlagen, diese Redezeit vorsorglich auf fünf Minuten zu begrenzen. Wenn es wirklich notwendig werden sollte, dann besteht selbstverständlich jederzeit die Möglichkeit, diese Grundregel zu durchbrechen und die Redezeit zu verlängern.

Erhebt sich gegen diesen Vorschlag irgendein Widerspruch?

(Zustimmung.)

Ich stelle fest: Nein. Damit ist also für die Verhandlungen des 1. Verbandstages eine allgemeine Redezeit von fünf Minuten festgelegt worden.

Meine lieben Sportfreunde!

Wir kommen dann zu

Punkt 2:

Bearbeitung und Beschlußfassung der Hauptsatzungen des Verbandes, einschließlich Allgemeine Geschäftsordnung und Ausgabe- und Spesenordnung des Verbandes.

Im Auftrage des Gesamtverbandsvorstandes und im Einvernehmen mit den Bezirksvorsitzenden darf ich Ihnen verfahrensmäßig folgende Vorschläge machen:

Wir stellen zur Diskussion zunächst die

Allgemeine Geschäftsordnung des Landessportverbandes,

die Sie ja kennen aus unserer Veröffentlichung in den „Sport-Mitteilungen". Wir wollen sie zuerst beraten, weil sie Grundsätze enthält, die für die weitere Abwicklung der Verhandlungen des 1. Verbandstages an sich von Bedeutung sind. Wenn wir uns zu dieser Allgemeinen Geschäftsordnung bekennen, haben wir damit gleichzeitig eine Geschäftsordnung vorliegen, die für unsere gesamten weiteren Arbeiten nur dienlich sein kann. Aus diesem Grunde bitte ich um Ihre Zustimmung, daß wir uns zunächst über diese Allgemeine Geschäftsordnung, wie Sie Ihnen im Entwurf bereits vorgelegt worden ist, unterhalten.

Zunächst möchte ich noch einige wenige Druckfehler, die sich eingeschlichen haben, richtigstellen.

Im gesamten Text muß normalerweise das Wort „*allgemeine* Geschäftsordnung" groß geschrieben werden.

Zu § 1, Absatz 3.) muß es statt

„... ist der Vorsitzende oder sein Vertreter anwesend ..."

natürlich richtig heißen

„... *ab*wesend ..."

Ich darf Ihnen bei dieser Gelegenheit gleich eine Änderung vorschlagen im § 5, die ich Ihnen als das Ergebnis einer Tagung des Verbandsvorstandes mit den Bezirks- und Kreisvorsitzenden vorlege. In der Ihnen vorgelegten Fassung des Absatz 8.) des § 5 heißt es:

„... dann ist zunächst die Rednerliste zu verlesen, und alsdann ist über den Antrag abzustimmen. Wird der Antrag angenommen, dann darf der Vorsitzende nur noch einem Redner für den Antrag und einem Redner gegen den Antrag in der Reihenfolge ihres Eintrags in der Liste ... erteilen." Dieser Absatz soll nun unter Streichung des Zwischensatzes von „... alsdann ..." bis „... angenommen, ..."

die folgende neue Fassung bekommen, wobei mit dem Worte „Antrag" der „Antrag, der zur Diskussion gestellt ist" gemeint ist:

„... dann ist zunächst die Rednerliste zu verlesen. Dann darf der Vorsitzende nur noch einem Redner für und einem Redner gegen den Antrag auf Schluß der Debatte in der Reihenfolge ihres Eintrages in der Liste, sowie dem ursprünglichen Antragsteller oder Berichterstatter das Wort erteilen. Danach ist über den Antrag auf Schluß der Debatte abzustimmen."

Sonstige Änderungsvorschläge sind zur Allgemeinen Geschäftsordnung seitens des Gesamtvorstandes im Einvernehmen mit den Bezirks- und Kreisvorsitzenden nicht zu machen.

Die Bestimmungen sind klar, und es hatte jeder die Möglichkeit, sie in aller Ruhe in den Wochen vor dem Verbandstage durchzuarbeiten. Ich nehme an, daß diese Arbeit Ihrerseits gründlich getan worden ist.

Ich stelle also hiermit die Allgemeine Geschäftsordnung zur Debatte. Für die Sportfreunde und Sportfreundinnen, die etwas später gekommen sind, darf ich darauf aufmerksam machen, daß hier unten rechter Hand unser Tischtenniswart Sportfreund *Bunn* schriftliche Wortmeldungen mit Namen und Vereinsangebe zur Weiterleitung an mich entgegennimmt.

Im übrigen muß ich vorsorglich für Abstimmungen noch auf folgendes aufmerksam machen. Ich habe eingangs bereits festgestellt, daß zum Verbandstag ordnungsgemäß eingeladen wurde, und daß auch das Verfahren für die Abgabe der Stimmen festgelegt war. Dieses Verfahren für den 1. Verbandstag ist nach demokratischen Grundsätzen aufgebaut, d. h. jeder Verein hat das Recht, einen Delegierten zum Verbandstag zu schicken und damit unmittelbar bei der Gestaltung der Geschicke des Verbandes mitzuwirken. Es ist seitens der Vereine von diesem Recht auch Gebrauch gemacht worden. Ich habe inzwischen aber von unserer Arbeitsstelle, die die Stimmzettel ausgegeben hat, in sechs Fällen Stimmzettel vorgelegt bekommen, die ausgefüllt sind von Delegierten von einer Anzahl von Vereinen, und zwar aus den Sportkreisen Hofgeismar und Schlüchtern. Ich gebe Ihnen von dieser Tatsache Kenntnis, denn wenn wir nun zu einer Abstimmung kommen, muß diese Frage nochmals eingehend und besonders behandelt werden.

Es ergibt sich also die Frage, ob wir diese Vollmachten, die ***nicht*** den veröffentlichen Richtlinien für den 1. Verbandstag entsprechen, berücksichtigen wollen. Es gibt Gründe, die durchaus dafür sprechen. Auf der anderen Seite sollte aber beachtet werden, daß, wenn einmal ein bestimmtes Verfahren festgelegt worden ist, man sich auch zu diesem Verfahren bekennen muß. Und wenn man sich dazu bekennt, dann sollte man es auch konsequenterweise einhalten. Ich verstehe, wenn man sagt: Wir sind vertrauensvoll hierhergekommen, wir haben von dem Verfahren Kenntnis genommen und Kenntnis gehabt, aber wir sind eine Reihe kleinerer Vereine, die am Verbandstag Interesse haben, die aber so weit weg wohnen, auch verkehrstechnisch gesehen, daß sie nicht mehr die Möglichkeit hatten, selbst einen eigenen Vertreter zu entsenden.

Das Bürgerliche Gesetzbuch sieht vor, grundsätzlich, daß das Stimmrecht in einem Verein nicht übertragbar ist. Eigentlich kann also das Stimmrecht eines Vereins auch nur ausgeübt werden von einem Mitglied dieses Vereins und nicht von irgendeinem sonstigen Bevollmächtigten. Nun besteht aber die Möglichkeit, in der Satzung des Vereins zu bestimmen, dieses demokratische System, nämlich die unmittelbare Vertretung beim Verbandstag, fallen zu lassen und stattdessen das Delegierten-System beim Verbandstag einzuführen. Darüber müßten wir uns also erst einmal unterhalten.

Im übrigen stimmen auch die Zahlen, die da ausgerechnet worden sind, nicht, sie waren noch zu dividieren durch 50.

Es sind also zwei Kreise, der Sportkreis Hofgeismar und der Sportkreis Schlüchtern, die hier als Vertreter von Vereinen anwesend sind.

Vor Eintritt in die Debatte über die Allgemeine Geschäftsordnung frage ich Sie daher: Wollen Sie, entgegen dem festgelegten Grundsatz, die Vertreter der beiden Sportkreise Hofgeismar und Schlüchtern bei den Abstimmungen mitwirken lassen?

Um das Wort hatte gebeten der Geschäftsführer des Landessportverbandes und Fachgruppenleiter Fußball, Sportfreund *Linnenberg*.

Geschäftsführer *Linnenberg*:

Ich halte es nicht für fair, wenn man zwei Kreisen Gelegenheit geben würde, ihrer Meinung hundertfach Ausdruck zu geben, während sich die anderen Vereine nach dem für den Verbandstag ausgeschriebenen Verfahren richten. Wenn von rund 1.300 Vereinen fast 200 Delegierte anwesend sind, so ist das etwa ein Sechstel aller Vereine. Ich sehe also nicht ein, daß dann vielleicht zwei Kreise nach der Melodie „Wenns geht, gehts" mit ihren Vollmachten kommen und schließlich eine stärkere Stimmberechtigung aufweisen als die anderen Delegierten.

(Sehr richtig!)

Vorsitzer *Lindner*:

Wird zu dieser Frage noch das Wort gewünscht? – Ich stelle fest, daß dies nicht der Fall ist.

Von den Vertretern der Sportkreise Hofgeismar und Schlüchtern ist beantragt, daß sie zur Abstimmung zugelassen werden, soweit sie selbst einen eigenen Verein vertreten. Dagegen ist an sich in dem Falle und insoweit nichts einzuwenden, wo eine Vollmacht des eigenen Vereins vorliegt. In dem anderen Falle aber, wo es sich um die bevollmächtigte Vertretung anderer Vereine handelt, müßten wir erst darüber abstimmen, ob wir insoweit diese Vollmachten anerkennen, die Vertreter also zur Abstimmung zulassen wollen. Es handelt sich also, wie ich ausdrücklich noch einmal betone, um die Sportkreise Hofgeismar und Schlüchtern.

(Zuruf: Wieviel Stimmen sind denn das?)

Das ist also, wohlgemerkt, eine grundsätzliche Frage. Es geht nicht etwa darum, etwa nun persönlich die durchaus vertrauensvoll und ordnungsgemäß beauftragten Sportfreunde hier auszuschalten. Es geht vielmehr darum, festzustellen, nachdem nun einmal ein klares Verfahren für den Verbandstag festgelegt worden ist, ob dieses Verfahren hier jetzt wieder über den Haufen geworfen werden soll. Wäre dies der Fall, dann hätten wir es allerdings selbst ja von vorneherein schon einführen können.

Aufgrund einer kurzen Ausrechnung, die Sportfreund *Schmidt* eben vorgenommen hat, kann ich Ihnen sagen, daß es sich um 103 Stimmen handelt, die, wenn wir diese Vertreter zulassen, unter Umständen ins Gewicht fallen können.

(Bewegung im Saal und Zurufe.)

Wortmeldungen zu dieser Frage liegen nicht mehr vor. Ich bitte deshalb um Abstimmung, und zwar bitte ich die stimmberechtigten Vereinsdelegierten einmal aufzustehen. Ich denke, daß wir so klar kommen und ohne weiteres und ohne schriftliche Arbeit ein Ergebnis erzielen werden.

Wer dafür ist, daß die beiden Vertreter der Sportkreise Hofgeismar und Schlüchtern bei den Abstimmungen mitwirken mit der errechneten Stimmzahl ihrer Vereine, den bitte ich, die Hand zu erheben.

(Abstimmung.)

Ich stelle fest: Drei Stimmen dafür.

Die Gegenprobe? – Wer ist gegen eine Mitwirkung bei der Abstimmung? – Ich danke. Das ist die Mehrheit.

Stimmenthaltungen: Fünf.

Ich stelle fest, daß der *Antrag auf Mitwirkung der Vertreter der Sportkreise Hofgeismar und Schlüchtern bei den Abstimmungen als bevollmächtigte Vertreter von Vereinen, die nicht ihre eigenen Vereine sind, abgelehnt worden ist bei fünf Stimmenthaltungen und vorbehaltlich einer genauen Errechnung der Stimmen.*

(Zuruf Sorg: Aber jeder Delegierte kann doch seinen eigenen Verein vertreten?)

Selbstverständlich können diese Delegierten, soweit sie ihren eigenen Verein vertreten, ohne weiteres mit abstimmen.

Sportfreunde! Wie ich vorhin schon sagte, haben wir vom Gesamtverbandsvorstand aus im Benehmen mit den Bezirks- und den Kreisvorsitzenden vorgeschlagen, zunächst die Allgemeine Geschäftsordnung, anschließend die Ausgabe- und Spesenordnung und zum Schluß die Hauptsatzung zu beraten und über sie abzustimmen.

Ich frage Sie: Erhebt sich gegen diesen Vorschlag Widerspruch? – Das ist nicht der Fall. Ich stelle also fest, daß dann entsprechend diesem Vorschlag verfahren wird.

Damit stelle ich die Allgemeine Geschäftsordnung zur Diskussion.

Da Wortmeldungen nicht vorliegen und auch nicht abgegeben werden, können wir zur Abstimmung schreiten. Ich stelle also zur Abstimmung die Allgemeine Geschäftsordnung des Landessportverbandes mit den von mir vorhin angegebenen Druckfehlerberichtigungen und den von mir vorgeschlagenen textlichen Änderungen.

Die Ihnen vorgelegte Allgemeine Geschäftsordnung ist nach gewissenhafter und wirklich sorgfältiger Besprechung des engeren geschäftsführenden Verbandsvorstandes mit den Mitgliedern des erweiterten Verbandsvorstandes und den Fachgruppenleitern und den Bezirks- und Kreisvorsitzenden abgefaßt und Ihnen vorgelegt worden.

Wer für die Annahme dieser Allgemeinen Geschäftsordnung ist, den bitte ich die Hand zu erheben.

(Abstimmung.)

Ich danke Ihnen.

Die Gegenprobe: Wer ist gegen die Annahme? – Ich stelle fest: Niemand.

Stimmenthaltungen? – Ich stelle fest: Vier Stimmenthaltungen.

(Zuruf: Es ist uns nicht möglich, über diese Allgemeine Geschäftsordnung abzustimmen, weil sie uns nicht zugestellt worden ist!)

Ich danke Ihnen für diesen Hinweis. Wenn das praktisch so ist, wie Sie sagen, dann bedaure ich es. In einer Sondernummer der „Sport-Mitteilungen" des Landessportverbandes wurden jedoch sowohl die Hauptsatzung im Entwurf wie auch die Allgemeine Geschäftsordnung und die Ausgabe- und Spesenordnung des Landessportverbandes veröffentlicht und rechtzeitig allen Vereinen des Verbandes zugestellt. Sie sind auch nach den uns bekannt gewordenen Auskünften der Kreis- und der Bezirksvorsitzenden mit den Vereinen beraten worden. Die Kreisvorsitzenden hatten ja die Aufgabe, diese Dinge mit den Vereinen durchzusprechen. Ich selbst weiß, daß dies z. B. im Kreis Darmstadt der Fall gewesen ist.

Wenn jemandem ein Recht zusteht, dann hat er auch das Recht, es entweder auszuüben oder es zu unterlassen. Es ist auch bei diesen Tagungen vorgekommen, daß viele Vereine nicht erschienen sind. Daß man diese Tatsache hinterher feststellen kann, wenn es notwendig ist, versteht sich am Rande. Ich glaube aber, wir können verfahrensmäßig jetzt nicht so vorgehen, daß wir noch einmal Wort für Wort den ganzen Entwurf durchgehen und vorlesen. Das würde entschieden zu weit führen.

(Lebhafte Zustimmung.)

Abgesehen davon, daß wir in der Abstimmung waren und diese bereits abgeschlossen war und ich bereits festgestellt hatte, daß

> *die Allgemeine Geschäftsordnung des Landessportverbandes bei fünf Stimmenthaltungen angenommen wurde.*

Im übrigen habe ich aber noch ein Exemplar dieser Sondernummer der „Sport-Mitteilungen" hier und bin gerne bereit, Ihnen dieses Exemplar zu überlassen. – Wie ich eben höre, ist noch eine ganze Reihe Exemplare hier, und ich bitte Sportfreund *Schmidt*, zu veranlassen, daß sie, soweit noch Bedarf besteht, zur Verteilung gelangen.

Sportfreunde! Wir kommen nunmehr zur

Ausgabe- und Spesenordnung des Landessportverbandes.

Auch hierzu darf ich Ihnen sagen, daß diese Ordnung aufgestellt worden ist nach wirtschaftlichen, kaufmännischen und auch verwaltungsmäßig klaren Gesichtspunkten. Vor allem hat sie einen Grundsatz: Man darf in einer Organisation, die eine saubere Arbeit leisten will, Ausgaben auf jeden Fall erst dann tätigen, wenn sie vorher genehmigt worden sind. Um diese Genehmigung noch in ihren Feinheiten zu kennzeichnen, muß selbstverständlich herausgestellt werden, daß die Ausgaben erst getätigt werden dürfen, wenn sie mindestens dem Grunde nach genehmigt sind, und auch nach aller Möglichkeit der Höhe nach. Das ist ein klarer finanzpolitischer Grundsatz, der selbstverständlich auch bei uns Geltung haben muß und wird.

Im übrigen regelt die Ausgabe- und Spesenordnung eine Reihe von Dingen, die grundsätzlich festgelegt werden müssen. So regelt sie auch die Bestimmungen über die Reisekosten und Reisespesen, über Übernachtungsgelder, über Tagesspesen u. a. Oberster Grundsatz ist dabei, daß die Arbeit der Verwaltung eines Landessportverbandes ebenso grundsätzlich eine ehrenamtliche Tätigkeit ist. Sie stellt damit fest, daß den ehrenamtlich tätigen Mitgliedern aber auch die Möglichkeit gegeben sein muß, auf jeden Fall die Kosten von der Organisation zurückzuerhalten, die sie im Dienste dieser Organisation praktisch zu tragen hatten, insbesondere also beispielsweise Reisekosten, Porti, Telefonkosten usw.

Die Ausgabe- und Spesenordnung sieht auch vor, daß Tagegelder bis zu bestimmten Höchstsätzen bewilligt werden können. Diese Sätze, die im § 5 – um darauf einzugehen – als Höchstsätze festgelegt sind, müssen nicht eingehalten werden, genau so wenig etwa, wie ein Mitarbeiter innerhalb der ehrenamtlichen Verwaltung des Verbandes verpflichtet ist, derartige Kosten überhaupt in Rechnung zu stellen. Auch solche Leute gibt es!

(Bravo!)

Ja, es gibt auch Leute, die gerne aus Idealismus Arbeit leisten und die entstandenen Kosten dann auch gerne aus der eigenen Tasche tragen. Aber das kann man nicht jedem einzelnen zumuten, und deshalb mußte im § 5 ein Tagesspesensatz festgelegt werden, der im übrigen auf der Tagung der Arbeitsgemeinschaft Süddeutscher

Sportverbände besprochen worden ist und dort ebenfalls Billigung gefunden hat.

Um Sie zu informieren und falls der eine oder andere Delegierte diese Ausgabe- und Spesenordnung nicht vor sich liegen haben sollte, darf ich Ihnen den § 5 einmal verlesen. Er lautet:

§ 5

An *Tagesspesen* können Beträge vergütet werden, die die nachstehenden Höchstsätze nicht überschreiten dürfen. Bei einer Tätigkeit bis zu drei Stunden einschließlich der Zeit für den Weg von und zur Wohnung dürfen Spesen nicht vergütet werden. Im übrigen betragen die *Höchstsätze* bei einer Tätigkeit einschließlich der Zeit für den Weg von und zur Wohnung

von 3 bis 6 Stunden	RM 5,-
von 6 bis 12 Stunden	RM 7,50
über 12 Stunden	RM 15,-

Bei Reisen außerhalb des Verbandsgebietes kann für jeden Reisetag ein Tagegeld von RM 15,— vergütet werden.

Tagesspesen dürfen nur auf Antrag vergütet werden. Als Antrag gilt die Vorlage einer Einzel- oder Sammelabrechnung mit eingestelltem Tagegeld.

Auf eine Bestimmung darf ich noch hinweisen im Zusammenhang mit dem § 6 der Ausgabe- und Spesenordnung. Es gibt auch selbständige Einkommensbezieher – also z.B. selbständige Geschäftsleute, Ärzte, Rechtsanwälte, selbständige Kaufleute usw. –, die selbstverständlich, wenn sie ehrenamtlich tätig sind, auch geltend machen können, daß sie einen Verdienstausfall hatten, genau so wie ein Arbeiter, der, wenn er ehrenamtlich im Dienste der Organisation tätig ist, seinen Verdienstausfall ersetzt bekommt. Dort nun, wo es sich um selbständige Einkommensbezieher handelt, kann der Nachweis des Verdienstausfalles, wie dies z. B. beim Arbeiter ohne weiteres möglich ist, nicht ohne weiteres erbracht werden. Hierfür ist die Bestimmung aufgenommen worden, daß in diesen Fällen vor Erfüllung irgendeines Auftrages, der dazu führen kann, daß dann irgendwelche Beträge errechnet werden, eine entsprechende Genehmigung einzuholen ist, wonach in diesem Falle Verdienstausfall erstattet werden wird. Sie sehen also, wir haben hier all die Grundsätze ausgearbeitet, die gelten sollen für die überfachliche und für die fachliche Verwaltung innerhalb des Landessportverbandes. Daß im übrigen die Sätze, wie sie hier in Reichsmark angegeben sind, jederzeit wieder eine Änderung erfahren können, wenn die Zeiten dazu zwingen, ist selbstverständlich.

Ich stelle nach diesen eingehenden Erläuterungen nunmehr die Ausgabe- und Spesenordnung zur Diskussion und bitte um Ihre Wortmeldungen. –

Da keinerlei Wortmeldungen erfolgen oder vorliegen, können wir zur Abstimmung übergehen.

Wer für die Annahme des vorliegenden Entwurfs der Ausgabe- und Spesenordnung des Landessportverbandes ist, den bitte ich die Hand zu erheben.

(Abstimmung.)

Ich danke Ihnen. –

Die Gegenprobe? – Ich danke.

Stimmenthaltungen? – Ich danke.

Ich stelle fest, daß die *Ausgabe- und Spesenordnung des Landessportverbandes einstimmig angenommen worden ist.*

Liebe Sportfreunde!

Wir kommen nunmehr zur Beratung der Verfassung unseres Landessportverbandes, zur Beratung und Beschlußfassung über die

Hauptsatzung des Landessportverbandes Hessen.

Auch diese Hauptsatzung liegt Ihnen im Entwurf vor, veröffentlicht in einer Sonderausgabe der „Sport-Mitteilungen".

Um auch hier die inzwischen an mich herangetragenen Fragen klar zu beantworten, darf ich vorweg folgendes sagen. Bei den Tagungen sind nicht nur die bevollmächtigten Vertreter der Vereine stimmberechtigt, sondern auch die Mitglieder des Verbandsvorstandes mit je einer Stimme. Ich glaube, wir sind wohl alle der Meinung, daß auch die Bezirksvorsitzenden, die wir zu einer Arbeitstagung eingeladen hatten, ebenfalls – wenn Sie es wünschen – bei der Abstimmung mit je einer Stimme mitwirken können.

(Zustimmung.)

Der Entwurf der Hauptsatzung liegt Ihnen vor. Aus meinem Bericht von heute vormittag haben Sie die grundsätzlichen Gesichtspunkte entnommen, die maßgebend waren für die Gestaltung auch unseres Verfassungswerkes. Ich kann Ihnen auch hier versichern, daß wir zusammen mit den Bezirks- und den Kreisvorsitzenden uns ausführlich über diese Grundsätze unterhalten haben, und daß wir auch die Satzung sehr eingehend beraten haben. Terminmäßig war außerdem genügend Gelegenheit gegeben, zu diesem Punkt noch Anträge zu stellen.

Ich darf Ihnen jetzt noch einige redaktionelle Änderungen bekanntgeben, soweit sie aus der Zusammenarbeit des Gesamtvorstandes mit den Bezirks- und den Kreisvorsitzenden sich ergeben haben.

Ich bitte zunächst in den einzelnen der Satzung das Wort „*Leibesübungen*" zu ersetzen durch das Wort

„Sport“. Der Begriff „Sport“ ist ja ein international verständlicher, während das Wort „Leibesübungen“ eine deutsche Sprachschöpfung ist. Wir wollen als Deutsche zu Deutschen auch Deutsch reden, und soweit es Deutsche gibt, wollen wir klar reden. Wenn es sich aber wie hier um international anerkannte und gebräuchliche Begriffe handelt, dann wollen wir sie anwenden. Und darum nennen wir uns auch „*Sport*verband“ und nicht „*Leibesübungen*verband“. Darum ist vorgeschlagen worden, schon um der Einheitlichkeit willen, das Wort „Leibesübungen“ im Text zu ändern und es durch das Wort „Sport“ zu ersetzen.

Im § 2, Absatz 2.) Ziffer 3.) bitte ich einzufügen zwischen den Worten *„auf breitester Grundlage“* das Wort *„volkstümlicher“*, so daß es dann heißt

> *„auf breitester volkstümlicher Grundlage“.*

Statt des letzten Wortes *„zu entwickeln“* bitte ich zu setzen *„heranzubilden“*, so daß es dann heißt

> *„... und sie zu tatkräftigen Bekennern der demokratischen Weltanschauung heranzubilden“.*

Im Absatz 5.) des gleichen § 2 bitte ich zu streichen *„des deutschen Volkes“* und dafür zu setzen *„... unseres Volkes“*, so daß es am Ende dieses Satzes dann heißt

> *„... in allen Schichten unseres Volkes zu wecken und zu fördern“.*

Im § 7, Absatz 3.) ist hinter dem Worte *„schriftlich“* noch einzufügen *„... über den Kreisvorstand“*, sodaß der Satz dann lautet:

> *„Der Antrag auf Aufnahme ist schriftlich über den Kreisvorstand an den Verbandsvorstand zu richten“.*

Sinngemäß ist in Absatz 4.) des gleichen § 7 der zweite Satz, beginnend mit den Worten *„... Vor der Entscheidung“* bis *„... zu dem Aufnahmeantrag zu geben“*, zu streichen, da dieser Satz nach den eben in Absatz 3.) eingefügten Worten „... über den Kreisvorstand“ logischerweise wegfallen muß.

(Zuruf: Das geht zu schnell! Ich bitte zur Geschäftsordnung sprechen zu dürfen!)

(   )

Sportfreunde! Ich glaube, wir sind doch hierhergekommen, um uns eine Verfassung zu schaffen. Daß man diese Verfassung nicht in einer halben Stunde oder in einer Stunde durchpeitschen kann, wie das offenbar gewünscht wird, ist doch klar. Man muß uns doch wohl Gelegenheit geben, diese Satzung erst einmal grundlegend kennen zu lernen. Wir haben ja überhaupt nichts in der Hand. Darum bitte ich, nach Möglichkeit Satz für Satz dieser Verfassung durchzugehen.

(Zurufe und einzelne Pfiffe.)

Anders hat das keinen Zweck.

Vorsitzer *Lindner*:

Es ist selbstverständlich richtig, wenn mir entgegengehalten wird, daß ich zu schnell spreche. Ich muß aber den Vorwurf, der eben gemacht wurde, als solle versucht werden, Ihnen keine Gelegenheit zu einer Stellungnahme zur Satzung zu geben, als unsachlich zurückweisen. Sie haben ja noch alle Gelegenheit und Möglichkeit, zu dem Satzungsentwurf Stellung zu nehmen. Im übrigen bin ich ja nur dabei, Ihnen im Auftrage des Verbandsvorstandes lediglich das anzuführen, was in dem Verfassungsentwurf noch korrigiert werden muß.

(Sehr richtig!)

Es wurde eben vorgeschlagen, den Satzungsentwurf Satz für Satz durchzugehen. Dazu kann ich nur sagen: Wenn wir das machen würden, dann hätten wir wahrscheinlich noch morgen abend damit zu tun. Zudem ist ja die Aufgabe, die dem Verbandstag gestellt ist, und die er zu erfüllen hat, klar und deutlich genug bekanntgemacht worden, und wir haben alles getan, was getan werden mußte und konnte. In einer Sonderausgabe der „Sport-Mitteilungen“ vom 5. Juni 1947 haben wir den Satzungsentwurf veröffentlicht und Ihnen zur Verfügung gestellt. Die Kreisvorsitzenden haben uns gesagt, daß sie den Satzungsentwurf mit den Vereinen durchgesprochen haben. Wenn Vereine das nicht getan haben, wenn sie sich an diesen Besprechungen nicht beteiligt haben, dann ist das ihre und nicht unsere Schuld.

(Sehr richtig!)

Im übrigen brauchen wir uns gar nicht aufzuregen. Wir haben wirklich noch ausreichend Zeit und Möglichkeit zur Diskussion, auch über die Änderungen.

Ich fahre also fort.

Im § 7, Absatz 4.) ist der zweite Satz, beginnend mit den Worten *„Vor der Entscheidung“* bis *„Aufnahmeantrag zu geben“* zu streichen, wie ich eben schon sagte, da er sich nach der in § 7, Absatz 3.) eingefügten Ergänzung erübrigt.

Der nächste, 3. Satz, des gleichen Absatz 4.) des § 7 lautet im Entwurf:

> *„Der Beschluß ist dem Verein schriftlich zuzustellen“.*

Sinngemäß bitten wir einzufügen *„... über den Kreisvorstand ...“*, so daß der Satz in neuer Fassung dann lauten würde:

> *„Der Beschluß ist dem Verein schriftlich über den Kreisvorstand zuzustellen.“*

Im gleichen Absatz heißt es dann im übernächsten Satz: *„Sie beträgt bei Vereinen ...“*. Hier bitten wir einzufügen das Wort „... *grundsätzlich* ...“, so daß der Satz dann lauten würde

„Sie beträgt grundsätzlich bei Vereinen ...“.

Im § 12, Absatz 2.) bitten wir den letzten Satz *„Nicht wählbar sind Verbands- und Vereinsangestellte.“* zu streichen und dafür dem vorhergehenden Satz hinter den Worten „... *des 21. Lebensjahres*“ anzufügen die Worte *„unter Berücksichtigung des Gesetzes zur Befreiung von Nationalsozialismus und Militarismus vom 5. März 1946“.*

Im Absatz 4.) des gleichen § 12 bitten wir hinter den Worten „... *gewählt, der*“ einzufügen *„mindestens“*, das beim Druck versehentlich weggelassen wurde. Der Satz würde dann vollständig lauten:

„Stehen mehrere Kandidaten zur Wahl, dann ist derjenige gewählt, der mindestens die Hälfte aller abgegebenen Stimmen erhalten hat.“

Der nächste Absatz muß richtig mit *5.)* beziffert werden und *nicht*, wie irrtümlich geschehen, noch einmal mit 4.).

Im nächsten Absatz 6.) bitten wir einzufügen hinter dem Worte *„sollen“* die Worte *„in der Regel“*, so daß der Satz dann lautet:

„Zwei Verbandsämter sollen in der Regel von einer Person nicht gleichzeitig bekleidet werden.“

Das, meine Herren, sind die Änderungen, die ich nach den Beratungen des Gesamtverbandsvorstandes mit den Bezirks- und den Kreisvorsitzenden Ihnen vorzutragen habe. Ich bin nun verpflichtet, Sie noch auf die folgende Besonderheiten aufmerksam zu machen.

Im § 2, Absatz 4.) heißt es:

„Der Landessportverband regelt unmittelbar und mittelbar durch seine Fachgruppen die sportlichen Beziehungen zu anderen Verbänden und deren Mitgliedern.“

Vom Sportbezirk Darmstadt war vorgeschlagen worden, dafür zu setzen:

„Der Landessportverband *fördert und erstrebt* die ... Beziehungen zu den anderen Verbänden.“

Auf einer Tagung der Bezirks- und der Kreisvorsitzenden haben wir unverbindlich über diesen Vorschlag abgestimmt, um ein Bild über die Meinungsbildung zu haben. Das Ergebnis war: 11:11, also „Unentschieden“ mit einem hohen „Tor-Verhältnis“. Ich wollte Sie auf diese Besonderheit aufmerksam machen, denn ich persönlich stehe auf dem Standpunkt, daß man die Formulierung so, wie sie im gedruckten Entwurf vorgelegt ist, beibehalten sollte, weil damit auch das Grundsätzliche hinsichtlich der Zuständigkeit zum Ausdruck kommt.

Weiter muß ich Sie auf folgende Punkte noch aufmerksam machen.

Im § 12, Absatz 11.) heißt es:

„Alle Beschlüsse der Verwaltungsorgane sind grundsätzlich in Sitzungen herbeizuführen. Ausnahmsweise kann ein Beschluß auch schriftlich durch Rundfrage bei allen Mitgliedern unter genauer Angabe des Beschlußgegenstandes herbeigeführt werden.“

Über den zweiten Satz dieses Absatzes, daß *ausnahmsweise* auch auf schriftlichem Weg ein Beschluß herbeigeführt werden kann, haben wir uns gleichfalls eingehend unterhalten.

Es gibt manchmal durchaus Dinge, das wissen alte Praktiker ja aus der Erfahrung, die man auf schriftlichem Wege beschließen lassen kann. Diese Möglichkeit ist hier deswegen in den Entwurf aufgenommen worden, weil sie ein vereinfachtes Verfahren darstellt, und weil auf diese Art genau so einwandfrei und ordnungsgemäß ein Ergebnis erzielt werden kann. Allerdings fehlt in einem solchen Falle die Möglichkeit des Gedankenaustausches. Darum ist diese Bestimmung ja auch ausdrücklich als Ausnahme bezeichnet worden. Bei den eingehenden Besprechungen über diesen Punkt auf den Arbeitstagungen haben wir versucht, zu einer befriedigenden Lösung zu kommen, und auch hier ging eine herbeigeführte probeweise Meinungsbildung mit einem hohen „Torergebnis“ aus.

Im § 17, Absatz 1.) wird festgelegt, wie sich der Verbandsvorstand zusammensetzt. Es ist vorgesehen, daß der Verbandsvorstand besteht aus einem engeren geschäftsführenden Verbandsvorstand und aus dem sogenannten Gesamtverbandsvorstand, der dadurch entsteht, daß der geschäftsführende engere Verbandsvorstand erweitert wird durch die Fachgruppenleiter zum Gesamtverbandsvorstand. Auf Arbeitstagungen ist wiederholt die Frage besprochen worden, ob es nicht zweckmäßig sei, die Bezirksvorsitzenden ebenfalls automatisch in den erweiterten Gesamtverbandsvorstand mitaufzunehmen. Es wäre also, wenn dieser Vorschlag die Billigung des Verbandstages finden würde, einzufügen hinter den Worten “... *durch Hinzuziehung aller Verbandsfachgruppenleiter*“ die Worte “... und der Bezirksvorsitzenden“, so daß der ganze Satz dann lauten würde:

„Durch Hinzuziehung aller Verbandsgruppenleiter und der Bezirksvorsitzenden wird der engere VV zum Gesamtverbandsvorstand erweitert.“

Es muß klar herausgestellt werden, daß vorgeschlagen wurde, *mindestens* die Bezirksvorsitzenden zu den Vorstandssitzungen heranzuziehen. Dieser Vorschlag wurde auf den Arbeitstagungen gebilligt. Es wäre an sich arbeitsmäßig eine Selbstverständlichkeit, die Bezirksvorsitzenden hinzuzuziehen, weil sie ja die engste Fühlung mit dem Bezirk und mit den Vereinen haben. Es wäre zweifelsohne eine Arbeitsaufgabe für den kommenden Verbandsvorstand, zu prüfen, dies aus Zweckmäßigkeitsgründen auch dann zu tun, wenn der Verbandstag etwa der Ansicht wäre, daß die Bezirksvorsitzenden – entgegen dem gemachten Vorschlag – *nicht unmittelbar* Mitglieder des Gesamtvorstandes sein sollen.

Dies, meine Herren, sind die wichtigsten Punkte, auf die als Ergebnisse der Arbeitstagungen ich Sie besonders aufmerksam machen muß.

Ich bitte Sie nun, Ihrerseits Stellung zu nehmen zu dem Ihnen vorgelegten Entwurf der Hauptsatzung des Landessportverbandes.

Ich erteile das Wort zunächst Sportfreund *Wettig*, Kassel.

(Händeklatschen.)

***Wettig*, Kassel:**

Liebe Sportfreunde!

Nach genauer Durchsicht und Prüfung des uns vorliegenden Entwurfes der Hauptsatzung des Landessportverbandes Hessen habe ich Ihnen einige grundlegende Änderungen vorzuschlagen.

Zunächst einige kleine redaktionelle Änderungen.

Im § 4, Absatz 3.) heißt es:

> „Das Verbandsgebiet *kann* durch Zusammenfassung ...".

Ich bitte, dieses *„kann"* zu ersetzen durch das Wort *„wird"*, weil ja aus der ganzen Satzung klar hervorgeht und die Bezirks- und Kreisvorsitzenden immer wieder erwähnt werden, daß es sich um sechs Sportbezirke handelt. Der Absatz 3.) würde dann zu lauten haben:

> *„Das Verbandsgebiet wird durch Zusammenfassung mehrerer Sportkreise in Sportbezirke eingeteilt. Es werden aus Gründen der besseren Betreuung der Vereine sechs Sportbezirke gebildet."*

Damit würde, wenn das „kann" durch „wird" ersetzt wird, eine zwingende Bestimmung eingeführt.

Im § 9, Absatz 1.) heißt es im Entwurf:

> „Die Vereine sind die Träger des Verbandes. Sie sind daher auch die Träger der Grundrechte. Jeder Verein hat das Recht, an den Verbandstagen teilzunehmen, Anträge zu stellen und an Abstimmungen und Wahlen durch Ausübung seines Stimmrechtes mitzuwirken."

Ich schlage Ihnen folgende neue Fassung dieses Absatzes vor:

> *„Die Vereine sind die Träger des Verbandes. Sie sind daher auch die Träger der Grundrechte. Jeder Verein hat das Recht, durch Delegierten-Wahl auf den Kreistagen an dem Verbandstag teilzunehmen und Anträge zu stellen."*

Werte Sportfreunde! Wir haben aus dem Besuch unseres heutigen Verbandstages leider feststellen müssen, daß es sehr vielen Vereinen finanziell und auch räumlich nicht möglich ist, an diesem Verbandstag teilzunehmen. Sportfreund *Lindner* hat ja bereits erwähnt, daß ohne weiteres ja die Möglichkeit besteht, anstelle der Delegierten der Vereine ein Kreis-Delegierten-System einzuführen, wobei also auf den Kreistagen die Delegierten nach einem gewissen Modus gewählt werden und dann hier auf dem Verbandstag die Vertretung des ganzen Kreises sind. Das ist das, was die beiden Sportkreise Hofgeismar und Schlüchtern in der Praxis bereits getan haben, wofür sie aber heute kein Stimmrecht erhalten konnten, da der heutige Verbandstag ja nach dem vorliegenden Satzungsentwurf einberufen worden ist.

Im § 9, Absatz 2.) des vorliegenden Satzungsentwurfes heißt es:

> „Jeder Verein hat mindestens eine Stimme. Im übrigen hat jeder Verein für je 50 ordentliche Mitglieder über 18 Jahre (aktiv und passiv) eine Stimme, auch für den verbleibenden Restteil von 50."

Ich schlage Ihnen folgende Änderung des ersten Satzes vor:

> *„Jeder Verein hat zur Delegierten-Wahl mindestens eine Stimme ...".* Der weitere Wortlaut des Absatz 2.) bliebe dann unverändert.

Die Begründung für diesen Änderungsvorschlag ergibt sich aus dem, was ich eben schon für die Änderung des Absatzes 1.) des gleichen § 9 sagte. Ich glaube bestimmt, daß die Satzungen mit diesen von uns vorgeschlagenen Änderungen die Zustimmung des heutigen Verbandstages finden werden. Seien wir uns doch darüber im Klaren, daß es nicht möglich ist, daß die kleinen Vereine, die gerade in der Entwicklung begriffen sind, sich einen Kostenaufwand von vielleicht 100 oder 150 oder 200 Mark leisten können, um einen Delegierten hierher zu entsenden. Wenn wir aber das Kreisdelegierten-System einführen und diese Wahlen auf den Kreistagen vornehmen, dann ist auf den Kreistagen jeder, auch der kleinste, Verein in der Lage, auf den Kreistagen selbst teilzunehmen und dort den entsprechenden Delegierten zu wählen, der dann seine Vertretung auf dem Verbandstag übernehmen kann. Im übrigen kennt man ja auf den Kreistagen seine Delegierten. Damit also wäre jeder Verein, auch der kleinste, in die Lage versetzt, auf dem Verbandstag selbst vertreten zu sein.

Im § 11 heißt es in Absatz 6.) im letzten Satz u.a.:

> „... und die Verwendung dieser Mittel vor allem *auch* im Interesse der Fachgruppen liegt."

Hier empfehlen wir, das Wörtchen *„auch"* zu streichen, denn es können ja nur Dinge sein, die ausschließlich im Interesse der Fachgruppen liegen, nicht aber *auch* in deren Interesse.

Der § 12, Absatz 2.) spricht im ersten Satz von den „Vereinsvertretern". Hier schlagen wir vor hinter dem Wort „Vereinsvertreter" einzufügen *„bzw. der Delegierten ...".* Der Satz würde dann vollständig lauten:

„Die Ämter der Verwaltungsorgane werden durch die Wahlen auf den zuständigen Tagungen der Vereinsvertreter bzw. der Delegierten für die Dauer eines Verbandsjahres bzw. Geschäftsjahres besetzt ..."

Ich glaube, wir brauchen diese Einfügung nach dem vorhin Gesagten nicht mehr besonders zu begründen.

Dem Absatz 6.) des gleichen bitten wir folgenden Nachsatz anzufügen:

„In die Verwaltungsorgane der Bezirke und Kreise können jedoch Personen gewählt werden, die in einer unteren Verwaltungsinstanz schon ein Amt bekleiden."

Wir wollen keinen Überfluß an Verwaltungs- und Vereinsfunktionären haben, daher diese Ergänzung. Im übrigen hat dieser Absatz ja durch die von Sportfreund *Lindner* vorgebrachte Ergänzung durch die Worte „in der Regel" im ersten Absatz bereits einen anderen Wortlaut als der uns vorliedende Text.

Der Entwurfstext des § 13, Absatz 1.) wäre unserem Vorschlag entsprechend wie folgt zu ändern:

„Der Verbandstag ist die Versammlung der Delegierten – gewählt durch die bevollmächtigten Vereinsvertreter auf den Kreistagen – die an dem Verbandstag teilnehmen, und die zusammen mit dem Verbandsvorstand über alle Angelegenheiten des Verbandes beraten und beschließen."

Die Erfahrungen des heutigen Verbandstages zeigen Ihnen ja die Richtigkeit meiner Ausführungen und meines Ergänzungsantrages.

Dem § 13 wäre ferner ein *neuer Absatz 7.)* mit folgendem Wortlaut anzufügen:

„Absatz 7.) Die Kosten des Verbandstages trägt der Verband."

Werte Sportfreunde! Ich habe vorhin schon gesagt, daß es für kleine Vereine untragbar ist, selbst Delegierte hierher zum Verbandstag zu entsenden. Der Verbandstag ist die höchste Instanz des Verbandes, und wenn wir ein Delegierten-System wie das vorgeschlagene einführen, und zwar nach einem noch zu bestimmenden Modus, dann sind die Kosten dieses Verbandstages einschließlich der für die Delegierten entstehenden vom Verband selbst zu tragen. Denn der Verband hat ja die Finanzhoheit – er hat sie von uns auch ohne weiteres zugesagt bekommen –, und die Kosten des Verbandstages als der höchsten Instanz des Verbandes sind dann auch vom Verband selbst zu tragen.

Im § 14, Absatz 5.) dürfte sich ein Druckfehler eingeschlichen haben. Es muß wohl richtig heißen

„... des § 13 ..."

statt „§ 11".

Das Gleiche gilt auch für den § 15, Absatz 5.), wo es ebenfalls statt „§ 11" richtig heißen muß

„... § 13 ..."

Vorsitzer *Lindner*:

Das stimmt. Es muß in beiden Fällen statt „§ 11" richtig heißen „§ 13", das ergibt sich ja ohne weiteres.

***Wettig*:**

Im § 15, Absatz 2.) heißt es, daß die Kreistage grundsätzlich 14 Tage nach dem Verbandstag abgehalten werden sollen.

Sportfreunde! Das geht nicht! Die Kreistage müssen *vorher* abgehalten werden und *vor* den Bezirkstagen, die ihrerseits wieder *vor* dem Verbandstag stattfinden müssen.

(Lebhafte Zustimmung.)

Wir schlagen daher folgende neue Fassung dieses Absatz 2.) vor:

„Die Kreistage sollen grundsätzlich im Februar abgehalten werden, spätestens jedoch vier Wochen vor dem Bezirkstag."

Das schafft auf jeden Fall Klarheit.

Im Absatz 3.) dieses § 15 empfehlen wir hinter Ziffer 3.) die Einfügung einer neuen Ziffer 4.) betreffend die Wahl der Delegierten zum nächsten Verbandstag im April. Dadurch würden dann die Ziffer 4.) des Entwurfes zu Ziffer 5.), die Ziffer 5.) zu Ziffer 6.). Der Absatz hätte dann folgenden Wortlaut:

„Absatz 3.) Die Aufgaben des Kreistages sind:
1.) Entgegennahme der Jahresberichte
2.) Entlastung der vom Kreistag gewählten Verwaltungsorgane
3.) Neuwahl der vom Kreistag zu wählenden Verwaltungsorgane
4.) Wahl der Delegierten zum nächsten Verbandstag im April
5.) Beschlußfassung über vorliegende Anträge
6.) Ortswahl für den nächsten Kreistag

Werte Sportfreunde! Der Kreistag wählt also die Delegierten zum *Verbandstag* und nicht etwa zum *Bezirkstag!*

Ferner beantragen wir einzufügen einen neuen Absatz 4.) mit folgendem Wortlauf:

„Absatz 4.) (neu)

Innerhalb eines Kreisgebietes entfallen auf 1.000 Vereinsmitglieder – vgl. § 9, Absatz 2.) – über 18 Jahre ein Delegierter zum Verbandstag."

Nach Einfügung dieses neuen Absatz 4.) werden der bisherige Absatz 4.) zum Absatz 5.), der bisherige Absatz 5.) zum Absatz 6.).

Wir müssen uns also darüber klar sein: Auf 1.000 Mitglieder entfällt ein Delegierter, auf 2.000 zwei auf 3.000 drei usf. Das würde dann allerdings praktisch dazu führen, daß hier auf dem Verbandstag dann eine sehr große Zahl von Delegierten erscheinen würde. Ich mache daher den Vorschlag, die Zahl auf 2.000 Mitglieder pro Delegierten festzusetzen.

(Zuruf: Nein! Das geht nicht!)

Gut, dann schlage ich vor: Auf 1.000 Mitglieder entfällt ein Delegierter zum Verbandstag. Stichtag für die Mitgliederzahl ist der 1. April jeden Jahres. Grundsätzlich hat natürlich jeder Verein eine Stimme. Damit ist dann das festgelegt, was hier schon seitens des Verbandsvorstandes gesagt wurde hinsichtlich der Vertretung auf dem Verbandstag. Damit aber haben auch alle Vereine die Möglichkeit, auf dem Kreistag entsprechend ihrer Mitgliederzahl ihre Delegierten für den Verbandstag zu wählen.

Der § 16, Absatz 1.) lautet im Entwurf:

„Verbands-, Bezirks- und Kreistage sind stets beschlußfähig ohne Rücksicht auf die Anzahl der teilnehmenden stimmberechtigten Vereine, vorausgesetzt, daß sie ordnungsgemäß einberufen sind."

Hier bitten wir entsprechend den bereits vorgeschlagenen Änderungen betreffend das Delegierten-System folgende neue Fassung anzunehmen:

„Verbands-, Bezirks- und Kreistage sind stets beschlußfähig ohne Rücksicht auf die Anzahl der teilnehmenden Delegierten (VT) oder stimmberechtigten Vereine (BT und KT), vorausgesetzt, daß sie ordnungsgemäß einberufen sind."

Dem § 17, Absatz 1.) schlagen wir vor folgenden Nachsatz anzufügen:

„... Zum erweiterten Gesamtverbandsvorstand gehören hierneben nach die sechs Bezirksvorsitzenden."

Es ist vorhin ja schon von Sportfreund *Lindner* erklärt worden, daß auch die Frage der Hinzuziehung der Bezirksvorsitzenden zum Gesamtverbandsvorstand noch geklärt werden soll. Deshalb dieser eben vorgebrachte Ergänzungsantrag, dem als weiterer Absatz der folgende anzufügen wäre:

„Der Verbandsvorstand kann darüber hinaus zwischen zwei Verbandstagen den erweiterten Gesamtverbandsvorstand und die Kreisvorsitzenden zu einer Tagung zusammenrufen. Die Beschlüsse, die auf einer solchen Tagung gefaßt werden, gelten bis zum nächsten Verbandstag und sind von diesem zu bestätigen."

Dem Absatz 4.) des § 17 ist folgender Nachsatz anzufügen:

„Er ist an die Beschlüsse des Verbandstages gebunden."

Dem Absatz 6.) des § 17 ist sinngemäß folgender Nachsatz anzufügen:

„Die Ausführungsbestimmungen müssen klar abgefaßt werden und dürfen dem Sinne der Hauptsatzung, der Rechtsordnung und den Beschlüssen des Verbandstages nicht entgegenstehen."

Sie wissen, liebe Sportfreunde, daß diese Statuten, die wir heute annehmen, unsere Verfassung sind, und Sie wissen auch, daß wir in Hessen eine Verfassung haben, die grundlegende Artikel hat. Und wenn nun zu solch einem Artikel ein Ausführungsgesetz erlassen wird, so ist auch das wieder ein Gesetz, das seinerseits wiederum im Landtag zur Abstimmung gelangt. Es kann also nicht einfach die Regierung kommen und kurzerhand ihrerseits eine Ausführungsverordnung oder ein Ausführungsgesetz zu einer Verfassungsbestimmung erlassen.

Wir bei uns im Landessportverband wollen aber dem Verbandsvorstand die Möglichkeit geben, Ausführungsbestimmungen zu erlassen, denn er kann ja nicht jedesmal einen außerordentlichen Verbandstag einberufen. Deshalb schlagen wir vor, diesen Nachsatz einzufügen.

Man kann ja auch Ausführungsbestimmungen erlassen, die durch Wortklauberei oder andere Dinge den Sinn unserer Satzungen, wie wir sie heute annehmen, verwischen oder umdeuten und in ein anderes Licht rücken. Deshalb die Bestimmung, daß solche Ausführungsbestimmungen weder der Hauptsatzung selbst noch der Rechtsordnung noch den Beschlüssen des Verbandstages widersprechen dürfen.

Im § 19, Absatz 3.) muß es wohl richtig heißen *„... § 17 ..."* und nicht „§ 15", ebenso in § 20, Absatz 2.) anstelle von „§ 16" richtig *„... § 17"*.

Vorsitzer *Lindner*:

Stimmt. Auch hier handelt es sich um Druckfehler.

***Wettig*:**

Nun kommt § 23 betr. Satzungsänderungen. Da heißt

es im vorliegenden Entwurf, daß es zur Gültigkeit eines Änderungsentwurfes einer Dreiviertel-Mehrheit bedürfe.

Meine Herren!

Wir haben auch einmal eine Weimarer Verfassung gehabt, und diese Weimarer Verfassung hatte einen Passus, demzufolge der Reichstag in der Lage war, diese Verfassung abzuändern. Dazu aber war eine Zweidrittel-Mehrheit erforderlich. In diesem Absatz 1.) des § 23 der uns vorliegenden Satzung des Landessportverbandes aber wird für eine Satzungsänderung eine Dreiviertel-Mehrheit verlangt. Während also im Staat, bei dem höchsten Gebilde unseres gesellschaftlichen Lebens, eine Zweidrittel-Mehrheit genügt – jetzt allerdings ist in der Hessischen Verfassung für eine Verfassungsänderung ein Volksentscheid erforderlich –, wird bei uns eine Dreiviertel-Mehrheit verlangt. Es hat mich eigenartig berührt, daß man unseren Delegierten nur das Recht einräumen will, Satzungsänderungen lediglich mit einer Dreiviertel-Mehrheit beschließen zu dürfen. Ich halte das für untragbar und beantrage daher, statt der „Dreiviertel-Mehrheit" einzusetzen

„... eine Zweidrittel-Mehrheit".

(Zustimmende Zurufe.)

Zusammenfassend darf ich noch folgendes sagen. Wir sind uns wohl alle klar darüber, daß die Finanzhoheit beim Landessportverband liegt und auch dort verbleibt. Etwas Ähnliches haben wir ja auch beim Landesfußballtag durchgekämpft. Wir haben gesagt: Gut, geben wir dem Landessportverband auch in dieser Hinsicht die Mittel in die Hand, um zu arbeiten. Und wenn ich vorhin erklärt habe, „die Kosten des Verbandstages trägt der Verband", dann heißt das zugleich auch, daß der Verbandstag alljährlich im April stattfinden soll. Ich gebe zu, daß es heute in unserer Entwicklung nötig ist, und ich gebe auch zu, daß es letzten Endes vielleicht auch notwendig ist, im Jahre noch einmal zusammenzukommen, wenn es die Umstände erfordern und wirklich dringende Fragen zu besprechen sind. Für die Zukunft genügt aber auf die Dauer, wenn der Verbandstag alle zwei Jahre zusammengerufen wird. Ich bitte deshalb darüber abzustimmen, daß in den ersten Jahren der Verbandstag alljährlich stattfindet, dann aber nur noch alle zwei Jahre.

Und dann bitte ich noch festzulegen, ***wo*** der Verbandstag stattfinden soll. Als ich auf der Einladung zum heutigen Verbandstag las, daß er hier in Mörfelden stattfindet, da habe ich mir erst einmal eine Landkarte genommen und gesucht, wo dieses Mörfelden denn überhaupt liegt – und da habe ich es nicht gefunden!

(Heiterkeit.)

Ja, wir haben ja durch Bombenschaden auch unsere Landkarten verloren. Ich bin allerdings überrascht gewesen, zu sehen, welch herzliche Aufnahme wir hier gefunden haben. Dennoch meine ich, wir hätten aus grundlegenden Erwägungen heraus diesen ersten Verbandstag unseres Landessportverbandes doch etwas zentraler legen können. Ich schlage also vor, daß wir schon heute den Ort für den nächsten Verbandstag festlegen.

(Lebhafter Beifall.)

Vorsitzer *Lindner*:
Ich danke Sportfreund *Wettig* für seine Ausführungen.

Ansichtskarte des Ortes Mörfelden aus der Nachkriegszeit

Entsprechend unserer Abmachung hätte ich ja nach fünf Minuten schon abklopfen müssen, aber das läßt sich bei diesem Fragenkomplex ja nicht machen. Ich habe auch absichtlich deshalb nicht unterbrochen, weil ich Ihnen zeigen wollte, zu was es führt, wenn man jedem einzelnen Delegierten die Möglichkeit gibt, die ganze Satzung mit einem Schlage und in einem Zuge durchzuarbeiten. Wenn wir das aber bei 20 Rednern so handhaben, dann, meine Herren, sitzen wir morgen abend auch noch hier. Das wollen wir aber nicht.

Ich danke also unserem Sportfreund *Wettig* für die sachlichen und wertvollen Hinweise. Er hat eine ganze Reihe von Punkten angeschnitten und herausgestellt, über die wir uns noch unterhalten müssen. Bevor ich jedoch auf weitere Wortmeldungen eingehe, möchte ich auf zwei Grundfragen zu sprechen kommen, wozu ich mich besonders verpflichtet halte.

Der erste Vorschlag war der, daß im § 4, Absatz 2.) das Verbandsgebiet zwingend in Sportbezirke eingeteilt werden soll und zwar dadurch, daß die vorgesehene Formulierung „kann ... eingeteilt werden" umgeändert wird in „wird eingeteilt". Dazu kann ich sagen, daß wir uns gerade über diesen Punkt sehr lange und sehr eingehend gestritten haben, und wir sind schließlich bei der Fassung „kann" geblieben. Das hat grundsätzliche Bedeutung. In der staatlichen Verwaltung Hessens – und Hessen ist ja nicht sehr groß – ist man durch die Not der Zeit dazu gezwungen, sehr sparsam zu arbeiten, und man überlegt sich, ob man nicht die Zwischeninstanzen aufheben und das Schwergewicht auf die untere Verwaltung legen soll. Wir im Landessportverband werden uns, wenn einmal eine Währungsreform kommt, dann auch unter dem Gesichtspunkt, selbst sparsam und wirtschaftlich arbeiten zu müssen, ebenfalls mit diesen Dingen näher befassen und uns überlegen müssen, ob, überfachlich gesehen, die Sportbezirke nicht auch anders eingeteilt werden müssen. Deshalb diese Kann-Bestimmung. Wir haben also auch hier durchaus an die zukünftigen Möglichkeiten gedacht, die sich in diesem Zusammenhang auch für uns ergeben könnten.

Daß die Fachgruppen zur Regelung ihrer Arbeit unter Umständen in Bezirke und Gruppen eingeteilt werden müssen, ist eine selbstverständliche Angelegenheit der Fachgruppen, in die wir uns nicht einmischen, und die im übrigen nach dem jeweiligen Zweck gestaltet werden muß. Nehmen Sie doch z. B. einmal die Fachgruppe Rudern. Die ist zweckgebunden in der Ausübung ihres Sports, und sie wird unter diesen Umständen heute in Hessen ohne Kreis- oder Bezirkseinteilung geführt. Es wäre sinnlos, ihr die Auflage zu machen, daß sie unbedingt – allein der Organisation wegen – in Kreise und Bezirke einzuteilen ist.

Das Gleiche gilt für die Fachgruppe Boxen unter der Leitung unseres Freundes *Dietrich*.

Wir müssen also unbedingt die gebietliche Einteilung von der fachlichen scheiden.

(Sehr richtig!)

Der zweite Punkt: Die Frage der Delegierten-Wahl für den Verbandstag. Meine Herren! Es waren verschiedene wichtige Gesichtspunkte für uns maßgebend, für den 1. Verbandstag die Vereine selbst einzuladen und dann zu entscheiden, ob Delegierte einzuberufen sind oder nicht. Das kommt an sich ja nicht dem Verbandsvorstand als solchem zu, sondern dem Verbandstag selbst. Das ist nur ein Gesichtspunkt, der uns verpflichtete, dieses Grundrecht auch als solches in der Satzung unseres Landessportverbandes zu verankern. Der zweite Gesichtspunkt war, daß auch die Militärregierung – und unser Sportfreund *Sorg* hat darauf ja auch angespielt in anderem Zusammenhang – die Frage der Delegierten nicht gerne sieht. Sie sieht vielmehr mit einem gewissen wachen Auge auf die Tätigkeit der Landessportverbände, und zwar deshalb, weil ihr immer wieder „gespritzt" wird, die Landessportverbände seien eine Art fortgesetzter NS-Reichsbund für Leibesübungen oder sie seien eine Institution, die nicht geneigt sei, das Prinzip der Freiwilligkeit zu beachten. Die Militärregierung also sieht das System der Delegierten nicht gern, weil sie sagt, das ist eine Einschränkung der Rechte der Vereine.

(Sehr richtig!)

Im übrigen kann man zweifelsohne genau so gut sagen, das ist keineswegs eine Beschränkung, denn die Vereine haben ja durchaus die Möglichkeit, ihr Stimmrecht auszuüben – denken Sie nur an den Kreistag – und dann dort Männer zu wählen, die mit ihrem Vertrauen ausgerüstet als Vertreter der Vereine zum Verbandstag kommen. Dieses Problem also, meine Herren, wird uns noch grundsätzlich zu beschäftigen haben.

Und dann, meine Herren, sollten wir eines nicht vergessen: Wenn wir nun jedem Redner zubilligen, daß er nun seinerseits die ganze Satzung durchspricht, wenn er sich zum Wort gemeldet hat, dann kommen wir nicht weiter. Ich bitte deshalb die beiden nächsten Redner, Sportfreund *Linnenberg*, den Leiter der Fachgruppe Fußball und zur Zeit Geschäftsführer des Landessportverbandes, und Sportfreund *Grüll* vom Hockey-Klub Limburg, diese meine Bemerkungen insofern zu beherzigen, daß wir jetzt als erstes zunächst einmal diese Grundfrage – weiterhin das Grundrecht der Vereine, so wie es in der Satzung verankert ist, oder Delegierten-System – diskutieren wollen.

Ich erteile das Wort nunmehr Sportfreund *Linnenberg*, der darauf ja gleich auch eingehen kann.

Geschäftsführer *Linnenberg*:

Sportfreunde! Meine Herren Vorredner haben mir nichts vorweggenommen! Daher möchte ich Ihnen von einem Rezept Kenntnis geben, das wir auf dem Verbandstag der Fachgruppe Fußball durchgeführt haben. Wir haben für die Fachgruppe Fußball für ein Jahr ein ähnliches Rezept der Satzung wie hier praktisch eingeführt, indem wir eine Satzungskommission eingesetzt haben, die sich im Laufe des Jahres bis zum nächsten Verbandstag mit all den Fragen befassen wird, die im Zusamenhang mit der vorgelegten Satzung zur Debatte stehen. Es wird hier heute in einer grundsätzlich langen Art und Weise diskutiert, und ich weiß nicht, ob wir auf diese Weise die Satzung überhaupt in ein oder zwei Tagen werden durchgehen können. Ich weiß aber, daß im Laufe eines Jahres eine Satzungskommission, getragen von Verantwortungsbewußtsein, wirklich sich mit allen vorgetragenen Änderungsvorschlägen befassen wird, die den Vereins-Interessen und den Interessen des Verbandes auch tatsächlich Rechnung tragen.

Auch auf dem anderen Gebiet, dem „Verbands- oder Vereins-Delegierte", habe ich meine Erfahrungen gesammelt auf dem Verbandstag Fußball, und ich kann Ihnen nur sagen: Unser nächster Verbandstag wird ein ***Vereinstag*** sein und kein Delegierten-Tag. Bitte rechnen Sie aus. Sechs Kreisdelegierte vertreten 6.000 Mann. In diesen sechs Kreisdelegierten ist irgendeine Marschrichtung verankert. Unberücksichtigt aber bleibt die Minderheit, selbst wenn sie 49 % stark wäre. Das heißt also, nicht ganz die Hälfte der Meinungen der einzelnen Vereine wird überhaupt nicht respektiert. Ich bitte Sie, meine Herren Vereinsvertreter, beachten Sie eines ganz besonders: Wenn Sie Ihre Grundrechte verankern wollen, dann müssen Sie Ihre Aufgabe darin sehen, festzulegen, daß Sie auf jedem Verbandstag das Recht haben, selbst zu erscheinen und Ihre Meinungen zu äußern, ganz gleich, ob Sie dazu in der Lage sind oder nicht – dann ist das eben ein Fall höherer Gewalt –, daß Ihre Vereine dafür auch den einmaligen Betrag auswerfen, und daß Sie auch für Ihre Vereine hier Ihre Sorgen und Nöte vortragen.

Das wollte ich kurz zu diesen beiden Punkten sagen.

Vorsitzer *Lindner*:

Ich danke Sportfreund *Linnenberg* und erteile das Wort nun Sportfreund *Grüll* aus Limburg.

***Grüll*:**

Ich habe drei Punkte, die ich zu berücksichtigen bitte.

Im § 11, Absatz 3.) heißt es:

„Der Verband hat das Recht, im Bedarfsfalle weitere Einnahmequellen zu erschließen, soweit es sich um Einnahmequellen mit überfachlichem Charakter handelt. Vorbehalten bleibt insbesondere die Erhebung des sogenannten Sportgroschens."

Es ist klar, daß eine Sportbewegung wie der Landessportverband finanzielle Unterstützung in jeder Hinsicht braucht. Wie wir Alle aber von den Vereinen wissen, erhält der Verband ja bereits einen Kopfbeitrag pro Mitglied. Ich bitte also, dem Verbandsvorstand nicht derart große Vollmachten zu erteilen, wie sie hier vorgesehen sind, und den Absatz 3.) des § 11 dahin zu ändern, daß es ausschließlich beim Sportgroschen bleibt und nicht in anderer Form noch die Möglichkeit von weiteren Einnahmen geschaffen wird.

Im § 17, Absatz 7.) wird vom „Verbandsjugendausschuß" gesprochen, der, wie es dort heißt, für „überfachliche Jugendaufgaben" zuständig ist – ich betone „überfachliche"! –. Hier schlage ich vor, dem ersten Satz noch die Worte

„... und der Bezirksjugendwarte."

anzufügen, weil ich es für dringend erforderlich halte, daß auch die Bezirksjugendwarte neben den Jugendwarten der Fachgruppen dem Verbandsjugendausschuß angehören.

Im § 17 heißt es dann im Absatz 9.), letzter Satz:

„Der Verbandsvorstand ist jederzeit berechtigt, Ausschuß-Sitzungen *über* den jeweiligen Ausschuß-Vorsitzenden einzuberufen."

Ich bitte, anstelle des Wortes *„über"* zu setzen *„durch"*, so daß der Ausschuß-Vorsitzende als solcher nicht übergangen wird.

Vorsitzer *Lindner*:

Ich danke Sportfreund *Grüll* für seine Anregungen.

Meine Herren! Sie haben von Sportfreund *Linnenberg* ja nun einen weiteren beachtenswerten Vorschlag gehört, und zwar den, die Ihnen vorgelegte Hauptsatzung des Landessportverbandes zunächst in Kraft zu setzen und gleichzeitig eine Satzungskommission zu wählen, die den Auftrag erhalten würde, bis zum nächsten Verbandstag – der ja im nächsten Jahre im April wieder stattfinden kann – alle bis jetzt eingereichten und die dann noch eingehenden Abänderungsvorschläge zu überprüfen und sie in die Satzung einzuarbeiten.

Unabhängig davon ist aber zu entscheiden, ob das System der Vereinsdelegierten beibehalten oder das Kreis-Delegierten-System eingeführt werden soll. Ich bitte Sie, nunmehr nur zu diesem Punkt zu sprechen, damit wir wenigstens diese Frage zu einem vorläufigen Abschluß bringen können.

Wünscht noch jemand das Wort hierzu? – Ich stelle

fest, daß keine Wortmeldungen mehr vorliegen und auch nicht erfolgen, sodaß wir also zur Abstimmung kommen können.

Ich bitte nunmehr diejenigen die Hand zu erheben, die dafür sind, daß das im Entwurf der Hauptsatzung vorgesehene System der unmittelbaren Vereins-Delegierten beibehalten wird bis zur Abänderung der Satzung durch einen anderen Verbandstag.

(Abstimmung.)

Ich danke Ihnen.

Wer ist gegen dieses System? – Ich glaube feststellen zu dürfen, daß dies die Minderheit ist. Ich bitte aber, mich eines anderen zu belehren, wenn Sie glauben, nicht davon überzeugt zu sein. Ich glaube aber, daß mit Mehrheit beschlossen wurde, daß das unmittelbare Vereins-Delegierten-System beibehalten werden soll.

Ich frage nun, wer sich der Stimme enthalten hat? –

(Zuruf: Verzeihung, Herr Lindner! Ich glaube, daß bei diesem Verfahren des Handerhebens doch die Stimmenzahl selbst nicht zum Ausdruck kommt, denn sonst müßte man ja vielleicht sechs oder sieben Arme haben!)

Das ist durchaus richtig. Aber ich habe ja vorhin schon einmal zum Ausdruck gebracht, daß man das bei solch einer Vorabstimmung durchaus so machen kann. Wenn man erkennt, daß das Ergebnis so deutlich feststellbar ist, dann erübrigt sich damit ja die Stimmabgabe durch Stimmzettel. Ich nehme an, daß das auch Ihnen klar wird.

(Zustimmung.)

Dr. Max Danz

Danz wurde am 6. September 1908 in Kassel geboren, besuchte das Gymnasium in Kassel und bestand dort 1930 das Abitur. Er studierte in Berlin und Marburg Medizin,promovierte 1937 zum Dr. med. und qualifizierte sich zum Facharzt für Innere Medizin. Aus der im Jahre 1937 geschlossenen Ehe mit Elisabeth Prinz gingen drei Söhne hervor.

Während des Zweiten Weltkrieges wurde Danz leitender Krankenhausarzt in Berlin, arbeitete ab Herbst 1944 in Lazaretten in Gießen, Bad Nauheim und Bad Wildungen und wurde dort am Karfreitag 1945 von den Amerikanern gefangengesetzt. Nach einem Aufenthalt im Internierungslager kehrte Danz im Herbst 1945 nach Kassel zurück und eröffnete im elterlichen Haus eine Arzt-Praxis.

Seine sportliche Laufbahn begann Danz als Schüler in der "Casseler Turngemeinde" und bei "Hessen-Preußen Kassel" zunächst als Fußballer, dann als Leichtathlet. Der talentierte Mittelstreckler wurde 1930 in Darmstadt Studentenweltmeister in der "Olympischen Staffel", gewann 1931 mit dem SC Charlottenburg einen Deutschen Staffelmeister-Titel und wurde 1931 und 1932 Deutscher Vizemeister über 800 Meter mit einer Bestzeit von 1:52,6 Minuten. In dieser Diziplin startete er auch bei den Olympischen Spielen 1932 in Los Angeles; danach beendete eine Sportverletzung seine Sportlaufbahn.

Nach 1945 wurde Danz von Lindner zum Neuaufbau des Sports hinzugezogen, zunächst als Bezirkswart für Leichtathletik; er löste dann Lindner im Amt des Landesbeauftragten für Leichtathletik ab, wurde Vorsitzender der Fachgruppe Leichtathletik, dann des Hessischen Leichtathletik-Verbandes und gehört in diesen Funktionen zu den Männern der ersten Stunde beim Sportaufbau zunächst in Nord-Hessen und dann in ganz Hessen. Durch seine Mitgliedschaft im erweiterten Bundesvorstandes gehört er zu den Gründervätern des Hessischen Landessportbundes.

Die Mitgliederversammlung des NOK für Deutschland beschloß am 19. Mai 1966 auf einer Sitzung in Kassel die Bildung eines „Organisationskomitees für die Olympischen Sommmerspiele 1972 in München". Das Bild entstand im Kasseler Rathaus und zeigt v.l.n.r.: Danz, Vogel, Daume, Goppel und den OB von Kassel Banner. Dies war für Dr. Max Danz wohl einer der Höhepunkte in seiner langen Funktionärslaufbahn.

Ab 1949 ist Max Danz dann in allen zentralen Organisationen des bundesdeutschen Sports an leitender Stelle zu finden: Seit November 1949 war er Vorsitzender des Deutschen Leichtathletik-Verbandes, gehörte im September 1949 zu den Gründungsmitgliedern des Nationalen Olympischen Komitees, war Gründungsmitglied des Deutschen Sportbundes im Dezember 1950 in Hannover und gehörte von 1950 bis 1970 dem DSB-Präsidium an; auch in der Deutschen Olympischen Gesellschaft gehörte er zu den Gründungsmitgliedern.

Im Internationalen Leichtathletik-Verband (IAAF) war Danz ab 1952 in unterschiedlichen Funktionen tätig, zuletzt ab 1976 als Vizepräsident des IAAf.

Heute lebt Max Danz in Kassel, ist Ehrenmitglied und Ehrenpräsident in zahlreichen Sportorganisationen. Für seine Verdienste um den Sport erhielt er neben zahlreichen anderen Auszeichnungen auch das Große Bundesverdienstkreuz mit Stern und Schulterband.

Ich stelle also fest: *Das unmittelbare Vereins-Vertreter-System soll zunächst beibehalten werden.*

(Zustimmung.)

Inzwischen hat Sportfreund *Linnenberg* seinen vorhin gemachten Vorschlag zum Antrag erhoben. Ich bitte Sie, nunmehr zu diesem Antrag Stellung zu nehmen, daß nämlich eine Satzungskommission gewählt werden soll, die den Auftrag erhält, in den nächsten Monaten die Satzung zu überprüfen in Zusammenarbeit mit dem Gesamt-Verbandsvorstand und den Bezirks- und den Kreisvorsitzenden. Ich bitte, diese Satzungskommission in dieser Zeit mit etwaigen weiteren Änderungsvorschlägen zu versehen, so daß sie auch diese in Ruhe prüfen kann. Über ihre Arbeiten wird die Satzungskommission laufend in den „Sport-Mitteilungen" des Landessportverbandes berichten.

(Zuruf Dr. Lingnau: Überweisung aller Satzungsänderungsvorschläge an die Satzungskommission.)

Es wird eben von Dr. *Lingnau* vorgeschlagen, dieser Satzungskommission alle vorliegenden und bisher vorgetragenen sowie auch alle künftig noch eingehenden Abänderungsvorschläge zu überweisen.

Ich stelle damit diesen Antrag auf Wahl einer Satzungskommission zur Debatte und bitte um Wortmeldungen.

(Zuruf: Abstimmung!)

***Dr. Danz*, Kassel:**

Ich halte den eben gemachten Vorschlag für sehr wichtig, für ebenso wichtig aber, daß zu den Änderungen in den Satzungen nicht eine Zweidrittel-Mehrheit, sondern eine einfache Mehrheit erforderlich ist. Das müßte ergänzend in einem Antrag eingefügt und beschlossen werden.

Vorsitzer *Lindner*:

Ich darf *Dr. Danz* richtigstellen. Im Bürgerlichen Gesetzbuch ist vorgeschrieben, daß für Satzungsänderungen mindestens eine Zweidrittel-Mehrheit erforderlich ist. Ich habe zwar im Augenblick leider kein BGB zur Hand, aber ich glaube, der Wortlaut ist wohl der, den ich eben anführte. Ich bedaure, daß ich zu dieser wichtigen Beratung der Satzung jetzt kein BGB mitgebracht habe.

Es ist ja schon angeregt worden, diese Dreiviertel-Mehrheit umzuändern in eine Zweidrittel-Mehrheit, das wäre die Mehrheit, die auch gemäß BGB vorgeschrieben ist. Das ist – das dürfen wir nicht vergessen – ganz wesentlich auch für eine Satzung, die nur bis zum nächsten Verbandsstag im nächsten Jahr in Kraft sein soll.

Ich glaube schon, es ist richtig, wenn wir uns jetzt auch über diesen Punkt unterhalten, und ich bitte Sie, damit einverstanden zu sein, daß wir diesen Punkt jetzt klären und eventuell schon jetzt mit in den Satzungsentwurf aufnehmen. Im Entwurf der neuen Satzung ist festgelegt: Dreiviertel-Mehrheit für Satzungsänderungen. Ich muß jedoch betonen, daß – und auch das steht im Satzungs-Entwurf – ein Verbandstag immer beschlußfähig ist, ganz gleich, wieviele Delegierte anwesend sind.

Aber ich stelle dennoch zur Diskussion: Zweidrittel-Mehrheit oder, wie im Satzungsentwurf vorgeschlagen, Dreiviertel-Mehrheit.

Wer wünscht speziell zu diesem Punkt das Wort?

( )

Sportfreunde! Es ist etwas unklar. Der Fachgruppenleiter Fußball hat einen Antrag gestellt, und dieser Antrag wurde zur Diskussion gestellt. Während wir zu diesem Antrag Stellung nehmen, gehen wir aber schon wieder zu einem anderen über, und zwar zu dem, was eben *Dr. Danz* vortrug. Der Fachgruppenleiter Leichtathletik hat zu dem Antrag auf Wahl einer Satzungskommission gewünscht, daß die Satzungskommission die Satzungen überarbeite, die vorhandenen Lücken schließe und diese Satzungen dann auf dem nächsten Verbandstage in ihrer endgültigen Fassung zur Beschlußfassung vorlege. Diese Änderungen, die vorgenommen werden sollen, aber sollen mit einfacher Mehrheit beschlossen werden. Es ist zwar m. E. richtig, daß diese Änderungen mit einfacher Mehrheit beschlossen werden können, aber wir können doch nicht einfach von dem Einen auf das Andere übergehen. Dann sitzen wir morgen früh auch noch hier.

Vorsitzer *Lindner*:

Bitte, wir wollen uns jetzt schlüssig werden darüber, ob einfache Mehrheit oder Zweidrittel-Mehrheit oder Dreiviertel-Mehrheit. Deshalb bitte ich, zunächst einmal keine weiteren Fragen zu stellen oder neue aufzuwerfen.

***Wettig*:**

Wir können die ganze Sache doch sehr einfach damit überbrücken, daß wir die Satzungen, die uns jetzt als Entwurf vorliegen, als *vorläufige Satzung* annehmen. Dann kommen wir auch mit dem klar, was Sportfreund *Dr. Danz* sagte, und dann können wir die Satzungen, nachdem sie überarbeitet worden sind und die Abänderungsvorschläge mitverarbeitet wurden, auf dem nächsten Verbandstag mit einfacher Mehrheit annehmen.

Vorsitzer *Lindner*:

Ich danke Sportfreund *Wettig* für seinen Vorschlag, dem ich mich anschließe. Wenn wir also jetzt, wie vorgeschlagen wurde, durch einfachen Mehrheitsbeschluß den vorliegenden Satzungsentwurf als vorläufige Satzung annehmen und gleichzeitig zusätzlich entsprechend den beiden gemachten Vorschlägen bzw. Anträgen eine Satzungskommission wählen, dann haben wir die Gewißheit, daß bis zum nächsten Verbandstag im April nächsten Jahres auch ganz zweifelsfreie Arbeit geleistet werden kann, sodaß dem nächsten Verbandstag dann auch die Satzung endgültig und mit allen eingearbeiteten Abänderungsvorschlägen vorgelegt werden kann, der seinerseits diese Satzung dann nur mit einfacher Mehrheit anzunehmen braucht, wie dies gleichfalls vorgeschlagen wurde.

Ich glaube, daß ich damit unter Zusammenfassung aller gemachten Vorschläge und gestellten Anträge eine klare Erläuterung gegeben habe.

Ich frage Sie nun nochmals, wer zu dem Antrag, eine Satzungskommission zu bilden und ihr sowohl den vorliegenden Satzungsentwurf als auch alle dazu eingebrachten Abänderungsanträge zur Bearbeitung zuzuweisen, noch das Wort wünscht?

Das Wort hat Sportfreund *Köster*.

***Köster*:**

Sportfreunde! Ich glaube, wenn wir hier heute schon einer Auffassung sind, dann können wir doch die Entscheidung über unsere Satzung nicht einer Satzungskommission überlassen. Die Frage der Zweidrittel-Mehrheit ist keine Sache der Satzungskommission, sondern ***wir*** bestimmen, ob wir eine Zweidrittel-Mehrheit oder eine Dreiviertel-Mehrheit oder einfache Mehrheit haben wollen.

Was den nächsten Verbandstag betrifft, so glaube ich, daß auch ***wir*** diesen nächsten Verbandstag bestimmen und diese Bestimmung auch in die Satzung aufnehmen können. Ich glaube, die Satzungskommission sollte doch eigentlich mehr dazu da sein, die Abänderungsanträge und gewisse Abschleifungen, die vorgenommen werden müssen, zu prüfen und zu verarbeiten. Grundsätzliche Dinge aber beschließen ***wir*** und übergeben sie nicht einer Satzungskommission.

(Zuruf: Abstimmung!)

Vorsitzer *Lindner*:

Das Wort hat Sportfreund *Krüger* – Wiesbaden.

***Krüger*:**

Werte Sportfreunde! Wir sprechen heute schon von Satzungsänderungen. Dabei aber haben der Verbandsvorstand und sämtliche Bezirksvertreter und sämtliche Kreisvertreter in monatelanger Arbeit erst einmal die ganze erste Satzung zusammengestellt, die uns den Rahmen geben soll für unsere Arbeit. Und nun wird in einem Atemzug schon eine ganze Reihe von Satzungsänderungen vorgeschlagen, die das ganze Werk wieder über den Haufen werfen. Es ist dringend notwendig, daß wir erst einmal nach festen Richtlinien arbeiten können und dem Verbandsvorstand die Möglichkeit zum Arbeiten geben. Das ist die Hauptsache. Änderungen unserer Satzungen sind ja jederzeit möglich, und ich glaube, daß wir im Laufe der Zeit die vorgeschlagenen Satzungen noch recht oft werden revidieren müssen. Dazu ist erforderlich, daß auf jedem Verbandstag ein Antrag auf Änderung der Satzungen gestellt wird. Solche Anträge aber sind vier Wochen vorher einzureichen, damit sie besprochen werden können. Schon darum halte ich es für notwendig, daß eine Satzungskommission eingesetzt wird, die sich dann mit diesen Fragen zu befassen hat.

So aber, wie es im Augenblick hier mit der Diskussion steht, kommen wir nicht weiter und verzetteln uns nur.

Vorsitzer *Lindner*:

Sportfreund *Baumbach*, der sich noch zum Wort gemeldet hatte, hat inzwischen seine Wortmeldung wieder zurückgezogen. Stattdessen erteile ich das Wort Sportfreund *Dr. Hauf* vom Turnverein Wetzlar.

***Dr. Hauf*:**

Ich darf meinen Bemerkungen zur Sache, die ich kurz fassen will, eine persönliche Bemerkung vorausschicken. Ich bin heute früh um dreiviertel vier Uhr aufgestanden und habe eine lange Bahnfahrt hinter mich gebracht. Von vorneherein habe ich damit gerechnet, daß die ganze Tagung mehr als zwölf Stunden dauern würde. Aber wenn wir jetzt alle Vorschläge, die aus der Versammlung kommen, besprechen wollen – und die Sportfreunde sind doch alle hierher gekommen, um ihre Meinung zu sagen, und tausend Andere sind nicht gekommen, die sie gleichfalls gerne gesagt hätten –, dann werden wir in zwölf weiteren Stunden auch noch nicht fertig sein.

Darum also mache ich einen Vorschlag, der auch die Vorschriften des BGB berücksichtigt. Wir haben heute abend noch eine sicherlich sehr schöne Veranstaltung vor uns, und wenn wir da heute abend abgespannt hinkommen, dann ist das für uns alle und für die Veranstalter keine Freude. Deshalb schlage ich vor: Nehmen wir die Satzung, so wie sie im Entwurf vorliegt, einfach an für die Dauer eines Jahres oder vielmehr für das restliche Dreivierteljahr des Geschäftsjahres. Dann kann nichts passieren. Wir müssen dem Verbandsvorstand die Möglichkeit zur Arbeit geben. Wir können der Satzung ja noch einen Satz anfügen des Inhalts, daß diese Satzung nur Gültigkeit hat bis zum nächsten Verbandstag. Dann wird sie automatisch ungültig und wir brauchen keinen Mehrheitsbeschluß irgendwelcher Art und fangen nach einem Jahr wieder von vorne an. In der Zwischenzeit aber haben wir die Satzungskommission, die Arbeit des Verfassungs-Ausschusses, und wir selbst setzen uns zu Hause auch hin und schreiben alle Vorschläge auf, die wir noch zu machen haben, und schicken sie dem Verbandsvorstand zur Weiterleitung an die Satzungskommission, damit diese sich damit befassen kann, sie überprüft und in die Satzung einarbeitet.

(Sehr richtig!)

Vorsitzer *Lindner*:
Ich danke Sportfreund *Dr. Hauf* für diese Anregung. Als nächster Redner spricht Sportfreund *Bölsch*.

***Bölsch*:**
Ich bitte 1.) durch Handerheben darüber abzustimmen, ob wir eine Satzungskommission wünschen oder nicht. 2.) Wenn ja, dann durch Handerheben oder durch Zuruf – vielleicht läßt sich das ermöglichen, wenn nicht, dann durch Stimmzettel – darüber abzustimmen, wer in diese Satzungskommission berufen werden soll und um Festlegung, wo diese Satzungskommission arbeitet, damit die einzelnen Vereine ihre Abänderungsvorschläge an die richtige Stelle einsenden können. 3.) Um Annahme der Satzung als vorläufige Satzung im Prinzip, so daß wir, wenn es möglich ist, heute abend um 18.30 Uhr unsere Aufgaben erledigt haben. Denn ich kann es mir nicht gut vorstellen, daß, nachdem viele Delegierte schon den ganzen Tag unterwegs sind, sie um 19 Uhr immer noch hier sitzen wollen, um dann nach Hause in ihr Quartier zu hetzen, sich kurz waschen und um 20 Uhr wieder hier sein wollen.

Ich bitte daher meinem Antrag zuzustimmen.

Vorsitzer *Lindner*:
Diese Vorschläge decken sich im Grunde genommen mit denen, die bisher schon gemacht wurden.

(Zuruf: Ich stelle Antrag auf Schluß der Debatte!)

Es ist Antrag gestellt auf Schluß der Debatte, den ich selbstverständlich zuerst zur Diskussion stellen muß. Wer will für diesen Antrag sprechen?

( )
Ich bitte zu erwägen, ob es nicht zweckmäßig ist, daß in der Satzungskommission sämtliche Bezirke vertreten sind. Jeder Bezirk weiß ja, wer mit der Satzung und den sie betreffenden Fragen am besten vertraut ist, so daß ohne Schwierigkeiten auch jeder Bezirk den bestgeeignetsten Vertreter in diese Satzungskommission entsenden kann.

(Zuruf: Zur Geschäftsordnung!)

Vorsitzer *Lindner*:
Es steht zur Diskussion lediglich der Antrag auf Schluß der Debatte. Zu diesem Antrag wird eben gesprochen, und ich bitte, auch nur zu diesem Punkt zu sprechen. Ich habe eben ausdrücklich gefragt: Wer wünscht noch zu diesem Antrag zu sprechen und wer dagegen? Verfahrensgemäß muß ein Redner für diesen Antrag auf Schluß der Debatte sprechen und ein anderer gegen diesen Antrag auf Schluß der Debatte.

Da inzwischen ein Antrag zur Geschäftsordnung gestellt wurde, frage ich vorsorglich, ob zunächst der weitergehende Antrag auf Schluß der Debatte behandelt werden soll oder der neue Antrag zur Geschäftsordnung?

Das Wort wünscht Sportfreund *Knoll*.

***Knoll*:**
Sportfreunde! Es wurde vorhin erwähnt, daß die Kreistage 14 Tage nach dem Verbandstag stattfinden sollen. Das ist sehr wichtig. Wir müssen doch jetzt in die Kreise gehen und zwar in 14 Tagen und haben dann die Kreistage aufgrund der neuen Satzung neu zu wählen. Wenn nun aber die Satzung dahingehend abgeändert wird, daß die Kreistage künftig ***vor*** dem Verbandstag stattfinden sollen, dann ergibt sich doch die Situation, daß die derzeitigen Funktionäre noch einmal ein ganzes Jahr im Amt zu bleiben haben.

Vorsitzer *Lindner*:
Ich muß Sie unterbrechen, Sportfreund *Knoll*, und darauf aufmerksam machen, daß über diese Frage im Augenblick nicht gesprochen werden kann. Sie bringen zudem etwas in Erinnerung, was auch verfahrensmäßig nicht vergessen worden wäre. Wir stehen aber jetzt in der Abstimmung darüber, ob wir eine Satzungskommission einsetzen wollen oder nicht, und auch darüber, ob wir dieser Kommission Abänderungsvorschläge zur Bearbeitung zuweisen wollen oder nicht.

Der weitere Antrag, über den jetzt abgestimmt werden muß, ist der: die uns im Entwurf vorliegende Satzung als vorläufige Satzung bis zum nächsten Verbandstag anzunehmen.

Ich frage Sie also, meine Herren, haben Sie Einwendungen gegen den Antrag auf Schluß der Debatte? –

(Zurufe: Nein!)

Dann stelle ich fest, daß Sie grundsätzlich gegen den Antrag auf Schluß der Debatte nichts einzuwenden haben.

Wir kommen dann zur Abstimmung über den Antrag auf Schluß der Debatte selbst.

Wer für Schluß der Debatte ist, den bitte ich die Hand zu erheben. –

(Abstimmung.)

Die Gegenprobe? – eine Stimme.

Wer enthält sich der Stimme? – eine Enthaltung.

Ich stelle fest: Der Antrag auf Schluß der Debatte ist gegen eine Stimme bei einer Enthaltung angenommen worden.

Nunmehr komme ich zur Abstimmung über folgenden Antrag: Es ist beantragt, eine Satzungskommission zu wählen, der die bisher eingereichten Anträge auf Änderung des vorliegenden Satzungsentwurfs zugewiesen werden sollen zur Beratung. – Es ist nicht nötig, meine Herren, gleichzeitig zu sagen, wo diese Satzungskommission arbeiten wird. Sie ist selbstverständlich jederzeit zu erreichen über die Verbandsgeschäftsstelle, die ihrerseits jeden Antrag auf Satzungsänderung entgegennehmen wird zur Weiterleitung an die Satzungskommission.

Ich bitte nunmehr abzustimmen.

Wer für die Wahl einer Satzungskommission ist entsprechend den eben dargelegten Richtlinien, den bitte ich die Hand zu erheben.

(Abstimmung.)

Ich danke Ihnen.

Wer ist dagegen? – Niemand.

Stimmenthaltungen? – Keine.

Ich stelle fest: *Es wurde auf Antrag einstimmig beschlossen, daß vom heutigen Verbandstag eine Satzungskommission gewählt wird.*

Folgerichtigerweise muß jetzt der nächste Antrag zur Abstimmung gestellt werden, daß die im Entwurf vorliegende Satzung auf Beschluß des Verbandstages in Kraft gesetzt und als vorläufige Satzung des Landessportverbandes in Kraft tritt. Ich bin allerdings auch der Auffassung, daß wir vorher noch die Frage klären sollten, ob die Kreistage vor oder nach dem Verbandstag stattfinden sollen. Diese Frage ist vielleicht aber schon geklärt, wenn ich folgendes sage: In den Kreisen liegt das Schwergewicht der Arbeit. Es ist zweckmäßig gewesen, satzungsgemäß so zu verfahren, daß die Bezirkstage vor dem Verbandstag liegen, weil ja aus den Kreisen über die Bezirke die Anträge für den Verbandstag kommen, und weil die ein Jahr lang im Kreis arbeitenden Leute diese Arbeit ja bis zum Letzten vollkommen durchführen. Die Bezirkstage ***müssen*** also ***vor*** dem Verbandstag liegen, die Kreistage allerdings können ***nach*** dem Verbandstag liegen, zumal jetzt, wo Sie sich darüber einig geworden sind, daß, vorbehaltlich einer späteren endgültigen Regelung, das Grundprinzip der Vereins-Delegierten bleibt. Ich glaube, daß die Bedenken, die hier auch von Sportfreund *Knoll* erhoben worden sind, dieserhalb eigentlich hinfällig sein könnten, denn es wird wirklich nicht nötig sein und es ergibt sich ja auch in keiner Weise eine Benachteiligung weder für einen Verein noch für den Kreis noch für den Bezirk, wenn der Bezirkstag etwa vier Wochen vor dem Verbandstag stattfindet und der Kreistag später, etwa vier Wochen nach dem Verbandstag. Denn die Kreisgeschicke sind ja bis dahin klar in der Hand, und was sich bis dahin klar herauskristallisiert hat, das kann dann von diesen Leuten auf dem Verbandstag vorgebracht werden.

Erhebt sich also dagegen ein Widerspruch, nachdem ich Ihnen noch diese Erläuterungen gegeben habe?

Das Wort hat Sportfreund *Sinn*, Kassel.

***Sinn*:**

Nach den letzten Ausführungen muß ich ganz energisch protestieren. Die Delegierten zum Verbandstag werden nicht von der Bezirkstagung ernannt, sondern von der Kreistagung. Wäre das nicht der Fall, dann würden ja die kleinen Vereine ganz automatisch beseitigt.

Vorsitzer *Lindner*:

Wir haben klar festgestellt, daß die Vereins-Delegierten gerade zum Verbandstag kommen. Damit dürfte diese Sache ja wohl erledigt sein.

Im übrigen sind wir in der Abstimmung über den Antrag, ob der vorliegende Satzungsentwurf als vorläufige Satzung des Landessportverbandes mit zeitlicher Beschränkung bis zum nächsten Verbandstag in Kraft gesetzt werden soll.

Ich bitte nun diejenigen die Hand zu erheben, die für diesen Antrag sind.

(Abstimmung.)

Ich danke Ihnen.

Wer ist gegen den Antrag? – Eine Stimme.

Wer enthält sich? – Drei Stimmen.

Ich stelle abschließend fest: *Die im Entwurf vorliegende Hauptsatzung soll als vorläufige Hauptsatzung des Landessportverbandes Hessen mit zeitlicher Beschränkung bis zum nächsten Verbandstag in Kraft gesetzt werden, was gegen eine Stimme bei drei Stimmenthaltungen beschlossen wurde.*

Ich stelle fest, daß diese Vorabstimmung zweifellos das gleiche Ergebnis zeigt, wie es eine Abstimmung mit genauer Auszählung der abgegebenen stimmberechtigten Stimmen ergeben würde.

Damit, liebe Sportfreunde, ist Punkt 2.) unserer Tagesordnung, soweit er auf dieser Tagesordnung selbst steht, erledigt.

Nachdem aber beschlossen wurde, eine Satzungskommission zu wählen, muß nunmehr noch festgelegt werden, wieviel Mitglieder diese Satzungskommission haben soll. Ich bitte, sich zu dieser Frage zu äußern.

Das Wort hat Sportfreund *Linnenberg*.

Geschäftsführer *Linnenberg*:

Ich möchte Ihnen folgenden Vorschlag machen. Wir haben sechs Bezirke. Aus jedem Bezirk ist bis zum 30. Juli des Jahres, d. h. also bis in etwa drei Wochen, dem geschäftsführenden Verbandsvorstand je ein Vertreter namhaft zu machen. Diese Vertreter werden etwa Anfang August allen Vereinen in den „Sport-Mitteilungen" namentlich bekanntgegeben, und diese Männer werden sich dann jeweils zusammensetzen zur Beratung der Satzung und der eingegangenen bzw. noch eingehenden Änderungsvorschläge.

Ich glaube nicht, daß Sie diese Satzungskommission heute aus diesem großen Gremium heraus, das sowieso nur ein Sechstel der gesamten Mitgliederzahl des Verbandes vertritt, besetzen können.

Vorsitzer *Lindner*:

Zu dem Vorschlag von Kamerad *Linnenberg* möchte ich sagen: Wir sind ja nun einmal als Verbandstag zusammengetreten. Der Vorschlag ist an sich durchaus praktisch, aber ich möchte Ihnen dagegen doch folgendes vorschlagen: Die sechs Bezirke sind heute ja geschlossen hier vertreten. Wenn Sie sich dazu bekennen, daß aus jedem Bezirk ein Vertreter gewählt wird – das wäre mein erster Vorschlag –, dann sind wir ja ohne weiteres schon heute in der Lage, diese sechs Vertreter namentlich zu benennen.

(Sehr richtig! – Zuruf: Dafür sind wir ja da!)

Ich nehme also an, daß ich diesen Vorschlag, sechs Mitglieder für die Satzungskommission zu benennen, zur Abstimmung bringen kann.

(Zwischenrufe.)

Ich wage, selbst auf die Gefahr hin, daß Sie mich in meine Schranken verweisen, diesen Vorschlag gleich zur Abstimmung zu bringen, den Vorschlag also, daß jeder Bezirk ein Vertreter für die Satzungskommission benennt, insgesamt also sechs.

Wird zu diesem Vorschlag noch das Wort gewünscht?

(Zurufe: Abstimmung!)

Das Wort hat Sportfreund *Stephan*, Friedberg.

***Stephan*:**

Ich möchte folgendes vorschlagen: Jeder Bezirk einigt sich selbst für sich über seinen Vertreter und benennt ihn, dann sind ...

Vorsitzer *Lindner*:

Das ist schon die zweite Frage. Ich bin aber noch bei der ersten. Wir wollen uns also grundsätzlich klar darüber sein, daß der Antrag, eine Satzungskommission zu bilden, angenommen ist, und daß wir uns jetzt einigen müssen, wieviel Mitglieder diese Satzungskommision haben soll. Es ist ja nicht nur die Zahl sechs genannt worden, sondern es wurde gesagt, daß jeder Bezirk einen Vertreter entsenden solle.

(Sehr richtig!)

Ich bitte also abzustimmen. Wer dafür ist, daß die Satzungskommission aus sechs Vertretern besteht, und daß sie zusammengesetzt ist aus je einem Vertreter eines jeden Bezirks, insgesamt also aus 6 Personen, den bitte ich die Hand zu erheben. –

(Abstimmung.)

Ich danke Ihnen.

Die Gegenprobe? – Keine.

Und Stimmenthaltungen? – Keine.

Ich stelle also fest, daß der *Antrag, die Satzungskommission soll aus sechs Personen bestehen, und zwar aus je einem Vertreter der sechs Sportbezirke, einstimmig angenommen worden ist.*

Und nun, meine Herren, kommt der zweite Vorschlag von mir: Ich nehme an, daß die sechs heute hier vertretenen Sportbezirke unter sich in wenigen Minuten jeweils einen Vertreter benennen können.

(Zustimmende Zurufe.)

Dann bitte ich die Bezirksvorsitzenden der sechs Sportbezirke, sich sofort mit den Vereinen in Verbindung zu setzen – oder wollen wir es so machen, daß wir bezirksweise vorgehen und in aller Offenheit hier die Sache durchsprechen?

(Zuruf: Zur Geschäftsordnung!)

Zur Geschäftsordnung erteile ich das Wort dem Sportfreund ( ).

( )

Sportfreunde! Es ist hier von der Fußballsparte ein Antrag gestellt worden, und es ist doch üblich, daß die Verhandlungsleitung einen solchen Antrag auch berücksichtigt und nicht einfach über ihn hinweggeht zugunsten eines zweiten Antrages. Man versucht hier, den ersten Antrag unter den Tisch zu schieben! Ich schließe mich den Ausführungen des Fußballfachwartes an, in welchem er erklärt und vorgeschlagen hat, jeder Bezirk solle bis zu einem bestimmten Termin je einen Vertreter benennen, der dieser Satzungskommission angehört.

(Zwischenrufe und Pfeifen.)

Vorsitzer *Lindner*:

Ich muß Sie unterbrechen, nicht etwa, weil Sie mir persönlich einen Vorwurf machen, sondern weil es unsachlich ist, was Sie hier vortragen. Sie sind ja nicht dazu hier, die Belange eines anderen Antragstellers zu wahren, und wenn Kamerad *Linnenberg* seinerseits nichts weiter tun will, so ist das nicht Ihre Sache, sondern die seine. Das möchte ich Ihnen erst einmal sagen. –

Es wurde bisher nur darüber abgestimmt, daß zu dieser Kommission sechs Vertreter benannt werden. Daß diese sechs Vertreter heute gewählt werden, darüber wurde nicht abgestimmt.

(Heiterkeit.)

Meine Herren, ich bitte um Ruhe! –

Damit hier aber gar keine Zweifel entstehen, wollen wir so korrekt verfahren, daß wir hier auch das, was angeblich falsch gemacht worden ist, richtig stellen.

(Heiterkeit und Zustimmung.)

Es ist also seitens unseres Sportfreundes *Linnenberg* vorgeschlagen worden, daß festgestellt wird, wer grundsätzlich in diese Satzungskommission kommen soll, nach der Zahl – daher dieser „Mangel". – Es ist also beschlossen und steht fest, daß jeder Bezirk einen Vertreter entsendet.

Und weiter ist beschlossen worden, daß nicht heute diese Vertreter benannt werden, sondern daß bis zu einem bestimmten Termin schriftlich der Verbandgeschäftsstelle diese Personen gemeldet werden sollen.

Es ist dann nachher von mir unter Billigung eines großen Teils der Versammlung der Ergänzungsvorschlag gemacht worden, daß, nachdem wir nun mal hier auf dem Verbandstag zusammen sind und tatsächlich auch alle Bezirke vertreten sind, wir heute schon aus den einzelnen Bezirken heraus diese sechs Vertreter wählen.

Ich frage hier – um auch hier ganz korrekt und verfahrensmäßig zu handeln – meinen Freund *Linnenberg*, ob er bereit ist, seinen weitergehenden Antrag, nämlich erst in absehbarer Zeit und zu Hause zu wählen, aufrecht erhält?

(Linnenberg: Nein!)

Ich stelle fest, daß Kamerad *Linnenberg* seinen weitergehenden Antrag, bis zu einem späteren Zeitpunkt diese sechs Vertreter zu benennen, nicht aufrecht erhält.

Im übrigen haben wir ja schon abgestimmt über den weitergehenden Antrag. Wir wiederholen aber, um auch hier ganz eindeutig vorzugehen, noch einmal diese Abstimmung:

Wer also dafür ist, daß heute schon diese sechs Vertreter gewählt werden, den bitte ich die Hand zu erheben.

(Abstimmung.)

Ich danke Ihnen. –

Wer ist dagegen? – eine Stimme.

Wer enthält sich der Stimme? – Niemand.

Also ist auch dieser Antrag – über den wir ja vorhin bereits abgestimmt hatten – gegen eine Stimme angenommen.

Wir können also fortfahren und ich bitte nun die Bezirksvorsitzenden, mit ihren Delegierten zu sprechen.

(Zuruf: Das ist bereits geschehen!)

Umso besser. Dann bitte ich um Benennung der sechs Vertreter aus den sechs Sportbezirken. Ich frage also die einzelnen Bezirke:

Wiesbaden? – (Zuruf: *Morasch*!)
Kassel? – (Zuruf: *Wettig*!)
Fulda? – (Zuruf: *Strack*!)
Frankfurt am Main? – (Zuruf: *Sorg*!)
Darmstadt? – (Zuruf: *Engel* – Griesheim bei Darmstadt!)
Marburg? – (Zuruf: *Seibert*!)

Ich wiederhole also: *Als Mitglieder der Satzungskommission wurden von den sechs Sportbezirken die folgenden Vertreter benannt:*

Wiesbaden: *Morasch*, Kassel: *Wettig*, Fulda: *Strack*, Frankfurt am Main: *Sorg*, Darmstadt: *Engel* – Griesheim, Marburg: *Seibert*

Damit ist die Satzungskommission auch personell gebildet.

Meine Herren! Ich darf Sie daran erinnern, daß ich folgendes bereits ausgeführt hatte, was grundsätzlich und ohne Widerspruch Ihre Billigung gefunden hat, und was ich noch einmal klar herausstellen möchte: Die Satzungskommission hat als Kommission keinerlei Exekutivgewalt. Sie wird im Laufe dieses Jahres nicht von sich aus die Satzungen abändern können, sondern sie hat im Einvernehmen mit dem Verbandsvorstand und aufgrund von Anträgen aus den Bezirken, Kreisen und Vereinen die Abänderungsvorschläge für die Hauptsatzung des Verbandes entgegenzunehmen und zu bearbeiten.

(Zustimmung.)

Ich stelle ausdrücklich Ihre ***Zustimmung*** hierzu fest.
Meine Damen und Herren!

Damit ist auch dieser Punkt erledigt und wir kommen nun zu

Punkt 3: Anträge

Wir haben schon über die Frage der ***Unfall- und Haftpflichtversicherung*** gesprochen. Ich bin der Auffassung, daß dieser Versicherungschutz für ***alle*** Mitglieder der Vereine, ganz gleich, ob sie alt oder jung sind, in der heutigen Zeit eine unbedingte Notwendigkeit ist. Ich bin mir auch im Klaren darüber, daß diese Frage nicht gelöst werden kann dadurch, daß man vielleicht innerhalb des Verbandes selbst versucht, so etwas wie eine Versicherung auf die Beine zu stellen. Wir könnten sie, selbst wenn wir wollten, niemals zu einer Vollendung bringen, zu einer wirklichen Vollendung, weil bestenfalls wohl vielleicht eine Unterstützungskasse aufgemacht werden könnte, aber keine Versicherung mit den klaren Rechten, die sie eben bei den Versicherungen bestehen. Ob das später vielleicht einmal gemacht werden kann, das ist eine Frage der weiteren Entwicklung, und das wird sich ja dann noch herausstellen.

Wir halten es aber seitens des Verbandsvorstandes für notwendig, diese Frage durch einen Antrag besonders herauszuarbeiten, und deshalb legen wir Ihnen als

> **Antrag 1.**) des Gesamtverbandsvorstandes in Zusammenarbeit mit den *Kreis- und den Bezirksvorsitzenden den folgenden Antrag vor:*
>
> **Unfall- und Haftpflichtversicherung**
>
> Der Gesamtverbandsvorstand stellt den Antrag, der ordentliche Verbandstag wolle beschließen, daß alle Verbandsvereine verpflichtet sind, der
> *Unfall- und Haftpflichtversicherung*
> *des Verbandes*
> beizutreten. Demgemäß müssen alle Vereine, die bisher unmittelbar mit einer Versicherungsgesellschaft eine solche Versicherung abgeschlossen haben, diese Versicherung zum nächstzulässigen Termin kündigen und der Verbandsgeschäftsstelle den Vollzug dieser Kündigung schriftlich mitteilen. Sportkreise oder Sportbezirke, die bisher unmittelbar für ihre Kreis- bzw. Bezirksvereine solche Versicherungen abgeschlossen haben, sind ebenfalls verpflichtet, diese Versicherungen sofort zum nächstzulässigen Termin zu kündigen. Versicherungen mit der Frankfurter Allianz Versicherung AG können bereits sofort ohne Rücksicht auf vertragliche Termine auf Antrag auf Grund unserer Abmachungen aufgelöst werden.

Meine Herren! Daß der Verbandsvorstand bei dieser Versicherung keinerlei egoistische Motive verfolgt, ist schon deswegen klar, weil ja die Mittel, die für die Prämienzahlungen erforderlich sind, nicht beim Verbandsvorstand verbleiben, sondern diesen lediglich durchlaufen und an die Versicherungsgesellschaft abgeführt werden.

Der Grund für diesen Antrag ist klar herausgestellt: Es ist zwingend notwendig in der heutigen Zeit, ***alle*** Mitglieder einem wirklich wertvollen Versicherungsschutz zu unterwerfen und dafür zu sorgen, daß dieser Schutz auch tatsächlich gewährt wird.

Ich stelle nunmehr diesen Antrag 1.) des Gesamtverbandsvorstandes zur Diskussion und bitte um Ihre Wortmeldungen. Zunächst erteile ich das Wort unserem Sportfreund *Schmucker* vom Landessportverband Bayern. Er ist ja Spezialist auf dem Gebiete der Unfallversicherung und wird Ihnen einige Worte dazu sagen.

***Schmucker*, Landessportverband Bayern:**

Liebe Sportfreunde!

Der Antrag Ihres Verbandsvorstandes betr. Unfall- und Haftpflichversicherung veranlaßt mich, einige Worte zu diesem Thema und zu dem Antrag selbst zu sagen. Wir haben in unserer letzten Verbandsleitungssitzung ein Schreiben von der Frankfurter Allianz Versicherungs AG vorliegen gehabt, des Inhalts, wieso wir unsere Vereine auffordern, daß sie sich bei uns – oder besser gesagt –, daß sie sich unserer Versicherung anschließen sollen. Es wundert mich, daß die gleiche Versicherungsgesellschaft, wie wir das eben aus dem Antrag gehört haben, Ihrem Verband freigestellt hat, daß die Verträge mit den Vereinen sofort gelöst werden können. Hier besteht meiner Ansicht nach ein Widerspruch.

Ich möchte Sie aber auf folgendes aufmerksam machen. Wir haben von der Militärregierung ausdrücklich den Befehl bekommen, den Versicherungsschutz den Vereinen und deren Mitgliedern gegenüber nicht als Druckmittel anzuwenden, so daß die Vereine damit eventuell gezwungen werden könnten, sich dem Verband anzuschließen. Es besteht doch an und für sich die Möglichkeit, daß der eine oder andere Verein zu der Verbandsversicherung noch eine weitere freiwillige Versicherung für seine Aktiven irgendwo bei einer anderen Versicherung abschließt.

Sportkameraden! Den Antrag, so wie er gestellt ist, können Sie annehmen. Ich glaube aber bestimmt nicht, daß die Militärregierung ihn durchgehen lassen wird, und ich glaube auch bestimmt, daß sich dann sämtliche Versicherungsgesellschaften rühren werden. Wenn Sie aber Glück haben, dann – bitte – teilen Sie es uns mit, wir werden dann mit dem gleichen Nachdruck den gleichen Beschluß fassen, obwohl bei uns zu 90% alle Vereine unserer Versicherung angehören, schon deshalb, weil wir ganz andere Prämienbeiträge zahlen. Auch hier ein Beispiel: Sie haben, soviel ich weiß, die gleichen Beiträge wie wir. Während, wenn Sie als einzelne Vereine angeschlossen sind, pro Mitglied eine Prämie von RM 24,- pro Jahr bezahlt werden muß, werden z. B. in der Fußballabteilung pro Mitglied und Jahr 10,80 RM gezahlt, in der Handball-Abteilung 8,– Mark und etliche Pfennige und in der Ski-Abteilung 9,–RM. Das sind Unterschiede, die an sich nicht vorhanden sein dürfen, denn wenn wir schon ein einheitlicher Verband sind, dann müssen auch, wenn die Mitglieder dieses Verbandes in einer Versicherung sind, für alle Mitglieder die gleichen Prämiensätze gelten.

Allein aus diesem Grunde gibt es nur eines: Das ist die einheitliche Versicherung für alle Sportler, ganz gleich, ob sie sich auf dem grünen Rasen, im Wasser oder in den Bergen bewegen. Das ist ein Grundsatz, der Geltung behält und nach dem wir uns verhalten müssen. Seien Sie also, wie ich schon sagte, mit Ihrem Antrag sehr vorsichtig.

Vorsitzer *Lindner*:

Ich danke unserem Kameraden *Schmucker*, auch für seine Warnung zur Vorsicht. Aber ich muß doch darauf aufmerksam machen, daß eine Versicherung doch eine durchaus zweiseitige Angelegenheit ist, die von ***jeder*** Seite gekündigt werden kann. Wenn ein Verein durch seine Zugehörigkeit zu einer Organisation gebunden ist, dann kann daran doch eine dritte Stelle keinen Anstoß nehmen, daß ein Mitglied nun aufgrund seiner Zugehörigkeit zu einer Organisation einen Vertrag kündigt. Damit ist nicht gesagt, daß der Verein, der freiwillig versichert bleiben will, dies nicht tun kann oder darf. Aber er hat, wenn er der hier in dem Antrag ausgesprochenen Grundregel unterliegt, doch auch dafür zu sorgen, daß seine Mitglieder über den Verband versichert sind. Ich sehe also irgendeine Gefahr bei der Verwirklichung dieses Antrages nicht. Mit dem Antrag soll ja nicht bezweckt werden, daß ein Verein, wenn er freiwillig noch weiter versichern will, dies nicht tun dürfe. Darüber hinaus muß er natürlich selbst auch die Versicherungsbedingungen beachten.

Wird zu diesem Antrag noch das Wort gewünscht? – Ich erteile das Wort Sportfreund *Dr. Hauf*.

***Dr. Hauf*:**

Sportfreunde! Handelt es sich bei den Versicherten nur um die sporttreibenden Aktiven oder ganz allgemein um alle Mitglieder?

Vorsitzer *Lindner*:

Es handelt sich, um auf diese Frage gleich eine klare Antwort zu geben, um ***alle*** Mitglieder, ganz gleich, ob das Mitglied vielleicht gerade sechs Jahre alt ist, also als Kind betreut wird, oder ob es 80 Jahre alt ist und noch am Reck hängt. ***Sämtliche Mitglieder*** haben einen erstklassigen Versicherungsschutz, das ist eine Tatsache, die wir im Sport nicht übersehen dürfen. Wir haben uns deshalb auch nicht gescheut, diese Versicherung abzuschließen und die Prämien zunächst zu einem wesentlichen Teil aus den Mitteln zu zahlen, die wir von den Vereinen erhalten haben.

Wird das Wort noch weiter gewünscht?

(Zuruf: Bezieht sich das auch auf die Boxer?)

Ja, richtig, auch auf die Boxer. Es sind ***sämtliche Sportarten*** erfaßt. Wenn allerdings – das muß ich dazu sagen und gerade bei den Boxern ist das ja sehr oft der Fall – z. B. eine Nase verunziert wird und der Boxer wünscht dann, nachdem alles ausgeheilt ist, eine „Schönheitsreparatur", um seine Nase wiederherzurichten – dann allerdings hat er damit kein Glück, denn „Schönheitsreparaturen" sind in diesem Versicherungsschutz natürlich nicht miteinbegriffen.

(Heiterkeit.)

Eines aber ist grundsätzlich auch noch zu sagen, damit auch diese Zweifel behoben werden. Auch das Radfahren fällt darunter, dafür haben wir innerhalb der Fachgruppen noch eine Ergänzungsversicherung abgeschlossen. Ebenso sind einbegriffen die Anreise und die Rückfahrt, auch wenn Umwege gefahren werden. Stellen Sie sich vor, Sie fahren mit einer Jugendmannschaft zu einer Sportveranstaltung, und sie versuchen z. B. auf der Rückfahrt den Jungens noch eine kulturell wertvolle Sehenswürdigkeit zu bieten, fahren also beispielsweise nach einer in der Nähe gelegenen Stadt, um den Jungens dort etwas Besonderes zu zeigen. Das ist zwar an und für sich eine Sache, die mit dem Sport und der sportlichen Ausübung nicht unmittelbar etwas zu tun hat. Und wenn nun auf diesem Umwege etwas passieren sollte, dann ist auch das mit einbegriffen und fällt unter den Versicherungsschutz.

Wir haben, das möchte ich ausdrücklich sagen, Bedingungen ausgearbeitet, die wirklich erstklassig sind. Wir haben uns die größte Mühe gegeben, und Sie dürfen schon glauben, daß sich das für sämtliche Mitglieder all unserer Vereine sehr günstig auswirken wird.

(Zuruf: Wie hoch ist der Versicherungsbeitrag pro Jahr?)

Wir haben hier eine Staffelung, die etwa so aussieht:

Kinder und Jugendliche zahlen einen Beitrag von 45 Pfennig – da der Verband durch die Annahme und Bearbeitung der Anträge und schließlich durch die Kontrolle, ob sie auch ordnungsgemäß durchgeführt werden, noch besondere Verwaltungsarbeit hat, haben wir selbst die Prämie von 45 Pfennig auf 50 Pfennig erhöht, so daß dem Verband über diese 45 Pfennig hinaus ein Betrag von fünf Pfennig zufließt – für Mitglieder über 18 Jahre eine Prämie von 95 Pfennig – von uns aus den eben dargelegten Gründen auf 1,- RM aufgerundet.

Damit dürfte auch die Frage der Prämien klar herausgestellt sein.

Meine Herren! Wenn nun keine weiteren Wortmeldungen mehr vorliegen oder erfolgen, darf ich vorschlagen, über diesen Antrag abzustimmen.

(Zustimmung.)

Ich bitte also diejenigen die Hand zu erheben, die für die Annahme des Antrages 1.) des Verbandsvorstandes betr. Unfall- und Haftpflichtversicherung sind.

(Abstimmung.)

Ich danke. –
Die Gegenprobe? – Eine Stimme dagegen.
Stimmenthaltungen? – Keine.
Ich stelle fest:

Der Antrag 1.) des Gesamtverbandsvorstandes betr. Abschluß einer Unfall- und Haftpflichtversicherung ist gegen eine Stimme ohne Stimmenthaltungen angenommen worden.

Als nächsten Antrag verlese ich Ihnen den

Antrag 2.) *des Gesamtverbandsvorstandes*
Betr.: Verbandsbeitrag 1947/48

Der Gesamtverbandsvorstand stellt den Antrag, der ordentliche Verbandstag wolle beschließen, daß für das Verbandsjahr 1947/48
der Verbandsbeitrag
ausschließlich der Prämie für die Unfall- und Haftpflichtversicherung wie folgt festgesetzt ist:

1.) für ordentliche Mitglieder über 18 Jahre RM 1,5o
2.) für Jugendmitglieder von 14 – 18 Jahre RM 1,—
3.) für Kinder bzw. Jugendmitglieder bis 14 Jahre beitragsfrei

Beitragsstichtag: Mitgliederstand vom 1. April 1947

Fälligkeit des Beitrages:
für ordentliche Mitglieder je 75 Pfennig am 1. April 1947 und 1. Juli 1947
für Jugendliche von 14 – 18 Jahren mit je 50 Pfennig am 1. April 19.47 und 1. Juli 1947
Die *Versicherungsprämie* ist fällig
mit je 50 Pfennig am 1. Juli 1947 und 1. Oktober 1947 für ordentliche Mitglieder mit je 25 Pfennig am 1. Juli 1947 und 1. Oktober 1947 für jugendliche Mitglieder.

Soweit der Wortlaut des Antrag 2.). Zu dem Punkt „Versicherungsprämie" ist kurz noch folgendes zu sagen. Sie sind bestimmt mit mir der Auffassung – und wir haben aus allen Kreisen und aus vielen an uns gerichteten Anfragen diese Auffassung bestätigt bekommen –, daß die Eltern gerade unserer Kinder und Jugendlichen froh sind, zu wissen, daß ihre Kinder nicht nur sportlich und fachlich innerhalb der Vereine des Verbandes betreut werden, sondern daß sie auch einem Unfall- und Haftpflichtschutz unterliegen. Wenn Sie nun diese Prämie von 50 Pfennig für die Jugendlichen nehmen, dann sind das pro Monat ganze vier Pfennig, und ich glaube, die Vereine werden es wohl nicht als untragbar empfinden, wenn sie die Eltern bitten, für ihre Kinder diesen Betrag von 50 Pfennig pro Jahr selbst als Versicherungsprämie zu zahlen.

Es dürfte meines Erachtens nicht schwer halten, mit einigem guten Willen und etwas Überzeugungskraft die Eltern dazu zu bewegen von sich aus diesen geringen Betrag von 50 Pfennig an Prämie zu zahlen – und die Vereinskassen sind damit nicht belastet. Wir haben ja gerade aus der Elternschaft immer wieder die Frage vorgelegt bekommen, und die Eltern haben es uns hinterher bestätigt, daß sie froh sind, zu wissen, daß wie ich schon sagte, neben der fachlichen und sportlichen Betätigung auch noch ein Versicherungsschutz besteht.

Und nun zum Verbandsbeitrag. Die Kinder bis zum Alter von 14 Jahren wollen wir freilassen von der Zahlung eines Beitrages an den Verband. Für die Altersklassen von 14 bis 18 Jahren sind an den Verband dann 1,— RM und für die ordentlichen Mitglieder über 18 Jahre 1,50 RM an den Verband zu entrichten. Ich kann Ihnen dazu sagen, daß ganz allgemein die Fülle von Aufgaben, die uns zur Lösung noch vorschweben, uns veranlaßt, Ihnen für das laufende Geschäftsjahr einen Beitrag in dieser Höhe vorzuschlagen. Wir streben an – d. h. ich sage jetzt meine persönliche Ansicht – d. h. wir sollten innerhalb des Verbandes die Aufgabe haben, den Verbandsbeitrag als Kopfbeitrag nicht nur immer mehr herabzusetzen, die Jugend überhaupt freizulassen und nur noch die ordentlichen Mitglieder zu erfassen. Das setzt voraus, daß der Verband besser und fester fundiert ist, die Fachgruppen ebenso, und daß überall ohne Mißtrauen zusammengearbeitet wird und überall auch die beste Zusammenarbeit erzielt wird.

Wir haben, wie Sie ja schon wissen von den Verbands- und Fachgruppentagungen her, die Vereine nicht mehr nach ihren Einnahmen klassiert. Es war nicht leicht, das durchzusetzen, aber auch das war letzten Endes eine Tat für die Vereine selbst. Denn es ist doch durchaus schön zu wissen, daß man bei seinen Veranstaltungen erstens nicht kontrolliert wird und zweitens nicht einen bestimmten Betrag von den Einnahmen an den Verband abführen muß. Das bitte ich zu berücksichtigen im Zusammenhang mit der Diskussion über die Verbandsbeiträge. Im übrigen: Nach den Grundsätzen des Verbandes, die Sie ja im wesentlichen auch schon gebilligt haben, haben Sie ja die Gewißheit, daß diese Mittel wiederum den Bezirken und den Kreisen und damit den Vereinen selbst zufließen und damit der Arbeit im Dienste des Sports.

Ich stelle nunmehr den Antrag 2.) des Gesamtverbandsvorstandes betr. Verbandsbeitrag für 1947/48 und betr. Versicherungsprämie zur Diskussion. Ich bitte um Wortmeldungen.

Zunächst erteile ich das Wort Sportfreund *Müller*, Groß-Gerau.

***Müller*, Groß-Gerau:**

Ich will nur wenig sagen über den Verbandsbeitrag und habe eigentlich lediglich eine Anfrage, vielleicht habe ich es aber auch nur falsch verstanden: Es sind also z. B. für ordentliche Mitglieder an Verbandsbeitrag 1,50 RM zuzüglich der Prämie von 1,— RM für die Versicherung zu zahlen? Oder ist die Versicherungsprämie bereits einbegriffen?

Vorsitzer *Lindner*:

Nein, die Versicherungsprämie ist gesondert neben dem Verbandsbeitrag zu zahlen, wie Sie selbst es erst richtig gesagt haben. Also: 1,50 RM an Verbandsbeitrag zuzüglich 1,— RM an Prämie.

***Müller*, Groß-Gerau:**

Überlegen Sie sich einmal, Sportfreunde: Wenn ein Verein z. B. 450 Mitglieder hat, dann muß er ja eine ganze Menge Geld bezahlen. Dabei aber sind die Prämien, die die Vereine aufgrund der von ihnen abgeschlossenen Versicherungen zu zahlen haben, viel günstiger. Wir haben z. B. in Groß-Gerau eine Versicherung abgeschlossen, bei der im Ganzen eine Prämie von 200,— RM bezahlt wird. Beim Verband aber hätten wir für die neue Versicherung zu zahlen 450 mal 1,– RM gleich 450,– RM. In diesen 200,– RM Pauschalprämie, die wir für den ganzen Verein zahlen, ist alles inbegriffen, ohne Rücksicht auf die Zahl der Mitglieder. Bei der neuen Verbandsversicherung aber hätten wir mehr als das Doppelte zu zahlen. Ich frage, wo sollen wir denn dann mit dem Geld hinkommen? Ich kann also unmöglich für meinen Verein, den ich hier vertrete, der Zahlung einer solchen verhältnismäßig hohen Prämie zustimmen. Die Mitglieder meines Vereins würden mich ja, wenn ich nach Hause komme, steinigen, sobald ich ihnen erzähle, ich hätte dem zugestimmt. Ich war der Meinung, daß diese Prämie von 1,— RM bereits in dem Verbandsbeitrag von 1,50 RM enthalten ist.

Ich kann noch erwähnen, daß wir bereits einen Fall hatten, wo wir bei dieser Versicherungsprämie von 200,— RM bereits eine Auszahlung von 5.000,- RM hatten.

Ich bitte also den Verbandsvorstand, diese Sache noch einmal zu überlegen und seinen Antrag zu revidieren.

Vorsitzer *Lindner*:

Sportfreund *Müller* hat beide Dinge miteinander verknüpft, den Verbandsbeitrag und die Versicherungsprämie. Er hat selbstverständlich recht, sich darüber zu befragen. Aber aus dem von mir selbst vorgelegten Antrag Nr. 2.) des Verbandsvorstandes geht ja klar hervor, daß die Prämie nebenher läuft. Daß nun Sportfreund *Müller* ausgerechnet in seinem Verein in eine Zwickmühle gerät, kann ich verstehen, denn wenn ich recht verstanden habe, bezahlt man in seinem Verein eine Jahresprämie von 2,– RM pro Kopf. Sie sehen aber, wie wichtig es ist, eine solche Frage eingehend und vor allem einheitlich zu behandeln, denn nur in der Einheitlichkeit liegt ja die Möglichkeit, diese Sache für die Vereine so billig wie nur möglich zu gestalten. Im übrigen ist unser Prämiensatz von 1,– RM pro Kopf ja nur die Hälfte dessen, was Kamerad Müller in seinem Verein zu zahlen hat. Aber daß Sie gesteinigt werden, lieber Freund *Müller*, das traue ich in der harten Wirklichkeit Ihren Vereinskameraden doch nicht zu.

Es war klar, daß die Versicherungsprämie neben dem vorgeschlagenen Verbandsbeitrag für sich läuft. Es ist eine Selbstverständlichkeit, lieber Freund *Müller*, daß wir als Verband gegenüber unseren Verbandsvereinen soviel Disziplin haben, ihnen trotz des vorhin angenommenen Antrages 1.) betr. Unfall- und Haftpflichtversicherungen nicht schon jetzt zur Pflicht zu machen, bereits jetzt dieser Versicherung beizutreten und die Prämien mitzutragen. Dieser Zusatz fällt also sofort weg, wenn ich erkläre, daß die Vereine, die jetzt im Augenblick noch eine eigene Versicherung haben und aufgrund ihres Vertrages verpflichtet sind, die Prämien zu zahlen, zunächst nicht verpflichtet sind, für die Unfallversicherung des Verbandes Prämie zu zahlen.

Damit dürfte auch das klar sein.

In dem Antrag 2.) des Verbandsvorstandes war also über die Höhe der Verbandsbeiträge gesagt, daß Kinder und Jugendliche bis 14 Jahre beitragsfrei sein sollen, daß für Jugendliche von 14 bis 18 Jahren ein Verbandsbeitrag von 1,— RM und für ordentliche Mitglieder über 18 Jahre ein solcher von 1,50 RM zu entrichten ist. Das sind, auf den Monat umgerechnet, für Jugendliche von

14 bis 18 Jahren pro Kopf rund acht Pfennig im Monat und für ordentliche Mitglieder über 18 Jahre pro Monat rund 12,5 Pfennig. Wenn Sie sich diese Pfennigbeträge von 8 Pfennig und von 12,5 Pfennig, die pro Monat an den Verband als Verbandsbeitrag abzuführen sind, ansehen, dann meine ich doch, daß bei Berücksichtigung der Möglichkeit, die ebenfalls so niedrigen Versicherungsprämien in den meisten Fällen gesondert einnehmen zu können, diese Verbandsbeiträge doch wohl nicht als zu hoch anzusprechen sind.

Das Wort hat nun Sportfreund *Schubert*, Rüsselsheim.

***Schubert*:**

Sportfreunde! Ich beantrage: Zu dem Antrag des Verbandsvorstandes auf Abschluß einer Unfall- und Haftpflichtversicherung wird zusätzlich hinzugefügt, daß die Vereine, die bereits eine Versicherung haben, nicht verpflichtet sind, noch eine weitere Prämie zu der Versicherung des Verbandes zu zahlen, solange sie selbst noch einen Versicherungsschutz haben.

Vorsitzer *Lindner*:

Das ist ja klar. Wir denken ja nicht daran, die Vereine zu zwingen, jetzt für unsere Verbands-Unfallversicherung auch noch eine Prämie zu zahlen, wenn sie selbst eine solche Versicherung bereits laufen haben. Auch die Versicherungsgesellschaft ihrerseits würde ja in einem solchen Falle die Leistung ablehnen.

Ich kann also nochmals verbindlich erklären im Beisein sämtlicher Delegierter des Verbandstages, daß der Verband nicht daran denkt, von einem Verein, der nachgewiesen hat, daß er rechtsverbindlich noch eine Versicherung laufen hat, eine weitere Prämie zu verlangen.

Ich meine aber, meine Herren, Sie sind mit mir der Auffassung, daß wir uns auch hier durchaus zu dem Grundsatz der Ehrlichkeit bekennen, und daß es nicht geht, daß ein Verein kommt und behauptet, er habe eine Versicherung, in Wirklichkeit aber hat er gar keine.

(Lebhafte Zustimmung.)

Ums Wort hat jetzt Sportfreund *Krämer*, Wiesbaden gebeten.

***Krämer*:**

Sportfreunde! Die Versicherung ist, wie mir scheint, in jedem Falle ein Schmerzenskind für alle Vereine. Es gibt Vereine, die an Prämien bedeutend mehr zahlen wie wir beim Verband an Versicherungen abgeschlossen haben. Etwas anderes ist es bei Vereinen, die jetzt sagen: Wir wollen unsere Versicherung beibehalten. Wir sind hier und müssen mit unserem Verbandsvorstand mit offenen Karten spielen, und wir müssen offen sagen: Jawohl, wir haben so und so viel Mitglieder, die wir auch tatsächlich anmelden. Aber vielleicht gibt es auch Vereine, die 200 Mitglieder haben und haben nur 80 gemeldet!

(Hört! Hört!)

Ja, es ist wichtig, daß die Vereinsmitglieder alle gemeldet werden. Es kann ja einem Vereinsmitglied einmal etwas passieren, das bei einer Sache gar nicht einmal aktiv dabei gewesen zu sein braucht. Wer trägt dann die Kosten? Das muß also offen und ehrlich gemacht werden. Wir haben bisher in unserem Kreis für die Kinder eine Prämie von 25 Pfennig pro Jahr gezahlt, und wir zahlen jetzt gerne die 50 Pfennig pro Jahr und pro Kind, weil wir eben die Gewähr haben, daß die Kinder dann auch wirklich versichert sind. Bisher war es nämlich immer ein zweifelhaftes Ding, ob man etwas bekommt oder nicht, wenn ein Kind betroffen ist.

Das schließt aber nicht aus, daß die Versicherungsprämie mit der Zeit mit der Masse der angemeldeten Mitglieder und der angesammelten Gelder trotzdem noch gesenkt werden kann, und es schließt weiter nicht aus, daß, wenn wir ein Jahr oder einige herum haben, wir uns dann vielleicht überlegen können, ob wir nicht doch von Verbandswegen unsere Versicherung selbst übernehmen. Das aber ist eine Frage, die vielleicht erst in einem oder in zwei Jahren gestellt werden kann.

Vorsitzer *Lindner*:

Ich danke Kamerad *Krämer* für seine Ausführungen. Wünscht nun noch jemand zu diesem Antrag 2.) des Verbandsvorstandes das Wort? – Das ist nicht der Fall. Dann komme ich zur Abstimmung über den Antrag Nr. 2.).

Wer dafür ist, daß entsprechend dem Antrag 2.) des Gesamtverbandsvorstandes Kinder und Jugendliche bis 14 Jahren beitragsfrei bleiben, für Jugendliche von 14 bis 18 Jahren ein jährlicher Verbandsbeitrag von 1,— RM und für ordentliche Mitglieder über 18 Jahre ein jährlicher Verbandsbeitrag von 1,50 RM an den Verband zu entrichten ist, und daß dem Antrag entsprechend auch die Fälligkeitsdaten für die Zahlung dieser Beiträge beschlossen werden, auch hinsichtlich der Versicherungsprämien, den bitte ich die Hand zu erheben.

(Abstimmung.)

Ich danke. –

Die Gegenprobe. – Keine.

Stimmenthaltungen? – Eine Stimme.

Ich stelle fest, daß der *Antrag 2.) des Verbandsvorstandes betr. Verbandsbeitrag und Versicherungsprämie in der vorgelegten Form bei einer Stimme Enthaltung angenommen worden ist.*

Meine Herren! Wir hatten uns vorgenommen, heute

um 18 Uhr Schluß zu machen. Ich bin verpflichtet, Ihnen zu sagen, daß noch zwei Anträge vorliegen. Ich könnte den Versuch machen, sie sozusagen im Handgalopp durchzubringen, dann aber nur, wenn nicht irgendein besonderer Widerspruch erhoben wird.

(Zustimmung.)

Sie sind also damit einverstanden. – Ich verlese also den Wortlaut dieser beiden Anträge.

Antrag 3.) des Gesamtverbandsvorstandes:
Betr.: Kreis- und Bezirks-Geschäftsstellen
Der Gesamtverbandsvorstand stellt den Antrag, der ordentliche Verbandstag wolle beschließen, daß entsprechend dem § 6 Absatz 4.) der Hauptsatzung
Kreisgeschäftsstellen und
Bezirksgeschäftsstellen,
wenn sie mit hauptamtlichen Arbeitskräften besetzt werden sollen, nur mit Genehmigung des Verbandsvorstandes eingerichtet werden dürfen. Die bisher bereits eingerichteten Geschäftsstellen mit hauptamtlichen Arbeitskräften müssen überprüft und nachträglich gegebenenfalls genehmigt werden, wenn sie für unbedingt erforderlich befunden werden und ihre Finanzierung gesichert ist.

Meine Herren! Wir haben sparsam zu arbeiten, und dieser Antrag ist sozusagen eine Grundregel, ein Arbeitsauftrag für den neuen Verbandsvorstand, denn wir wollen sowohl eine sparsame wie auch eine zweckmäßige Organisation haben. Und deshalb muß auch hier der neue Verbandsvorstand eine klare Marschroute für seine Arbeit, eine eindeutige Grundregel, bekommen.

Der 4. und letzte Antrag des Gesamtverbandsvorstandes befaßt sich mit dem verbotenen Sportverkehr und hat folgenden Wortlaut:

Antrag 4.) des Gesamtverbandsvorstandes:
Betr.: Verbotener Sportverkehr
Der Gesamtverbandsvorstand stellt den Antrag, der ordentliche Verbandstag wolle im Zusammenhang mit der Beschlußfasssung über die Hauptsatzung des Verbandes nochmals besonders durch Beschluß herausstellen, daß *jeglicher Sportverkehr mit Nichtverbandsvereinen und Organisationen* allen unseren Mitgliedsvereinen verboten ist, und daß Verstöße gegen dieses Verbot den Bestimmungen der Hauptsatzung gemäß bestraft werden müssen.

Meine Herren! Ich habe Ihnen damit den Inhalt zweier Anträge bekanntgegeben, die nichts anderes sind als ein Auftrag für den neuen Verbandsvorstand und als Richtlinien für die Arbeit im kommenden Jahre sowohl für den Verbandsvorstand als auch für die Kreise und die Bezirke und die Fachgruppen selbst.

Ich glaube, ich habe den Text beider Anträge 3.) und 4.) klar und deutlich genug verlesen, und Sie haben sie auch verstanden. Ich möchte daher, auf die Gefahr hin, daß Sie mich zur Disziplin rufen, anfragen, ob zu diesen beiden Anträgen eine Diskussion gewünscht wird? Eine große Begründung braucht man für beide Anträge ja nicht zu geben. –

Da offenbar keine Diskussion gewünscht wird – es sind keine Wortmeldungen erfolgt –, frage ich Sie, ob wir zur Abstimmung über beide Anträge schreiten wollen?

(Zustimmung.)

Ich stelle Ihre Zustimmung fest. Wir können also über die beiden Anträge abstimmen. Zunächst über Antrag 3.), wie er von mir verlesen wurde.

Wer dafür ist, daß entsprechend Antrag 3.) des Gesamtverbandsvorstandes dem neuen Verbandsvorstand Auftrag erteilt wird, die bestehenden Bezirks- und Kreisgeschäftsstellen – wohlgemerkt, soweit es sich um hauptamtlich besetzte Geschäftsstellen handelt! – sorgfältig zu überprüfen, den bitte ich die Hand zu erheben.

(Abstimmung.)

Ich danke.
Wer ist dagegen? – Vier Stimmen dagegen.
Stimmenthaltungen? – Eine Enthaltung.

Ich stelle fest, daß *der Antrag 3.) des Gesamtverbandsvorstandes betr. Kreis- und Bezirksgeschäftsstellen gegen vier Stimmen bei einer Enthaltung angenommen wurde.*

Wir kommen nun zur Abstimmung über den Antrag 4.) des Gesamtverbandsvorstandes betr. Verbotener Sportverkehr.

Meine Herren! Sie haben sich mit der Annahme der Hauptsatzung unseres Landessportverbandes zu dem Grundsatz der Einheitlichkeit und der Einheit bekannt. Das bedeutet, daß es in Zukunft z.B. auch keine Firmensportvereine mehr geben wird, keine Behördensportvereine, wie z.B. Postsportverein, Polizeisportverein usw. Wir wollen nicht den Beruf oder die Behörde mit dem Sport, der grundsätzlich frei sein muß, verbinden. Das hat nichts mit Fanatismus zu tun, sondern das ist eine Angelegenheit von großer Wichtigkeit und Bedeutung, und wir können uns gegen die Zersplitterung nur schützen, wenn wir unsere eigene Organisation stark machen dadurch, daß wir sagen: Unsere Mitglieder verpflichten sich zu diesem Bekenntnis und spielen nur miteinander und nicht gegen irgendwelche Vereinigungen, die sich sonst vielleicht noch irgendwo befinden sollten. Ein solches Bekenntnis liegt ausschließlich im Interesse unserer Vereine und unserer Organisation selbst und damit im Interesse der Stärke unserer Organisation.

(Zustimmung.)

Da keine Wortmeldungen zu diesem Antrag 4.) vorliegen, darf ich zur Abstimmung kommen.

Wer für die Annahme des Antrages 4.) des Gesamtverbandsvorstandes betr. Verbotenen Sportverkehr ist, den bitte ich die Hand zu erheben.

(Abstimmung.)

Ich danke.

Die Gegenprobe? – Keine Stimme.

Stimmenthaltungen? – Auch keine.

Ich stelle fest, daß *der Antrag 4.) des Gesamtverbandsvorstandes betr. Verbotenen Sportverkehr einstimmig angenommen worden ist.*

Damit, meine Herren, sind auch die vier des Verbandsvorstandes erledigt.

Ich habe nun noch einen Antrag der Sport- und Kultur-Vereinigung Mörfelden vorliegen und nehme an, daß er eine Diskussion hervorrufen wird, so daß ich das eben geübte Verfahren in diesem Falle nicht anwenden kann. Ich würde daher vorschlagen, diesen Antrag von Mörfelden, der sich mit der Frage des Sportgrußes befaßt, erst morgen früh zu beraten und zu erledigen.

(Zustimmung.)

Meine Herren! Wir haben dann noch eine Resolution, vorgelegt vom Verbandsvorstand, die folgenden Wortlaut hat:

Resolution:

Auf Anregung des Gesamtverbandsvorstandes und der Bezirksvorsitzenden hat der erste ordentliche überfachliche Verbandstag des Landessportverbandes Hessen e.V. einstimmig folgende Resolution gefaßt: Der Landessportverband Hessen ist die von Idealismus getragene gemeinnützige Vereinigung der in Hessen auf der Grundlage des Amateurgedankens zur Pflege des Sports gebildeten Vereine, die ebenso wie ihre Vereine grundsätzlich keinen wirtschaftlichen Zweck und damit keinen geschäftlichen Erwerb verfolgt, sondern alle eingehenden Gelder innerhalb der sportlichen Selbstverwaltung gemeinnützigen Zwecken des Sports und insbesondere der sportlichen Jugendpflege zuführt. Zweck und Aufgaben sind entsprechend in der Hauptsatzung des Verbandes und in den Satzungen des Verbandsvereine verankert. Der erste ordentliche überfachliche Verbandstag bittet daher den Herrn Ministerpräsidenten *Stock*, der dankenswerterweise uns schriftlich sein besonderes Interesse an unserem Landessportverband bekundet hat, unserem Landessportverband und damit seinen Vereinen durch das Ministerium für Kultus und Unterricht grundsätzlich die Gemeinnützigkeit zuzuerkennen und uns gleichzeitig durch das Ministerium der Finanzen bestätigen zu lassen, daß auf Grund unserer gemeinnützigen Tätigkeit in Verband und Vereinen zur Pflege der Leibesübungen und insbesondere zur Jugendpflege im Sport entsprechend den Reichsrichtlinien und den Steuerordnungen der Gemeinden grundsätzlich Vergnügungssteuerfreiheit und bei Umsätzen unserer Fachgruppen und Vereine bis zu 1.000,— im Monat Umsatzsteuerfreiheit zuerkannt ist (Steuerfreigrenze). Der Neuaufbau im Sport muß in eigener Verantwortung durch Selbstverwaltung nach demokratischen Grundsätzen erfolgen. Der Sport als wichtiger Kulturfaktor muß zweifellos besonderes staatliches Interesse finden, zugleich aber auch jede staatliche Unterstützung, aber ohne staatliche Lenkung. Die Notzeit jedoch wird dem Staat kaum die Möglichkeit bieten, den Sport finanziell durch Zuschüsse zu unterstützen. Daher muß im Hinblick auf seine Gemeinnützigkeit der Sport seitens des Staates und der Gemeinden steuerlich jegliche nur denkbare Vergünstigung erhalten.

Meine Herren! Ich glaube, daß diese Formulierung, die vom Gesamtverbandsvorstand zusammen mit den Bezirks- und den Kreisvorsitzenden abgefaßt wurde, eine Entschließung darstellt, die im Interesse aller Vereine liegt und zweifelsohne auch Ihre Billigung finden wird. Ich frage deshalb an, ob Sie mit dieser Resolution einverstanden sind.

(Zustimmung.)

Dann bitte ich um Abstimmung.

Wer für die Annahme dieser eben vorgelesenen Resolution ist, den bitte ich die Hand zu erheben.

(Abstimmung.)

Ich danke. –

Wer ist dagegen? – Ich danke.

Stimmenthaltungen? – Keine.

Ich stelle fest, daß d*ie vom Gesamtverbandsvorstand vorgelegte Resolution betr. Gemeinnützigkeit des Landesverbandes und seiner Vereine einstimmig angenommen worden ist.*

(Beifall.)

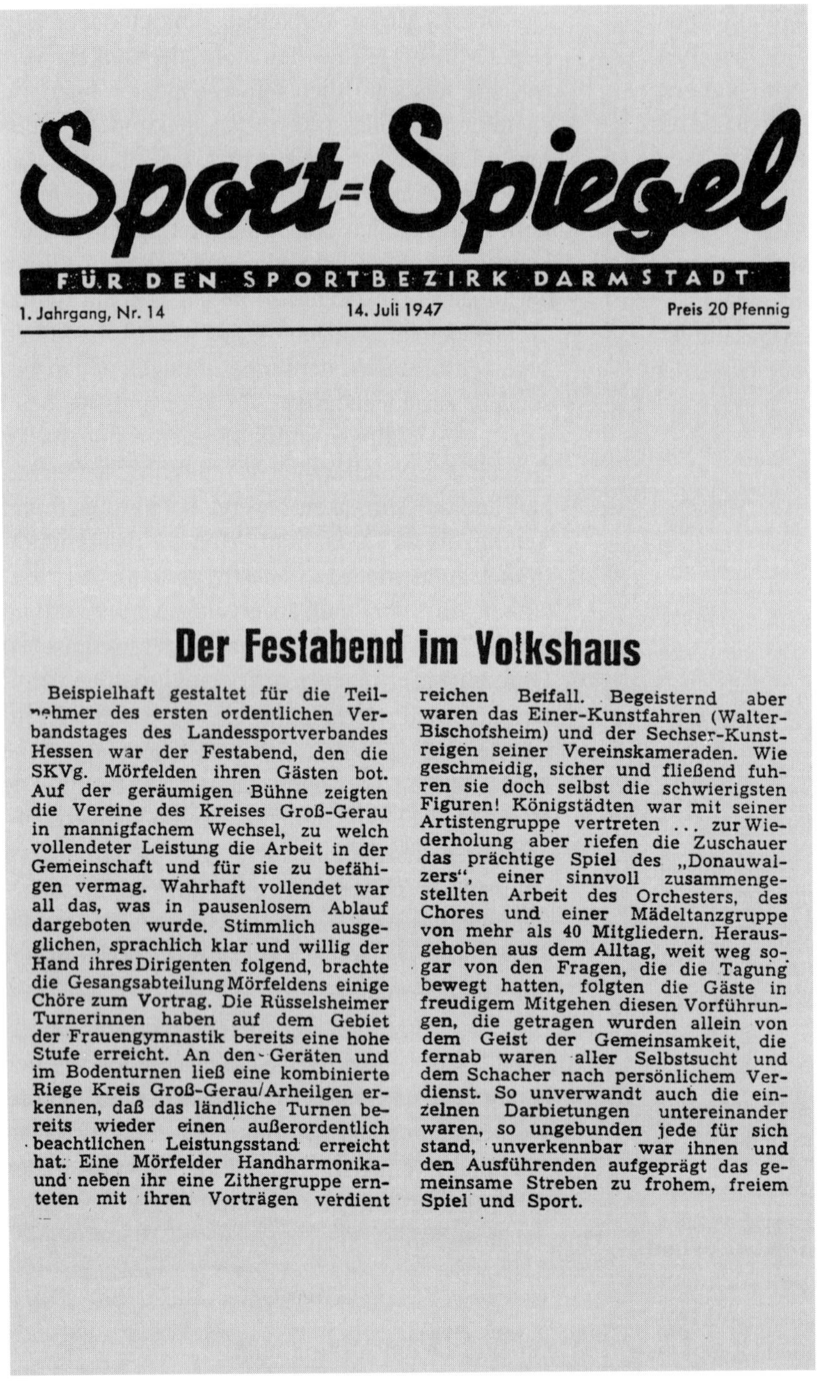

Sport-Spiegel

FÜR DEN SPORTBEZIRK DARMSTADT

1. Jahrgang, Nr. 14 — 14. Juli 1947 — Preis 20 Pfennig

Der Festabend im Volkshaus

Beispielhaft gestaltet für die Teilnehmer des ersten ordentlichen Verbandstages des Landessportverbandes Hessen war der Festabend, den die SKVg. Mörfelden ihren Gästen bot. Auf der geräumigen Bühne zeigten die Vereine des Kreises Groß-Gerau in mannigfachem Wechsel, zu welch vollendeter Leistung die Arbeit in der Gemeinschaft und für sie zu befähigen vermag. Wahrhaft vollendet war all das, was in pausenlosem Ablauf dargeboten wurde. Stimmlich ausgeglichen, sprachlich klar und willig der Hand ihres Dirigenten folgend, brachte die Gesangsabteilung Mörfeldens einige Chöre zum Vortrag. Die Rüsselsheimer Turnerinnen haben auf dem Gebiet der Frauengymnastik bereits eine hohe Stufe erreicht. An den Geräten und im Bodenturnen ließ eine kombinierte Riege Kreis Groß-Gerau/Arheilgen erkennen, daß das ländliche Turnen bereits wieder einen außerordentlich beachtlichen Leistungsstand erreicht hat. Eine Mörfelder Handharmonika- und neben ihr eine Zithergruppe ernteten mit ihren Vorträgen verdient reichen Beifall. Begeisternd aber waren das Einer-Kunstfahren (Walter-Bischofsheim) und der Sechser-Kunstreigen seiner Vereinskameraden. Wie geschmeidig, sicher und fließend fuhren sie doch selbst die schwierigsten Figuren! Königstädten war mit seiner Artistengruppe vertreten ... zur Wiederholung aber riefen die Zuschauer das prächtige Spiel des „Donauwalzers", einer sinnvoll zusammengestellten Arbeit des Orchesters, des Chores und einer Mädeltanzgruppe von mehr als 40 Mitgliedern. Herausgehoben aus dem Alltag, weit weg sogar von den Fragen, die die Tagung bewegt hatten, folgten die Gäste in freudigem Mitgehen diesen Vorführungen, die getragen wurden allein von dem Geist der Gemeinsamkeit, die fernab waren aller Selbstsucht und dem Schacher nach persönlichem Verdienst. So unverwandt auch die einzelnen Darbietungen untereinander waren, so ungebunden jede für sich stand, unverkennbar war ihnen und den Ausführenden aufgeprägt das gemeinsame Streben zu frohem, freiem Spiel und Sport.

Meine Herren! Wir sind heute nun schon ein recht erhebliches Stück vorangekommen und haben auch schon recht erhebliche Arbeit geleistet. Unsere Tagesordnung selbst sieht nun noch die Wahl eines Wahlpräsidenten und einer dazugehörigen Wahlkommission vor, ferner die Entlastung des Geschäftsführenden Vorstandes und schließlich die Neuwahlen zum Verbandsvorstand. Diese Punkte werden wir auf der morgigen Vormittagssitzung erledigen.

Wir wollen also für heute die Verhandlungen abbrechen, zumal ich der Ansicht bin, daß wir mit den noch vor uns liegenden Aufgaben doch nicht mehr innerhalb einer halben oder vielleicht auch einer Stunde durchkommen. Außerdem aber wollen wir ja den gastfreundlichen Sportfreunden und der Bevölkerung Mörfeldens Gelegenheit geben, auch weiterhin Gastfreundschaft zu üben, und wir selbst wollen ja dankbare Gäste sein.

Ich darf schon bei dieser Gelegenheit unsere Gäste aus München verabschieden, die morgen früh um 7 Uhr bereits wieder fahren müssen, und denen wir abschließend nochmals herzlich danken für ihre Teilnahme an unserem 1. ordentlichen Verbandstag.

(Starker Beifall.)

Meine Herren! Wir müssen nun noch festlegen, wann wir uns morgen früh wieder treffen. Ich schlage Ihnen vor, daß wir morgen früh möglichst zeitig beginnen, damit wir so umso früher fertig werden. Ich schlage Ihnen vor, um 8 Uhr zu beginnen. Wir haben ja alle die Möglichkeit, in Mörfelden zu übernachten.

Wer dafür ist, daß wir morgen früh um 8 Uhr beginnen, den bitte ich die Hand zu erheben.

(Abstimmung.)

Meine Herren! Es ist also beschlossen, daß wir morgen früh um 8 Uhr hier wieder beginnen. Dann haben wir die Möglichkeit, auch zeitig wieder fertig zu sein.

Ich danke Ihnen nun für Ihre Mitarbeit an den heutigen Verhandlungen unseres Verbandstages und hoffe, daß Sie morgen in gleicher Weise mitarbeiten, so daß wir den Rest unserer Tagesordnung dann in gleicher Weise erledigen können.

Für den heutigen Abend wünsche ich Ihnen und Ihren Gastgebern einige genußreiche Stunden als Gäste der Sport- und Kultur-Vereinigung Mörfelden. Wir treffen uns also heute abend um 20 Uhr hier wieder im Saal.

Damit schließe ich die Sitzung.

(Schluß der Sitzung 18.35 Uhr.)

2. Tag. Sonntag, den 13. Juli 1947
Beginn: 8 Uhr

Vorsitzer *Lindner*

eröffnet den zweiten Verhandlungstag des ersten ordentlichen Verbandstages des LSV Hessen um 8.25 Uhr mit folgenden Worten:

Meine Herren!

Ich bitte, Platz zu nehmen. Wir wollen wieder wie gestern fämiliär nach vorne rücken und die leeren Plätze besetzen.

Zur Fortsetzung der Verhandlungen unseres 1. ordentlichen überfachlichen Verbandstages darf ich noch einmal für einige Zeit um Ihre Mitarbeit und Aufmerksamkeit bitten.

Ich hoffe, Sie haben die Gastfreundschaft der Bevölkerung Mörfeldens und vor allem auch der Sport- und Kultur-Vereinigung Mörfelden, die ja vornehmlich gestern abend in der so außerordentlich gut gelungenen Veranstaltung einen recht wirkungsvollen und nachhaltigen Ausdruck gefunden hat, mit aller Offenheit und Freude genossen. Und wenn gestern von einem unserer Sportfreunde nicht etwa in abfälliger Weise, sondern um darzutun, daß ihm der Ort Mörfelden bisher nicht bekannt gewesen sei, wenn also gestern von einem unserer Sportfreunde gesagt wurde, er habe, als er die Einladung zur Verbandstagung nach Mörfelden erhalten habe, erst einmal auf die Landkarte gesehen, um Mörfelden zu suchen, es aber nicht gefunden, so glaube ich doch heute sagen zu können, daß all die, die am gestrigen ersten Tag unserer Verbandstagung teilgenommen haben und auch den gestrigen Abend erlebten, heute den Eindruck haben werden, daß dieses Mörfelden es durchaus verdient hat, daß ihm die Abhaltung und Durchführung des 1. Verbandstages des LSV zugebilligt und übertragen wurden.

(Bravo!)

Sie wissen, um auch dazu noch ein Wort zu sagen, daß es heute keineswegs leicht ist, eine solche Tagung durchzuführen. Wenn man auf der einen Seite in einer Organisation von der Größe unseres LSV jeden einzelnen Verein unter Einräumung des demokratischen Grundrechts die Möglichkeit geben will, unmittelbar selbst am Verbandstag teilzunehmen und sich durch einen eigenen Vereinsdelegierten vertreten zu lassen, so ist doch auf der anderen Seite immer die Schwierigkeit der Unterbringung einer so großen Zahl von Tagungsteilnehmern gegeben. Denn in jeder Gemeinde, ob groß oder klein, und selbst wenn sie nicht ausgebombt ist, fehlt es zudem an geeigneten Sälen und Räumen für die Tagung selbst, sind doch solche großen Räume heute zumeist mit Flüchtlingen, Evakuierten usw. belegt oder anderweitig in Anspruch genommen. Darum ist es wirklich dankenswert, eine Gemeinde wie Mörfelden zu finden, die ein solch wunderbares Volkshaus wie dieses zur Verfügung stellen kann, und die damit in der Lage ist, tatsächlich, auch räumlich gesehen, den Anforderungen eines Verbandstages zu entsprechen.

Ich persönlich möchte, bevor wir in unseren Beratungen fortfahren, doch sagen, wie sehr ich mich über die bisherige Arbeit gefreut habe. Ich war nicht so optimistisch, anzunehmen, daß der Saal dieses Volkshauses vielleicht nicht ausreichen würde, um alle Delegierten der Vereine des Verbandes aufzunehmen. Mir war vielmehr klar, daß unter Beibehaltung der grundrechtlichen Bestimmung, nämlich der unmittelbaren Teilnahme und Vertretung eines jeden einzelnen Vereins durch einen bevollmächtigten Vertreter, niemals alle Verbandsvereine hierher kommen würden. Was wir nun aber bei diesem ersten ordentlichen Verbandstag erlebt haben, war doch vor allem dies, daß über die gemeinsame Arbeit hinaus auch ein persönliches Zusammenrücken, so möchte ich es einmal nennen, erfolgt ist, ein Zusammenrücken, das auch ermöglicht und gefördert wurde durch all das, was uns die Sport- und Kultur-Vereinigung Mörfelden geboten hat, und das auch durch die Art der Unterbringung durch die Mitglieder der Sport- und Kultur-Vereinigung und ihre Freunde und Gönner erleichtert wurde. Dadurch war es uns möglich, den Grundstein zu legen zu einem ich möchte geradezu sagen familiären Zusammenleben.

(Bravo!)

Und dieses Familiäre nicht nur zu pflegen, sondern auch es zu fördern, ist eine besonders wichtige Aufgabe für unsere Mitglieder und für all unsere Vereine gerade in der nächsten Zeit.

Es ist heute doch so, daß wir endlich einmal alles Trennende und alles Mißtrauen irgendwelcher Art, auf fachlichem wie auch auf allen anderen Gebieten, auch überfachlich gesehen, verschwinden lassen müssen, daß wir statt dessen zusammenrücken und zupacken müssen, nicht allein der Sache zuliebe, sondern in erster Linie um unserer Jugend willen. Wenn wir das tun, dann wird der LSV auch im restlichen dreiviertel Jahr bis zum Abschluß des laufenden Geschäftsjahres, bis zum 31. März 1948 also, nicht nur eine lose Vereinigung von Vereinen sein, sondern er wird zu einer Familie aller Vereine werden, gestärkt in seinen einzelnen Gliedern und getragen von dem Bewußtsein seiner großen Aufgaben und Pflichten. Dann aber wird unsere Arbeit auch erfüllt sein von Erfolg und von Segen für unsere Jugend und für unseren Sport nicht allein innerhalb Hessens, sondern auch

Sport- und Kulturvereinigung 1879 e. V. Mörfelden

Fußball · Handball · Leichtathletik · Turnen · Wassersport · Radsport · Kegeln · Boxen · Tischtennis · Wandern · Schach · Gesang · Theater · Musik

Nur zwei Tage nach dem Einmarsch der amerikanischen Truppen am 23. März 1945 in Mörfelden wurden Peter Klingler als Bürgermeister und Ludwig Schulmeyer als Chef der Ortspolizei von Mörfelden eingesetzt. In den Monaten April und Mai 1945 fanden im Polizeibüro Gespräche zwischen den Sportvertretern aller ehemaligen Gruppierungen statt. Am 29. Mai 1945 trafen sich Klingler, Geiss und Schulmeyer und arbeiteten einen Entwurf zur Bildung eines „Allgemeinen Deutschen Sport- und Kulturverbandes" aus, der der Kreisverwaltung zugeleitet wurde. Die erste Sitzung fand am 10. Juni 1945 im Polizeibüro im Rathaus statt. Es wurde ein vorläufiges Komitee gebildet mit Georg Reviol als Vorsitzendem, Arthur Wolf als Schriftführer und Jakob Gumbart als Kassierer. Ferner wurde einstimmig festgelegt, daß in Mörfelden nur ein Verein gebildet werden sollte.

Sportlich meldete sich zunächst der Fußball zurück. Am 15. Juli fand das erste Fußballspiel gegen eine Mannschaft aus Nauheim statt, über das die Gemeindeverwaltung an das Landratsamt Bericht erstatten mußte. Dort heißt es: „Mit Genehmigung der Besatzungsbehörde fand die erste sportliche Veranstaltung statt. Eine aktive Mannschaft aus Nauheim und Mörfelden trugen ein Freundschafts-Fußballspiel aus und hatte einen harmonischen Verlauf. Beide Mannschaften zeigten trotz langer Ruhepause gute Leistungen. Mörfelden, leicht überlegen, konnte durch seinen Halblinken den Treffer erzielen zum 1 : 0. Vorher spielten zwei Jugendmannschaften. Das Spiel endete 3 : 2. Die Mannschaften waren aus demokratischen Sportlern aller früheren Vereine zusammengesetzt. Eine beträchtliche Zuschauermenge wohnte dem Spiel bei".

Nachdem durch den Leiter des Jugend- und Wohlfahrtsamtes bei der Kreisverwaltung Jean Christoph Harth in einem Rundschreiben vom 16. August 1945 zur Bildung von Sportausschüssen aufgerufen worden war, konnte die Gemeinde Mörfelden bereits am 24. August 1945 die Bildung eines solchen Ausschusses melden. Von ihm wurde dann die Gründungsversammlung der SKV Mörfelden vorbereitet, die am 16. November 1945 in der Gaststätte „Zur Ludwigshalle" in der Langener Straße 15 durchgeführt wurde. Zum Vorsitzenden wurde Georg Reviol gewählt; Stellvertreter und technischer Leiter wurde Wilhelm Völker; dem Gründungsakt wohnten 140 Personen bei.

Der Sportplatz „Am grünen Hang" wurde im Winter 1945/46 zunächst als Munitionslager in Anspruch genommen, dann aber im März 1946 von den Amerikanern freigegeben, so daß sich im Frühjahr ein reger Sportbetrieb vor allem im Fußball und Handball entwickeln konnte. Dies geschah auf einem hohen sportlichen Niveau, da sowohl die Fußballabteilung in der Landesliga Hessen, Gruppe West, als auch die Handballabteilung in der Landesliga, Gruppe Süd, spielten.

Am 1. Juni 1946 fand im Volkshaus eine außerordentliche Mitgliederversammlung der SKV Mörfelden statt, auf der eine Satzung beschlossen und Ludwig Schulmeyer als Geschäftsführer bestimmt wurde. Der Mitgliederstand hatte sich auf 367 Personen erweitert.

Einen ersten Höhepunkt in der Vereinsgeschichte stellte zweifellos die Ausrichtung des Verbandstages des Landessportverbandes Hessen dar, der auch eine organisatorische Herausforderung für den jungen Verein bedeutete. In zahlreichen Ausschüssen hatte er sich mit seinen jetzt 507 Mitgliedern in relativ kurzer Zeit auf dieses Ereignis vorbereitet und dann für einen reibungslosen Verlauf gesorgt. Auf der am 14. Februar 1948 durchgeführten Mitgliederversammlung wurde Ludwig Schulmeyer nun auch zum Vorsitzenden der SKV gewählt und behielt dieses Amt bis 1954, als ihn Rudolf Ohly ablöste. Dieser konnte bei der Weihnachtsfeier am 25. Dezember 1954 das 1. 000ste Mitglied in den Verein aufnehmen: es war ein Mädchen aus einer Flüchtlingsfamilie.

Die SKV ließ sich am 2. April 1948 als e.V. eintragen und fügte auf der Mitgliederversammlung am 22. Januar 1949 dem Vereinsnamen die Jahreszahl 1879 hinzu. Da die Vereinigung aus einem Zusammenschluß früherer Vereine hervorgegangen war, war für die Verantwortlichen klar, daß beim Gründungsjahr auf den ältesten Verein bezug genommen wurde.

Sport- und Kulturvereinigung Mörfelden

1. Weihnachtsfeiertag 1946, abends 8 Uhr im Volkshaus

Weihnachtsfeier

PROGRAMM

1. Eröffnungsmarsch . . . . . . Kapelle Hübner
2. Rezitation . . . . Peter Schulmeyer
3. Chor . . . . Gesangsabteilung
4. Laufübungen . . . . Sportlerinnen
5. Musikstück . . . . . Handharmonikaabteilung
6. Freiübungen . . . . Sportlerinnen
7. Chor . . . . Gesangsabteilung
8. Musikstück . . . . Kapelle Hübner

PAUSE

9. Musikstück . . . . . . Handharmonikaabteilung
10. Chor . . . . Gesangsabteilung
11. Wiener Tanz . . . . Sportlerinnen
12. Einakter . . . . Theaterabteilung
13. Donauwalzer . . ausgeführt von 44 Sportlerinnen, 80 Sängern und der Kapelle Hübner
14. Schlußmarsch . . . . Kapelle Hübner

Arndt, Mörfelden

Eintritt 1.- RM · Saalöffnung 7 Uhr · Programm gilt als Eintrittskarte

innerhalb Deutschlands und wie wir hoffen recht bald auch wieder der Welt.

(Lebhafter Beifall.)

Liebe Sportfreunde! Wir sind gestern abend stehen geblieben bei der Beratung des

Punkt 3 *unserer Tagesordnung:* ***Anträge.***

Ich hatte gestern schon gesagt, daß noch ein Antrag behandelt werden muß, der uns von der Sport- und Kultur-Vereinigung Mörfelden zugegangen ist. Er lautet:

„Aus der am 8. Juni 1947 stattgefundenen Mitgliederversammlung wurde nachfolgender Antrag eingebracht und einstimmig beschlossen:

1.) a.) Die Anwendung und Ausrufung eines

Sportgrußes, der in den früheren Verbänden üblich war, ist innerhalb des Landessportverbandes untersagt.
b.) Desgleichen ist es nicht gestattet, irgendwelche Abzeichen, Wahrzeichen, Symbole, Preise und Diplome zu tragen, zu benutzen oder bei Veranstaltungen anzuwenden.
c.) Kein Mitglied eines Vereins und kein Verein des Landessportverbandes ist berechtigt, weder mündlich noch schriftlich die früheren Grußformen anzuwenden.

2.) Der Verbandstag führt einen einheitlichen Sportgruß „Gut Sport" ein, der für sämtliche Fachgruppen in Anwendung gelangt. Dieser neue Sportgruß wird auf allen Spielfeldern, Schwimmanlagen und Sporthallen zum Ausdruck gebracht und kommt ebenfalls im Schriftverkehr zur Anwendung.

Begründung:

Der antragstellende Verein mußte während der Austragung der Verbandsrunde im Fußball die erstaunliche Tatsache erleben, daß Spielgegner auf Anweisung der Schiedsrichter den früheren Ruf „Hipp Hipp Hurra" am Schluß des Spieles ausbrachten. Die Spieler unserer Vereinigung verließen grußlos den Sportplatz und ließen durch ihren Spielleiter vor Beginn der übrigen Spiele dem Schiedsrichter erklären, er möge die Ausbringung des „Hipp Hipp Hurra" unterlassen. Dieser prinzipielle Standpunkt der Fußballer von Mörfelden wurde zur Veranlassung, eine den Verein schädigende Stimmung in der Landesligagruppe zu erzeugen. Trotzdem noch keine Versammlung oder Vorstandssitzung sich seither mit dem Sportgruß befaßte, bildete sich doch eine einmütige klare Haltung nicht nur in Mörfelden, sondern auch bei vielen anderen Vereinen, die gegen jegliche Anwendung dieses früheren Sportgrußes Stellung nahm. Dieser unklare Zustand wurde durch den Verbandstag der Fachgruppe Fußball nicht, wie es unserer Meinung nach richtig gewesen wäre, beseitigt, sondern in den Vereinen und Fachgruppen wird weiter unterschiedlich gehandelt. Da jedoch der Sportgruß die Zusammenarbeit und die Einheit des Landessportverbandes zum Ausdruck bringen soll, so beantragen wir im Interesse der sportlichen einheitlichen Ausrichtung den Sportgruß und Sportruf „Gut Sport" für alle Mitglieder und alle Fachgruppen unseres Verbandes.

Gut Sport! Sport- und Kultur-Vereinigung Mörfelden."

Soweit der Antrag von Mörfelden und seine Begründung.

Ich selbst darf dazu vielleicht kurz folgendes berichten und damit zugleich auch meine eigene Ansicht verbinden. Es ist nicht so, als ob wir im LSV Hessen uns bisher mit dieser Frage noch nicht beschäftigt hätten. Im Gegenteil, wir sind mit dieser Frage schon sehr früh beschäftigt worden, und zwar nicht nur in Hessen selbst, sondern auch schon in der Süddeutschen Arbeitsgemeinschaft. Auf verschiedenen Arbeitstagungen, auf denen Bayern, Württemberg-Baden und auch Hessen vertreten waren, ist diese Frage schon wiederholt angeschnitten worden. Dabei wurden alle möglichen Vorschläge gemacht, nicht nur „Gut Sport", es kam auch der Vorschlag „Freundschaft", „Frei Heil" und andere. Es wurde über diese Frage dann lange diskutiert, ohne daß man zu einem greifbaren Ergebnis gekommen wäre. Ich habe damals, und das ist auch heute noch meine Meinung, folgendes dazu gesagt: Wir haben heute im Sport eine sehr große Aufgabe zu erfüllen, nämlich für Einheitlichkeit und Einigkeit im Sport zu sorgen und den Zusammenhalt und Zusammenhang im Sport überhaupt und unbedingt zu garantieren. Wenn ich von diesem Grundsatz ausgehe, und wenn ich auf der anderen Seite weiß, daß draußen in der Praxis immer und in allen Lagern Leute da sind, die als Fanatiker jedenfalls nicht im schlechten Sinne, sondern in einem von ihrem Standpunkt aus durchaus anständigen Sinne gesehen auf jeden Augenblick warten, wo sie glauben, irgendeiner anderen Seite einen Vorwurf machen zu können, dann bin ich als Praktiker doch vernünftig genug und erkenne nicht nur diese Situation, weil sie eine große Gefahr in sich trägt, sondern ich sage mir, hier muß irgendwie ausgeglichen werden, hier muß irgendwie vielleicht nachgegeben werden, um nicht die große Linie in Gefahr zu bringen, zumal es ja nicht so sehr auf einen ganz gewissen und bestimmten Sportruf ankommt.

Wer irgendwo und irgendwann einmal auf einem Sportfeld gestanden hat, ich selbst habe auf sportlichem Gebiet nicht nur die Theorie, sondern auch die Praxis hinter mir; ich habe eine Zeitlang Fußball und Handball gespielt und auch geschwommen , der weiß, wie ein bestimmter Sportgruß an ganz bestimmter Stelle, nach dem Ablauf eines sportlichen Wettkampfes, bei undiszipliniertem Verhalten der Teilnehmer, die Ursache sein kann zu einer Verhohnepipelung. Wenn z. B. gerufen wird: „Dem unparteiischen Schiedsrichter ... Hipp, Hipp Hurra!" oder „Gut Holz" oder sonst etwas hinterher kommt, was man im einzelnen sagt, spielt dabei keine Rolle, es kommt lediglich darauf an, was man in einem solchen Falle überhaupt damit sagen will und wie der Geist ist, aus dem dieser Ausruf kommt. Wenn es so gemacht wird, wie ich es eben geschildert habe, dann ist offensichtlich, daß dieser Sportruf nur dazu benutzt wird, dem sogenannten Unparteiischen, mit dem man irgendwie nicht zufrieden ist, deutlich die eigene Unzufriedenheit zum Ausdruck zu bringen. Und wenn vielleicht die eine Mannschaft etwas zu hart gespielt hat und die unterlegene Mannschaft soll ihr nun mit einem Sportgruß zum Ausdruck bringen, daß sie sich für das Spiel bedankt, dann ist doch auch das eine Unmöglichkeit und kann sehr leicht dazu führen, daß der Sportgruß selbst keineswegs mehr ein anständiger Ausruf bleibt. Das sind Dinge aus der Praxis! Ich persönlich bin daher der Auffassung

1.) wir können unseren Sport ausüben durchaus ohne einen Sportruf, wenigstens zunächst einmal und solange, bis diese Dinge so klar sind, daß man ganz deutlich und eindeutig etwas festlegen kann, und

2.) viel wichtiger wäre, anstelle eines Sportrufes, ganz gleich, wie er formuliert ist, dafür zu sorgen, daß sich die Spieler als anständige Gegner gegenübertreten, frei von gegenseitigen Verhohnepipelungen, auch gegenüber dem Schiedsrichter.

Das kann man durch eine klare, sichtbare Geste zum Ausdruck bringen, dazu braucht man keinen Aufmarsch, kein militärisches Auftreten oder ähnliche Dinge. Ich meine, es wäre viel schöner, wenn nach dem Spiel nicht jeder da, wo er beim Schlußpfiff gerade steht, inne hält und dann irgendeinen Sportruf hinausbrüllt, sondern es wäre eben viel schöner, wenn am Schluß des Kampfes die Mannschaft ganz kurz und zwanglos, ohne jeden Befehl und ohne irgendeine auffällige Haltung einzunehmen, einfach zusammenkommt zur Mitte des Spielfeldes und die beiden Spielführer dann sich und dem Schiedrichter die Hand geben und sich damit gegenseitig Dank sagen für das Spiel. Ich glaube, das wäre auch nach außen hin ein sichtbarer Ausdruck dessen, daß hier ein anständiger Geist herrscht. Würde dies in der Weise eingeführt und geübt, dann wäre ich zufrieden, weil ich darin ein sehr sichtbares wichtiges psychologisches und auch erzieherisches Moment sehe.

Wir haben seinerzeit in der Süddeutschen Arbeitsgemeinschaft beschlossen, diese Frage zunächst zurückzustellen, auch weil wir nicht durch einen Beschluß den einzelnen Fachgruppen einen Sportgruß aufnötigen wollten, der nachher doch wieder Anlaß zu Gegensätzlichkeiten und Widerspenstigkeiten bieten würde. Bisher also haben wir in der Süddeutschen Arbeitsgemeinschaft noch keine Entscheidung darüber gefällt, welcher Sportgruß nun geübt werden soll, ob etwa „Gut Sport" oder weiterhin „Hipp, Hipp, Hurra" oder sonst ein anderer Gruß.

Zu dem Ruf „Hipp, Hipp, Hurra" ist zu sagen, daß dieser Ruf nicht in Deutschland selbst geboren wurde; er ist vielmehr ein internationaler Sportgruß, der überall üblich ist. Wer in anderen Ländern gewesen ist, wird mir bestätigen, daß dieser Ruf auch im Ausland ausgebracht wird, ich denke da z.B. an England...

(Zuruf Sorg: In England gibt es überhaupt keinen Sportruf! Das kennt man in England gar nicht!)

... Bei internationalen Begegnungen aber auf jeden Fall! Da haben die Engländer ihren Sportruf ausgebracht mit einem lauten und deutlichen „Hipp, Hipp, Hurra!" Bei den normalen Spielen allerdings wird in England ein Sportruf nicht ausgebracht, das gebe ich zu. Da hält man sich vielmehr einfach für verpflichtet, durch seine ganze persönliche Haltung zu dokumentieren, daß man ein anständiger Sportler ist, da braucht man dann nicht noch besonders etwas zu schreien. Von den Engländern also weiß ich dies alles selbst. Und daß die Russen ebenfalls „Hurra!" schreien, auch die Sowjetrussen, das ist Ihnen ja bekannt.

Aber diese Dinge sind ja gar nicht von der militärischen Seite her zu betrachten, sondern die Sache als solche hat sich eben eingebürgert. Ich will damit nicht für das „Hipp, Hipp, Hurra!" sprechen. Viel wichtiger ist bei alledem ja der Grundgedanke, der diesem Antrag von Mörfelden zugrunde liegt, und der bezweckt, zu erreichen, daß in einer einheitlichen Sportorganisation auch ein einheitlicher Ruf gelten soll. Insoweit ist der Antrag auch begründet.

Auf der anderen Seite aber beachten Sie folgendes: Wir haben Fachgruppen, diese sind selbständig, und sie haben beinahe jede für sich, je nach der Art ihres Sports, einen eigenen Sportruf. Daher also ist die Frage des Sportrufs zunächst auch keine überfachliche. Es würde also, wenn z. B. der überfachliche Verbandstag die Einführung eines einheitlichen Sportgrußes beschließen würde, ein solcher Beschluß durchaus eine gewisse Gefahr bedeuten im Hinblick auf die Gesamtlage, wie sie zur Zeit ist. Die Schwimmer z. B. haben den „Gut Naß!". Ich bin der Auffassung, daß dieses „Gut Naß!" ein Ruf ist, der durchaus mit dem Schwimmen vereinbar ist. Ich kann mir vorstellen, daß mit einer Formulierung „Gut Sport!" vielleicht gerade die Schwimmer nicht einverstanden wären und dann kommen und fragen würden: Warum sollen wir das „Gut Naß!", wo wir beim Schwimmen doch zwangsläufig naß werden, auf einmal ablegen und dann etwas anderes rufen? Auf der anderen Seite aber, und auch das muß gesagt werden, fehlt doch vielen Leuten eine gewisse Großzügigkeit. Zu viele

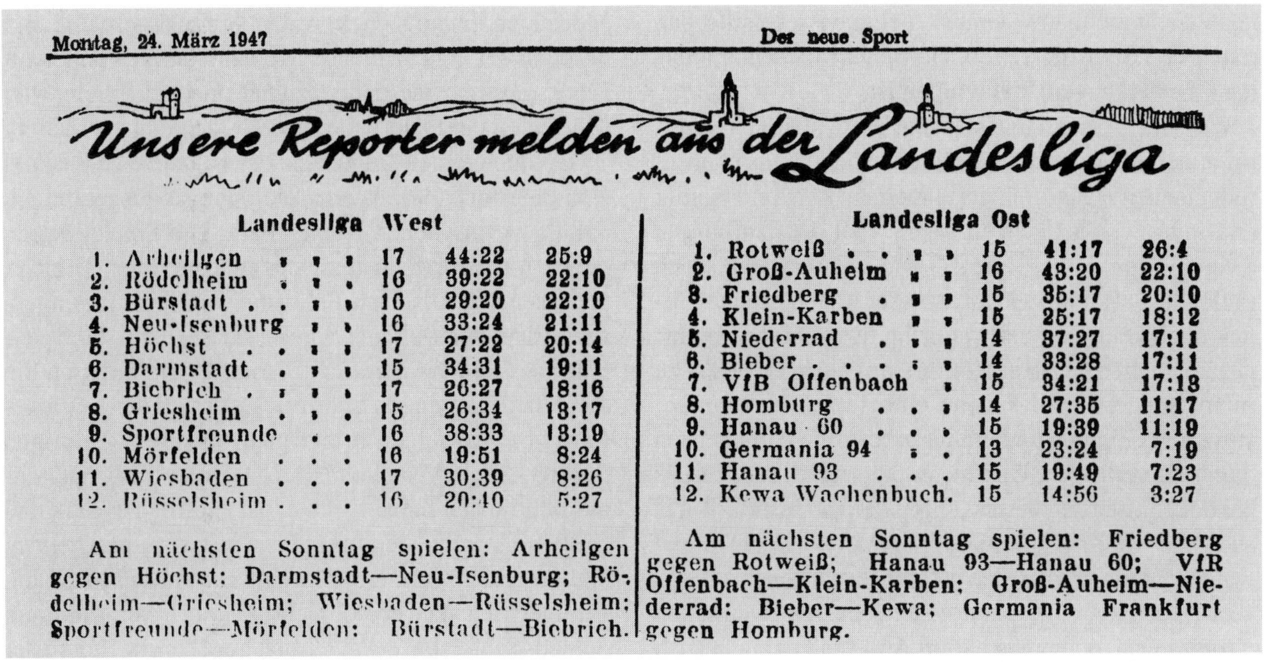

Montag, 24. März 1947 — Der neue Sport

Unsere Reporter melden aus der Landesliga

Landesliga West

1.	Arheilgen	17	44:22	25:9
2.	Rödelheim	16	39:22	22:10
3.	Bürstadt	16	29:20	22:10
4.	Neu-Isenburg	16	33:24	21:11
5.	Höchst	17	27:22	20:14
6.	Darmstadt	15	34:31	19:11
7.	Biebrich	17	26:27	18:16
8.	Griesheim	15	26:34	18:17
9.	Sportfreunde	16	38:33	18:19
10.	Mörfelden	16	19:51	8:24
11.	Wiesbaden	17	30:39	8:26
12.	Rüsselsheim	16	20:40	5:27

Am nächsten Sonntag spielen: Arheilgen gegen Höchst: Darmstadt—Neu-Isenburg; Rödelheim—Griesheim; Wiesbaden—Rüsselsheim; Sportfreunde—Mörfelden: Bürstadt—Biebrich.

Landesliga Ost

1.	Rotweiß	15	41:17	26:4
2.	Groß-Auheim	16	43:20	22:10
3.	Friedberg	15	35:17	20:10
4.	Klein-Karben	15	25:17	18:12
5.	Niederrad	14	37:27	17:11
6.	Bieber	14	33:28	17:11
7.	VfB Offenbach	15	34:21	17:13
8.	Homburg	14	27:35	11:17
9.	Hanau 60	15	19:39	11:19
10.	Germania 94	13	23:24	7:19
11.	Hanau 93	15	19:49	7:23
12.	Kewa Wachenbuch.	15	14:56	3:27

Am nächsten Sonntag spielen: Friedberg gegen Rotweiß; Hanau 93—Hanau 60; VfR Offenbach—Klein-Karben: Groß-Auheim—Niederrad: Bieber—Kewa; Germania Frankfurt gegen Homburg.

Die Fußballer des SKV Mörfelden spielten im Jahre 1947 in der Landesliga Gruppe West, so daß die Frage des Sportgrußes zu einem südhessischen Problem wurde.

Menschen hängen noch viel zu sehr an übernommenen Dingen, und sie können sich nicht frei machen von ganz bestimmten Sachen. Das ist auch der Grund dafür, warum viele Menschen gerade im Sport auf der einen Seite z. B. am ,,Hipp, Hipp, Hurra!" hängen, auf der anderen Seite wieder an ihrem Spezialgruß entsprechend ihrer Sportart. Vergessen wir also nicht, daß ,,Gut Sport" letzten Endes etwas ist, was, ideenmäßig, ganz neu ist.

Ich persönlich könnte mir also vorstellen, daß man dem neuen Verbandsvorstand mit als Arbeitsaufgabe für das neue Geschäftsjahr den Auftrag übergibt, zu versuchen, diese Frage in den einzelnen Fachgruppen sukzessive zu einer Regelung zu bringen mit dem Ziel, auch hier eine gewisse Einheitlichkeit zu erreichen und auf jeden Fall, solange sie noch nicht da ist, dafür zu sorgen, daß bestimmte Dinge eben unterbleiben, weil sie geeignet sind, bei anderen wieder Anstoß zu erregen.

(Sehr richtig!)

Ich bitte nun, sich zu dem Antrag zu äußern. Zunächst hat der Antragsteller selbst ums Wort gebeten.

***Schulmeyer*:**

Sportfreunde! Ich glaube, der Landessportverband ist etwas Neues. Da ist es meines Erachtens ein Unding, bei einem Wiederaufbau oder gar bei einem Neubau alte Gepflogenheiten wieder zu übernehmen. Es geht also auch hier um die Beseitigung all der Dinge, die keinen Platz mehr haben können bei der weiteren Entwicklung des LSV.

(Zwischenrufe.)

Auf einer Arbeitsgemeinschaftstagung in Gießen sagte mir vor einiger Zeit einmal ein Vertreter, der nicht wußte, wie ich über diese Frage denke: Wenn wir unter uns sind, dann sagen wir: Gut Heil! Da sagte ich zu ihm: Und wenn wir unter uns sind, dann rufen wir vielleicht: Freiheit oder Frei Heil! Da meinte er weiter: Das ist auch etwas Schönes, da mache ich auch mit. Worauf ich sagte: Nein, das wollen wir ja nicht, wir wollen vielmehr etwas ganz Neues.

Dies zur Einleitung. Zu dem Antrag von Mörfelden selbst möchte ich grundsätzlich noch folgendes sagen, was von Kamerad *Lindner* zum Teil ja schon zusammengefaßt worden ist. Es ist ja nicht davon die Rede, daß nun absolut der Sportgruß ,,Gut Sport!" eingeführt werden soll oder muß. Es dreht sich vielmehr darum, daß zunächst einmal das Alte unterbleibt. Wenn man schon etwas rufen will, dann allerdings empfehlen wir doch schon den Ruf ,,Gut Sport!" Wenn man aber glaubt, ohne diese Formalität, die vielleicht und unter besonderen Umständen auch sehr schlecht sein kann, wie Kamerad *Lindner* sagte, wenn z. B. die vorausgegangene sportliche Veranstaltung wirklich alles andere als schön war, wenn man also glaubt, in einem solchen Falle ohne diese Formalität auszukommen, dann allerdings wäre es schon besser, wenn überhaupt kein Sportruf ausgebracht würde.

Es dreht sich in diesem Falle also um das Prinzip überhaupt, und ich bedaure, daß unser Kamerad *Linnenberg* heute nicht mehr anwesend ist, der ja wissen sollte, daß durch den Sportruf „Hipp, Hipp, Hurra!“ schon allerhand Unheil angerichtet worden ist.

Wir haben keine Veranlassung, heute über den Sportruf anderer Völker zu diskutieren. Bleiben wir in unserem eigenen Hause. Ich darf hier ganz kurz und bündig und mit aller Sachlichkeit sagen: Seit der Einführung dieses „Hipp, Hipp, Hurra!“, also seit dem Deutschen Fußballtag im Jahre 1900, hat dieser Ruf sportlich wirklich noch keine Vorteile gebracht. Man hat ihn damals ja auch nicht deshalb eingeführt, um nur eben etwas zu rufen, sondern man hat ihn eingeführt aus ganz bestimmten Gründen und um ganz bestimmte Tendenzen damit zu verfolgen. Und wenn man weiß, daß damals bei der Einführung dieses „Hipp, Hipp, Hurra!“-Rufes auch die Vertreter ganz bestimmter Kreise anwesend waren, dann kann man sich ja ein Bild machen. Das Ganze war damals eine Geste gegenüber dem Deutschen Kronprinzen, denn man hat im Anschluß daran ja auch gleich den sogenannten Kronprinzen-Pokal eingeführt, der später dann umgetauft wurde nachdem man die Neutralität proklamiert hatte in den sogenannten „Sprinter-Pokal“, der auch weiter durchgeführt wurde. Wenn man dies alles weiß, dann erkennt man, daß dieses „Hipp, Hipp, Hurra!“ doch nicht so ganz ohne war.

(Sehr richtig!)

Im Jahre 1945 nun haben wir doch mehr oder weniger das Gelöbnis abgegeben, daß wir jetzt neue Formen aufbauen wollen. In der Begründung unseres Antrages haben wir gewisse Vorfälle bei der Austragung der Verbandsspiele erwähnt. Das gibt uns Veranlassung, durch den Verbandstag doch ein gewisses Machtwort zu sprechen, damit künftig derartige Dinge endgültig aufhören und begraben werden.

(Sehr richtig!)

Ich kann Ihnen außerdem mitteilen, daß vor zwei Tagen beim Sportbezirk Darmstadt ein Schreiben einging von der Fachgruppenleitung Fußball, das sich mit diesem Vorfall befaßt, der in dem Antrag von Mörfelden erwähnt ist. In diesem Schreiben wird gesagt, daß seitens der Fachgruppenleitung die Angelegenheit mit jenem „Hipp, Hipp, Hurra!“ in Verbindung mit den Spielern von Mörfelden untersucht und ins Reine gebracht werden wird. Eine gewisse Wiedergutmachung soll also doch wohl Platz greifen. Wir haben etwas anderes auch nicht erwartet als antragstellender Verein.

Aber stellen Sie sich einmal vor: Diese Fußballmannschaft geht z. B. nach Frankfurt zu einem Spiel. Der Schiedsrichter läßt antreten und erklärt: Es wird nachher der neue Sportruf ausgebracht. Da haben die Spieler von Mörfelden ihn angeguckt wie nicht recht gescheit, und als dann der entscheidende Moment kam, da haben elf Mann gerufen wie annodazumal und die Spieler von Mörfelden ihrerseits haben grußlos den Platz verlassen.

Und nun passiert folgendes: Es entstand eine Diskussion unter den Zuschauern, die dann so ausgeartet ist, daß es zu unschönen Szenen kam. Die Spieler waren längst fort. Der Schiedsrichter machte einen Bericht, und so entstand dann ein Schwung von Einstimmungen. Im Verlauf der weiteren Spiele erklärte dann der Spielleiter des Vereins dem Schiedsrichter: Unterlassen Sie die Ausrufung dieses Sportrufes, denn in der Bevölkerung von Mörfelden bringt man für einen derartigen Sportgruß kein Verständnis auf. Das war sachlich durchaus richtig. Der Schiedsrichter hat natürlich erklärt, daß er das nicht kann, denn er hatte ja seine entsprechenden Anweisungen. Und nun ist das Interessante und das kann der Verbandstag heute nicht klären: Wer hat dem Schiedsrichter diese Anweisung gegeben, nachdem der Landesobmann für Fußball erklärt hat, er wisse nichts davon. Aber die Schiedsrichter in Frankfurt am Main haben doch eine derartige Anweisung bekommen. Wo soll das schließlich hinführen?

Aufgrund des ganzen Vorfalles kam dann ein Bericht über die Landesfachgruppenleitung über die sonderbaren Zustände in der Gemeinde Mörfelden. Darin hieß es, daß da lauter Unholde wohnen, die sich nicht fügen können.

Und das alles geht zurück auf die Fußballer, die sich nicht für das „Hipp, Hipp, Hurra!“ erwärmen konnten!

Zum Schluß kam schließlich noch ein Urteil heraus: Das fragliche Spiel wurde für null und nichtig erklärt, obwohl es regelrecht durch Tore gewonnen worden war, und es muß nun auf einem neutralen Platz, wo man nicht mehr gegen die Anordnung des Schiedsrichters verstoßen kann, erneut ausgetragen werden.

(Hört! Hört!)

Ich muß dies alles anführen, um darzulegen, warum der Verein diesen seinen Antrag gestellt hat und warum er erwartet, daß diese Frage irgendwie und vernünftig geregelt wird. Denn wenn wir schon einheitlich ausgerichtet marschieren wollen, dann muß auch ein einheitlicher Sportgruß für alle Sportarten und für alle Fachgruppen da sein. Dann kann nicht der Sportgruß der Fußballer ein anderer sein als der der Handballer oder der Schwimmer usw., denn wir sind ja alle in einem Verein und in einer Organisation und in einem Verband zusammengeschlossen. Ob dieser Gruß schließlich „Gut Sport“ oder ähnlich lautet, das ist im Augenblick eine Formalität, die weniger bedeutsam ist. Das Grundsätzliche und Selbstverständliche ist nur, daß das Andere, das bisher Geübte, nun ebenso selbstverständlich verschwindet.

(Lebhafter Beifall.)

Vorsitzer *Lindner*:

Ich danke unserem Freund *Schulmeyer* für die nochmalige ausführliche Begründung des Antrages der Sport- und Kultur-Vereinigung Mörfelden. Wenn ich das Wesentlichste noch einmal sachlich und ganz kurz zusammenfassen darf, so ist es dies: Es geht vor allen Dingen um den Fußball-Gruß. Wir haben ja alle gehört, daß Mörfelden wenigstens Wert darauf legt, daß gerade beim Fußball eine Regelung kommt, die das Bisherige zum Verschwinden bringt.

Ich darf unseren Freund *Schulmeyer* fragen, ob er sich für berechtigt hält, etwa mit folgendem Vorschlag einverstanden zu sein: Daß wir beschließen, die Fachgruppe Fußball wolle, solange sie sich selbst nicht über den Sportgruß einig ist, auf jeden Fall jeglichen Sportruf überhaupt unterlassen und dafür sorgen, daß wenn beim Fußball ein Sportruf als solcher unbedingt für notwendig erachtet wird, dann ein ganz neuer Sportruf eingeführt werden soll. Aber, meine Herren, wie gesagt, es ist eine Frage, ob man diesen Zusatz jetzt schon überhaupt bringen soll. Sind Sie sich klar darüber, meine Herren?

Sportfreund *Schulmeyer* hat bedauert, daß Sportfreund *Linnenberg* heute nicht hier anwesend ist. Ich bitte, ihn zu entschuldigen. Er hat heute morgen eine wichtige Fußball-Tagung, die er wahrnehmen muß. Da sind auch verschiedene Dinge nicht so, wie sie normalerweise sein sollen, und weil nun ein Mitarbeiter demissioniert hat, muß eine wichtige Sitzung durchgeführt werden. Deshalb kann unser Sportfreund *Linnenberg* an der heutigen Sitzung des Verbandstages nicht mehr teilnehmen.

Wie ich eben von meinem Freund *Dr. Danz* höre, ist ja auf dem Verbandstag des Fußballverbandes die Frage des Sportgrußes bereits ausführlich besprochen und auf einen Antrag von Kamerad *Linnenberg* hin dann auch entsprechend beschlossen worden, daß der Ruf „Hipp, Hipp, Hurra" jetzt unterbleiben soll. Die Einzelheiten darüber stehen in Nr. 16 unserer „Sport-Mitteilungen" vom 10. Juli 1947. Also könnte, nachdem auch die Fachgruppe Fußball ihrerseits eine vorläufige Regelung getroffen und angeordnet hat, daß zunächst jeder Sportruf überhaupt unterbleibt, vorerst hier auf unserem Verbandstag von einer endgültigen Beschlußfassung abgesehen werden, falls nicht noch weitere Anträge gestellt werden. Es wäre also zu prüfen, ob unter diesem Gesichtspunkt der Antrag Mörfelden etwa zurückgezogen werden kann oder soll oder ob über den Antrag weiter diskutiert werden soll.

Es liegt eine Wortmeldung von Sportfreund *Wettig* vor.

***Wettig*:**

Sportfreunde! Gehen Sie über diesen Antrag zur Tagesordnung über. Wir sind, das wissen Sie, ja noch mitten in der Entwicklung begriffen mit unserem LSV. Wir, die wir hier zusammensitzen, haben wohl nicht das geringste Interesse daran, irgendetwas zu tun, was in diese Entwicklung irgendwie eine Spaltung oder ein Aufhalten bringen könnte. Das möchte ich von vorneherein feststellen.

Ich für meine Person begrüße den Antrag der Sport- und Kultur-Vereinigung Mörfelden, und ich meine, wir sollten uns trotzdem über diesen Antrag bzw. die darin angeschnittene Frage heute doch einmal ganz kurz unterhalten. Wir haben uns schon auf der letzten Landes-Fußball-Tagung eingehend mit dieser Frage befaßt. Und ich kann Ihnen nur sagen: Ich bin heute erstaunt darüber, zu hören, daß ein Spiel wiederholt werden soll wegen des Sportgrußes! Sie ersehen daraus, es ist gar nicht so einfach, an dieser Frage vorüberzugehen. Es könnte, wie Sportfreund *Lindner* schon sagte, auch Fanatiker geben, die es zwar gar nicht böse meinen, die aber sagen: Nein, unter keinen Umständen „Hipp, Hipp, Hurra!" oder unter keinen Umständen „Frei Heil!" oder „Gut Sport" oder sonst etwas. (Ich muß mich an dieser Stelle und in diesem Falle etwas als „Wiederkäuer" betrachten, denn diese Dinge sind mir schon vorweggenommen worden.)

Es ist doch so: Warten wir, bis wir eine Gemeinsamkeit im Sport in allen Landesfachverbänden haben, und dann wird sich eines Tages dieses neue Gremium oder dieser Reichs-Verbandstag oder wie er dann heißen mag, der ja dann einmal eingeführt werden wird, mit dieser Frage doch befassen müssen und zu einer endgültigen Stellungnahme zu kommen haben. Dieses „Hipp, Hipp, Hurra!", das seinerzeit eingeführt worden ist, mag es berechtigt gewesen sein oder unberechtigt, das spielt keine Rolle , es ist vergangen, es ist gewesen. Aber das Wörtchen „Hurra!" in diesem Ruf, das hat in Deutschland schließlich einmal zu dem geführt, was wir dann „Hurra-Patriotismus" genannt haben.

(Sehr richtig!)

Werte Sportfreunde! Lassen Sie das doch nun endlich begraben sein. Wohin uns dieser „Hurra-Patriotismus" schließlich geführt hat, wissen wir ja alle.

(Sehr richtig!)

Akzeptieren Sie den Vorschlag unseres Sportfreundes

Lindner: Es gibt keinen derartigen Sportgruß mehr bis zur endgültigen Entscheidung dieser Frage, d. h. bis zur endgültigen Konstatierung in der großen Form unseres gesamtdeutschen Verbandes.

(Lebhafte Zustimmung.)

Vorsitzer *Lindner*:

Ich danke Sportfreund *Wettig* für seine Ausführungen. Ich selbst darf ganz kurz noch folgendes bemerken. Es wurde mir eben ein Bericht über den diesjährigen Fußballverbandstag vorgelegt, auf dem ja, wie ich schon sagte, sehr eingehend über diese Frage gesprochen wurde. Ich selbst hatte damals dem Fachgruppenleiter Fußball, neben dem ich saß, eingeflüstert: Wichtiger als der Ruf in irgendeiner Fassung ist der Geist, ist eine Geste, weil sie versinnbildlicht, daß man wirklich ein anständiger Sportler sein will, und zwar eine Geste aller Beteiligten gegenüber den Mannschaften, dem Schiedsrichter und dem Publikum selbst.

In dem eben genannten Bericht über den Fußballverbandstag heißt es zu diesem Thema:

„Im weiteren Verlauf der Diskussion macht *Linnenberg* einen verbindenden Vorschlag. Er schlägt vor, als zwischenzeitliche Lösung folgendes anzunehmen: Beide Mannschaften sammeln sich nach dem Spiel in der Mitte des Spielfeldes, die Mannschaftsführer bedanken sich bei dem Schiedsrichter für die Leitung des Spieles durch Handschlag und die sich gegenüberstehenden Spieler geben sich die Hand ohne Ausbringung eines besonderen Sportgrußes. Dieses sei absolut eine sportliche Geste, die unbedingt auch die Würdigung des Publikums finden würde. Der Antrag kam zur Abstimmung und wurde einstimmig angenommen."

Meine Herren! Damit ist auf diesem Spezialgebiet also schon eine zumindest vorläufige Regelung erfolgt, und ich habe den Ausführungen unseres Sportfreundes *Wettig* nichts weiter hinzuzufügen.

Es liegen zu diesem Thema noch Wortmeldungen unserer Sportfreunde *Schill* und *Sorg* vor, ich bitte aber zu bedenken, daß wir bald zu einem Ende kommen wollen, ohne daß ich Ihnen mit diesem Hinweis irgendwie das Wort entziehen oder verkürzen will. Ich will damit lediglich an das Versprechen erinnern, das wir uns gestern gegenseitig gaben, uns so kurz wie möglich zu fassen bei den Reden.

Das Wort hat nunmehr Sportfreund *Schill*.

***Schill*:**

Sportfreunde! Sportgenossen! Wir haben allesamt

316

316 Frankfurt (M) u Groß Gerau – Groß Gerau-Dornberg – Goddelau-Erfelden – Biblis – **Mannheim**

km	RBD Frankfurt (M) ZugNr				W3939		2604	1357		D370	1359	2608	w 1363	2612	4746	1371		2614	1381	2658	1383	DUS 606	2660	1387	4748
0,0	**Frankfurt** (M) Hbf 249.250	ab	...	...	von	...	6.20	6.56	...	7.18	7.53	9.48	w 9.57	14.00	...	14.10	...	16.52	17.08	18.00	18.18	a 18.31	20.40	20.50	...
	Frankfurt (M) Ost .. (Gesamtverkehr)	ab	...	...	Mühlh	...	{	}	...	{	{	{	}	{	...	}	...	{	{	}		}	{	{	...
3,6	Frankfurt-Niederrad		...	...	(M)	...	6.27	7.03	...		8.00	9.55	10.04	14.07	...	14.17	...	16.59	17.15	18.07	18.25	}	20.47	20.57	...
6,2	**Frankf** (M) **Sportf** 249	an	...	...	w 6.20	...	6.32	7.08	...		8.05	10.00	10.09	14.12	...	14.22	...	17.04	17.20	18.12	18.30	}	20.52	21.02	...
		ab	...	...	w 6.23	...	6.33	7.10	...	Ffm Hbf-	8.07	10.01	w10.10	14.14	...	14.24	...	17.06	17.22	18.13	18.32	Frankfurt	20.54	21.03	...
10,4	Lufthafen Rhein-Main		...	...	nach Mz-Gustavsburg (an 7.16)	...	6.41	nach Mainz Hbf (an 8.18)	von Mz-Bischofsheim		nach Mz-Bischofsheim (an 8.48)	10.09	nach Mz-Bischofsheim (an 10.51)	14.22	von Mz-Bischofsheim	nach Mainz Hbf (an 15.34)	...	17.14	nach Mz-Gustavsburg (an 18.11)	18.21	nach Mz-Bischofsheim (an 19.13)		21.02	nach Mz-Bischofsheim (an 21.43)	...
14,7	Walldorf (Hess)		...	...		...	6.49					10.17		14.30			...	17.22		18.28			21.10		...
17,4	Mörfelden		...	...		...	6.55					10.23		14.36			...	17.28		18.34			21.16		...
26,6	**Groß Gerau-Dornberg**	an	...	...		...	7.07					10.35		14.48			...	17.40		18.46			21.28		...
	Wiesbaden Hbf 317	ab	...	...		...	...			...		...		...			...	...		...		...	...		...
	Mainz Hbf 317	ab	...	...		...	...			...		...		...			...	...		...		...	...		...
	Groß Gerau 317	an	...	...		...	...			...		...		...			...	...		...		...	...		...
	ZugNr								4742																
0,0	**Groß Gerau** 317	ab	...	...	...	...	...	...	7.30	...	...	...	...	...	14.41	...	...	...	...	...	...	...	...	...	22.49
1,9	**Groß Gerau-Dornberg**	an	...	...	...	...	...	...	7.34	...	...	...	...	...	14.45	...	...	...	...	...	...	...	...	...	22.53
	ZugNr		2800	2682	w2684	2802							2804				2806						2808		
26,6	**Groß Gerau-Dornberg**	ab	...	...	...	...	7.10	...	7.35	Mannh- Ulm-	...	10.36	...	14.49	15.00	...	...	17.41	...	18.47	...	(M) Süd	...	...	22.54
30,5	Dornheim		...	...	...	...	7.18	...	7.42		...	10.44	...	14.59	15.07	...	...	17.49	...	18.54	...		...	...	23.01
33,0	Leeheim-Wolfskehlen		...	...	...	...	7.24	...	7.47		...	10.50	...	15.05	15.14	...	...	17.55	...	19.00	...		...	...	23.06
35,3	**Goddelau-Erfelden** 316a	an	...	...	...	...	7.29	...	7.51		...	10.55	...	15.10	15.18	...	...	18.00	...	19.05	...		...	...	23.10
	Darmstadt Hbf 316 a	ab	...	...	*4.00*	*6.06*	...	...	...	...	...	...	*13.32*	*13.32*	...	...	*16.21*	...	...	...	...	...	*20.35*	...	...
35,3	**Goddelau-Erfeld** 316a	ab	4.26	...	w 6.00	6.32	7.33	...	...	Heidelberg- Augsburg-	...	10.57	13.58	15.12	...	...	16.47	18.05	...	...		Mannheim-	21.01	...	...
38,3	Stockstadt (Rhein) (Gesamtverkehr)		4.32	...	6.06	6.38	7.41	...	...		...	11.04	14.04	15.19	...	...	16.53	18.12	...	...	2688		21.07	...	...
41,5	Biebesheim		4.38	...	6.12	6.44	7.48	...	...		...	11.11	14.10	15.26	...	...	16.59	18.19	...	...	...		21.13	...	...
44,7	Gernsheim		4.44	5.15	6.18	6.50	7.55	...	...		...	11.17	14.16	15.32	...	...	17.05	18.25	...	...	19.46		21.19	...	...
49,5	Groß Rohrheim		4.52	5.22	6.25	6.58	8.03	...	...		...	11.25	14.24	15.40	...	...	17.13	18.33	...	...	19.53		21.27	...	...
52,9	**Biblis** 316 a	an	4.57	5.27	6.30	7.03	8.09	...	...		...	11.31	14.29	15.46	...	...	17.18	18.39	...	...	19.58		21.32	...	...
	Worms 316 a	an	...	...	...	...	...	...	...	...	...	...	...	...	...	...	...	...	...	...	...	...	...	...	...
52,9	**Biblis** 316a	ab	...	5.30	6.33	...	8.20	...	...	Kornwestheim- Münch Hbf (17.50)	...	11.33	...	15.48	...	...	...	18.41	...	...	20.00	Heidelbg-	...	...	...
56,0	Bobstadt		...	5.36	6.39	...	8.27	...	...		...	11.40	...	15.55	...	...	...	18.48	...	...	20.06		...	...	...
58,0	**Bürstadt** 316 c	an	...	5.41	6.44	...	8.31	...	...		...	11.44	...	15.59	...	...	...	18.52	...	...	20.11		...	...	...
		ab	...	5.42	6.45	...	8.33	...	...		...	11.46	...	16.01	...	...	...	18.54	...	...	20.12		...	...	...
63,4	**Lampertheim** 316 b	an	...	5.51	6.54	...	8.41	...	...		...	11.54	...	16.09	...	...	...	19.02	...	...	20.21		...	...	...
	RBD Stuttgart	ab	...	5.53	6.56	...	8.45	...	...		...	11.56	...	16.11	...	...	...	19.04	...	...	20.24	Karls-	...	...	...
67,3	Mannheim-Blumenau		...	6.00	7.03	...	8.52	...	...		...	12.03	...	16.18	...	...	...	19.11	...	...	20.31		...	...	...
71,5	**Mannheim-Waldhof**	an	...	6.08	7.11	...	8.59	...	...		...	12.10	...	16.25	...	...	...	19.18	...	...	20.39		...	...	...
0,0	Mannheim-Waldhof	ab	...	↓	↓	...	↓	...	...	...	...	↓	...	↓	...	...	...	↓	...	...	↓	...	...	...	...
1,0	Mannheim-Luzenberg		...			...		...	...	...	...		...		...	...	...		...	...		...	...	...	...
4,4	Mannheim-Neckarstadt	an	...			...		...	...	...	...		...		...	...	...		...	...		...	...	...	...
71,5	**Mannheim-Waldhof**	ab	...	6.10	7.13	...	9.01	...	...	...	...	12.12	...	16.27	...	...	...	19.20	...	...	20.41	ruhe	...	...	...
74,6	Mannheim-Käfertal		...	6.16	7.19	...	9.08	...	...		...	12.19	...	16.34	...	...	...	19.27	...	...	20.47		...	...	...
80,9	**Mannheim** Hbf 315	an	...	6.28	w 7.31	...	9.19	...	...	**8.43**	...	12.30	...	16.45	...	...	...	19.38	...	...	20.59	**19.53**	...	...	...
	***Heidelberg** Hbf* 318 a	an	...	...	...	...	...	...	...	**9.25**	...	...	...	...	...	...	...	...	...	...	...	***20.30***	...	...	...
	***Karlsruhe** Hbf* 320	an	...	...	...	...	...	...	...	...	...	...	...	...	...	...	...	...	...	...	...	***22.03***	...	...	...
	***Stuttgart** Hbf* 320	an	...	...	...	...	...	...	...	...	...	...	...	...	...	...	...	...	...	...	...	...	...	...	...

a Abfahrt Frankfurt (M) Süd

Alle Züge nur 3. Klasse

Mörfelden liegt an der Bahnstrecke 316 Frankfurt-Mannheim und war im Jahre 1947 nur mit wenigen Zügen zu erreichen, wie das Kursbuch aus dem Jahre 1946/47 zeigt.

den Wunsch, uns so kurz wie möglich zu fassen, da wir ja schließlich heute mittag um 12.22 Uhr wieder von hier aus nach Hause fahren wollen. Bitte beachten Sie das.

(Sehr richtig!)

Vorsitzer *Lindner*:
Das Wort hat nun Sportfreund *Sorg*.

***Sorg*:**
Ich glaube, die beste Lösung ist, wir verzichten für den Augenblick auf jeden Sportgruß. Dazu darf ich in diesem Zusammenhang aber noch etwas sagen, was mir ungeheuer wichtig erscheint im deutschen Leben im allgemeinen. Ich war außerordentlich angenehm überrascht und zunächst auch erstaunt darüber, in England zuerst überhaupt keine Embleme, Abzeichen und Sportrufe zu finden. Als ich dies das erste Mal in England erlebte, empfand ich das geradezu als eine furchtbare Leere, war ich doch von uns in Deutschland das gerade Gegenteil gewöhnt. Aber diese scheinbare Leere wurde ersetzt durch eine gewaltige Disziplin und durch den Charakter, der sich im englischen sportlichen Leben zeigt. Ich habe viel darüber nachgedacht und mich gefragt, worin liegt denn nun eigentlich die Verschiedenartigkeit der Dinge und der Erziehung zwischen England und Deutschland. In England sieht man den Menschen und erzieht ihn. Dort ist der Sport ein Teil der Erziehung des Volkes zum Volke. In Deutschland aber wickelt man ihn in Abzeichen, in Fahnen, Pokale und einen Abglanz anderer Dinge und stellt damit schließlich das Hirn des Menschen ein auf rein theatralische Dinge, damit er die Wirklichkeit nicht sieht. Das war seit Jahrhunderten Tradition im deutschen politischen und gesellschaftlichen Leben mit dem Ziel, den Menschen von den eigentlichen, den wirklichen Dingen des Lebens abzulenken.

Das ist auch heute noch bei uns im Sport der Fall. Wir gehen unter in Äußerlichkeiten, ungeheuer stark aufgemacht, und damit gehen auch der Sinn des Sports und seiner erzieherischen Aufgabe vollkommen unter. All diese Dinge sind dazu angetan, entweder abzulenken von der Erziehung oder doch wenigstens sie auf ein Mindestmaß herunterzuschrauben. Nein, wir sollten uns stattdessen mehr auf die Erziehung konzentrieren. Deshalb darf ich bei dieser Gelegenheit sagen: Verzichten wir auf jede Äußerlichkeit, solange es möglich ist! Was wir aber brauchen in Deutschland und im deutschen Sport, das ist eine Idee, eine Idee vor allem, die die Jugend mitreißt, und die sie begeistern kann. Unser neues Beginnen in unseren Sportvereinen und in einem Einheitsverband erfordern, daß wir der Jugend wieder eine sie begeisternde Idee geben, daß wir der Jugend sagen, für was der Sport da ist, und daß wir nicht nur Punkte und andere Äußerlichkeiten für das Alleinseligmachende halten. Der übersteigerte Sportrummel und der übersteigerte Meisterschaftsrummel haben uns in Deutschland, besonders in den Jahren der Hitler-Herrschaft, vollständig von dem Gedanken der politischen Idee gelöst, wie sie uns der Amerikaner immer wieder vorgehalten hat. In vielen Unterhaltungen mit Ausländern wurde mir immer wieder vorgehalten: Ja, Sie machen ja nur Äußerlichkeiten. Wir aber wollen die innere Einstellung und die innere Bereitschaft des Menschen. Und deshalb bin ich schon der Auffassung, daß man energisch und als Fanatiker an die Arbeit gehen muß, diese Idee zu schaffen und sie zu erfüllen. Es gibt im Augenblick nur eine Aufgabe, die aber unsere ganze Kraft erfordert: sich zu konzentrieren auf die wirkliche geistige und sportliche Erziehung des jungen Menschen. Ich weiß genau, es gibt eine Unmenge Briefe, in denen immer wieder mit „Gut Heil" usw. unterschrieben wird, und in denen es heißt, wir müssen unbedingt dafür sorgen, daß dieser Gruß in einem neuen Sportverband verankert wird.

Nein, liebe Sportfreunde, das wollen wir nicht, sondern wir wollen beide Anschauungen einem gemeinsamen einheitlichen Sportverband friedlich miteinander vereinen. Das muß gehen und es wird gehen.

Ich halte es also für das Beste, wir überlassen diesen Antrag dem neuen Verbandsvorstand zur weiteren Verfolgung. Wir werden ihn im Auge behalten bis zu einer endgültigen Regelung im reichseinheitlichen Sinne. Aber vergessen wir dabei auch nicht: Kommen wir weg von all diesen äußerlichen Dingen und konzentrieren wir uns mehr als bisher auf die wirkliche Idee und auf die wirkliche Aufgabe, nämlich auf die Erziehung, vor allem der Jugend. Das soll unsere erste und oberste Aufgabe und zugleich auch unser Ziel sein.

(Lebhafter Beifall und Zustimmung.)

Vorsitzer *Lindner*:
Ich danke Sportfreund *Sorg* für seine Ausführungen und erteile das Wort nunmehr Sportfreund *Völke*, Kassel.

***Völke*:**
Werte Sportkameraden! Ich freue mich wirklich über die Ausführungen von Sportfreund *Sorg*. Ich glaube, wir haben in den vergangenen zwei Tagen feststellen können, daß wir in Sportfreund *Sorg* einen Mann haben, der in jeder Beziehung vorbildlich ist, auch schon deshalb, weil er das In- und Ausland auf sportlichem Gebiet wirklich aus eigenem Erleben kennt. Aber wir wollen doch mit allen alten Sportlern einig sein. Die Fehler und die

Sünden der Vergangenheit, die lasten doch auf uns allen und auf allen Sportverbänden, ob das nun früher der Reichsausschuß für Leibesübungen oder das Arbeiter-Sport-Kartell war. Es ist richtig, wie Sportfreund *Sorg* schon sagte, es geht bei uns nicht ohne Urkunden und ohne Abzeichen, selbst beim kleinsten Sportfest nicht. Auch da, liebe Sportkameraden, mußte es eine Unmenge von Ehrenurkunden, Diplomen und Kränzen geben. Das war aber nicht nur im Kleinen so, das gleiche Übel war auch zu erleben bei allen Verbänden. Und das ist auch heute wieder bei uns der Fall. Seht Euch nur den § 3 unserer neuen Satzung an. Da heißt es:

„1. Die Farben des Landessportverbandes Hessen sind Rot-Weiß.
2. Wahrzeichen des Verbandes ist der stilisierte rot-weiß-gestreifte hessische Löwe."

Wappen des Landessportbundes Hessen

Ja, wenn wir ehrlich sind als Sportler: Was brauchen wir als Sportler einen Löwen. Wir treiben ja nur Sport. Was brauchen wir da einen Löwen?

(Sehr richtig!)

Und nun der Antrag von Mörfelden. Ich erkenne ihn wirklich an. Aber ich meine doch, wir wollen Menschen formen und auch umformen. Was brauchen wir da einen Sportgruß?

Ich selbst bin aus einem früheren bürgerlichen Verein hervorgegangen, das sage ich Ihnen ganz ehrlich, und ich führe heute in Kassel einen Verein von 650 Mitgliedern, der sich aus zwei Arbeitersportvereinen und aus zwei bürgerlichen Vereinen zusammensetzt. Wir arbeiten sehr einträchtig zusammen und in schönster Harmonie

(Bravo!)

– wir kennen keine Gegensätze und wir haben keine Zwistigkeiten. Und warum nicht? Weil wir sportlich ehrlich sind. Die „Bürgerlichen" von früher und die „Arbeitersportler" von früher, sie können sich nicht mehr bekämpfen, nein sie vertragen sich. Es wäre ja auch taktisch unklug, wenn sie sich noch bekämpfen wollten. Denn wir wollen doch einen neuen Sport aufbauen, und zu einem neuen Ziel gehören eben auch neue Ideale. Und um dieses Ziel zu erreichen, müssen wir arbeiten. Und das tun wir!

(Beifall.)

Und darum, liebe Sportkameraden, seid nicht so kleinlich! Zu so etwas wie der Schaffung eines neuen Sportgrußes gehört doch Zeit. Sie können einen Menschen, der 20 Jahre lang „Hipp, Hipp, Hurra" oder „Frei Heil" gerufen hat, nicht von heute auf morgen wieder umformen. Das geht nicht. Man kann nicht Menschen, die jahrzehntelang in einer anderen Welt lebten, die gleichsam noch aus der alten Schule stammen, nun plötzlich umstellen wollen und von ihnen auch auf diesem Gebiete eine andere Einstellung verlangen. Nein, viel eher wünschen wir, daß diejenigen, die sich nicht umstellen können, von uns weg sollen, aus welchem Lager sie kommen, ist gleichgültig. Wir wollen keine Arbeiter-Sport-Kartelle und auch keine bürgerlichen Sportvereine sein. Wir sind ja gerade durch den bürgerlichen Sport seinerzeit in ein Fahrwasser geraten, was wir vor Gott und der Welt gar nicht verantworten können.

Und wenn nun von einer neuen Organisation und von einer neuen Idee die Rede ist, in der dies alles nicht mehr vorkommen soll, dann wollen wir da gerne mitmachen und zu erreichen suchen, was zu erreichen ist. Versuchen wir es also.

Das Siegel des Landessportbundes

Ich bin gestern früh um vier Uhr von Kassel weggefahren. Da sah ich einen Grenzpolizisten, der hatte ein großes Blechschild umhängen. Ja, Sportkameraden, das ist wirklich, wie Sportfreund *Sorg* schon sagte, einer unserer Kardinalfehler. Der Engländer ist da auch für uns vorbildlich, auch in der Idee, auch das sagte schon Kamerad *Sorg*; dort kennt man so etwas nicht. Aber bei uns? Seit Jahrzehnten sind wir nur mit Blech und Urkunden und anderen äußerem Kram großgezogen worden. Deshalb meine ich: Kehren wir dem all den Rücken. Laßt uns wieder systematisch aufbauen auf einer neuen Idee. Denkt Euch mal, wir würden jetzt sagen: Nun Schluß mit all dem, jetzt gibt es überhaupt nichts mehr, keine Urkunden, keine Abzeichen, nichts, nichts. Vielleicht wäre das taktisch unklug, denn z. B. bei einem kleineren Sportfest etwa sind diese Äußerlichkeiten ja ein Ansporn, auf den man nicht so schnell wird verzichten können. Das mag sein.

Ich habe am Sonntag in Kassel ein Spiel miterlebt von Rot-Weiß Frankfurt gegen Hessen-Kassel. Da haben wir erlebt, wie der Schiedsrichter am Schluß des Spieles von sich aus den Ruf „Gut Sport!" ausbrachte. Ich frug ihn darauf: „Ist das bei Ihnen üblich?" Da sagte er mir in seinem württembergischen Dialekt: „Ja, das ist bei uns üblich." Sie sehen also, Sportkameraden, wie verzwickt das ist. Wir verbieten es, in den anderen Ländern der Westzone wird er angewandt, die einen sind dafür, die anderen verwerfen ihn, und zum Schluß weiß niemand mehr, was richtig ist und was nicht.

Und darum sage ich: Laßt uns lieber, wie Sportkamerad *Sorg* schon sagte, überhaupt darauf verzichten. Wir brauchen keinen Sportgruß. Wir lassen es dabei bewenden, dann kommen wir weiter, dann kommen wir auch vorwärts im Interesse der Sache selbst und unseres Verbandes.

(Händeklatschen.)

Vorsitzer *Lindner*:

Ich darf aus den verschiedenen Ausführungen folgendes kurz zusammenfassen: Die Bedeutung der Frage ist meines Erachtens nach jeder Richtung hin richtig erkannt worden. Was die erwähnten Äußerlichkeiten angeht, so möchte ich dazu sagen: Man darf in irgendwelchen bestimmten Äußerlichkeiten doch wirklich nicht mehr sehen als eben nur Äußerlichkeiten. Leider Gottes ist es bei uns Deutschen ja so, daß wir immer leicht in die Gefahr geraten, bei allen möglichen Dingen, über die man ganz einfach und sachlich sprechen kann, immer gleich Probleme zu sehen. Damit machen wir uns das Leben unnütz schwer, statt daß wir uns klar werden und sagen: Was eine Äußerlichkeit ist, das ist und bleibt eben eine Äußerlichkeit.

Aber auch bei den Äußerlichkeiten gibt es doch wieder auch ganz bestimmte psychologische Momente und Zusammenhänge, und da glaube ich, müssen wir diese Dinge doch von einander trennen und versuchen, klar zu erkennen, was eben auch nur Äußerlichkeiten sind: Ich glaube, daß wir im Sport doch durchaus Urkunden brauchen; das wird sich nicht vermeiden lassen. Versetzen Sie sich doch selbst einmal in die Lage des jungen Sportlers. Sie haben einen Wettkampf mitgemacht und bekommen dann eine Urkunde. Wenn Sie im Mannschaftssport mitmachen, dann haben Sie vielleicht nur wenige Urkunden, es sei denn, Sie hätten eine Meisterschaft mit errungen, sonst aber vielleicht eine ganze Menge. Ich meine, daran kann man doch keinen Anstoß nehmen. Was anderes ist es mit der Form dieser Äußerlichkeit, an der man Anstoß genommen hat. Mit der Urkunde selbst wird doch ausschließlich eine Leistung festgestellt und festgehalten, die ich selbst vollbracht habe.

Ich glaube, wir könnten uns über diese Frage noch stundenlang unterhalten. Lassen Sie mich daher nur das Wichtigste hervorheben. Alle Redner haben davon gesprochen, daß der Zeitpunkt noch nicht da ist, überfachlich gesehen, heute schon einen entsprechenden Beschluß herbeizuführen, daß vielmehr diese Frage bis auf weiteres noch zurückgestellt werden soll.

(Zuruf Joh. Müller, Frankfurt: Die Handballer rufen „Gut Sport!", trotz DT-Mitglieder!)

Ich schlage deshalb vor, daß wir diesen Antrag dem neuen Verbandsvorstand zur weiteren Verfolgung der Angelegenheit übergeben. Erhebt sich dagegen Widerspruch? Das ist nicht der Fall. Dann stelle ich fest, daß der Antrag der Sport- und Kultur-Vereinigung Mörfelden betr. Sportgruß

auf einstimmigen Beschluß des Verbandtags

dem neuen Verbandsvorstand zur weiteren Verfolgung der Sache überwiesen worden ist.

Damit ist Punkt 3.) unserer Tagesordnung erledigt und wir kommen zu

Punkt 4: Wahl eines Wahlpräsidenten.

Die Wahl eines Wahlpräsidenten ist Voraussetzung für die Beratung der beiden nächsten Punkte unserer Tagesordnung, für Punkt 5.) „Entlastung des Geschäftsführenden Verbandsvorstandes" und Punkt 6.) „Neuwahl des Verbandsvorstandes".

Ich schlage Ihnen vor, mit der Wahl eines Wahlpräsidenten auch die einer dreigliedrigen Wahlkommission zu verbinden, wobei Mitglieder dieser Wahlkommission auch Mitglieder des erweiterten Verbandsvorstandes werden können, da zur Neuwahl ja nur der Engere Geschäftsführende Verbandsvorstand selbst gestellt ist. Diese dreigliedrige Wahlkommission hat die Aufgabe, die abgegebenen Stimmen und die Stimmzettel zu zählen, so daß auf keinen Fall mehr Stimmen als zulässig abgegeben werden können, und das Wahlergebnis festzustellen.

Wenn Sie mit diesem Vorschlag auf gleichzeitige Wahl einer Wahlkommission einverstanden sind, bitte ich die Hand zu erheben.

Fritz Bechmann

Fritz Bechmann wurde am 21. April 1895 in Kassel geboren. Er war das älteste von sechs Kindern. Die Familie war gut situiert, der Vater Direktor der Allgemeinen Ortskrankenkasse AOK, Mitglied des Stadtrates in Kassel für die Sozialdemokraten und zugleich Vorsitzender der Metallgewerkschaft.

Fritz Bechmann absolvierte nach dem Besuch der Volksschule eine Ausbildung zum Bürovorsteher und bekleidete dieses Amt bei Rechtsanwalt Georg-August Zinn, dem späteren hessischen Ministerpräsidenten. Da die Bechmanns zur Führungschicht der Sozialdemokratie in Kassel zählten, waren sie auch mit dem Oberbürgermeister der Stadt Kassel, Phillipp Scheidemann, gut befreundet. Auch Cornelius Gellert, der spätere Vorsitzende des Arbeiter-Turn- und Sportbundes ATSB gehörte zu ihrem engeren Bekanntenkreis.

Ganz im Unterschied zum wenig sportlichen Vater gehörten Fritz Bechmann und sein Bruder Hans zu den führenden Köpfen im Kasseler Arbeitersport. Fritz Bechmann, ein Schwimmer, war Gründungsmitglied der Wassersport-Vereinigung Cassel (WVC) und Vorsitzender dieses Vereins von 1926-1933.

Nach der Errichtung der NS-Herrschaft in Kassel wurden Vater und Sohn Fritz verhaftet und in das Konzentrationslager Breitenau bei Guxhagen verbracht. Der Vater verließ das Konzentrationslager als körperlich und geistig gebrochener Mann. Fritz Bechmann wurde nach seiner Entlassung bis zum Ausbruch des Zweiten Weltkrieges zum Bunkerbau am Westwall zwangsverpflichtet und kehrte erst bei Kriegsausbruch nach Kassel zurück.

Er erlebte auch das Kriegsende dort und war in den Sommermonaten 1945 für die ersten Initiativen im Sport der natürliche Ansprechpartner. Das galt auch für die amerikanischen Besatzer, von denen die Initiative zur Gründung des „Freien Volkssportverbandes Kassel" ausging, mit dessen Leitung Fritz Bechmann beauftragt wurde.

Bei den im Herbst 1945 beginnenden Koordinierungsversuchen für den Sport in Groß-Hessen vertrat Bechmann bei zahlreichen Tagungen den Kasseler Sport. So war es selbstverständlich, daß er bei den organisatorischen Neugründungen auf der Kreis- und Bezirksebene jeweils mit dem Amt des ersten Vorsitzenden beauftragt wurde und in den Jahren 1946 und 1947 zum engeren Kreis der Persönlichkeiten zählte, die an der Gründung des Landessportverbandes Groß-Hessen beteiligt waren.

Berufliches und sportliches Engagement flossen dann in der Aufgabe zusammen, mit der er in Mörfelden betraut wurde: Er wurde Wahlpräsident für die ersten Vorstandswahlen im Landessportverband.

Als Kreis- und Bezirksvorsitzender blieb Fritz Bechmann bis zu seinem Tode im Jahre 1961 dem Sport in Hessen eng verbunden.

(Abstimmung.)

Ich stelle fest, daß der Antrag auf gleichzeitige Wahl einer Wahlkommission

einstimmig und ohne Enthaltungen angenommen worden ist.

Ich bitte nun um Ihre Vorschläge für das Amt des Wahlpräsidenten.

(Zurufe: Ackermann, Bechmann, Wettig)

Ich darf darauf hinweisen, daß Sie hier auch auf unsere Bezirksvorsitzenden zurückgreifen können oder auf die Fachgruppenleiter, denn diese scheiden ja nicht aus ihren Ämtern, bleiben vielmehr nach wie vor darin und gehören auch nicht dem engeren Verbandsvorstand an.

(Zuruf: Schubert.)

Ich selbst würde Ihnen *Dr. Lingnau* vorschlagen, aber ich glaube, es ist müßig, über diese Dinge zu streiten und viele Namen zu nennen, denn es geht hier ja nur darum, möglichst kurz und exakt ganz bestimmte Handlungen bei den Wahlen durchzuführen.

Ich frage also Sportfreund *Ackermann*, ob er bereit ist zur Annahme des Amtes als Wahlpräsident.

(Zuruf Ackermann: Ja!)

Dann frage ich Sportfreund *Bechmann*, ob er bereit ist zur Annahme des Amtes als Wahlpräsident.

(Zuruf Bechmann: Ja!)

Da beide zur Annahme bereit sind, müßten wir also darüber abstimmen, wer von beiden zum Wahlpräsidenten gewählt wird.

(Zuruf: Ackermann will ja nicht!)

Gut, wenn das der Fall ist, dann wäre der nächste Vorschlag der für *Bechmann*. Wir können also abstimmen.

Wer ist damit einverstanden, daß *Bechmann* Kassel zum Wahlpräsidenten bestellt wird und als solcher die weiteren Geschicke während der Wahl leitet?

(Zustimmung.)

Ich stelle fest, daß Sportfreund *Bechmann*

einstimmig zum Wahlpräsidenten gewählt worden ist.

Wenn er die Wahl annimmt,

(Zustimmung)

was ich aufgrund seines Zurufes feststelle, dann bitte ich ihn, die weitere Leitung der Verhandlungen zu übernehmen und zunächst die drei Mitglieder der Wahlkommission wählen zu lassen.

Ich selbst beantrage verfahrensgemäß im Namen des Geschäftsführenden Verbandsvorstandes

Entlastung für unsere Geschäftsführung im abgelaufenen Geschäftsjahre.

(Vorsitzer Lindner übergibt die Versammlungsleitung an Wahlpräsident Bechmann.)

Wahlpräsident *Bechmann*:

Werte Sportfreunde! Bevor ich mein Amt als Wahlpräsident antrete, darf ich ein Wort sagen. Ich glaube im Namen aller Delegierten zu sprechen, wenn ich dem jetzt aus dem Amt scheidenden Geschäftsführenden Verbandsvorstand für seine bisher geleistete Tätigkeit unseren besten Dank ausspreche.

(Lebhafte Zustimmung und Beifall.)

Ich bitte nunmehr drei Mitglieder für die zu wählende Wahlkommission zu benennen.

(Zuruf: Wettig, Sorg, Dr. Lingnau.
Zuruf Wettig: Ich selbst verzichte und schlage Grütter, Ziegelhausen, vor.
Zuruf: Langsdorf, Bad Nauheim.)

Das sind schon mehr als drei Vorschläge. Werden noch weitere gemacht?

(Zuruf: Müller, Groß-Gerau.)

Ich glaube, die Aufgabe für die Mitglieder dieser Wahlkommission wird nicht sehr groß sein.

(Zuruf: Langsdorf verzichtet!)

Da Sportfreund *Langsdorf* auf eine Wahl in die Wahlkommission verzichtet, bleiben nur noch drei Vorschläge, über die wir nun abstimmen können. Wer für die Wahl von

Sorg, Dr. Lingnau, Grütter

zu Mitgliedern der Wahlkommission ist, den bitte ich die Hand zu erheben.

(Abstimmung.)

Die Gegenprobe? Ich stelle fest, daß die Sportfreunde

Sorg, Dr. Lingnau, Grütter

einstimmig zu Mitgliedern der Wahlkommission bestellt sind.

Wir kommen nunmehr zur *Wahl des 1. Vorsitzenden des LSV* Hessen. Ich bitte um Ihre Vorschläge.

(Zuruf: Zur Geschäftsordnung! Es muß zunächst über die Entlastung des Vorstandes abgestimmt werden!)

Es wird zur Geschäftsordnung festgestellt, daß zunächst noch über die vom Verbandsvorstand beantragte Entlastung abgestimmt werden muß. Das ist richtig.

Ich stelle also fest, daß, nachdem mit der Wahl des Wahlpräsidenten und der Wahlkommission der Punkt 4.) der Tagesordnung erledigt ist, wir kommen nunmehr zu

Punkt 5: Entlastung des Geschäftsführenden Verbandsvorstandes

Wird dazu das Wort gewünscht? Das ist nicht der Fall. Wir kommen daher zur Abstimmung über den

Antrag des bisherigen Geschäftsführenden Verbandsvorstandes, ihm für seine Geschäftsführung im abgelaufenen Verbandsjahr Entlastung zu erteilen.

Wer entsprechend diesem Antrag für Entlastung des bisherigen Geschäftsführenden Verbandsvorstandes ist, den bitte ich, die Hand zu erheben.

(Abstimmung.)

Ich danke, die Gegenprobe? Ich stelle fest, daß

dem Geschäftsführenden Verbandsvorstand des LSV entsprechend seinem Antrag einstimmig Entlastung für seine Geschäftsführung im abgelaufenen Verbandsjahr erteilt wurde.

Damit hat auch Punkt 5.) der Tagesordnung seine Erledigung gefunden und wir kommen zu

Punkt 6: Neuwahl des Verbandsvorstandes.

Ich bitte um Vorschläge für die *Wahl des 1. Vorsitzenden des LSV Hessen.*

(Zuruf: Lindner!)

(Zuruf Wettig: Ich bitte kurz zu diesem Punkt sprechen zu dürfen. Ich hatte bereits gestern meine Wortmeldung zu Punkt 6.) der Tagesordnung „Neuwahl des Verbandsvorstandes" abgegeben.)

Ich erteile das Wort dem Sportfreund *Wettig*.

***Wettig*:**

Sportfreunde! Wir wissen wohl alle aus unserer ureigensten Erfahrung, wie schwer die Ämter sind in einem Verband wie dem unsrigen, und wir wissen auch, wie schwer es ist, eine überfachliche Organisation wie die unsrige zu leiten. Wir alle wissen ebenso, was unser Verbandsvorstand bisher getan und was er an Arbeit geleistet hat. Sportfreund *Bechmann* hat dem scheidenden Verbandsvorstand ja bereits unseren Dank ausgesprochen. Ich schließe mich dem an und schlage Ihnen vor:

Wir wollen unseren Sportfreund *Lindner*, der in uneigennütziger Weise und in vorbildlicher Art bisher das Amt des 1. Vorsitzenden des Landessportverbandes Hessen geführt hat, unseren Dank und unser Vertrauen aussprechen und ihm dieses Vertrauen auch für das neue Verbandsjahr wieder zum Ausdruck bringen und ihn darum möglichst einstimmig wieder zum 1. Vorsitzenden des LSV wählen.

(Lebhafte Zustimmung und Bravo-Rufe.)

Vielleicht, liebe Sportfreunde, ist es möglich, daß wir im gleichen Wahlgang mit der Wahl des 1. Vorsitzenden auch den 2. Vorsitzenden des LSV wählen, und ich schlage daher gleichzeitig für das Amt des 2. Vorsitzenden den Sportfreund *Sorg* aus Frankfurt vor.

(Zustimmende und ablehnende Zurufe.)

Wir hätten dann in einem einzigen Wahlgang zu wählen den 1. und den 2. Vorsitzenden des LSV, also die Sportfreunde *Lindner* und *Sorg*.

Wahlpräsident *Bechmann*:

Erhebt jemand gegen diesen Vorschlag, die Wahl des 1. und die des 2. Vorsitzenden des LSV miteinander zu verbinden und in einem einzigen Wahlgang vorzunehmen Einspruch?

(Zuruf Dr. Hauf, Wetzlar: Ja! Ich bitte ums Wort!)

Das Wort hat Sportfreund *Dr. Hauf.*

***Dr. Hauf*:**

Sportfreunde! Ich schlage vor, die Wahl des 1. und des 2. Verbandsvorsitzenden getrennt vorzunehmen und zwar aus folgenden Gründen. Ich bin hierher zum Verbandstag gekommen und kannte nur den 2. Verbandsvorsitzenden, Sportfreund *Schmidt.* Ich habe den Eindruck, daß der Verbandsvorstand, der im Vorjahr ja nur provisorisch gewählt bzw. in seine Ämter eingesetzt wurde, diese so gut geführt hat, wie dies den Umständen nach möglich und wie sie praktisch auch nicht besser geführt werden konnten. Ich bin deshalb auch der Meinung, daß wir den Verbandsvorstand, wenn er nicht gerade von sich aus zurücktreten will oder auf seine Wiederwahl verzichtet, wenigstens bis zum nächsten Verbandstag im kommenden Jahre erneut unser Vertrauen aussprechen und ihn in seinen Ämtern bestätigen.

Ich hätte in diesem Falle auch, und das möchte ich hier ausdrücklich betonen, gegen die Benennung irgendeines anderen Sportkameraden für das Amt des 2. Verbandsvorsitzenden Einwände gehabt, weil ich den Eindruck habe, wer hierher kommt und es unternimmt, alle Sportler Hessens unter einen Hut zu bringen, der hat letzten Endes das gleiche Ziel und die gleichen Absichten wie wir alle. Es kommt nur darauf an, daß es mit bestem Wissen und Gewissen und mit bestem Willen gemacht wird zum Wohle aller und insbesondere des Sports. Ein solches Tun wird von uns allen unterstützt.

(Sehr richtig!)

Nun hat aber gestern Herr *Sorg,* unser Sportfreund *Sorg* aus Frankfurt, ich habe ihn bisher ja nicht gekannt, eine ganze Reihe von Ausführungen gemacht, die wir zum großen Teil wohl alle ehrlich unterschreiben können. Er hat auch heute wieder vieles gesagt, was man gleichfalls ohne weiteres unterschreiben kann. Aber ich muß dagegen doch auch eines sagen: Aus dem, was er gestern sagte, habe ich eine schwere Sorge entnommen. Er hat eigentlich seine ganzen Ausführungen dem Gedanken und dem Ziel der Einigkeit und der Zusammenarbeit gewidmet. Insoweit schien mir das, was er sagte, vollkommen am Platz zu sein. Dabei aber ist ihm offenbar doch auch etwas aus der Vergangenheit unterlaufen, aus der wir alle ja nun einmal nicht herauskönnen, als Menschen, die doch auch mit dem Vergangenen, das sie selbst erlebt haben, irgendwie verwachsen sind, und die aus dieser Vergangenheit auch alle Schrecken in das Heute und in die Zukunft mit hineinnehmen. Da also nun hat Sportfreund *Sorg* zwei Dinge gesagt, die eigentlich genau das Gegenteil von dem waren, was er als das Prinzip, als die Grundregel für unsere zukünftige Arbeit aufgestellt hat, die Einigkeit und die Zusammenarbeit nämlich.

Sportfreunde! Wenn wir zusammenhalten wollen, dann müssen wir alles Trennende aus den Herzen reißen und es beiseite lassen! Es ist schon so: Wir sind ja alle Menschen, und wenn wir zusammenhalten wollen, dann muß auch all das wegfallen, was einen anderen Menschen verletzen kann. Dazu gehört auch das, was Kamerad *Schulmeyer* gesagt hat: Wir dürfen dann auch einen Gruß, den wir jahrelang geübt haben, nicht mehr üben, wenn wir wissen, daß damit der andere verletzt wird.

(Sehr richtig!)

Wenn nun aber Sportfreund *Sorg* gesagt hat: Ich freue mich, daß ich hier in Gegenwart des Vertreters der Besatzungsmacht auf etwas aufmerksam machen muß und kann und darf, was mich persönlich nämlich den Kameraden *Sorg* betrifft, und zwar eine Unterhaltung in der vorigen Woche über bestimmte Dinge von denen ich persönlich im einzelnen nicht weiß, um was es sich handelt, daß Kamerad *Sorg* also sagt: Ich muß darauf aufmerksam machen, hier sind Leute, denen muß man auf die Finger sehen, da sind Leute, die können nicht aus ihrer Haut heraus, da sind noch irgendwelche Dinge da, usw... Das, Sportfreunde, war etwas, das hat mir doch einen Stich gegeben.

(Zurufe, u.a.: Oho! Du bist ja selbst einer davon! Hört! Hört!)

Wahlpräsident *Bechmann*:
Ich bitte, doch den Redner nicht zu unterbrechen.

***Dr. Hauf*:**
Liebe Kameraden! Diese Zwischenrufe zeigen mir, daß wir eben doch nicht alle mit dem gleichen Willen hierhergekommen sind, in Treue zusammenzuhalten und einen einigen Sport aufzubauen. Ich kann Ihnen nur sagen: Ich bin einer von denen, die diesen Willen haben, und ich bin keiner von denen, die trennen wollen!

Aber wenn wir nun jetzt einen Vorsitzenden wählen, der selbst meinetwegen aus Versehen doch einmal etwas sagt, was einen Teil der Kameraden verletzen muß, dann müssen wir doch ernstlich prüfen und fragen, ob er tatsächlich alles tat so, wie es unser Vorsitzender *Lindner* bisher immer getan hat, um alles Trennende möglichst beiseite zu schieben. Da muß man also etwas vorsichtig sein, meine ich.

(Sehr richtig!)

Und dann noch ein weiteres, das nehme ich persönlich auch an. Das ist der Vorwurf, der der Deutschen Turnerschaft gemacht worden ist, ein Vorwurf, der ihr seit langen, langen Jahren immer wieder gemacht wird.

(Zuruf: Es ist doch so!)

Selbst wenn es so wäre, dann dürfen Sie in dieser Versammlung es doch nicht sagen, wenn wir zusammenhalten wollen und sollen. Denn das gehört auch zu der Erziehungsarbeit, von der hier vorhin soviel gesprochen wurde.

Wie ich das gestern hörte, kam mir ein auch Ihnen bekannter Scherz aus der Kindheit, aus der Jugend wieder in Erinnerung: Zwei Freunde, die sich entzweit haben, haben sich nun endlich wieder verständigt. Und wie sie auseinandergehen und sich die Hand drücken, da sagt der eine zum anderen: Also ich wünsche Dir das, was Du mir wünschst. Darauf sagt der andere: Fängst Du schon wieder an?!

(Heiterkeit.)

Ja, das ist der Eindruck, den ich gestern hatte, und aus dem Grunde möchte ich doch vorschlagen, die Wahl des 1. Vorsitzenden nicht mit der des 2. Vorsitzenden zu verbinden, also die Wahl des Kameraden *Lindner* zum 1. Vorsitzenden zu trennen von der des 2. Vorsitzenden, für den der Kamerad *Sorg* vorgeschlagen ist.

(Lebhafte Zustimmung.)

Wahlpräsident *Bechmann*:
Sportfreund *Sorg* hat zu einer Erwiderung ums Wort gebeten.

***Sorg*:**
Das, was eben Kamerad *Hauf* sagte, zwingt mich zu einer kurzen Erwiderung. Ich glaube, daß Sportfreund *Hauf* gestern entweder nicht richtig zugehört hat bei dem, was ich sagte, oder er hat den Sinn dessen, was ich sagte, nicht verstanden. Ich habe in meinen Ausführungen betreffend die Deutsche Turnerschaft nicht etwa Trennendes vorgebracht, sondern ich habe der Deutschen Turnerschaft mit Leidenschaft gesagt, was sie nicht machen darf, damit in das Ganze nichts Trennendes hineinkomme. Ich will nicht haben, daß die Deutschen Turner jetzt dazu übergehen, ihre eigenen Vereine aufzubauen und sich damit von den Gemeinschafts-Vereinen trennen und absondern. Ich habe die Deutsche Turnerschaft auf ihre gute alte Tradition verwiesen und dargelegt, daß ich es begrüßen würde, wenn sie wieder zu ihrer alten Tradition, zu ihrer alten traditionellen Haltung, die einstmals auch die der übrigen Turner gewesen, zurückkehren würde. Ich werbe um die Deutsche Turnerschaft, ich möchte sie gewinnen für den neuen Staat, und ich möchte den Deutschen Turnern helfen, aus ihrer Beklemmung herauszukommen, die aus einer gewissen Vergangenheit herrührt. Ich möchte wünschen, daß sich dieser Prozeß der Besinnung auf die gute Tradition wenn auch langsam, so doch ganz sicher durchsetzen kann in der Deutschen Turnerschaft. Ich möchte, daß man dieses Ziel mit Toleranz und Geduld erreicht, und daß man nicht etwa versucht, Methoden anzuwenden, wie man sie einmal gegen uns selbst im Hitler-Reich angewendet hat.

(Sehr wahr!)

Man kann nicht einfach stillschweigend in einer großen Einheitsbewegung zusehen, daß hintenherum vielleicht wissen Sie es nicht, ich aber weiß es, ein Teil oder auch nur eine gewisse Gruppe versucht, systematisch versucht, sich abzusondern.

Wir wollen also, und das war der Sinn meiner Ausführungen, der Deutschen Turnerschaft sagen: Ihr habt eine Tradition, die war einstmals eisenhart. Greift diese Tradition wieder auf und geht zusammen mit uns, mit der großen Masse der deutschen Sportler, auf dem gemeinsamen Weg und auf dem Boden, auf dem allein wir uns heute noch zusammenfinden können, in die gemeinsame Zukunft, weil die Trümmerhaufen in diesem Lande verlangen, daß wir an nichts anderes mehr denken als an den gemeinsamen Wiederaufbau auch im Sport! Das ist das, was ich auch in dieser Beziehung zum Ausdruck gebracht habe.

(Lebhafte Zustimmung.)

Wahlpräsident *Bechmann*:

Weitere Wortmeldungen zu diesem Punkt liegen nicht vor. Von Sportfreund *Wettig* ist offiziell der Antrag gestellt worden, den 1. und den 2. Vorsitzenden zusammen in einem Wahlgang zu wählen. Ich persönlich stehe allerdings auch auf dem Standpunkt, die beiden Wahlen zu trennen, doch muß ich formell zunächst über den Antrag *Wettig* abstimmen lassen.

Ich bitte daher diejenigen die Hand zu erheben, die dem Antrag *Wettig* entsprechend die Wahl des 1. und die des 2. Vorsitzenden miteinander verbinden, beide also gemeinsam in einem Wahlgang wählen wollen.

(Abstimmung.)

Wer ist dagegen? Das Ergebnis ist zweifelhaft.

(Zuruf: Bitte nach Stimmen abzählen!)

Sportfreunde! Ich würde doch vorschlagen, getrennt abzustimmen, sonst kommen wir ja überhaupt nicht weiter.

(Zustimmende Zurufe.)

(Zuruf: Zur Geschäftsordnung! Ich möchte nur wissen, Sportfreunde, warum hier getrennt werden soll. Wir haben zwei Vorschläge, und zwar je einen für den 1. und für den 2. Vorsitzenden. Aber wenn Sie noch andere Vorschläge für das Amt des 2. Vorsitzenden haben, dann bringen Sie sie doch vor.)

Sportfreunde! Ich glaube, wir kommen weiter und auch viel rascher zum Ziel, wenn wir getrennt abstimmen. Für den 1. Vorsitzenden haben wir nur einen Vorschlag vorliegen, nämlich Sportfreund *Lindner* wiederzuwählen. Wer ist für diesen Vorschlag? Ich bitte, im bejahenden Falle die Hand zu heben.

(Abstimmung.)

Ich danke. Die Gegenprobe?

Ich stelle also fest, daß Sportfreund *Lindner einstimmig zum 1. Verbandsvorsitzenden des LSV wiedergewählt worden ist.*

Sie sehen, so haben wir eine Zettelwahl überhaupt nicht nötig gehabt.

(Lebhafter, langanhaltender Beifall.)

Ich frage nun Sportfreund *Lindner*, ob er das Amt annimmt?

***Lindner*:**

Sportfreunde! Ich bin also gewählt worden, ohne daß ich überhaupt gefragt worden bin. Aber ich will Sie nun doch nicht in Verlegenheit bringen, will Ihnen vielmehr offen und ehrlich sagen: Aus rein persönlichen und gesundheitlichen Gründen wäre ich allerdings froh gewesen, wenn Sie mich nicht wiedergewählt hätten. Ich stehe beruflich in einer wirklich „unverschämten Tretmühle" und bin zudem noch zu 70% schwerbeschädigt. Sie wissen, wie gerne ich mich zum Wiederaufbau zur Verfügung gestellt habe. Und ich bin auch gerne bereit, auch in der Zukunft an diesem Wiederaufbau weiter mitzuarbeiten. Wenn ich nicht wüßte, daß von diesem laufenden Geschäftsjahr unseres Verbandes schon dreiviertel Jahre hinter uns liegen, dann hätte ich mir allein schon aufgrund eines ärztlichen Rates nach einem Klinikaufenthalt und nach eingehender Untersuchung sagen müssen: Es geht nicht mehr. Aber ich will versuchen, das Vertrauen, das Sie in mich auch heute wieder gesetzt haben, zu rechtfertigen, und ich verspreche Ihnen, daß ich mein Bestes geben werde, was ich geben kann. Ich bin auch überzeugt davon, daß alle die Männer, die Ihr Vertrauen weiter finden werden, in gleicher Weise sachlich und ordentlich und vertrauensvoll ihren Dienst am Sport und insbesondere an der Jugend erfüllen und mit mir zusammenarbeiten werden. Ich darf Ihnen deshalb für Ihr mir geschenktes Vertrauen besonders danken.

(Lebhafter Beifall und Händeklatschen.)

Wahlpräsident *Bechmann*:

Sportfreunde! Wir fahren nun in der Wahlhandlung fort. Für das *Amt des 2. Verbandsvorsitzenden* ist zunächst vorgeschlagen Sportfreund *Sorg*. Werden noch weitere Vorschläge gemacht?

*(Zurufe: Wettig, Kassel. Zwischenruf Wettig: Ich lehne ab!
Martin Schmidt, Frankfurt. Zwischenruf Schmidt. Ich verzichte!)*

Sportfreund *Sorg*! Nehmen Sie eine etwaige Wahl an?

***Sorg*:**

Ja!

Wahlpräsident *Bechmann*:

Sportfreund *Martin Schmidt*, nehmen Sie eine etwaige Wahl an?

***Schmidt*:**

Nein, ich verzichte.

Wahlpräsident *Bechmann*:

Weitere Vorschläge für das Amt des 2. Verbandsvorsitzenden liegen nicht vor und werden offenbar auch nicht gemacht, so daß lediglich der Vorschlag *Sorg* noch steht. Wir können daher abstimmen.

Wer für die Wahl von Sportfreund *Sorg* zum 2. Verbandsvorsitzenden ist, den bitte ich die Hand zu heben.

(Abstimmung.)

(Zuruf: Zur Geschäftsordnung! Es ist vorhin auch noch Völke, Kassel vorgeschlagen worden!)

(Zwischenruf Völke: Das ist praktisch unmöglich, denn der 1. und der 2. Vorsitzende müssen räumlich zusammen sein, was aber bei einer etwaigen Wahl von mir nicht der Fall ist. Ich bitte daher, von einer Wahl meiner Person abzusehen.)

Da Sportfreund *Völke* aus Kassel auf eine Wahl seiner Person verzichtet, steht nach wie vor lediglich der Vorschlag *Sorg* zur Wahl. Da weitere Vorschläge nicht vorliegen, auch keine weiteren gemacht werden, kommen wir nunmehr zur Abstimmung. Ich bitte also diejenigen die Hand zu erheben, die für eine Wahl von Sportfreund *Sorg* zum 2. Verbandsvorsitzenden sind.

(Abstimmung.)

Die Gegenprobe? Ich stelle fest, daß drei Stimmen gegen eine Wahl von Sportfreund *Sorg* sind.

Und Enthaltungen? Ich stelle fest, daß vier Enthaltungen gezählt wurden.

Als Ergebnis stelle ich fest, daß Sportfreund *Sorg* bei *drei Gegenstimmen und vier Enthaltungen zum 2. Vorsitzenden des LSV Hessen gewählt worden ist.*

Ich frage Sportfreund *Sorg*, ob er die Wahl annimmt.

***Sorg*:**
Ja, ich nehme die Wahl an.

Wahlpräsident *Bechmann*:
Als nächstes Amt ist zu wählen das des *Verbandssportwartes.*
Ich bitte um Vorschläge.

(Zuruf: Martin Schmidt, Frankfurt!)

Weitere Vorschläge? Da keine weiteren Vorschläge gemacht werden, können wir abstimmen.

Wer für die Wahl von Sportfreund *Martin Schmidt* Frankfurt zum Verbandssportwart ist, den bitte ich die Hand zu heben.

(Abstimmung.)

Die Gegenprobe?

Ich stelle fest, daß Sportfreund *Martin Schmidt einstimmig zum Verbandssportwart des LSV gewählt worden ist.*

(Händeklatschen.)

Sportfreund *Schmidt*, nehmen Sie die Wahl an?

***Schmidt*:**
Ja.

Wahlpräsident *Bechmann*:
Ich bitte nunmehr um Vorschläge für die *Wahl des Verbandskassenwartes.*

*(Zuruf: Grosse, Frankfurt.
Zuruf Lindner: Dr. Lingnau, Frankfurt.)*

Zur Begründung des Vorschlages *Dr. Lingnau* erteile ich Sportfreund *Lindner* das Wort.

***Lindner*:**
Meine lieben Sportfreunde und Sportfreundinnen! Ich habe vorgeschlagen, zum Verbandskassenwart unseren Sportfreund *Dr. Lingnau* zu wählen. *Dr. Lingnau* ist ein Mann, der gerade auf diesem Gebiet über erhebliche Erfahrungen verfügt aus seiner Tätigkeit in der allgemeinen Verwaltung der Stadt Frankfurt am Main und insbesondere des Frankfurter Sportamtes. Ich persönlich achte und schätze ihn sehr. Er ist ein Mann, der die Dinge absolut sachlich sieht und betreibt. Darum habe ich diesen Vorschlag gemacht. Der Ordnung halber müßte allerdings *Dr. Lingnau* noch gefragt werden, ob er bereit wäre, dieses Amt anzunehmen, aber ich will hier dem Wahlpräsidenten nicht vorgreifen.

Wahlpräsident *Bechmann*:
Ich richte zunächst an Sportfreund *Grosse* als den zuerst Vorgeschlagenen die Frage, ob er zur Annahme der Wahl bereit wäre.

***Grosse*:**
Ja, ich bin bereit, das Amt anzunehmen.

Wahlpräsident *Bechmann*:
Nun richte ich die gleiche Frage an *Dr. Lingnau*?

***Dr. Lingnau*:**
Herrn *Lindner* zu Gefallen würde ich es machen.

Wahlpräsident *Bechmann*:
Da beide Vorschläge zur Wahl stehen, müssen wir Zettelwahl durchführen.

***Völke*:**
Darf ich mal fragen, was der Sportfreund *Grosse* von Beruf ist? Das ist doch wesentlich. Ist der Mann es ge-

wohnt, mit Geld umzugehen, hat er zu diesem Amt irgendwelche berufliche Verbindung und Erfahrung?

***Grosse*:**

Ich bin sehr lange auf der Bank tätig gewesen und jetzt bei der Landesversicherung Hessen.

***Völke*:**

Gut, das ist etwas anderes.

Wahlpräsident *Bechmann*:

Vorgeschlagen für das Amt des Verbandskassenwartes sind also *Grosse* und *Dr. Lingnau.* Da wir, wie ich schon sagte, in diesem Falle Zettelwahl vornehmen müssen, bitte ich die Wahlkommission in Tätigkeit zu treten, bestehend aus den Sportfreunden

Grütter, Dr. Lingnau, Müller

(Zuruf: Von welchen Vereinen kommen denn Grosse und Dr. Lingnau ?)

Es wird nach der Vereinzugehörigkeit der beiden Vorgeschlagenen gefragt. Ich bitte, mir diese anzugeben. Auf die Frage des Zwischenrufers gebe ich bekannt: *Grosse* kommt von Frankfurt, Verein Fichte, und *Dr. Lingnau*, der ebenfalls aus Frankfurt kommt, ist Fachgruppenleiter Rudern.

Ich bitte nunmehr unter Verwendung der verteilten Stimmzettel die Wahl des Verbandskassenwartes, für welches Amt vorgeschlagen sind, *Grosse* und *Dr. Lingnau*, vorzunehmen.

Während des Einsammelns und Auszählens der Stimmzettel können wir in der Wahlhandlung fortfahren und inzwischen schon den

Verbandsrechtswart wählen.

Verbandsrechtswart war bisher *Dr. Breitbach.* Ich bitte um geeignete Vorschläge.

(Zuruf: Wettig, Kassel!)

Ich selbst möchte zu diesem Punkt sagen, daß wir für dieses Amt unbedingt auf einen Juristen zurückgreifen müssen, zumindest als Vorsitzenden des Verbandsgerichtes. Bei den Beisitzern ist das etwas anderes. Ich bitte also um geeignete Vorschläge.

(Zuruf: Wer hat das Amt bisher versehen?)

Bisher war es, wie ich schon sagte, *Dr. Breitbach.* Er ist von Beruf Jurist, heute aber leider nicht anwesend. Zu diesem Punkt wollte Sportfreund *Lindner* noch einige Worte zu Ihnen sagen.

***Lindner*:**

Sportfreundinnen und Sportfreunde! Das Amt des Verbandsrechtswartes ist ein sehr wichtiges. Es war bisher von Herrn *Dr. Breitbach* versehen worden. Ich persönlich stelle mir darunter einen Mann vor, der mit dem Recht geradezu verwandt oder verschwägert ist, der also beruflich mit ihm zu tun hat. Das heißt mit anderen Worten, er muß von Hause aus Jurist sein.

Unser bisheriger Verbandsrechtswart *Dr. Breitbach*, der leider Gottes im allgemeinen nur zu den Vorstandssitzungen kam, ist bedauerlicherweise aus beruflichen Gründen gestern nicht hier gewesen und auch heute nicht anwesend, so daß wir ihn persönlich durch den Wahlpräsidenten nicht fragen lassen können, ob er bereit wäre, das Amt wieder anzunehmen.

Ich darf in diesem Zusammenhang sagen, daß wir uns im Verbandsvorstand vorher nicht über irgendwelche Ämterbesetzungen unterhalten haben. Das mag aus taktischen Gründen vielleicht ein gewisser Fehler gewesen sein, aber es ist nun einmal Tatsache. Ich bedaure daher auch, daß ich selbst Ihnen keine Erklärung darüber abgeben kann, ob *Dr. Breitbach* bereit wäre, das Amt des Verbandsrechtswartes wieder anzunehmen.

Was die sachliche Arbeit angeht, so muß ich ebenso sachlich feststellen, daß mich persönlich die bisherige Arbeit von *Dr. Breitbach* nicht ganz befriedigt hat. Das ist aber kein Vorwurf, der ihn etwa nach der Seite der Qualität hin betrifft, denn *Dr. Breitbach* ist ein durchaus ehrenwerter und anerkannter Jurist mit gutgehender Praxis, er ist Rechtsanwalt und Notar, aber Sie wissen ja selbst, daß gerade diese Leute heute beruflich derart überlastet sind, daß sie schon aus diesem Grunde sich bestimmter Dinge nicht so annehmen können, wie es letzten Endes erforderlich wäre. Das trifft auch auf unseren Fall zu, wo ehrenamtlich das Amt eines Verbandsrechtswartes zu versehen ist.

Auf der anderen Seite gab und gibt es bisher Gott sei Dank nicht allzu viele und allzu schwierige Rechtsprobleme im Verband. Es gab im Gegenteil viele Dinge, die ich selbst ohne weiteres begutachten kann. Aber es ist ja so, daß man lieber noch jemand anders hören soll, der mit klarer juristischer Bildung und Urteilskraft in der Lage ist, solche Dinge zu begutachten.

Es wäre denkbar, daß *Dr. Breitbach* bereit ist, das Amt weiter zu versehen für den Rest des laufenden Geschäftsjahres. Ich selbst kann Ihnen aber darüber leider, wie schon gesagt, keine verbindliche Erklärung abgeben, und wir selbst können ihn auch nicht fragen, weil er nicht anwesend ist. Es wäre natürlich auch denkbar, daß Sie ihn trotzdem wählen, vorbehaltlich seiner nachträglichen Zustimmung. In diesem Falle wäre es dann Aufgabe des Verbandsvorstandes, ihn vielleicht mit etwas mehr Nachdruck zu der einen oder anderen Sache heranzuziehen.

Paul Wettig

Wettig wurde am 13. Dezember 1900 in Kassel-Bettenhausen geboren. Nach der Schulausbildung absolvierte er eine Verwaltungslehre und war bei der Stadtverwaltung in Kassel tätig, zuletzt leitete er im Range eines Oberinspektors das Reinigungsamt. Wettig trat in den zwanziger Jahren der Sozialdemokratischen Partei Deutschlands bei und war im Arbeitersport bei der „Freien Turnerschaft Kassel-Bettenhausen 1895" aktiv. Vor allem engagierte er sich in der Fußballjugend und unterstützte sozial schwache Kinder bei der Beschaffung von Sportkleidung.

Als bekannter Sozialdemokrat wurde er im Jahre 1933 von SA-Leuten überfallen, schwer verletzt und ausgeraubt. Im gleichen Jahr wurde er aus dem städtischen Dienst entlassen und mußte sich mit Gelegenheitsarbeiten den Lebensunterhalt verdienen. Später wurde er verhaftet und drei Jahre in einem Konzentrationslager festgehalten.

Nach Kriegsende kehrte er nicht in das Beamtenverhältnis zurück, sondern war freiberuflich vor allem dem Personenkreis behilflich, der mit den sehr umfangreichen Antragsformularen der Behörden nicht zurecht kam.

Sportlich setzte er sich besonders für die Wiedergründung seines Arbeiter-Sportvereins „Freie Sportgemeinschaft Kassel-Bettenhausen" ein, die dann auch vollzogen wurde. Wettig wurde von seinem Verein als Delegierter zunächst zum ersten Kreissportbundtag entsandt, der am 25. Januar 1947 abgehalten wurde. Den gleichen Verein vertrat er beim ersten Verbandstag des Landessport-Verbandes in Mörfelden, wo er zum Verbandsrechtswart und damit zum Vorstandsmitglied gewählt wurde.

Im Jahre 1951 wurde Wettig in ein Strafverfahren wegen Homosexualität verstrickt. In diesem Zusammenhang legte ihm Heinz Lindner den Rücktritt von der Vorstandsarbeit beim Landessportbund nahe; dieser wurde dann auch wenig später

von ihm vollzogen. Für seinen Verein blieb Wettig aber vor allem in der Fußballabteilung bis zu seinem Tode im Jahre 1959 tätig.

(Zuruf: Ich schlage Wettig, Kassel vor!)

***Dr. Danz*:**

Ich empfehle, dem Vorschlag von Sportfreund *Lindner* zuzustimmen und für den Fall, daß *Dr. Breitbach* dann doch ablehnen sollte, den Verbandsvorstand zu beauftragen, einen kommissarischen Verbandsrechtswart zu bestellen, der allerdings m. E. ein Volljurist sein müßte. Es gibt eben doch, darüber müssen wir uns klar sein, rechtliche Fragen, die seitens des Verbandes entschieden werden müssen, und wo ein Mann zur Stelle sein muß, der wirklich etwas davon versteht.

(Zustimmende Zurufe.)

Wahlpräsident *Bechmann*:

Wird weiter zu diesem Punkt das Wort gewünscht?

(Ein Redner, dessen Name nicht verstanden wurde.)

Meine lieben Sportfreunde!

Sie alle haben die Ausführungen über die Aufgaben in unserem Verband gehört, vor allem auf dem Gebiete des Rechtswesens. Ich glaube sagen zu können, daß unser Freund *Wettig* bestimmt in der Lage sein wird, das Amt des Verbandsrechtswartes wahrnehmen zu können. Sie haben ja gestern schon die Ausführungen von Sportfreund *Wettig* zum Thema des vorgelegten Satzungsentwurfes gehört und auch seine Änderungsvorschläge, und ich glaube, daß er auf diesem Gebiete bestimmt durchaus bewandert ist. Ich schlage daher vor, ihn in das Amt des Verbandsrechtswartes zu wählen.

Wahlpräsident *Bechmann*:

Wird noch weiter das Wort gewünscht? Das ist nicht der Fall. Es liegen also zwei Anträge bzw. Vorschläge vor für das Amt des Verbandsrechtswartes, und zwar

1.) Dr. Breitbach wiederzuwählen

2.) Wettig neuzuwählen.

Dr. Breitbach ist nicht anwesend. Erhebt sich dagegen Widerspruch, daß Nichtanwesende überhaupt zur Wahl gestellt werden können?

(Zuruf: Nichtanwesende können nur dann gewählt werden, wenn eine Einverständniserklärung von ihnen vorliegt. Das ist hier aber nicht der Fall!)

(Zuruf Jakob, Kassel: Zur Geschäftsordnung!)

Zur Geschäftsordnung erteile ich das Wort dem Sportfreund *Jakob*, Kassel.

***Jakob*, Kassel:**

Ich will zur Geschäftsordnung sprechen. Ich glaube nicht, daß wir eine Wahl von Personen vornehmen können, die nicht anwesend sind, zumal wenn von ihnen keine Einverständniserklärung vorliegt. Ich halte es nach den bisherigen Gepflogenheiten nur für möglich, ausschließlich solche Personen zu wählen, die auch tatsächlich anwesend sind, und ich bitte dringend, von dieser demokratischen Regel nicht abzugehen.

(Zustimmende Zurufe.)

Wahlpräsident *Bechmann*:

Ich stelle fest, daß wohl die große Mehrheit der Delegierten der Ansicht ist, daß ein Abwesender nicht gewählt werden kann. Damit würde der Antrag, *Dr. Breitbach* wiederzuwählen, hinfällig werden.

(Zustimmung.)

Ich stelle Ihre Zustimmung fest.

Damit steht nur noch der Vorschlag, Sportfreund *Wettig* zum Verbandsrechtswart zu wählen. Wir kommen also zur Abstimmung.

Wer für die Wahl von Sportfreund *Wettig* zum Verbandsrechtswart ist, den bitte ich die Hand zu erheben.

(Abstimmung.)

Ich danke. Die Gegenprobe? Und Enthaltungen?

Ich stelle fest, daß Sportfreund *Wettig einstimmig zum Verbandsrechtswart gewählt worden ist.*

Wir kommen nun zur Wahl eines
Verbandspressewartes.

Ich bitte um Vorschläge.

(Zuruf: Großmann !)

Werden weitere Vorschläge gemacht? Das ist nicht der Fall. Wir können also gleich abstimmen. Wer für die Wahl von *Großmann* ist, den bitte ich, die Hand zu erheben.

(Abstimmung.)

Die Gegenprobe? Und Stimmenthaltungen?

Ich stelle fest, daß Sportfreund *Großmann einstimmig zum Verbandspressewart gewählt wurde.*

Sportfreund *Großmann*, nehmen Sie die Wahl an?

***Großmann*:**
Ja, ich nehme die Wahl an.

Wahlpräsident *Bechmann*:
Es folgt nun die *Wahl des Verbandsjugendwartes.* Zu diesem Punkt hat ums Wort gebeten Sportfreund *Grüll*, Limburg.

***Grüll*, Limburg:**
Sportfreunde!

Ich bin sehr stark interessiert an der Wahl des Verbandsjugendwartes. Ich selbst bin Bezirksjugendwart des Bezirks Limburg und habe mit unserem Kameraden *Roesler*, dem seitherigen Verbandsjugendwart, an und für sich sehr viel zu tun. Leider Gottes, muß ich sagen, muß ich ihm den Vorwurf machen, daß er in seinem Amt als Verbandsjugendwart nicht die Voraussetzungen und die Erwartungen erfüllt hat, die ich von einem Verbandsjugendwart erwarte. Ich selbst habe z. B. um praktische Beispiele zu nennen ihn seinerzeit in Rüdesheim gebeten, die Bezirksjugendwarte des Landes Hessen zu einer Besprechung nach Frankfurt einzuberufen, um Fühlung mit ihnen zu bekommen. Darauf erklärte mir Sportfreund *Roesler*: Lieber Herr *Grüll*, ich arbeite nicht gerne mit den Bezirksjugendwarten, ich betrachte sie als eine Einrichtung, die ich gerne abschaffen will. Ich arbeite lieber mit den Kreisjugendwarten.

Liebe Sportfreunde! Ich glaube, es dürfte einfacher sein, sechs Bezirksjugendwarte zu einer Besprechung nach Frankfurt einzuladen und mit ihnen Fühlung zu bekommen, als 41 Kreisjugendwarte unter einen Hut zu bringen.

(Sehr richtig!)

Weiter habe ich dem Kameraden *Roesler* ein Schreiben nach Frankfurt geschickt; das ist schon längere Zeit her, und die Abschrift ist bei meinen Akten. Darin habe ich ihn gebeten, doch endlich die Initiative zu ergreifen und auch allgemein uns gegenüber in die Erscheinung zu treten. Ich habe aber bis heute noch keine Antwort auf dieses Schreiben erhalten.

Ich will nicht die Arbeit des Verbandsjugendwartes an sich kritisieren oder gar sie ganz verwerfen. Ich weiß, daß Sportfreund *Roesler* viel Gutes getan hat. Er hat Beziehungen zu den Amerikanern und er erhält sie aufrecht. Warum? Der Amerikaner ist gerade für uns Junge und für unsere Jugend von außerordentlicher Bedeutung und er hilft uns jederzeit. Das weiß ich aus meiner eigenen Arbeit und Erfahrung. Aber wir dürfen darüber hinaus nicht vergessen, daß unsere Jugend doch von einem Manne geleitet werden muß, der in der Lage ist, mit der Jugend zu gehen und nicht allein zu gehen, wenigstens nicht so, wie es Sportfreund *Roesler* tat oder tut.

Ich selbst bin gern bereit, *Roesler* auch weiterhin als Jugendwart zu sehen, wenn er sich verpflichtet, die Forderungen, die wir an ihn stellen, zu erfüllen, und wenn er sich vor allem mal in der Provinz sehen läßt. Fragen Sie doch einmal, ob überhaupt alle Bezirksjugendwarte den Kameraden *Roesler* kennen. Ich selbst kenne ihn zufällig, aber fragen Sie mal die anderen fünf Bezirksjugendwarte, ob sie ihn kennen. Genau so ist es mit den Kreisjugendwarten!

Der Bezirk Limburg hat einen Vorschlag vorzubringen, den ich meinerseits unterstützen werde. Es ist unbedingt erforderlich, daß die Jugendfunktionäre auf jeden Fall zusammenarbeiten und nicht nur jeder für sich. Ich selbst muß in meinem Bezirk allein arbeiten, unter eigener Verantwortlichkeit, und ohne irgendwelche Direktiven vom Landessportverband zu bekommen. Das ist untragbar, und daran geht letzten Endes unsere Jugend zugrunde. Das möchte ich hier als Tatsachen feststellen.

Wahlpräsident *Bechmann*:

Zur Erwiderung erteile ich dem Sportfreund *Roesler* das Wort.

***Roesler*:**

Ich danke dem Bezirksjugendwart *Grüll*, daß er trotz einer Kritik an meiner Person mir doch das Vertrauen wieder schenken will. Es war für mich bisher oft nicht möglich, die Jugendarbeit in der Art und Weise zu leisten, wie ich es selbst gerne wollte, weil diese ja auch erst durch die auf diesem Verbandstag angenommene Verfassung des Landessportverbandes festgelegt und beschlossen wurde. Ich kann Ihnen aber mitteilen, daß vom jetzigen Verbandstag an die Jugendarbeit einen Aufschwung erleben wird.

(Bravo!)

Ich darf gleichzeitig ankündigen, daß die schon lange vorgesehene Jugendleiterbesprechung nunmehr am 16. und 17. August im Anschluß an die Landesausstellung „Schaffende Jugend" in Frankfurt am Main stattfinden wird. Zu dieser Tagung werden sämtliche Jugendleiter der Fachgruppen und Kreise und natürlich auch die Bezirksjugendleiter zusammenberufen werden, um mit mir gemeinsam in einem größeren Gremium die weiteren Richtlinien für die Jugendarbeit festzulegen.

Liebe Sportfreunde! Ich kann trotz allem aber nicht umhin, auch meinerseits den Fachgruppen und den Kreisen den Vorwurf zu machen, mich selbst künftig etwas mehr als bisher zu unterstützen. Denn mir als Verbandsjugendwart obliegt es ja, nicht nur mit der Militärregierung für das Land Hessen und insbesondere mit dem amerikanischen Hauptquartier in Frankfurt am Main, mit den Ministerien und mit dem Landesjugendausschuß die Verbindung zu halten und die Beziehungen zu pflegen. Ich selbst möchte nicht, wie dies in früheren Jahren üblich war, von oben herunter einfach irgendwelche Richtlinien und Anordnungen erlassen, sondern ich selbst bin angewiesen auf die Anregungen, die aus den einzelnen Kreisen und aus der Jugend selbst an mich kommen. Soweit ich bisher Anregungen und Wünsche bekam, habe ich sie noch immer, das möchte ich ausdrücklich betonen, an die richtige Stelle weitergegeben, und es war darauf auch zumeist ein Erfolg beschieden.

Ich kann also meinem Kameraden *Grüll* versprechen, daß, wenn von den Kreisen und hauptsächlich auch von seinem Bezirk die Anregungen und Wünsche etwas mehr als bisher zu mir zum Verbandsvorstand gelangen, diese Wünsche und Anregungen dann auch von dort aus an die richtigen Stellen weitergeleitet werden.

Abschließend darf ich Sie bitten, die Ausstellung „Schaffende Jugend im Lande Hessen" und insbesondere die am 16. und 17. August stattfindende größere Jugendsportveranstaltung nach besten Kräften zu unterstützen, damit dann von diesem Zeitpunkt ab die Jugendarbeit im Lande Hessen einen ganz besonderen Aufschwung erfährt.

(Händeklatschen.)

Wahlpräsident *Bechmann*:

Das Wort hat Sportkamerad *Krämer*:

Sportfreunde!

Wir haben eine Wahl vorzunehmen, die wirklich sehr sehr wichtig und ernst ist.

(Sehr richtig!)

Der Jugendwart des Verbandes ist der Mann, der unsere gesamte Jugendpflege nicht nur sportlich betrachtet in den Händen hat, der sie von oben herunter weiter leiten muß, dem aber zugleich auch von unten her die Anregungen kommen müssen für seine Arbeit. Diese Anregungen müssen erstens einmal aus den Vereinen heraus kommen und zu den Kreisen gelangen, von dort aus wieder zum Bezirksjugendwart gehen und der seinerseits daraus auch wieder seine Anregungen empfängt. Alle diese Anregungen zusammen müssen dann zu unserem Verbandsjugendwart gelangen, mit dem sich auch die Kreisjugendwarte und die Bezirksjugendwarte zusammensetzen müssen, um sich gegenseitig auszusprechen, gegenseitig ihre Erfahrungen auszutauschen und die Grundlinien für ihre gemeinsame Arbeit festzulegen. Das, Sportfreunde, ist die Grundbedingung für eine erfolgreiche Jugendfürsorgearbeit innerhalb unseres Verbandes und innerhalb der Sportbewegung überhaupt.

Wir als Vereinsvertreter stehen nicht auf dem Standpunkt, daß es nur bei der sportlichen Ausbildung unserer Jugendlichen sein Bewenden haben sollte. Die Ausführungen aller, die hier gesprochen haben, gipfeln immer wieder auch in der Frage der geistigen Erziehung unserer Jugendlichen. Das ist unbedingt erforderlich, und das vor allem ist auch Sache unseres Jugendwartes beim Verbandsvorstand und der Jugendwarte bei den Bezirken und den Kreisen.

Ich weiß aber auch ganz genau, daß unser Freund *Roesler* von allem Anfang an schon, ohne dazu besonders aufgerufen zu sein, vielmehr aus eigener Freiwilligkeit, sich all diesen Arbeiten unterzogen hat, ohne erst einen „Befehl" dazu abzuwarten. Ich setze voraus und weiß es auch bestimmt, daß es in vielen Kreisen und Bezirken ebenso ist, daß dort die Jugendwarte aus eigener Initiative heraus arbeiten in dem Sinne, wie wir es haben wollen.

Heute ist nun der Tag gekommen, wo auch diese Männer gewählt werden sollen, vor allem der Verbandsjugendwart. Wir geben ihnen jetzt auf diesem Verbandstag die Richtlinien, nach denen sie arbeiten sollen, nach denen sich nun sämtliche Jugendwarte zusammensetzen sollen, um ein Programm auszuarbeiten und es zu verwirklichen. Nun, liebe Sportfreunde, wir werden sehen, daß es eine fruchtbringende Arbeit sein wird.

Bei dieser Gelegenheit ein Wort noch zu dem, was Sportfreund *Roesler* über die kommende Frankfurter Ausstellung „Schaffende Jugend in Hessen" sagte. Es wäre schön, wenn die Sportlerjugend auf dieser Ausstellung in großem Rahmen vertreten wäre, zumal unser Verband auf dieser Ausstellung einen genügend großen Platz bekommen hat. Entsprechende Vorschläge wurden ja von mir schon in einer Sitzung in Frankfurt gemacht, in welcher Form wir unseren Landessportverband bei dieser Gelegenheit einmal der schaffenden Jugend, ja der Jugend überhaupt, vor Augen führen sollten, um dieser Jugend zu zeigen: Seht, das ist unser Landessportverband Hessen mit seiner Jugendarbeit. Bitte schön, Jugend, komme zu uns! Alle, die mithelfen wollen, sind uns willkommen und sollen mithelfen!

(Lebhafter Beifall.)

Wahlpräsident *Bechmann*:

Wird noch das Wort gewünscht? Ich erteile das Wort dem 1. Verbandsvorsitzenden Sportfreund *Lindner*:

***Lindner*:**

Meine Sportfreundinnen und Sportfreunde!

Es freut mich, daß Sie sich über die Frage der Besetzung des Postens des Verbandsjugendwartes so eingehend und ausführlich unterhalten haben. Ich persönlich darf Ihnen sagen, daß ich mit der bisherigen Arbeit unseres Freundes *Roesler* nicht so ganz zufrieden war. Aber er hat Ihnen ja schon eine Erklärung abgegeben, die ich persönlich auch durchaus respektiere. Wir haben uns über diese Dinge bereits mehrfach unterhalten, und Sportfreund *Roesler* hat mir auch, nachdem ich ihm schon verschiedene Vorschläge gemacht hatte in der Richtung, wie ich mir seine Arbeit vorstelle, zugesichert, daß, wenn einmal die Satzung des Verbandes als die Rechtsgrundlage unserer Arbeit vorliegen und damit auch alle Ämter festgelegt sind, er dann eine viel intensivere Arbeit leisten werde.

Wir müssen bei den ganzen Dingen ja beachten, wie und was wir aufgebaut haben. Wir haben an der Spitze des Landessportverbandes einen Verbandsvorstand mit einem Jugendwart, und wir haben gleichzeitig in der Spitze der Fachgruppen deren Jugendwarte. Diese Jugendwarte zusammen bilden bestimmungsgemäß den Jugendausschuß. Es wird nun die erste Aufgabe des Verbandsjugendwartes sein, diesen Jugendausschuß zusammenzuberufen und in ihm die brennendsten Fragen zu besprechen. Das ist eine klare Aufgabe, und ich kann Ihnen versichern, daß auch unser Freund *Roesler* sie klar erkannt hat.

Hinzu kommt, daß auch die Bezirksjugendwarte sehr klar arbeiten müssen, die sich ihrerseits wieder ihre Jugendwarte aus den Fachgruppen und aus den Reihen der Kreisjugendwarte holen müssen. Die Vereine selbst möchte ich heute durch ihre Vertreter eindringlich bitten, gerade der Frage der Jugendarbeit künftig ihre besondere Aufmerksamkeit zu widmen und ihre in Frage kommenden Vorschläge den Jugendwarten zuzuschreiben, damit auch diese schon in der Lage sind, ihre Arbeit zu tun,

Nach diesen sachlichen Darlegungen möchte ich, liebe Sportfreunde, aber doch auch eindeutig und klar herausstellen, daß ich persönlich trotz dieses ausgesprochenen, aber rein sachlichen Vorwurfes den bereits gemachten Vorschlag, unseren Jugendwart *Roesler* auf den Posten des Verbandsjugendwartes wiederzuwählen, unterstütze. Denn er ist ein Mann mit dem besten Willen, der uns über seine eigentliche Tätigkeit als Verbandsjugendwart hinaus zudem noch ganz besonders helfen kann gerade gegenüber der Militärregierung, und der bisher nicht nur überfachlich versucht hat, uns zu helfen, sondern der ebenso auch auf rein fachlichem Gebiete uns mit aufrichtigem und aufrichtigem Herzen geholfen hat. Und er ist vielfach auch von der einen oder anderen fachlichen Seite her für Dinge angesetzt worden, die ihn dann von seiner eigentlichen Arbeit abgehalten haben. Aber auch das war wieder nötig, und oftmals konnten bestimmte Probleme nur gelöst werden, weil unser Kamerad *Roesler* seinerseits wieder über manche bestimmten guten Verbindungen zu ganz bestimmten Stellen der Militärregierung verfügt.

Ich würde daher vorschlagen, daß wir unseren Sportfreund *Roesler* nach den Erklärungen, die hier von ihm abgegeben worden sind, wieder wählen.

Wahlpräsident *Bechmann*:

Wer wünscht das Wort? Es spricht noch einmal Sportfreund *Grüll*, Limburg.

***Grüll*:**

Sportfreunde!

Sie haben die Ausführungen unseres neuen Verbandsvorsitzenden, Regierungsrat *Lindner*, gehört. Ich selbst unterstütze diese Ausführungen und bitte Sie, unseren Verbandsjugendwart *Roesler* wiederzuwählen, zumal er das Versprechen abgegeben hat, mit uns zusammenzuarbeiten, ist für die Zukunft wohl die Gewähr gegeben, daß er dann auch für die Jugend nützliche Arbeit leisten wird.

Wahlpräsident *Bechmann*:

Werden noch irgendwelche Vorschläge gemacht oder Anträge gestellt? Das ist nicht der Fall. Wir können somit über den Antrag abstimmen, Sportfreund *Roesler* zum Verbandsjugendwart wiederzuwählen.

Wer für die Wahl von Sportfreund *Roesler* ist, den bitte ich die Hand zu heben.

(Abstimmung.)

Ich danke. Die Gegenprobe? Enthaltungen?

Ich stelle fest, daß *Sportfreund Roesler einstimmig zum Verbandsjugendwart wiedergewählt worden ist.*

Ich frage Sportfreund *Roesler*, ob er die Wahl annimmt?

***Roesler*:**

Ja, ich nehme die Wahl an.

Wahlpräsident *Bechmann*.

Inzwischen ist das *Ergebnis der Stimmzettelwahl für das Amt des Verbandskassierers festgestellt worden.*

Ausgegeben wurden insgesamt 950 Mandate. Abgegeben wurden bei dieser Stimmzettelwahl 800 Stimmen

Das Minus von 150 Stimmen dürfte darauf zurückzuführen sein, daß sehr viele Delegierte an der heutigen Vormittagssitzung bereits nicht mehr teilnehmen können, da sie schon wieder abgereist sind.

Von diesen abgegebenen 800 Stimmen entfallen

auf *Grosse*	512 Stimmen
auf *Dr. Lingnau*	287 Stimmen
Ungültig war	1 Stimme
insgesamt	800 Stimmen

Damit wäre also *Sportfreund Grosse mit 512 von insgesamt 800 abgegebenen Stimmen zum Verbandskassenwart gewählt.*

Ich frage Sportfreund *Grosse*, ob er die Wahl annimmt.

***Grosse*:**

Sportfreunde!

Ich danke Ihnen für das Vertrauen, das Sie in mich setzen. Meine Aufgabe wird es nunmehr sein, das mir von Ihnen entgegengebrachte Vertrauen zu rechtfertigen. In dreiviertel Jahren werden wir uns dann auf dem nächsten Verbandstag in freundschaftlicher Weise wieder sprechen.

(Händeklatschen.)

Wahlpräsident *Bechmann*:

Wir haben nun noch die *Wahl der Verbandsfrauenwartin* vorzunehmen. Ich bitte um ihre Vorschläge.

Das Wort hat Sportfreund *Lindner*.

***Lindner*:**

Sportfreundinnen und Sportfreunde!

Auch die Frage der Verbandsfrauenwartin ist eine Angelegenheit, die sich leider Gottes nicht übers Knie brechen läßt. Auch die Verbandsfrauenwartin muß ja letzten Endes eine Persönlichkeit sein. Wiederholt wurde diese Frage ganz objektiv und ohne die persönliche Seite zu berühren besprochen. Dabei wurde auch eine ganze Reihe von Vorschlägen gemacht. Insbesondere hat man vorgeschlagen, daß man die Sportwartin der Fachgruppe der Leichtathletikvereine mit dem Amt der Verbandsfrauenwartin betrauen solle. Dieser Vorschlag hat vieles für sich, und ich persönlich teile ihn auch. Aber es hat doch auch hier wieder keinen Wert, jemanden zu wählen, von dem man gar nicht weiß, ob er dazu bereit ist, das Amt zu übernehmen, und weil außerdem die Gefahr besteht, daß dann die Fachgruppe kommt und meint, man wolle eine bei ihr bewährte Kraft für andere Arbeiten einspannen.

Wir müssen auch hier unsere Grenzen kennen, und wir müssen versuchen, so zu arbeiten, daß wir bei den Plänen, die wir verwirklichen wollen, auch praktische Erfolge erzielen, so daß wir nicht nachher bei unserer Arbeit auf Widerstände seitens oder innerhalb der Fachgruppen stoßen.

Es ist in diesem Zusammenhang hier auch der Vorschlag von Martin *Schmidt* gemacht worden. Ich will dem nicht vorgreifen, aber ich halte es im Augenblick doch für durchaus verständlich, daß wir hier die Wahl für den Rest des Verbandsjahres zurückstellen, und daß wir ganz sachlich nur darüber beschließen, was mit dem Amt der Verbandsfrauenwartin überhaupt geschehen soll. Ich will damit also sagen, wir sollten beschließen, den Gesamt-Verbandsvorstand zu beauftragen, für den Rest des laufenden Verbandsjahres für das Amt der Verbandsfrauenwartin eine geeignete Persönlichkeit ausfindig zu machen und diese Persönlichkeit dann kommissarisch mit der Führung des Amtes der Verbandsfrauenwartin für den Rest des laufenden Verbandsjahres bis zum nächsten Verbandstag zu beauftragen.

Wahlpräsident *Bechmann*:

Sie haben die Ausführungen von Sportfreund *Lindner* gehört. Erhebt sich dagegen Widerspruch? Das ist nicht der Fall. Dann darf ich feststellen, daß Sie mit dem Vorschlag *Lindner* einverstanden sind, daß die Auswahl und die Heranziehung einer für das Amt der Verbandsfrauenwartin geeigneten Persönlichkeit dem Gesamt-Verbandsvorstand übertragen wird.

(Zustimmung.)

Das Wort hat jetzt Sportfreund *Krämer*.

***Krämer*:**

Sportfreunde!

Das Amt der Verbandsfrauenwartin ist gleichfalls ein sehr wichtiges, und zwar in erster Linie für unsere Mädchen-Riegen, Mädchen-Gruppen usw. Ich glaube, daß diese beiden Ämter Kreisjugendwart und Kreisfrauenwartin sehr eng zusammenarbeiten müssen. Ich möchte das hier als Anregung geben mit dem Wunsche, daß in dieser Form der engsten Zusammenarbeit das Beste und höchst Erreichbare für unsere Jugend herausgeholt wird. Diese enge Zusammenarbeit sollte schon innerhalb der einzelnen und selbst der kleinsten Gruppen erfolgen, sie sollte über den Kreis hinaus auch beim Bezirk und nicht zuletzt beim Verband selbst praktisch geübt werden. Das möchte ich ganz besonders unserem Verbandsjugendwart ans Herz legen.

(Lebhafte Zustimmung.)

Wahlpräsident *Bechmann*:

Da nun keine weiteren Wortmeldungen mehr vorliegen, darf ich noch einmal feststellen, daß Sie mit dem Vorschlag *Lindner* einverstanden sind, daß die Auswahl und die Heranziehung einer für das Amt der Verbandsfrauenwartin geeigneten Persönlichkeit dem Gesamt-Verbandsvorstand überwiesen wird.

(Zustimmende Zurufe.)

Ich danke Ihnen.

Wir haben nun noch zwei Kassenprüfer zu wählen. Ich bitte um Ihre Vorschläge hierzu.

(Zurufe: Dr. Lingnau.
Zuruf Dr. Lingnau: Ich lehne ab!)

Dr. Lingnau lehnt eine Wahl ab. Ich bitte also um weitere Vorschläge.

Ums Wort bittet Sportfreund *Wettig*.

***Wettig*:**

Ich schlage vor, daß die Kassenprüfer hier aus dem engsten Bezirk, also aus der Gegend von Frankfurt, genommen werden, vielleicht also aus Wiesbaden, Darmstadt oder Frankfurt.

(Zurufe: Schröder, Wiesbaden (lehnt durch Zuruf ab)
Langsdorf, Bad Nauheim
Engel, Griesheim bei Darmstadt)

Wahlpräsident *Bechmann*:

Wie Sie eben gehört haben, hat Sportfreund *Schröder* durch Zuruf bereits abgelehnt. Werden noch weitere Vorschläge gemacht? Da dies nicht der Fall ist, können wir zur Abstimmung schreiten.

Ich bitte diejenigen Delegierten, die für die Wahl von Sportfreund *Langsdorf* und Sportfreund *Engel* zu Kassenprüfern sind, die Hand zu erheben.

(Abstimmung.)

Ich danke. Die Gegenprobe? Stimmenthaltungen?

Ich stelle fest, daß die Sportfreunde

Langsdorf und Engel einstimmig zu Kassenprüfern des Verbandsvorstandes bestellt wurden.

Ich frage die beiden Gewählten, ob sie die Wahl annehmen?

(Zustimmende Zurufe der beiden Gewählten.)

Ich stelle ihre Zustimmung fest und bitte beide, hier beim Vorstand noch einen Zettel mit Namen, Vereinszugehörigkeit und genauer Anschrift abzugeben.

Die Wahlen sind nunmehr durchgeführt und beendet. Ich bitte daher unseren Sportkameraden *Lindner*, wieder den Vorsitz in der Versammlung zu übernehmen.

Vorsitzer *Lindner*:

Ich darf unserem Sportfreunde *Bechmann* für seine Arbeit als Wahlpräsident unseren Dank aussprechen und übernehme wieder selbst die Leitung der Verhandlungen.

Meine Herren!

Damit ist auch der letzte Punkt unserer Tagesordnung erledigt. Ich habe das Bedürfnis, allen Mitarbeitern, die bisher im Rahmen des Landessportverbandes und insbesondere im Rahmen des Verbandsvorstandes mitgearbeitet haben, herzlich zu danken. Daß die Arbeit nicht leicht war, habe ich ja bereits in meinem gestrigen Bericht versucht darzutun.

Ich habe darüber hinaus aber auch das Bedürfnis, Ihnen selbst herzlich zu danken für Ihre Teilnahme an diesem unserem 1. ordentlichen Verbandstag. Wir sind uns in diesen beiden Tagen über viele grundsätzliche Dinge einig geworden, und wir können feststellen, daß dieser 1. ordentliche Verbandstag, auch wenn er zahlenmäßig nicht so besucht war, wie dies zweifelsohne wünschenswert gewesen wäre, doch in einer ganz ausgezeichneten Art verlaufen ist.

Ich hatte eingangs erwähnt, daß Sie, meine Herren, eine historische Aufgabe zu erfüllen haben werden. Diese Aufgabe ist zum Teil erfüllt worden durch die Satzung, die Sie nun, wenigstens bis auf weiteres, in Kraft gesetzt haben. Schon allein durch diese Tatsache wird

Bürgerhaus Mörfelden nach dem Umbau. Die Aufnahme stammt aus dem Jahre 1976; Veränderungen am Bürgerhaus wurden bis heute nicht vorgenommen.

nach meinem Dafürhalten dieser 1. Verbandstag durchaus jeder Kritik standhalten können und, dessen bin ich sicher, mit Ehren in die Geschichte unseres Landessportverbandes Hessen eingehen.

Ich habe schon zum Ausdruck gebracht, daß ich persönlich die Zeit für gekommen halte, in der jetzt mit allem Vertrauen und mit Duldsamkeit und in der Erkenntnis der Grenzen und der Zuständigkeiten zusammengearbeitet werden muß, damit unser großes Ziel verwirklicht werden kann, das der Einheitlichkeit und der Einigkeit, des Zusammenstehens und damit der Stärke im besten und schönsten Sinne.

Ich habe versucht, die Bedeutung dieses 1. Verbandstages dadurch zu versinnbildlichen, daß ich sagte, wir sind in diesen eineinhalb Tagen zusammengerückt, wir haben uns näher kennen gelernt, haben uns schätzen und achten gelernt. Daß man klar und deutlich seine Meinung sagt, und daß dies geschieht in einer Form und in einer Art, daß trotz gegensätzlicher Meinungen und Auffassungen durchaus die sachlichen Gesichtspunkte gewahrt werden und nichts anderes, das, meine Sportfreunde, haben Sie in diesen eineinhalb Tagen durch die Tat bewiesen, und ich persönlich bin Ihnen dafür sehr dankbar. Und ich darf Ihnen sagen, daß das Niveau dieses Verbandstages ein ganz außerordentliches war. Wir sind sozusagen familiär zusammengerückt. Meine Bitte an Sie als die Vertreter der Kreise, der Bezirke und vor allem der Vereine, die Sie diesen ersten Verbandstag miterlebt haben, ist nun die: Gehen Sie nun wieder hinaus in Ihre Heimatbezirke, in Ihre Kreise und in Ihre Vereine, und tragen Sie das Ihre bei, damit unser Streben zur Schaffung einer großen Familie im Sport, im volkstümlichen Sport in Hessen, weiter Raum greift und weiter Anklang findet und praktisch Gestalt annimmt.

Das, meine lieben Sportfreundinnen und Sportfreunde, ist das, was ich Ihnen zum Abschluß unseres 1. ordentlichen Verbandstages noch sagen wollte.

(Lebhafter Beifall.)

Abschließend habe ich nun noch die angenehme Pflicht, unseren ganz besonderen Dank zu sagen dem Herrn Bürgermeister von Mörfelden, wie ich dies bereits am Freitagabend im kleinen Kreise getan habe. Ich danke ihm ganz besonders herzlich für das, was er für den Sport im allgemeinen und für diesen unseren 1. ordentlichen Verbandstag des Landessportverbandes Hessen im besonderen getan hat.

Weiter danke ich hier und auch das ist mir eine angenehme Pflicht in Ihrer aller Namen noch einmal unserem Freund *Schulmeyer* und allen seinen Freundinnen und Freunden, den Mitgliedern und Gönnern der Sport- und Kultur-Vereinigung Mörfelden ganz besonders herzlich dafür, daß Sie diesen 1. ordentlichen Verbandstag ausgerichtet und so prächtig zu einem vollen Erfolg geführt haben.

(Erneuter lebhafter Beifall.)

Sportfreundinnen und Sportfreunde!

Satzungsgemäß ist vorgesehen, daß sich der Verbandstag auf Antrag damit befassen kann, wann bzw. wo örtlich gesehen der nächste Verbandstag stattfinden soll.

(Zuruf: In Mörfelden! Heiterkeit.)

Wir haben davon abgesehen, diesen Punkt auf die Tagesordnung zu setzen. Ich bitte Sie auch, jetzt nicht unter Bezug auf die zunächst vorläufig in Kraft gesetzte Satzung des Landessportverbandes etwa einen solchen Antrag noch zu stellen – nicht weil ich vielleicht „befürchten“ würde, daß wiederum Mörfelden vorgeschlagen würde ,

(Erneute Heiterkeit)

sondern deshalb, weil wir abwarten müssen, wie sich die Dinge in den nächsten Monaten des laufenden Geschäftsjahres noch entwickeln werden, und weil sich vielleicht Dinge entwickeln könnten, die die Wahl des Tagungsortes des nächsten Verbandstages bestimmen oder doch beeinflussen können. Ich bitte daher um Ihre Zustimmung, daß diese Frage zunächst noch offen bleibt.

(Zustimmung.)

Abschließend wollen wir noch einmal einen Vertreter der Sport- und Kultur-Vereinigung Mörfelden, und zwar unserem Sportfreund *Schulmeyer*, das Wort geben, bevor der Verbandstag geschlossen wird.

***Schulmeyer*:**

Werte Sportfreunde!

Zunächst fühle ich mich verpflichtet, als Vorsitzender des Sportbezirks Darmstadt eine Erklärung abzugeben. Ich erkläre hiermit, daß der Sportbezirk Darmstadt stets mit all seinen Kräften dazu beitragen wird, für die Einheit des Landessportverbandes Hessen zu arbeiten, und daß er hierfür dem neuen Verbandsvorstand des Landessportverbandes Hessen seine beste und vollste Unterstützung verspricht.

(Starker Beifall.)

Meine lieben Kameraden!

Als seinerzeit eine Arbeitsgemeinschaftstagung als Tagungsort für den 1. Verbandstag Mörfelden in Erwägung zog, gab ich damals ein Versprechen ab und ich glaube, wir haben dieses Versprechen auch eingelöst.

(Händeklatschen und Beifallsrufe.)

Wenn Sie nun nach Hause kommen, dann grüßen Sie bitte Ihre Vereinskameraden von uns aus Mörfelden und berichten Sie von all dem, was Sie hier erleben durften. Gestatten Sie uns, Ihnen zu wünschen, daß Sie all das Gute und Schöne auswerten mögen, das Sie hier erlebt haben, damit der 1. ordentliche Verbandstag auch wirklich seine reichen Früchte trage.

Ich glaube, durch den Verlauf des Verbandstages haben wir den § 2 unserer neuen Satzung praktisch schon nahezu verwirklicht: „Die Pflege der Kameradschaft und der Freundschaft für das gesamte Verbandsgebiet.“

(Beifall.)

Darin, meine lieben Sportfreunde, sehen wir den Schlüssel zu weiteren Erfolgen. Wir sind der festen Überzeugung und hoffen, es Ihnen auf diesem Verbandstag auch durch die Tat bewiesen zu haben, daß allein eine arbeitsfähige Gemeinschaft Gleichgesinnter und Männer gleichen Willens imstande ist, wirklich etwas zu leisten und Erfolge zu erzielen. Denn nur im Zusammenschluß liegt die Leistungsstärke.

Es wurde hier auch gesagt, daß offenbar nicht alle Abteilungen unserer Sport- und Kultur-Vereinigung beim gestrigen Abend mitgewirkt hätten. Ich darf abschließend und am Rande bemerken, daß sie doch mitgewirkt haben, denn z. B. auch die Abteilungsleiter für Fußball, für Handball, der Tischtennisspieler und der Kegler haben dafür gesorgt, daß das Programm des Verbandstages und der Veranstaltungen reibungslos abrollen konnte. Sie werden im übrigen heute auf dem grünen Rasen mit ihren Abteilungen auf ihren Teilgebieten ihre Tätigkeit zu Ehren des Verbandstages fortsetzen.

(Bravo-Rufe.)

Zum Schluß darf ich noch einen weiteren Wunsch zum Ausdruck bringen: Behalten Sie uns in Mörfelden in guter und bleibender Erinnerung, und wenn dann gelegentlich bei Spielabschlüssen oder bei anderen Veranstaltungen unsere Abteilungen der Ehre wert gehalten werden, mit Ihnen Freundschaftskämpfe und Gemeinschaftsveranstaltungen durchzuführen, dann ist das für uns Lohn und Dank genug für unsere Mühe.

In diesem Sinne noch einmal Gruß und Dank der Sport- und Kultur-Vereinigung Mörfelden. Grüßen Sie Ihre Vereinskameraden von uns und behalten Sie uns in guter Erinnerung.

(Lebhafter, anhaltender Beifall.)

Vorsitzer *Linder*:

Liebe Sportfreunde!

Diesen Worten unseres Kameraden *Schulmeyer* noch etwas hinzuzufügen, erübrigt sich. Wir haben bereits mit Worten unseren Dank abgestattet, und ich bin überzeugt davon, daß Sie im einzelnen Ihren Gastgebern ebenfalls auf die herzlichste Art gedankt haben. Aus Ihrem Beifall darf ich entnehmen, daß unser Freund *Schulmeyer* daraus selbst auch einen ideellen Lohn für all die Mühe und Arbeit entnommen hat, zusammen mit den Männern und Frauen, die sich für diese große Aufgabe zur Verfügung gestellt hatten. Ich weiß selbst: Wenn man im Leben Kameradschaft geben konnte oder noch besser Freundschaft und insbesondere Gastfreundschaft, dann ist man selbst in einer Zeit wie der heutigen Notzeit froh darüber, daß man überhaupt etwas Derartiges geben konnte.

Ihnen allen, meine lieben Sportfreundinnen und Sportfreunde, danke ich noch einmal für ihre Arbeit und für Ihre Mitarbeit. Ich danke Ihnen auch im Namen des neugewählten Verbandsvorstandes für Ihr Vertrauen. Wir werden versuchen, auf der großen Linie, die wir als richtig erkannt haben, weiterzuarbeiten, und zwar sachlich weiterzuarbeiten, Gegensätze ausgleichen und dort einzusetzen, wo uns Erfolge zu winken scheinen. Wenn man Erfolge erzielen will, dann muß man Schritt für Schritt und immer sachlich vorgehen, und dann wird man Baustein auf Baustein setzen können, wird das einmal errichtete Gebäude, gut untermauert, immer weiter aufbauen können, nicht nur zur Freude und zum Ruhme Hessens, sondern nicht zuletzt auch für das neuaufzubauende Deutschland.

In diesem Sinne wünsche ich Ihnen im eigenen Namen wie im Namen aller Mitglieder des Verbandsvorstandes eine gute Heimreise und weitere und reiche Arbeitserfolge in der Heimat.

Damit, meine Damen und Herrn, schließe ich den 1. ordentlichen überfachlichen Verbandstag des Landessportverbandes Hessen.

(Langanhaltender, sehr starker Beifall.)

Zu einem kurzen Nachwort hatte sich noch Sportfreund *Wettig* gemeldet.

***Wettig*:**

Liebe Sportfreunde!

Gestatten Sie mir zum Schluß noch ein kurzes Wort. Zum Abschluß unseres 1. Verbandstages fühle ich mich doch verpflichtet zu einer kleinen persönlichen Bemerkung. Ich muß nämlich feststellen, daß Mörfelden jetzt auf unserer Landkarte durch einen großen, dicken Punkt markiert sein wird.

(Heiterkeit.)

Vorsitzer *Lindner*:

Ja, dann müßten wir also eigentlich dem Bezirk Kassel doch noch eine neue Landkarte schenken, damit man nicht mehr zu fragen braucht: Wo liegt denn eigentlich überhaupt dieses Mörfelden.

(Erneute Heiterkeit.)

Schluß der Tagung: 10.55 Uhr.

Stenografische Aufnahme ausgeführt
von Schriftleiter Herbert Jobst
von: „Geflügelte Feder“
Büro für stenografische Aufnahmen
Frankfurt am Main
Gutleutstraße 3., Tel. 32850

SPORT
MITTEILUNGEN
des Landessportverbandes Hessen e. V., Frankfurt am Main

Genehmigt durch die Nachrichten-Kontr. d. Militärregierung f. Hessen APO 633 US-Army Abt. f. Veröffentl. Wiesbaden, 6. 5. 47.

2. Jahrgang Nr. 17 | Frankfurt a. M., den 17. Juli 1947 | Goethestraße 10 I. Telefon 76 312

1. Der Verbandstag in Mörfelden

Der 1. ordentliche überfachliche Verbandstag fand am 12./13. Juli 1947 im Volkshaus in Mörfelden statt. Am Abend des 11. Juli war nochmals der Verbandsvorstand mit den Bezirksvorsitzenden zu einer Arbeitstagung im Rathaus zusammengekommen, an der auch der Bürgermeister von Mörfelden teilnahm.

Am Samstag Vormittag wurde dann der 1. Verbandstag von dem Gründungsvorsitzenden Lindner-Darmstadt eröffnet. Unter den Gästen konnten besonders begrüßt werden: Reg.-Direktor Dr. Herzfeld vom Kultusministerium in Wiesbaden, Landrat Hardt-Groß-Gerau, der Bürgermeister von Mörfelden und von der Militärregierung Mr. Patrick vom Amt der Militärregierung für Hessen in Wiesbaden und Capt. Griswold, der Direktor des Amtes der Militärregierung für den Landkreis Groß-Gerau. Ministerpräsident Stock war dienstlich verhindert, brachte aber schriftlich sein besonderes Interesse am Landessportverband zum Ausdruck. Unter den Gästen waren auch als Vertreter der Landessportverbände Bayern und Württemberg Schmucker und Schubert, München, und Keller-Stuttgart. Der Vorsitzende des Badischen Landessportverbandes hatte telegrafisch kameradschaftliche Grüße und beste Wünsche übermittelt.

In einem nach großen Richtlinien und Grundsätzen aufgebauten Bericht legte unser 1. Verbandsvorsitzender Rechenschaft über die bisherige Entwicklung im Sport und über die bisherige Arbeit ab und gab auch durch Zahlenangaben einen Kassenbericht unter Hinweis auf die erfolgte Prüfung der Bücher durch ein Treuhand- und Revisionsbüro, nachdem alle Gäste Gelegenheit genommen hatten, ihrerseits zu den Teilnehmern des Verbandstages bedeutsame, interessante Ausführungen zu machen. Wir behalten uns vor, auf den Bericht unseres Vorsitzenden und auf die Ausführungen unserer Gäste gegebenenfalls zurückzukommen. Der Bericht fand allgemeine Billigung und die Ausführungen der Gäste wurden ebenfalls mit Beifall aufgenommen.

Die Beratung der Hauptsatzung, der Allgemeinen Geschäftsordnung und der Ausgabe- und Spesenordnung führte zu folgendem Ergebnis:

1. Die Allgemeine Geschäftsordnung wurde ohne Widerspruch angenommen.
2. Die Ausgabe- und Spesenordnung wurde ebenfalls ohne Widerspruch angenommen.
3. Die Hauptsatzung wurde als vorläufige Hauptsatzung bis zum nächsten Verbandstag in Kraft gesetzt, sodaß dem nächsten Verbandstag erneut eine Hauptsatzung zur Beschlußfassung vorgelegt wird, über die alsdann nach Stimmenmehrheit zu entscheiden sein wird.

Wir werden in Kürze die vorläufige Hauptsatzung, die Allgemeine Geschäftsordnung und die Ausgabe- und Spesenordnung im bis zum nächsten Verbandstag gültigen Wortlaut in einem Sonderdruck veröffentlichen und den Vereinen, Kreisen und Bezirken zustellen.

Hervorzuheben ist die Tatsache, daß vor dem Beschluß über einen der wesentlichsten Grundsätze abgestimmt wurde: Soll das in der Hauptsatzung verankerte Recht der Vereine, zu den Verbandstagen des Verbandes und der Fachgruppen (Kreis-, Bezirks-, Verbandstage) unmittelbar Vereinsdelegierte entsenden zu können, beibehalten werden oder soll das Kreisdelegiertensystem eingeführt werden? Nahezu einstimmig bekannte sich der 1. Verbandstag zu dem grunddemokratischen Prinzip, weiterhin unmittelbar Vereinsvertreter zu den Verbandstagen zu entsenden. Da die Hauptsatzung auch für die Fachgruppen verbindlich ist, gilt ihr beibehaltener Grundsatz auch für alle Fachverbandstage in Kreisen, Bezirken und für die Fachgruppenverbandstage. Hoffentlich erkennen bald alle Vereine die grundsätzliche Bedeutung gerade dieses Grundsatzes unserer Verbandsverfassung und hoffentlich beweisen sie ihre Erkenntnis bald durch entsprechende aktive Mitarbeit.

Zur Ueberarbeitung der Hauptsatzung wurde eine **Satzungskommission** gewählt, die sich aus 6 Personen zusammensetzt, d. h. aus je einem Vertreter der 6 Sportbezirke. Gewählt wurden für den Sportbezirk: I Frankfurt: Sorg-Westend, II Kassel: Wettig-Bettenhausen, III Darmstadt: Engel-Griesheim, IV Fulda: Strack-Hersfeld, V Wiesbaden: Morasch-Wiesbaden, VI Marburg: Seibert-Wetzlar.

Nach Beratung der vorliegenden Anträge wurden angenommen die vier nachstehenden Anträge des Gesamtverbandsvorstandes und einstimmig auch die folgende Resolution, während ein Antrag der Sport- und Kulturvereinigung Mörfelden (Sportgruß) dem neugewählten Verbandsvorstand überwiesen wurde.

Bericht über den 2. ordentlichen Verbandstag des Landessportverbandes Hessen e.V. am 5. Juni 1948 im Volkshaus Enkheim bei Frankfurt.

Anwesend waren:

1. Verbandsvorsitzender		Reg.-Rat *Heinz Lindner*
2. Verbandsvorsitzender		*Heinrich Sorg*
Sportwart		*Martin Schmidt*
Pressewart		entschuldigt
Rechtswart		*Paul Wettig*
Kassenwart		*Dr. Anton Dietz*
Jugendwart		*Kurd Roland Roesler*
Fachgruppe	Fußball	*Willy Linnenberg*
	Handball	*Heinrich Bopp*
	Leichtathl.	*Jupp Schröder*
	Turnen	*Franz Wilh. Beck*
	Schwimmen	*Walter Binner*
	Boxen	*Georg Dietrich*
	Rudern	*Dr. Lingnau*
	Kanu	Sachbearb. f. Slalom
	Skilauf	Vetreter *Böhm*
	Eislauf	Vetreter *Schreiner*
	Bob, Rodel	*Otto Griebel*
	Rollsport	*Werner Schreiner*
	Radsport	*Eichhorst*

Vertreter von 169 Vereinen
Drei Vertreter des Badischen Sportverbandes als Gäste
Herr *Zimmer* im Auftrag der Stadt Frankfurt
Mister *Patrick* von der Militär-Regierung in Wiesbaden
Prof. Dr. Herzfeld vom Kultusministerium

Beginn 9 Uhr

***Lindner*:**

Begrüßt alle anwesenden Vereinsvertreter, darüber hinaus besonders herzlich Herrn *Zimmer*, der im Auftrag der Stadtverwaltung zum Verbandstag gekommen ist, den 1. Vorsitzenden des Badischen Sportverbandes, der mit zwei weiteren badischen Sportkameraden den Verbandstag als Gast erlebt, und gibt bekannt, daß der Vertreter der Militär-Regierung, Mister *Patrick*, und der Vertreter des Ministers für Kultus und Unterricht, *Prof. Dr. Herzfeld* ihr Erscheinen zugesagt haben.

Lindner gibt daraufhin die Tagesordnung bekannt.

Tagesordnung

1. Begrüßung
2. Bericht über den 1. ordentlichen überfachlichen Verbandstag
3. Jahresbericht des Verbandsvorsitzenden
4. Bericht der Kassenprüfer
5. Beschlußfassung über die Hauptsatzung einschließlich der vorliegenden Satzungsänderungen
6. Entlastung des Verbandsvorstandes
7. Neuwahl des Verbandsvorstandes und der Kassenprüfer
8. Anträge.
9. Verschiedenes.

***Lindner*:**

Stellt zunächst die Beschlußfähigkeit des Verbandstages fest und bittet anschließend Herrn *Sorg*, den 2. Vorsitzenden des Verbandes, einen Bericht über den 1. ordentlichen Verbandstag zu geben.

***Sorg*:**

Gibt einen kurzen Überblick über den Verbandstag am 12./13. Juli 1947 in Mörfelden. Wörtlich führt er u.a. aus: „Im Frühsommer 1947 waren wir am Ende des Suchens nach einer neuen Form angelangt, das die Einheitlichkeit des Sports zum Ziel hatte. Deshalb entschlossen sich damals die Vereine, den gleichen Weg zu gehen. Sie stellten nahezu 120.000 Mitglieder unter die Obhut des

Einladung

zum

2. Ordentlichen überfachlichen Verbandstag

am Samstag, den 5. Juni 1948, im Volkshaus Enkheim · Beginn: 9 Uhr

Wir laden hiermit alle unsere Vereine zur Teilnahme an unserem 2. Ordentlichen überfachlichen Verbandstag des Landessportverbandes Hessen ein. Er findet im Volkshaus zu Frankfurt-Enkheim statt und beginnt pünktlich um 9 Uhr. Er muß spätestens um 18 Uhr beendet sein. Damit besteht für viele Vereine die Möglichkeit, ihre Vertreter am gleichen Tag an- und wieder zurückreisen zu lassen. Wir verweisen auch die Kreisvorsitzenden auf die Möglichkeit, durch Einsatz von Omnibussen mit Fahrgenehmigung des zuständigen Straßenverkehrsamtes Gemeinschaftsfahrten der Vereinsvertreter durchzuführen.

Tagesordnung

1. Begrüßung.
2. Bericht über den 1. Ordentlichen überfachlichen Verbandstag.
3. Jahresbericht des Verbandsvorsitzenden.
4. Bericht der Kassenprüfer.
5. Beschlußfassung über die Hauptsatzung einschließlich der vorliegenden Satzungsänderungen.
6. Entlastung des Verbandsvorstandes.
7. Neuwahl des Verbandsvorstandes und der Kassenprüfer.
8. Anträge.
9. Verschiedenes.

Besondere Bestimmungen

Jeder Verein hat das Recht, einen schriftlich bevollmächtigten, stimmberechtigten Vertreter zu entsenden. Jeder Verein hat mindestens eine Stimme, im übrigen für je 50 ordentliche Mitglieder über 18 Jahre (aktive und passive) eine Stimme, auch für den verbleibenden Restteil. Stand 1. April 1948. Das Stimmrecht eines Vereins kann nur von einem Vereinsmitglied ausgeübt werden. Uebertragung ist nicht zulässig. Das Stimmrecht ruht, wenn ein Verein dem Verband gegenüber mit seinen finanziellen Verpflichtungen länger als drei Monate im Rückstand ist.

Die teilnehmenden Vereine bestätigen sofort ihre Teilnahme durch umgehende Uebersendung einer Ausfertigung der schriftlichen Vertretervollmacht an unsere Verbandsgeschäftsstelle Frankfurt a. M., Goethestraße 10. Darin muß der Name des stimmberechtigten Vereinsvertreters und die Anzahl der ordentlichen Mitglieder über 18 Jahre — Stand 1. April 1948 — enthalten sein, rechtsverbindlich unterzeichnet vom Vorstand des Vereins. Spätestens am 25. Mai 1948 muß diese Ausfertigung der Vertretervollmacht bei unserer Geschäftsstelle eingegangen sein. Die zweite Ausfertigung wird von dem Vereinsvertreter bei Betreten des Tagungsraums zur Gegenkontrolle abgegeben. Wir verweisen im übrigen auf unsere Bekanntmachung in den „Sport-Mitteilungen" Nr. 13 vom 31. März 1948.

Wir erwarten, daß unsere Vereine als Träger des Verbandes verantwortungsbewußt durch die Teilnahme ein erneutes Bekenntnis zur Einigkeit und zu den höheren Zielen und Aufgaben des Sportes ablegen.

In den Sport-Mitteilungen wurde mehrfach auf den bevorstehenden Verbandstag hinngewiesen. Die offizielle Einladung erfolgte in Nr. 19, 23. Mai 1948

LSV, so daß sich der Verband eine eigene Satzung geben konnte. An den vorgelegten Satzungen wurde im Wesentlichen nichts geändert, aufkommende Änderungsanträge einer Satzungskommission übergeben unter der Leitung von Rechtswart *Wettig*, Kassel. Der erste Verbandstag war ein Markstein. Er gab zu der berechtigten Hoffnung Anlaß, daß im weiteren Verlauf der Entwicklung die Gewähr gegeben sei, daß Hessen in der Lage sein werde, den Sport in die Richtung zu leiten, die Ausgangspunkt der großen Idee für die Einheitlichkeit im Sport werde."

***Lindner*:**

Dankt für den Bericht und gibt den Gästen Gelegenheit, das Wort zu ergreifen.

***Zimmer*:**

Der Magistrat der Stadt Frankfurt hat mich beauftragt, die hier versammelten Vertreter der Sportvereine aus ganz Hessen zu ihrem Verbandstag zu begrüßen. Der Oberbürgermeister *Walter Kolb* bedauert, nicht selbst anwesend sein zu können. Er versichert jedoch durch mich, die Belange des Sportes zu unterstützen und dies als Sportstadt Frankfurt unter Beweis zu stellen. Wir werden wie bisher auch in Zukunft zusammenarbeiten. Wir wollen Beispiel sein als große Stadt, wie man den Sport unterstützt. Der Wille zur Tat wird nicht fehlen – Glückauf zu gutem Gelingen!

***Lindner*:**

Dankt *Zimmer* und bittet nunmehr den 1. Vorsitzenden des badischen Sportverbandes das Wort zu ergreifen.

***Müller*, Baden:**

Im Namen des Badischen Sportverbandes begrüße ich die Sportkameraden in Hessen auf das herzlichste. Unsere Verbandstage sind Höhepunkte in unserem Schaffen. Wir wissen, daß hier die Vertreter versammelt sind, die berufen sind, die Geschicke des Sportes zu teilen und mitzubestimmen. Kamerad *Sorg* hat schon zum Ausdruck gebracht, unter welchen schwierigen Bedingungen die wenigen Männer mit der Arbeit begonnen haben. Das selbe gilt für den Badischen Sportverband. Aber ich kann heute zum Ausdruck bringen, wir haben Männer gefunden, die gewillt waren, eine feste Grundlage zu schaffen für eine Organisation, die die Jugend auf ihrem gefährdeten Weg begleiten will. Wie gesagt, es war keine leichte Arbeit. Möge der heutige Verbandstag dazubeitragen, unsere schwer erkämpfte Einigkeit zu erhalten, zu festigen und weiterhin fortzuführen. Wir wollen nicht wieder in eine Zeit verfallen, wie wir sie vor dem Jahre 1933 hatten. Damals gab es die verschiedenen Sportvereinigungen. Wenn heute die gleichen Bestrebungen auftreten, meine Kameraden, dann kann ich nur sagen: Wir wollen dieses Theater nicht mitmachen! Es wäre in Süddeutschland manches besser, wenn man in Württemberg besser gearbeitet hätte.

Lieber Kamerad *Lindner*, ich glaube daß in den beiden Verbänden, Baden und Hessen, Männer stehen, die von der Pike auf gedient haben. Ich wünsche dem heutigen Verbandstag meiner hessischen Sportkameraden, daß er dazu beitragen möge, daß wir in kürzester Zeit die Einigkeit innerhalb unseres Sportes haben werden.!

Achtung!

Ordentlicher Verbandstag

Am 5./6. Juni 1948 findet bekanntlich unser 2. Ordentlicher überfachlicher Verbandstag statt. Wir bitten nochmals um Anträge der Vereine oder Kreise, die sich um die Vorbereitung und Durchführung bewerben wollen, und zwar **spätestens bis 15. April 1948.** Schon heute stellen wir folgende Punkte unter Hinweis auf unsere Hauptsatzung heraus:

1. Jeder Verein hat als Mitglied unseres Verbandes grundsätzlich das Recht, zu diesem Verbandstag (VT) einen bevollmächtigten stimmberechtigten Vertreter zu entsenden. Das Stimmrecht ruht, wenn ein Verein länger als drei Monate mit seinen fälligen finanziellen Verpflichtungen gegenüber dem Verband im Rückstand ist (§ 9 Hauptsatzung).
2. Jeder Verein hat mindestens eine Stimme, im übrigen für je 50 ordentliche Mitglieder über 18 Jahre (aktive und passive) eine Stimme, auch für den verbleibenden Restteil von 50 (§ 9 a. a. O.).
3. Der stimmberechtigte Vereinsvertreter ist vom Vorstand zu bestimmen und mit einer schriftlichen Vollmacht auszustatten. **Eine Ausfertigung dieser schriftlichen Vollmacht ist spätestens bis zum 25. Mai 1948 unserer Verbandsgeschäftsstelle zur ordnungsgemäßen Vorbereitung der Anwesenheitsliste und der Wahlen und Abstimmungen einzusenden.** Am 25. Mai müssen diese Erstausfertigungen der Vollmachten in Frankfurt vorliegen. Die Zweitausfertigung gibt der stimmberechtigte Vertreter am Eingang zum Tagungslokal am 5. Juni ab.
4. **In der Vollmacht muß der Mitgliederstand des Vereins an ordentlichen Mitgliedern über 18 Jahren (aktive und passive) am 1. 4. 1948 ausdrücklich angegeben sein.** Er ist die Grundlage für die Berechnung der Anzahl der Stimmen, die auf den Verein entfallen (§ 10).
5. Die Ausübung von Mitgliedschaftsrechten kann nicht einem Nichtvereinsmitglied übertragen werden. Es ist also insbesondere nicht gestattet, einen Delegierten für verschiedene Vereine zu entsenden. Vereine, die von ihrem Stimm- und Teilnahmerecht Gebrauch machen wollen, müssen also unmittelbar einen schriftlich bevollmächtigten Vereinsvertreter entsenden (§ 9).
6. Anträge auf Aenderung unserer Hauptsatzung waren bekanntlich bis spätestens 15. März 1948 einzureichen (vgl. Bekanntmachung in Nr. 7/1948 vom 13. 2. 1948). Alle Aenderungsanträge, auch die, die nun etwa noch hauptsatzungsgemäß durch Beschluß eines Bezirkstages spätestens vier Wochen vor dem VT eingereicht werden (§ 13 Abs. 4), also spätestens bis 8. Mai 1948, werden von der Satzungskommission und dem Verbandsvorstand vorberaten und dem VT zur Beschlußfassung vorgelegt. Wir machen heute bereits darauf aufmerksam, daß am VT selbst keine neuen Aenderungsanträge mehr gestellt werden können. Der VT wird also über etwa vorliegende Aenderungsanträge und alsdann insgesamt über die Hauptsatzung zu beschließen haben. Der Wortlaut unserer Hauptsatzung ist wiederholt durch Veröffentlichung bekanntgemacht worden.

Wir nehmen an, daß wir wahrscheinlich in diesem Jahr den 2. VT an einem Tag, und zwar am Samstag, dem 5. Juni 1948, zum Abschluß bringen können. Wir werden voraussichtlich um 9.30 Uhr beginnen, so daß selbst weitere Anfahrten sicher am Samstag erfolgen können und wahrscheinlich auch eine Beendigung so rechtzeitig möglich sein wird, daß noch am gleichen Abend die Rückreise angetreten werden kann.

Auch heute machen wir wieder alle Vereinsvorstände darauf aufmerksam, daß sie sich über die Bedeutung des Grundrechts unserer Vereine zur unmittelbaren Teilnahme und Stimmabgabe an dem VT klar sein müssen. Auch der kleine Verein hat in unserem Verband diese Rechte und kann mitwirken bei der weiteren sachlichen und personellen Gestaltung der Geschicke unseres Verbandes. Und da wir alle wünschen, daß unsere Verbandstage zu erhebenden Stunden der aufrichtigen Zusammenarbeit, der ehrlichen Bekenntnisse zur Einigkeit, zu unseren höheren Zielen und Aufgaben im Sport, kurz: zu einem wertvollen Erlebnis in jeder Hinsicht werden sollen, erwarten wir auch diese Erkenntnisse bei allen unseren Vereinsvorständen und den Mitgliedern unserer Vereine. Wir rufen deshalb auch heute wieder allen zu:

Besucht unseren 2. Ordentlichen Verbandstag am 5./6. Juni 1948. Beweist durch eure Teilnahme, daß ihr positiv mithelfen wollt am Aufbau einer klaren, einfachen, zweckvollen, sauberen, billigen und unter erstrebenswerte Aufgaben und Ziele gestellten Organisationen des Sports, zum Wohle des Sports, zum Wohle unseres Volkes und unserer deutschen Jugend!

Aus: Sport-Mitteilungen, 31. März 1948

(Beifall)

Jahresbericht über das Geschäftsjahr 1947/48.

***Lindner*:**

Gibt zunächst einen kurzen Bericht über die Konferenzen in München und Köln, zeigt den bis dahin gegangenen Weg auf und schildert die Aussichten für die in naher Zukunft liegende Zusammenarbeit auf fachlichem und überfachlichem Gebiet.

Sport-Mitteilungen

AMTLICHES ORGAN DES LANDESSPORTBUNDES HESSEN E. V. - FRANKFURT/MAIN

3. Jahrgang / Nr. 24 | Frankfurt a. M., den 16. Juni 1948 | Goethestr. 10 / Tel. 76312

München - Köln - Frankfurt, ein Weg zur Sicherung der Einigkeit im deutschen Sport

Von unserem 1. Bundesvorsitzenden Heinz Lindner, Darmstadt.

Das Ringen um die in jeder Hinsicht zweckvollste Organisationsform im deutschen Sport ist noch nicht beendet. Bekanntlich hatten die Landessportverbände (-bünde) die bisher bekanntgewordenen Vertreter der deutschen Sportfachausschüsse am 17./18. April d. Js. zu einer Konferenz nach München eingeladen. Dort wurde in abwechslungsreichen Diskussionen zur Sache verhandelt und schließlich kamen die nachstehenden Leitsätze einstimmig zur Annahme, die übrigens durch ein Versehen in unseren „Sport-Mitteilungen" vom 5. Mai nicht veröffentlicht worden sind.

Leitsätze für den organisatorischen Aufbau im deutschen Sport.

Beschluß der Münchener Konferenz vom 17./18. April 1948.

1.

Die Sportvereine sind die Träger des Sportes.

2.

Die Sportvereine sind die Träger der Rechte und Pflichten in der Sportorganisation.

3.

Die Organisation muß daher dem Verein und der Erfüllung seiner Aufgaben und auch dem Sport dienen. Sie muß einfach, zweckmäßig und so gehalten sein, daß der Verein über die unmittelbare Mitgliedschaft im Sportverband gleichzeitig die Mitgliedschaft in allen Fachverbänden erwirbt, deren Sportarten er pflegt.

4.

Auf Grund der Tatsache, daß es im Sport fachliche und überfachliche Aufgaben gibt, muß die Organisation eine fachliche und eine überfachliche Säule enthalten.

5.

Die fachliche Säule der Organisation muß selbständig sein. Die Selbständigkeit muß unbedingt gewahrt sein

a) im rein Fachlichen einschl. des Auslandssportverkehrs;

b) im Finanziellen bezüglich aller rein fachlichen Einnahmen und Ausgaben

und zwar in jeder einzelnen Sportart. Auch gegen die rechtliche Selbständigkeit ist nichts einzuwenden, wenn sie in anerkannte und alle verpflichtenden Normen gekleidet ist, die die Einigkeit und die zweckvollste Arbeit aller Vereine im Sport und die Ziele des Sports garantieren.

6.

***Fachlich** kann jede Sportart nur von einem Fachverband betreut werden.*

7.

Die überfachliche Säule muß nach dem Grundsatz von Treu und Glauben durch das aufrichtige Bekenntnis zur Einigkeit, zur Vermeidung jeglicher organisatorischer Zersplitterung, zur freiwilligen Einordnung und zur Verträglichkeit in unbedingter Zusammenarbeit die tatsächlich und rechtlich fundierte deutsche Sportgemeinschaft sein, aufgebaut auf den deutschen Ländern und ihren Sportverbänden nach föderalistisch-demokratischen Grundsätzen.

8.

Alle diese Leitsätze rechtfertigen folgerichtig in jedem deutschen Land Fachverbände in einem Landessportverband, weiterhin die Zusammenarbeit dieser Fachverbände sämtlicher Länder in föderalistisch-demokratisch aufgebauten Fachverbänden über den Ländern und eine ebenso aufgebaute überfachliche Dachorganisation.

Diese Leitsätze haben dann bei einigen Vertretern der sogen. absoluten Fachverbände Aufsehen und Anstoß erregt. Sie haben auch wieder zu ganz falschen Behauptungen geführt. So hatte man offenbar bisher immer angenommen, die Landessportverbände wollten den fachlichen Auslandssportverkehr selbst regeln und sie wären vor allem auch gegen Fachverbände. Deshalb warf man nach München gleich wieder den Landes-Sportverbänden vor, sie hätten sich auf einmal in ihrer Auffassung gedreht, ein völlig unberechtigter Vorwurf, der wieder einmal bewiesen hat, wie oberflächlich man sich bis dahin doch eigentlich mit der Idee der Landessportverbände befaßt hatte.

Besonderer Anstoß wurde im Sportbund Nordrhein-Westfalen genommen, denn dort wurden bisher die sogen. absoluten Fachverbände gebildet, durch die jeder Verein mit zwei und mehr Sportarten gezwungen ist, unmittelbar jedem der entsprechenden Fachverbände als Mitglied beizutreten und an jeden einen besonderen Kopfbeitrag zu entrichten, während in den Landessportverbänden und -bünden die Vereine unmittelbar Mitglied im Bund sind und an diesen einen einheitlichen Kopfbeitrag entrichten und sie damit ohne weiteres auch mittelbar Mitglied in jedem Fachverband sind, dessen Sportarten sie betreiben. In Nordrhein-Westfalen ist also der Sportbund nichts anderes als die Vereinigung der absolut selbständigen Fachverbände, während bei uns der Bund die Vereinigung der Vereine ist und die Fachverbände die unmittelbare Vereinigung der Vereine auf rein fachlichem Gebiet darstellen.

Da in Nordrhein-Westfalen auch mehrere Vorsitzende deutscher Sportfachausschüsse beheimatet sind, ist verständlich, daß man von dort aus eine Tagung der Fachausschüsse für den 29./30. 5. einberufen hatte, zu der die Mitglieder des in München gewählten Arbeitsausschusses der Arbeitsgemeinschaft des deutschen Sports eingeladen worden waren. Die Kölner Tagung führte zunächst nach eingehenden Diskussionen zu Richtlinien, die die Vertreter der Sportfachausschüsse zunächst annahmen, teilweise uneingeschränkt, teilweise unter dem ausdrücklichen Vorbehalt, daß diese Richtlinien als Verhandlungsgrundlage mit den Mitgliedern des Münchener Ausschusses gelten sollten. Im Vorwort wurde zunächst besonders herausgestellt das Erfordernis der Bildung einer Arbeitsgemeinschaft der deutschen Sportfachausschüsse, die Forderung, daß nur ein Fachverband eine Sportart betreiben und sie auch allein international vertreten solle und die Regel, daß den Fachverbänden überlassen bleiben solle, Vereinbarungen untereinander zu treffen. Dann wurden als Richtlinien formuliert (dem Sinne nach):

1. Die Vereine sind die Träger des Sportes.
2. Die Vereine müssen Mitglieder der Fachverbände sein.
3. Die Fachverbände müssen absolut selbständig und unabhängig sein.
4. Die Fachverbände schließen sich in jedem Land zu einem Landessportbund zusammen.
5. Die Fachverbände der Länder **schließen sich in jeder Sportart zu einem deutschen Fachverband zusammen.**
6. Die deutschen **Fachverbände schließen sich zu einem Deutschen Sportausschuß zusammen.**
7. Alle Aemter in den Verbänden **müssen** ehrenamtlich verwaltet werden.

Diese Richtlinien der Kölner Tagung **wurden** dann als Grundlage für die weiteren **Verhandlungen mit unserem Münchener Ausschuß benutzt**, nachdem die **Vertreter der Sportfachausschüsse** ebenfalls einen **Arbeitsausschuß nominiert hatten.** Die beiden Ausschüsse haben dann **in** sachlicher Weise am 30. 5. gearbeitet und **gegen** Mittag wurde dann nach einigen **Abänderungen** der Vorschlag unseres Ausschusses in **folgender Formulierung** einstimmig angenommen:

Leitsätze der Kölner Sportkonferenz.

Die am 20. und 30. Mai 1948 in Köln versammelten Vertreter der deutschen Sportfachausschüsse haben sich mit den Vertretern des durch die Münchener Sportkonferenz gewählten Arbeitsausschusses einstimmig zu folgenden Leitsätzen bekannt:

1. Die Einigkeit im deutschen Sport muß erhalten bleiben.

2. Alle den deutschen Sport betreffenden Fragen werden von den Sportfachausschüssen und den Landessportbünden (Landessportverbänden) gemeinsam bearbeitet.

3. Der Arbeitsausschuß der deutschen Sportfachausschüsse arbeitet pusammen mit dem in München gewählten Arbeitsausschuß einen Plan für eine künftige deutsche Sportorganisation aus.

Das Plenum dieser Organisation setzt sich aus Vertretern der deutschen Sportfachausschüsse und Vertretern der Landessportbünde (Landessportverbände) zusammen.

4. Die Frage „Fachverbände oder Landessportbünde (Landessportverbände)" ist durch diese Zusammenarbeit grundsätzlich geklärt.

Leider wurden dann nur von einigen objek tiven Zeitungen auch diese Leitsätze veröffent licht, während andere bedauerlicherweise nur di als Verhandlungsgrundlage dienenden Richtlinie veröffentlicht haben, nachdem sogar erklär worden war, daß man diese Richtlinien garnich veröffentlichen wolle. Dies sei hier nur festge stellt, ohne daß damit etwa Vorwürfe gegenübe Vertretern der Sportfachausschüsse erhoben wer den sollen. In Köln wurde schließlich noch vo den beiden Arbeitsausschüssen einstimmig be schlossen, eine erste gemeinsame Arbeittagun am 3./4. Juli 1948 in Frankfurt a. M. abzuhalten Damit stehen wir also vor einer dritten besonder bedeutsamen Sportkonferenz. Der Weg von Mün chen über Köln nach Frankfurt ist für den auf merksamen Leser und Beurteiler der bisher er hobenen Leitsätze zweifellos ein Weg zur Einig keit im deutschen Sport. Die bisherigen Konfe renzen haben jedenfalls zu eindeutigen Erklärun gen und Stellungnahmen geführt. Sie haben vo allem auch Mißverständnisse sachlicher Art be seitigt und ganz besonders auch dazu beigetrage das leider durch einseitige, oft absichtlich ent stellende Berichterstattung und durch unbegrün dete und auch begründete persönliche Vorein genommenheit verursachte Mißtrauen bestimmte Personen gegenüber mehr oder weniger aus de Weg zu räumen. Für sachlich vernünftig der kende und handelnde, dem Gesamtwohl des Spo tes, der sportlichen Aktiven und der deutsche Sportjugend sich verantwortlich fühlende Männ sollte nach den ersten Wegstrecken München Köln die nächste Etappe Frankfurt die beste Ge legenheit für die Erarbeitung eines weitere Marksteines auf dem Weg zur Sicherung de Einigkeit im deutschen Sport sein. Hoffen w das Beste!

„Die Arbeit in Hessen stand unter dem besonderen Kennzeichen, wie ich schon eingangs erwähnt habe, daß wir in Hessen auf fachlicher und überfachlicher Seite Männer gefunden haben, die sich als aufrichtige Kameraden gezeigt haben. So stand unsere Arbeit in diesem Jahr durchaus im Zeichen aufrichtiger Zusammenarbeit. Wir haben nicht das getan, was sonst in anderen Ländern in den Vordergrund trat. Wir sind nicht mit üblem Mißtrauen an die Sache herangegangen, und haben auch keine persönliche Differenzen in die Arbeit hineingetragen. Mißtrauen ist eine Angelegenheit, die zweckmäßig sein kann. Aber nur soweit es sachlich ist, dann ist es gerechtfertigt. Wenn dieses Mißtrauen aber übel wird nach der persönlichen Seite, dann erleben wir ein Abkapseln und ein Verschließen ohne Bereitschaft für eine klare Zusammenarbeit, aber auch ohne Bereitschaft, eine Idee so sauber und klar herauszuschälen und anzuerkennen, so wie es eine Idee verdient.

In unserem Überblick über die Jahresarbeit in Hessen wollen wir keinen Jahresbericht der Fachgruppen geben. Die fachliche Seite ist absolut selbständig. Die Verbandstage der fachlichen Seite sind die Verbandstage der Fachgruppen. Dort wird den Vereinen die Rechenschaft zuteil werden, die von der fachlichen Seite abzulegen ist. Wir haben hier nur festzustellen, daß in den verschiedenen Fachgruppen eine saubere und anständige Aufbauarbeit geleistet wurde. Diese ist jedoch keineswegs zu Ende und es gibt auch auf der überfachlichen Seite eine ganze Reihe wichtiger Dinge, deren abschließende Lösung uns bis heute noch nicht gelungen ist. So müssen wir heute feststellen, daß es uns nicht gelungen ist, unsere bereits im Frühjahr in Angriff genommene Bestandserhebung fertigzustellen, so daß unsere Vereine statistisch noch nicht so erfaßt sind, um einen Zahlenbericht absoluter Echtheit bekanntgeben zu können. Die Zahlen sind nur Zahlen nach unten.

Im Landessportverband Hessen sind über 1.500 Vereine erfaßt. Wir rechnen damit, daß weitere Vereine zu unserem Verband stoßen und die Zahl sich wesentlich erhöhen wird. Die Mitglieder hieraus sind etwa folgende:

Gesamtmitglieder etwa	215.000
davon über 18 Jahre	140.000
und Jugendliche unter 18 Jahre	75.000.

Aus diesen Zahlen werden die Betreuer der einzelnen Sportarten mit mir erkennen, daß unserer Arbeit in Hessen eine weitere Entwicklungsmöglichkeit gegeben ist. Ich muß hier besonders darauf hinweisen, daß im Rahmen der Aufbauarbeit der Vereine die Jugendarbeit in den Vordergrund treten muß. Wir wissen, daß eine Breitenarbeit für die Jugendlichen deshalb unser besonderes Augenmerk erfahren muß, weil wir hier einen erheblichen Teil dazu beitragen können, die Jugendlichen von der Straße wegzubringen. Der Junge, der wöchentlich in seine Turnstunde und in sein Training geht, steht nicht an einer Ecke!

Ich bin überzeugt, daß der LSV sich weiter vergrößert, auch wenn die Anzahl der Mitglieder bei der vor der Tür stehenden Währungsreform etwa rückwirkend verläuft. Es ist in den Vereinen darauf zu achten, daß die Mitglieder des Vereins als Keimzelle des Sportes nicht so stark herabsinkt, daß unsere Erziehungsmöglichkeit so beeinflußt werden und für weite Teile unseres Volkes nachteilig werden kann. Ich bitte, dieser Frage besonderes

Volkshaus Enkheim, hier im März 1957, als die Straßenbahnanbindung erfolgte

Mitglieder-Statistik für das Geschäftsjahr 1948

Bezirke	Vereine	Kinder b. 6 Jahre m.	Kinder b. 6 Jahre w.	Kinder b. 6 Jahre ges.	Schüler 6—14 Jahre m.	Schüler 6—14 Jahre w.	Schüler 6—14 Jahre ges.	Jugend 14—18 Jahre m.	Jugend 14—18 Jahre w.	Jugend 14—18 Jahre ges.	über 18 Jahre m.	über 18 Jahre w.	über 18 Jahre ges.	zus.
Kassel	394	109	167	276	5 188	4 147	9 335	7 028	3 345	10 373	28 080	6 600	34 680	54 664
Marburg	431	95	90	185	3 825	2 309	6 134	8 187	2 934	11 121	34 782	5 461	40 243	57 683
Fulda	216	20	40	60	1 530	656	2 186	3 839	1 211	5 050	16 063	2 819	18 882	26 178
Frankfurt	491	288	258	546	7 813	6 952	14 765	10 626	4 226	14 852	50 831	10 388	61 219	91 382
Darmstadt	219	56	120	176	3 165	2 617	5 782	5 369	1 695	7 064	22 171	3 411	25 582	38 604
Wiesbaden	149	41	25	66	2 424	2 086	4 510	3 264	1 453	4 717	15 272	3 162	18 434	27 727
Gesamtzahl	1 900	609	700	1 309	23 945	18 767	42 712	38 313	14 864	53 177	167 199	31 841	199 040	296 238

Verbände	Schüler bis 14 Jahre m.	Schüler bis 14 Jahre w.	Schüler bis 14 Jahre ges.	Jugendl. b. 18 Jahre m.	Jugendl. b. 18 Jahre w.	Jugendl. b. 18 Jahre ges.	über 18 Jahre m.	über 18 Jahre w.	über 18 Jahre ges.	1—3 zusammen m.	1—3 zusammen w.	1—3 zusammen ges.
Fußball	8 776	—	8 776	19 355	106	19 461	53 687	210	53 897	81 818	316	82 134
Handball	2 714	620	3 334	5 386	3 942	9 828	13 036	6 875	19 911	21 186	11 437	32 573
Turnen	12 533	15 998	28 531	7 094	5 980	13 074	14 482	8 257	22 739	34 109	30 235	64 344
Leichtathletik	4 175	3 493	7 668	6 067	3 296	9 363	9 086	3 915	13 001	19 328	10 704	30 032
Boxen	524	—	524	1 009	—	1 009	2 227	—	2 227	3 760	—	3 760
Schwerathletik	196	—	196	416	1	417	1 437	2	1 439	2 049	3	2 052
Schwimmen	1 390	1 370	2 760	1 230	875	2 105	2 917	1 665	4 582	5 537	3 910	9 447
Hockey	124	37	161	241	154	395	1 011	470	1 481	1 376	661	2 037
Tennis	55	36	91	303	313	616	1 490	1 228	2 718	1 848	1 577	3 425
Tischtennis	258	93	351	1 706	530	2 236	4 681	1 518	6 199	6 645	2 141	8 786
Radfahren	137	71	208	338	124	462	1 055	126	1 181	1 530	321	1 851
Basketball	4	—	4	52	15	67	67	13	80	123	28	151
Judo	8	—	8	50	—	50	147	—	147	215	—	215
Rudern	17	17	—	286	113	399	1 841	648	2 489	2 144	761	2 905
Kanu	8	—	8	87	34	121	902	239	1 141	997	273	1 270
Skilauf — Skijöring	139	72	211	461	264	725	1 737	876	2 613	2 337	1 212	3 549
Bob — Rodel — Skelet.	1	—	1	21	7	28	135	18	153	157	25	182
Eissport	20	31	51	36	11	47	133	45	178	189	87	276
Rollsport	44	198	242	42	91	133	160	146	306	246	435	681
Kegeln	—	—	—	78	—	78	2 133	73	2 206	2 211	73	2 284
Rugby	—	—	—	5	—	5	43	—	43	48	—	48
Schach	14	4	18	68	3	71	584	22	606	666	29	695
Sonstige	54	24	78	673	460	1 133	4 690	1 126	5 816	5 417	1 610	7 027
Gesamtzahl	31 191	22 047	53 238	45 004	16 319	61 323	117 681	27 472	145 153	193 876	65 928	259 714

Aus: Sport-Mitteilungen, 21. Dezember 1948

Augenmerk zu schenken. Damit fördern Sie den Sport in Ihrer Heimat und dienen im besten Sinne Ihrem Volke.

Ich muß Ihnen leider berichten, daß der Versuch, zu einer klaren einwandfreien Bestandserhebung zu kommen, mißlungen ist. Eine ganze Reihe von Vereinen haben die Bestandserhebungsbogen noch nicht zurückgesandt. Wenn dies geschehen ist, werden wir die Bestandserhebung fertigstellen und bekanntgeben.

Ich darf vor allem sagen, daß in unserem Verband die Zusammenarbeit zwischen der fachlichen und der überfachlichen Seite einwandfrei und ersprießlich war. Ich kann Ihnen anhand einiger Beispiele einen Einblick in die Zusammenarbeit geben. Ich beziehe mich hier auf die Wünsche der Handballer, die an mich herangetreten sind, weil sie Schwierigkeiten bei der Platzbeschaffung hatten. Ich habe mich im Rahmen des Möglichen für sie verwandt. Ich habe mich weiterhin eingesetzt für verschiedene Vereine verschiedener Sportarten hinsichtlich Platzbeschaffung, Bootsmaterial, Vergnügungssteuer usw. Ich wurde von diesen Vereinen angegangen, weil sie den Wert Ihres LSV erkannt haben, und es ist mir gelungen, solche Dinge befriedigend zu lösen. Oder daß die Rollsportler an mich herantraten, doch zu helfen, daß Spezialhölzer zur Beschaffung von Sportartikeln freigemacht werden können. Es ist mir auch nach 14 Tagen gelungen, die Verhandlungen erfolgreich abzuschließen.

Oder, die Bemühungen, für die Fachgruppe Schwimmen bei der Stadt Frankfurt die Vergnügungssteuer von den Deutschen Schwimm-Meisterschaften, die im Frankfurter Stadion ausgetragen wurden, für Zwecke der Jugendarbeit freizubekommen, was mir auch gelungen ist.

Diese Beispiele zeigen, daß zusammengearbeitet wurde. Wir bekennen uns zur Gemeinschaftsidee und wollen alles tun, was ihr besonders dient. Die Arbeit im

Vergnügungssteuer für Sportveranstaltungen unserer Vereine

Zu dem Thema „Vergnügungssteuer für Sportverantstaltungen" geben wir einem Mitglied aus einem Verein das Wort:

Bei den städtischen Verwaltungen hat sich die Sitte eingebürgert, auch die Sportveranstaltungen mit Vergnügungssteuer zu belasten, ohne Rücksicht darauf, daß diese Gemeinschaften ihre Tätigkeit des Sportes wegen ausüben. Von Berufs- oder Halbberufs-Sport ist nicht die Rede.

Wie ist die tatsächliche Lage?

Der Grundbegriff unserer Sportvereine im Landessportbund zeichnet eine ehrenamtliche Tätigkeit seiner Funktionäre und seiner Mitglieder — aktiv, wie inaktiv — vor. Diese Funktionäre führen die unendlich vielverzweigte Arbeit innerhalb ihres Vereins in ihrer Freizeit aus, opfern dadurch viele Stunden ihres täglichen Lebens, verbunden mit persönlichen Ausgaben bei Besprechungen, Sitzungen usw. Man frägt sich, für wen diese Sportidealisten diese Arbeiten leisten?

Der Sport soll unserer Jugend zu einem gesunden und arbeitsfähigen Körper verhelfen, damit diese jungen Menschen in ihrem späteren Leben allen Lebensanforderungen gewachsen sind. Die Sportvereine haben damit der Stadt und dem Staate eine sehr große und ernste Aufgabe abgenommen, nämlich die Jugend von der Straße und ihren Abwegen zu halten, bezw. sie in ihren Freizeiten mit Sport und Spiel zu ihrem eigenen Vorteil zu beschäftigen.

Was tun die Städte zur Förderung dieser Probleme?

Statt ihre Vereine in jeder Art zu unterstützen, geht man dazu über, nachdem die Währungsreform einen leeren Stadtsäckel gebracht hat, die Sportveranstaltungen mit Vergnügnugssteuer zu belegen, weil man eine Einnahmequelle erhofft. Die Verwaltungen sehen Sonntags bei den Spielen wohl viele Zuschauer, fragen aber nicht danach, welche Unkosten die Vereine haben, um solche Spiele austragen zu können. Man sieht nicht die Ausgaben für die Entsendung der Mannschaften an den Tagen, wo diese auswärts spielen müssen. Bei Entfernungen von zirka 200 km (Landesliga), die in der Runde der Pflichtspiele gegeben sind, stellt sich der Omnibus zur Beförderung der Mannschaft auf zirka 600.— DM. Die Abreise begint morgens um 7 Uhr, die Rückkunft erfolgt bis 24 Uhr. Hinzu kommen die allgemeinen Unkosten für Verpflegung usw., daß der Verein bei seinem nächsten Heimspiel bereits eine Ausgabe von zirka 800.— DM abdecken muß, um die Unkosten des Vorspieltages auszugleichen. Hinzu kommen noch 5—6 Jugend- und Schülermannschaften für Fußball, desgleichen für Handball, außerdem die Abteilungen, die keine Einnahmen zu verzeichnen haben, wie Leichtathletik, Tischtennis, Schwimmen usw., aber mitunterhalten werden müssen, sodaß sich ein Ausgabebetrag ergibt, der mit den Einnahmen nicht mehr in Einklang zu bringen ist.

Wenn ein Verein noch das Pech hat, daß seine eigene Platzanlage von der Besatzungsbehörde beschlagnahmt ist und darauf angewiesen ist, auf anderen Plätzen seinen Sport, Training usw. auszuüben und dafür entsprechende Mieten bezahlen muß, so wird man verstehen, daß diese Vereine mit Recht sich gegen diese aufgezwungene Vergnügungssteuer wehren. Wenn dann in der Stadtverwaltung noch Männer stehen, die den Sport nur dem Namen nach kennen und die Meinung vertreten, 22 Mann unterhalten einige Tausende, dann ist es wahrlich ratsam, den Behörden einen Einblick zu geben in die Vorarbeit, die von Seiten der Spieler im Training geleistet werden muß, um zu solchen Spielen einen gut vorbereiteten Körper für Leistungsarbeit mitzubringen.

Wir verlangen von Seiten des Sportbundes — als Kopf unserer Organisation — eine klare und eindeutige Entscheidung herbeizuführen, ob die Städte berechtigt sind, diese Arbeit der Jugenderziehung und Betreuung zu besteuern und damit den Vereinen die Lust und Liebe nehmen eine freiwillige Arbeit für unsere Jugend zu leisten.

A. Waßner, SV. 98 Darmstadt.

Aus: Sport-Mitteilungen, 6. Oktober 1948

LSV Hessen ist in diesem Sinne ausgerichtet, und wir hoffen, daß diese Idee einmal über Hessen hinaus Allgemeingut wird. Zur Arbeit in Hessen muß ich noch herausstellen, daß die Arbeit der Geschäftsstelle eine vorbildliche war. Wer in diesem Jahr genötigt war, einmal bei der Geschäftsstelle vorzusprechen, wird erkannt haben, daß wir in ganz kurzer Zeit eine Geschäftsstelle errichtet haben, bei der bald alle fachlichen Stellen zu erreichen sind. Ich habe das Bedürfnis, und spreche hier im Namen der Mitglieder des Vorstandes, wenn ich in aller Form unserem Geschäftsführer, Herrn *Linnenberg*, und seinen Mitarbeitern, Herr *Meeßen*, Frl. *Wöhr* und Frl. *Pfeiffer*, herzlichst für ihre geleistete Arbeit danke. Vor allem will ich dafür danken, daß diese Kameraden nicht nur wegen des Geldverdienens, sondern auch aus Überzeugung für unsere saubere Arbeit sich mit allen Widerwärtigkeiten auf der Geschäftsstelle abgefunden haben, und trotz aller Schwierigkeiten, bei Fehlen von Kohlen im Winter sowohl als auch beim Durchdringen des Regens durch die Wände dafür gesorgt haben, daß die Arbeit jederzeit weiterläuft.

Besonders gilt mein Dank dem Geschäftsführer, der auf meine persönliche Bitte, die Arbeit des Geschäftsführers zu übernehmen, dieser Bitte entsprochen hat, weil unser *Linnenberg* sich ganz hervorragend für den Aufbau der Geschäftsstelle eingesetzt hat. Die Art der Arbeitsleistung ist darüber hinaus ebenfalls sachlich einwandfrei. Einen besonderen Dank verdient hier die Buchhaltung.

Anläßlich der Paulskirchenwoche war ein Vertreter des Landessportbundes Württemberg auf der Geschäftsstelle, um sich unsere Buchhaltung anzusehen. Er sagte wörtlich: „Ich habe immer geglaubt, in Württemberg sei alles vorbildlich eingerichtet. Was ich hier in Hessen sehe, ist erheblich besser".

Es muß dazu gesagt werden, daß die Geschäftsstelle und die Büroeinrichtungen ohne Schwarzhandelsgeschäfte eingerichtet wurde. Was Sie auf der Geschäftsstelle vorfinden, ist zu normalen Preisen gekauft worden.

Ich gebe Ihnen jetzt einige Zahlen bekannt, die unsere Arbeit kennzeichnen. Wir hatten in diesem Jahr

Einnahmen laut Kassenbericht:	472.687,16 RM
denen Ausgaben in Höhe von	423.085,04 RM
gegenüberstehen.	

Davon sind für Versicherung	90.000,- RM
rund als Durchlaufposten anzusehen.	

Anneliese Gerber, geb. Pfeiffer

Ich war vom 1. November 1947 bis zum Oktober 1957 zuerst als Schreibkraft, später als Sekretärin beim Landessportbund Hessen tätig.

Wie kam es dazu, wie kam ich überhaupt zum Sport?

Als Anneliese Pfeiffer bin ich im Februar 1921 in Frankfurt geboren. Schulsport fand bei uns nicht statt. Eine jährliche Untersuchung vom Schulgesundheitsamt verschaffte mir wegen der Gefahr von Wirbelsäulenschäden eine Gymnastik in der Orthopädischen Uni-Klinik „Friedrichsheim" mit den damals neuen „Klapp'schen Kriechübungen", die mir ein Leben lang hilfreich bleiben sollten. Turnstunden in verschiedenen Vereinen blieben ohne bleibende Eindrücke, bis sich durch die Olympischen Spiele von 1936 bei mir, wie bei zahlreichen anderen Jugendlichen, ein gewaltiger Motivationsschub einstellte.

Die beruflichen Aussichten waren in diesen Jahren schlecht. So war es trotz Bedenken meiner Eltern, die eine finanzielle Beihilfe meinerseits für die Familie in einem „ordentlichen" Beruf erwarteten, das Angebot zu einem Sportstudium in Leipzig, das meinen weiteren Lebensweg bestimmen sollte.

Leiter des Sportinstituts war damals Prof. Dr. Altrock. Seine begeisternde Vermittlung der Leibesübungen im Geist der Antike prägte meine Einstellung zur Ästhetik im Sport, der neben der Gesundheit als Ziel die Freude an der Bewegung beinhalten sollte.

Ich begann meine Ausbildung als Sportlehrerin im Jahre 1939, die ich kriegsbedingt bereits im folgenden Jahr mit einem zentralen Prüfungslager in Berlin abschließen konnte. Ab 1941 war ich hauptberuflich beim BDM tätig; zunächst in Offenbach, später in Wiesbaden. Hier lernte ich Ella Wöhr kennen; sie war Fachwartin Handball für Mädchen im NSRL.

Bei Kriegsende ließ die Sorge um das tägliche Überleben die sportlichen Aktivitäten zunächst ziemlich in den Hintergrund treten.

Jedoch in den Vereinen regte sich langsam wieder das Leben. Es fanden Fußball- und Handballspiele statt. Und bei einem Handballspiel auf den Sandhöfer Wiesen in Frankfurt traf ich auf Ella Wöhr. Sie war bereits bei dem neugegründeten Landessportverband Hessen als Sekretärin tätig und trug mir die Beschäftigung als Schreibkraft an.

So begann ein neuer Berufsabschnitt für mich. Ich sollte die Sport-Unfall-Versicherung aufbauen und allgemeine Schreibarbeiten erledigen. Steno hatte ich in der Schule gelernt, und je mehr ich zu Vorstandssitzungen hinzugezogen wurde, je besser kam ich wieder in Übung. Durch die bedeutende Rolle, die Heinz Lindner in diesen Jahren im Sport spielte, ergab es sich, daß ich bald an den Zusammenkünften zum Aufbau einer neuen deutschen Sportorganisation teilnehmen durfte. Die meisten Protokolle über die Sitzungen in diesen Jahren wurden von mir aufgenommen. Und ich muß gestehen, daß diese Arbeit eine ungeheure Spannung mit sich brachte. Ich konnte in diesen Jahren des Zusammenwachsens des deutschen Sports viele bedeutende Männer kennenlernen – manchmal auch unbedeutende.

Mit der Einführung des Sport-Toto ergaben sich für die Geschäftsstelle neue Aufgaben. Die Erwartungen der Vereine waren hochgesteckt, aber der Geldsegen sollte auch gerecht verteilt werden. Es war eine schwierige Balance zwischen Hoffnungen und Möglichkeiten. Nicht zu vergessen dabei auch die Rivalitäten unter den Fachverbänden und besonders gegen den „reichen" Bruder Fußball, wobei Willy Linnenberg als Vorsitzender des Hessischen Fußball-Verbandes und Geschäftsführer des Landessportbundes sich zwar mit geschliffener Zunge, jedoch immer auch absolut solidarisch verhielt.

Das Verhältnis der Mitarbeiter in der Geschäftsstelle war überhaupt trotz

gelegentlicher Reibereien durchaus konstruktiv und flexibel im Ausgleich mitunter auftretender sportpolitischer Gegensätzlichkeiten im Vorstand.

Geheiratet habe ich Weihnachten 1949 und bin dann im Jahre 1957 aus privaten Gründen aus der Arbeit beim LSB ausgeschieden – leider viel zu früh.

In der Zeit danach drohten meine Ideale in den zeitweiligen Entartungen des Leistungssports unterzugehen. Aber es ist heute für mich beglückend, zu erleben, wie der Freizeitsport die Menschen wie in einer Lawine zu neuer Lust an der sportlichen Betätigung mitgerissen hat, wovon auch die Vereine wieder angesteckt und neu belebt worden sind.

So findet das Grundmotiv von Heinz Lindner, daß der Verein die Keimzelle des Sports war und ist, wieder seine Bestätigung.

Sachbearbeiter für Verbandsmitteilungen und Versicherungsfragen für sofort gesucht. Fachkundige Bewerber wollen ihre Unterlagen mit Gehaltsansprüchen an die Geschäftsstelle des Landessportverbandes Hessen e. V., Frankfurt am Main, Goethestraße 10, richten.

Uns Hessen hat man immer bestätigt, daß man vor unserer Arbeit mit Hochachtung steht. Man glaubt, anderen Verbänden etwas vorwerfen zu können und berechtigte Kritik zu üben. Die fachlichen Leute gehen den Verband in diesem Sinne nichts an.

Wir haben in diesem Jahr ausgeschüttet an die fachliche Seite und die Sportkreise

insgesamt 214.171,94 RM

In Köln hat man uns vorgeworfen, daß in den Landessportverbänden die fachliche Seite zu kurz käme und berichtete gleichzeitig, daß in Nordrhein-Westfalen z. B. bei einer Mitgliederzahl von angeblich 1,5 Mill. für die fachliche Arbeit rund RM 250.000,- ausgeworfen wurden. Wir können nur sagen, daß wir mit unseren 215.000 Mitgliedern an die Fachgruppen RM 173.000,— ausgeschüttet haben und damit weit mehr für die fachliche Arbeit aufgebracht haben.

Ich darf weiterhin sagen, daß wir beschlossen haben, weitere RM 30.000,— den Fachgruppen zu übergeben.

(*Verliest Liste, siehe Bericht 3/48*).

Wir haben weiterhin die Aufgabe, neue Aufschlüsselungen vorzunehmen und weitere Gelder an die Kreise auszuschütten.

Ich darf noch sagen, daß wir auch weitere RM 30.000,— auf den Sonderfond für Sporthilfe zurückgelegt haben.

Zwei Fälle will ich dazu nennen, die nicht in die Versicherung fielen. Wir haben vor und auch schon beschlossen, weiter Rückstellungen vorzunehmen. Dies soll sein in Gestalt eines Fonds für Jugendhilfe, eines Fonds für Lehrgangsarbeit, eines Fonds für Wiederaufbau in dem Sinn, daß wir besprochen haben, ein unbelastetes Grundstück so herzurichten, daß es die Heimstätte des Sportes in Hessen wird, neben einem Fonds für Beschaffung eines Wagens. Wir haben es abgelehnt, Schwarzmarktgeschäfte zu machen. Der Geschäftsführer könnte Ihnen ein Lied singen von den Schwierigkeiten, diesen Verlockungen entgegenzutreten. Wir haben dazu keine Berechtigung. Es ist nicht immer leicht gefallen, diesen Grundsatz hochzuhalten. Die Not unseres Volkes mag so groß sein wie sie will, sie soll uns als Sportler nicht dazu verleiten, dem Grundsatz zu huldigen, schlechte Kerle zu werden! Sie darf niemand daran hindern, ein anständiger Kerl zu bleiben. Wenn Sie meinen könnten, daß wir genügend flüssige Mittel haben, um besonders im Hinblick auf die kommende Währungsreform doch noch das eine oder andere, wie Schreibmaschinen oder Papier usw., schwarz kaufen zu können, so sage ich, daß es anerkannt ist, daß der am besten durch eine Währungsreform durchkommt, der am meisten Bargeld hat.

Wir kennen nicht die Auswirkungen, aber die Währungsreform steht vor der Haustür. Vielleicht werden wir sie in diesem Monat erleben. Sie wird durchgeführt im 1. Akt von den Besatzungsmächten. Wie sie kommen wird, wissen wir nicht. Wir wollen jedoch nach der Reform Mittel zur Verfügung haben, damit wir dort helfen können, wo es notwendig ist.

Arbeit über Hessen hinaus

Wir haben in Süddeutschland eine Arbeitsgemeinschaft der Landessportverbände überfachlicher Art. Wir haben auch über Hessen hinaus Gemeinschaft auf allen Fachgebieten. Diese Arbeit ist durch Arbeitsgemeinschaft gekennzeichnet. Es sind keine feste Organisationen. Die Bestrebungen, über die Länder hinaus zu einer Organisation zu kommen, sind notwendig. Auf der fachlichen Seite ist man im Laufe der letzten Zeit dazu übergegangen, Deutsche Fachausschüsse zu bilden. Auf der Münchner Konferenz der deutschen Landessportverbände kristallisierte sich klar die Frage heraus: Landessportverbände oder Fachverbände?!

Wir haben im Süden Landessportverbände, die im Grundsätzlichen gesehen, nach unserer Idee aufgebaut sind. Es gibt Abweichungen in der einen oder anderen Art. In der britischen Zone mit Ausnahme von Nord-Rhein-Westfalen hat man ungefähr die gleiche Form. In Nordrhein-Westfalen hat man unabhängig von der Auffassung der Vereine die Fachverbände aufgebaut und diese zusammengeschlossen zu einem Landessportbund. Man hat von den Vereinen verlangt, daß sie unmittelbar in jedem Fachverband Mitglied sind. Man hat dem Bund nicht das Recht einer Finanzhoheit zuerkannt. Man hat damit die sogenannte absolute Selbständigkeit der Fachgruppen. Man hat in den Landessportverbänden die Gegner der Fachverbände gesehen. Ich habe mich verpflichtet gesehen, diese Dinge grundsätzlich herauszustellen. Wir vertreten die Landessportverbände, aber wir sind keine Gegner der Fachverbände. Wir stehen auf dem Standpunkt, daß die Sportarten fachlich selbständig betreut werden müssen. Wir haben keine Gegnerschaft zur Fachverbandsidee. Wir haben unsere Idee so aufgebaut, daß wir von den Vereinen ausgehen. Der Verein ist der Träger des Sportes. Der Landessportverband ist eine Organisation der Vereine. Die Vereine sind Träger der Grundrechte und der Grundpflichten. Wir wollen nichts absolut Altes und nichts absolut neues. Wir wollen nicht an dem Guten vorbeigehen, was bis 1945 war. Gute Dinge kann man nicht weglegen. Wir wollen aber auch nichts absolut altes. Wir sind verpflichtet, die absolute Vernunft walten zu lassen. Unsere Forderung ist die Einigkeit im deutschen Sport, parteilos und neutral und frei von konfessionellen Bindungen.

Deshalb sagen wir: Wir wollen keine Fachverbandsmeierei, wir wollen keine Landessportverbandsmeierei. Die Organisation ist Notwendigkeit, sie ist aber nicht das erste. Sie ist dienstbar der Person, die im Sport die Idee verkörpert. Sie ist demokratisch. Ich habe das Recht des freien Willens, ich habe aber auch Pflichten der Gemeinschaft gegenüber. Das ist unsere Idee der Landessportverbände. Die Mitgliedschaft gibt dem Verein das Recht, zu verlangen, daß er gleichzeitig Mitglied der Fachverbände ist, die fachlich seine Sportarten zu betreuen haben.

Die Dinge mögen liegen wie sie wollen. Die Fachgruppe Fußball Hessen arbeitet fachlich absolut selbständig und steht treu auf dem Boden der Landessportverbände. Wir wollen ein Wort des Dankes an die Vereine, speziell die Fußballvereine, richten, die ein einmütiges Bekenntnis zum Landessportverband gebracht haben. Sie ist Anerkennung unserer Arbeit in

SPORT Mitteilungen

AMTLICHES ORGAN DES LANDESSPORTBUNDES HESSEN E.V. - FRANKFURT/MAIN

3. Jahrgang / Nr. 26 | Frankfurt a. M., den 30. Juni 1948 | Goethestr. 10 / Tel. 76312

Appell des Bundesvorstandes an die Vereine zur Behebung des Notstandes

Mit den Vereinen steht auch unser Landessportbund vor den ersten Auswirkungen der Währungsreform und damit praktisch vor leeren Kassen. Diese Tatsache läßt sich nicht leugnen. Obwohl das Unmaß von Arbeit in unserem Bund und seinen Fachverbänden zwar ehrenamtlich geleistet wird, sind wir aber dadurch auch nicht in der Lage, etwa über den Vordruck B nach der Zahl der ...... Arbeitnehmer ein im Verhältnis zu den dringendsten Erfordernissen stehendes Uebergangsgeld zu erheben.

Bund und Fachverbände sind im Augenblick zweifellos in einer Notlage, ähnlich derjenigen, in welcher sich gerade die Vereine befinden.

Bis dieser Ruf jedoch zu den verantwortlichen Männern in unseren Vereinen durchgedrungen ist, werden dort bereits wieder die ersten Gelder als Mitgliedsbeiträge und Einnahmen aus sportlichen Veranstaltungen in die Vereinskassen geflossen sein. Sicher haben die führenden Männer in unseren Vereinen schon alle Maßnahmen getroffen, um dem Leben im Verein — wenn auch zunächst in bescheidenem Umfang — die materielle Grundlage zu sichern. Sicher sind überall die Appelle an die Vereinsmitglieder ergangen, gerade jetzt in der Not der Uebergangszeit dem Verein nicht nur die Treue zu halten, sondern diese Treue auch zu beweisen und zwar durch die sofortige Entrichtung eines laufenden Monatsbeitrags in neuem Geld. Dort, wo dies etwa noch nicht geschehen sein sollte, gilt es, gerade jetzt in der Uebergangszeit von den Vereinsmitgliedern einen eindeutigen, sofortigen Beweis dafür zu verlangen, daß ihnen i h r *Verein nach wie vor am Herzen liegt, daß er ihnen wertvoll in bestem Sinne ist und daß sie als Glieder dieser Gemeinschaft sich durch eine sofortige Beitragszahlung auch zu ihrer Gemeinschaft unbedingt bekennen.*

Unsere Vereine sind nun einmal Gemeinschaften gleichgesinnter Menschen, geeint in Freundschaft, Kameradschaft und im Dienste des Sportes. In dieser Uebergangszeit nun muß sich in jedem einzelnen Fall zeigen, wie stark und unerschütterlich diese Gemeinschaft jedes Vereins ist. Nicht alle werden wohl dabei zu hundert Prozenten bestehen, aber im wesentlichen — dessen sind wir sicher — werden sich gerade in diesen Tagen und Wochen des Uebergangs jene großen Tugenden erweisen, ohne die eine sportliche Gemeinschaft einfach nicht leben und wirken kann. Unsere Vereine als Träger des Sportes werden bald wieder die materielle Grundlage für ihre unentwegte und segensreiche Arbeit erarbeitet haben. Unserem Bund wird es wahrscheinlich schwerer fallen. Deshalb ist es meine Pflicht, als Bundesvorsitzender mit aller Eindringlichkeit allen unseren Vereinen, ihren Mitgliedern und Vorstandsmitgliedern die augenblickliche Notlage unseres Bundes und seiner Fachverbände vor Augen zu führen. Ich appelliere hiermit an alle Vereinsvorsitzenden und alle Vereinskassenwarte und bitte sie, sofort unserem Landessportbund eine selbst bemessene

Überbrückungsspende

zur Verfügung zu stellen. So wie die Mitglieder des Vereins nur diesem jetzt durch eine sofortige Zahlung eines Beitrags in neuem Geld die ersten Mittel für die unbedingte Sicherung des sportlichen Vereinslebens zur Verfügung stellen können, so können auch jetzt nur unsere Vereine als die tragenden Mitglieder unseres Bundes und seiner Fachverbände uns die ersten Mittel geben. Unser Bund ist nichts anderes als die Vereinigung und Gemeinschaft aller unserer Vereine. Ich bitte daher aus der augenblicklichen Notlage heraus alle unsere Vereine um den klaren, eindeutigen Beweis ihrer Zugehörigkeit durch die sofortige Ueberweisung einer Ueberbrückungsspende. Heute muß sich einmal zeigen, daß sich unsere Vereine nicht nur durch Worte und Erklärungen zur großen Idee unseres Landessportbundes bekennen, sondern daß sie in der Not trotz aller eigenen Schwierigkeiten auch durch die Tat sofort zu helfen bereit sind.

Die Ueberbrückungsspende ist für keinen Verein verlorenes Geld. Der volle Spendenbetrag wird dem Verein auf den Bundesbeitrag angerechnet. Praktisch erbitten wir also auch nichts anderes von unseren Bundesmitgliedern, den Vereinen, wie das, was diese von ihren Vereinsmitgliedern erbitten. So wie der Verein unbedingt sofort geholfen bekommen muß von seinen Mitgliedern, so muß jeder Verein seinem Bund und damit seinen Fachverbänden helfen.

Wir werden also jedem Verein die Ueberbrückungsspende sofort auf den Jahresbeitrag gutschreiben. Wir sehen aber bewußt davon ab, nun einfach eine bestimmte Rate des Jahresbeitrags für sofort fällig zu erklären. Wir bitten um freiwillige Bemessung der Betragshöhe durch jeden einzelnen Verein. Wir bitten nur a l l e *Vereine um diese Spende für die sofortige Weiterarbeit unseres Bundes. Wir sehen auch bewußt davon ab, etwa zu sagen: Gebt uns 10 oder 15 oder 20 Pfg. je Mitglied. Diesr Ruf soll aber doch auch mit aller Eindringlichkeit als Aufforderung zur Ablegung eines aufrichtigen Bekenntnisses zu Bund- und Fachverbänden ergehen.*

Helft sofort unserem Bund als der Gemeinschaft aller Vereine! Ihr helft damit allen Vereinen und euch selbst!

Zahlt die Ueberbrückungsspende entweder auf unser Bankkonto bei der Deutschen Effekten- und Wechselbank in Frankfurt oder auf unser Postscheckkonto Frankfurt/M. Nr. 3164.

Heinz Lindner *1. Bundesvorsitzender.*

SPORT
MITTEILUNGEN
des Landessportverbandes Hessen e. V., Frankfurt am Main

Genehmigt durch die Nachrichten-Kontr. d. Militärregierung f. Hessen APO 633 US-Army Abt. f. Veröffentl. Wiesbaden, 6. 5. 47.

2. Jahrgang / Nr. 35	Frankfurt a. M., den 18. November 1947	Goethestraße 10 I. Telefon 76 312

Fachsport- oder Einheitssportverband?

Eine falsche Fragestellung / Von Heinz Lindner, 1. Vors. im L. S. V. Hessen

Die Landessportverbände, die sich nach dem Zusammenbruch zum Zwecke des sportlichen Neuaufbaues gebildet haben, sind in letzter Zeit von dem einen oder anderen Anhänger der sogen. Fach- oder Spezialsportverbände mit Unterstellungen angegriffen worden, die weder tatsächlich vorhanden, noch künftig etwa beabsichtigt sind. Bei näherer Betrachtung ergibt sich einmal ein gerüttelt Maß von Unkenntnis über den tatsächlichen und rechtlichen Aufbau der Landessportverbände, zum anderen kann man sich leider des Eindrucks nicht erwehren, als seien in dem einen oder anderen Teil rein persönliche Interessen und auch vereinsegoistische Bestrebungen der eigentliche Grund für den Ruf nach Fachverbänden.

Wir wollen deshalb noch einmal mit aller Klarheit folgendes herausstellen:

Unser Neuaufbau ist vom Verein ausgegangen. Der Verein ist die Kernzelle jeder Organisation, gleich wie sie auch gestaltet sein mag. Der Verein ist der Träger des Sports und der sportlichen Idee. Er muß daher auch der Träger der Grundrechte in einem Verband sein. Er ist unmittelbar Mitglied im Verband, dessen sachlichen und persönlichen Aufbau er über sein Recht, abzustimmen und zu wählen, mitgestalten hilft.

Nach dieser Grunderkenntnis ergab sich dann die Kernfrage: wie soll die Organisation aussehen, in der die Vereine zusammenarbeiten müssen, um ihren Aufgaben und dem Wesen und Ziel des Sports am besten gerecht werden zu können? Bei der Lösung dieser Frage muß vor allem eine Tatsache beachtet werden: in den letzten 25 Jahren hat sich in Deutschland eine Wandlung des Sportvereins vollzogen, der in dieser Zeit in der Mehrzahl der Fälle sich von dem Spezialverein mit der Pflege nur einer Sportart, in einen Verein mit mehreren Abteilungen für verschiedene Sportarten umgewandelt hat. Neben das Streben nach Spitzenleistung in einer einzigen Sportart ist inzwischen auch die Breitenarbeit in mehreren Sportarten getreten und zwar nicht etwa nur in den früheren Turnvereinen, sondern auch in den Sportvereinen schlechthin. Diese Tatsache mußte ohne jeden Zweifel bei der Schaffung einer Sportorganisation beachtet werden, denn sie zwingt geradezu, so einheitlich zu organisieren, daß die Mehrzahl dieser Vereine als Träger der Organisation nur von einem Verband betreut wird und nicht von einer Vielzahl von Verbänden. Zu beachten war aber auch all das, was in der Vergangenheit gut oder schlecht war. Dazu kamen die Auswirkungen des Zusammenbruchs und die Not der Zeit mit ihren gebieterischen Forderungen hinsichtlich des Neuaufbaues im Sport. So ergaben sich für diesen Neuaufbau und seine Organisation neben der heutigen Struktur der Mehrzahl der Vereine folgende Leitsätze:

1. Sport ist mit dem Menschen als solchem verbunden, derart, daß dieser ihn pflegen kann bei freiem Willen und bei körperlicher Eignung.
2. Sport setzt Freiwilligkeit voraus. Zwang jeder Art muß unterbleiben.
3. Sport muß auch frei sein von jeder Politik, und von jeder Parteipolitik.
4. Sport muß gerade in unserer Notzeit so gestaltet werden, daß er eint und zusammenhält und nicht zersplittert.
5. Sport hat mit Beruf, Konfession und Rasse nichts zu tun.
6. Sport muß fachlich-sachlich einwandfrei nach den international anerkannten Regeln der einzelnen Sportarten geleitet werden.

KREIS FRANKFURT:

Achtung Jugendleiter!

Am **Dienstag, den 25. November, 18 Uhr,** treffen sich die Jugendleiter aller Vereine im Volksbildungsheim Frankfurt a. M., Eschersheimer Tor. Es spricht Sportlehrer N e e b über seine persönlichen Eindrücke bei der Olympiade 1932 in Los Angeles. Interessenten sind herzlichst eingeladen.

---

7. Sport muß sauber und ehrenamtlich geleitet werden und darf kein Tummelplatz sein für Personen, die ihre persönlichen Interessen vor die sachlichen stellen.
8. Sport darf nicht nur Leistung, sondern muß auch Erziehung sein.

Diese Tatsachen, diese Grund- und Leitsätze haben uns ermutigt, eine Organisation zu schaffen, die jede Zersplitterung vermeidet und in der alle Vereine sich freiwillig zusammenfinden, weil in ihr zugleich in fachlicher Selbständigkeit die einzelnen Sportarten ihre Aufgaben ohne Befehlsempfang von oben her selbst so lösen können, wie sie es wünschen und wie es die Not der Zeit zuläßt. Wir haben also einen Dachverband geschaffen, unseren Landessportverband, dem sich freiwillig die seit 1945 wieder gebildeten Vereine angeschlossen haben als voll- und gleichberechtigte Mitglieder. Und wir haben in diesem einen Verband für jede Sportart eine Fachgruppe geschaffen, die bei ihrer vollendeten fachlichen Selbständigkeit nichts anderes ist als ein Fachverband.

Wir haben also einen Dachverband und in diesem selbständige Fachgruppen, also selbständige Fachverbände. Interessant ist nun, daß die wenigen Rufer nach Fachverbänden einmal diese Tatsache vollkommen übersehen, und daß sie zum anderen selbst erklären: wir wollen Fachverbände, die in einer Dachorganisation zusammengefaßt sind. D a m i t w i r d a l s o e t w a s g e w o l l t , w a s t a t s ä c h l i c h s c h o n v o r h a n d e n i s t . Man tut aber so, als wäre dies nicht der Fall und behauptet, die Landessportverbände seien zentralistische Organisationen im Stile des NSRL., und außerdem würde uns das Ausland nur wieder in den internationalen Sportverkehr aufnehmen, wenn wir wieder wie vor 1933 Spezialsportverbände bilden würden. **Dazu kann man nur feststellen: Einheitsverband und Zentralisation sind noch lange nicht dasselbe.** Unsere Fachgruppenleiter würden sich mit Entschiedenheit verbitten, wenn ihnen „von oben", von der Dachorganisation „Befehle" im Sinne einer berüchtigten Zentralisation erteilt würden. **Umgekehrt: Fachgruppenleiter, die etwa auf solche Befehle von oben warten würden, müßten sich sagen lassen, daß sie vergeblich warten, denn wir haben uns ja nach dem Gesetz der Vernunft zusammengefunden und unsere Rechte und Pflichten so klar und sauber aufgeteilt, daß allen Beteiligten am besten Rechnung getragen ist. Und was den internationalen Sportverkehr und die Zusammenarbeit mit den internationalen Fachverbänden anlangt, so ist eines selbstverständlich: die internationalen Verbände müssen die Garantie haben, daß die von ihnen betreute Sportart bei uns in Deutschland nach ihren festgelegten und anerkannten Regeln von Fachverbänden geleitet werden. Den internationalen Verbänden ist es aber darüber hinaus völlig gleich, ob diese Fachverbände Säulen in einem Dachverband sind oder ob sie völlig getrennt nebeneinander wirken. Daß dem so ist, beweisen gerade die Jahre der zentralistischsten Sportorganisation in Deutschland nach 1933, denn in diesen Jahren hat Deutschland nicht gerade wenig internationalen Sportverkehr gepflogen, ja sogar Olympische Spiele im Einvernehmen und im Auftrag aller internationalen Sportverbände durchgeführt. Irgend etwas stimmt also bei den Rufern nach Fachverbänden nicht und man ist geneigt, anzunehmen, daß einige von ihnen nichts anderes befürchten, als zu kurz zu kommen, wenn über kurz oder lang wieder Deutsche im internationalen Sportverkehr zu friedlichem Sportwettkampf mit den ausländischen Sportfreunden antreten. Sie befürchten offenbar, daß sie selbst dann von der Dachorganisation bevormundet würden, und daß diese sich die Regelung des internationalen Sportverkehrs vorbehalten wolle. Daß daran nicht gedacht ist, braucht eigentlich nicht erst betont zu werden, zumal der Sport nicht für sogenannte Funktionäre da ist. Die Funktionäre sind vielmehr die Treuhänder und Vertrauensleute der Vereine. Deshalb sollten alle Rufer nach Fachverbänden sich vor allem auch erst einmal das Vertrauen der Vereine nach demokratischen Spielregeln verschaffen, bevor sie versuchen, irgendwie von sich reden zu machen. Sie werden dann gerade von den Vereinen zu hören bekommen, daß diese sich heute durchaus zu dem Landessportverband als Dachorganisation mit selbständigen Fachgruppen bekennen, so daß sie nicht gezwungen sind, wegen jeder ihrer Abteilungen sich einem anderen Fachverband anschließen und dort Verbandsbeiträge auch noch in verschiedener Höhe zahlen zu müssen.**

In einer Zeit wie der heutigen, in der die Fachvereine im Verhältnis zu den gemischten Vereinen mit zwei und mehr Abteilungen und damit Sportarten in der Minderheit sind, ist der Ruf nach nebeneinander wirkenden Fachverbänden unseligen Angedenkens nicht mehr gerechtfertigt. Es müßte im übrigen — weil

Der Deutsche Sportbund griff im Jahre 1995 mit seiner Kampagne „Wer holt die Kinder von der Straße" sozialpolitische Argumente auf, derer sich Heinz Lindner bereits im Jahre 1948 bediente. Wie hier so wartete der Landessportbund Hessen auch in anderen Bereichen des Sports mit bis heute modern gebliebenen Überlegungen und Praktiken auf.

Hessen. Wir wollen weiterhin an unserem Grundsatz festhalten und jedem das geben, was ihm gehört. Bei der Bereitwilligkeit zu einer guten Zusammenarbeit haben wir die Pflicht, uns so zu verhalten und so zu bleiben und das große Ziel nicht aus dem Auge zu verlieren. Der Sport ist die Ebene, auf der sich alle deutschen Menschen zusammenfinden können, unabhängig von persönlichen Interessen. Mit diesen Grundsätzen der Gemeinschaftsidee ist unsere Arbeit ein Bekenntnis zum Deutschtum.

Vergessen wir unsere deutsche Jugend nicht. So wichtig die Gefährdung der Jugend zu nehmen ist, so erfreulich ist es, daß die Jugendlichen in unseren Vereinen unter besonderer Obhut stehen. Wenn das Fürsorgeamt eines Kreises berichtet, daß die straffälligen Jugendlichen nicht sportlich organisiert sind, dann ist dies ein Beweis für die vorteilhafte Arbeit unserer Sportorganisation."

Es erscheint Mister Patrick.

***Lindner*:**
Verliest Begrüßungsansprache in englischem Text. Fragt anschließend nach Wortmeldungen.

***Langsdorff*:**
Sportkamerad *Engel* und ich sind auf dem 1. Verbandstag als Kassenprüfer gewählt worden. Wir hatten uns für den 25. Mai 1948 verabredet, gemeinsam die Geschäftsstelle aufzusuchen. Kamerad *Engel* war an diesem Tage leider erkrankt, so daß ich die Kasse und die Buchhaltung alleine geprüft habe. Ich kann versichern, ich habe die Kasse und die Buchhaltung genau geprüft. Ich kann feststellen, daß sie ordnungsgemäß und genau geführt wird, daß sie sogar zu genau geführt wird. Sie werden sicher überrascht sein. Wir haben einen Verbandskassenwart gewählt. Leider hat dieser Kassenwart versagt und schließlich sein Amt zur Verfügung gestellt. Ich möchte deshalb die Bitte aussprechen, wenn Sie einen Kassenwart wählen, schlagen Sie nur einen Mann vor, der auch die Zeit dazu hat und vielleicht auch das fachliche Können besitzt. Anhand der Zahlen, die unser 1. Vorsitzender, Kamerad *Lindner,* vorhin bekanntgab, ersehen sie, daß die Geschäftsführung des Landessportverbandes etwas über den Rahmen eines mittleren Geschäftsbetriebes hinausgeht. Ich möchte, ohne nochmals Zahlen zu nennen, bitten, glauben Sie mir, daß die Kassenführung in Ordnung ist. Ich habe einen Bericht darüber, über verschiedene Kleinigkeiten und auch einige wichtige Punkte dem Verbandsvorstand eingesandt.

Ich möchte nur eines noch sagen, das Konto Gehälter der Geschäftsstelle, die Summe von 19.000,— RM, ist für den Umfang der geleisteten Arbeit zu gering. Ich habe ausdrücklich festgestellt, daß die Angestellten für ihre Arbeit eine bessere Bezahlung verdienen. Außerdem bin ich unbedingt dafür, daß der Verband, und wenn es schwarz sein muß, für sein Geld noch einige gute Schreibmaschinen anschafft. Die Sparsamkeit der Geschäftsstelle ist zur Zeit etwas übertrieben. Als ich mir einige Notizen machen wollte bei der Kassenprüfung, mußte Herr *Meeßen* erst einen Papierfetzen im Papierkorb suchen! Ich möchte Sie also nicht mehr mit Zahlen belästigen, die Geschäftsführung ist in Ordnung.

***Lindner*:**
Ich danke Herrn *Langsdorff* für seinen Bericht. Seinen Vorschlag, wir sollen nicht so engherzig sein, haben Sie gehört. Wir wollen darüber nicht debattieren. Ich glaube,

Sie haben erkannt, daß wir uns an die Regel zu halten bemüht sind, mit dem uns anvertrauten Geld, das schließlich jedem Einzelnen gehört, sparsam umzugehen. Wir sind uns der Verantwortung jederzeit bewußt. Außerdem stehe ich auf dem Standpunkt, und habe Ihnen das eingangs schon geschildert, daß es gut ist, wenn wir nach der Währungsreform ein gewisses Kapital haben, über das wir sofort verfügen können, um die schlimmsten Notstände sofort auszugleichen.

***Linnenberg*:**

Aus den Worten unseres Kameraden *Lindner* können Sie ersehen, daß die Geschäftsstelle mit äußerster Sparsamkeit arbeitet. Sie haben auch die Worte des Kassenprüfers vernommen, der uns vorschlägt, das eine oder das andere schwarz zu beschaffen. Daß wir dies nicht getan haben, ist unser Verdienst. Sie wissen, wie schwer es ist, die täglichen Sorgen zu realisieren.

Ich habe die Arbeit auf der Geschäftsstelle gern getan und werde sie auch gern weitertun. Ich habe sie aber auch ungern getan. Sie wissen, daß es Leute gibt, die aufstehen, die mir kommen und hinter meinem Rücken sagen: das ist der bezahlte Mann im Sport! Daß ich das nicht nötig habe, möchte ich hier herausstellen. Ich bin schon in jungen Jahren ein Mann aus dem Geschäftsleben und habe schon immer sehr viel verdient. Meine Ersparnisse konnte ich über die Zeit retten. Die Zwischenzeit, bis ich wieder in meinem Beruf arbeiten kann, will ich dem Landessportverband dienen und habe das auch bereits bewiesen. Ich hatte die Geschäftsstelle übernommen und habe sozusagen vor einem Nichts gestanden. In den vergangenen eineinhalb Jahren haben wir ein Fundament gelegt. Das Gleiche können Sie auf die Arbeit im Verband übertragen, denn es besteht hier eine gewisse Parallele. Ich habe versucht, Kraft meiner Beziehungen, alles heranzuschaffen. Unsere Schreibmaschinen sind neu. Wir haben vier neue Maschinen, zwei weitere wurden mir zugesagt. Was das bedeutet erkennen Sie, wenn ich Ihnen sage, daß monatlich eine Maschine auf dem Bezirkswirtschaftsamt zur Verfügung steht und wir nach Anzahl der eingegangenen Anträge etwa in 50 Jahren an einen Bezugsschein gekommen wären. Wir haben einen Kassenschrank, der uns insgesamt RM 800,- kostete.

Unsere Büromöbel wurden sämtlich zu normalem Preis angeschafft. Der Schwarzmarktpreis hierfür ist 100.000,— RM. Ich sage Ihnen das deshalb, weil die anderen Landessportverbände diese Dinge wirklich schwarz gekauft haben. Mein Grundsatz ist, daß die Gelder des Sportes der Sauberkeit bedürfen, und solange wir können, werden wir es so machen.

Zum Abschied

Unser Aufbau des Sportes in Hessen dient in besonderem Maße der Jugend. Mit verständnisvollem Interesse hat an dieser Arbeit als Vertreter der Militärregierung für Hessen ein Mann Anteil genommen, den wir in den letzten zwei Jahren ob seiner Objektivität und seiner offenherzigen persönlichen Eigenart schätzen und achten lernten:

Harold C. Patrick.

Ihm wurde der Auftrag zuteil, nunmehr als Chef der Youth Activities Branch für Bayern weiterzuarbeiten. Deshalb hat Mr. Patrick Hessen und damit auch uns verlassen. So sehr wir auf der einen Seite diesen Abschied bedauern, so neidlos freuen wir uns darüber, daß unsere bayerischen Freunde vom Landessportverband und die bayerische Jugend nunmehr in Mr. Patrick einen so aufrichtigen und warmherzigen Förderer gewinnen werden. Wir danken Harold C. Patrick auch an dieser Stelle nochmals für seine Anteilnahme und Unterstützung. Im Namen des Bundesvorstandes und aller Vereine unseres Landessportbundes Hessen darf ich gleichzeitig Mr. Patrick für seine weitere Arbeit in Deutschland und sein persönliches Wohlergehen alles Gute wünschen.

Heinz Lindner,
1. Bundesvorsitzender.

Aus: Sport-Mitteilungen, 13. Oktober 1948

***Lindner*:**

Dankt *Linnenberg* für seine Worte und bittet nach Eingang der Wortmeldung

***Kohaut*, Offenbach:**

Ich komme auf die Ausschüttung der Gelder zurück. Ich kann nicht verstehen, daß die Ausschüttung der Kopfgelder so verschieden sein soll. Ich zweifle nicht an den Angaben. Wenn aber bei der großen Mitgliederzahl in Nordrhein-Westfalen weniger Geld an die Fachverbände ausgeschüttet worden ist, so liegt es vielleicht daran, daß dort der Kopfbeitrag nicht so hoch ist wie bei uns. Ich glaube, wir sollten hier aufklärend wirken.

***Lindner*:**

Man ist dort gezwungen, das zu tun, was wir ablehnen, nämlich, daß die Vereine an jeden Verband einen Kopfbeitrag zu zahlen haben. Bei einem Verein mit mehreren Sportarten kommt dabei ein erheblicher Betrag heraus.

***Schulmeyer*, Mörfelden:**

Ich glaube, daß wir alle als Träger des Verbandes etwas Positives mit nach Hause nehmen wollen. Ich wünsche, daß der Verbandsjugendwart einen Bericht über seine geleistete Arbeit macht und anschließend der Verbandssportwart einen Bericht abgibt.

***Lindner*:**

Ein Gesamtbericht des Verbandes ist bereits gemacht worden. Die fachlichen Berichte sind Angelegenheit der Fachverbände auf ihren Verbandstagen.

***Löffel*, Niederrad:**

Es ist nicht richtig, daß nur ein Kassenprüfer die Kassenprüfung vorgenommen hat. Ich bin dafür, daß man heute drei Kassenprüfer wählt, und daß man die Prüfung der Herren nicht wieder so kurzfristig ansetzt.

***Lindner*:**

Ihr Einwand ist selbstverständlich in Ordnung. Ich bitte aber, doch objektiv zu sein. Es ist in diesem Falle niemand einen Vorwurf zu machen, wenn Herr *Engel* zu dem angesetzten Termin krank ist. Gegen die Wahl von drei Kassenprüfern ist selbstverständlich nichts einzuwenden.

***Lindner*:**

Wir kommen zu

Punkt 5 der Tagesordnung: **Beschlußfassung über die Hauptsatzung einschließlich der vorliegenden Satzungsänderungen**

Auf dem Verbandstag in Mörfelden wurden die Mitglieder der Satzungskommission gewählt:

Heinrich Sorg,	Frankfurt
Paul Wettig,	Kassel
Engel,	Griesheim
Strack,	Hersfeld
Paul Morasch,	Wiebaden
Seibert,	Wetzlar

unter Vorsitz von Verbandsrechtswart *Paul Wettig*.

Kamerad *Wettig* wird anschließend einen Bericht über die Tätigkeit der Satzungskommission geben und die besprochenen Änderungen vorschlagen. Einen Antrag von grundsätzlicher Bedeutung will ich jedoch vorwegnehmen.

Antrag: *Der Verbandsvorstand beantragt: Der Name Landessportverband ändert sich in Landessportbund Hessen e.V.*

Der Name ,,Verband" bleibt nunmehr für die fachliche Seite, während die überfachliche Organisation ,,Bund" heißt.

***Kohaut*, Offenbach:**

Was ändert sich an der Sache, warum sollen wir denn jetzt schnell einen Bund wählen?

***Lindner*:**

An unserem Verband ändert sich lediglich der Name. Unsere Einstellung und unsere Arbeit ändert sich hierdurch in keiner Weise.

Michael Meeßen

Meeßen wurde am 27. September 1917 in Würselen bei Aachen geboren. Dort besuchte er zunächst die Volksschule, dann das Gymnasium, wechselte aber zur Handelsschule über und arbeitete nach einer käufmännischen Lehre als Buchhalter.

Mit sechs Jahren trat er in den Turnverein Würselen ein, schloß sich dann aber dem Arbeitersport an und betätigte sich dort als Leichtathlet, Fußballer, Schwimmer und Skifahrer.

In den 30er Jahren wechselte er aus beruflichen Gründen nach Frankfurt-Fechenheim über und wurde hier im September 1939 zur Wehrmacht eingezogen. Am 15. Dezember 1941 schied er aus der Wehrmacht aus, war bis zum August 1944 erster Buchhalter beim Gau Hessen des Nationalsozialistischen Reichsbundes für Leibesübungen (NSRL) hauptberuflich tätig und wurde dann für ein Frankfurter Autohaus dienstverpflichtet.

Das Kriegsende erlebte Meeßen in Frankfurt. Als aktiver Sportler im TSV Fechenheim versuchte er auch nach dem Zweiten Weltkrieg seine Sportbegeisterung zur beruflichen Basis zu machen. Seit April 1947 bewarb er sich beim Landessportverband und trat am 1. Dezember 1947 als Buchhalter in den LSV-Dienst. Später war Meeßen stellvertretender Geschäftsführer und Leiter der Finanzverwaltung und baute zusammen mit Geschäftsführer Linnenberg den Landessportbund in seiner inneren Verwaltung auf. Er war lange Jahre dienstältester LSB-Mitarbeiter und ist am 31. März 1981 nach 33 Jahren beruflichen Tätigkeit beim LSB in den Ruhestand getreten. Nur 14 Monate später ist er am 21. Mai 1982 in Wachenbuchen gestorben.

Neben seinem beruflichen Engagement für den hessischen Sport war Meeßen in zahlreichen Funktionen auch ehrenamtlich im Sport tätig. So war er lange Jahre Vorstandsmitglied des Hessischen und des Süddeutschen Hockey-Verbandes, war zugleich auch Vorstandsmitglied des Hessischen Tischtennis-Verbandes und Kassenprüfer im Deutschen Tischtennisbund. Für die Hessische Sportjugend nahm er das Mandat im Finanzausschuß des Hessischen Jugendringes wahr.

Frankfurt am Main, Goethestraße 10, im Winter 1947

Ich kam in ein Haus, ausgebrannt, roter Sandsteinbau, im ersten Stockwerk einige Fenster verglast, durch ein von draußen sichtbares Ofenrohr war es als bewohnbar gekennzeichnet. Tatsächlich hatten einige der riesigen Zimmer ein Kanonenöfchen, die erforderlichen Briketts waren abgezählt an der Wand aufgereiht.

Schreibtische, Büromaterial, Schreibmaschinen, Karteien – alles war tatsächlich vorhanden. Das war erstaunlich!

Der Geschäftsführer hieß Willy Linnenberg. Nicht die zahllosen Vereine, die in die neue Organisation „Landessportverband" strömten, waren der Kulminationspunkt, sondern das Bezugsscheinamt.

Platte Fußbälle hatten sie auf dem Land alle, aber nicht die so dringend erforderlichen Fußballblasen. Die gab es nur auf Bezugsschein. Aber Fußballblasen waren zum Fußballspielen viel zu schade. Sie wurden benötigt zur Beschaffung unserer Kohlen, für den Einbau von Türen und wer weiß nicht für sonst noch was. Aber die Bezugsscheine für die Fußballblasen – und da beginnt der Siegeszug des Fußballs –, die gab es nur für die fast unerreichbaren Eintrittskarten der überregionalen Vergleichsspiele aller Art im Frankfurter Waldstadion, die ein Renner waren in dieser an großen Ereignissen so kargen Zeit.

Für die Herrichtung der Fußböden brauchte man Bezugsscheine für Zement. Was Wunder, daß alle Handwerker immer nur Fußballer waren!

Wir hatten Öfchen, wir hatten Briketts, aber wir hatten keinen Handfeger zum Saubermachen. Bei meiner letzten Arbeitsstelle wurden aus Filmabfall Fransenborsten für Handfeger gearbeitet und einmal im Monat an die Arbeiter abgegeben. Mit einem solchen feinen Feger kam ich in der Goethestraße an. Klar, daß auch die Fußballer vom Zimmer nebenan, wo der Hessische Fußball-Verband seine Zentrale hatte, kamen und fragten, ob sie mal ... Nur drei Minuten später bekamen wir grinsend den Stiel zurück: Ei ja, die heiße Asche und zisch – fort war der Besen.

Ich hatte kaum meine Dienststelle angetreten, da kam in Folge eines schier nicht enden wollenden Dauerregens das Weihnachtshochwasser. Gearbeitet hat damals zwischen den Jahren keiner. Nur unsere Sekretärin, Ella Wöhr, und ihr Bruder Karl, der beim Fußballverband angestellt war, gingen in diesem Regen in die Goethestraße, um Akten und Regale vor den durch die Decken und Fenster eindringenden Wassermassen in Sicherheit zu bringen. Sie wohnten nicht weit entfernt von der Goethestraße.

Goethestraße Nr. 12 (l.) und Nr. 10

Die Straßenbahn fuhr damals nur bis zum Eisernen Steg auf der Sachsenhäuser Seite. Über den Steg und über den Römer gingen wir täglich durch und über die Trümmer der Altstadt, vorbei an ausgebrannten Fassaden bis zu unserem Haus. Die heutige Vorstellungskraft reicht nicht mehr aus, sich an Einzelheiten dieser grausigen Zeit zu erinnern.

Und dennoch ging es langsam bergauf. In den zehn Jahren meiner Tätigkeit beim LSB fuhren dann auch wieder die Straßenbahnen über den Main an die Hauptwache, und bei den Vorstandssitzungen gab es sogar heiße Frankfurter Würstchen. Im Erdgeschoß unseres Hauses richtete Albert Bank sein Radiogeschäft ein. Im Jahre 1954 stellte er uns bei einer Vorstandssitzung ein Fernsehgerät hin, damit wir die Fußball-Weltmeisterschaft in Bern miterleben konnten. Das war dann alles schon ganz komfortabel.

Die zentrale Person im Haus Goethestraße 10 in diesen Jahren war Willy Linnenberg. Solche Menschen haben ihre größten Momente auch nur in solch außergewöhnlichen Zeiten. Er hat aus der ausgebrannten Ruine wieder ein Haus voller Leben gemacht, und wir haben alle mit Begeisterung und Bewunderung mitgemacht!

Anneliese Gerber

Wir stehen hier an und für sich bereits vor einer vollendeten Tatsache, das der Verbandsvorstand gemäß § 12, Abs. 11 und § 23, Abs. 2 der Hauptsatzung durch Rundfrage die Abstimmung zur Herbeiführung einer notwendigen Satzungsänderung mit der erforderlichen Zweidrittelmehrheit durchgeführt hat, vorbehaltlich der Zustimmung des ordentlichen Verbandstages.

Anträge auf Aenderung unserer Hauptsatzung

Der 1. ordentliche Verbandstag 1947 hat bekanntlich unsere Hauptsatzung mit Wirkung bis zum nächsten ordentlichen Verbandstag 1948 in Kraft gesetzt. Gleichzeitig hat er eine Satzungskommission gewählt, die selbst unter dem Vorsitz des Verbandsrechtswarts etwaige Vorschläge zur Aenderung der Hauptsatzung ausarbeiten und etwa eingehende Aenderungsanträge zur Vorlage bei dem Verbandsvorstand bearbeiten soll.

Unser 2. ordentlicher Verbandstag findet bekanntlich Anfang Juni statt. Wir bitten daher heute wiederholt, über die Verbandsgeschäftsstelle oder unmittelbar über unseren Verbandsrechtswart Satzungsänderungsanträge so bald wie möglich,

spätestens jedoch bis 15. März 1948

einzureichen. Die Anträge bitten wir mit einer kurzen sachlichen Begründung zu versehen. Anträge bitten wir aus Gründen zweckvoller Bearbeitung in sechsfacher Ausfertigung einzureichen.

Tagung der Satzungskommission

In Kürze wird eine Tagung der Satzungskommission stattfinden. Die Mitglieder der Kommission werden auf diesem Wege gebeten, sofort ihre genaue Anschrift dem Vorsitzenden und Verbandsrechtswart, Paul Wettig, Kassel-B, Freudenthalstr. 2, mitzuteilen und dabei gleichzeitig einen Vorschlag für den Tagungsort unter Berücksichtigung einer gewissen zentralen Lage für die einzelnen Mitglieder zu machen.

Aus Sport-Mitteilungen, 13. Februar 1948

Wir wollen mit beschleunigtem Verfahren abstimmen, und durch Vorabstimmung feststelllen, ob eine schriftliche Abstimmung notwendig ist. Ich bitte, durch Aufheben einer Hand Ihre Zustimmung zu geben, wenn Sie für die Änderung sind.

Gegenstimme: keine
Stimmenthaltung: 7

Der Antrag betr. Namensänderung Landessportverband in Landessportbund wurde mit überwiegender Mehrheit angenommen.

Antrag: *Der Verbandstag möge beschließen, die bisherigen Fachgruppen entsprechend dem bereits vorangegangenen Änderungsbeschluß in Fachverbände umzunennen.*

Damit soll es ab sofort nur noch Fachverbände im Landessportbund Hessen e.V. geben.

Wortmeldungen hierzu: Keine

Abstimmung:

Gegenstimmen: Keine
Stimmenthaltung: eine

Der Antrag betr. Namensänderung der Fachgruppen in Fachverbände wurde mit überwiegender Mehrheit angenommen.

***Wettig*:**

Es war ursprünglich beabsichtigt, die Hauptsatzung des LSV in Form einer Broschüre mit einem Bericht über den 1. ordentlichen Verbandstag den Vereinen und Verbandsorganen zuzustellen mit der Aufforderung, Anträge auf Änderungen der Hauptsatzung dem Verbandsvorstand einzureichen. Wegen des vorherrschenden Papiermangels war dieser Vorstandsbeschluß leider nicht durchführbar. Die Hauptsatzung wurde in Nr. 5 der „Sport-Mitteilungen" 1948 veröffentlicht.

In Nr. 6 der „Sport-Mitteilungen" wies der Verbandsvorstand im Zusammenhang mit der ersten Bekanntmachung betr. des Verbandstages 1948 darauf hin, daß Anträge, die sich auf eine Satzungsänderung beziehen, dem Verbandsrechtswart, als Vorsitzender der Satzungskommission zur Bearbeitung vorgelegt werden können. In Nr. 7 der „Sport-Mitteilungen" wurde seitens des Verbandsvorstandes nochmals durch Bekanntmachung auf die Satzungskommission und Anträge auf Satzungsänderungen hingewiesen und die Frist zur Einreichung solcher Anträge auf den 15. März 1948 festgelegt. Anträge auf Satzungsänderung durch Beschluß eines Bezirkstages konnten bis 8. Mai vorgelegt werden. Die Satzungskommission hat in ihrer vollzähligen Zusammensetzung zwei Arbeitstagungen in Frankfurt abgehalten, zu denen der 1. Verbandsvorsitzende *Lindner* zugegen war. Die Satzungskommission hat ihre Beschlüsse einstimmig gefaßt, nachdem alle Unklarheiten besprochen und bereinigt worden waren.

Als grundlegende Änderung der Satzung ist die Namensänderung des Landessportverbandes in Landessportbund und der Fachgruppen in Fachverbände hervorzuheben. Diese Satzungsänderung wurde bereits beschlossen.

Eine weitere grundlegende Änderung ist der Zusammentritt des Bundestages alle zwei Jahre, während die Bezirkstage und Kreistage alljährlich abzuhalten sind.

Antrag: Der Verbandstag wolle die vorgeschlagenen Satzungsänderungen beschließen und die Hauptsatzung mit Wirkung vom 5. Juni 1948 in Kraft setzen.

Änderungen

In allen vorkommenden Fällen ist zu setzen an Stelle „Landessportverband Hessen e.V." „Landessportbund Hessen e.V.", in allen vorkommenden Fällen statt „Fachgruppen" „Fachverbände". Dementsprechend ist eine Änderung im Wortlaut der Satzung vorzunehmen z. B. Bundesgebiet, Bundesjahr, Bundesaufbau, Bundesvorstand, Bundestag, Bundesgericht. An Stelle des Ausdruckes Fachgruppenleiter ist zu setzen: Vorsitzender des Fachverbandes. An Stelle des Ausdruckes „engerer geschäftsführender Vorstand" ist stets zu setzen: „geschäftsführender engerer Vorstand".

Im einzelnen treten folgende Satzungsänderungen ein:

§ 2 Abs. 5 lautet: Der Landessportbund Hessen wird durch Wort, Schrift und Bild immer mehr Verständnis für den Wert des Sports in allen Schichten unseres Volkes wecken und fördern.

§ 8 Abs. 3, Zeile 1: das Wort „alljährlich" wird gestrichen.

§ 12 Abs. 2 erhält folgende Fassung:
Die Ämter der Verwaltungsorgane werden durch Wahlen auf den zuständigen Tagungen der Vereinsvertreter für die Dauer der Wahlzeit besetzt. Wählbar sind nur Vereinsmitglieder nach Vollendung des 21. Lebensjahres. Erlischt während der Wahlzeit die Vereinsmitgliedschaft, so bewirkt dies das Ausscheiden aus dem Amt, es sei denn, daß innerhalb von drei Monaten eine neue Vereinsmitgliedschaft erworben wird.

§ 12 Abs. 4 soll später in die Rechtsordnung des LSB übernommen werden.

§ 13 Abs. 2 erhält folgende Fassung:
Der ordentliche Bundestag findet alle zwei Jahre statt und soll im April einberufen werden. Die Einberufung erfolgt durch den geschäftsführenden engeren Vorstand, der die Tagesordnung festsetzt und sie usw.

§ 13 Abs. 4 Zeile 3 wird das Wort „oder" durch „und" ersetzt.
Nach dem Satz 2 wird folgender Satz 3 eingefügt: Die Fachverbände haben ebenfalls das Recht, Anträge überfachlichen Inhalts zur Beschlußfassung durch den ordentlichen überfachlichen Bundestag zu stellen mit der Maßgabe,daß derartige Anträge 4 Wochen vor dem Bundestag dem Bundesvorstand vorzulegen sind.

§ 14 Abs. 1 erhält folgende Fassung:
Der Bezirkstag ist die alljährliche Versammlung usw.

§ 15 Abs. 1 erhält folgende Fassung: Der Kreistag ist die alljährliche Versammlung usw.

§ 15 Abs. 2 lautet: Die Kreistage sollen grundsätzlich im Februar abgehalten werden, spätestens jedoch 4 Wochen vor dem Bezirkstag.

§ 17 Abs. 1 erhält folgende Fassung: Der Vorstand des Landessportbundes Hessen besteht aus

1. dem 1. Bundesvorsitzenden
2. dem 2. Bundesvorsitzenden
3. dem Bundessportwart
4. dem Bundeskassenwart
5. dem Bundesrechtswart
6. dem Bundespressewart
7. dem Bundesjugendwart
8. der Bundesfrauenwartin

die den geschäftsführenden engeren Bundesvorstand bilden. Durch Hinzuziehung aller Vorsitzenden der Fachverbände wird der geschäftsführende engere Bundesvorstand zum Gesamtbundesvorstand erweitert.

§ 17 Abs. 2: Die Mitglieder des geschäftsführenden engeren Bundesvorstandes werden vom ordentlichen Bundestag gewählt, die Mitglieder der Fachverbandsleitungen vom ordentlichen Verbandstag der Fachverbände.

§ 17 Abs. 10 erhält folgende Fassung:
Der Bundesvorstand hat das Recht, jederzeit einen beauftragten Vertreter zu den Tagungen und Sitzungen aller Bundes- und Verbandsorgane zu entsenden.

§ 18 Abs. 1 hat hiernach folgende Fassung:
Das Bundesgericht besteht aus dem Bundesrechtswart als 1. Vorsitzenden und den Bezirksvorsitzenden als Beisitzer.

§ 20: Es heißt stets: geschäftsführender engerer Kreisvorstand.

§ 22 Abs. 2 erhält folgende Fassung:
Sachlich erstreckt sich die Rechtssprechung auf alle Geschehnisse im Sport und in der Sportverwaltung, die daher auch grundsätzlich nur durch Rechtsprechung innerhalb des Bundes und der Fachverbände unter Ausschluß des ordentlichen Rechtsweges zu bereinigen sind.
In begründeten Ausnahmefällen kann die Klage im ordentlichen Rechtsweg auf Antrag durch den Bundesvorstand zugelassen werden. Begründete Anträge dieser Art sind schriftlich an den Bundesvorstand (Bundesrechtswart) zu richten.

§ 22 Abs. 6 erhält folgende Fassung:
Als Strafen sind innerhalb des Bundes und seiner Fachverbände zulässig: 1. die Warnung, 2. der Verweis, 3. die Geldstrafe, 4. die Amtsenthebung auf Zeit oder Dauer, 5. das Ausscheiden aus der Betreuung eines Fachverbandes, 6. der Ausschluß aus dem Landessportbund, der ohne weiteres auch den Ausschluß aus dem Verein bewirkt.

Altpapieraktion der „SM"

An alle Vereine und Abteilungen!

Der Landessportverband hat unter denkbar ungünstigen Bedingungen und mit großen Schwierigkeiten in diesem Winter mit dem Aufbau einer Etage im Hause Goethestraße 10 in Frankfurt a. M. begonnen, um einen geordneten und reibungslosen Ablauf der Geschäfte mit den von ihm betreuten fast 2000 Vereinen tätigen zu können und darüber hinaus den meisten seiner selbständigen Fachgruppen die Möglichkeit eines eigenen Geschäftsraumes zu schaffen. Wie groß die Schwierigkeiten, die sich dem gesteckten Ziel in den Weg stellen, sind, bedarf wohl keiner besonderen Erwähnung. Trotzdem aber ist schon vieles erreicht worden, was zu Beginn dieser Arbeiten nicht möglich erschien. Dank der tatkräftigen Unterstützung vieler Sportler sind wir nun so weit, daß die erste Etappe geschafft wurde.

Wir wissen, daß viele Vereine und Sportler im weiten Land gerne unseren Aufbau in irgendeiner Weise unterstützen möchten und dazu nicht in der Lage sind. An sie alle wenden wir uns heute, indem wir sie bitten, uns

mit Altpapier

behilflich zu sein. Wir benötigen Altpapier für Briefhüllen, für Karteikarten, für Einbände, für Schnellhefter, für Ordner usw. Ein einigermaßen geordneter Geschäftsverkehr ohne Altpapier ist kaum mehr denkbar. Darüber hinaus müssen wir für verschiedene andere Gegenstände zur Einrichtung der Geschäftsräume Altpapier geben.

Die gleichen Papiernöte machen sich bei unseren „Sport-Mitteilungen" bemerkbar. Nur unter großen Schwierigkeiten ist es uns möglich, die achtseitige Ausgabe aufrechtzuerhalten. Bisher haben wir davon abgesehen, wie andere Zeitungen oder Zeitschriften, den Bezug der „SM" von der Lieferung von Altpapier abhängig zu machen und sind bestrebt, auch künftig nicht so zu verfahren. Wir bitten aber alle Bezieher, uns nach besten Kräften zu unterstützen und unsere Papierlage durch Altpapiersendungen zu sichern. Viel Papier aller Art wird achtlos weggeworfen und könnte uns über manches weiterhelfen. Bitte sammelt es, ob es Schreib-, Druck- oder sonstige Papierabfälle (auch kleinste Mengen) sind und schickt es an die Geschäftsstelle des LSV Hessen, Frankfurt a. M., Goethestraße 10. Bei größeren Sendungen gebt bitte schriftlichen oder telephonischen Bescheid, wo dasselbe abzuholen ist.

Aus: Sport-Mitteilungen, 13. Februar 1948

§ 23 Abs. 2: Die Wörter „im Laufe eines Verbandsjahres" sind zu streichen.

Es melden sich zu Wort zu den Satzungsänderungen:

***Löbel*, Dieburg:**

Ein Verein kann keinen Antrag durchbringen, wenn der Kreistag nach dem Verbandstag stattfinden soll. Der Kreistag muß unbedingt vor dem Verbandstag durchgeführt werden.

Der § 9 über die Mitgliedsrechte ist dahingehend zu ändern, daß ein Vereinsvertreter für andere Vereine das Stimmrecht erhält, so daß ein Verein, der am VT nicht teilnehmen kann, durch einen anderen sein Stimmrecht vertreten kann.

Im § 4 bitte ich die Zahl 6 für die Sportbezirke zu streichen, da diese sich durch Gebietsveränderung des Landes wieder ändern kann. Dann wäre sonst wieder eine Satzungsänderung notwendig.

***Lindner*:**

Es ist jedem Verein möglich, auf dem ordentlichen Bezirkstag seinen Antrag einzubringen. Diese finden bekanntlich vor dem Verbandstag statt.

Eine Übertragung des Stimmrechts auf den Kreisvorsitzenden oder andere Vereinsvertreter halte ich nicht für richtig. Es sind genügend Erfahrungen mit dem Stimmenfang und seinem Mißbrauch gemacht worden. Ein Verein, der keinen Vertreter auf den alle zwei Jahre stattfindenden Verbandstag schicken kann, kann auch nicht die Geschicke des Verbandes mitbestimmen. Wir wollen nicht, daß die Vereine ihre Stimmen abtreten an irgendwelche Interessenten, die damit einen bestimmten Zweck wollen.

***Fleischhauer*, Eltville:**

Im § 15 heißt es, daß die Kreistage 14 Tage nach dem Verbandstag stattfinden sollen, aber alljährlich durchgeführt werden. Wann soll der Kreistag abgehalten werden in dem Jahr, in dem kein Verbandstag stattfindet?

***Lindner*:**

Dafür besteht keine zwingende Vorschrift. In diesem Jahr kann der Kreistag nach dem jeweiligen Bedürfnis einberufen werden, während er in dem Jahr, in dem der Verbandstag tagt, nach diesem stattfindet.

***Huth*, Rüsselsheim:**

Ist ebenfalls für die Durchführung des Kreistages vor dem Verbandstag.

***Kaross*, Frankfurt:**

Ist die Geschäftsordnung des LSV auch für die Fachverbände maßgebend? Es steht in der Geschäftsordnung, daß die Stimmenzahl sich nach der Mitgliederstärke des Vereines richtet. Wenn das auch bei den Fachverbandstagen so gehandhabt wird, kann ein großer Verein mit über 1.000 Mitgliedern die ganze Abstimmung beeinflussen.

***Lindner*:**

Die Geschäftsordnung und die Satzung gilt natürlich sinngemäß für die Fachverbände. Auf dem Verbandstag der Schwimmer sind natürlich die Vereine nur stimmberechtigt für die Mitgliederzahl der Schwimmabteilung.

***Eisinger*, Erzhausen:**

Die Kreistage müssen auf jeden Fall vor dem

Verbandstag sein, denn in den Sommermonaten können wir in den Kreisen nicht die Vertreter der Vereine zusammenholen.

***Lindner*:**

Schließt die Debatte und stellt die Frage, ob der Kreistag vor oder nach dem Verbandstag stattfinden soll, zur *Abstimmung:*

Es wird durch handaufheben mit 25 Gegenstimmen und 15 Stimmenthaltungen dafür gestimmt, daß die Frage Kreistag gesondert von den übrigen Satzungsänderungen und mit schriftlicher Abstimmung geklärt werden soll.

***Kohaut*, Offenbach:**

Über die Satzungsänderung so schnell abzustimmen, ist eigentlich unmöglich. Man müßte die Änderungsvorschläge vorher wissen.

***Lindner*:**

Die Satzungsänderungen werden in Zukunft vorher bekanntgegeben werden. Ihr Einwand ist richtig. Nur stehen wir in den heutigen Zeitverhältnissen vor der schwierigen Papierlage und können nicht alles veröffentlichen, was wir gerne vorhaben.

Abstimmung über die Satzungsänderung, beantragt von der Satzungskommission:

Gegenstimmen:	keine
Stimmenthaltung:	eine

Der Antrag auf Satzungsänderung wurde mit überwiegender Mehrheit angenommen.

Zur Wahlkommission wird bestimmt:

Trapper, Eintracht Frankfurt
Pfaff, Sprendlingen
Fleischhauer, Eltville
Pflug, Rüsselsheim

Abstimmung: Soll der Kreistag nach dem Verbandstag stattfinden?

Ja:	378 Stimmen
Nein:	549 Stimmen
Stimmenthaltungen:	4
ungültige Stimmen:	22

Der Antrag ist abgelehnt. Der Kreistag wird vor dem Verbandstag durchgeführt.

Für die nachfolgenden Abstimmungen wird Binner, Vorsitzender des Hess. Schwimmverbandes ohne Widerspruch zum Wahlpräsidenten bestimmt.

Abstimmung: Entlastung des Vorstandes.

Ja:	alle Anwesenden
Nein:	niemand

Der Vorstand wurde einstimmig entlastet.

Wahl des 1. Vorsitzenden.

***Müller*, Wiesbaden-Dotzheim:**

Unser 1. Vorsitzender, Kamerad *Lindner*, hat für den Landessportverband eine so umfassende und vorbildliche Arbeit geleistet, daß ich bitte, *Lindner* einstimmig wiederzuwählen.

Es erfolgt kein Gegenvorschlag. Reg.-Rat Lindner wird durch Erheben von den Plätzen einstimmig wiedergewählt.

***Lindner*:**

Ich danke Ihnen für dieses Vertrauen. Ich will keine Worte machen. Ich werde mich bemühen, weiterhin zu Ihrer Zufriedenheit zu arbeiten.

Wahl des 2. Vorsitzenden.

Vorschläge: *Heinrich Sorg*
Dr. Lingnau

Beide sind auf Befragen bereit, das Amt zu übernehmen.

Abstimmung:

Heinrich Sorg:	450 Stimmen
Dr. Lingnau:	364 Stimmen
Stimmenthaltungen:	5
ungültig	5

Heinrich Sorg wurde mit einfacher Mehrheit wiedergewählt.

Wahl des Kassenwartes.

***Lindner*:**

Kamerad *Grosse*, der auf dem ersten Verbandstag zum Kassenwart gewählt wurde, hat leider nicht das gehalten, was er versprochen hat. Es ist ihm daraus kein Vorwurf zu machen, da er beruflich schon überlastet war. Er hat dann sein Amt zur Verfügung gestellt. Wenn wir nun einen neuen Kassenwart wählen, schlägt der Verbandsvorstand Ihnen Herrn *Dr. Dietz* vor. Ich kenne *Dr. Dietz* persönlich, er ist bereit, das Amt zu übernehmen. Er hat die Qualitäten, dieses Amt gewissenhaft auszuüben.

Es erfolgt kein Gegenvorschlag.

Abstimmung:

Gegenstimmen:	keine
Stimmenthaltungen:	keine

Dr. Dietz wurde einstimmig zum Bundeskassenwart gewählt.

***Dr. Dietz*:**

Ich nehme die Wahl an und hoffe, Ihr Vertrauen zu finden.

Wahl des Bundessportwartes.

Vorschläge: *Martin Schmidt*

Landessportverband Hessen e. V.

Verbandsrechtswart
Paul Wettig,
Kassel-B.,Freudenthalstr.2

Bankkonto: Deutsche Effekten- und Wechsel-Bank, Frankfurt a. M., Konto-Nummer L 438 / Postscheckkonto: Frankfurt a. M. Nr. 3164 / Telefon 76312

An
LANDESSPORTBUND HESSEN e.V.
Geschäftsstelle
Herrn W. Linnenberg
Frankfurt/Main
Goethestrasse 10

Kassel-B., ~~Frankfurt a. M.~~ den 8.August 1948
Goethestraße 10

Eingegangen: 11. Aug. 1948
Beantwortet am:
Erledigt: am:

Ihr Zeichen | Ihre Nachricht | Unser Zeichen

Betr.: Protokoll des 2.überfachlichen Verbandstages.

Nach genauer Durchsicht des Protokolls muss ich auf folgendes hinweisen:
Auf Seite 12 Änderungen muss es heissen:

§ 15 Abs. 1 erhält folgende Fassung:
Der Kreistag ist die alljährliche Versammlung usw.
Abs. 2 bleibt in der jetzigen Fassung bestehen, der Antrag des Sportkreises Marburg, die Kreistage im Februar abzuhalten, spätestens jedoch 4 Wochen vor dem Bezirkstag, wird abgelehnt.
Vermerk: Dieser Vorschlag der Satzungskommission wird später durch Beschlussfassung des Verbandstages (Seite 15 des Protokolls) abgelehnt und der Antrag des Sportkreises Marburg angenommen.
§ 15 Abs.2 erhält folgende endgültige Fassung:
Die Kreistage sollen grundsätzlich im Februar abgehalten werden, spätestens jedoch 4 Wochen vor dem Bezirkstag.

Wir müssen diese Berichtsänderung schon vornehmen, da sonst die Debatte und die Beschlussfassung auf Seiten 13 - 15 des Berichts unverständlich sind.
Ich hatte unterm 2.Juli 1948 an die Geschäftsstelle übersandt:
1. den Bericht der Satzungskommission,
2. die Sitzungsprotokolle der Satzungskommission,
3. den Antrag auf Satzungsänderung des erweitereten Vorstandes
4. die Zusammenfassung aller Änderungen in jetzt gültiger Form.

In meinem Bericht auf dem Verbandstag konnte ich selbstverständlich nur die Beschlüsse der Satzungskommission und des Verbandsvorstandes vortragen.

Ich bitte, der Genauigkeit des Protokolls wegen, um entsprechende Abänderung und Richtigstellung.

Mit sportlichen Grüssen!
Landessportbund Hessen e.V.
Bundesrechtswart

200 9. 47 Carl Bindernagel. Friedberg i. H.

Ludwig Maibohm

„Mitdabeigewesen ... !" Das ist eigentlich ein Wort, das in der deutschen Rechtschreibung nicht existiert. Dieses „Mitdabeigewesen" steht vielmehr auf dem Etikett, das man auf die dicke Mappe klebt, in der unvergeßliche Erlebnisse und Erinnerungen aufgehoben werden. Bei Durchsicht solcher Erinnerungsmappen, bei der Inventur alter Programme, Manuskriptblätter, Zeitungsausschnitten und Abspielen mitgeschnittener und damit konservierter eigener Radiosendungen auf Schellack-Folien und später technisch verbesserter Magnetophonbändern fällt einem manches in die Finger, bleibt im Ohr haften. Auch über Dezennien hinweg. Selbst wenn in den Furien des Krieges mit ihren Bombennächten manch' wertvoller Beleg, manche unersetzliche Unterlage buchstäblich im Orkus unterging ...

In solchen Fällen hilft das Gedächtnis nach, schließt Lücken. Auch bei mir, einem seit über sechzig Jahren dauernd auf Auto-Achsen, Eisenbahnschienen, auf Schiffsplanken und Flugzeugtragflächen unterwegs befindlichen Artikelschreiber, Buchautor (auch in Ghostwriter-Rolle) und Mikrofonplauderer. Viele große Ereignisse und Begegnungen mit Menschen aus der Welt des Sports, des Films, des Theaters, der Musik, der Politik, mit Persönlichkeiten aus den öffentlichen Bereichen also, leben dabei wieder auf.

Angefangen hatte es vor mehr als fünfundsechzig Jahren, zunächst nebenberuflich, dann als freier Mitarbeiter und später verantwortlich zeichnender Redakteur bei den „Wesermünder Neueste Nachrichten" in Wesermünde, dem heutigen Bremerhaven. Nach der Geburt am 24. März 1914 in einer Arbeiterfamilie hatte ich schon früh meinen Vater verloren, er blieb 1916 im Felde, so daß die Mutter als Waschfrau den Lebensunterhalt verdienen mußte. Nach achtjähriger Volksschulausbildung (für meinen Umstieg aufs Gymnasium reichte das Geld nicht und außerdem war ich auch zu faul), machte ich von 1928 bis 1931 eine Verwaltungslehre beim der Kreisbehörde, war aber zu einem Bürohengst ebenso wenig geeignet wie Schlagsahne zu Bratheringen.

Als aktiver Sportler im Geestemünder Sport Club (als Fußballer zusammen mit Helmut Schön bei Herberger-Lehrgängen und als Sprinter mit nachweisbar gelaufenen 10,9 Sekunden über 100 Meter), bekam ich auch bald zu Fachzeitschriften Kontakt, u.a. zu der DFB-Jugendzeitschrift SPORT-JUGEND.

Inzwischen war ich auch Hafenreporter geworden. Das bedeutete: alle Persönlichkeiten, die mit den Ozeanrennern vom Bremerhavener Columbusbahnhof aus nach Übersee dampften bzw. zurückkehrten, zu interviewen. Zunächst mit Bleistift und Schreibmaschine; später kam auch der Rundfunk hinzu.

Begonnen hatte es 1929: Max Schmeling kam nach seinem erfolgreichen WM-Qualifikationskampf gegen den Spanier Paolino, zusammen mit dem Leinwand-Star Conrad Veidt und dem Stimmwunder Heinrich Schlusnus, in die Heimat zurück. Seit diesem Zeitpunkt existiert die bis heute andauernde Freundschaft und familiäre Bindung zu Max.

1938 holte mich der ULLSTEIN-Verlag, genauer die „B.Z. am Mittag", von der Weser an die Spree. Unter den Fittichen des populärsten reichshauptstädtischen Fußballers aller Zeiten, Hanne Sobeck, kam ich auch bad im Funk zu Wort, neben den unvergessenen verdienstvollen Pionieren wie Dr. Paul Laven, Dr. Bernhard Ernst, Rolf Wernicke, Eduard Rodrich Dietze und dem Box-Experten Arno Hellmis. Mit ihm zusammen schipperte ich 1938 zu dem zweiten Schmeling-Kampf nach New York. Nach 2:30 Minuten war der Kampf im Yankee Stadium aber schon vorbei und Max k.o.

Dann kam der Krieg. Ich wurde im Oktober 1939 als gebürtiger Wasserkantler zur Marine eingezogen und trug die Uniform bis zur Kapitulation im Mai 1945. Via Skandinavien kam ich bereits im Juli

Jupp Schröder.

Martin Schmidt ist bereit, das Amt weiterhin zu übernehmen. *Jupp Schröder* wird in Abwesenheit von *Dr. Lingnau* vorgeschlagen. Er hat vor seinem Weggehen aus beruflichen Gründen sich ebenfalls bereit erklärt, das Amt zu übernehmen.

Abstimmung:
Martin Schmidt: 662 Stimmen
Jupp Schröder: 349 Stimmen
Stimmenthaltungen: 4
ungültige Stimmen: keine

Martin Schmidt wurde mit einfacher Mehrheit zum Bundessportwart wiedergewählt.

Wahl des Bundesrechtswartes.

Paul Wettig ist bereit, das Amt weiterhin zu übernehmen. Gegenvorschlag erfolgt nicht.

Paul Wettig wurde einstimmig zum Bundesrechtswart wiedergewählt.

Wahl des Bundespressewartes.

Vorschlag: *Ludwig Maibohm*
Schickedanz, Offenbach

***Lindner*:**

Unser seitheriger Pressewart, *Otto Großmann*, nimmt auf Befragen das Amt nicht mehr an, da auch er beruflich sehr in Anspruch genommen ist.

Für die Arbeit des Bundespressewartes wollte ich *Georg Dietrich*, der Ihnen von Radio Frankfurt sicherlich bekannt ist, gewinnen. Er lehnte ab, weil er, um dieses Amt gewissenhaft zu versehen, nicht genügend Zeit neben seiner beruflichen Tätigkeit erübrigen kann.

Wir haben dann *Ludwig Maibohm*, der ebenfalls durch Radio Frankfurt allen Sportlern bestens bekannt ist, gefragt. Er ist bereit, das Amt zu übernehmen. Er ist ein Mann vom Fach und bereit, der Sache und der Idee zu dienen. Er bedauert, heute nicht anwesend sein zu kön-

1945 nach Deutschland zurück und vermochte als politisch unbelasteter Heimkehrer sofort beim Hamburger Rundfunk, damals ein Sender der englischen Militär-Regierung, einzusteigen. Und zwar im Talk and Features-Department neben den Radio-Heroen wie Peter von Zahn, Axel Eggebrecht, Peter Bamm (Dr. Curt Emmerich), Gregor von Rezzori. Meine Tätigkeit am Schreibtisch wie draußen am und mit dem Mikrofon endete allerdings ein Jahr später. Und das kam so: RADIO FRANKFURT, später unter Eberhard Beckmanns Intendanten-Regie HESSISCHER RUNDFUNK, lockte auf Vorschlag und Empfehlung des unvergessenen Richard Kirn mit einem Vertrag, der mir stante pede unter anderem Reisen rund um die Welt ermöglichen sollte, damals eine Seltenheit, neben USA-Verpflegung dreimal am Tag. Ich griff zu (in Hamburg wurde Herbert Zimmermann mein Nachfolger) kam im Sommer 1946 nach Frankfurt und konnte 1948 bereits zu den Olympischen Winterspielen nach St. Moritz fliegen und ebenso zum gleichen Treff unter sommerlichem Himmel nach London. Auch bei der ersten Nachkriegsweltmeisterschaft der Fußballer 1950 in Brasilien saß ich auf der Tribüne und im gleichen Jahr zum ersten Mal mit später folgenden zwei weiteren Audienzen beim Heiligen Vater im römischen Vatikan – dienstlich, versteht sich. Anlaß war das Anno Santo: Zum ersten Mal in GIRO-Arrivo mit einem Ausländer, dem Schweizer Hugo Koblet vor den favorisierten italienischen Startern in der römischen Metropole und nicht – wie sonst üblich – in der Mailänder Vigorelli-Bahn. Dafür dort zwölf Monate später – 1951 – der Triumpf eines Hessen, des Box-Amateurs Herbert Schilling unter Schorsch Dietrichs Lenkung und Betreuung und damit unerwarteten Medaillen-Gewinner in seiner Gewichtsklasse.

Dazu die Entwicklung der Friseurs-Tochter Marika Kilius und des Dekorateur-Lehrlings bei Ott & Heinemann auf der Frankfurter Zeil, Franz Ningel zu Eiskunstlauf-Stars – mit späterem Wechsel zu Hans-Jürgen Bäumler – mit internationalem Touch, die internationalen Treffs der Tennis-Welt-Elite mit Wimbledon-Flair auf den Anlagen im Wiesbadener Nerotal.

Im gleichen Jahr mit dem Mikrofon beim Gastspiel der Frankfurter „Eintracht"-Fußball-Elf im Randall Island-Stadion des New Yorker Wolkenkratzer-Eldorados Manhattan dabei, wie später bei den beifallumrauschten Starts und Siegen des leichtathletischen Mittelstrecken-Dominators Heinz Ulzheimer, den internationalen Ruderer-Meetings mit dem Mäzen und Skuller-König Georg von Opel. Aber das schönste und für mich unvergeßlich in diesem Zeitraum: Die Olympischen Spiele 1952 im finnischen Helsinke. T r o t z Berlin 1936 und 1972 im heimischen München ...

Dann gab's Crash. Meine Ehe ging – wie man sagt – in die Brüche. Ich „floh" nach der 1954er Fußball-WM in der Schweiz nach Amerika zu dem Film-Pionier und Großmeister Fritz Lang. Ich hatte ihn auf der Frankfurter Rhein-Main-Flugdrehscheibe bei seiner infolge Erkrankung ungewollten Zwischenlandung kennengelernt und zum Spezialarzt Karl Sprado gebracht, wurde in Beverly Hills sein vertrauter Mitarbeiter, kehrte jedoch 1957 in die Heimat zurück und kam über Sammy Drechsels LACH- UND-SCHIESS-GESELLSCHAFT 1963 zum BAYERISCHEN RUNDFUNK. Bis zu meiner altersmäßig unumgänglichen Pensionierung im Jahre 1979 und einer erneut eingegangenen ehelichen Bindung unter Max Schmelings und Sepp Herbergers Trauzeugen-Assistenz, lebe ich seit 1975 mit einer echten Münchnerin frei nach Karl Försters ERINNERUNGEN UND HOFFNUNG-Gedicht:

Maibohm beim Interview mit Heinz Ulzheimer in Frankfurt im Jahre 1946

Was vergangen, kehrt nicht wieder.
Aber ging es leuchtend nieder,
Leuchtet's lange noch zurück.

München, im Herbst 1995 Ludwig Maibohm

nen, hat aber mir persönlich versichert, daß er das Amt übernehmen wird.

Abstimmung:
Ludwig Maibohm: 573 Stimmen
Schickedanz: 317 Stimmen
Stimmenthaltungen: 39
ungültige Stimmen: keine

Ludwig Maibohm wurde mit einfacher Mehrheit zum Bundespressewart gewählt.

Wahl des Bundesjugendwartes.

Vorschläge: *Kurd-Roland Roesler*
Heinz Karger

Beide sind auf Befragen bereit, das Amt zu übernehmen.

Abstimmung:
Kurd-Roland Roesler: 178 Stimmen
Heinz Karger 742 Stimmen
Stimmenthaltungen: 4
ungültige Stimmen: keine

Heinz Karger wurde mit einfacher Mehrheit zum Bundesjugendwart gewählt

***Beuermann*, Kassel:**

Die Jugend muß besonders gefördert und betreut werden. Die Jugendarbeit lag bisher im Landessportbund sehr im Argen. Mit *Karger* als dem neuen Bundesjugendwart haben wir endlich die Gewißheit, daß nunmehr die Jugendarbeit besonders gefördert wird.

***Lattke*, Frankfurt:**

Ich kann diese Ausführungen nur unterstreichen und hoffe, daß mit der Wahl *Karger*s zum Bundesjugendwart die Jugendarbeit im Landessportbund ernsthaft in Angriff genommen wird.

Wahl der Bundesfrauenwartin.

Ein Vorschlag wird nicht gemacht. Der Bundesvorstand wird weiterhin beauftragt, eine Persönlichkeit ausfindig zu machen, die für diese Aufgabe geeignet ist und diese Frau dann in das Amt der Bundesfrauenwartin zu berufen.

Wahl der Kassenprüfer.

Lindner:

Es wurde vorhin der Vorschlag gemacht, in diesem Jahr drei Kassenprüfer zu wählen. Ich habe dagegen nichts einzuwenden und frage Sie hiermit und bitte, dies durch Heben der Hand zu bestätigen. Halten Sie es für richtig, drei Kassenprüfer zu wählen?

Abstimmung:	*Die Mehrheit ist für drei Kassenprüfer.*
Vorschläge:	*Langsdorff*, Bad Nauheim
Abstimmung:	Einstimmig gewählt.
Vorschlag:	*Fleischhauer*, Eltville
Abstimmung:	Einstimmig gewählt.
Vorschläge:	*Engel*, Griesheim
	May, Kassel

Da nur drei Kassenprüfer gewählt werden, verzichtet *Langsdorff* auf die Wiederwahl. *Engel* und *May* werden einstimmig gewählt.

Die Kassenprüfer für das Geschäftsjahr 1948/49 sind:
Fleischhauer, Eltville,
Engel, Griesheim und
May, Kassel.

Anträge

Lindner:

Um zuerst zu der Frage zu kommen, die die Vereine augenblicklich am meisten beschäftigt, nämlich die Erhebung der Beiträge durch den Verband, so kann ich Ihnen hier sagen, daß der Verbandsvorstand zunächst beschlossen hatte, das ist übrigens in den „Sport-Mitteilungen" den Vereinen bekanntgemacht worden, eine Abschlagszahlung auf den Verbandsbeitrag zu erheben und auf dem Verbandstag die Höhe des Jahresbeitrages festsetzen. Ich glaube jedoch, daß es in der augenblicklichen wirtschaftlichen Situation im Hinblick auf die zu erwartende Währungsreform wenig Sinn hat, heute über einen bestimmten Betrag zu beraten, der evtl. an den Verband abgeführt werden soll, weil wir dann nach der Währungsreform unter Umständen wieder vor der gleichen Frage stehen, wenn nämlich die Verhältnisse für unsere Vereine so schwierig geworden sind, daß eine neue Regelung getroffen werden muß. Ich schlage deshalb vor – diese Frage wurde bereits mit dem engeren und dem erweiterten Verbandsvorstand besprochen – es zunächst bei dieser Abschlagszahlung zu belassen. Sie ermächtigen uns dann, nach der Währungsreform den Restbetrag zu bestimmen.

Wir werden selbstverständlich die Versicherung für unsere Mitglieder fortsetzen. Die Besonderheiten werden wir im Laufe der beiden nächsten Monate den Vereinen bekanntgeben. Nur soviel will ich Ihnen heute zu dieser Sache sagen, daß der Versicherungsschutz für unsere Mitglieder im Augenblick weiterhin gegeben ist. Die Höhe des Versicherungsbeitrages kann allerdings von uns nicht festgesetzt werden, diese richtet sich nach dem Vertrag, den wir abschließen können. Es wäre natürlich nicht ausgeschlossen, daß der VV keine Ermächtigung bekommen würde, den Verbandsbeitrag festzusetzen. Die Frage, welcher Restbetrag von den Vereinen noch erhoben werden soll, müßte dann ein außerordentlicher Verbandstag nach der Währungsreform klären. Ich habe mit Vernunft versucht, diese Dinge zu gestalten. Es steht nun zur Debatte,

1. erhält der Verbandsvorstand die Ermächtigung, die Höhe des noch zu zahlenden Restbeitrages zu bestimmen, selbstverständlich unter Wahrung der Interessen der Vereine hinsichtlich der Verhältnisse nach der Währungsreform, oder
2. ist es nötig, nach der Währungsreform einen außerordentlichen Verbandstag einzuberufen, der dann den Beitrag festsetzt?

***Duhma*, Wiesbaden, Turnerbund:**

Ich schlage vor, nach einer gewissen Zeit nach der Währungsreform eine erneute Tagung einzuberufen, nachdem die Vereine einen Überblick haben, welche Mitglieder sie noch haben. Die Not des deutschen Volkes wird sehr groß sein. Wir können heute noch nichts sagen. Deshalb schlage ich vor, daß wir dann erst beraten müssen, wie hoch die Beiträge sein sollen.

Lindner:

Vertrauen ist eine Sache der Vereine, und der Verbandsvorstand hat die Pflicht, die Interessen der Vereine zu prüfen. Ich brauche nicht mehr besonders zu versichern, daß der Verbandsvorstand auch nach der Währungsreform nach diesen Grundsätzen handelt.

Sollte ein Verein sich in einer besonders schwierigen Lage befinden, dann können selbstverständlich Beitragsermäßigungen gewährt werden. Daß wir großzügig sind, haben verschiedene Vereine bereits erfahren können. Ich bitte Sie deshalb, dem Verbandsvorstand Ihr Vertrauensvotum auszusprechen.

***Franke*, Wetzlar:**

Ich bin dafür, daß keine lange Debatte gemacht wird. Es geht nicht, daß der Beitrag ohne die Kreise bestimmt wird. Auf einer Arbeitstagung mit den Kreisvorsitzenden müssen diese Dinge beraten werden. Wir können doch nicht in der Luft hängen.

***Lindner*:**

Wir wollen also darüber beschließen, daß der Vorstand mit der Arbeitstagung der Bezirks- und Kreisvorsitzenden die Ermächtigung erhält, die Höhe des noch zu zahlenden Beitragsrestes zu beraten. Wir bitten um die Vollmacht des Bundestages, der uns berechtigt, und zugleich verpflichtet, nach der Währungsreform darüber zu beraten, welche Beitragsrate festzusetzen ist.

Abstimmung: Dafür sind alle Anwesenden.

Beschluß: Der Bundesvorstand in Verbindung mit den Bezirks- und Kreisvorsitzenden berät nach der Währungsreform über den Restbetrag des noch zu zahlenden Verbandsbeitrages.

Antrag: Der Bundesvorstand wird beauftragt, die Frage der rechtlichen Selbständigkeit der Fachverbände zu prüfen.

***Lindner*:**

Die fachliche Selbständigkeit der Fachverbände ist gegeben, die finanzielle Selbständigkeit ist ebenfalls gegeben. Nunmehr wollen wir auch die rechtliche Selbständigkeit in Angriff nehmen. Zu diesem Zwecke werden wir eine Satzung erstellen, die für alle Fachverbände Gültigkeit hat und mit deren Hilfe wir die rechtliche Selbständigkeit erwirken. Die Frage der rechtlichen Selbständigkeit der Fachverbände ist an und für sich kein Problem. Eine Änderung in der Einstellung zum LSB ist dadurch nicht gegeben. Der LSB legt Wert darauf, die rechtliche Selbständigkeit der Fachverbände zu sanktionieren.

Abstimmung: Dafür = alle Anwesenden

Beschluß: Antrag ist angenommen.

Heinz Karger

Karger wurde am 2. Oktober 1907 in Leipzig geboren. Da der Vater Ingenieur war, siedelte die Familie aus beruflichen Gründen im Jahre 1910 nach Frankfurt-Höchst über. Dort wurde Heinz Karger im Jahre 1914 eingeschult, besuchte ein Gymnasium und legte im Jahre 1927 die Reifeprüfung ab. Nach einem einjährigen USA-Aufenthalt studierte er in Frankfurt und Wien die Fächer Geschichte, Deutsch, Staatsbürgerkunde und Sport und legte an der Universität Frankfurt im Jahre 1934 das Erste Staatsexamen ab. Nach einem sechsmonatigen Arbeitsdienst begann er 1934 seine Referendarausbildung, die er im Jahre 1936 mit dem Assessoren-Examen abschloß. Im Herbst 1936 war Karger an Schulen in Melsungen und Homberg tätig und kehrte im Januar 1937 an die Liebigschule nach Frankfurt zurück, wo er bereits während seiner Referendarausbildung tätig gewesen war.

Im Jahre 1941 wurde Karger zur Wehrmacht eingezogen und wurde im Jahre 1943 auf dem Truppenübungsplatz Wildflecken/Rhön schwer verwundet; ab 1944 war er als Verwundetensportlehrer in einem Sanitätsbatallion tätig.

Das Kriegsende erlebte Karger in Frankfurt, wo er aufgrund einer Denunziation von der Militärregierung vom 16. Dezember 1945 bis zum 31. Januar 1947 mit Berufsverbot belegt wurde, das am 3. Januar 1947 auch formal aufgehoben wurde.

Karger war dann zunächst als Studienrat an der Leibnitz-Schule in Frankfurt-Höchst tätig, übernahm im Jahre 1948 vorerst kommissarisch die Stelle des Stadt-Turnrates in Frankfurt, die ihm am 1. Mai 1950 auch etatmäßig übertragen wurde. Seit 1950 war er zudem in ehrenamtlicher Funktion Fachberater für Sport im Hessischen Kultusministerium und übte damit eine Tätigkeit aus, die am 8. Juli 1959 als Planstelle eingerichtet wurde und auf die Karger am 1. Oktober 1959 im Range eines Oberregierungs-Schulrat wechselte. Von dieser Position aus hat er maßgeblich die Schulsportentwicklung beeinflußt; in dieser Zeit ist auch das Standardwerk „Schule und Leibesübungen" entstanden, das er zusammen mit Hermann Altrock verfaßt hat. Am 31. Juli 1971 ist Karger in den Ruhestand getreten.

Dieser berufliche Werdegang ist eng mit seinem sportlichem Engagement von früher Jugend an verknüpft. Seit 1922 war er in der Leichtathletik aktiv, er spielte auch Handball und erprobte sich im Boxsport. Nach dem Studium war er ab 1934 vor allem als Sportlehrer eingesetzt, und so ergab es sich fast zwangsläufig, daß er nach dem Krieg am Aufbau des Sportes im Bereich der Leichtathletik und in der Jugendarbeit tätig war. Karger gehörte als ernannter Jugendwart in der Fachgruppe Leichtathletik zu den Männern der ersten Stunde, wurde beim ersten Verbandstag der hessischen Leichtathleten am 2. Februar 1947 in Bad Nauheim in diesem Amt bestätigt und setzte sich beim zweiten Verbandstag des Landessportbundes in Frankfurt-Enkheim am 5. Juni 1948 in einer Stichwahl für das Amt des Jugendwartes durch. Im Jahre 1958 war Karger Vorsitzender des Hessischen Leichtathletikverbandes.

Im Deutschen Leichtathletik-Ausschuß bzw. Verband war Heinz Karger vom 15. November 1947 bis zum 26. Januar 1958 Jugendwart, wurde dann zum Stellvertretenden Vorsitzenden gewählt und

bekleidete dieses Amt bis zum 28. Februar 1970. Für seine Verdienste im DLV erhielt er im Jahre 1954 den Hanns-Braun-Preis.

In den 60er Jahren gehörte Karger auch zum Sportbeirat beim Parteivorstand der SPD. Da er einem sozialdemokratischen Hause entstammte, war er im Jahre 1929 in die SPD eingetreten. Nach der Machtübernahme durch die Nationalsozialisten wurde der Vater im Jahre 1934 verhaftet, die Familie mehrfach von Hausdurchsuchungen der Gestapo heimgesucht. Das 1932 begonnene Dissertationsvorhaben über Bismarck und die Sozialistengesetze an der Frankfurter Universität mußte er im Jahre 1933 abbrechen.

Heinz Karger ist am 26. April 1988 in Kelkheim gestorben.

***Beck*:**

Vor wenigen Tagen erhielt ich ein Rundschreiben des Landessportbundes Nordrhein-Westfalen über die Wiedereinführung des Sportabzeichens. Nach Rücksprache mit anderen Fachverbandsvorsitzenden werden wir es sehr begrüßen, wenn wir beschließen würden, das Sportabzeichen auch in Hessen einzuführen. Ich würde vorschlagen, daß der Bundessportwart sich mit dieser Aufgabe befaßt, da es ja sein Aufgabengebiet ist. Die Einführung des Sportabzeichens wird bestimmt von allen Sportlern sehr begrüßt.

***Lindner*:**

Die Frage der Wiedereinführung des Sportabzeichens ist schon verschiedentlich diskutiert worden. Es ist bereits eine Regelung in Aussicht genommen. Wir wollen nicht immer sehen, was andere Verbände machen. Es hat auch keinen Sinn, wenn wir jetzt für Hessen ein eigenes Sportabzeichen einführen, daß die Bayern ein anderes Sportabzeichen herausbringen usw. Wir wollen noch ein paar Wochen warten, bis wir bei der deutschen Sportkonferenz diese Frage einheitlich für alle Zonen und Landessportverbände regeln können.

***Löbig*, Limburg:**

Ich möchte hier in diesem Kreise die Frage anschneiden, wie der Landessportbund der Bildung der DJK-Sportgruppen gegenübersteht. Ich erlebe jetzt im Kreis Limburg, daß die DJK sehr rührig ist, und vor allem behauptet, der LSB stehe dem Übertritt dieser Gruppen in den LSB wohlwollend gegenüber. Dies sei von Kamerad *Schmidt* auf einer Tagung in Frankfurt geäußert worden. Damit ist die Existenz der Sportvereine im Kreis Limburg aufs stärkste gefährdet. Die DJK bildet Sportvereine, in ihren Satzungen ist verankert, daß der 1. Vorsitzende ein Pfarrer sein muß, was unseren Satzungen direkt widerspricht. Diese Vereine haben aber die Jugend hinter sich, weil der Pfarrer sonst mit allen Mitteln droht. Auf diese Weise werden die Vereine an die Wand gedrückt. Ich möchte nun einmal hier vom Vorstand wissen, wie das mit diesen Vereinen gehandhabt

Neue Jugendarbeit im LSB. Hessen

Von Heinz Karger, Frankfurt a. M., Bundesjugendwart.

In drei schweren Jahren hat der hessische Sport seine Organisationsform gefunden, zu der sich fast ohne Opposition alle hessischen Freunde der Leibesübungen bekennen. Die große Ausbreitung macht den hessischen Landessportbund zu einem wesentlichen Faktor im öffentlichen Leben. Er ist sich der Verantwortung bewußt, die er dadurch übernommen hat und will nunmehr sein besonderes Augenmerk auf die Erziehung der ihm anvertrauten Jugendlichen richten, die zu vielen Tausenden sich in seinen Vereinen zusammengefunden haben. Die Führung des Landessportbundes weiß, daß die Einheit von Leib, Seele und Geist eine fesstehende Tatsache ist, und bedauert, daß die augenblickliche Schule des Staates, ihrer äußeren Erscheinungsform nach zu schließen, nicht von dieser Tatsache überzeugt zu sein scheint. Die Kritik an der staatlichen Schule verhindert aber nicht eine Kritik an der eigenen Jugendorganisation.

Die hessiche Sportjugend ist zu einer tiefer wirkenden Erziehung bisher noch nicht gekommen. Die großen Schwierigkeiten bei dem Aufbau des hessischen Sportes, der ganz auf sich selbst angewiesen war und seine großen Aufgaben im Dienst der Volksgesundheit ohne die geringste staatliche Unterstützung in Hessen bewältigen mußte, ließen die bewußt erzieherische Arbeit zunächst in den Hintergrund treten. Es ist nunmehr an der Zeit, sich stärker um diese Aufgabe zu kümmern und sie in Angriff zu nehmen.

Sie soll vorbereitet werden durch eine Neuorganisation der hessischen Sportjugend. Zunächst erscheint es notwendig, sie möglichst zu trennen von der eigentlichen Erwachsenenorganisation. Als zweites soll die Sportjugend sich ihre Jugendleiter in Zukunft selbst wählen. Damit soll erreicht werden, daß die einzelnen Jugendgruppen sich stärker als bisher für das Leben in ihren Jugendgruppen verantwortlich fühlen. Die Jugendgruppen der Kreise wählen dann ihre Kreisjugendausschüsse, aus denen in der letzten Stufe der Landesjugendausschuß der Sportjugend hervorgehen soll. Welche große Erziehungsmöglichkeiten zum Gemeinschaftsleben hier gegeben sind, ist unschwer zu erkennen. Hier im Kleinen lernt der Jugendliche das, was ein zukünftiger Staatsbürger beherrschen müßte, das Zusammenleben mit dem anderen Menschen nach selbstgewählten Gesetzen.

Den so umgestalteten Jugendgruppen wird eine dreifache Aufgabe gestellt:

1. Eine körperliche Erziehung ihrer Mitglieder im besten Sinne. Alle körperlichen Fähigkeiten harmonisch auszubilden, ist die große Aufgabe. Neben den Spezialsport, den Fußball, Handball usw., treten andere körperliche Tätigkeiten, die ausgleichend wirken. Der zukünftige Leistungssportler wird als Erwachsener umso leistungsfähiger sein, je besser seine Allgemeinausbildung in der Jugend war. Um hier den nötigen Anreiz zu geben, soll so schnell wie möglich das Jugendsportabzeichen wieder eingeführt werden.

2. Die kulturelle Erziehung. Sie soll den Jugendlichen zeigen, wie eng die Verbindungen zu anderen Kulturgebieten sind, vor allen Dingen aber, daß Sport ein Kulturgebiet überhaupt ist. Diese Beschäftigung soll verhindern, daß in unserer Jugend sich ein oberflächliches und geistloses Sportfexentum breit macht. Diese Erziehung soll unsere Sportjugend vertiefen und verinnerlichen.

3. Die soziale Erziehung. Unser Gemeinschaftsleben muß auf einer ganz neuen Grundlage vor sich gehen. Das soziale Verständnis für die Notlage des Anderen muß geweckt werden. Die Kameradschaft erschöpft sich nicht nur in der Hilfe auf dem Sportplatz, bei Spiel und Wettkampf, sondern sie zeigt sich auch in der kameradschaftlichen Hilfe im ganzen Leben. Wer das in unseren Jugendgruppen gelernt hat, der bringt auch die Kraft auf, die notwendig ist, ein neues Staatsleben zu schaffen.

Jeder wahrhafte Erzieher muß die große Bedeutung des Hilfwerkes für die Jugend, das aufzubauen der Landessportbund Hessen sich anschickt, in seinem ganzen Umfang erfassen. Es wird jedem Laien klar sein, daß zur Durchführung dieser Aufgaben eine große Anzahl gutgeschulter Jugendleiter die Voraussetzung ist, denen nur in einer Bundessportschule das Rüstzeug für ihre Arbeit vermittelt werden kann.

Aus der geplanten neuen Jugendarbeit erwächst die Notwendigkeit der Errichtung einer Bundessportschule, die im Frankfurter Stadion unter Mithilfe und der technischen Leitung des Institutes für Leibesübungen der Universität Frankfurt entstehen soll.

Aus den vorausgegangenen Ausführungen ergibt sich, daß am Gelingen des Werkes nicht nur der Landessportbund Hessen interessiert sein dürfte, sondern auch der Staat. Das Kultusministerium könnte durch Erlaß die Schulen auf die Bedeutung der Jugendarbeit des Bundes hinweisen und dafür sorgen, daß den Schülern der nötige Urlaub gegeben wird. Das Finanzministerium könnte einen entsprechenden Beitrag zur Verfügung stellen, das Arbeitsministerium dafür sorgen, daß Arbeitnehmern für die Kurse der Urlaub nicht angerechnet wird. Jede staatliche Instanz kann bei dieser Mithilfe unter Beweis stellen, daß ihr die Tatsache zum Bewußtsein gekommen ist, daß unser wertvollstes Kapital unsere Jugend ist.

Aber auch, wenn wider Erwarten die staatlichen Stellen in Hessen versagen sollten, müßte das Werk aus eigener Kraft gelingen. Es ist deshalb notwendig, daß in allen Vereinen die Bereitschaft erwächst, sich mit diesen Jugendfragen auseinanderzusetzen und alle Kräfte in den Dienst der Sache zu stellen. Sie wird sich hundertfältig lohnen.

Anm. der Redaktion: Es wird allen Vereinsvorständen empfohlen, diesen Artikel den Jugendleitern zuzuführen, damit diese innerhalb ihrer Jugendgruppen den Inhalt besprechen können, der hiermit zur Diskussion gestellt wird.

Aus: Sport-Mitteilungen, 4. August 1948

Achtung!
Beitragsregelung 1948/1949!

Nach § 8 unserer Hauptsatzung ist unser Bundesbeitrag nach Zahl und Alter der Vereinsmitglieder jeweils in 4 Raten, also vierteljährlich am 1. 4., 1. 7., 1. 10. und 1. 1. zu entrichten.

Die Höhe des Beitrags bestimmt grundsätzlich der Bundestag. Der letzte Bundestag hat bekanntlich beschlossen, daß der Bundesvorstand im Hinblick auf die damals unmittelbar bevorstehende Währungsreform berechtigt ist, im Einvernehmen mit den Bezirks- und Kreisvorsitzenden für das Bundesjahr 1948/1949 (1. 4. 1948 bis 31. 3. 1949) die Höhe des Betrags endgültig festzusetzen.

Der Bundesvorstand hat nunmehr mit Zustimmung nahezu aller Bezirks- und Kreisvorsitzenden (nur in 3 Fällen wurde ein niedrigerer Betrag vorgeschlagen) den Bundesbeitrag für 1948/1949 wie folgt endgültig festgesetzt:

1. Ordentliche Mitglieder über 18 Jahre= DM 1.50
2. Jugendliche Mitglieder von 14 — 18 Jahren= DM 1.—
3. Schüler und Kinder bis 14 Jahre= beitragsfrei.

Auf diese Beiträge werden die auf Grund des § 8 Abs. HS bereits entrichteten Abschlagszahlungen von RM 0.75 für ordentliche Mitglieder und RM 0.25 für Jugendliche wie folgt angerechnet:

Das am 1. 4. fällig gewesene Viertel gilt als entrichtet. Das am 1. 7. fällig gewesene weitere Viertel des Beitrags der ordentlichen Mitglieder wird, falls es bereits in RM vorentrichtet war, umgewertet in DM angerechnet, so daß für ordentliche Mitglieder eigentlich noch restlich DM 1.0875 zu entrichten wären. Für die Zeit vom 1. 7. bis 31. 3. 1949 werden aber nur noch erhoben:

1. für ordentliche Mitglieder über 18 Jahre = DM 1.—
2. für Jugendliche von 14 — 18 Jahren = DM —.75

Diese Restbeiträge bis 31. 3. 1949 sind wie folgt zu entrichten: sofort DM 0.50 für ordentliche Mitglieder und DM 0.40 für Jugendliche, während die restlichen DM 0.50 für ordentliche Mitglieder und die restlichen DM 0.35 für Jugendliche erst am 1. 1. 1949 zu zahlen sind. Beitragsstichtag ist nach § 8 HS der 1. 4. 1948 und der an diesem Tag vorhandene Mitgliederstand jedes Vereins.

Die bisher überwiesenen Ueberbrückungsspenden werden voll auf den noch zu entrichtenden Bundesbeitrag angerechnet.

Wir haben absichtlich nach der Währungsreform zugewartet, um zunächst unseren Bundesvereinen die Möglichkeit zu geben, erst ihre eigenen Finanzen über eine Neufestsetzung von Beiträgen zu regeln. Da Löhne und Gehälter in DM gleichgeblieben, zum Teil erhöht worden sind, ist grundsätzlich die Beibehaltung des Beitrags in bisheriger Höhe gerechtfertigt. Wir bitten unsere Vereinsvorsitzenden und Vereinskassenwarte, nunmehr sofort die Höhe des fälligen Beitrags zu berechnen und die entsprechenden Beträge sofort zu überweisen. Nur dann sind wir in der Lage, auf allen sportlichen Gebieten weiterhin erfolgreiche Arbeit im Interesse aller Vereine zu leisten. In dieser durch die Währungsreform besonders herausgestellten Notlage liegt für jeden einzelnen Bundesverein die unbedingte Verpflichtung, sich gegenüber dem Bund aller Vereine durch sofortige Ueberweisung der fälligen Teilbeträge zu bewähren.

Heinz Lindner, 1. Bundesvorsitzender

Aus: Sport-Mitteilungen, 25. August 1948

werden soll. Ich kann mich im Kreis Limburg gegen die DJK nicht durchsetzen, wenn der Verband keine klare Haltung einnimmt.

***Lindner*:**

Die Verhaltungsmaßregeln ergeben sich zwangsläufig aus unseren Satzungen. Man ist verschiedentlich an uns herangetreten seitens der Diözesen, um eine Verschmelzung, mindestens aber eine Aufnahme in den LSB zu erreichen. Unser Standpunkt ist jedesmal klar herausgestellt worden. Eine Aufnahme der DJK in unseren Bund widerspricht den Satzungen und unseren Grundsätzen. Ich bitte, den Herren in dieser Form zu antworten und irgendwelche Schwierigkeiten an uns zu berichten.

Diese Auffassung vertreten wir auch gegenüber den verschiedenen Gründungen von Polizeisportvereinen, Reichsbahn- und Postsportvereinen. Falls in den Satzungen dieser Sportgemeinschaften irgendeine Klausel enthalten ist, daß z.B. der Vorsitzende nur ein Reichsbahnangehöriger oder ein Polizist sein kann, ist die Aufnahme in den LSB nicht möglich. Wenn diese Vereine aber geltend machen, daß alle Sportler, auch solche, die nicht Reichsbahn- Post- und Polizeiangestellte sind, Mitglied werden können, dann ist der Name Reichsbahn- usw. -Sportverein auch nicht mehr zu vertreten. Verschiedene Anträge dieser Art sind dahingehend von uns abgelehnt worden.

Auf alle Fälle möchte ich bitten, diese Fragen mit Zurückhaltung zu behandeln.

***Möslar*, Wolfhagen:**

Ich möchte einmal wissen, wie die Zustellung der „Sport-Mitteilungen" ist. Ich habe vor langer Zeit an die Geschäftsstelle geschrieben und um Zustellung der „Sport-Mitteilungen" gebeten, bis heute aber noch keine Antwort erhalten. Man muß doch wenigstens antworten.

***Linnenberg*:**

Wenn Sie wirklich an die Geschäftsstelle geschrieben haben, was ich noch einmal nachzuprüfen bitte, dann ist Ihnen sicher auch geantwortet worden. Es kommt auf der Geschäftsstelle nicht vor, daß ein Brief nicht beantwortet wird.

Im übrigen können Sie die „Sport-Mitteilungen" bei Ihrem zuständigen Postamt bestellen.

Neuordnung des Versicherungswesens

An alle Vereine des Landessportbundes Hessen!

Die Unfall- und Haftpflichtversicherung, die der Bund für unsere Vereine abgeschlossen hat, war am 1. 6. 1948 abgelaufen. Durch Verhandlung mit dem Hessischen Aufsichtsamt wurde unser Vertrag zunächst um 2 Monate bis 1. 8. 1948 verlängert. Auf Grund eines Beschlusses der Aufsichtsämter aller Länder können solche Verträge der Sportverbände nicht mehr erneuert werden, weil man in diesen Verträgen sogen. Begünstigungsverträge sieht, die nach einer Anordnung des früheren Reichsaufsichtsamts verboten sind. Wir teilen diese Auffassung nicht.

Die Fragen, die sich durch die Währungsreform aus unserem noch bis 1. 8. 1948 laufenden Versicherungsvertrag ergeben, werden wir noch mit der Versicherungsgesellschaft abklären.

Die Frage der Erneuerung einer Unfall- und Haftpflichtversicherung ist Augenblick offen. Unser 2. Verbandstag hat ebenso wie unser Bundesvorstand nach wie vor die Auffassung gebilligt, daß für unsere Vereine und Aktiven und Jugendlichen, überhaupt für alle Vereinsmitglieder weiterhin eine Unfall- und Haftpflichtversicherung erhalten bleiben soll. *Die derzeitige Sachlage zwingt uns, hiermit allen unseren Vereinen das Problem der Unfall- und Haftpflichtversicherung mit Dringlichkeit vorzutragen. Wir bitten alle Vereine um sofortige Stellungnahme. Dabei bitten wir folgendes zu beachten:*

Bei Globalversicherungen, wie es die von uns abgeschlossene ist bezw. war, wirkt die große Zahl der Versicherungsteilnehmer prämiensenkend. Nur durch die große Mitgliederzahl unserer Vereine war es uns möglich, diese wirklich ausgezeichneten Bedingungen im Verhältnis zur Prämienhöhe zu vereinbaren. Wenn wir also nun im Interesse der Vereine und aller ihrer Mitglieder wieder versuchen wollen, eine günstige Unfall- und Haftpflichtversicherung zu erzielen, dann müssen alle Vereine, die bis jetzt keine eigene Versicherung abgeschlossen haben, sich sofort zu einem Neuabschluß bekennen. *Nur durch die große Zahl der Vereine und ihrer Mitglieder läßt sich eine leistungsstarke und doch verhältnismäßig billige Versicherung erreichen.*

Der Bund kann nun als Vertragspartner nicht mehr auftreten, dies können nur die Vereine. Die Vereine aber können sofort den Bund schriftlich bevollmächtigen, sie rechtsverbindlich zu vertreten und in ihrem Namen einen Versicherungsvertrag abzuschließen. Der Bund ist bereit, die Vertretung der Vereine nach Erteilung einer schriftlichen Vollmacht durch die gesetzlich zur Vertretung des Vereins berechtigten Vorstandsmitglieder (§ 26 BGB) zu übernehmen und die Verhandlungen und Verträge durchzuführen bezw. abzuschließen.

Daß nunmehr die Bedingungen nicht mehr so günstig sein werden wie in unserem Vertrag bisher, ist leider anzunehmen. Dennoch besteht zwischen einem von einem Verein allein abgeschlossenen Vertrag und Verträgen, die der Bund als Bevollmächtigter aller Vereine abschließen kann, ein ganz erheblicher Unterschied bezüglich der Prämienhöhe und den Bedingungen. Ein einzelner Verein wird nie in der Lage sein, seine sämtlichen Mitglieder auch nur von ungefähr anständig zu versichern. Auf dem Weg über die Vollmachtserteilung an den Bund kann dieser für alle Vereine einen zweckvollen Vertrag für jeden einzelnen Verein abschließen. Was ein Einzelvertrag praktisch den Verein kostet und für wie wenig Mitglieder er Schutz bietet, das wissen alle Vereine, die bisher etwa einen solchen Vertrag für ihre 11 oder 15 Fuß- oder Handballspieler usw. abgeschlossen haben.

Die Unfall- und Haftpflichtversicherung im Sport ist eine typische Gemeinschaftsaufgabe. Alle müssen dazu beitragen und so helfen, daß wieder ein solcher allgemeiner Versicherungsschutz gegen Unfall und Haftung für alle Mitglieder aller Vereine zustande kommt.

Alle Vereinsvorsitzenden, alle Vereinskassenwarte müssen sofort diese für die sämtlichen Mitglieder so überaus wichtige Frage der Versicherung aufgreifen und sie auch unverzüglich zur Entscheidung bringen.

Wir wollen versuchen, und unsere Vorarbeiten deuten auf Gelingen, für unsere Vereine folgende Leistungen zu erreichen:

DM. 5000.— für den Todesfall durch Unfall,
DM. 15 000.— für den Fall der Invalidität durch Unfall,
bis zu DM. 500.— für Heilkosten, soweit sie nicht von einer Krankenkasse gedeckt sind,
bis zu DM. 200.— Verdienstausfall für Verheiratete, evtl. Tagegeld,
bis zu DM. 100.— Verdienstausfall für Ledige, evtl. Tagegeld (DM. 1.—),
bis zu DM. 75.— Bergungskosten,

und zwar für alle Mitglieder ohne Altersunterschied, wenn für Jugendliche, Schüler und Kinder keine besonderen Leistungen vereinbart werden können.

Wenn sich unsere Vereine wieder zu diesem Gemeinschaftswerk bekennen, muß jetzt wahrscheinlich mit einer Prämie von mindestens 10 Dpfg. im Monat je Mitglied gerechnet werden, einschl. Versicherungssteuer.

Wir bitten alle Kreisvorsitzenden, sofort diese vordringliche Versicherungsfrage mit allen Vorständen der Vereine zur Entscheidung zu bringen.

Wir fordern hiermit alle Vereinsvorsitzenden und Vereinsrechner auf, unverzüglich unserer Bundesgeschäftsstelle ihre Entscheidung mitzuteilen. Für die dem Bund zu erteilende Vollmacht kann folgender Wortlaut verwendet werden:

„Vollmacht.

Wir bevollmächtigen hiermit den Landessportbund Hessen, in unserem Namen und für unsere Rechnung einen Vertrag über eine Unfall- und Haftpflichtversicherung unserer Vereinsmitglieder abzuschließen.

Unser Verein hat — Stand 1. Juli 1948 — insgesamt ...... Mitglieder, von denen auf aktive und inaktive Mitglieder .... entfallen und .... auf Kinder und Schüler bis 14 Jahre und .... auf Jugendliche von 14—18 Jahren.

Der Landessportbund Hessen ist bevollmächtigt, im Versicherungsfall unsere Interessen bezw. unserer betroffenen Vereinsmitglieder zu vertreten.

Ort, Tag, Monat, Jahr
Name des Vereins
Unterschriften des vertretungsberechtigten Vorstandes."

Wir versichern, daß das Vertrauen, das unsere Vereine uns entgegenbringen, nicht mißbraucht wird. Wir werden, wenn Besonderheiten auftauchen, selbstverständlich unsere Vereine sofort unterrichten. Wir werden sie vor allem nicht mit einer Prämie belasten, die im Verhältnis zur Leistung untragbar erscheint.

Jedenfalls ist eine wirksame Versicherung unserer Vereine und ihrer Mitglieder nur möglich, wenn sofort Schritte erfolgen. *Deshalb: umgehend und sorgfältig prüfen und entscheiden. Sofort unserer Bundesgeschäftsstelle in Frankfurt, Goethestraße 10, die Entscheidung bekanntgeben. Vollmacht sofort einsenden. Jeder Tag ist kostbar. Helft mit, eueren sämtlichen Mitgliedern auch weiterhin einen wirksamen, echten Versicherungsschutz zu gewährleisten. Nur wenn alle beitragen, sind auch alle geschützt.*

Der Vorstand
des Landessportbundes Hessen
Heinz Lindner,
1. Bundesvorsitzender.

Aus: Sport-Mitteilungen, 30. Juni 1948

Franz Wilhelm Beck

F. W. Beck wurde am 7. Oktober 1900 in Ockenheim, Rheinhessen, geboren. Nach dem Schulbesuch und bestandenem Abitur entschied er sich den Lehrerberuf zu ergreifen. Im Jahre 1922 legte er an der Universität Gießen die Turn- und Sportlehrerprüfung ab und studierte an der Technischen Hochschule Darmstadt die Fächer Biologie, Leibeserziehung und Jugendkunde. Das Studium schloß er im Jahre 1925 mit dem Ersten Staatsexamen an der TH Darmstadt ab.

Von 1926 bis 1933 war Beck Dozent für Leibeserziehung und Jugendpflege am Pädagogischen Institut in Mainz. Dort wurde er von den Nationalsozialisten im Jahre 1933 aus seiner Lehrtätigkeit gerissen und verdiente seinen Lebensunterhalt im Lehrwesen des Jugendherbergswerkes, wo er sich besonders durch das Propagieren des Wanderns hervortat. Zudem war er in den Turnorganisationen im Rheinhessischen Bereich engagiert.

Geturnt hat er bereits als Zwölfjähriger im Turn- und Sportverein Rockenberg sowie im TV 1860 Lich, übernahm schon als Jugendlicher Aufgaben als Vorturner, Turnwart und Jugendwart und wurde mit 19 Jahren Vorsitzender der Turn- und Spielvereinigung Friedberg. Ab 1926 war er im Mainzer Turnverein 1817 als Spielwart und Pressewart aktiv und trat bis 1939 auf Gauebene als Kinderturnwart und Oberturnwart hervor.

Den Zweiten Weltkrieg erlebte Beck zunächst als Soldat, wurde im Verlauf des Krieges bis zum Hauptmann befördert und kehrte gegen Kriegsende schwer verwundet nach Wiesbaden zurück.

Franz Wilhelm Beck im Gespräch mit seinen Freunden Heinz Lindner (l.), dem Bundesvorsitzenden des Landesportbundes Hessen und Vizepräsidenten des DSB, sowie Heinrich Sorg, seinem Stellvertreter im LSB Hessen und führendem Mann im Deutschen Sportbeirat.

Nach Kriegsende machte er als Leiter des Stadtamtes für Leibesübungen und Jugendpflege der Stadt Wiesbaden den Sport zu seinem Beruf. Er war ein Experte im Bau von Kinderspielplätzen und engagierte sich im Deutschen Normen-Ausschuß, er förderte die Turngerätenormung maßgeblich und wurde Präsident der International Organization for Standardization, auch Vorsitzender der Arbeitsgemeinschaft der Deutschen Sportämter, und war 16 Jahre lang Mitglied des Sportausschusses des Deutschen Städtetages. Für das Hessische Kultusministerium verfaßte er 1948 die Denkschrift „Die Ausbildung in den Leibesübungen an den Hochschulen und Pädagogischen Instituten in Hessen".

Am Neuaufbau des Turnwesens hat Beck seit 1945 Anteil. Am 2. Dezember 1945 fand auf seine Initiative eine erste Vorturnerstunde in Wiesbaden-Schierstein statt, am 23. Februar 1946 folgte die Gründung der Fachschaft Turnen für die Kreise Wiesbaden, Rheingau und Untertaunus und am 29. September 1946 wurde ein von Beck zusammengerufenes Treffen alter Turner in Butzbach durchgeführt, das die Weichen stellte für die Gründung der Fachgruppe Turnen im Landessportverband Hessen, die am 27. Oktober 1946 ebenfalls in Butzbach vorgenommen wurde.

Dem ersten Landesvorstand unter der Leitung von Hans Kobald gehörte Beck nicht an, er übernahm dann aber schon ein Jahr später am 13. Dezember 1947 auf dem 2. Landesturntag in Butzbach den Vorsitz der Hessischen Turner, ein Amt, das er bis 1968 behielt.

Auch im Deutschen Turnerbund (DTB) war Beck eine angesehene Persönlichkeit. Von 1956 bis 1960 war er stellvertretender DTB-Vorsitzender und von September 1956 bis Juli 1957 sogar der amtierende Vorsitzende.

Reichhaltig ist auch das Schrifttum, das Beck geschaffen hat. Die zu seinen Ehren im Jahre 1970 herausgegebene Broschüre „Gelebte Treue" führt 250 Zeitschriftenbeiträge und Reden auf, hebt die Herausgeberschaft für den „Hessenturner" hervor und listet zwölf Buchveröffentlichungen auf zu Fragen von Turnen, Heimat- und Volkskunde und Familienforschung.

Der nicht immer bequeme und durchaus auch aneckende F. W. Beck wurde vielfach ausgezeichnet, u. a. mit der Goldenen Ehrennadel des LSB Hessen (1956), der Ehrenmitgliedschaft im DTB (1968) und der Goldenen Plakette der DOG.

Beck ist am 31. Juli 1978 in Wiebaden gestorben.

Die Ehrung des Deutschen Turntages 1960 in Coburg

Dem Mitbegründer des Hessischen Turnverbandes,
den er im turngeschichtlich bedeutsamen Hessenland
zu seiner gefestigten Stärke geführt hat,
dem Förderer und Gestalter turnerischen Schrifttums,
dem unermüdlichen Forscher
und Künder der Deutschen Turngeschichte,

TURNBRUDER
FRANZ WILHELM BECK
Wiesbaden

der nach dem Ableben Walter Kolbs umsichtig
die Geschicke des Deutschen Turner-Bundes bis zur
Neuwahl des Bundesvorsitzenden geleitet hat,
der sein Leben als Lehrer und Dozent, im Beruf
und Ehrenamt, der volkstümlichen Leibeserziehung
als eines Teils menschlicher und menschheitlicher Erziehung
widmete, verleiht der Deutsche Turner-Bund heute die

WALTER KOLB-PLAKETTE

Die deutschen Turner und Turnerinnen verbinden mit
ihrem herzlichen Dank den Wunsch, daß
diesem verdienten Turnbruder noch viele, viele Jahre
bester Gesundheit beschieden sein mögen, damit er
noch recht lange seine reichen Erfahrungen,
seine besonnene Tatkraft und seine turnerische Gesinnung
zum Wohle unseres Bundes wirken lassen kann.

Coburg, 11. August 1960, dem Geburtstag Friedrich Ludwig Jahns

Werner Bockelmann
Bundesvorsitzender

21

***Lindner*:**

Begrüßt Herrn *Prof. Dr. Herzfeld*, der gerade angekommen ist, bittet Herrn *Jopski* hinsichtlich der Fragen des Versehrtensportes das Wort zu ergreifen.

***Jopski*:**

Ich habe hier in Frankfurt die Aufgabe übernommen, den Versehrtensport aufzubauen. Der Bundesvorstand hat diese Aufgabe erkannt und dahingehend unterstützt, daß er mir für die ersten Aufgaben einen Betrag von RM 500,— zur Verfügung stellte. Wir werden in einer der nächsten ,,Sport-Mitteilungen" einen Hinweis mit Vorschlägen für die Betreuung der Versehrten in unseren Sportvereinen bringen. Ich bitte, die Vereine, sich dieser Aufgabe anzunehmen, entweder die Versehrten in den Übungsbetrieb einzuladen oder, wenn es mehrere werden, besondere Riegen mit eigenen Wettkampfmöglichkeiten zu bilden. Der Verband für Körperbehinderte beabsichtigt, für diese Kameraden die Mittel für den Sport zur Verfügung zu stellen, vielleicht auch eigene Sportabteilungen zu gründen und dem Landessportbund anzuschließen. Abgesehen davon haben wir aber die Pflicht, uns sportlich um die Kriegsversehrten zu kümmern, um ihnen ein neues, starkes Lebensgefühl zu geben.

Eine finanzielle Belastung ist es für den Verein ohnehin nicht, da der Verband für Körperbehinderte die Versicherung für diese Kameraden zahlt. Es kann also jeder Verein deshalb die Kriegsversehrten als Gäste aufnehmen.

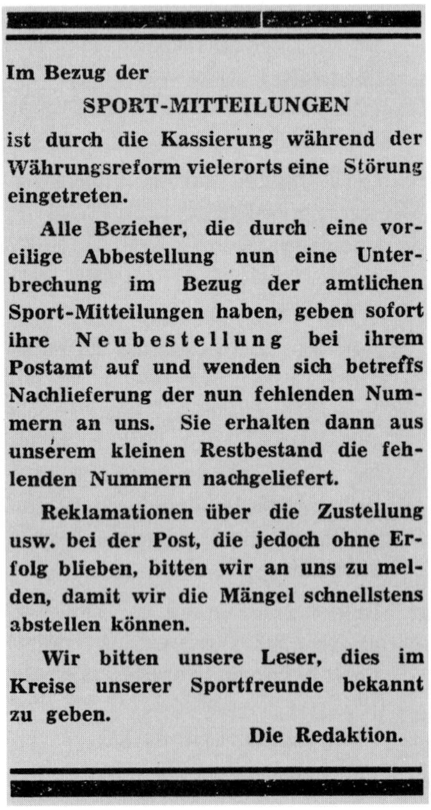

Im Bezug der

SPORT-MITTEILUNGEN

ist durch die Kassierung während der Währungsreform vielerorts eine Störung eingetreten.

Alle Bezieher, die durch eine voreilige Abbestellung nun eine Unterbrechung im Bezug der amtlichen Sport-Mitteilungen haben, geben sofort ihre Neubestellung bei ihrem Postamt auf und wenden sich betreffs Nachlieferung der nun fehlenden Nummern an uns. Sie erhalten dann aus unserem kleinen Restbestand die fehlenden Nummern nachgeliefert.

Reklamationen über die Zustellung usw. bei der Post, die jedoch ohne Erfolg blieben, bitten wir an uns zu melden, damit wir die Mängel schnellstens abstellen können.

Wir bitten unsere Leser, dies im Kreise unserer Sportfreunde bekannt zu geben.

Die Redaktion.

Aus: Sport-Mitteilungen 28. Juli 1948

***Lindner*:**

Dankt Herrn *Jopski* und bittet Herrn *Prof. Dr. Herzfeld*, zu den Versammelten zu sprechen.

Prof. Dr. Herzfeld:

Es wäre für Sie vielleicht kein Verlust gewesen, wenn ich nicht erschienen wäre, aber für mich ist es ein Bedürfnis, mit den Vertretern zusammenzukommen, die mit mir in der Jugendarbeit stehen. Das Gebiet der freien, erziehenden Jugendarbeit, in dem die Jugend nicht in der Kirche, nicht im Beruf, nicht im Elternhaus steht, sondern in ihrer eigensten jugendlichen Freiheit, ist heute wichtiger geworden denn je. Nahezu eine Million junger Menschen steht heute teils abwartend, teils hoffnungsfreudig der neuen Zeit gegenüber, gefährdet an Leib und vielfach auch an der Seele. Dieser wichtigste Raum des Jugendlichen ist zugleich der Raum, in dem das ganze Volk sich findet im Aufbau seiner eigenen volksgemäßen Kultur. Und so steht auch die Sportbewegung als Stätte der Erholung und der körperlichen Erziehung im Dienste des Neuaufbaus unseres Volkes als Basis, in der sich alle Deutschen, unabhängig von der politischen Einstellung, der kirchlichen Bindung und der beruflichen Tätigkeit, zusammenfindet. Nicht in der Schule, der Werkstatt, der Fabrik, der Hochschule allein baut sich das Leben eines Volkes auf, sondern im Raum schöpferischer Freiheit, aus dem ein Großteil der wichtigsten Entscheidungen wächst, die die Zukunft des Volkes bestimmen. Der Sportsmann hat das von jeher gewußt, er baut am neuen Werk eines Volkes und Staates auch auf dem Sportplatz, auf dem grünen Rasen, in der Turnhalle. Das Bewußtsein um diese Bedeutung des freien Raumes jugendgemäßen Lebens ist in Deutschland nicht ausreichend genug verbreitet. Jede soziale Betätigung, Erziehung und Politik, die Arbeit im Parlament ist ein reziproker Akt, ein gegenseitiger. So wie die Behörden und die älteren Menschen die Jungen erziehen, so erziehen wiederum zwangsläufig die Jungen ihre Eltern, die älteren Menschen an ihrer Arbeitsstätte. Sie gehören zusammen wie Wirkung und Gegenwirkung, wie Stoß und Gegenstoß, wie Regen und fruchtbarer Boden. Wir müssen uns gegenseitig anregen und befruchten. Die Zeit der sportfeindlichen Behörden muß überwunden werden. Es wird immer Differenzen geben zwischen der Auffassung des Fiskus und der des Sportverbandes. Trotzdem gehören wir zusammen; besonders auf dem Gebiet der Erziehung, denn wir erziehen ja die selben Menschen. Der Prozeß der beständigen Erneuerung ist das, was uns im Grunde verbindet, den

Sport und die Behörde. Sportverband und Behörde müssen zusammenarbeiten. Natürlich ist der Sportverband unzufrieden, mit dem was von seiten der Behörde geschieht und natürlich denken wir, der Sportverband könnte mehr tun, aber wenn wir darüber nachdenken, kommen wir vielleicht dazu, daß wir gemeinsam mehr tun müssen. Wir wollen im Jahr 1948 einen neuen Anfang machen in der Zusammenarbeit zum Besten unserer Jugend und einer neuen Erziehung im neuen Aufbau unseres Volkes und Landes.

Der Sportverband und die, die für die Jugend und die Volkskultur zu sorgen haben, gehören zusammen.

Lindner:

Dankt Herrn *Prof. Dr. Herzfeld* und kommt zur Beschließung des Verbandstages.

Wir kommen nun zum Schluß unseres 2. ordentlichen Verbandstages. Manche unter Ihnen und auch wir haben uns den Inhalt und den Verlauf eines Verbandstages etwas anders vorgestellt. Man wünscht sich vielleicht, daß mit dem eigentlichen Verbandstag eine größere Sportveranstaltung, eine Sportschau aller Verbände verbunden werden kann. Wir werden uns bemühen, den Inhalt unserer Verbandstage anders zu gestalten in der Hoffnung, daß die Zeiten besser und klarer sind.

Ich danke Ihnen für Ihr Vertrauen, das Sie dem Verband entgegenbringen, und das den Verlauf dieses Verbandstages bestimmte. Der 2. ordentliche Verbandstag hatte ein sachliches, hohes Niveau. Er ist in seiner Form ein Markstein und ein Rahmen für die weitere Arbeit des Verbandes. Wir wollen weiterhin schlicht und bescheiden weiterarbeiten und dabei das Ziel, eine einheitliche deutsche Sportbewegung zu finden, nicht aus dem Auge verlieren.

Und damit beschließen wir unseren 2. ordentlichen Verbandstag.

Frankfurt am Main – Enkheim, den 5. Juni 1948

Protokollaufnahme: gez. Pfeiffer

Unser 2. ordentlicher überfachlicher Verbandstag

Am Sonnabend, den 5. Juni 1948 fand in Frankfurt-Enkheim im dortigen Volkshaus unser 2. ordentlicher überfachlicher Verbandstag statt. Unsere Sportkameraden in Enkheim hatten dem Saal einen freundlichen Rahmen durch Ausschmückung mit Blumen gegeben und wir wollen ihnen auch an dieser Stelle für ihre Mühe und Arbeit herzlich danken. Unser 1. Vorsitzender Heinz Lindner konnte nach der Eröffnung verschiedene Gäste begrüßen. Als Gäste wohnten der Tagung bei: Regierungsdirektor Dr. Herzfeld mit seinem Mitarbeiter Neumann (Kultusministerium), Mr. Patrick (Militärregierung Wiesbaden), als Vertreter der Stadt Frankfurt Herr Zimmer vom Sportamt der Stadt und der 1. Vorsitzende des Badischen Landessportverbandes, Franz Müller, der mit seinen Kameraden Kuhfeld und Groth erschienen war und durch freundliche Worte unsere Verbundenheit bekräftigte.

Dieser 2. Verbandstag hatte bewußt den Charakter eines Arbeitstages besonderer Art, so daß auf jeden weiteren Inhalt verzichtet wurde. Mit Recht wies unser 1. Vorsitzender darauf hin, daß künftig nach aller Möglichkeit unser Bundestag besonders ausgestaltet werden soll. Wir alle hoffen, daß bis dahin doch die Gesamtverhältnisse geklärter sind, so daß manche zeitbedingte Schwierigkeit ausgeräumt sein wird.

Nach einem Rückblick auf den ersten Verbandstag 1947 in Mörfelden, den der 2. Vorsitzende Heinrich Sorg umfassend und wohlgeformt gab, erstattete unser 1. Vorsitzender Heinz Lindner-Darmstadt den Jahresbericht für das am 31. 3. 1948 abgelaufene Geschäftsjahr. Darin wurde nicht nur unsere Arbeit im Verband in Hessen selbst, sondern auch die Arbeit des Verbandes über Hessen hinaus im Dienste des deutschen Sportes eingehend gewürdigt. Grundsätzliche Ausführungen über die Idee der Landessportbünde, über die Gemeinschaftsidee im deutschen Sport und über die noch zu lösenden Aufgaben standen neben denen über die besondere Arbeit, die durch die Herausstellung wichtiger Zahlen besonders klar dargestellt wurde. Von besonderer Bedeutung war die Feststellung, daß bisher zwischen den Vertretern der Sportarten und dem engeren Vorstand stets sachlich und aufrichtig in bester Kameradschaft zusammengearbeitet worden ist. Auch die Arbeit des Vorstands mit den Bezirks- und Kreisvorsitzenden war stets überaus befriedigend, so daß unser Vorsitzender aus herzlichem Bedürfnis heraus allen für diese wertvolle Mitarbeti danken konnte. Der Dank galt auch allen Vereinen und Vereinsvorständen, die im Laufe der Zusammenarbet und gerade in letzter Zeit aus besonderem Anlaß eindeutig bewiesen haben, daß sie sich ebenfalls bewußt und aufrichtig von der Gemeinschaftsidee leiten lassen und daß ihnen im vollen Bewußtsein des Wertes unseres Bundes und seiner grundsätzlichen Bedeutung das wiederholt abgelegte „Treuebekenntnis eine Selbstverständlichkeit war und ist.

In unserem Bund sind nach neuestem Stand über 1500Vereine mit über 215000 Mitgliedern, die sich in etwa 140000 ordentliche Mitglieder über 18 Jahre und etwa 75000 Jugendliche und Schüler bis 18 Jahre gliedern. Dabei ist zu beachten, daß diese neuesten Zahlen keine absoluten sind, weil leider bisher immer noch zahlreiche Vereine die Bestandserhebungskarten nicht an unsere Geschäftsstelle zurückgesandt haben. Außerdem ist zu beachten, daß von den erfaßten Vereinen eine größere Zahl auf Grund bereits früher abgeschlossener langfristiger Verträge von unserer Global-Unfall- und Haftpflichtversicherung befreit ist. Besonders erfreulich war die Feststellung, daß gewissenhaft und zweckvoll-wirtschaftlich im abgelaufenen Verbandsjahr gearbeitet wurde, denn nach einem Vergleich aller Einnahmen und Ausgaben verblieben uns zur Weiterarbeit Rm. 80 000.— rund. Für die Bundesverwaltung wurden an Gehältern nur rund 20 000 Rm. aufgewandt, so daß selbst der Kassenprüfer (Langsdorf-Bad Nauheim) zu der Auffassung kam, daß im Verhältnis zu der bewältigten Arbeitsaufgabe des Personals und der gezeigten Leistungen zu sehr gespart worden wäre. Jedenfalls betrugen die Personalausgaben aufgerundet noch nicht fünf Prozent der Gesamteinnahmen. Auch die Zahlen über die anderen Ausgaben bewiesen eindeutig eine grundsätzlich saubere, gewissenhafte und finanzpolitisch-wirtschaftlich zielstrebige und einwandfreie Arbeit des geschäftsführenden Vorstandes, was seitens des Kassenprüfers ebenfalls klar herausgestellt worden ist. Mit besonderer Beachtung wurden die Zahlen über die bisherige Aufschlüsselung („Finanzausgleich") der Beiträge aufgenommen. Von insgesamt Rm. 215 000.— wurden überfachlich den Kreisen rd. Rm. 42 000.— und den einzelnen Sportarten rd. Rm. 173 000.— zugewiesen. Daß dabei die Fußballer, die Boxer und bis auf eine Zuweisung auch die Handballer auf Anteile verzichtet haben, ist mit der beste Ausdruck für unser eindeutiges Bekenntnis zur Gemeinschaftsidee im Sport. Den einzelnen Sportarten wurden bis 31. 3. 1948 überwiesen: Handball (5000.—), Schwimmen (9000.—), Turnen (52 100.—), Leichtathletik (27 000), Schwerathletik (11 000.—), Rudern (6 025.—), Tennis (7000.—), Tischtennis (4500.—), Radsport (8000.—), Rollsport (5000.—), Hockey (8000.—), Kegeln (3500.—), Kanu (3000.—), Baskettball (2000.—), Wintersport (4000.—), Skilauf (4500.—), Eissport (4500.—), Bob, Rodel (4500.—), Versehrtensport (500.—), für besondere Jugendveranstaltungen (3770.—).

Nach dem 1. 4. 1948 wurden inzwischen weitere RM. 30 000.— wie folgt zur Verfügung gestellt: Schwimmen (5000.—), Turnen (für Jugend- und Kinderarbeit 10 000.—), Schwerathletik (5000.—), Rudern ((4000.—), Tischtennis (2000.—), Rollsport (2000.—) und Kanu (2000.—).

Mit den noch zur Verfügung stehenden Mitteln wurden durch Rückstellungen besondere Fonds geschaffen für Jugendarbeit, Sporthilfe, Wiederaufbau und Ausbau der Geschäftsstelle, für Lehrgänge und Ausbildungswesen und für einen Kraftwagen.

Alles in allem hat unser 1. Vorsitzender durch seinen umfassenden Jahresbericht ein eindrucksvolles Bild der Verbandsarbeit entwickelt, das schließlich mit lebhaftem Beifall bedacht wurde.

Auch die Einsatzbereitschaft unseres Verbandsgeschäftsführers Willy Linnenberg und seiner Mitarbeiterinnen Wöhr und Pfeiffer und seines Mitarbeiters Meessen und ihre Arbeitsleistungen unter zum Teil recht widrigen äußeren Umständen, fanden in diesem Jahresbericht berechtigte Anerkennung.

Vor der eigentlichen Beratung der Hauptsatzung wurden folgende Anträge angenommen:

1. Der Name des Verbandes wird geändert in Landessportbund Hessen e. V.

2. Die bisherigen Fachgruppen werden Fachverbände, so daß unter Wahrung der Grundsätze unseres Bundes jede Sportart von ihrem allein zuständigen Verband fachlich betreut wird und wir nunmehr einen Hessischen Fußballverband, einen Hessischen Handballverband, einen Hessischen Schwimmverband usw. im Landessportbund Hessen haben.

Damit ist der Begriff „Bund" der überfachlichen Organisationsform vorbehalten, der Begriff „Verband" der fachlichen.

Mit diesen Anträgen wurden gleichzeitig alle in der Hauptsatzung logischerweise erforderlich werdenden Aenderungen angenommen.

Dann wurden die Satzungsänderungen diskutiert und beschlossen, die seitens der Satzungskommission (Vorsitzender: Verbandsrechtswart Wettig, Beisitzer: Sorg-Frankfurt, Seibert-Wetzlar, Strack-Hersfeld, Morasch-Wiesbaden, Engel-Griesheim) und dem Gesamtvorstand vorgeschlagen wurden. Besonders abgestimmt werden mußte über den Vorschlag, die Kreistage in der Regel nach dem Bundestag stattfinden zu lassen. Trotzdem es sich nur um eine Sollregel handelte und verständliche Argumente zur Begründung vorgetragen wurden, erhob sich gegen diese Regel Widerspruch und schließlich wurde beschlossen, daß die Kreistage grundsätzlich vor den Bezirkstagen und damit vor dem Bundestag stattfinden sollen. Kreistage und Bezirkstage werden wie bisher alljährlich stattfinden, der Bundestag dagegen wird nunmehr nur alle 2 Jahre in der Regel im April durchgeführt. Die Hauptsatzung wird alsbald in ihrer nunmehr endgültigen und uneingeschränkt in Kraft gesetzten Fassung in besonderem Druck erscheinen, zusammen mit der Allgemeinen Geschäftsordnung und der Ausgabe- und Spesenordnung des Bundes.

Nach den Beschlüssen über die Hauptsatzung wurde der Vorsitzende des Hessischen Schwimmverbandes, Kamerad Walther Binner, zum Wahlvorsitzenden gewählt. Einstimmig wurde dem Vorstand Entlastung erteilt und der Dank für die bisher geleistete Arbeit ausgesprochen. Unter Mitwirkung der als Wahlkommission bestellten 5 Kameraden erfolgten dann die Neuwahlen des Vorstands.

Zum 1. Vorsitzenden wurde ohne Gegenkandidat einstimmig unser bisheriger Vorsitzender Heinz Lindner-Darmstadt vorgeschlagen. Er wurde auch einstimmig gewählt und die Teilnehmer des Bundestages brachten ihm durch Erheben von den Plätzen in besonderer Weise ihr uneingeschränktes Vertrauen zum Ausdruck.

Für das Amt des 2. Bundesvorsitzenden wurden 2 Kandidaten aufgestellt, Heinrich Sorg und Dr. Lingnau. Die Wahl fiel mit 456 : 364 Stimmen auf Sorg.

Einstimmig wurde Dr. Dietz zum Bundeskassenwart gewählt.

Für das Amt des Bundessportwartes kandidierten Martin Schmidt und Jupp Schröder. Die Wahl ergab 622 : 349 für Schmidt.

Als Bundesrechtswart wurde wieder Kamerad Wettig-Kassel gewählt.

Bei der Wahl des Bundespressewartes entfielen 571 Stimmen auf den Kameraden Maibohm, auf Kamerad Schickedanz-Offenbach 317.

Zwischen den beiden Kandidaten für das Amt des Bundesjugendwartes fiel die Wahl mit 742 : 178 Stimmen auf Kamerad Karger-Ffm. Höchst.

Das Amt der Bundesfrauenwartin wurde nicht durch Wahl besetzt. Der Bundesvorstand erhielt den Auftrag, in dieses Amt alsbald eine geeignete Persönlichkeit zu berufen.

Zu Kassenprüfern wurden gewählt die Kameraden May-Kassel, Engel-Griesheim und Fleischhauer-Rheingau.

•

Folgende weiteren Anträge wurden schließlich angenommen:

1. Zur Herbeiführung der rechtlichen Selbständigkeit der Fachverbände unter Wahrung aller unserer Bundesgrundsätze wird der Bundesvorstand ermächtigt, eine entsprechende Satzung für die Fachverbände auszuarbeiten und zu beschließen.

2. Eine endgültige Festsetzung des Bundesbeitrages für das laufende und folgende Bundesjahr unterbleibt. Für 1948/1949 verbleibt es zunächst bei der bisher aufgerufenen Abschlagszahlung (siehe „Sport-Mitteilungen" Nr. 16 vom 22 4. 1948). Der Bundesvorstand ist ermächtigt, nach sorgfältiger Prüfung in Zusammenarbeit mit den Bezirks- und Kreisvorsitzenden im Bedarfsfall noch eine restliche Rate in angemessener Höhe zu erheben, wenn die Währungsreform erfolgt ist und ihre Auswirkungen auf Bund und Vereine bekannt sind. Kinder und Schüler bis 14 Jahre sollen weiterhin beitragsfrei gelassen werden. Der Versicherungsbeitrag soll im erforderlichen Maße erhoben werden. Für 1949/1950 ist zu gegebener Zeit hauptsatzungsgemäß eine Regelung zu treffen.

Unter dem Punkt „Verschiedenes" wurden alsdann noch einige grundsätzliche Fragen behandelt, insbesondere bezüglich DJK-Vereinen, Behörden- und Betriebssportvereinen (die Grundsätze unserer Hauptsatzung sollen nach wie vor Richlinie für die Aufnahme bleiben) und Versehrtensport.

Unser 1. Bundesvorsitzender, Regierungsrat Lindner-Darmstadt, **konnte** schließlich feststellen, daß **dieser zweite** ordentliche überfachliche Bundestag **ein** ausgezeichnetes Niveau hatte, **daß er er**folgreich gearbeitet und **damit einen** Markstein **auf dem weiteren Wege un**serer geeinten sportlichen Gemeinschaft in Hessen gesetzt hat. Mit dem Appell an alle Mitarbeiter im Bundesvorstand, in den Bezirken und Kreisen, in den Fachverbänden und den Vereinen als den Trägern der Gemeinschaft, stets aus dem Bekenntnis zur Gemeinschaftsidee über die vorbehaltlose Bereitschaft zur Zusammenarbeit in ehrlicher, aufrichtiger Kameradschaft an unsere Ziele und Aufgaben zum Wohle des Sportes, zum Wohle der Aktiven im Sport und vor allem zum Wohle der deutschen Jugend zu denken und gerade den Aktiven und der Jugend die beste Betreuung zuteil werden zu lassen, schloß unser Bundesvorsitzender diesen Bundestag. Mit besonderer Genugtuung muß abschließend festgehalten werden, daß dieser Bundestag einen besseren Besuch als der 1. Verbandstag im Vorjahr aufzuweisen hatte, denn insgesamt 176 Vereine hatten ihre bevollmächtigten Vertreter entsandt.

Aus: Sport-Mitteilungen, 9. Juni 1948

Hauptsatzung

§ 1

Name — Sitz

1. Der am 1. Juni 1946 durch freiwilligen Zusammenschluß in Frankfurt a. M. gegründete Sportverband führt den Namen Landessportbund Hessen e. V.
2. Der Sitz des Landessportbundes ist Frankfurt a. M. Der Bund ist in das Vereinsregister einzutragen.

§ 2

Zweck — Aufgaben

1. Der Landessportbund Hessen ist die von Idealismus getragene gemeinnützige Vereinigung der in Hessen auf der Grundlage des Amateurgedankens zur Pflege des Sports gebildeten Vereine.
2. Der Landessportbund hat den Zweck, die Mitglieder seiner Vereine
   a) durch Pflege des Sports nach dem Grundsatz der Freiwilligkeit und unter Ausschluß von parteipolitischen, konfessionellen, beruflichen, rassischen und militaristischen Gesichtspunkten körperlich und sittlich zu kräftigen,
   b) vereinlich und übervereinlich durch Pflege der Kameradschaft und Freundschaft miteinander zu verbinden,
   c) über die freiwillige Unterordnung unter die Gesetze des Sports auf breitester volkstümlicher Grundlage zu einer Gemeinschaft für die Erhaltung und Hebung der Volksgesundheit zusammenzuführen und sie zu tatkräftigen Bekennern der demokratischen Weltanschauung heranzubilden. Der Jugend soll dabei in ganz besonderem Maße eine sorgfältige körperliche und geistigsittliche Erziehung zuteil werden.
3. Der Landessportbund hat insbesondere auch die Aufgabe, an dem Wiederaufbau des deutschen Sports mitzuwirken. Zu diesem Zweck kann er auch die Mitgliedschaft in anderen Verbänden erwerben und sich insoweit deren Satzungen unterwerfen, als diese nicht in Widerspruch zur eigenen Satzung stehen.
4. Der Landessportbund regelt unmittelbar und mittelbar durch seine Fachverbände die sportlichen Beziehungen zu anderen Verbänden und deren Mitgliedern. Er vertritt die Interessen seiner Mitglieder gegenüber den Organen des Staates und seiner Behörden, gegenüber den Gemeinden und anderen Körperschaften und in Fällen grundsätzlicher Bedeutung auch gegenüber den Gerichten. Er wahrt zusammen mit seinen Fachverbänden die sportliche Disziplin und Ordnung innerhalb des Bundes. Zu diesem Zweck übt er unmittelbar und durch seine Fachverbände Disziplinar- und Strafrecht über die ihm angeschlossenen Vereine und deren Mitglieder aus.
5. Der Landessportbund Hessen wird auch durch Wort, Schrift und Bild immer mehr Verständnis für den Wert des Sports in allen Schichten unseres Volkes wecken und fördern.

§ 3

Farben — Wahrzeichen

1. Die Farben des Landessportbundes Hessen sind „Rot-Weiß".
2. Wahrzeichen des Bundes ist der stilisierte, rot-weiß-gestreifte hessische Löwe.

§ 4

Bundesgebiet

1. Bundesgebiet ist das Gebiet des Landes Hessen.
2. Das Bundesgebiet ist in Sportkreise eingeteilt, die sich gebietlich grundsätzlich mit den Kreisen der Staatsverwaltung decken,

3. Das Bundesgebiet kann durch Zusammenfassung mehrerer Sportkreise in Sportbezirke eingeteilt werden bis zur Höchstzahl von 6 Sportbezirken, wenn dies aus zwingenden Gründen der besseren Betreuung der Vereine erforderlich ist.
4. Für Aenderungen der Einteilung des Bundesgebietes ist der Bundesvorstand zuständig. Die Vorstände der beteiligten Sportkreise sind vorher zu hören.

§ 5

Bundesjahr

Das Geschäftsjahr des Bundes beginnt am 1. April und endet am 31. März des folgenden Jahres.

§ 6

Bundesaufbau

1. Zur Erfassung aller Zweige des Sports ist der Bund in Fachverbände gegliedert, die ausschließlich für die fachliche Betreuung der Vereine und ihrer Mitglieder zuständig sind. Zu diesem Zweck geben sich die Fachverbände eigene Satzungen. Sie bedürfen der Genehmigung des Bundesvorstandes.
2. Für die überfachliche Betreuung der Vereine und ihrer Mitglieder und alle sonstigen überfachlichen Aufgaben ist ausschließlich die allgemeine Bundesverwaltung zuständig.
3. Die Verwaltung des Bundes und seiner Fachverbände erfolgt durch die zuständigen Organe.
4. Die Aemter der Verwaltung innerhalb des Bundes, seiner Fachverbände und seiner Vereine sind grundsätzlich Ehrenämter. Besoldete Aemter dürfen innerhalb der Bundesverwaltung nur mit Genehmigung des Bundesvorstandes geschaffen und besetzt werden. Dem Inhaber eines Ehrenamtes können die ihm bei der Ausübung des Amtes notwendigen und tatsächlich entstandenen Auslagen ersetzt werden.

§ 7

Mitgliedschaft

1. Mitglieder des Bundes können nur Vereine werden, die nach den Grundsätzen des § 2 gebildet sind und arbeiten.
2. Jeder Verein, der den Grundsätzen des § 2 entspricht und vorbehaltlos die Satzungen des Landessportbundes Hessen anerkennt, kann — wenn er seinen Sitz in Hessen hat — die Mitgliedschaft erwerben.
3. Der Antrag auf Annahme ist schriftlich über den Kreisvorstand an den Bundesvorstand zu richten. Beizufügen sind:
   a) ein Nachweis über die ordnungsgemäße Vereinsbildung,
   b) eine Ausfertigung der Vereinssatzung,
   c) ein Namens- und Anschriftenverzeichnis der Vorstandsmitglieder,
   d) eine Aufstellung der betriebenen Sportarten,
   e) ein Mitgliederverzeichnis, aus dem zu ersehen sind:
      die Gesamtzahl der Mitglieder,
      die Zahl der männlichen und der weiblichen Mitglieder über 18 Jahre (= ordentliche Mitglieder),
      die Zahl der männlichen und der weiblichen Jugendmitglieder von 14 bis 18 und von 6 bis 14 Jahren.
   f) eine rechtsverbindlich vom Vorstand unterzeichnete Erklärung, daß der Verein vorbehaltlos die Hauptsatzung des Bundes und die Satzungen seiner Fachverbände anerkennt.

4. Ueber den Aufnahmeantrag entscheidet der Bundesvorstand. Der Beschluß ist dem Verein über den Kreisvorstand schriftlich zuzustellen. In dem Beschluß ist die Höhe der Aufnahmegebühr festzusetzen, die einmalig je nach der Zahl der Vereinsmitglieder zu entrichten ist. Sie beträgt grundsätzlich bei Vereinen

bis zu 50 Mitgliedern	DM 25.—
bis zu 100 Mitgliedern	DM 50.—
bis zu 300 Mitgliedern	DM 100.—
bis zu 500 Mitgliedern	DM 200.—
über 500 Mitglieder	DM 300.—

Der Beschluß wird erst rechtskräftig nach dem Eingang der Aufnahmegebühr und des Beitrags bei der Bundesgeschäftsstelle. Die Rechtskraft der Aufnahme ist in den „Sport-Mitteilungen" des Bundes bekanntzugeben.

5. Die Mitgliedschaft endet durch Austritt, Auflösung, Ausschluß oder durch Streichung aus dem Mitgliederverzeichnis.

6. Der Austritt kann nur schriftlich durch eingeschriebenen Brief an den Bundesvorstand zum Ende eines Bundesjahres unter Einhaltung einer Frist von mindestens drei Monaten erklärt werden. Dieser Erklärung ist der Nachweis beizufügen, daß die Mitglieder des Vereins in einer satzungsgemäß einberufenen Mitgliederversammlung den Austritt aus dem Bund beschlossen haben. Wird dieser Nachweis nicht erbracht, dann ist die Austrittserklärung nicht rechtswirksam, der Bundesvorstand kann alsdann auch keine Austrittsbestätigung erteilen.

7. Wird satzungsgemäß die Auflösung eines Vereins beschlossen, dann endet mit einem solchen Beschluß die Mitgliedschaft im Bund.

8. Der Ausschluß eines Vereins kann nur unmittelbar durch den Bund erfolgen, nicht durch die Fachverbände. Gleiches gilt für den Ausschluß eines Vereinsmitgliedes aus dem Bund.

Der Auschluß ist zulässig:

a) wegen Unterlassungen oder Handlungen, die sich gegen den Bund, seine Zwecke und Aufgaben und sein Ansehen auswirken und die in besonderem Maße die Belange des Sports schädigen,

b) wegen wiederholten absichtlichen Verstößen gegen die Hauptsatzung, die Satzungen der Fachverbände oder sonstige Rechtsordnungen innerhalb des Bundes,

c) wegen Nichtachtung von Beschlüssen der zuständigen Bundesorgane.

Anträge auf Ausschluß sind durch den Bundesvorstand dem Bundesgericht vorzulegen, das unter dem Vorsitz des Bundesrechtswarts in erster Instanz entscheidet. Antragsberechtigt sind alle Bundesorgane, soweit es sich um Ausschluß eines Vereinsmitgliedes handelt, auch der zuständige Verein. Im Ausschlußverfahren ist dem örtlich zuständigen Sportkreisvorstand Gelegenheit zur Stellungnahme zu geben. Gegen das Urteil des Bundesgerichts kann innerhalb 14 Tagen nach Zustellung Berufung bei dem Bundesvorstand eingelegt werden. Die Entscheidung des Bundesvorstands ist endgültig.

9. Der Bundesvorstand hat das Recht, Vereine aus dem Verzeichnis der Mitgliedervereine zu streichen, wenn ein Verein trotz erfolgter Mahnung drei Monate nach dem Ende eines Bundesjahres noch mit Beiträgen für dieses Jahr im Rückstand ist. Bei der schriftlichen Mahnung ist ausdrücklich auf die Möglichkeit der Beendigung der Mitgliedschaft durch Streichung hinzuweisen. Gegen den Beschluß auf Streichung ist kein Rechtsmittel gegeben.

10. Vereinszusammenschlüsse sind dem Bundesvorstand zu melden. Eine Ausfertigung der neuen Satzung und ein Auszug aus dem Protokoll der Mitgliederversammlung sind beizufügen. Mit der Genehmigung des Bundesvorstandes und deren Bekanntmachung in den „Sport-Mitteilungen" des Bundes endet die Mitgliedschaft der bisherigen Vereine und die des neuen Vereins beginnt. Letzterer haftet dem Bund für alle diesem noch zustehenden Forderungen gegen die zusammengeschlossenen Vereine.

§ 8

Mitgliedsbeitrag

1. Der Bundesbeitrag nach Zahl und Alter der Vereinsmitglieder (Kopfbeitrag) wird jeweils nach dem Stand vom 1. April eines Jahres grundsätzlich nur vom Bund, nicht von den Fachverbänden erhoben.

2. Der Bundesbeitrag ist jeweils am 1. April zu Beginn des neuen Bundesjahres fällig. Er ist grundsätzlich in vier Raten am 1. 4., 1.7., 1.10. und 1. 1. zu entrichten.

3. Der ordentliche Bundestag bestimmt die Höhe des Bundesbeitrags und den Kreis der beitragspflichtigen Vereinsmitglieder. Der Bundesvorstand ist berechtigt, zu Beginn eines neuen Bundesjahres eine Abschlagszahlung auf den neuen Bundesbeitrag mit Fälligkeit am 1. April zu erheben. Bei der Staffelung des Beitrags nach dem Alter ist mindestens zu unterscheiden zwischen ordentlichen Vereinsmitgliedern über 18 Jahren und Jugendlichen von 14 bis 18 Jahren.

4. Der Bundesvorstand ist berechtigt, auf begründeten und vom zuständigen Sportkreisvorstand befürworteten Antrag den Bundesbeitrag zu ermäßigen, zu stunden oder die Entrichtung nach Raten und Fälligkeit abweichend festzusetzen. Beitragserlaß kann nur der Bundestag auf Vorschlag des Bundesvorstands genehmigen.

5. Der Bundesvorstand ist verpflichtet, dem ordentlichen Bundestag einen begründeten Vorschlag über die Höhe des im neuen Bundesjahr zu erhebenden Bundesbeitrags zu machen. Dabei ist grundsätzlich von einer möglichst sparsamen Verwaltungsführung und den Verbindlichkeiten des Bundes unter Berücksichtigung seiner Ziele und Aufgaben auszugehen.

6. Vereine, die in der zweiten Hälfte des Bundesjahres (ab 1. 10.) die Mitgliedschaft erwerben, entrichten für dieses Jahr nur die Hälfte des Beitrags.

§ 9

Mitgliedschaftsrechte

1. Die Vereine sind die Träger des Bundes. Sie sind daher auch die Träger der Grundrechte. Jeder Verein hat das Recht, an den Bundestagen teilzunehmen, Anträge zu stellen und an Abstimmungen und Wahlen durch Ausübung seines Stimmrechts mitzuwirken.

2. Jeder Verein hat mindestens eine Stimme. Im übrigen hat jeder Verein für je 50 ordentliche Mitglieder über 18 Jahre (aktive und passive) eine Stimme, auch für den verbleibenden Restteil von 50.

3. Die Ausübung des Stimmrechts erfolgt stets nur durch einen schriftlich bevollmächtigten Vereinsvertreter. Die Ausübung der Mitgliedschaftsrechte kann nicht einem Nichtvereinsmitglied übertragen werden.

4. Die Mitgliedschaftsrechte ruhen, wenn ein Verein länger als drei Monate mit seinen finanziellen Verpflichtungen im Rückstand bleibt, bis zur Erfüllung.

§ 10

Besondere Pflichten der Mitglieder

1. Die Satzungen der Vereine dürfen keine Bestimmungen enthalten, die der Hauptsatzung des Bundes, den Satzungen der Fachverbände und anderen Rechtsordnungen innerhalb des Bundes in ihrer Auswirkung entgegenstehen.

2. Die Vereine sind verpflichtet, zum 1. April eines jeden Jahres den Stand ihrer Mitglieder der Bundesgeschäftsstelle zu melden. Diese Meldung ist rechtsverbindlich vom Vereinsvorstand zu unterschreiben. Sie ist die Grundlage für die Erhebung des Bundesbeitrages und für die Festsetzung des Vereinsstimmrechts.

3. Die Vereine sind verpflichtet, Bestandserhebungen des Bundes genau und rechtsverbindlich zu dem jeweils festgesetzten Termin zu beantworten und dabei gegebenenfalls die seitens des Bundes hierfür vorgesehenen Vordrucke zu verwenden.

4. Die Vereine haften dem Bund für Zahlungsverpflichtungen ihrer Mitglieder. Die Mitglieder der Vereine haften dem Bund für die Verbindlichkeiten des Vereins als Gesamtschuldner. Die Haftung erstreckt sich auf diejenigen Mitglieder, die dem Verein im Zeitpunkt der Begründung der Verbindlichkeit angehört haben.
5. Die Vereine sind verpflichtet, die für alle Mitglieder des Bundes bestimmten Drucksachen, insbesondere die bundesamtlichen „Sport-Mitteilungen" zu beziehen.

§ 11

Finanzordnung

1. Der Bund erhebt bei der Aufnahme einmalig die Aufnahmegebühr und alljährlich den Bundesbeitrag.
2. Mit dem Bundesbeitrag werden seitens der Vereine dem Bund gegenüber alle überfachlichen Verbindlichkeiten abgegolten.
3. Der Bund hat das Recht, im Bedarfsfall weitere Einnahmequellen zu erschließen, soweit es sich um Einnahmequellen mit überfachlichem Charakter handelt. Vorbehalten bleibt insbesondere die Erhebung des sog. Sportgroschens.
4. Die Fachverbände haben eigene Finanzverwaltung. Sie haben das Recht, Einnahmequellen fachlichen Charakters zu erschließen. Beiträge (Kopfbeiträge) werden jedoch weder von den Fachverbänden noch von den Sportkreisen erhoben.
5. Der Bund ist grundsätzlich verpflichtet, aus ihm zur Verfügung stehenden Mitteln Zuschüsse an die Fachverbände zu gewähren, wenn feststeht, daß ein Zuschuß zur Aufrechterhaltung einer ordnungsgemäßen Arbeit erforderlich ist.
6. Die Fachverbände sind grundsätzlich verpflichtet, dem Bund aus ihnen zur Verfügung stehenden Mitteln Zuschüsse zu gewähren, wenn der Bund zur Finanzierung vordringlicher Aufgaben Mittel benötigt und die Verwendung dieser Mittel vor allem auch im Interesse der Fachverbände liegt.
7. Bund und Fachverbände sind verpflichtet, Voranschläge für jedes Bundesjahr aufzustellen. Die Fachverbände sind berechtigt, abweichend vom Bundesjahr ihr Geschäftsjahr festzusetzen. Sie sind verpflichtet, ihre Voranschläge dem Bundesvorstand vorzulegen. Der Bundesvorstand ist berechtigt, Beanstandungen dem Grunde und der Höhe nach zu erheben. Erkennt der Fachverband die erhobenen Beanstandungen nicht an, so kann der Bundesvorstand die Entscheidung eines außerordentlichen Verbandstags der Fachverbände herbeiführen.
8. Die Verwendung der Mittel hat nach den Grundsätzen der Wirtschaftlichkeit bei sparsamster Geschäftsführung ausschließlich zu gemeinnützigen Zwecken der Pflege des Sportes zu erfolgen. Alle Ausgaben müssen vor ihrer Tätigung dem Grunde und der Höhe nach genehmigt sein. Ausgaben, die vorher nicht der Höhe nach festgestellt werden können, müssen mindestens dem Grunde nach genehmigt sein. Näheres bestimmt die Ausgabe- und Spesenordnung des Bundes. Die Ausgaben müssen sich grundsätzlich im Rahmen des jeweiligen Voranschlags halten.
Zu außerplanmäßigen Ausgaben ist in begründeten Einzelfällen vorher unter eingehender Begründung die Zustimmung des Bundesvorstandes bzw. der Fachverbandsleitung einzuholen.
9. Die Aufteilung der Mittel ist durch den geschäftsführenden engeren Bundesvorstand nach folgenden Grundsätzen vorzunehmen:
Die Einnahmen sind zunächst in einmalige, außerordentliche (z. B. Aufnahmegebühren) und in laufende, ordentliche (Bundesbeiträge) aufzuteilen. Die einmaligen, außerordentlichen Einnahmen sind grundsätzlich für einmalige, außerordentliche Zwecke zu verwenden. Die laufenden, ordentlichen Einnahmen sind grundsätzlich zu verwenden für Zwecke der Verwaltung (Bundesgeschäftsführung, Bezirks- und Kreisverwaltung), für sonstige überfachliche Gemeinschaftszwecke, für Zuschüsse an die bedürftigen Fachverbände. Die Aufteilung

der Mittel der Fachverbände erfolgt durch die Fachverbandsleitung in eigener Zuständigkeit.
10. Für jedes Bundesjahr (Geschäftsjahr) ist eine Jahresabrechnung über Einnahmen und Ausgaben aufzustellen. Der Bundesvorstand kann die Abrechnung von einem vereidigten Bücherrevisor prüfen lassen. Das gleiche gilt für die Rechnungen der Fachverbände, die dem Bundesvorstand vorzulegen sind. Die gewählten Kassen- und Rechnungsprüfer haben das Recht, jederzeit während des Bundesjahres Prüfungen der Kasse, Bücher und Belege vorzunehmen. Wird die Jahresabrechnung nicht von einem Bücherrevisor geprüft, so hat die Prüfung durch die gewählten Kassen- und Rechnungsprüfer zu erfolgen.
11. Forderungen des Bundes und der Fachverbände sind grundsätzlich vom Tag der festgesetzten Fälligkeit ab innerhalb von drei Wochen durch die Vereine bzw. ihre Mitglieder zu begleichen. Im Verzugsfall kann der Schuldner ohne Anhören disqualifiziert und von der Teilnahme an verbandsamtlichen Veranstaltungen ausgeschlossen werden. Erfüllungsort und Gerichtsstand ist Frankfurt am Main.

§ 12

Organe des Bundes, ihre Mitglieder und deren Wahl

1. Die Organe des Landessportbundes Hessen sind:
   a) die Tagungen der Vereinsvertreter:
      - a) der Bundestag (BT)
      - b) der Bezirkstag (BzT)
      - c) der Kreistag (KT)
   b) die Verwaltungsorgane:
      - a) der Bundesvorstand (BV) und die Bundesausschüsse (BA)
      - b) das Bundesgericht (BG)
      - c) die Fachverbände und ihre Organe (FV)
      - d) der Bezirksvorstand (BzV)
      - e) der Kreisvorstand (KV)
2. Die Aemter der Verwaltungsorgane werden durch Wahlen auf den zuständigen Tagungen der Vereinsvertreter für die Dauer der Wahlzeit besetzt. Wählbar sind nur Vereinsmitglieder nach Vollendung des 21. Lebensjahres. Erlischt während der Wahlzeit die Vereinsmitgliedschaft, so bewirkt dies das Ausscheiden aus dem Amt, es sei denn, daß innerhalb von drei Monaten eine neue Vereinsmitgliedschaft erworben wird.
3. Alle Wahlen sind grundsätzlich schriftlich und geheim durchzuführen. Wird für ein Amt nur eine Person vorgeschlagen und ist diese bereit, das Amt anzunehmen, dann kann die Wahl durch offene Abstimmung (Handaufheben) durchgeführt werden. Im übrigen gelten die Bestimmungen der Allgemeinen Geschäftsordnung des Bundes.
4. Steht nur ein Kandidat zur Wahl, dann ist er gewählt, wenn er die Mehrheit der abgegebenen Stimmen erhalten hat.
Stehen mehrere Kandidaten zur Wahl, dann ist derjenige gewählt, der mindestens die Hälfte aller abgegebenen Stimmen erhalten hat.
Wird diese Stimmenzahl von keinem der Kandidaten erreicht, dann findet zwischen den zwei Kandidaten, die im ersten Wahlgang die meisten Stimmen erhalten haben, eine Stichwahl statt, bei der die einfache Stimmenmehrheit entscheidet.
5. In ein Verwaltungsorgan sollen nicht mehr als zwei Mitglieder des gleichen Vereins gewählt werden. Vor der Wahl ist daher protokollarisch die Vereinsangehörigkeit der Kandidaten festzustellen.
6. Zwei Bundesämter sollen in der Regel von einer Person nicht gleichzeitig bekleidet werden.

7. Scheidet während der Wahlzeit ein Mitglied aus einem Verwaltungsorgan aus, dann kann für den Rest der Wahlzeit durch Beschluß des Organs ein Ersatzmann berufen werden.

Verbleiben nach dem Ausscheiden von Mitgliedern nicht mindestens zwei gewählte Mitglieder im Amt oder scheiden gleichzeitig mehr als die Hälfte der Mitglieder aus, so muß Ersatzwahl erfolgen. Die Berufung von Ersatzmännern und die Ersatzwahlen bedürfen der Bestätigung durch den Bundesvorstand bzw. die Fachverbandsleitung. Wird die Bestätigung versagt, weil die Betreffenden keine Gewähr für eine ordnungsgemäße Amtsführung bieten oder weil eine Schädigung von Bundesinteressen zu befürchten ist, dann muß innerhalb von 4 Wochen vom Tag der Versagung der Bestätigung an die Berufung eines anderen Ersatzmannes oder eine erneute Ersatzwahl stattfinden.

8. Der Bundesvorstand und die Fachverbandsleitungen haben das Recht, Mitglieder von Verwaltungsorganen jederzeit ihres Amtes zu entheben, wenn Amtspflichten nicht erfüllt werden, den Satzungen zuwidergehandelt wird oder die Interessen des Bundes geschädigt werden. Gegen die Amtsenthebung kann innerhalb 14 Tagen nach Zustellung Berufung bei dem Bundesgericht eingelegt werden. Die Berufung hat keine aufschiebende Wirkung. Die Entscheidung des Bundesgerichts ist endgültig.

9. Alle übergeordneten Verwaltungsorgane führen gleichzeitig die Aufsicht über die ihnen nachgeordneten Organe. Sie sind berechtigt und verpflichtet, Verletzungen von Rechtsordnungen zu beanstanden und die ordnungsgemäße Erledigung zu veranlassen oder selbst vorzunehmen.

10. In eigener Sache und in Sachen seines eigenen Vereins darf ein Mitglied eines Verwaltungsorgans weder an der Beratung, noch an der Beschlußfassung teilnehmen. Entfällt hierdurch die Beschlußfähigkeit, so ist für den Verhandlungsgegenstand ein Ersatzmann aus einem anderen Verwaltungsorgan zu berufen. Allen Mitgliedern von Verwaltungsorganen ist im übrigen nicht gestattet, dem Bund und seinen Fachverbänden gegenüber die Vertretung ihres eigenen Vereins oder dessen Mitglieder zu übernehmen.

11. Alle Beschlüsse der Verwaltungsorgane sind grundsätzlich in Sitzungen herbeizuführen. Ausnahmsweise kann ein Beschluß auch schriftlich durch Rundfrage bei allen Mitgliedern unter genauer Angabe des Beschlußgegenstandes herbeigeführt werden.

12. Soweit nichts anderes bestimmt ist, gilt für alle Tagungen und Sitzungen die Allgemeine Geschäftsordnung.

13. Die Verwaltungsorgane haben das Recht, im Rahmen ihrer sachlichen und örtlichen Zuständigkeit von den Vereinen Einsicht in Geschäftsbücher, Akten und Schriftstücke oder deren Vorlage zu verlangen, insbesondere ein namentliches Verzeichnis der Vereinsmitglieder.

14. Die Bundesausweise, die den Mitgliedern der Verwaltungsorgane ausgestellt werden, berechtigen zum freien Eintritt bei allen Bundes- und Vereinsveranstaltungen im Bereich des ausstellenden Bundesorgans. Die Ausweise sind Eigentum des Bundes und können jederzeit eingezogen oder außer Kraft gesetzt werden.

§ 13

Der Bundestag

1. Der Bundestag ist die Versammlung der bevollmächtigten Vertreter aller stimmberechtigten Vereine, die an dem Bundestag teilnehmen und die zusammen mit dem Bundesvorstand über alle Angelegenheiten des Bundes beraten und beschließen.

2. Der ordentliche Bundestag findet alle 2 Jahre statt und soll im April einberufen werden. Die Einberufung erfolgt durch den geschäftsführenden engeren Bundesvorstand, der die Tagesordnung festsetzt und sie spätestens vier Wochen vor dem Bundestag mit der Einladung bekannt gibt.

3. Die Aufgaben des Bundestags sind:

a) Entgegennahme des Jahresberichts,

b) Entgegennahme des Berichts über die Kassen- und Rechnungsprüfung,

c) Entlastung der vom Bundestag gewählten Verwaltungsorgane,

d) Neuwahl der vom Bundestag zu wählenden Mitglieder der Verwaltungsorgane,

e) Beschlußfassung über Bundesangelegenheiten, insbesondere über Satzungsänderungen und über vorliegende Anträge,

f) Ortswahl für den nächsten Bundestag.

4. Anträge können nur dann zur Tagesordnung genommen werden, wenn zu ihrer Entscheidung satzungsgemäß die Zuständigkeit des Bundestages ohne weiteres gegeben ist und wenn sie durch Mehrheitsbeschluß eines Bezirkstags rechtzeitig, spätestens jedoch 4 Wochen vor dem Bundestag bei dem Bundesvorstand eingereicht worden sind. Der Bundesvorstand kann ohne weiteres Anträge auf die Tagesordnung setzen. Die Fachverbände haben ebenfalls das Recht, Anträge überfachlichen Inhalts zur Beschlußfassung für den ordentlichen überfachlichen Bundestag zu stellen, mit der Maßgabe, daß derartige Anträge 4 Wochen vor dem Bundestag dem Bundesvorstand vorzulegen sind. Anträge, die nicht auf der Tagesordnung stehen, aber Bundesangelegenheiten betreffen, die in der Zeit zwischen einem Bezirkstag und dem Bundestag entstanden sind, können nur durch Mehrheitsbeschluß des Bundestags zur Beratung und Abstimmung kommen.

5. Alle Anträge sind eingehend zu begründen. Unbegründete Anträge sollen in der Regel nicht auf die Tagesordnung gesetzt werden.

6. Außerordentliche Bundestage können jederzeit durch den Bundesvorstand einberufen werden, wenn dies im Interesse des Bundes liegt. Ein außerordentlicher Bundestag ist einzuberufen, wenn dies schriftlich durch begründeten Antrag mit Zustimmung eines Drittels der auf alle Vereine entfallenden Stimmen von den Vereinen verlangt wird oder wenn zwei Drittel aller Fachverbände dies begründet beantragen. Der außerordentliche Bundestag ist alsdann spätestens 4 Wochen nach Eingang des Antrags einzuberufen. Die Einladungen zu einem außerordentlichen Bundestag sind spätestens 14 Tage vorher unter Angabe des Grundes zuzustellen. Der Tagungsort wird vom Bundesvorstand bestimmt. Die Bestimmungen für den ordentlichen Bundestag gelten im übrigen entsprechend für den außerordentlichen Bundestag.

§ 14

Der Bezirkstag

1. Der Bezirkstag ist die alljährliche Versammlung der bevollmächtigten Vertreter aller bezirksangehörigen stimmberechtigten Vereine, die an dem Bezirkstag teilnehmen und zusammen mit dem Bezirksvorstand beraten und beschließen.

2. Die Bezirkstage sollen grundsätzlich im März abgehalten werden, spätestens jedoch 4 Wochen vor dem Verbandstag.

3. Die Aufgaben des Bezirkstags sind:

a) Entgegennahme der Jahresberichte,

b) Entlastung der vom Bezirkstag gewählten Verwaltungsorgane,

c) Neuwahl der vom Bezirkstag zu wählenden Mitglieder der Verwaltungsorgane,

d) Beschlußfassung über vorliegende Anträge,

e) Ortswahl für den nächsten Bezirkstag.

4. Anträge können nur dann zur Tagesordnung eines Bezirkstags genommen werden, wenn sie spätestens 3 Wochen vor dem Bezirkstag schriftlich mit eingehender Begründung bei dem Bezirksvorstand eingereicht worden sind. Vom

Gegenstand solcher Anträge hat der Bezirksvorstand vor dem Bezirkstag den Bezirksvereinen Kenntnis zu geben.

5. Im übrigen gelten die Bestimmungen des § 13 für Bezirkstage sinngemäß.

§ 15

Der Kreistag

1. Der Kreistag ist die alljährliche Versammlung der bevollmächtigten Vertreter aller kreisangehörigen stimmberechtigten Vereine, die an dem Kreistag teilnehmen und zusammen mit dem Kreisvorstand beraten und beschließen.
2. Die Kreistage sollen grundsätzlich im Februar abgehalten werden, spätestens jedoch 4 Wochen vor dem Bezirkstag.
3. Die Aufgaben des Kreistags sind:
   a) Entgegennahme der Jahresberichte,
   b) Entlastung der vom Kreistag gewählten Verwaltungsorgane,
   c) Neuwahl der vom Kreistag zu wählenden Mitglieder der Verwaltungsorgane,
   d) Beschlußfassung über vorliegende Anträge,
   e) Ortswahl für den nächsten Kreistag.
4. Anträge können nur dann zur Tagesordnung eines Kreistags genommen werden, wenn sie spätestens 3 Wochen vorher schriftlich mit eingehender Begründung bei dem Kreisvorstand eingereicht worden sind. Vom Gegenstand solcher Anträge hat der Kreisvorstand vor dem Kreistag den Kreisvereinen Kenntnis zu geben.
5. Im übrigen gelten die Bestimmungen des § 13 für Kreistage sinngemäß.

§ 16

Besondere Bestimmungen für Bundes-, Bezirks- und Kreistage

1. Bundes-, Bezirks- und Kreistage sind stets beschlußfähig ohne Rücksicht auf die Anzahl der teilnehmenden stimmberechtigten Vereine, vorausgesetzt, daß sie ordnungsgemäß einberufen worden sind.
2. Die Fachverbände sind berechtigt, die Mitglieder ihrer Verwaltungsorgane nach den Bestimmungen ihrer eigenen Satzungen auf eigenen Tagungen nur durch diejenigen Bundesvereine wählen zu lassen, die von dem betreffenden Fachverband betreut werden. Für die Einberufung, Abstimmung und Wahl gelten die Bestimmungen der Hauptsatzung entsprechend.

§ 17

Der Bundesvorstand und die Bundesausschüsse

1. Der Vorstand des Landessportbundes Hessen besteht aus:
   a) dem 1. Bundesvorsitzenden,
   b) dem 2. Bundesvorsitzenden,
   c) dem Bundeskassenwart,
   d) dem Bundessportwart,
   e) dem Bundesrechtswart,
   f) dem Bundespressewart,
   g) dem Bundesjugendwart,
   h) der Bundesfrauenwartin,

   die den geschäftsführenden engeren Bundesvorstand bilden. Durch Hinzuziehung aller Vorsitzenden der Fachverbände wird der geschäftsführende engere Bundesvorstand zum Gesamtbundesvorstand erweitert.
2. Die Mitglieder des geschäftsführenden engeren Bundesvorstandes werden vom ordentlichen Bundestag gewählt, die Mitglieder der Fachverbandsleitungen vom ordentlichen Verbandstag der Fachverbände.

15

3. Vorstand im Sinne des § 26 BGB ist der 1. Bundesvorsitzende jeweils in Gemeinschaft mit einem anderen Mitglied des geschäftsführenden engeren Bundesvorstandes. Im Falle seiner Verhinderung wird er von dem 2. Bundesvorsitzenden vertreten. Er führt die Beschlüsse des Bundesvorstandes durch, bestimmt Tag, Ort und Zeit der Vorstandssitzungen und setzt die Tagesordnung fest. Er ist auch Vorsitzender des Bundestags.
4. Der Bundesvorstand stellt die Richtlinien für die Arbeit innerhalb der Bundesverwaltung und die bundesamtliche Arbeit der Vereine auf, die für die Bundesorgane und die Bundesvereine bindend sind, bis sie von einem Bundestag abgeändert oder aufgehoben werden.
5. Die Führung der Geschäfte erfolgt durch den geschäftsführenden engeren Bundesvorstand unter Leitung des 1. Bundesvorsitzenden. Zur Durchführung der Geschäfte unterhält der Bund eine Bundesgeschäftsstelle in Frankfurt am Main, für deren Leitung ein hauptamtlicher Geschäftsführer vom Bundesvorstand bestellt wird.
6. Der Bundesvorstand ist grundsätzlich für alle Angelegenheiten des Bundes zuständig, soweit sie nicht anderen Organen satzungsgemäß zustehen. Der Bundesvorstand kann bestimmte Aufgaben einem Ausschuß, einem seiner Mitglieder oder einem anderen Verwaltungsorgan übertragen. Er kann für bestimmte Geschäfte besondere Vertreter bestellen. Er kann Ausführungsbestimmungen zu der Hauptsatzung und Rechtsordnungen erlassen, die für die Verwaltungsorgane und die Vereine bindend sind, bis sie von einem Bundestag abgeändert oder aufgehoben werden.
7. Als ständige Ausschüsse stehen dem Bundesvorstand für besondere Aufgaben zur Seite:
   a) der Technische Ausschuß, der sich zusammensetzt aus dem Bundessportwart als Vorsitzer und allen Fachverbandsvorsitzenden. Er ist für alle sporttechnischen Aufgaben zuständig;
   b) der Bundesjugendausschuß, bestehend aus dem Bundesjugendwart als Vorsitzer und allen Jugendwarten der Fachverbände. Er ist für überfachliche Jugendfragen zuständig;
   c) der Bundesfrauenausschuß, bestehend aus der Bundesfrauenwartin als Vorsitzerin und allen Frauenwartinnen der Fachverbände. Er ist für überfachliche Aufgaben im Frauensport zuständig.
8. Der Bundesvorstand und die Bundesausschüsse fassen ihre Beschlüsse mit Stimmenmehrheit in Sitzungen oder durch Rundschreiben. Bei Stimmengleichheit entscheidet die Stimme des Vorsitzenden. Der Bundesvorstand und die Bundesausschüsse sind beschlußfähig, wenn die Hälfte ihrer Mitglieder und der Vorsitzende oder sein Vertreter nach ordnungsgemäßer Einladung anwesend sind. Gleiches gilt für den geschäftsführenden engeren Bundesvorstand.
9. Zu den Vorstands- und Ausschußsitzungen sind die Einladungen mindestens acht Tage vor dem angesetzten Termin zuzustellen, unter gleichzeitiger Mitteilung der Tagesordnung. In dringenden Fällen kann von der Einhaltung dieser Frist Abstand genommen werden. Der geschäftsführende engere Bundesvorstand und der Gesamtbundesvorstand müssen einberufen werden, wenn dies schriftlich bei dem Vorsitzenden unter Angabe des Beratungsgegenstandes von mindestens der Hälfte der Mitglieder beantragt wird. Der Bundesvorstand ist jederzeit berechtigt, Ausschußsitzungen durch den jeweiligen Ausschußvorsitzenden einzuberufen.
10. Der Bundesvorstand hat das Recht, jederzeit einen beauftragten Vertreter zu den Tagungen und Sitzungen aller Bundes- und Verbandsorgane zu entsenden.

§ 18

Das Bundesgericht

1. Das Bundesgericht besteht aus dem Bundesrechtswart als Vorsitzenden und den Bezirksvorsitzenden als Beisitzer.

16

2. Die Zuständigkeit des Bundesgerichts ergibt sich aus der Hauptsatzung. Der Bundesvorstand kann jederzeit das Bundesgericht mit der Bearbeitung bestimmter Rechtsangelegenheiten beauftragen. Die Fachverbände haben das Recht, das Bundesgericht in besonderen Rechtsfragen zur gutachtlichen Stellungnahme aufzufordern.
3. Das Bundesgericht stellt eine Geschäfts-, Verfahrens- und Kostenordnung auf, die der Zustimmung des geschäftsführenden engeren Bundesvorstandes bedarf.

§ 19

Der Bezirksvorstand

1. Auf dem Bezirkstag ist mindestens ein Bezirksvorsitzender zu wählen, der zusammen mit allen Kreisvorsitzenden des Bezirks den Bezirksvorstand bildet. Dieser engere Bezirksvorstand wird durch die Bezirksfachwarte ergänzt zum Gesamtbezirksvorstand.
2. Soweit die Besetzung bestimmter Aemter innerhalb des Bezirksvorstandes erforderlich wird, nimmt der Bezirksvorstand deren Besetzung von sich aus aus den Reihen seiner Mitglieder vor.
3. Der Bezirksvorstand tritt nur im Bedarfsfall zusammen. Im übrigen gelten die Bestimmungen des § 17 entsprechend, soweit sie auf den Bezirksvorstand analog anwendbar sind.

§ 20

Der Kreisvorstand

1. Der Kreisvorstand besteht aus:
   a) dem 1. Kreisvorsitzenden,
   b) dem 2. Kreisvorsitzenden,
   c) dem Kreissportwart,
   d) dem Kreiskassenwart,
   e) dem Kreispressewart und Schriftführer,
   f) dem Kreisjugendwart,
   g) der Kreisfrauenwartin,

   die den geschäftsführenden engeren Kreisvorstand bilden.
   Durch Hinzuziehung aller Kreisfachwarte wird der geschäftsführende engere Kreisvorstand zum Gesamtkreisvorstand ergänzt.
2. Die Mitglieder des geschäftsführenden engeren Kreisvorstandes werden durch den ordentlichen Kreistag gewählt. Die Kreisfachwarte und ihre Mitarbeiter können auf einem ordentlichen Kreistag der Fachverbände gewählt werden. Im übrigen gelten für den Kreisvorstand die Bestimmungen des § 17 entsprechend, soweit sie analog anwendbar sind.

§ 21

Die Fachverbände

1. Die Fachverbände sind im Rahmen ihrer eigenen Zuständigkeit für ihren Verwaltungsaufbau verantwortlich. Sie bestimmen dabei vor allem selbst den Aufbau, die zur ordnungsgemäßen fachlichen Betreuung der Vereine erforderlichen Organe und die Aemter innerhalb dieser Organe.
2. Die Fachverbände sind ausschließlich für die fachliche Betreuung der Vereine nach den anerkannten Regeln des Sports verantwortlich.

§ 22

Bundesrechtswesen

1. Die Rechtsprechung des Bundes und seiner Fachverbände erstreckt sich auf die Vereine und deren Mitglieder und auch auf alle Personen, die im Bund und seinen Fachverbänden ein Amt innehaben.

2. Sachlich erstreckt sich die Rechtsprechung auf alle Geschehnisse im Sport und in der Sportverwaltung, die daher auch grundsätzlich nur durch Rechtsprechung innerhalb des Bundes und der Fachverbände unter Ausschluß des ordentlichen Rechtsweges zu bereinigen sind. In begründeten Ausnahmefällen kann die Klage im ordentlichen Rechtsweg auf Antrag durch den Bundesvorstand zugelassen werden. Begründete Anträge dieser Art sind schriftlich an den Bundesvorstand (Bundesrechtswart) zu richten.
3. Für die Rechtsprechung in allgemeinen überfachlichen Angelegenheiten ist der Bund mit seinen verschiedenen Instanzen zuständig. Für die Rechtsprechung in fachlichen Angelegenheiten ist der jeweilige Fachverband mit seinen verschiedenen Instanzen zuständig. Näheres ist durch den Bundesvorstand bzw. die Fachverbände durch Rechtsordnungen zu regeln.
4. Die Vereine regeln ihre vereinsinternen Angelegenheiten selbst nach den Grundsätzen ihrer Satzungen. Sie sind berechtigt, in begründeten Einzelfällen Vereinsmitglieder auszuschließen und auch schriftlich unter eingehender Begründung und Beifügung von Belegen bzw. Beweisen Ausschluß von Vereinsmitgliedern aus dem Bund bei dem Bundesvorstand zu beantragen. Jeder Verein ist verpflichtet, den Ausschluß eines Mitglieds sofort im Zeitpunkt seiner Rechtskraft dem Bundesvorstand über den zuständigen Vorsitzenden des Sportkreises schriftlich unter Angabe der wesentlichen Gründe für den Ausschluß zu melden.
5. Alle Inhaber von Aemtern innerhalb des Bundes und seiner Fachverbände genießen gegenüber den Vereinen und ihren Mitgliedern besonderen Rechtsschutz. In begründeten Fällen sind sie berechtigt, Strafantrag gegen einen Verein oder gegen bestimmte Mitglieder eines Vereins zu stellen. Wird der Strafantrag im Zusammenhang mit fachlichen Vorgängen gestellt, so ist zur Entscheidung die von dem Fachverband bestimmte Instanz zuständig. Wird der Antrag auf Grund von Vorkommnissen gestellt, die nicht unmittelbar mit fachlichen Vorgängen geschehen sind, so ist er in erster Instanz dem örtlich zuständigen Kreisvorstand zur Entscheidung vorzulegen. Gegen dessen Urteil kann innerhalb von vierzehn Tagen nach Zustellung Beschwerde bei dem Bezirksvorstand eingelegt werden. Gegen das Urteil des Bezirksvorstands kann innerhalb vierzehn Tagen nach Zustellung Berufung bei dem Bundesgericht eingelegt werden, dessen Entscheidung endgültig ist.
   Diese Grundsätze gelten umgekehrt entsprechend gegen alle Inhaber von Aemtern in begründeten Fällen.
6. Als Strafen sind innerhalb des Bundes und seiner Fachverbände zulässig: 1. die Warnung, 2. der Verweis, 3. die Geldstrafe, 4. die Amtsenthebung auf Zeit oder Dauer, 5. das Ausscheiden aus der Betreuung eines Fachverbandes und 6. der Ausschluß aus dem Landessportbund, der ohne weiteres auch den Ausschluß aus dem Verein bewirkt.
7. Die Kosten des Verfahrens sind in jedem einzelnen Fall im Urteil festzustellen. Der Kostenträger ist im Urteil zu bestimmen. Ist ein Vereinsmitglied Kostenträger, so ist auf die Haftung des Vereins ausdrücklich hinzuweisen.
   Alle weiteren Grundsätze werden durch den Bundesvorstand bzw. die Fachverbände durch Rechts- und Kostenordnungen geregelt.

§ 23

Satzungsänderungen

1. Satzungsänderungen können nur durch einen Bundestag beschlossen werden. Zur Gültigkeit eines solchen Aenderungsbeschlusses ist eine Mehrheit von drei Viertel der Stimmen der erschienenen Mitglieder erforderlich.
2. Ist aus zwingenden Gründen eine Satzungänderung erforderlich, so kann sie durch eine Versammlung des Gesamtbundesvorstands und aller Bezirks- und Kreisvorsitzenden mit einer Mehrheit von drei Viertel der Stimmen der erschienenen Teilnehmer beschlossen werden. Die so beschlossene Satzungsänderung ist dann dem nächsten ordentlichen Bundestag zur Genehmigung vorzulegen. Wird die Genehmigung versagt, so gilt diese Satzungsänderung mit Wirkung vom **neuen Bundesjahr** als aufgehoben.

§ 24

Auflösung des Bundes

1. Die Auflösung des Landessportbundes Hessen kann nur durch Beschluß eines Bundestages erfolgen, wenn der entsprechende Antrag vorher bei dem Bundesvorstand mit Begründung schriftlich eingereicht und durch den Bundesvorstand allen Mitgliedern mit der Einladung zum Bundestag ordnungsgemäß bekanntgegeben worden ist.
2. Zur Gültigkeit des Beschlusses ist eine Mehrheit von drei Viertel der Stimmen aller Mitglieder erforderlich. Die Stellungnahme der Mitglieder, die zur Abstimmung auf dem Bundestag nicht erschienen sind, ist unverzüglich durch den Bundesvorstand einzuholen, wenn anzunehmen ist, daß die erforderliche Mehrheit auf dem Bundestag nur infolge Abwesenheit einer entsprechenden Anzahl von Mitgliedern nicht zustande gekommen ist.
3. Wird der Landessportbund Hessen aufgelöst, dann ist sein in diesem Zeitpunkt nach Erfüllung aller Verbindlichkeiten vorhandenes Vermögen der Landesregierung zur Verfügung zu stellen mit der Zweckbestimmung, dieses Vermögen im Sinne der Hauptsatzung gemeinnützigen Vereinigungen zur Pflege des Sports zu übereignen.

Beschlossen durch den Bundestag in Ffm.-Enkheim am 5. Juni 1948.

Allgemeine Geschäftsordnung

§ 1

1. Tagungen und Sitzungen werden von Fall zu Fall von dem Vorsitzenden (Vertreter) anberaumt.
2. Zu Tagungen und Sitzungen ist grundsätzlich schriftlich einzuladen. Die Einladung soll die Tagesordnung enthalten.
Die Tagesordnung wird von dem Vorsitzenden (Vertreter) nach den Erfordernissen der Geschäftsführung den Bestimmungen der Satzung entsprechend festgesetzt.
3. Tagungen und Sitzungen werden von dem Vorsitzenden (Vertreter) geleitet. Ist der Vorsitzende oder sein Vertreter abwesend, dann bestellen die erschienenen Tagungs- oder Sitzungsteilnehmer für die Dauer der Tagung oder Sitzung den Vorsitzenden.

§ 2

1. Tagungen und Sitzungen sind grundsätzlich öffentlich. Die Oeffentlichkeit kann durch den Vorsitzenden ausgeschlossen werden, wenn die Interessen des Bundes gefährdet sind. Die Oeffentlichkeit ist auszuschließen, wenn im Interesse des Bundes während der Tagung oder Sitzung ein entsprechender Beschluß ergeht. In der Einladung ist zu vermerken, ob die Tagung oder Sitzung öffentlich oder nichtöffentlich ist.
2. An nichtöffentlichen Tagungen und Sitzungen dürfen nur Vertreter des Bundes und die besonders bevollmächtigten Vertreter der besonders eingeladenen Vereine teilnehmen.

§ 3

1. Tagungen und Sitzungen werden von dem Vorsitzenden eröffnet und geschlossen. Nach der Eröffnung stellt der Vorsitzende in einer Liste die Anwesenden und die Beschlußfähigkeit gemäß den Bestimmungen der Satzung fest.
2. Soweit die Satzung nichts anderes bestimmt, sind Organe des Bundes und der Fachverbände grundsätzlich beschlußfähig, wenn nach ordnungsgemäßer Einladung mindestens die Hälfte der Mitglieder erschienen ist.
3. Der Vorsitzende bringt alsdann die einzelnen Punkte der Tagesordnung in der festgesetzten Reihenfolge zur Beratung und Abstimmung. Die Reihenfolge kann durch Beschluß der Tagungs- oder Sitzungsteilnehmer geändert werden.

§ 4

1. Anträge für Tagungen und Sitzungen können durch Organe des Bundes, durch deren Mitglieder und durch die Bundesvereine gestellt werden.
2. Anträge sollen grundsätzlich schriftlich und so rechtzeitig bei dem Vorsitzenden gestellt werden, daß dieser sie bei der Einladung zu der nächsten Tagung oder Sitzung auf die Tagesordnung setzen kann.
3. Anträge, die nicht auf der Tagesordnung stehen, können grundsätzlich nur beraten werden. Sie können ausnahmsweise auch zur Abstimmung gelangen, wenn mehr als die Hälfte aller vertretenen Stimmberechtigten einer Abstimmung zustimmt (Dringlichkeitsanträge). Erfolgt dies nicht, dann ist über diese Anträge bei der nächsten Tagung oder Sitzung abzustimmen.

§ 5

1. Bei allen Tagungen und Sitzungen ist eine Rednerliste zu führen. In diese Liste sind diejenigen Teilnehmer einzutragen, die sich zu Wort melden, und zwar in der Reihenfolge ihrer Wortmeldungen.
2. Der Vorsitzende ist verpflichtet, diesen Teilnehmern in der eingetragenen Reihenfolge das Wort zur Sache zu erteilen.
3. Der Vorsitzende kann in jedem Fall außer der Reihe das Wort ergreifen.

4. Mitglieder der Organe des Bundes können ebenfalls, wenn sie im Namen eines Bundesorgans eine Erklärung zur Sache abgeben wollen, außer der Reihe das Wort erhalten.
5. Antragsteller oder Berichterstatter erhalten als erste und letzte das Wort.
6. Eine Bemerkung zur Geschäftsordnung muß ebenso wie eine die gerade zur Beratung stehende Sache betreffende Frage vor etwa noch eingetragenen Rednern gestattet werden.
7. Persönliche Bemerkungen können am Schlusse jeder Beratung gestattet werden.
8. Anträge auf Schluß der Debatte können jederzeit gestellt werden. Ein Redner, der bereits zur Sache gesprochen hat, kann Antrag auf Schluß der Debatte nicht stellen. Wird Antrag auf Schluß der Debatte gestellt, dann ist zunächst die Rednerliste zu verlesen. Alsdann kann ein Redner für und ein anderer gegen den Antrag auf Schluß der Debatte sprechen. Wird durch die anschließende Abstimmung der Antrag angenommen, dann darf der Vorsitzende nur noch einem Redner für den Sachantrag und einem Redner gegen den Sachantrag in der Reihenfolge ihres Eintrags in der Rednerliste sowie dem ursprünglichen Antragsteller oder Berichterstatter das Wort erteilen.
9. Ein Redner kann jederzeit zugunsten eines nach ihm in der Liste eingetragenen Redners auf das Wort verzichten.

§ 6

1. Redner, die nicht zur Sache sprechen, hat der Vorsitzende zur Sache zu rufen.
2. Redner, die sich ungebührlich verhalten und den Anstand verletzen, hat der Vorsitzende zu rügen. Nimmt ein Redner die Rüge nicht an, so ist er zur Ordnung zu rufen. Verstößt dann ein Redner weiterhin gegen die Redeordnung oder spricht er weiterhin nicht zur Sache, so ist er zu verwarnen und nach erfolgter Verwarnung ist ihm bei Fortsetzung des beanstandeten Verhaltens für den zur Beratung anstehenden Punkt der Tagesordnung das Wort zu entziehen.
3. Bei groben Verstößen und Störungen der Tagungen oder Sitzungen kann der Vorsitzende den Schuldigen von der weiteren Teilnahme an der Tagung oder Sitzung ausschließen.

§ 7

1. Anträge auf Verbesserung des Wortlauts eines Satzes in einem bereits gestellten Antrag können jederzeit eingebracht werden. Gleiches gilt von Gegenanträgen zu den bereits auf der Tagesordnung stehenden Anträgen.
2. Zu erledigten Anträgen darf der Vorsitzende grundsätzlich nicht mehr das Wort erteilen. Ausnahmen sind nur zulässig, wenn zwei Drittel der stimmberechtigten Teilnehmer dies verlangen.

§ 8

1. Die Abstimmung über Anträge erfolgt stets in der Reihenfolge, in der die Anträge auf der Tagesordnung festgesetzt bzw. in der sie eingereicht sind.
2. Der weitestgehende Antrag ist stets zuerst zur Abstimmung zu bringen. Die Reihenfolge der Abstimmung kann geändert werden, wenn zwei Drittel der stimmberechtigten Teilnehmer dies verlangen.

§ 9

1. Abstimmungen erfolgen — soweit die Sitzung nichts anderes bestimmt — durch Handaufheben oder schriftlich nach Ermessen des Vorsitzenden. Schriftliche Abstimmung muß erfolgen, wenn die Hälfte der stimmberechtigten Teilnehmer dies verlangt.
2. Die schriftliche Abstimmung hat durch Stimmzettel zu erfolgen. Diese müssen die Nummer der Abstimmung des Tagungs- oder Sitzungstages und die Stimmzahl oder einen Bruchteil derselben enthalten. Die Stimmzahl größerer Vereine ist so zu zerlegen, daß die geheime Abstimmung gewahrt bleibt.

21

3. Vor jeder Wahl ist eine Wahlkommission, bestehend aus mindestens drei Teilnehmern zu bestellen, die die Aufgabe hat, die Stimmzettel bzw. die abgegebenen Stimmen zu zählen und zu kontrollieren, daß auf keinen Fall mehr Stimmen abgegeben werden, als insgesamt auf alle anwesenden Stimmberechtigten entfallen. Die Gültigkeit der Wahl ist von den Mitgliedern der Wahlkommission ausdrücklich dem Schriftführer zu Protokoll zu bestätigen.

§ 10

1. Bei allen Tagungen und in allen Sitzungen ist ein Protokoll zu führen. Protokollführer ist grundsätzlich der Schriftführer, u. U. der Geschäftsführer. Ist ein Schriftführer allgemein nicht bestellt, so ist zu Beginn der Tagung oder Sitzung ein Protokollführer zu bestellen.
2. Das Protokoll ist von dem Vorsitzenden und dem Schriftführer (Geschäftsführer) bzw. Protokollführer und zwei zu Beginn der Tagung oder Sitzung aus dem Kreis der Teilnehmer zu bestimmenden Beurkundern zu unterschreiben.
3. Die Protokolle sind in besonderen Mappen zu sammeln und am Ende des Geschäftsjahres in geeigneter Weise aufzubewahren.

§ 11

1. Von allen Tagungen und Sitzungen können Berichte veröffentlicht werden, soweit es sich nicht um Geheimangelegenheiten des Bundes handelt.
2. Berichte können auch in geeigneter Weise den Bundesvereinen zugestellt werden.
3. Einwendungen gegen Berichte sind schriftlich bei dem Vorsitzenden innerhalb dreier Wochen nach der Bekanntgabe zu erheben. Die Einwendungen sind alsdann entweder bei der nächsten Tagung oder Sitzung oder aber durch den Bundesvorstand zu behandeln.

§ 12

Vor Schluß einer Tagung und Sitzung kann auf Antrag ein Beschluß über den Ort der nächsten Tagung oder Sitzung ergehen. Geschieht dies nicht, dann bestimmt der Vorsitzende jeweils den Tagungs- oder Sitzungsort.

Beschlossen durch den Verbandstag in Mörfelden am 12./13. Juli 1947

22

Ausgaben- und Spesenordnung

§ 1

1. Alle Aemter innerhalb des Landessportbundes Hessen und seiner Fachverbände sind grundsätzlich Ehrenämter. Dem Inhaber eines Ehrenamtes werden die ihm bei der Ausübung des Amtes entstehenden notwendigen und tatsächlich entstandenen Auslagen ersetzt, insbesondere Porto-, Material- und Reisekosten. Darüber hinaus können einem Inhaber eines Ehrenamtes Tagesspesen und Uebernachtungsgeld, gegebenenfalls auch Verdienstausfall vergütet werden.
2. Hauptamtlich beschäftigten Angestellten können nach den gleichen Sätzen bei der Ausführung vorher genehmigter Reisen neben den Reisekosten Tagesspesen und Uebernachtungsgeld gewährt werden.

§ 2

1. Entsprechend dem Grundsatz sparsamster Geschäftsführung müssen alle Ausgaben vor ihrer Tätigung dem Grunde und der Höhe nach genehmigt sein. Ausgaben, die vorher nicht der Höhe nach festgestellt werden können, müssen mindestens dem Grunde nach genehmigt sein. Portoausgaben gelten in normalem Umfang der Geschäftsführung ohne weiteres als genehmigt. Ferngespräche sind nur im wichtigen Bedarfsfalle zu führen. Telegramme sind nur in dringenden Fällen abzusenden.
2. Ausgaben, die dem Grunde nach in einem genehmigten Haushaltsplan oder einem genehmigten Arbeitsplan mit Kostenvoranschlag enthalten sind, gelten als genehmigt. Sonderausgaben bedürfen besonderer Genehmigung. Für die Erteilung der Genehmigung ist zuständig

   in der Bundesverwaltung

   a) im Sportkreis der engere Kreisvorstand,
   b) im Sportbezirk der engere Bezirksvorstand,
   c) der engere Bundesvorstand;

   in der Fachverbandsverwaltung

   jeweils die Fachverbandsinstanz, die durch Beschluß des Fachverbandes bzw. des Verbandstages des Fachverbandes für zuständig erklärt wird.
3. Der engere Bundesvorstand bzw. die Leitung jedes Fachverbandes kann sich die Genehmigung bestimmter Ausgaben von einer festzusetzenden Betragshöhe ab vorbehalten. Der engere Bundesvorstand bzw. die Fachverbandsleitungen sind für Sonderausgabengenehmigung zuständig. Haushaltspläne bzw. Arbeitspläne mit Kostenvoranschlag bedürfen sowohl für die Bundes- als auch für die Fachverbandsverwaltung der Genehmigung des engeren Bundesvorstandes bzw. der Leitung des Fachverbandes. Die Pläne der Fachverbände müssen dem engeren Bundesvorstand vor der endgültigen Beschlußfassung durch die Fachverbände vorgelegt werden. Der Bundesvorstand hat das Recht, gegen Ausgaben Einspruch zu erheben. In diesem Fall ist vor der Beschlußfassung durch die Fachverbände zwischen diesen und dem Bundesvorstand eine Einigung über die beanstandeten Ausgaben herbeizuführen. Kommt eine Einigung nicht zustande, dann entscheidet auf Antrag des engeren Bundesvorstandes der Gesamtbundesvorstand. Dessen Entscheidung ist endgültig und für beide Teile bindend.
4. Ausgaben, die nicht mindestens dem Grunde nach genehmigt sind, dürfen nicht getätigt werden. Verstöße gegen diesen Grundsatz gehen zu Lasten des verantwortlichen Mitarbeiters, es sei denn, daß auf dessen Antrag ausnahmsweise nachträglich die Ausgaben genehmigt werden.

§ 3

1. Reisekosten gelten mit der Beschlußfassung über die Durchführung der Reise bzw. mit der schriftlichen Auftragserteilung zur Durchführung einer Reise

als genehmigt. Reisen sind grundsätzlich mit öffentlichen Verkehrsmitteln durchzuführen. Flugzeuge und Sonderzüge dürfen mit Genehmigung des engeren Bundesvorstandes bzw. der Fachverbandsleitung zu Reisen benutzt werden. Gleiches gilt für die Reise mit eigenen Kraftfahrzeugen. Wird diese Genehmigung erteilt, dann kann für jeden gefahrenen Reisekilometer bei Benutzung eines eigenen Kraftwagens ein Satz von 16 Pfennig, bei Benutzung eines Kraftrades ein Satz von 8 Pfennig vergütet werden. Diese Sätze können für jede mitgenommene, für die gleiche Reise mit Genehmigung versehene Person bei Kraftwagen um 3 Pfennig, bei Krafträdern um 2 Pfennig erhöht werden. Mit der Gewährung dieser Sätze sind alle Ansprüche des Kraftfahrzeughalters abgegolten. Reparaturen, die während der Durchführung der Reise erforderlich werden, gehen zu Lasten des Kraftfahrzeughalters.
2. Für Reisen mit der Eisenbahn werden grundsätzlich nur die Kosten der dritten Wagenklasse vergütet. Ausnahmen bedürfen besonderer vorheriger Genehmigung. Straßenbahnkosten werden grundsätzlich nicht vergütet, wenn Tagesspesen gezahlt werden.

§ 4

Das Uebernachtungsgeld beträgt einheitlich DM 7.50 und kann nur in besonderen Ausnahmefällen mit Genehmigung des engeren Bundesvorstandes bzw. der Fachverbandsleitung erhöht werden.

§ 5

1. An Tagesspesen können Beträge vergütet werden, die die nachstehenden Höchstsätze nicht überschreiten dürfen. Bei einer Tätigkeit bis zu 3 Stunden einschließlich der Zeit für den Weg von und zur Wohnung dürfen Spesen nicht vergütet werden. Im übrigen betragen die Höchstsätze bei einer Tätigkeit einschließlich der Zeit für den Weg von und zur Wohnung

   von 3 bis 6 Stunden . . . . DM 5.—
   von 6 bis 12 Stunden . . . . DM 7.50
   über 12 Stunden . . . . DM 15.—
2. Bei Reisen außerhalb des Bundesgebietes kann für jeden Reisetag ein Tagegeld von DM 15.— vergütet werden.
3. Tagesspesen dürfen nur auf Antrag vergütet werden. Als Antrag gilt die Vorlage einer Einzel- oder Sammelabrechnung mit eingestelltem Tagegeld.

§ 6

1. Alle Ausgaben müssen grundsätzlich belegt werden. Verdienstausfall darf nur vergütet werden, wenn durch schriftliche Bescheinigung des Arbeitgebers ein Nachweis eines tatsächlichen Einkommensausfalls in bestimmter Höhe erbracht wird. Selbständigen Einkommensbeziehern darf — wenn sie Verdienstausfall vergütet haben wollen — Erstattung nur gewährt werden, wenn sie dies vor der Amtsübernahme oder vor der Auftragsannahme beantragt und die Genehmigung des engeren Bundesvorstands bzw. der Fachverbandsleitung hierfür erhalten haben.
2. Ausgaben müssen schriftlich abgerechnet werden. Die Belege sind der Abrechnung beizufügen. Die Abrechnung ist zu quittieren. In der Abrechnung ist zu versichern, daß die Ausgaben tatsächlich entstanden sind, wenn aus einem triftigen Grund Belege nicht beigefügt werden können. Die Erstattung von Ausgaben darf nur erfolgen, wenn diese Bedingungen erfüllt sind und die Genehmigung der Ausgaben feststeht.

Beschlossen durch den Verbandstag in Mörfelden am 12./13. Juli 1947

Publication authorized by Publications Control Branch, Frankfurt Det. Information Control Division OMG for Hesse under number 3247 / Auflage: 2500. Druck: Druck- und Verlagshaus Frankfurt am Main GmbH.

Über die Herausgeber

Nitsch, Franz Dr.;
35037 Marburg,
Deutschhausstraße 31.
Jahrgang 1942; Studiendirektor im Schuldienst in Marburg. Veröffentlichungen zu folgenden Arbeitsschwerpunkten: Zeitgeschichte des Sports, Arbeitersportbewegung, Geschichte der Olympischen Bewegung, Entwicklung der Sportwissenschaft.

Lutz, Rolf;
61197 Florstadt-Stammheim, Kiesstraße 11.
Jahrgang 1939, Leiter einer Grundschule in Bad Vilbel, Pressewart des Landessportbundes Hessen seit 1976.
Veröffentlichungen zu Fragen der Sportpolitik und zur Sportgeschichte seit 1960 in den Zeitschriften „Hessische Sportjugend", „Olympische Jugend", „Sport in Hessen", „Hessen-Fußball".

Dank

Für die Erstellung der Biographien, die Unterstützung bei der Bildbeschaffung, für wichtige Hinweise zum Auffinden der Dokumente:

Max Danz, Kassel; *Fritz Steinmetz*, Kassel; *Hans Bechmann*, Kassel; *Lutz Nees*, Darmstadt; *Dr. Norbert Giessel*, Gießen; *Klaus Paul*, Wiesbaden; *Helmut Dorn*, Rüsselsheim; *Fritz Fischer*, Reinheim; *Georg Herzberger*, Mörfelden-Walldorf; *Isabella Griebel*, Frankfurt; *Georg Lecke*, Kassel; *Heinz Ulzheimer*, Frankfurt; *Kurd Roland Roesler*, Frankfurt; *Ludwig Maibohm*, München; *Hansgeorg Kling*, Kassel; *Bert Merz*, Frankfurt; *Otto Schumann*, Erzhausen; *Klaus Rheinfurth*, *Volker Harms-Ziegler*, Institut für Stadtgeschichte, Frankfurt; *Cornelia Rühlig*, Mörfelden-Walldorf; *Olaf Grund*, Gaggenau-Oberweier; *Willy Linnenberg*, Bad Homburg; *Friedel Grüning*, Wiesbaden; *Leonore Wick*, Frankfurt; *Thomas Bauer*, Frankfurt; *Rolf Herscu*, Fulda; *Wolfgang Massenkeil*, Wiesbaden; *Karl Adolf Scherer*, Erzhausen; *Erwin Knauß*, Gießen.

Bei der Korrektur und beim Schluß-Layout hat uns *Ralf Wächter*, Bad Vilbel, unterstützt.

Besonders danken wir: *Rita Werner*, Frankfurt.

Bildnachweis

Museum Mörfelden: S. 14, 20-24, 175, 179-181, 200, 203, 261
Archiv des Landessportbundes: S. 7, 13, 16-19, 72, 96, 125, 128, 144f, 255, 272,
Helmut Dorn, Rüsselsheim: S. 27, 67, 93, 177
Institut für Stadtgeschichte, Frankfurt: S. 39, 45, 62, 68, 77, 80, 117, 130, 162, 191, 268, 278
Wiesbadener Kurier: S. 71
Sportmuseum Frankfurt: S. 90, 286
Hessische Allgemeine: S. 222
Frankfurter Rundschau: S. 101, 103